일제의 식민지배와 일상생활

Everyday Life of the Korean People
under the Japanese Colonial Rule

연세국학총서 36

일제의 식민지배와 일상생활

연세대학교 국학연구원 편

혜안

간 행 사

　본 연세대학교는 2001년 이후 학교의 학문적 위상을 세계적 수준으로 끌어올리기 위한 목적으로 추진하고 있는 '특성화 교책 사업'의 하나로 연세국학연구단을 발족하였습니다. 그래서 본 연구단에서는 우리 대학의 국학 연구 전통을 계승, 발전시키기 위한 활발한 연구를 수행하고 있습니다. 그 가운데 중점적인 분야로 한국근현대・실학・국어학을 선정하였습니다.

　이 책은 연세국학연구단의 2001년도 한국근현대사 분야 사업의 하나로 기획되었습니다. 국학연구단에서는 학문의 새로운 방법과 영역을 개척하기 위해서는 우리의 역사로부터 현실을 해석하고 전망하는 자원을 얻어내는 일이 우선되어야 한다고 보고, 그 첫걸음을 근현대사 연구로부터 시작하는 것이 적절하다고 생각하였습니다. 이 사업을 추진하기 위해 근현대사를 전공한 전임연구원을 임명하는 한편, 연세대학교 근현대사 연구 관련 교수(국문, 사학, 사회, 경제, 건축 등)들과 실행위원회를 구성하여 근현대사 연구를 위한 구체적 계획을 수립하였습니다.

　그 동안 학계에서 그다지 논의되지 않았던 일제 식민지 하에서의 일상 생활에 초점을 맞춘 이 책은 일상의 경험들이 갖고 있는 개별적

6

성격을 드러내면서도 또한 그와 연결된 사회구조적인 문제들을 놓치지 않음으로써 식민지 하에서의 역사 전개 양상을 보다 유기적으로 해석해 보고자 하였습니다. 따라서 이 책은 우리 학계의 근현대사 연구가 주로 일본 제국주의의 지배정책이나 그에 저항하는 민족운동 내지 사회운동을 주제로 한 거시적 관점에 치우쳤던 점을 보완하고 식민지 하의 한국인의 구체적 경험에 대한 새로운 연구 분야를 개척하는 데 기여할 것으로 생각합니다.

끝으로 이 책을 간행하는 데 도움을 주신 분들께 깊은 감사를 드립니다. 당시 근현대사연구팀을 이끌던 홍성찬 교수를 비롯하여 김도형, 김성우 교수 등이 기획에 참여하였으며, 한수영 연구교수가 그 실무 책임을 담당해 주셨습니다. 연구의 진행과 학술대회(2002년 11월 8~9일)의 운영은 김경미 연구교수가 맡아 주었습니다. 학술대회에 참여하여 토론해 주신 여러 선생님들, 무엇보다도 여러 번 논문을 수정해 주시며 훌륭한 연구결과를 내주신 필자 선생님들께 감사드립니다. 어려운 출판계 사정에도 불구하고 본 연구원의 총서 출판을 책임지고 간행해 주신 혜안 출판사의 오일주 사장님과 편집진에게도 고마움을 전합니다.

2004년 3월

연세국학연구단장
국 학 연 구 원 장   전 인 초

차　례

간 행 사　5

차　례　7

식민지시기 일상생활의 근대성과 식민지성 ····························· 김동노 ········ 13
　　1. 머리말　13
　　2. 식민지시기 인식의 문제점　15
　　3. 식민지시기 일상생활의 다원성　26
　　4. 맺음말　35

제1부 근대 도시 경험과 도시민의 일상

도시계획과 도시공간의 변화 ··· 김영근 ········ 39
　　1. 머리말　39
　　2. 개항 이후 근대 도시의 형성　41
　　3. 근대적 도시계획의 전개　44
　　4. 도시공간의 변화　57
　　5. 맺음말　71

새로운 도시주택의 형성과 생활의 변화 ·································· 김성우 ········ 75

1. 머리말 75

2. 도시주택 변화의 배경 및 유형화 77

3. 도시주택의 유형별 변화 89

4. 생활의 변화 110

5. 맺음말 115

일제하 백화점업계의 동향과 관계인들의 생활양식 ·············· 오진석 ······ 123

1. 머리말 123

2. 백화점업계의 동향 126

3. 관계인들의 생활양식 150

4. 맺음말 184

요보·모보·구보－식민지의 삶, 식민지의 패션－ ························· 이경훈 ······ 189

1. 하꾸라이의 풍속 189

2. 폭탄주와 하이브리드 193

3. 문명적 조미료 아지노모토 200

4. 트라데 말크와 아달린 206

5. 모보, 식민지인의 탄생 209

6. 모데르노로지오 상티망탈 220

7. 몸뻬의 시대, 결론을 대신하여 230

하바꾼에서 황금광까지

－식민지사회의 투기 열풍과 채만식의 소설－ ····················· 한수영 ······ 233

1. 채만식, 혹은 소설의 사회사 233

2. '미두'와 식민지 자본주의 238

3. 황금광 시대의 빛과 그늘 258

4. 투기, 혹은 식민지 자본주의의 통과제의 275

식민지 근대도시의 일상과 만문만화 ···································· 신명직 ······ 277

1. 머리말 277

2. 만문만화의 등장 280

3. 식민지 근대도시 경성과 일상 283

4. 식민지 근대도시의 유혹 291

5. 식민지 근대도시의 사람들 299

6. 식민지 근대도시의 문화 319

7. 맺음말 332

제2부 식민지배와 농촌 사회의 변동

일제하 민간신앙의 지속과 변화—무속을 중심으로— ················ 이필영 ······ 339

1. 머리말 339

2. 민간신앙의 변화 요인과 그 양상 342

3. 민간신앙의 지속성과 그 양상 369

4. 맺음말 383

1930년대 농민소설을 통해 본
       '식민지 근대화'와 농민생활 ······································ 이경란 ······ 387

1. 머리말 387

2. 농촌사회의 근대세계 편입과 식민지 지배질서 391

3. 농업생산과정 속의 식민지 근대화 407

4. 농민의 현실인식과 의식구조 430

5. 맺음말 439

제3부 식민지 권력과 근대적 규율 체계

감옥 내 수형자 통제를 통해 본 식민지 규율 체계 ··············· 이종민 ···· 445

1. 머리말 445

2. 근대감옥의 도입과 처벌권력의 강화 447

3. 감옥 내 수형자 통제 455

4. 맺음말 481

보통학교제도의 확립과 학교 훈육의 형성 ····························· 김경미 ······ 485

1. 머리말 485

2. 완성교육기관으로서의 보통학교와 훈육 487

3. 식민지 국민성 형성 기관으로서의 보통학교와 훈육 498

4. 보통학교 훈육의 실제와 내면화 511

5. 맺음말 527

한말·일제 초 방역법규의 반포와 방역체계의 형성 ·············· 박윤재 ······ 531

1. 머리말 531

2. 1895년 콜레라 유행과 虎列刺病豫防規則 533

3. 한말 傳染病豫防規則의 반포와 지방 행정조직 537

4. 일제 초 傳染病豫防令의 반포와 衛生警察 542

5. 맺음말 551

경찰제도의 확립과 식민지 국가권력의 일상 침투 ····················· 장신 ····· 555

1. 머리말 555

2. 경찰기구의 확립과 생활단위로의 침투 557

3. 경찰의 소관업무와 권한 562

4. 경찰의 재생산과 자질 569

5. 민중의 일상생활과 경찰 576

6. 맺음말 582

찾아보기 585

CONTENTS

Kim, Dong-no	Modernity and Colonality in Everyday Life of the Colonial Period
Kim, Young-geun	Modern Urban Planning and Changes in Urban Space
Kim, Sung-woo	Generation of New Urban Housing and Change of Daily Life
Oh, Jin-seok	The Trends of the Department Store Industry and the Daily Lives of Related People in Seoul under Japanese Rule
Lee, Kyoung-hoon	Yobo Mobo Kubo- A Colonial Life and Colonial Fashion
Han, Soo-yeong	The Crazy for Speculation in Colonial Era and Chae Man-sik's Novel
Shin, Myoung-jik	The Daily of Colnial Modern City and Manmun-Cartoon
Lee, Pil-young	The Continuity and Change of Korean Folk-Beliefs under The Rule of Japanese Imperialism
Lee, Kyung-ran	The Peasant's Everyday Life by Peasant Novels in the 1930s'

Lee, Jong-min	Colonial Disciplinary System in the Modern Prison under the Japanese Rule
Kim, Kyung-mee	Specific Disciplines at Public Elementary School under the Early Japanese Rule
Park, Yun-jae	The Promulgation of Anti-epidemic Laws and the Formation of Anti-epidemic System in Late Great Han Empire and Early Japanese Colonial Period
Jang, Shin	The Establishment of the Police System and the Penetration of Colonial State Power in Everyday Life

식민지시기 일상생활의 근대성과 식민지성

김 동 노[*]

1. 머리말

식민지의 경험은 그 시대를 살았던 사람들은 물론이며 오늘을 살아가는 우리에게도 여러 가지 의미를 가지고 있다. 일부에게 있어 그 시기는 정치적 폭력과 경제적 약탈이 횡행하는 야만의 시기였을 것이며, 다른 일부에게는 근대를 처음으로 경험하고 부를 축적하며 '문명'을 맞이한 새로운 시기로 인식될 것이다. 식민지의 실제 모습은 두 대립적인 이미지 사이 어딘가에 위치하거나 혹은 두 모습이 하나로 어우러진 다양하고 중첩적인 것이 될 수도 있을 것이다. 그러나 지금까지 우리의 식민지 인식은 대체로 두 대립적인 모습 가운데 하나를 선택하고 다른 하나를 배격하는 방식으로 이루어져 왔다. 그 대표적인 보기가 최근 몇 년 사이에 전개된 식민지 근대화론 논쟁이다. 이 논쟁이 가져온 긍정적 영향을 무시할 수는 없지만 여전히 우리는 식민지 시기의 진정한 모습에 대해서는 명확하게 인식하지 못한 채 식민지의 단편적 모습을 전체로 일반화하는 문제를 드러내고 있다.

---

[*] 연세대학교 교수, 사회학

식민지시기를 인식하는 우리의 태도에 있어 또 하나의 문제가 되는 것은 대부분의 기존 연구가 정치사, 경제사 위주로 이루어지고 있다는 사실이다. 한 시기의 특징을 파악함에 있어 그 사회가 정치적으로 어떻게 구조화되어 있고, 경제적으로 어떤 체제를 갖고 있는가는 반드시 필요하다. 그러나 어떤 사회 혹은 어떤 시대에 대한 총체적인 모습이 정치와 경제의 영역으로만 국한될 수 없는 것은 분명하다. 그 시기를 살아왔던 사람들이 어떤 생각과 의식을 갖고 어떤 문화적 활동을 했는가는 정치적 구조와 경제적 체제의 구축 못지 않게 중요하지만 지금까지 이 중요성이 경험적 연구로 구체화되지는 못하였다. 실제로 한 시기의 가장 진정한 모습은 그 시기를 살았던 일반인들의 일상적인 삶의 영역에서 찾아져야 한다는 점에서 이것은 일제 식민지시기를 인식하려는 여러 시도에 있어 중요한 한계로 작용해 왔다.

이 책에 실려 있는 글들은 이러한 문제들을 극복하려는 시도에서 쓰여졌다. 이 글들은 식민지시기의 다양한 모습을 일상생활의 영역에서 찾아보려고 한다. 여기서 말하는 다양성이란 일제의 식민지배가 가진 식민지성과 외부에서 이식된 근대성의 모습을 동시에 포함함을 의미한다. 실제로 식민지성과 근대성은 함께 어울려 식민지의 전체적인 모습을 구성했을 가능성이 크기 때문이다. 식민지 근대성의 구체적 표현으로 이 책이 담으려는 것은 일상생활의 영역이다. 일제의 식민지배가 진행되면서 이 시기에 개인들의 구체적인 일상생활에 어떠한 변화가 초래되었으며, 이 변화는 전통적인 삶의 양식이나 습속과 어떤 갈등이나 충돌을 일으켰는가를 살펴보려고 한다. 즉, 이 책은 다양한 자료를 통해 일제시기에 이식된 근대적 변화가 어떻게 우리의 전통을 변화시켰고, 개인의 일상적인 삶에는 어떤 영향을 미쳤는지를 다양한 영역에 걸쳐 검토해 보려고 한다. 이 책에서 검토하려는 일상성의

주제에는 도시와 농촌의 공간구조 및 일상생활의 변화, 자본주의 경제
의 이식에 따른 투기와 소비유형, 그리고 패션의 변화, 민간신앙과
문학의 변화, 감옥과 학교 및 경찰을 통한 훈육체계의 수립 등이 포함된
다.

2. 식민지시기 인식의 문제점

지금까지 일제 식민지시기를 인식하는 가장 대표적인 접근방식은
식민지 수탈론과 식민지 근대화론으로 이름지어진 두 입장이다. 이들
이 보여준 식민지의 모습은 극단적으로 다를 뿐만 아니라 서로를
받아들일 수 없을 정도로 모순적이기도 하다. 이 대립구조는 1980년대
에 일어났던 사회구성체 논쟁에서 식민지 조선 사회의 본질을 어떻게
파악할 것인가를 두고 식민지 半봉건사회론과 식민지 자본주의 사회
론이라는 두 입장이 제시된 것에서 비롯된다. 식민지 조선사회를 자본
주의로 규정하는 쪽에서는 일본 제국주의에 의한 자본주의의 강제적
이식이 일어난 것으로 이해하고, 조선도 1910년대의 토지조사사업과
1920년대의 임야조사사업으로 인해 혹은 늦게 잡아도 1930년대의
공업화와 함께 자본주의의 사회구성체로 이행했다고 주장한다.[1] 그러
나 다른 한편에서는 한국사회의 자본주의화 과정이 서구에서 나타난
것과는 다른 주변부 자본주의화의 길을 거쳤고, 그런 점에서 일제시대
는 식민지 반봉건사회에 머물렀다고 주장한다.[2] 하지만 이들의 논의는

---

1) 이에 관한 대표적인 연구로는 박현채, 「해방전후 민족경제의 성격」, 『한국사
  회연구 1』, 한길사, 1983 ; 권영욱, 「구식민지 경제연구노트」, 장시원 편,
  『식민지반봉건사회론』, 한울, 1984를 볼 것.
2) 이대근, 「한국자본주의의 성격에 관하여」, 『창작과 비평』 1호, 1985.

구체적인 경험적 자료로 뒷받침되지 못함에 따라 이론적 차원의 추상성에 머물고 말았다.

보다 최근 들어 이 논의가 다시 활성화된 이유는 새로운 사료에 근거한 연구결과가 발표되었기 때문이다. 몇몇 새로운 연구들은 토지조사사업을 중심으로 근대적 변혁이 시작되었고, 일제에 의한 약탈이 기존에 주장되었던 것에 전혀 미치지 못함을 밝힘으로써 새로운 논쟁의 장을 열었다. 특히 이 연구결과는 1990년대 후반 이후 학계 전반에 불어닥친 근대성에 대한 관심으로 인해 한국사회의 근대성의 기원에 관한 논쟁을 새로운 차원으로 부각시켰다. 식민지 근대화론의 이론적 기반은 일본의 경제사학자인 나카무라(中村哲)가 제시한 중간적 지주제와 이로부터 파생된 중진자본주의의 경제구조론에서 찾을 수 있다.[3] 조선의 지주제에 근대적 요소와 前자본주의적 요소가 혼재되었음을 이유로 중간적이라는 개념을 사용한 나카무라는 이 혼재된 요소 가운데 자본주의적 특징을 강조함으로써 조선 사회의 근대적 변혁에 주목하였다. 물론 이러한 주장은 조선 지주제의 봉건성을 입증하려는 연구들에 의해 부정되었는데, 이들은 특히 토지조사사업이 가져온 진보성과 역사적 필연성을 인정하게 되면 이를 합법화하는 잘못을 저지르게 된다고 주장한다.[4]

이러한 이론적 대립은 토지조사사업을 둘러싼 경험적 연구로 발전되어 새로운 논쟁을 유도하였다. 1990년대 후반에 이루어진 일부 연구들은 토지조사사업에서 농민과 지주에 대한 수탈은 거의 찾아볼 수 없었으며, 애초에 극히 냉담하였던 농민들도 사업이 진행될수록

---

3) 中村哲, 「近代 동아시아에 있어서 地主制의 性格과 類型」, 안병직 외, 『근대 조선의 경제구조』, 비봉출판사, 1989.
4) 가령, 주종환, 「중진 자본주의론의 '근대' 개념과 신식민사관」, 『역사비평』 27호, 1994, 12쪽을 볼 것.

이에 호응하였고 심지어 협조를 제공했음을 주장한다.5) 결국, 이들은
식민지시기에 경제적 제도가 근대적 모습으로 변화되었고, 개인들의
경제적 상태도 상당히 개선된 것으로 인식하고 있다. 나아가 이들은
이에 관한 경험적 자료들을 보여줌으로써 자신들의 입장을 한층 강화
시키고 있다. 그러나 이러한 인식에서 나타나는 문제는 이들의 주장
어디에서도 식민지의 모습을 찾을 수 없다는 것이다. 일본 제국주의가
왜 조선을 식민지로 개척하려고 했으며 상당한 정도의 가본을 투여하
면서 근대화를 시도하려고 했는지에 대한 정확한 답을 얻기는 상당히
어려운 문제이다. 이러한 문제제기에 관심을 두는 쪽에서는 식민지시
기에 일어났던 수탈과 약탈에 주목하고 있다. 이들이 보는 식민지는
노골적 폭력을 동반한 약탈의 현장이었다. 수탈을 통한 경제적 이익의
전이가 없는 식민지가 일본에게 왜 필요했는지를 설명하지 못하는
한 식민지 근대화론은 결정적 약점을 지닐 수밖에 없다는 것이다.
보다 근본적으로, 식민지시기 조선사회의 기본문제는 경제적 기준에
근거한 국가와 민족을 초월한 계급대립이 아니라 침략과 저항의 관계
에 있는 두 민족간의 대립이었다는 것이 이 주장의 핵심이다. 따라서
민족의 개념을 우위에 두는 방식으로 역사를 인식하지 못한다면 민족
간의 대립이라는 질적인 문제를 경제적 지표의 양적 연구로 왜곡시키
게 되고, 식민지의 본질을 식민지의 모습이 아닌 근대적 사회의 모습으
로 그리게 되는 오류를 범하게 된다는 것이다.6)

---

5) 대표적인 연구로는 박석두,「土地調査事業에 대한 地主家의 認識과 對應」,
   김홍식 외,『대한제국기의 토지제도』, 민음사, 1997 ; 조석곤,「수탈론과 근대
   화론을 넘어」,『창작과 비평』96, 1997이 있다.
6) 이에 관한 대표적인 연구로는 박명규,「낡은 논리의 새로운 형태 : 宮嶋博士의
   『朝鮮土地調査事業史の硏究』비판」,『한국사연구』75, 1994 ; 정태헌,「수탈
   론의 속류화 속에 사라진 식민지」,『창작과 비평』97, 1997 참조.

이 논의에 있어 핵심적인 문제는 근대성 혹은 근대화의 문제이다. 언제 어떤 방식으로, 그리고 누구에 의해 우리 사회에서 근대성이 도입되었으며, 그것이 우리 사회에 끼친 영향은 무엇인가를 둘러싸고 두 입장은 첨예하게 대립하고 있다. 식민지 근대화론은 조선 사회가 지닌 정체성을 극복하고 해방 이후 경제발전의 기반이 조성된 것이 일제시대에 이루어진 근대적 경제체제의 구축이라는 역사인식을 보여 주고 있다. 반면에 수탈론은 조선 사회의 내재적 근대화 가능성(가령, 자본주의 맹아론)이 일제의 침략과 약탈에 의해 압살되었고 진정한 근대화는 해방 이후 민족국가가 수립될 때까지 지연되었다는 민족주의적 입장을 제시하고 있다. 한편에서 보는 일제 시기는 해방이후의 경제발전을 위한 희망의 시기였던 반면, 다른 한편에서 보는 이 시기는 내재적 발전 과정이 중단되고 왜곡된 암흑의 시기였던 것이다.

이렇듯 두 입장은 서로 다른 근대화의 가능성을 언급하고 있지만 이들은 근대가 곧 善이며 역사의 진보를 의미한다는 인식에 일치하고 있다. 전근대에서 근대로의 전환은 곧 역사의 발전을 의미한다는 이러한 단선론적 역사인식은 역사발전의 방향성을 설정하고 있다는 점에서 목적론적(teleological) 경향을 보여주고 있다. 이 목적론에 따라 역사는 단절과 연속으로 서로 다르게 구분된다. 민족주의의 입장을 따르는 수탈론에서 보는 우리 역사는 조선과 해방 이후의 역사 사이에는 근대화의 흐름이라는 측면에서 연속성이 있는 반면, 일제시대는 근대가 멈추어진 단절의 시기로 간주된다. 반면에 식민지 근대화론에서 보는 역사인식은 사뭇 다르다. 조선시대와 일제시대 사이에는 단절의 역사가 있는 반면 일제이후에는 연속의 역사로 이해된다. 결국, 두 대립적인 입장은 서로 다르게 역사의 연속과 단절을 설정하고 있지만, 역사를 인식하려는 목적과 필요에 의해 단절과 연속을 결정하고 있다는 점에서는 공통된 문제를 노출하고 있다.

역사인식의 목적론을 극복하고 동시에 식민지시기를 인식하는 근대
화론과 수탈론의 이항대립적 구도를 극복하기 위해서는 '근대' 혹은
'근대성'에 대한 지나친 가치부여를 해체해야 할 것이다.[7] 만약 근대가
진보나 善과 동일시된다면 이것이 식민지의 암흑시기에 일어난다는
것이 쉽게 용인될 수 없을 것이며, 이를 주장하는 쪽은 식민사관의
오명을 쓸 수밖에 없을 것이다. 마찬가지로 근대라는 역사적 선은
우리 민족에 의해서만 추구되어야 한다는 입장은 식민지시기에 실제
로 진행된 근대적 제도 수립을 부정함으로써 역사의 객관적 사실을
무시하거나 왜곡하는 실수를 저지르게 된다. 이러한 문제는 근대가
곧 선이라는 인식을 바꿈으로써 해결될 수 있다. 즉, 근대는 단지
전근대와는 다른 시기이며, 이전에는 찾아볼 수 없었던 새로운 변화가
일어난 시기로 이해할 필요가 있는 것이다. 이렇게 함으로써 근대의
시기에 일어난 역사적 변화에 대해서 도덕적 가치를 배제한 채, 보다
객관적인 인식이 가능해질 것이다.

그렇다면 역사적 시기로서 근대는 어떠한 시간적 의미를 가지며,
근대에 일어난 특징적 변화는 무엇인가? 우리가 흔히 사용하는 근대의
개념은 시간적 의미와 공간적 의미로 나누어질 수 있다.[8] 물론 시간적
의미로서 근대란 중세 이후의 시기를 의미하며 중세에서는 없었던
여러 가지 사회적 특징들이 발현되는 시기로 이해될 수 있다. 반면에
공간적 의미로서 근대는 18세기 이래로 서구에서 제도화된 사회적
특징을 의미한다. 그러나 이 때 말하는 근대는 내재적으로 세계화의

---

7) 이에 관한 보다 자세한 논의는 김동노, 「식민지 인식의 새로운 방향정립」,
   김필동 · 지승종 외 『한국사회사연구』, 나남출판사, 2003 참조.
8) 이에 관한 보다 자세한 논의는 김동노, 위의 책, 309∼318쪽 참조.

경향을 띠게 되어 서구의 영토적 경계 안에 머무르지 않고 다른 지역으로 전이되게 되었다.9) 따라서 많은 제3세계의 국가들에게 있어서는 근대성이 자발적으로 형성되기보다는 바깥으로부터 이식된 경향이 강하다. 물론 이들 국가들에서도 자생적으로 진행되던 근대화의 흐름은 충분히 있을 수 있겠지만 이 흐름은 바깥에서 이식된 보다 강력한 근대성으로 인해 중단되거나 왜곡된 경우가 많았다.

그런 점에서 서구의 근대성과 제3세계의 근대성은 상당히 다른 특징을 가질 수 있다. 자발적 근대화를 이룩한 서구의 경우에는 시간적 의미의 근대와 공간적 의미의 근대가 일치하나 그 외의 국가에서는 두 차원이 분리되어 긴장관계를 형성하게 된다. 이들 비서구 국가에서는 외부로부터 이식되어 오는 근대성의 압력과 다양한 방식으로 이에 대응하려는 내적인 힘 사이에 협조와 갈등이라는 모순관계가 형성된다. 바깥에서 주입되는 근대의 힘은 전통을 파괴하거나 변형시키려고 함과 동시에 때로는 전통을 선택적으로 통합하면서 근대성을 확립하려는 시도를 추진하게 된다. 반면에 외부에서 이식되는 근대성에 대응하는 내부의 힘은 때로는 강하게 저항함으로써 스스로를 지키려하기도 하고, 때로는 근대의 흐름에 편승하여 전통을 변형시키기도 한다. 이러한 내부와 외부의 변증법적 대립관계를 인식함에 있어 유의해야 할 것은 외부에서 유입되거나 외부의 압력에 의해 촉발된 근대성의 확립이 반드시 이전의 전통보다 우월할 것으로 가정하거나 혹은 전통은 반드시 극복되어야 될 대상으로 설정할 필요가 없다는 것이다. 따라서 비서구 사회의 근대를 인식함에 있어서는 근대를 도덕적 선악의 판단근거로 삼을 것이 아니라 근대의 개념을 시간적 의미로 국한함

---

9) Anthony Giddens, *The Consequences of Modernity*, Stanford : Stanford University Press, 1990, 63~65쪽.

으로써 비서구적인 근대화의 경로를 찾는 것이 무엇보다 중요하다.

시간적 의미로서 근대는 우선적으로 근대적인 제도의 수립에서 찾아질 수 있다. 이 제도는 물론 서구에서 처음 발현된 것이기는 하지만 일정한 시간의 간격을 두고 전 세계적으로 확산된 것들이다. 정치, 경제, 사회, 문화의 다양한 영역에서 이러한 제도적 배열(configuration)이 나타난다. 정치적으로 볼 때, 가장 두드러진 근대의 특징은 국민국가(national state)의 형성이다. 전통사회의 정치체제는 기본적으로 분권화된 구조를 지니고 있었던 것에 반해 근대사회는 이와는 질적으로 다른 형태의 정치질서를 형성했다. 권력구조의 중앙집중화, 제도적 질서의 분화와 조정, 확정된 경계선으로 한정된 영토, 국가에 의한 물리적 강제력의 독점 등을 특징으로 하는 국민국가의 형성은 근대에서만 찾아볼 수 있는 특징을 지니고 있다.10) 경제적인 특징으로 가장 두드러진 것은 당연히 자본주의 경제체제의 구축이다. 국지적 시장과는 질적으로 다른 원거리 무역이 시작되면서 시장경제가 사회를 이끌어 가는 기본 원리로 자리 잡게 되고, 이에 따라 재화의 사용가치를 최대한 충족시키는 생계유지의 원리에 기반한 경제행위에서 재화의 교환가치를 최대화시키는 이윤추구의 경제행위로 전환되게 된다. 시장경제의 발전을 위한 핵심적인 요소는 '형식적으로 자유로운 노동(formally free labor)'의 탄생이다.11) 경제 외적 강제력에 의해 노동의

---

10) 국민국가에 대한 이러한 정의는 베버(Max Weber)의 전통을 이어받은 학자들에게서 공통적으로 나타난다. 특히 Gianfranco Poggi, *The State : Its Nature, Development, and Prospects*, Stanford : Stanford University Press, 1990, 2장 ; Michael Mann, "The Autonomous Power of the State : Its Origins, Mechanisms and Results" in *States in History*, edited by John Hall, Oxford : Basil Blackwell, 1988을 볼 것.

11) Karl Marx, Capital, Vol, I. N.Y. : International Publishers. 1967, 6장을 참조. 맑스와는 전혀 다른 이론적 배경에서 베버도 유사한 입장을 보여주고 있다.

잉여가치가 전이되는 전근대 사회와는 달리 근대사회는 경제적 수단에 의한 잉여의 전이가 일어나게 되는데, 이를 위해서는 노동력이 경제 외적 신분적 구속에서 벗어나야 된다. 이 상태는 결국 경제와 정치적 영역의 분리를 통해 성취될 수 있으며, 이는 근대적 자본주의 경제의 요체로 인식될 수 있다.

　사회적인 영역에서 나타난 중요한 변화는 이전에서 찾아볼 수 없었던 공적 영역(public sphere)이 확립되면서 시민사회라는 새로운 공간이 발생하고 그 속에서 개인이 스스로의 정체성, 즉 개인성(individuality)을 발현시킬 수 있게 된 것이다.12) 이것은 개인이 이전과는 달리 집단에 매몰되어 집단 속의 개인으로 살아가는 것이 아니라 그 자체로 존재하는 자아를 형성했음을 의미한다. 이렇게 형성된 자유롭고 독립적인 개인들을 하나로 묶을 수 있는 기제의 창출이 근대의 새로운 과제로 떠오르게 되었고, 그런 점에서 근대는 새로운 문화적 기제를 필요로 하게 되었다. 문화적인 측면에서 볼 때, 근대는 다양한 통합의 이데올로기가 창출된 시기인데 그 가운데 강력한 힘을 발휘할 수 있었던 것은 민족주의이다. 경제적 영역과 사회적 영역에서 나타난 근대의 특징은 개인들을 강하게 구속하고 통제했던 집단으로부터 분리시켜 하나의 독립적 개체로 살아가도록 요구하는 것이었다. 그러나 이러한 상태가 극단화되면 사회가 하나의 실체로 유지되는 것이

　　베버에게 있어 자본주의 경제의 특징은 생산의 예측가능성이다. 이를 위해서는 생산에 투입되는 요소의 예측가능성을 높여야 하고, 이것은 곧 노동력이 형식적으로 자유로워야 가능해진다는 점에서 '형식적으로 자유로운 노동'을 자본주의 경제의 핵심으로 간주한다. Max Weber, "Introduction" in *The Protestant Ethic and the Spirit of Capitalism*, N.Y. : Charles Scribner's Sons를 참조할 것.

　12) Jurgen Habermas, *The Structural Transformation of the Public Sphere*, Cambridge : MIT Press, 1989.

불가능해지는 만큼 이를 극복할 수 있는 기제의 창출은 필수적으로
요청되었고, 이를 실현시킬 수 있는 적절한 수단이 민족주의의 통합적
힘이었다. 이 이념적 도구는 근대의 정치체제인 국민국가의 형성과
맞물려 더욱 강력한 힘을 발휘할 수 있었고, 계급과 인종과 性적 구분을
가로지르는 통합의 힘으로 작용할 수 있었다.[13)]

　물론 지금까지 제시한 근대성의 영역 외에도 다양한 근대의 모습이
여러 사회에서 다양하게 나타난다. 그러나 한 가지 분명한 것은, 제도적
질서의 구축에 국한하더라도 근대란 매우 다양한 측면들을 포함하고
있다. 근대의 공간적 의미와 시간적 의미가 일치한 서구의 경우에는
위에서 제시한 다양한 제도적 영역의 근대성이 동시에 나타나는 경우
가 많다. 그러나 외부로부터 이식된 근대를 경험한 대부분의 국가에서
는 이들 사이의 불일치와 불균형적인 발전이 나타날 수밖에 없다.
정치적으로 근대성이 확립되었다고 해서 반드시 경제적, 사회적, 문화
적 영역에서 근대성이 동시에 수립되기를 기대하는 것은 무리이다.
오히려 근대의 다양한 영역들이 불균등하게 발전하는 것이 현실에
더 가까울 것이다. 그렇다면 이러한 제도적 환경 속에서 살아가는
개인들의 정체성(identity)도 매우 다양하게 나타나는 것은 당연하다.
한 개인이 때로는 새롭게 형성된 국민국가의 국민으로서, 때로는 자본
주의 산업노동자로서, 때로는 개인 그 자체로서, 그리고 때로는 민족주
의의 투사로서 스스로를 자리매김할 것이다. 그 외에도 개인은 가족의
일원으로서, 지역공동체의 일원으로서, 혹은 여성이나 남성으로서
스스로의 정체성을 찾으려고 할 것이다. 근대로의 이행을 인식함에
있어 가장 위험스러운 방식 가운데 하나는 이러한 다양한 정체성을
부정하고 하나의 단일한 정체성만을 개인에게 부여하고 이를 중심으

---

13) Tom Nairn, *The Break-up of Britain*, London : NLB, 1981.

로 사회를 이해하려는 것이다. 식민지 근대화론과 수탈론이 정면으로 맞서는 것도 결국 개인의 다양한 정체성을 부인한 채, 개인을 오직 근대의 노동자로 혹은 민족적 대립의 저항적 투사로서만 한정하기 때문에 나타나는 현상이라고 할 수 있다. 따라서 식민지시기를 근대와 수탈의 이분법으로 인식하는 한계를 극복하기 위해서도 이 시기에 수립된 제도와 기구에 대한 다원적 접근이 필요하며 동시에 개인의 정체성을 다원적으로 이해할 필요가 있다.14) 식민지시기를 살았던 개인들이 어떤 특정한 정체성만으로 살았기를 기대하는 것은 그 시대를 있는 대로 이해하기보다는 현재의 관점에서 과거를 이해하는 역사적 오류, 즉 '기대의 사고(wishful thinking)'에 따라 역사를 인식하는 문제점을 드러내게 된다.

이런 점에서 본다면, 식민지시기의 개인들이 항상 일제의 수탈에 고통 받으면서 민족적 투쟁만을 생각하며 살았던 민족투사일 필요도 없으며 동시에 항상 근대성의 불빛 아래서 전근대를 벗어나려고 했던 근대적 인간으로만 인식될 필요도 없다. 이들은 근대적 제도 속에서 살아가면서도 수탈을 당했을 수도 있고, 근대성이 가져다준 새로운 삶을 살면서도 민족적 투쟁을 생각했을 수도 있다. 그 다양한 모습 가운데 어느 것이 더 사실에 가까운가는 경험적 검토를 통해 확인되어야 할 사항이지, 역사인식의 선험적 틀에 의해 결정될 수 있는 것은

---

14) 식민지시대의 개인들이 다원적 정체성을 가졌을 가능성은 근대성의 불균형한 발전으로 인해 더욱 커진다. 이 시기에 다양한 영역에서 나타난 근대성이 불균형하게 발전됨에 따라 개인들이 어떤 측면에 있어서는 근대적 모습을 띠면서도 다른 한편으로는 전근대적 모습을 동시에 나타낼 수 있는 것이다. 이에 관해서는 Sun-Won Park, "Colonial Industrial Growth and the Emergence of the Korean Working Class," in Gi-Wook Shin and Michael Robinson (eds.), *Colonial Modernity in Korea*, 1999, Cambridge : Harvard University Press를 참조할 것.

결코 아니다. 어느 하나의 이미지로 식민지시기를 고착시키려는 것이 진정 위험한 것이다. 식민지시기의 정확한 이해를 위해서는 다양한 모습의 가능성을 열어놓고 그 가운데 어떤 이미지가 더 사실에 적합한 것인가를 다차원적으로 검토할 필요가 있다.

　이러한 검토에 있어 특히 주의해야 할 것은 역사인식에 있어 주체성 (subjectivity) 확립이다. 한편으로 우리는 역사를 인식함에 있어 주관주의적 편견이 가진 위험성을 경계해야 한다. 역사 연구자가 가진 주관적 편견과 선입견에 의해 역사의 모습이 왜곡되거나 역사의 부분적 모습이 전체로 일반화되는 오류는 역사연구에 흔히 나타나는 문제점이기도 하다. 앞에서 언급한 식민지 근대화론과 수탈론의 이항대립구도도 이러한 문제로부터 기인하는 것으로 이해될 수 있다. 주관주의적 역사인식이 가진 위험성이 크다고 해서 주체를 결여한 역사인식이 정당화될 수는 없다. 주체가 없는 역사인식, 즉 역사적 활동에 대한 주체를 설정하지 못한 채 겉으로 드러난 결과만으로 역사를 이해하는 방식은 주관주의적 편견에 사로잡힌 역사인식만큼이나 위험하다. 따라서 우리는 이 시기를 연구함에 있어 식민지시기에 제도적 근대화가 일어났다면, 이는 누구에 의해 어떤 의도와 목적을 가지고 일어났으며, 그 결과는 누구에게 어떤 영향을 미쳤는가를 인식할 수 있어야 한다.15) 동일한 제도라 해도 도입된 의도와 운영되는 목적에 따라 계급적, 민족적 차별성을 가질 수 있기 때문에 그 영향은 서로 다른 집단에게 아주 상이한 방식으로 구체화될 수 있다. 만약 이러한 차별성을 인식하지 못한다면 역사적 현상의 원인과 경과를 무시한 채 최종적으로

---

15) 이러한 역사인식의 한 예를 Gi-Wook Shin and Michael Robinson (eds.), *Colonial Modernity in Korea*, 1999, Cambridge : Harvard University Press에 실려 있는 몇몇 글들에서 찾아볼 수 있다. 이에 관해서는 김동노, 「식민지의 민족주의를 넘어 근대로」, 『동아시아비평』 6호를 참조할 것.

나타난 결과에만 집착하게 되므로 '원인은 없으면서 결과만 있는 (effects with- out causes)' 역사로 전락하게 되어 피상적인 역사인식이 되고 말 것이다.16) 특히, 식민지 연구에 있어서 이런 식의 역사연구는 외부로부터 이식된 근대적 제도와 기구의 근대성에만 관심을 둔 채 이를 도입한 행위자의 의도와 목적을 배제함으로써 자칫 식민지 미화 론으로 발전될 수 있는 위험성이 있다.

3. 식민지시기 일상생활의 다원성

이 책에 실린 글들은 이러한 문제의식을 공유하여 식민지시기를 인식하는 새로운 대안을 제시하려고 한다. 우선 식민지 근대화론과 수탈론의 이항대립적 구도를 탈피한 보다 다차원적인 식민지시기 인식을 목표로 한다. 실제로 식민지시기에 제도적 차원의 근대성이 확립되기 시작했음을 부인하는 것은 더 이상 큰 의미가 없다. 식민지 조선은 분명 이전의 전통사회에서 찾아보기 힘들었던 여러 가지 근대 적 현상들을 경험하고 있었다. 정치적 제도는 보다 중앙집권화된 형태 로 바뀌어 국민국가의 원형적 형태가 자리 잡게 되었고,17) 다양한

---

16) 이 문제점은 행위자를 배제한 채 역사적 사건의 구조에만 관심을 두는 구조주의적 관점의 역사연구들에서 많이 나타나지만, 다양한 형태의 목적론 적 연사인식에서도 흔히 발견된다. 이에 관해서는 Bruce Cumings, "Interest and Ideology in the Study of Agrarian Politics," *Politics and Society*, No. 10을 볼 것.

17) 여기서 말하는 국민국가(national state)는 단순히 제도적 차원에서 나타나는 몇 가지 근대적 정치제도의 특징들을 의미할 따름이다. 이는 한 민족이 민족적 주체성에 입각하여 국가를 수립함으로써 그 국가에 대한 문화적 정당성을 확보한다는 의미와는 전혀 다르다. 후자는 국민국가가 아니라 민족국가(nation-state)의 개념으로 이해되어야 할 것이다. 두 개념의 차이에

방면에서 자본주의 경제가 도입되고 있었다. 그러나 앞에서도 언급하였듯이, 이러한 근대성의 도입이 식민지시기를 살았던 당시의 조선인들에게 어떤 의미가 있었는지는 거시적 차원에서 일어났던 사회구조의 변화를 통해서는 충분히 파악될 수 없음이 분명하다.

대부분의 기존 연구들은 식민지의 근대성을 단순히 전통사회에서 근대사회로 이행하는 과정에서 나타난 제도적 변화를 통해 접근하려는 한계를 드러내었다. 이 한계를 극복하기 위해 이 책은 당시의 민중들이 일상생활을 통해 식민지의 근대성을 어떤 식으로 경험하게 되었고, 어떤 영향을 받게 되었는가를 살펴보려고 한다. 이 시도에 있어서 특히 관심을 두고 있는 것은, 식민지 근대성에 포함된 식민지성과 근대성이 어떻게 교차하여 상호작용하고 있는가이다. 기존의 많은 연구들이 식민지 근대성의 양 측면 가운데 '식민지성'이나 '근대성'의 일면에만 관심을 둠으로써 식민지의 전체 모습을 부분으로 축소시키고, 부분적 모습을 전체로 일반화하는 모순을 보여주고 있다는 점에서 이 시도는 중요한 의미를 가진다.

식민지의 근대적 일상성 가운데 이 책이 우선 관심을 가지는 것은 도시화라는 공간의 변화가 갖는 의미와 도시민들의 일상생활이다. 식민지 근대성을 검토함에 있어 도시화가 중요한 의미를 갖는 것은, 근대성은 시간을 통해 등장하였지만 공간을 통해 형성되고 완성되었으며, 그 공간은 다름 아닌 도시를 의미하기 때문이다. 이러한 가정 하에 김영근은 「도시계획과 도시공간의 변화」에서 근대적 도시계획과 그로 인한 도시공간의 변화 양상을 검토하고 있다. 조선총독부에 의해 시행된 市區改正事業과 市街地 計劃事業을 통해 서울 중심부의 가로구

관해서는 Charles Tilly, *Coercion, Capital, and European States, AD 990-1990*, Blackwell, 1990, 2~3쪽을 볼 것.

조가 직선격자형의 가로망으로 바뀌었고 이 구조의 기본 틀은 현재까지도 이어지고 있다. 이와 같은 공간구조의 근대화는 도시화가 진행됨에 따라 경성의 도심부에서 주변으로 확대되어 갔지만, 공간구조의 분절화를 통한 식민지성도 동시에 구체화되었다. 특히 가로구조의 변화가 일본인 지역인 남촌을 중심으로 이루어지고 개발됨에 따라 서울의 중심이 조선인 거리인 북촌에서 남촌 지역으로 이동하고, 결국 남촌-북촌이라는 민족으로 차별화된 공간분화가 더욱 분명하게 이루어졌다. 이런 방식으로 경성은 근대적 도시의 공간구조로 바뀌어 갔지만 식민지적 차별성과 공간구조의 분절은 더욱 심화되어 갔다.

 도시의 공간구조가 변화함과 동시에 도시 속에 살고 있는 개인들의 생활도 변화를 경험하게 되는데, 그 가운데 하나는 주택의 변화이다. 김성우는 「새로운 도시주택의 형성과 생활의 변화」에서 일제시대에 일어난 도시화로 인해 도시로 인구가 집중되면서 새로운 형태의 도시주택이 필요하게 되었음을 보여주고 있다. 그는 도시형 한옥, 문화주택, 영단주택과 같은 세 가지의 주택 형태가 일제시대에 나타났음을 주장하는데, 그 원인으로서 외래 문물과 외래 주택의 유입, 생활개선 운동과 주택개량 논의, 산업화에 따른 건축 생산체계의 변화, 도시의 인구유입에 따른 주택사정의 변화를 꼽고 있다. 기존 주택형태를 근대적 형태로 변화시킨 도시형 한옥과 함께 1930년대 이후 나타난 문화주택과 집단거주 형태의 영단주택은 분명 생활의 공간을 근대적 형태로 전환시킨 것으로 이해될 수 있다. 동시에 이들 새로운 주택형태는 생산의 효율성을 위해 자재의 표준화, 평면 및 단면 계획의 표준화, 효율적인 건설관리 방식의 적용 등을 실현했다는 점에서 근대적 주택정책의 한 측면을 보여주고 있다. 물론 이러한 근대적 주택공간 속에서 살아가는 개인들의 생활양식에도 상당한 변화를 가져와 대가족 제도, 남녀구별의 문제,

반상의 차별에 있어 이전과는 어느 정도 달라진 모습을 기대할 수 있게 해준다.

근대적 변화의 또 다른 중요한 측면은 경제적 행위에서 찾을 수 있다. 생산의 방식이 바뀌고, 돈을 벌고 늘려가는 방식이 바뀌고, 소비하는 양식에서 변화가 나타난다. 이미 많은 연구에서 생산의 문제는 다루어진 만큼 이 책에서는 주로 경제적 일상생활의 다른 측면에 주목하려고 한다. 소비양식의 변화에서 가장 두드러진 것은 새로운 소비 공간으로서 백화점의 등장이다. 1920년대 대량생산 체제가 구축되기 시작하여 이를 감당할 수 있는 소비 공간이 필요하게 되면서 일본의 대규모 자본을 바탕으로 한 여러 백화점들(三越, 丁子屋, 三中井, 平田)이 세워지고 1930년대 초에는 이에 맞서 한국인 백화점인 화신이 출현하였다. 오진석은 「일제하 백화점업계의 동향과 관계인들의 생활양식」에서 백화점과 관련을 맺고 있던 관계인들, 곧 경영인, 점원, 소비자들의 생활양식 변화를 신문과 잡지에 실린 수필, 일기문과 인터뷰 기사를 통해 분석하고 있다. 백화점이라는 새로운 유통업이 자리를 잡으면서 경영인들은 판매와 구매는 물론 인력과 재고, 그리고 재무를 관리함에 있어 새로운 경영기법들을 습득하여 활용함으로써 자본주의적 경제 질서를 수립해 가는 모습을 보여주고 있다. 그러나 자본주의적 경영기법 도입의 다른 측면은 노동자에 대한 체계적인 통제로 이어져 노동자들은 인조인간 혹은 기계에 비유될 만한 생활을 하였고, 이는 마치 채플린의 영화 "모던 타임즈"에서 나타난 근대적 인간의 모습을 연상시키기도 한다. 일반 소비자들은 백화점을 통한 소비행위와 함께 이 공간이 제공하는 오락과 사교, 문화시설을 통해 근대의 맛에 취하기도 했다.

백화점을 비롯한 새로운 대량 유통구조의 등장이 초래한 변화 가운데 하나는 유행 혹은 패션의 전파이다. 이경훈은 「요보·모보·구보 : 식민지의 삶, 식민지의 패션」에서 근대적 문물과 제도의 수입이 어떻게 개인들의 행위와 감각과 욕망, 언어, 담론에 영향을 미치는가를 보여주고 있다. 빼앗긴 땅으로서 식민지는 애초부터 술 권하는 사회일 수밖에 없으며, 이런 특성을 가장 잘 드러내는 것이 '하이브리드 하꾸라이(舶來)'이다. 식민지에서 근대란 수입되었을 뿐만 아니라 잡종이며, 이 둘은 서로를 매개하며 서로를 강화한다는 점에서 이 폭탄주는 식민지의 정체성을 훌륭히 상징하고 있다. 식민지를 살아가는 근대적 조선인의 모습은 모던 보이와 모던 걸로 그려진다. 이들은 식민지인으로 규율되기조차 어려운 '상투쟁이'와 '요보(여보라는 호칭을 많이 사용하던 조선인들을 비하하며 일본인들이 사용한 비칭)'를 깔보는 대신, 쇼윈도를 선망하는 시선을 통해 스스로 근대적 소비 대중의 식민지 시민권을 획득해 가는데, 생산에서 소외된 식민지 주체는 오직 소비와 관계하여 스스로의 좌표를 확인해간다고 글쓴이는 주장한다.

　경제적 근대성은 소비방식의 변화와 함께 부를 축적하는 방식의 변화를 동시에 요구한다. 한수영은 「하바꾼에서 황금광까지」에서 채만식의 소설분석을 통해 이 변화를 찾아내고 있다. 우리 근대소설사를 대표할 만한 문제작인 『탁류』의 米豆場은 근대적 자본주의 경제에 편입된 투기자본이 횡행하는 곳이었으며 따라서 조선농민의 몰락을 상징하는 공간으로 이해된다. 미두장에서 불법적인 거래시장을 형성하는 '절치기꾼(하바꾼)'과 함께 근대적 투기의 모습을 적나라하게 보여주는 것은 황금광 시대로 불리는 금광개발열풍이다. 금본위제의 폐지와 함께 금의 수요가 급증하자 금 밀매에 맛을 들인 조선인들은 생업을 포기하고 투기사업에 매달림으로써 일상생활의 왜곡을 경험하게 된다. 이렇듯 식민지의 근대성은 일그러진 근대의 모습으로 부각되고 있다.

근대적 도시문화의 마지막 모습으로 이 책에서 다루고 있는 것은 漫文문화이다. 글이 갖는 추상성과 그림이 갖는 구체성이 상호결합하여 이루어진 만문문화는 새로운 장르를 형성하면서 식민지의 통제 속에서 문화적 소통의 방식을 개척하였다. 신명직은 「식민지 근대도시의 일상과 만문문화」에서 식민지의 문화가 가진 이중성을 강조하고 있다. 모던 보이와 모던 걸들이 보여주는 근대도시 경성의 다양한 모습들을 바라보는 당대 만문문화가들의 시선 역시 이중적이긴 마찬가지이다. 화려한 모던 걸들의 패션에 대해 한편으로는 그들이 능동적으로 새로운 문화를 받아들였다며 긍정적인 시선을 보내다가도, 다른 한편으로는 그들이 자신의 정체성을 유지하기 위해서는 어딘가에 기생해서 살아갈 수밖에 없는 당대의 풍토를 문제삼는다. 모던 걸들이 종로거리에 나다니는 거지들과 전혀 다를 바 없다는 만문만화가들의 지적은 식민지 근대성의 이중성, 즉 받아들일 수밖에 없지만 꺼림칙함이 여전히 남아있는 그러한 이중성을 보여주고 있다.

근대의 침투는 도시화와 도시문화에만 국한된 것은 아니었다. 농촌에도 근대의 영향은 마찬가지로 스며들고 있었다. 이경란은 1930년대 농민소설의 분석을 통해 식민지 근대화에 따른 농민생활의 변화를 보여주고 있다. 일본의 침투와 함께 신작로와 철도가 세워지고 철도의 시간표에 따라 사람과 물건들이 이동하게 된다. 이러한 새로운 유통경로의 확보는 생산성의 향상을 목표로 하게 되고, 이에 맞추어 새로운 농법과 종자, 비료가 총독부의 정책에 따라 도입되었다. 동시에 저수지를 포함한 근대적 수리시설을 만드는 콘크리트 구조물은 높은 생산성의 상징이었다. 그러나 근대적 합리성이 모든 조선인들에게 동일하게 긍정적 효과로 작용했던 것은 아니다. 일부 지주와는 달리 소작농을 포함한 대부분의 농민들은 강제화된 근대성으로 인해 궁핍을 겪게 되어, "세상은 점점 개명되어 간다는데, 사람살기는 더 곤란하니 웬일인가?"라는 질문을 스스로 던지게 된다.

식민지 시기의 근대는 도시를 넘어 농촌으로 그리고 도시와 농촌의 공간적 분할을 넘어 일상생활의 거의 모든 영역에서 나타나고 있으며, 때로는 전통의 변형을 통해 그 모습을 드러내기도 했다. 그 가운데 하나는 민간신앙의 영역이다. 이필영은 「일제하 민간신앙의 지속과 변화」에서 무속이라는 전통의 요소가 근대와 접촉하면서 어떻게 지속과 변화를 경험하게 되었는지 보여주고 있다. 식민지 시기는 다양한 근원으로부터 미신을 타파하려는 '미신타파의 광기'가 넘치는 시기로 인식될 수 있다. 식민지 통치당국은 종교정책을 통해, 기독교는 선교의 장애물을 제거하고 근대화의 지름길을 열기 위해, 그리고 우파적 민족주의자와 좌파 지식인도 각기 목적은 달랐지만 모두 미신타파를 주장했다. 근대의 이름으로, 과학의 이름으로, 그리고 식민지 정책의 이름으로 무속은 억압되어 일부는 쇠퇴하거나 소멸되었지만, 여전히 민중들에게 있어 무속은 호소력 있는 전통이었다. 무당의 선굿이나 앉은굿은 번성하였고, 집집마다 객귀물림으로 거리를 더럽힐 정도로 가정신앙 의례도 수그러들지 않고 계속되었다. 이것은 곧 근대와 식민지가 민중들에게 균등하게 받아들여진 것이 아니라 상당한 불균형과 분절된 채로 경험되고 있었음을 보여주는 사례이기도 하다.

식민지를 완성시키기 위한 가장 근본적인 방법은 조선인들을 식민지인으로 만드는 것이다. 이를 위해 식민통치 체제는 근대적 규율체계를 필요로 했다. 때로는 알튀세(Althusser)가 말하는 국가의 이데올로기적 장치(ideological state apparatuses)를 통해, 그리고 때로는 푸코가 말하는 근대적 감시체계를 통해 이러한 목적은 성취되어갔다. 조선인을 가장 철저하게 식민화 시키는 수단은 교육을 통한 인간 내면구조의 변화였다. 김경미는 「보통학교 제도의 확립과 학교훈육의 형성」에서 식민지 교육의 목표가 대중교육을 통해 국민성을 개조함에 있음을 보여주고 있다. 통감부 시대부터 이미 국민교육의 핵심은 천황과 국가에 대한 존왕애국 정신을 함양함에 있음이 분명하다. 이를 위해 학교교육에 있어서는 지식과 기술의 획득과 함께 신체의 반복 훈련을 통해 규율을 습득하는 훈육과 덕육의 중심교과인 修身이 가장 우선적인 과목으로 배치되었다. 이러한 훈육을 통해 보다 많은 조선인들이 근대의 규율과 권위에 대한 순종을 내면화했을 것으로 저자는 인식하고 있다. 즉, 조선인 학생들이 민족의식의 각성으로 인해 보통학교의 천황이데올로기 교육을 무위로 돌릴 수도 있지만, 학교교육은 필요한 경우 일본에 대한 복종을 근대 문명에 대한 時勢에 따른 삶의 태도로 합리화할 수 있는 기반을 만들어 준 것이다.

교육이 보다 근본적인 인간성 개조의 수단이기는 하지만 오랜 시간에 걸쳐 수행되는 간접적인 수단이었다면, 식민지 조선인에 대한 보다 직접적인 규율체계의 도입은 경찰과 감옥제도를 통해 이루어졌다. 김경미와 달리 장신은 「경찰제도의 확립과 식민지 국가권력의 일상침투」에서 교육을 비롯한 이데올로기 장치를 통한 규율의 '내면화'가 실패했다는 입장에서 식민지 규율권력이 민중에게 침투되는 과정을 경찰 제도를 통해 살펴보고 있다.

특이하게도 일제의 식민경찰은 단순히 치안을 담당하는 것에 그치지 않고 개인의 일상생활 모든 영역에 걸쳐 간섭하는 행정경찰의 역할을 수행했기 때문에 '관청'과 동일시되었다. 실제로 경찰은 일반적인 행정은 물론 개인의 위생과 풍속에 관해서도 개입을 했고, 가벼운 죄의 경우에는 재판을 거치지 않고도 자의적 판단에 따라 처벌을

할 수 있었기 때문에 '면의 총독'으로 군림할 수 있었고, 식민지형의
인간을 만들어내는 강력한 규율의 기제로 작용하였다. 일제 총독부가
규율장치를 주로 강압력에 의존했던 만큼 저자는 식민지 시기의 규율
은 강제화 되기는 했었으나 조선인들에게 내면화되지는 못했음을
주장한다.

   강제화 된 규율체계의 가장 극단적인 형태는 감옥을 통한 인간의
개조일 것이다. 흔히 근대에 들어서 나타난 특징 가운데 하나로서
전통사회의 억압적 방법을 대신하는 보다 인간적인 그러나 동시에
보다 체계적인 훈육방식의 형성을 지적하는데,[18] 식민지 조선에서는
이러한 변화와 함께 전통의 억압적 방법이 동시에 활용되면서 조선인
들을 식민지인으로 길들이려고 했다. 이종민은 「감옥 내 수형자 통제를
통해 본 식민지 규율체계」에서 범죄자를 사회로부터 격리시키는 조선
시대의 형벌체계로부터 일제에 들어 감옥이 새로운 사람으로 만들어
내는 교정의 장소로서 어떻게 새롭게 활용되었는가를 적절히 보여주
고 있다. 그럼에도 불구하고 그는 식민지 형정에서 전통시대의 주된
처벌수단이었던 태형이 얼마나 널리 사용되었는가를 동시에 보여주고
있다. 이것은 자발성에 근거하지 않은 식민지 근대성이란 이를 이식하
는 주체의 필요에 따라 전통의 일정 부분—주로는 전통의 부정적
요소—과 선택적으로 결합하여 왜곡된 모습으로 발전될 수 있음을
의미한다.

   조선인의 몸에 대한 통제로서 일제가 도입한 또 다른 식민정책은
위생의 문제이다. 양질의 인적 자원을 확보할 필요가 있었던 일제의
입장에서는 인구의 급격한 감소를 가져올 수 있는 전염병의 발생이나

---

18) 이에 관해서는 Michel Foucault, *Discipline and Punish : The Birth of the Prison*, Vintage Books, 1979 참조.

전파를 억제하기 위한 방역체계를 만들 필요가 있었다. 박윤재는 「한말·일제 초 방역법규의 반포와 방역체계의 형성」에서 일제의 방역활동 주체가 누구였으며 그 영향은 무엇이었는지를 검토하고 있다. 방역사업이 행정조직에 의해 실행되었던 일본에 비해 위생경찰이 이 역할을 맡았던 조선의 식민지 초기에는 훨씬 강제적 수단이 활용되었다. 이에 따라 방역이라는 목적을 위해서는 다른 요소들이 무시될 가능성이 컸고, 개인의 인권이 무시되는 방역조치들이 시행될 수 있는 기반이 제공된 것이다. 결국, 개인에 대한 규율은 이와 같이 강압력에 기반한 강제화된 근대성의 도입으로 그 목적을 이루어가고 있었던 것이다.

4. 맺음말

이 책이 다루고 있는 다양한 일상생활의 영역에서 확인되듯이, 일제 식민지시기 우리사회에서는 전통시대에는 찾아보기 힘들었던 근대의 여러 모습들이 새롭게 자리잡아가고 있었다. 이미 많은 연구들이 밝혀내었듯이, 정치와 경제의 영역에서 근대적인 형태의 제도들이 수립되었다. 이에 따라 근대적 제도 속에서 살아가는 개인들의 일상생활도 이전과는 많이 다른 형태로 바뀔 수밖에 없었을 것이다. 이러한 변화로 인해 그 가운데 일부는 근대의 혜택을 누리면서 새로운 제도와 문화가 가져다주는 풍요로운 삶을 살았을 것이다. 그러나 근대라는 것이 많은 조선인들에게는 긍정적인 가치를 가진 마술로 인식되지는 않았을 것임이 분명하다. 오히려 이전에 경험해보지 못했던 다양한 근대의 신비로움이 나의 것이 아닌 남의 것으로 받아들여지는 생경함으로 인해 타자화 되거나 소외된 근대의 경험을 가졌을 수도 있을 것이다.

동시에 근대라는 것은 균일한 모습이 아니라 때로는 긍정적으로 그리고 때로는 부정적으로 발현되는 불균등한 발전으로 다가오기도 했다. 근대로 전환되는 과정도 자연스럽고 순조롭기보다는 근대의 여러 층위들 사이 그리고 근대와 전통 사이의 부접합(dislocation)으로 인한 불편스러움이 더 두드러졌다.

근대성의 원형적 형태가 이와 같이 부자연스럽고 왜곡된 모습으로 나타나는 것은 근대성이 우리 내부의 자발적 힘에 의해 만들어진 것이 아니라 외부에서 이식된 강제화 된 힘으로 작용하였기 때문이다. 이것이 식민지 근대성이 갖는 특징이자 한계이다. 따라서 이 시기에 발생한 식민지 근대성은 한편으로는 근대성으로 다른 한편으로는 식민지성으로 인식되어야 할 것이다.

식민지시기에 관한 기존의 많은 연구들은 식민지성이나 근대성 가운데 한 측면만을 강조함으로써 두 요소가 어떻게 상호작용 하여 하나의 실체를 만들어 내는가를 설명하지 못하는 한계를 보여주었다. 충분하지는 않을지 모르겠지만, 이 책에서는 이러한 한계를 넘어 식민지 근대성의 양 측면을 밝히는 데 초점을 두었다. 그리고 일상생활의 다양한 영역에서 근대는 식민지성을 수반하였고 다른 한편으로는 전통의 부정적 요소와 결합되어 불완전한 근대의 모습으로 구체화되었음을 확인했다. 이 시도를 통해 우리는 현대 우리사회의 역사적 기원에 관한 중요한 단서를 찾을 수 있을 것이다. 근대성의 식민지적 기원이 해방 이후 민족국가를 만들어 가는 과정에 미친 영향은 물론이며 현재 우리사회에서 나타나고 있는 근대성의 다양한 특수성과 딜레마를 설명하는 데 이 시도가 중요한 공헌을 할 수 있을 것이기 때문이다.

제1부
근대 도시 경험과 도시민의 일상

도시계획과 도시공간의 변화

김 영 근[*]

1. 머리말

이 연구의 목적은 한국 사회에 실시된 근대적 도시계획과 그로
인한 도시공간의 변화 양상을 검토하는 것에 있다. 그러나 근대적
도시계획의 역사와 그와 연관된 공간변화 문제는 시공간적으로 상당
히 광범위한 주제이기 때문에, 이 글에서는 연구 범위를 좁혀 중요한
몇 가지 사항을 중점적으로 살펴보고자 한다. 우선 시간적으로는 일제
하 식민지 시기를 중심으로 검토하려 한다. 일제가 시행한 정책과
그로 인한 사회변화를 근대적인 것으로 간주할 수 있는가에 관해
논란의 여지가 있긴 하지만, 식민지 시기에 근대적 성격의 도시계획이
본격적으로 전개되었고 그와 함께 이전 시기와 차별성을 띠는 공간변
화가 새롭게 일어난 것이 사실이기 때문이다. 또한 연구 대상으로서
이 글에서는 수도 서울의 경우를 분석하고자 한다. 예나 지금이나
서울 지역이 한국 사회를 대표하는 장소임은 두 말할 것도 없지만,
그 외에도 서울은 식민지 시기 이전인 한성부 시절에 근대적 도시계획

---

* 연세대학교 사회발전연구소 연구원, 사회학

이 처음으로 시도되었던 곳이었고 또한 일제하의 京城 시절에는 도시
계획 등의 식민지 근대화 정책이 집중되었던 공간이었기 때문이다.

한편 근대 한국사회의 변동과정을 연구하는 데 있어 도시 공간에
대한 분석은 몇 가지 점에서 매우 중요한 의미를 갖는다고 할 수
있다. 먼저 연구사적인 측면에서 볼 때, 기존의 연구가 정치·경제적
수준의 사회변동 과정에 집중되면서, 사회적 수준에서의 사회변동에
대한 연구는 별로 이루어지지 않았다는 사실이다. 때문에 이 연구에서
다루는 영역은 근대 사회변동의 전체상을 밝히는 데 있어 중요한
부분을 차지한다고 할 수 있으며, 더구나 근대적 사회변화의 공간적
표현이 곧 도시화 과정임을 생각할 때, 근대적 도시계획과 도시공간의
변화에 대한 이 연구는 한국 근대사회의 변동 양상을 보다 풍부하고
생동감 있게 파악하는 데 도움이 될 것이라 생각된다. 또한 "근대성은
시간을 통해 등장하였지만 보다 중요하게는 공간을 통해 형성되고
완성되었으며, 그 공간은 다름 아닌 도시를 지칭한다"[1]라고 표현된
것처럼, 도시 공간을 통해 우리사회에 형성된 근대성의 특징을 파악할
수 있다. 따라서 일제하의 도시공간에 대한 연구를 통해 식민지적
근대성의 특징을 추상적이지 않은 수준에서 보다 구체적으로 살펴볼
수 있을 것이다. 그리고 이러한 연구를 통해 한국 사회의 근대성 논의에
역사성을 제공해줄 수 있다고 생각한다.

이 글에서 중점적으로 다룰 내용은 일제시기의 도시계획과 공간분
화 문제이지만, 제2장에서는 우선 개항 이후 형성되는 근대도시를
두 가지 도시군으로 나눠서 간략히 검토한다. 이는 일제 시기에 본격적

1) Friedland, R. and Borden, D., "Nowhere : an Introduction to Space, Time
and Modernity" *Nowhere : Space, Time and Modernity*, edited by R. Friedland
and D.Borden, Berkeley : University of California Press, 1994(조명래, 「근대
성·도시·도시론」, 『한국사회학』 제31집, 1997, 365쪽에서 재인용).

으로 진행되는 도시화 과정의 배경으로서 살펴볼 필요가 있으며, 또한
근대 도시사 연구에 포함될 도시군의 범위를 파악하는 데 도움이
되리라 판단되기 때문이다. 제3장에서는 근대적 도시계획의 역사를
대한제국시기와 일제시기로 나누어 살펴보는데, 특히 기존의 연구를
바탕으로 하여 몇 가지 대표적인 정책을 중심으로 검토하고자 한다.
그리고 제4장은 도시공간의 변화에 관한 부분인데, 여기서는 가로구조
의 변화와 그 결과 나타나는 공간분화 현상을 통해 그 변화를 살펴본다.
특히 공간분화 문제에서는 민족별 공간분화와 도심－주변지역의 공간
분화라는 두 가지 특징을 통해 식민지 도시공간의 성격을 설명하고자
한다.

2. 개항 이후 근대 도시의 형성

개항 이후 한국 사회에 형성된 근대 도시는 크게 두 종류의 도시군으
로 나누어 볼 수 있을 것이다. 그 하나가 이른바 개항도시로서, 개항장과
開市場으로 지정되어 경제 중심의 새로운 신도시로 성장한 곳을 말한
다면, 다른 하나는 전통도시로서 개항 이전부터 도시지역으로 기능하
였고 개항 이후 나름대로 지방행정의 중심지로 발전해 온 도시들이
다.[2]

먼저 개항 이후 개항장으로 형성된 지역과 그 시기를 보면, 부산
(1876), 원산(1880), 인천(1883), 목포(1897), 진남포(1897), 군산(1899),
성진(1899), 마산(1899), 용암포(1904), 청진(1908)이며, 내륙지역에서

---

2) 이에 관해서는 손정목, 『한국 개항기 도시사회경제사연구』, 일지사, 1982를
기초로 하였다.

개시장으로 설정된 지역은 한성(1882), 용산(1884), 경흥(1888), 평양
(1899), 의주(1904) 등이었다. 이와 같이 개항장과 개시장은 개항 시점
부터 한일합방 직전까지 지속적으로 설정되었으며, 일본의 직·간접
적인 영향력 속에서 조성되면서, 몇 지역을 제외하고는 모두 신흥도시
로 발전하게 된 지역이었다. 특히 이 가운데 한성과 평양을 제외하면
모두 개항 이후 새롭게 성장한 지역들이라 할 수 있는데, 이러한 개항도
시들은 분명 이전의 도시들과는 그 성격을 달리했으며, 19세기 말에서
20세기 초 근대적 사회변동의 흐름 속에서 근대도시로서의 모습을
보여주고 있었다. 게다가 이들 지역의 대부분이 일제시대에 지금의
시에 해당하는 府로 지정되면서, 식민지 시대의 대표적인 근대도시로
성장하는 곳이기 때문에, 이러한 개항도시들은 한국의 근대 도시사에
있어 중요한 부분을 차지한다고 할 수 있다.

하지만 개항도시가 근대사회의 새로운 특징을 표현하는 대표적인
도시였다고 해도, 개항 이전에 도시로 존재해 왔던 곳들도 급속한
사회변동의 흐름 속에서 변화할 수밖에 없었다. 기존의 도시들이 개항
도시에 비해 상대적으로나 덜 발전하였고, 또한 실질적으로 여러 가지
점에서 뒤처진 것은 사실이지만, 전반적인 사회구조적 변동 속에서
일정하게 근대적 성격을 띠는 도시로 변모한 것도 사실이었다. 개항
이후 수차례에 걸친 지방제도의 개편으로 행정의 중심지로 된 전통도
시들의 경우, 개항도시와는 또 다른 특징을 갖는 근대적 도시로서의
성격을 띠게 되었던 것이다.

특히 갑오개혁기 초기인 1895~1896년에 실시된 지방제도 개정은
개항도시와 대비된 전통도시의 변화에 있어 중요한 계기를 이룬다고
할 수 있다. 이 시기에 실시된 그러한 제도적 개편은 갑오개혁이라는
전반적인 사회변동의 흐름 속에서 사회개혁의 일환으로서 이루어진

것이었는데, 보다 구체적으로 1896년 칙령 제36호로 발표된 행정구역
개편이 무엇보다도 전통도시의 변화에 있어 중요한 의미를 갖는 것이
었다. 이 행정구역의 개편으로 인해 기존의 23府制가 1道府(한성부)
13道 1牧(제주목) 체제로 바뀌었고 - 이와 같은 1도부 13도 체제는
그 기본이 오늘날까지 이어진다 -, 각 도의 首府로 정해진 전통도시들
은 근대적 도시로 변화할 기회를 갖게 되었기 때문이다. 예를 들어,
각 도를 대표하는 府 소재지 도시에 부청을 비롯하여 각종 행정기관과
법원, 세무서, 우편국, 교통시설 그리고 학교와 같은 공공기관들이
들어서게 되었고, 따라서 이들 도시들은 경제중심의 근대도시로 성장
한 개항도시와는 다른 측면에서 근대적 성격을 보여주고 있었던 것이
다. 이때 각 도의 首府로 된 곳이 바로 수원(경기), 청주(충북), 공주(충
남), 전주(전북), 광주(전남), 대구(경북), 진주(경남), 해주(황해), 평양
(평남), 정주(평북), 춘천(강원), 함흥(함남), 鏡城(함북) 등이었다.

개항 이후 근대도시는 이와 같이 두 도시군으로 형성되고 있었던
것인데, 이러한 도시발전 양상은 한국이 실질적으로 식민지화 된 시기
인 1906년의 행정구역 개편에 의해 또 다른 변화를 맞게 되었다.
즉, 1906년 9월 칙령 제48호로 발표된 조치에 의해 행정구역 체계가
1首府 13道 11府 332郡으로 바뀌면서, 개항장이 위치한 대부분의
군들이 새롭게 府로 지정되었던 것이다.[3] 이전의 13도 체제는 그대로
유지되었지만, 觀察府 소재지로서 전통적으로 중요했던 도시들은 부

3) 인천, 옥구(군산), 무안(목포), 창원(마산), 동래(부산), 덕원(원산), 성진, 삼화
(진남포), 경흥, 의주, 용천(용암포) 등이 府로 승격된 것이었다. 당시까지
형성된 개항장이 모두 포함되고(청진은 1908년이었다), 개시장 가운데 전통
적 도시였던 한성과 평양, 용산이 제외되었지만, 경흥과 의주는 포함되었다.
한일합방 직후 위 지역이 지금의 市와 같은 성격을 갖는 府로 지정되면서
대표적인 식민지 도시로서 성장하였는데, 이들 지역이 이때 이미 부로 승격되
었던 것이다.

로 지정되지 않았음에 비해, 새로 성장한 도시들이 부로 지정되었던 것이다. 이때 부로 지정된 도시들은 이사청 소재지로서, 이 시기 중앙의 통감부 체제 수립과 함께, 지방의 중심지로서 자리잡기 시작했음을 보여주는 것이었다. 따라서 식민지화가 진행됨에 따라, 전통도시들의 역할은 이른바 신흥도시들에게 밀리기 시작했고, 실제로 도시적 경제 활동이나 도시적 면모에 있어서도 전주가 군산보다, 광주가 목포보다, 진주는 마산보다, 그리고 개성·수원은 인천보다 오히려 뒤처지고 있었다.

하지만 그럼에도 불구하고 이 시기까지 각 도를 대표하는 전통도시들은 여전히 지방행정의 중심지로 기능하였고, 근대행정, 교통체계, 상업의 발달에 따라 근대도시로 변모해 나가고 있었다.4) 따라서 개항 이후의 근대도시의 형성은 위에 언급했듯이 전통도시와 개항도시의 두 도시군으로 살펴볼 필요가 있는데, 이러한 근대도시의 발전에 있어 두 가지 도시군의 성격을 동시에 대표할 수 있는 도시, 그리고 그런 변화의 정점에 있는 도시가 바로 서울이었음은 말할 것도 없다. 이런 의미에서 이 글에서 근대적 도시계획의 전개와 도시공간의 문제를 다룰 때, 서울에서의 변화를 중심으로 하여 검토하고자 하는 것이다.

3. 근대적 도시계획의 전개

1) 대한제국기의 도시계획

한국에서의 근대적 도시계획은 개항기의 사회변동 과정에서 시작되

---

4) 식민지 시기 초기에 府로 지정되지 못한 전통도시 가운데 많은 도시들이 1930년대에 부로 지정된다.

었다. 위에서 언급했듯이 개항 이후 도시의 발전이 눈에 띄게 진행되었
고 갑오개혁기의 전반적인 사회개혁의 움직임 속에서 행정제도의
개편이 이루어졌는데, 그런 변화를 배경으로 근대적 도시개조에 관한
논의가 나오기 시작했던 것이다.[5] 그리고 아관파천 후, 특히 대한제국
기에 실시된 여러 정책들을 보면, 이때부터 본격적인 근대적 도시계획
이 시작되었음을 알 수 있다.[6]

이 시기의 근대적 도시계획이 어떠한 규모로 어떻게 실시되었는지
는 대표적으로 수도인 한성부에 대한 도시개조 사업을 통해 확인해
볼 수 있다.[7] 대한제국 수립후 서울은 제국의 皇城이 되었기에, 제국의
위상을 표현하고 그것을 외국에 보여주기 위해서라도 王都改造 사업은
매우 중요한 사업이었고, 실제로 많은 변화가 짧은 시간 동안에 진행되
었기 때문이다.

당시에 서울의 도시개조 사업 관련 설계도나 진행된 사업에 대한
역사적 자료, 또는 그에 대한 역사적 연구가 많이 부족한 상태이지만,
몇몇의 단편적인 사실들을 통해 볼 때 당시의 주요 사업 내용은 다음과

---

5) 예를 들어, 아관파천 후 내부대신으로 내각 총리대신서리를 겸하면서 서울의
   개조사업을 주도했던 박정양은 이미 1895년 8월에 「道路 修治와 假家 基地를
   관허하는 건」을 법령으로 통과시켰으며, 박영효는 1895년 한성판윤으로
   治道局을 설치하고, 이어 내부대신으로서 각 지방수령들에게 치도에 관한
   내용을 포함한 「88개조의 訓示」를 내리기도 하였다(이태진, 「1896~1904년
   서울 도시개조사업의 주체와 지향성」, 『한국사론』 37, 1997, 183~184쪽).
6) 김광우는 갑오개혁(1894)에서 조선시가지계획령 제정(1936)까지의 시기를
   한국 근대적 도시계획 역사의 초기라고 설정하고 있다(김광우, 「대한제국시
   대의 도시계획-한성부 도시개조사업-」, 『향토서울』 50, 1990, 96~97쪽).
   한편, 이태진은 1896년 아관파천 후에 시작된 서울 도시개조사업이 우리나라
   최초의 근대적 도시계획이라고 규정하고 있다(이태진, 위의 글, 205쪽).
7) 이에 관해서는 김광우, 위의 글 ; 이태진, 위의 글 ; 이태진, 「18~19세기
   서울의 근대적 도시발달 양상」, 『서울학연구』 4, 1995 등을 기초로 살펴보고
   자 한다.

같은 것이었다.[8]

첫째, 도로 및 하천정비(기존도로의 정비, 개천 우물 정비, 경운궁 앞의 방사상 도로 등의 신설도로), 둘째, 제국의 수도로서 상징성을 갖는 중심 건축물의 축조(경운궁, 독립문, 원구단, 황제즉위 40주년 기념비전), 셋째, 새로운 공원 조성(독립공원, 경운궁 퍼브릭 파크, 탑골공원), 넷째, 새로운 문명시설 도입(전기, 수도, 전차, 철도), 다섯째, 산업시설 지역의 설정(용산 관영 공장지대) 등이다.

위 항목 가운데 가장 먼저 이루어진 사업은 기존도로의 정비에 관련된 것으로서, 대한제국 수립 이전인 1896년 9월의 「漢城 내 道路의 폭을 개정하는 件」에 의해 진행된 개조사업이었다. 이는 주로 종로와 남대문로 등 서울의 중심 간선도로에 대한 정비사업으로, 도로의 양옆으로 들어선 假家 건물에 대한 정비와 도로폭의 원상 회복이 주요 목적이었다. 위 도로 외에 성 안팎의 연결도로 역시 이 시기에 확장 정비되거나 공사가 계획되고 있었지만, 이 시기에 주로 실시된 사업은 기존의 대표적인 도로를 정비하는 것이었다. 또한 이러한 변화 외에 이 시기의 도시개조 사업에서 무엇보다 중요한 점은 경운궁의 대안문 앞을 중심으로 방사상 도로를 만든 것이었다. 방사상 도로망 체계는 이미 서구의 대도시에 많이 적용되었던 도시계획안이었는데, 당대에 서구에서 유행하였던 도로구조가 서울에 적용되었다는 점에서 의미가 있었다.[9]

---

8) 이태진, 앞의 글, 1997, 188~189쪽.

9) 이 시기 서울의 도시개조사업을 주도했던 사람은 박정양과 한성부 판윤 이채연 등이었고, 이들은 1887년부터 수년 간 미국의 워싱턴 시에 외교관으로 근무한 경력을 가지고 있었다. 따라서 그들이 보았던 도시구조, 방사형 직교로로 유명한 워싱턴 시에서의 경험이 한성부 도시개조 사업에 큰 영향을 미쳤던 것으로 보인다(이태진, 위의 글, 1997, 190~191쪽).

따라서 이 시기의 도로망 개조사업을 간단히 보면, 먼저 종로나 남대문로 등의 기존 간선도로를 정비한 후 방사형 도로로 도성 안 도로의 연결성을 높이는 한편, 성안과 밖의 주요 연결도로를 정비하는 것이었다. 경운궁 앞의 도로를 중심으로 하여 도로망 구조를 새롭게 형성하려 했던 이와 같은 움직임은 기존 가로구조의 틀을 깨는 획기적인 것이었다.

물론 이와 같은 도로 개조는 위의 두 번째 사업 즉, 상징성을 갖는 건축물의 건립 문제와 함께 대한제국 수립 전후의 정치적인 상황을 반영하는 성격을 가진 것이지만, 도로구조나 건축물이 기본적으로 도시구조의 틀과 외형을 결정짓는다는 점에서 도시 변화에 실질적으로 중요한 의미를 갖는다고 할 수 있었다.

한편, 위의 사업 내용에 있는 공원 조성, 새로운 문명시설, 산업시설 지역의 설정 등은 근대적 도시의 특징을 보여주는 대표적인 항목들이며, 이는 새로운 도로망의 형성과 함께 이 시기 도시개조 사업의 근대적인 성격을 잘 보여준다고 할 수 있다. 특히 종로통과 남대문로 등에 대한 도로정비가 완성된 후, 종로를 통과하는 서대문~청량리 구간 철도 개통(1899), 구용산까지의 노선 확장(1900)과 서대문~남대문 구간의 부설(1901),[10] 전차 개통 시점에 이루어진 탑골공원 조성(1899), 거리의 가로등 점등(1900) 등의 일련의 사업은 모두 근대적 도시계획의 일환으로서 진행된 것이었다.

서울에서 진행된 이러한 근대적 성격을 갖는 도시계획은 개항 이후의 급격한 사회변동 속에서 급속히 이루어진 편이었다. 방사형 도로망의 조성이 당대 서구에서 유행한 방식을 따르는 것이었다고 말했지만, 전차의 경우도 그러했다고 할 수 있다. 유럽의 도시에서 전차의 도입

10) 김영근, 「일제시기 서울의 근대적 대중교통」, 『한국학보』 Vol.26-1, 2000.

시기가 서울에서 처음 전차가 운행된 시기와 같은 1890년대였으니,[11] 서울의 전차는 도시화의 수준에 비한다면 서구에 비해 상당히 일찍 도입된 셈이었다.

　서울의 도시개조 사업을 통해 볼 때, 이 시기의 근대적 도시계획은 그것의 정치적인 목적과 관련하여 도로구조와 건축, 도시시설 등의 여러 방면으로 동시에 실시된 것이었으며, 도시화 등 여러 사회경제적 조건에 비해 먼저 진행된 것이 사실이었다. 하지만 이런 새로운 도시계획의 실시와 그로 인한 도시공간의 변화는 개항 이후 사회변동의 전체적인 흐름 속에서 피할 수 없는 것이었다.[12] 그리고 서울이 그런 변화가 집중되는 대표적인 장소였지만, 서울의 도시개조 사업이 본격적으로 진행되기 시작한 1896년에 또한 지방행정 제도의 개편이 이루어졌듯이, 이 시기에는 서울 이외의 다른 도시, 즉 개항도시뿐만 아니라 대표적인 전통도시에서도 많은 변화가 있었을 것이라 판단된다.

　2) 일제시대의 도시계획

　도시공간의 변화 문제와 관련하여 여기서는 아래의 두 가지 사업, 특히 가로구조와 관련된 내용을 중심으로 살펴보려 한다. 당시에 실시된 '市街地 建築取締規則',[13] 토지나 공간이용에 관한 여러 가지 조치

---

11) Mckay, Hill, Buckler, *The History of Western Society II*, Sixth Edition, Houghton Mifflin Company, 1999, 797쪽.

12) 그러나 근대화 사업의 일환으로서 1896년 시작되어 대한제국기에 본격화되었던 이러한 도시개조 사업은 1905년 이후 한국이 일제의 실질적인 식민지로 전락하면서 중단되었고, 이후의 근대적 도시변화는 식민지 근대화 사업의 하나로 진행되었다.

13) 도로의 신설·확장에 따른 시가지의 건축 통제 및 시가지에 대한 최소한의 지역지구제를 적용하기 위하여 1913년 2월 제정된 법령으로서, 시구개정과 함께 당시 도시계획의 중요한 부분을 이루는 것이었다(손정목, 『일제강점기

들도 중요한 도시계획 사업이었지만, 기본적으로 아래 두 사업에 의한
가로구조 변화가 도시공간 구조를 변화시킨 도시계획 사업이었기
때문이다.

① 市區改正事業

조선총독부는 1912년 10월 7일 각 도에 훈령 제9호를 시달하여
주요 시가지의 市區改正 또는 확장을 할 때에는 계획설명서 및 도면을
첨부하여 미리 인가를 받도록 지시했는데,[14] 이에 따라 이루어진
사업이 바로 시구개정 사업이었고 이것이 1930년대 중반까지 실시된
일종의 도시계획 사업을 규정한 조치였다.

조선총독부는 이와 같은 간단한 훈령을 공포한 후, 같은 해 11월
6일 총독부 고시 제78호로서 京城市區改修豫定計劃路線이라는 것을
발표하였다.[15] 식민지 수도로서 갖는 중요성 때문에 서울(경성)이
시구개정 사업의 첫 대상이 된 것이었는데, 이 계획이 1930년대 중반까
지 경성의 가로를 개조하고 규제하는 모든 조치의 기초가 된 것이었
다.[16]

그러나 서울 지역의 경우, 한일합방 이전부터 용산을 중심으로 한
일본인 거류지역에서는 이미 도로개수, 혹은 가로정비라는 이름으로
부분적인 가로형태의 변화가 진행되고 있었다. 그리고 도성 밖의 그와
같은 변화의 연장선상에서 1908년에는 남대문 좌우의 성곽이 있던

도시계획연구』, 일지사, 1990, 106~110쪽).
14) 『朝鮮總督府 官報』第56號, 1912년 10월 7일, "地方에 있어서 樞要한 市街地의
市區改正 또는 擴張을 하려고 할 때에는 그 計劃說明書 및 圖面을 첨부하여
미리 認可를 받을 것. 다만 일부의 輕易한 變更은 그러하지 아니하다".
15) 『朝鮮總督府 官報』第81號, 1912년 11월 6일.
16) 손정목, 앞의 책, 1990, 98쪽.

자리에 도로가 생겼고, 1910년에는 남대문과 지금의 서울역 사이에
19間(34.5m)의 도로가 개설되어 도성 내부지역과 용산 지역이 연결되
었다.[17] 성내 지역과 도성 밖의 용산이 간선도로로 연결되면서, 성곽도
시인 전통적인 도시공간 구조에 변화가 생기기 시작하였던 것이다.
또한 조선총독부는 남대문~서울역 도로 개수에 이어, 1911년에는
황금정 4정목(을지로 4가)에서 광희문까지의 도로를 12간으로 넓혔
고,[18] 1912년에는 황금정 거리 일부와 靑寧橋(현 을지로 국립의료원
부근)에서 광희문을 잇는 도로, 그리고 태평로의 도로 정비공사를
진행하고 있었다.[19] 시구개정 사업, 이른바 일제가 말하는 '市街經營'
은 이미 시작되었던 것이다. 더구나 일제는 1911년 4월 「토지수용령」
을 제정·공포하였으며, 부령 51호의 도로규칙과 훈령 제37호의 도로
수축표준 등으로 도로 등의 시설을 위한 기술적, 재산권적 측면의
조치를 취해 놓은 상태였다.[20] 따라서 시구개정에 관한 조선총독부
훈령 제9호는 이미 진행된 변화를 공식화 한 형식적인 것에 불과하였다.
　시구개정 사업은 기본적으로 당시 東京에서 실시되고 있던 방법을
그대로 도입한 것으로, 도시의 도로·교량·하천을 근대적으로 정비
하여 이를 통해 구획(block)별로 건축물의 근대화를 달성한다는 도시계
획의 초보적인 개념을 갖고 있는 것이었다.[21] 특히 시구개정이라는

---

17) 京城府,『京城府史』第2卷, 1936, 291~292쪽.
18) 위의 책, 300쪽 ; 김기호,「일제시대 초기의 도시계획에 대한 연구」,『서울학연
　　구』제6호, 1995, 64쪽의 표.
19) 京城府, 위의 책, 1936, 291쪽.
20) 김기호, 앞의 글, 49쪽. 경성에서 토지수용령은 7월에 시행되었는데, 이때
　　고시된 내용을 보면 도로개수를 위해 6개의 사업이 인정되고 있다(『朝鮮總督
　　府施政年報』, 1911, 194쪽).
21) 동경에서 시구개정 사업은 「東京市區改正條例」가 공포된 1888년부터 시행되
　　었고, 이는 그 후 1919년 도시계획법이 제정될 때까지 효력을 갖고 있었다.
　　우리나라에서도 시구개정 사업은 1934년 시가지계획령이 나오기 전까지

용어에서도 알 수 있듯이, 이 사업이 포괄적인 도시계획의 성격을
갖는 것은 아니었다.

하지만 가로의 직선화·확장·신설 등 가로정비가 시구개정 사업의
중심 내용이었기 때문에, 이 사업에 의해 도시공간 구조는 변할 수밖에
없었으며, 따라서 이 사업은 전반적인 도시계획 사업의 가장 기초적인
부분에 해당하는 셈이었다.

경성 지역에서의 시구개정 사업을 조금 구체적으로 보면, 위에 언급
했듯이 한일합방을 전후해 이미 시작되었고, 일종의 도시계획 사업으
로써 본격적으로 진행된 것은 1912년 11월의 京城市區改修豫定計劃路
線 발표 이후였다. 또한 이때의 노선 계획은 시구개정 사업 기간 중에
여러 차례 변경되지만 그 기본적인 틀은 계속 유지되었으며,22) 1930년
대 중반까지 경성에서 진행된 가로계획의 방향을 규정하고 있었다.

경성에서의 시구개정 사업은 전체적으로 다음과 같이 세 단계로
전개되었다.23)

첫 번째는 1912년의 훈령이 있기 전에 이미 이루어졌거나 시작된
개수사업들로, 1912년 11월에 공포된 계획노선의 제2번(남대문~서
울역)과 8번(대한문~광희문, 황금정 경유)의 일부 그리고 제3번(황토
현 광장~남대문)이 그것이었다. 이들 사업을 통하여 광화문에서 서울
역까지 이어지는, 식민지 도시를 상징하는 하나의 공간적 축이 형성되
었으며, 일본인 상점이 집중되어 있던 을지로의 의미가 중요하게 되었
다. 특히 대한문~광희문 사이의 도로 중 을지로의 일부 구간은 경성에
서 최초로 보도와 차도가 구분된 곳으로서, 근대적 도로의 면모를

효력을 가졌었다(손정목, 앞의 책, 1990, 99~101쪽).
22) 김기호, 앞의 글, 64~66쪽의 <경성부 시구개수노선 일람표> 참조.
23) 김기호, 위의 글, 50~52쪽.

띠는 대표적인 가로였다.[24)]

두 번째는 1913년부터 1928년까지의 기간으로, 이 시기에 총 44개의 노선 중 25개의 노선에서 공사가 진행되었는데, 그 가운데 19개 노선은 완성되고 6개 노선은 부분 완성된 것으로 파악된다. 이 기간의 시구개정 사업이 중요한 이유는 이때에 도심 내의 가로구조가 격자형 가로망으로 형성되었으며, 성외 지역으로는 마포와 용산 방면의 도로 개설이 두드러졌다는 사실이다.

세 번째 시기는 시구개정 사업이 총독부 경성토목출장소로부터 경성부로 이관되고 난 1929년부터 경성시가지계획 사업이 실시되기 이전까지로서, 앞 시기에 개설되지 못한 구간들을 중심으로 10여 곳의 공사가 진행된 기간이었다.

이와 같이 경성에 실시된 시구개정 사업은 실질적으로 1920년대 말까지 집중적으로 이루어졌다고 볼 수 있으며, 계획노선을 보면 주로 기존 도시의 주요 도로에 집중된 것이었다.[25)] 그런데 여기서 특히 주목할 점은, 이 사업이 경성부 도심부, 특히 일본인 거류지역을 중심으로 도로를 정비하거나 새로운 도로를 개설하였다는 사실이다. 당시의 경성부 외곽지역은 물론이고, 부내의 조선인 집중거주 지역도 이 사업의 주요 대상이 아니었다. 말하자면, 가로구조 계획에 중점을 둔 이 사업을 통해 경성의 공간구조는 조선총독부 통치의 효율성 그리고 일본인 거주 생활과 상업활동의 편리성을 중심으로 전면적으로 재편

---

24) 京城府, 앞의 책, 1936, 304쪽.

25) 물론 간선도로와 연결되는 주변 도로도 역시 시구개정 사업이 진행되면서 개수되어, 경성부 부담으로 1937년까지 시행된 노선 수는 96개 정도였다(서울특별시사편찬위원회, 『서울육백년사』 제4권, 1981, 394~395쪽). 또한 96개 노선 구간은 京城府, 『京城府土木事業概要』, 1938, 23~28쪽의 <第21表 府費施行局部改修及路面改良線一覽表> 참조.

되어 갔던 것이다.

한편 그 시기나 규모에 있어 차이가 있지만, 경성에 전개된 것과 같은 시구개정 사업은 다른 지방 도시에서도 역시 이루어졌다. 예를 들어 목포의 경우에는 1920년대 중반에 시구개정 등 도시계획과 관련된 문제들이 본격적으로 제기되면서 부분적으로 도로구조의 변화가 이루어지고 있었으며,[26] 이와 같은 시구개정의 움직임은 특히 1920년대에 들어서 각 지방도시들에서 활발히 전개되고 있었다.[27]

② 市街地計劃事業

일제시기의 도시계획에 있어 또한 중요한 의미를 갖는 것이 朝鮮市街地計劃令에 의한 사업이었다. 물론 이 법령이 기본적으로 일제의 병참기지화 정책에 따라, 대륙침략의 통로로서 나진 지역을 개발하기 위한 목적으로 제정된 것이었지만(1934년 6월 20일 제령 제18호), 이 법령은 1920년대에 상대적으로 활성화되었던 도시계획법에 대한 논의와 그동안에 이루어진 도시 성장을 배경으로 나온 것이었으며,[28] 법제상으로 볼 때 1962년 도시계획법이 제정될 때까지 오랫동안 적용되어 온, 근대적 의미에서 우리나라 최초의 都市計劃法이었기 때문이다.[29]

이런 의미에서 이 법령에 의한 도시계획 사업은 상당히 많은 내용을

26) 고석규, 「일제 강점기 大都會 목포의 성장과 鮮日人차별」, 『목포개항백년사』, 1997 참조.
27) 시구개정 사업을 실시했던 도시 이름과 그 시기에 대해서는 손정목, 앞의 책, 1990, 111~114쪽 참조.
28) 박세훈, 「1920년대 경성도시계획의 성격」, 『서울학연구』 제15호, 2000.
29) 이병렬, 「도시계획활동과 사조에 관한 연구」, 한양대학교 박사학위논문, 1990, 72쪽. 또한 조선시가지계획령에 대한 자세한 사항은 손정목, 위의 책, 1990, 177~212쪽 참조.

포괄하고 있지만, 여기에서는 이 사업에 의한 경성에서의 가로구조 변화와 관련해서 간단히 살펴보고자 한다.

1934년에 제정된 조선시가지계획령이 경성 지역에 적용된 것은 그 2년 후인 1936년 4월부터였는데, 그 과정을 잠깐 보면 조선총독부는 시가지계획령을 제정한 해에 이미 경성의 행정구역 확장에 대한 조사를 완료했고, 그것을 바탕으로 1936년 2월에 총독부령 제8호로 경성의 행정구역을 확장·고시하였다. 그리고 시가지계획령을 적용하기 위해 1936년 3월 총독부 고시 제180호로 확대되는 행정구역을 京城市街地計劃區域으로 결정하였으며, 이 조치를 행정구역과 함께 같은 해 4월 1일부터 적용하였던 것이다.30) 시가지계획령이라는 명칭에서도 나타나듯이,31) 기존 경성의 영역을 공식적으로 확장시키면서 보다 넓은 지역을 대상으로 도시계획 사업을 전개하고 규제하려 했던 것이다.

이런 의도로 시행된 경성시가지계획은 가로망에 대한 계획에서 그 목적이 잘 드러난다고 할 수 있다. 먼저 1936년에 고시된 간선도로망 계획을 보면, 계획가로망의 수는 廣路 1개, 대로 55개, 중로 164개로 총 220개에 달했다. 이전 시기에 10m 이상 되는 계획가로 노선이 47개였음에 비하면 엄청나게 증가한 것이었다.32) 그리고 이 계획

---

30) 이병렬, 위의 글, 73~74쪽.

31) 이미 일본에서는 도시계획법이 실시되고 있었으며, 1920년대에 도시계획이라는 용어가 일반화되었는데도 불구하고, '도시계획령' 대신 '시가지계획령', '경성도시계획'이라는 말 대신 '경성사가지계획'이라 이름 붙인 것에는 두 가지 의도가 있었다고 보인다. 우선, 식민지의 도시를 일본의 도시 보다 작은, 또는 보잘 것 없는 도시로 보려는 경향이 있었다는 점, 그리고 다른 하나는 일제가 우리나라를 대륙병참기지로 생각하여 "기성시가지의 개량보다도 오히려 그 확장과 새로운 시가지의 창설에 중점을 두었기" 때문이라는 것이다(이병렬, 위의 글, 131쪽).

32) 서울특별시사편찬위원회, 앞의 책, 395~398쪽, <표9 계획가로망 일람> 참조.

가로의 노선을 보면 도심에 해당되는 것은 단지 몇 개로서, 그것도
노폭 확장이나 가로정비 계획에 그쳤으며, 거의 대부분이 도심에서
외곽지역으로 연결되는 노선이었다. 도심 지역은 이전의 시구개정
사업에 의해 정비·신설된 도로의 일부를 보완·수정하는 정도에
그치는 반면, 대부분의 계획노선은 확장된 행정구역에 대한 간선도로
망이었던 것이다.

물론 새로 확장된 도시지역으로의 간선도로망이 만들어져도, 그
간선도로와 통하는 수많은 小路가 구시가지에 필요했기 때문에, 이
계획에서는 폭원 4~10m 정도 되는 소로에 대한 신설 혹은 개수 계획도
상당히 많이 고시하였다.[33] 하지만 이 시기 가로계획의 중점은 역시
도시지역으로 새로 포함된 지역에 대한 간선도로망의 신설이었다.

이같이 두 종류로 나뉘는 경성시가지계획의 가로망 계획 규모는,
간선도로망의 경우 220개 노선에 총 길이가 310km나 되었으며 소로도
222km 정도나 되는, 거액의 공사비를 요하는 계획이었다. 따라서
경성부는 일시에 공사를 수행하기가 어려워, 사업계획을 1기 5년씩
하여 모두 5기, 즉 25년에 걸친 연차계획을 수립하였다. 일정대로
한다면, 1962년에나 완성되는 계획이었던 셈이다.[34]

일제시기 동안 실질적으로 진행된 제1기 5개년 계획은 가장 필요성
이 컸던 30개 노선을 중심으로 1937년에 착수되었는데, 이 가운데
9개 노선이 기존 시가지 도로를 개수하는 것이었고, 21개는 확장된
교외 지역의 간선도로를 넓히거나 새로 놓는 것이었다.[35] 특히 교외

---

33) 서울특별시사편찬위원회, 위의 책, 398~399쪽 참조.
34) 총 25년으로 계획되었던 이 사업은 제1기 5개년 계획이 겨우 끝날 무렵
태평양전쟁이 발발하면서 중지되었다. 때문에 계획의 일부만이 실제로 집행
되었을 뿐, 나머지는 계획대로 진행되지 못하였다.
35) 서울특별시사편찬위원회, 앞의 책, 400쪽.

간선도로 공사의 경우 21개 노선 가운데 2군데만 20m의 중로이고, 나머지 19개 노선은 모두 대로일 정도로 큰 공사였다. 대로 19개 노선에서는 을지로 6가~동대문에 이르는 길이 노폭 35m로 대로 제1종에 해당하였고, 나머지는 25~28m에 이르는 대로 제2, 3종이었 다.36) 그리고 노선 구간을 보면, 대부분이 도심지로부터 동대문과 서대문 바깥으로 뻗어나가는 길이었음을 알 수 있다.

한편 신당동에서 한남정과 이태원을 거쳐 삼각지에 이르는 노폭 28m의 南山周廻道路 개수공사가 이 시기에 진행되었다.37) 일본인들 의 주요 거주지인 남촌과 새로 발전하는 동부 경성 사이를 잇는 대로가 남산을 끼고 만들어진 것이다.

이와 같이 가로망계획을 중심으로 시가지계획 사업을 본다면, 그것 은 주로 기성 시가지의 외부 지역에 중점을 둔 사업으로서, 새로운 도시공간의 형성에 중요한 영향을 미쳤다. 시가지계획령이 기본적으 로 1930년대의 병참기지화 정책에 따른 것은 분명한 사실이었지만, 경성의 경우 이 사업의 가로계획이 동부와 서부 지역에 집중된 사실을 보면, 이 사업은 역시 도시화에 따른 경성부 지역의 성장과 확대를 반영하는 것이었다.

시가지계획령에 의한 도시계획 사업은 나진 지역에서 가장 먼저 적용되었지만, 그 이후 경성을 비롯한 기존의 도시들과 1930년대 들어 새로 지정된 도시 지역 등 각 지방도시에도 적극적으로 실시된 것으로 보인다.38)

---

36) 京城府, 앞의 책, 1938, 44~45쪽의 <제26표>와 <제27표> 참조.
37) 京城府, 위의 책, 1938, 46쪽.
38) 시가지계획령에 따라 도시계획이 실시된 도시 이름에 대해서는 손정목, 앞의 책, 1990, 195~200쪽 참조.

4. 도시공간의 변화

앞 장에서 시구개정과 시가지계획령의 가로망계획 사업을 중심으로
일제시기 도시계획의 한 특징을 살펴보았는데, 이 장에서는 그 결과
나타난 경성의 가로구조 변화 양상과 공간분화의 특징을 검토하고자
한다.

1) 가로구조의 변화

근대적 성격의 도시계획에 따른 가로구조 변화는 대한제국기의
한성부 시절에 시작되었다고 할 수 있지만, 그러한 변화가 본격적으로
진행된 것은 일제시기의 시구개정 사업 기간부터였다.

시구개정 사업 시기에 이루어진 가로구조 변화의 가장 중요한 특징
은 무엇보다도 서울 도심부의 가로구조가 직선격자형 가로망으로
바뀌었다는 사실이었다. 그리고 시구개정 사업에 의해 형성된 이러한
직선격자형 가로구조는 시가지계획령 시기에 들어서 구시가지 외곽
지역으로 확장되어 나갔고, 그러한 가로구조의 기본적인 틀은 현재까
지 이어지고 있는 것이다.

먼저 시구개정 사업에 따른 가로구조의 변화를 보면 세 시기로
나누어 살펴볼 수 있는데, 한일합방을 전후한 시기부터 1918년까지의
첫 번째 기간에 서울 도심부 남북축 도로의 거의 대부분과 동서도로
가운데 황금정통 구간, 경희궁부터 서대문 구간의 공사가 이루어졌다.
기존의 가로구조에 새로운 도로가 추가되면서, 격자형 도로망의 주요
형태가 이때 갖추어지기 시작했던 것이었다. 또한 남북축 도로 공사의
규모나 그 범위를 살펴보면, 청계천을 기준으로 한 북쪽 지역에서는
기존 도로의 확장 공사 위주였지만, 일본인 본거지로서 경성의 중심

지역으로 된 남촌 지역에는 새로운 도로를 건설하는 양상으로 전개되었다.[39] 남촌이 새로 개발되는 지역이기 때문이기도 하지만, 남촌 중심의 이러한 변화는 식민지 도시로서의 성격을 잘 보여주는 것이었다.

구체적으로 이때 공사된 도로를 보면, 이전에 좁은 길만 있었던 광화문 네거리에서 남대문까지의 길을 확대·신설한 공사, 남대문로에서 종로 네거리를 거쳐 안국동 광장까지 이르는 노선의 확대·정비 공사, 종로 3가에서 을지로 3가를 거쳐 충무로와 필동까지 이어지는 길을 신설하여 돈화문까지 관통시킨 공사, 충무로와 필동에서 종로 4가까지 길을 신설하여 창경궁까지 연결시킨 공사 등이 대표적인 것이었다. 이러한 공사를 통해 종로이남 지역에 남북 방향의 도로가 만들어지고, 남촌에서부터 북쪽 궁궐이 있는 곳까지 관통하는 가로망이 형성된 것이다.[40]

두 번째 시기는 1919년부터 1928년까지로, 실제는 총독부의 시구개정비가 지원된 1929년까지에 해당되는데, 이때의 대표적인 공사 구간은 광화문에서 돈화문까지의 길과 저동 1가에서 예관동까지의 길 그리고 지금의 충무로, 퇴계로 길의 일부 구간 등이다. 물론 이 시기에 지금의 대학로에서 종로 5가까지의 남북도로도 만들어지긴 했지만, 주로 동서축 도로가 정비·신설되었다. 앞의 시기와 연결해서 보면,

---

39) 이경수, 「일제시기 경성부의 가로정비계획에 의한 가로변화에 관한 연구」, 연세대학교 석사학위논문, 1991, 67~68쪽.

40) 조선시대 한성의 도로구조에서 가장 큰 특징은 각 간선도로들이 서로 간에 관통하는 예가 없이 어긋나게 만난다는 점이었다. 즉 육조거리가 황토현에서 멈추고, 창덕궁 진입로는 종로에서 멈추고 있으며, 남대문로가 경복궁이나 창덕궁 쪽으로 관통하고 있지 않았다는 것이었다. 이런 구조적 특징은 도성 중심부의 기능성이나 궁성의 보안성 등의 이유와 함께, 음양오행이나 풍수상의 이유에 기인한 것이었다(이규목·김한배, 「서울 도시경관의 변천과정 연구」, 『서울학연구』 제2호, 1994, 16~17쪽).

남북축의 도로가 먼저 만들어진 다음 동서축 도로 공사가 이루어지면서 격자형 도로망이 형성되었던 것이다.

한편 1920년대에 진행된 이런 가로구조의 변화는 세 번째 시기인 1930년대 전반에도 계속 이어졌다. 예를 들어 1931년에서 1932년에 이루어진 돈화문~대학병원(혜화동 방면) 구간 공사가 이 시기의 대표적인 것인데, 이 도로의 개설로 인해 경성에 또 하나의 중요한 동서축 도로가 만들어진 것이었다.

이렇게 일제 초기에는 주로 남촌과 북촌을 연결하는 남북 가로들이 남촌을 중심으로 신설되었고, 1920년대 이후에는 동서축 가로들이 남촌 지역에 많이 만들어졌다. 이로써 1936년 행정구역이 확대되기 이전에 경성은 남북·동서 방향으로 직선화된 격자형의 도로망 구조를 갖추게 되었다.[41]

그리고 이와 같이 시구개정 사업 시기에 형성된 가로구조의 기본적인 틀은 경성부 영역이 확대된 이후에도 지속되었는데, 예관동에서 광희동 구간, 회현동에서 필동까지의 공사가 그 예라고 할 수 있다. 하지만 앞장에서 보았듯이 1937년 이후에 실시된 제1기 도로개수공사의 중심은 도심 밖의 지역에 있었고, 따라서 이 시기에는 동부나 서부 방면의 도시 외곽 지역으로 뻗어나가는 도로가 많이 만들어졌다. 그리고 그러한 도시 외곽에 신설되는 간선도로는 기본적으로 도심에 이미

---

41) 조선시대 서울의 가로 구조가 지녔던 하나의 중요한 특징은 종로를 경계로 가로가 '上下二元的'으로 분리된 것이었다. '上'인 '北'쪽에 보다 위계적 가치를 두어 궁궐이나 관아지구가 되게 하고, '下'인 '南'쪽은 보다 하위 위계인 평민의 거주지역화하였다. 그리고 이 북촌에는 남북 방향의 가로가 위주가 되고, 남촌에는 동서 가로가 위주가 되게 함으로써 각기 사회적으로 종적인 위계질서와 횡적인 상호유대를 보여주는 것이 특징이었다(이규목·김한배, 위의 글, 17쪽). 이러한 전통적인 가로구조가 일제시기에 격자형의 도로망으로 바뀐 것이다.

형성된 도로구조와 연결되는 것으로서, 경성의 가로구조 변화 양상을 더욱 확대시키는 것이었다.

경성 지역의 가로구조가 직선격자형으로 바뀌었음은 공간구조의 근대적인 성격을 보여주는 것이었다.[42] 그리고 이런 변화는 경성의 도심부에서 시작하여, 도시화가 진행됨에 따라 주변으로 확대되어 나갔다. 하지만 가로구조가 직선격자형이 되었다고 경성 지역의 공간구조가 등질적인 형태를 띤 것은 결코 아니었다. 물론 형태상으로는 전통시대의 위계적 구조에서 벗어났지만, 경성 지역의 도시공간은 새로운 기준으로 분할되고 위계화되었던 것이다.

2) 공간분화와 식민지 도시공간의 특징

주요 간선도로망 계획에 의하여 신설도로가 뚫리고 이전의 도로가 확대·정비되면서, 다시 말해 도시공간의 뼈대를 이루는 가로망 구조가 변화되면서 경성이라는 공간의 물리적 형태는 새로운 모습을 띠게 되었다. 그리고 식민지 도시에서의 그러한 구조적 변화는 다음과 같은 두 가지 공간분화 현상과 긴밀히 연결되는 것이었다.

첫째, 가로구조의 변화가 일본인 지역인 남촌을 중심으로 이루어지고 개발됨으로써 서울의 중심이 조선인 거리인 북촌에서 남촌 지역으로 이동하고, 결국 남촌-북촌이라는 민족별로 차별화된 공간분화가 더욱 분명하게 이루어졌다는 사실이다. '민족별 공간분화'는 식민지 도시의 공간분화를 특징짓는 일반적인 현상이라고 할 수 있는데, 경성

---

42) 서울 도심부 가로구조가 격자형을 형성함으로써 이제 서울의 각 가로는 전통시대의 위계적 성격을 띠지 않고, 상호 관통되는 등질적인 형태를 띠게 되었다. 그리고 전통사회와 같은 남촌, 북촌 고유의 가로망 형태에 의한 지역적 특성이 약화되었다(이규목·김한배, 위의 글, 36쪽).

의 경우 식민지 수도라는 성격상 이런 분화 현상은 더욱 중요하게 부각될 수밖에 없었다. 두 번째는 식민지 근대화에 의한 근대적 계층분화의 공간적 표현으로서, 경성 지역의 도심과 변두리 지역 사이에 형성되는 중심-주변의 위계화된 공간분화 현상이다. 이는 성곽을 경계로 해서 도성 안팎이 구분되었던 전통시대의 공간분화와는 다른 성격을 갖는 것이었다.

식민지 도시에서 민족별 공간분화와 도심-주변 지역의 공간분화 현상은 서로 밀접한 연관성을 띠고 있지만, 여기서는 각각의 공간분화 현상을 간단히 살펴보고 그로부터 비롯되는 특징이 무엇인지 살펴보고자 한다.

먼저 서울 지역에서의 민족별 공간분화 현상을 보면, 그것은 민간 일본인들의 서울 거주가 공식적으로 인정된 1885년 이후부터 시작되었다고 할 수 있다. 물론 일본인들이 한성과 그 인근 지역에 들어온 것은 그 이전 시기였지만, 갑신정변을 겪은 후인 1885년 초 조선정부와 일본 공사관 측의 합의에 의해 그들의 거류 지역이 공식적으로 정해졌기 때문이다. 이 당시에 일본인들에게 주어진 거류구역이 바로 泥峴(진고개)이라 불리는 곳으로서, 오늘날의 명동성당 남쪽 충무로 2가와 퇴계로, 그리고 그 남쪽 남산 자락 일대였다.[43]

일본 공사관은 일본인들의 안전을 염려하여 이 지역 외에는 거주하지 못하도록 단속하였기 때문에, 거류지가 정해진 같은 해 말에 일본인 거류민은 호수로 약 20호, 인구로는 89명에 이르렀다. 그리고 그 이후 정치·사회적 변동에 따라 약간의 부침은 있었지만, 거류지의 호수와 인구수는 꾸준히 증가하면서 그들이 활동하는 공간은 점차 확대되어

---

43) 박찬승, 「서울의 일본인 거류지 형성 과정-1880년대~1903년을 중심으로」, 『사회와 역사』 제62호, 2002, 71쪽.

나갔다.[44] 따라서 진고개를 중심으로 한 서울의 남촌 지역은 서울의
다른 지역과는 차별성을 띠는 도시공간으로 점차 분화되어 나갔다.
특히 일제가 조선에서 득세를 함에 따라 서울 지역으로 모여드는
일본인 수는 더욱 급증하였고, 그들의 주무대인 남촌 지역은 한일합방
이전에 이미 그들의 독무대가 되다시피 하였다. 그 결과 서울의 도시공
간은 청계천을 경계로 해서 '일본인의 남촌'과 '조선인의 북촌'으로
분화되었다. 민족별로 거주지와 활동 공간의 구분이 이루어지면서
도시 공간이 이중적으로 형성된 것이었다.

경성의 이러한 공간분화는 행정구역의 명칭에서 잘 드러나는데,
1936년 이전까지 경성의 도시공간은 "'야마토마찌(大和町)'니 '메이
지마찌(明治町)'니 'マチ(마찌)'라 불러야 제 맛이 생기는 '町'과 '잿골'
이니 '똥골'이니 '골'이라 불러야 제 맛이 생기는 '洞'"[45]으로 나뉘어져
있었다.[46] 그리고 이러한 민족별 공간분화는 1912년부터 실시된 시구
개정 사업에 의해 더욱 강화되어,[47] 경성에 나타난 도시공간의 이중적

---

44) 박찬승, 위의 글, 71쪽. 그리고 <표 1>과 <표 2> 참조.
45) 中間人, 「外人의 세력으로 觀한 조선인 경성」, 『개벽』 1924년 6월, 48쪽.
46) 한일합방 직후인 1914년, 경성의 행정구역은 총 186개의 洞·町·通·路·町
  目으로 재편성되었다. 이때 행정구역 명칭은 종로만 예외적으로 '路'라 하였
  고, '通'이란 명칭도 광화문통·태평통·남대문통·의주통·三坂通·한강
  통 6군데만 사용하였다. 그리고 '町'은 경성의 남부 및 용산 지역의 대부분과
  서부 지역의 일부, 즉 일본인들이 많이 거주하거나 활동이 활발한 지역에
  적용했다. 한편 '洞'이란 명칭은 대체로 조선인 주거 지역인 나머지 지역에
  붙여졌다. 결국 186개의 행정구역을 명칭으로 나눠보면, '동'이 붙은 곳은
  85개, '정'이 붙은 구역은 83개였다. 게다가 남대문통이나 삼판통 같은 곳이
  일본인 중심 지역이었음을 고려한다면, 한일합방 당시 일본인의 활동공간은
  상당히 넓게 형성되어 있었던 것이다(전병재·조성윤, 「일제침략기 경성부
  주민의 토지소유와 변동」, 『서울학연구』 제6호, 1995, 18쪽). 이와 같이 구분되
  었던 행정구역의 명칭은 1936년 이후 '町'으로 통일되었다.
47) 손정목, 앞의 책, 1990, 98~111쪽.

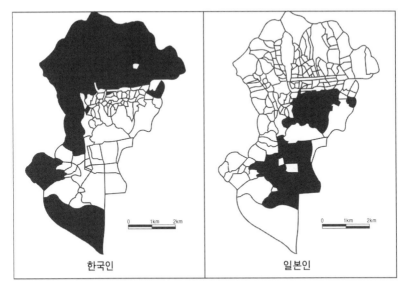

그림 1. 경성 내 민족별 거주 분포(1935년)

성격은 뚜렷한 양상을 띠게 되었다. <그림 1>은 경성의 행정구역이
확대되기 직전인 1935년 현재, 조선인과 일본인의 중심 거주지역을
표시하고 있는데(검은 색 부분), 민족별 공간분화 현상이 상당히 분명
히 나타나고 있음을 확인할 수 있다.[48]

조선인과 일본인의 중심 거주지가 그림과 같이 분명히 구분되었고
그들의 활동무대가 공간적으로 달랐듯이, 경성 내의 남촌과 북촌은
모든 방면에서 현격한 차이를 보이고 있었다. 이른바 근대적 도시계획
의 영향으로 새로이 남촌 지역이 경성의 중심지로 되면서, 이 지역의
토지 가격이 월등히 비싸졌음은 말할 것도 없고,[49] 도시개발에 따른

---

48) 각각의 洞과 町 별로 한국인과 일본인 거주자 비율이 전체의 60%를 상회하는
지역을 검은 색으로 표시한 그림이다(이혜은, 「일제 침략기 서울의 민족별
거주지 분포」, 『향토서울』 제52호, 1992, 138~139쪽).
49) 朝鮮研究會 編, 『大京城』, 1925, 76~83쪽.

여러 사회시설의 보급에서도 상당한 차이를 보였다. 경성에서 전등이
가장 먼저 가설된 곳이 진고개였고,[50] 방울꽃(鈴蘭) 모양의 아름다운
가로등이 설치되어[51] 진열창의 불빛과 어우러져 불야성을 이룬 곳도
그곳이었다. 경성을 관광할 때 진고개는 "전등이 켜진 후 보아야 할"
곳,[52] 밤에 남산에서 내려다보면 금가루를 뿌려 놓은 것 같은 곳이었지
만,[53] 북촌의 심장인 종로에는 1930년대 중반에야 가로등 설치가
본격화 되었다.[54] 이러한 가로등 설비 외에도 수도와 가스 시설 그리고
공중전화의 보급에서도 남촌과 북촌 지역은 상당한 차이를 보였다.

　또한 경성의 토지소유 관계를 보아도 일제 초기에 이미 진고개는
완전히 일본인 땅이 되었기 때문에,[55] 그곳은 실질적으로 일본이나
다름 없었지만, 어떤 면에서는 오히려 "内地(일본 본토) 이상으로
도시적"인 느낌까지 주는 곳이 되었다.[56] 특히 연말 연시가 되면
남촌은 다른 세상이 되어,[57] 남촌과 북촌의 문화가 다름을 분명히

---

50) 경성에서 일반 민간인 전등 시설은 1901년 6월 진고개의 상가에 점등된
　　약 6백여 등이 처음이었다(京城電氣株式會社, 『京城電氣株式會社 六十年沿
　　革史』, 1958, 127쪽).
51) 「모던 복덕방」, 『別乾坤』 1930년 2월, 90쪽.
52) 一記者, 「2일 동안에 서울 구경 골고루 하는 법」, 『別乾坤』 1929년 9월,
　　64쪽.
53) 矢野干城・森川淸人 共編, 『新版 大京城案内』, 京城都市文化硏究所, 1936,
　　14쪽.
54) 남・북촌 간의 전등설비 차이 문제는 당시 신문 지상에 자주 등장하고
　　있는데, 다음과 같은 기사가 그 대표적인 것이다. "진고개 도로로 다닐 때는
　　발이 놀래어 오히려 미끄러질 지경이오, 골목에 달려있는 府廳 전등은 어찌
　　그리 많은지……발을 북촌에 돌리면 길은 울퉁불퉁 돌은 발부리에 채이는데,
　　부청 전등은 어디로 다 갔구나"(『동아일보』 1920년 4월 14일).
55) 전병재・조성윤, 앞의 글 참조.
56) 다바타 가야, 「식민지 조선에 살았던 일본 여성들의 삶과 식민주의 경험에
　　관한 연구」, 이화여자대학교 석사학위논문, 1996, 44쪽.
57) "서울의 설빛(歲色)은 똑똑하게도 두 갈래로 나누어져"(『중외일보』 1930년

느끼게 해 주었다.

일본인이 점차 북부로 그 세력을 확장시키고, 도시계획에 따른 개발
이 북촌 지역으로 확장되었다 해도, 남촌과 북촌 지역의 차이는 너무나
컸고, 식민지적 근대화가 진행되는 한 그 차이는 좁혀지기 어려웠다.

그런데 경성 안에 일본인 밀집 거주구역이 존재한다는 사실이 단지
지리적인 수준의 공간분화만을 의미하는 것은 아니었다. 도시공간의
이중성과 두 지역에 대한 개발 정책의 차별성은 두 지역의 사회·문화
를 다르게 만들었고, 결국 경성에서 살아가는 사람들의 의식과 정서까
지도 이중성을 띠게 만들었다. 특히 일본인 지역의 대표적인 '진고개'
는 가장 번화한, 즉 근대를 상징하는 장소였기 때문에, 도시공간의
분화에 의해 경험하게 되는 그러한 이중성은 근대성과 식민지성에
대한 이중적인 경험과 다름이 없었다.

한편 도심부에 형성된 위와 같은 민족별 공간분화 외에, 대도시로서
의 경성에서는 또 다른 공간분화 현상이 나타나고 있었다. 도시 지역의
기능적 분화에 의한 도시 중심과 주변 지역의 공간분화 현상이 그것이다.

인구가 급증하고 시구개정 사업이 한창 진행되던 1920년대 경성
지역에는 이미 상공업 지대의 공간분화가 이루어지고, 신흥주택지구
와 빈민지역 등 계층에 따른 불균등성이 공간적으로 표면화되고 있었
고,[58] 이런 양상은 1930년대 중반의 확대된 경성부 영역 안에서도
기본적으로 유지되었다. 本町을 중심으로 한 일본풍의 경성과 청계천
북쪽의 북촌이 여전히 경성의 기본적인 공간구조를 형성했고, 도심의
외곽은 서대문 중심의 서부 경성과 청량리·왕십리 등지의 동부 경성,

1월 2일) 양력 설에는 남촌만 활기를 띠었다. 그리고 음력 설에는 북촌이
활기를 띠는 반면 남촌 일대는 전혀 기분이 나질 않았다(『동아일보』 1926년
2월 14일).
58) 中間人, 앞의 글, 48~49쪽.

군사시설과 공업시설의 용산, 공업지대로 발전한 노량진 · 영등포 방면으로 구성되었다.59)

　이 같은 도시공간 구성의 변화 중에서 도시 중심부와 주변 지역의 분화 문제를 좀더 구체적으로 살펴보면 다음과 같다.

　우선 도심과 대비되는 공간으로서의 주변 지역을 검토하기 위해, 府영역 확장 이전 시기의 京城府內에 한정해서 보면, 경성의 변두리 지역은 다음과 같은 곳이었다. 동부 방면으로는 昌信洞, 崇仁洞, 忠信洞 그리고 그 밑으로 황금정(을지로) 7정목과 光熙町, 동북부에는 梨花洞 · 東崇洞 · 惠化洞 · 崇洞이 대표적인 주변 지역이었으며, 서부 방면에는 峴底洞, 橋北 · 橋南洞, 舘洞, 天然洞, 冷洞, 蛤洞, 竹添町, 서남부를 포함한 남부 방면으로는 麻浦洞, 桃花洞, 彌生町, 岩根町, 山手町, 元町, 二村洞이 경성부 내에서의 주변 지역을 형성하고 있었다. 동북부 방면을 제외한 거의 대부분 지역이 이른바 성밖에 해당하는 곳이었지만, 1914년 도성을 중심으로 행정구역이 축소될 때 경성부로 편입된 지역이었다. 창신동과 숭인동은 동대문 바로 바깥에 위치하고 있고, 위에 예시한 서부와 서남부 방면의 지역들은 모두 서대문 밖에 위치하고 있었다. 특히 서부의 성외 지역은 동부 방면보다 경성부에 훨씬 많이 포함되었는데, 그 이유는 이곳이 오래 전부터 상업이 발달한 지역으로서, 그와 관련된 인구가 많아 도성 바깥에 위치하고 있었음에도 불구하고 성내 지역으로 간주되고 있었기 때문이었다.60) 즉, 이들 서부 방면은 오랫동안 도시적 성격을 띠는 성외 지역으로 발전해 왔고, 그 결과 1914년의 경성부 영역에 포함되면서 부의 대표적인 주변 지역으로

59) 矢野干城 · 森川淸人 共編, 앞의 책, 12쪽.
60) 지형적으로는 도성 밖의 지역 가운데 가장 평탄한 곳으로서, 사람들이 거주하기에 적합한 장소였다(권태환 외,『서울의 전통 이해-인구와 도시화』, 서울학연구소, 1997, 93~94쪽).

자리잡았던 것이다. 또한 위의 동부 지역도 지형상 평탄한 지대로, 창신동이나 숭인면 등지에는 성내에서 살 수 없었던 많은 사람들이 거주하였으며, 도시적 생활권 속에서 상업과 소규모 공업이 발전한 곳이었다.[61] 그리고 충신동이나 종로 6정목, 광희정 인근, 동북의 이화동, 혜화동 방면도 지형상 오래 전부터 주거지를 형성하고 있었던 서울의 대표적인 변두리 지역으로서, 높은 인구증가율을 보이고 있던 곳이었다.[62] 한편 위에서 제시한 남부 동리들의 경우, 동부와 서부의 성외 지역과 같은 성격은 아니지만, 강변과 인접한 지역으로서 오래 전부터 발전되어 왔고, 일제시대에는 여러 도시 시설물이 배치되면서 경성부 영역으로 포함된 곳이었다. 특히 남부 지역의 끝에 위치한 二村洞의 경우는, 서부의 현저동 그리고 동부의 광희정 및 창신동 더불어 경성부 빈민지역을 상징하는 곳이었다.[63]

이와 같이 도심과 대조되는 주변 지역이 경성부의 동·서부를 중심으로 성곽 안팎에 분포되어 있었는데, 이들 지역이 경성의 공간구조에서 어떤 위치에 있었는지는 앞 장에서 언급한 '市街地建築取締規則'과 관련해 확인해 볼 수 있다.[64]

---

61) 특히 이 지역은 가내공업이 발전한 곳으로서, 1910년대 후반에서 1920년대 중반의 경성부 인근의 공업통계에 의하면, 崇仁面의 경우 직공 수에서 가장 급격한 증가를 보이고 있었다(京城府, 『京城都市計劃資料調査書』, 1927, 50~54쪽).

62) 『동아일보』 1924년 3월 9일.

63) 신문을 보면, 경성부 도심에서 밀려난 조선인들이 "峴底洞 산골, 二村洞 모랫벌, 光熙町 성벽 그늘"(『동아일보』 1924년 5월 26일)로 많이 몰려간다고 쓰고 있는데, '산골, 모랫벌, 성벽그늘'이라 표현한 것에서 알 수 있듯이, 이곳들은 경성부 내의 대표적인 변두리 빈민지역이었다.

64) 예를 들어 이른바 미관지구의 범위와 관련된 조항을 보면(제4조), 현저동·도화동·마포동·청암동·이촌동을 제외한 경성부 일원을 그 지역으로 설정하고 있었다. 또한 공장건설 가능지역에 대한 조항을 보면(제6조), 그 범위를

특히 이 취체규칙에 의해 지정된 공장 건립 가능 지역을 보면 경성 내의 주변 지역과 일치하고 있는데, 이러한 규정은 서울의 도시공간에서 공업 지역을 한정시키는 의미가 있었고, 이런 점은 산업화에 따른 공간구조의 분화에서 나타나는 중요한 특징이라고 할 수 있었다.[65] 그리고 도심과 주변의 이러한 지역적 분화는 자본주의적 도시화가 진행됨에 따라 더욱 가속화될 수밖에 없는 것이었다.

그렇지만 경성부 영역의 확장 이전에 부 내의 대표적인 주변 지역이 위와 같았다고 해도, 도시적 성격의 변두리 지역은 행정구역의 범위를 넘어 府外의 인접면을 중심으로 넓게 형성되고 있었다. 한성부 시절에는 城底十里로서 서울에 속하였어도 도성의 배후지로서 농촌적 성격을 가졌고, 일제시대에 행정적으로는 서울에서 제외되었지만 경성부의 도시화가 진행됨에 따라 도시적 면모를 띠게 된 지역들이 바로 그러한 곳이었다.

부 외의 인근 지역에 일어난 그와 같은 변화는 1920년대 초반에 "청량리와 왕십리, 공덕리 등지가 이미 市街를 이루었다"는 사실과, 그곳의 조선인 주민들이 "여러 도시적 편의를 위해" 행정적으로 경성의 확장을 요구하였다는 한 신문 기사를 통해서 단적으로 확인할 수 있다.[66] 또한 그러한 변화는 "동대문과 광희문, 한강철교를 행정구

기본적으로 성벽 밖의 지역으로 하면서, 오늘날의 서울역을 중심으로 하여 경부선·경의선 철도의 서쪽 일대와 성내 지역 중 혜화동·동숭동·이화동·충신동·종로 6정목·을지로 6, 7정목(전차선로 이남의 지역을 제외한) 지역으로 설정하고 있었다. 특히 을지로 6, 7정목 가운데 전차선로 이남의 지역에 일본인 시가가 형성되어 있었다는 점에서, 이와 같은 범위 설정은 시구개정 사업과 마찬가지로, 이 도시계획 사업 역시 일본인 시가지 중심으로 이루어졌음을 보여주는 것이었다(이병렬, 앞의 글, 51~53쪽).

65) 박형용, 「일제시대 서울의 산업구조변화에 따른 도시공간구조 변천에 관한 연구」, 서울대학교 석사학위논문, 1995, 57쪽 ; 손정목, 앞의 책, 1990, 108쪽.
66) 『동아일보』 1922년 10월 14일.

역으로 정하고 있는 것은 인공적인 것이고, 동으로는 왕십리, 청량리 서로는 용강면, 남으로는 노량진 일대의 지역이 진짜 경성"[67]으로 비춰지고 있던 사실에서도 알 수 있는 것이었다.

따라서 기존에 설정된 행정구역과는 별개로 도시적 권역에 포함되어 있었던 경성부 인근의 이러한 지역은, 결국 1936년의 행정구역 확대 시에 경성부 영역으로 편입되었던 것이다.[68]

註에서 알 수 있듯이 새로 편입된 지역은 일부를 제외하고는 이른바 성저십리에 해당하는 곳으로서, 경성의 도시화 과정과 연계되어 도시적 성격을 갖게 된 지역이었다. 그 범위를 보면, 경성부를 둘러싼 모든 지역에 걸쳐 있지만, 특히 동·서부 방면이 많이 편입되었음을 알 수 있다. 그리고 주목할 점으로는 남부 방면의 시흥군 영등포,

---

67) 酒井謙治郎, 「京城の人口增加と區域」, 『朝鮮』 1927년 11월, 17쪽.
68) 이때 편입된 지역은 다음과 같았다. 고양군 崇仁面에서 안암리·성북리·신설리·종암리·돈암리·답십리·회기리·휘경리·전농리·청량리·이문리·제기리·용두리·정릉리 일부. 漢芝面 전체, 즉 이태원리·한강리·보광리·주성리·동빙고리·서빙고리·한지리·사근리·마장리·행당리·신촌리(응봉정)·수철리(금호정)·하왕십리·상왕십리·신당리·두모리(옥수정). 延禧面에서 동세교리(동교동)·아현북리(북아현정)·대현리·노고산리·창천리·신촌리·봉원리·연희리·서세교리(서교정)·합정리·망원리·양화리·남가좌리 중에서 홍제원천 좌안 지역. 龍江面 전체 즉 아현리·신공덕리·공덕리·염리·토정리·동막상리(용강정)·동막하리(대흥정)·하중리(하중정)·창전리·상수일리·하수일리·신수철리·구수철리·현석리·신정리·여율리(여의도정)·당인리. 恩平面의 홍제내리와 홍제외리 중에서 홍제천 좌안의 지역, 부암리·지리·신영리. 始興郡 영등포읍 중에서 안양천 左岸을 제외한 지역(영등포정·당산정·양평정), 北面 중에서 노량진리·본동리·흑석리·동작리·신길리, 번대방리 중에서 상도천 右岸 지역, 도림리 중에서 상도천 우안의 지역, 東面 중에서 상도리. 金浦郡 陽東面의 양화리 일부와 염창리 중에서 안양천 우안의 지역, 목동리 중에서 안양천 우안의 지역(양화정) 등이 그 곳이다(1朝鮮總督府令 제8호, 936년 2월 14일 ; 『朝鮮總督府官報』 제2724호, 1936년 2월 14일 참조).

북면 등의 공업지구가 경성부 영역에 포함되었다는 사실이다. 일제시대 이전에 서울에 속하지 않았던 영등포 방면이 이때 경성부로 새로 편입된 것은, 공업화를 수반한 경성 지역의 자본주의적 도시화를 상징적으로 보여주는 현상이었다.

　도성을 중심으로 한 축소된 경성부를 기준으로 해서 볼 때, 그 외곽으로의 이와 같은 공간분화 현상은 일제 식민지 정책의 결과로 매우 짧은 기간에 급속히 진행되었다. 또한 거의 대부분 조선인으로 구성된 이 지역 주민은 농토로부터 떠나게 된 농민들과 경성 시내에서 밀려난 사람들로 이루어졌고, 따라서 대다수의 주민은 도시빈민과 같은 성격을 띨 수밖에 없었다.

　결국 일제시대 경성 지역에서 전개된 중심-주변의 공간분화 양상을 본다면, 그것은 도성 주위에 존재하던 도시 변두리 지역이 도시화가 진행됨에 따라 성밖의 인근 지역으로 확대되는 과정이었다.

　식민지 지배자와 피지배자의 거주지역 분화 그리고 식민지 지배기구의 편중된 배치 등에 의한 지역적 이중구조의 형성은 식민지 도시에서 나타나는 일반적인 현상이었지만, 도시화 과정에서 나타나는 중심-주변의 공간분화도 또한 중요한 변화였다. 그리고 민족별 공간분화가 식민주의(colonialism)의 지배-종속 관계에 내재해 있는 권력 관계를 직접적으로 나타내는 것이라 한다면,69) 중심-주변 지역의 공간분화 역시 식민주의의 권력관계가 반영된 것이었다. 위에서 언급했듯이 주변 지역에 집중되는 인구 구성의 특성을 보면 그러한 점을 잘 알 수 있다.

　한편 이와 같은 공간분화의 결과, 그에 대한 도시경험은 남·북촌에

69) King, D. A., *Colonial Urban Development : Culture, Social Power and Environment*, London, 1976, 17쪽.

따라 그리고 도성 안팎에 따라 다르게 나타날 수밖에 없었다. 즉 청계천
을 경계로 한 남촌과 북촌에서의 도시경험이 달랐다면, 도심과 주변지
역 사이에서 갖는 도시화의 경험 또한 매우 상이했던 것이다. 1920년대
초의 단편적인 상황이지만, 이미 형성된 민족별 공간분화와 관련하여
"(경성의) 남부는 말쑥하고, 북부는 거칠게 그렇게 조각(분화)"난 것을
경험했다면, 당시의 대표적인 도심 외곽 지역이었던 공덕리나 아현동
의 경우 "해가 지면 사람 사는 곳이라 할 수 없을 정도"로 어두운
지역으로서, 도시문명의 혜택을 찾아보기 힘든 그러한 곳이었다.

민족에 따른 공간분화와 도심-주변 지역의 공간분화 현상은 식민지
도시화의 결과 나타나는 것이며, 결국 이러한 이중적 공간분화에서
비롯되는 특성이 식민지 도시의 성격을 규정하고 있다고 할 수 있다.

5. 맺음말

한국에서 근대 도시사에 관한 연구는 아직 시작단계에 놓여 있다고
생각된다. 도시사회학 분야의 경우, 대부분의 연구가 1960년대 이후의
도시현상에 집중되어 있으며, 해방 이전의 도시에 관한 역사사회학적
연구는 거의 이루어지지 않고 있다. 그리고 이런 점은 역사학계나
사회사 분야에서도 마찬가지여서, 한국의 근대 사회변동에 대한 연구
성과에 비한다면 도시에 대한 관심은 거의 없었다 해도 과언이 아니다.
머리말에서도 언급했듯이 도시는 결국 시간적으로 나타난 근대가
공간적으로 표현되는 대표적인 장소이기에, 도시공간에 대한 연구는
근대사회를 이해하는 데 있어 핵심적인 부분이라 할 수 있고, 따라서
앞으로 이에 대한 연구가 많이 이뤄져야 할 것으로 보인다.

그런 맥락에서 이 글에서 다룬 주제와 내용은 근대 도시사 연구의 일부분에 불과하지만 중요한 의미를 갖는다고 할 수 있다. 먼저 본문 제2장에서는 전통도시와 개항도시 두 가지 도시군의 근대도시화 경향을 언급하며, 특히 전통도시의 변화 부분을 강조하고자 했다. 근대 도시사에 관한 기존의 연구를 보면 일반적으로 근대도시의 단초로서 개항도시에 주목하고, 개항도시가 식민지도시로 발전하면서 근대도 시화의 중심에 있는 것으로 보고 있다. 식민도시화 과정에서 전통적인 사회기반을 무력화시키기 위해 전통도시가 배제되었고,[70] 결국 식민 지 근대화 속에서 식민지도시가 그 중심에 있었기 때문이다. 하지만 상대적으로 쇠퇴하였다 해도, 주요 전통도시들도 개항기의 사회변동 속에서 근대적 변화를 겪었으며, 결국 일제시대 후반기에 부로 승격이 되면서 해방 후의 주요 근대도시로 성장하였다. 따라서 근대 도시화의 전체상을 밝히기 위해서는 개항도시뿐만 아니라 전통도시도 주목할 필요가 있는 것이다. 개항기 근대도시의 발전 문제는 이 글의 주제가 아니기 때문에 본문에서 간단히 언급하는 데 그쳤지만, 앞으로 체계적으로 연구해야 할 주제라고 생각한다.

제3장 근대적 도시계획의 전개에서는 대한제국기와 일제시기 서울에 적용되었던 대표적인 도시계획 사업, 특히 가로구조 변화와 직결되는 사업을 중심으로 검토하였다. 먼저 대한제국기의 도시개조 사업은 근대적 사회개혁의 흐름 속에서 개화파 세력을 기반으로 진행되었으며, 도시공간을 주체적으로 개조함으로써 대한제국의 위상을 과시하기 위한 상징적인 사업이었다는 점에서 의미가 있었다. 그렇지만 이 사업이 통감부 시대에도 계속되기는 했으나, 결국 한일합방이 됨으로

---

70) 권태환, 「일제시대의 도시화」, 『한국의 사회와 문화』 제11집, 정신문화연구원, 1990, 254쪽.

써 일제에 의해 중단되고 말았다. 그리고 그 이후에는 조선총독부가 식민 통치에 적합한 형태로 전면 수정한 시구개정 사업으로 대체되었다. 당시의 역사적 과제였던 주체적인 근대적 개혁의 노력과 좌절, 그리고 식민지 상황에서 일제에 의해 그것이 이어지는 양상은 도시공간에 대한 기획에서도 역시 나타났던 것이다. 한편 제2절 일제시대의 도시계획은 시구개정 사업과 시가지계획 사업 시기로 나누어서 살펴보았다. 도시계획에 포함될 수 있는 정책은 많겠지만, 이 글에서는 공간구조 변화와 연결하여 가로구조에 관한 도시계획에 한정해서 검토하였다. 특히 근대적 도시공간의 형성 문제와 관련해서는 시구개정 사업이 매우 중요한 역할을 하였다. 하지만 시구개정 사업이 주로 전통적인 도심지 도시공간의 변화와 관련되었다면, 시가지계획 사업은 도심 주변 넓은 지역의 도시공간 변화와 직결되는 것이었다.

  제4장 도시공간의 변화에서는 위의 도시계획 사업에 따른 가로구조의 변화와 그러한 기반 위에 형성된 공간분화 현상을 검토하였다. 이 글에서는 간단히 정리했지만, 가로구조는 기본적으로 도시공간의 틀을 결정짓는 중요한 것이기 때문에 도시공간의 변화를 분명하게 파악하기 위해서는 보다 자세히 연구할 필요가 있다. 그리고 공간분화 현상에 관해서 이 연구에서는 두 가지의 공간분화, 즉 민족별 공간분화와 도심-주변 지역의 공간분화를 살펴보았다. 전자가 식민지 도시에서 일반적으로 나타나는 이중적 공간분화 현상이라면, 후자는 근대적 도시화 과정에서 형성되는 공간분화라 할 수 있다. 식민지 도시로서 경성의 도시공간 변화를 특징짓는 점은 바로 위와 같은 두 가지 공간분화 현상이 중첩적으로 나타나는 것이라 할 수 있다.

  이 글에서는 식민지 시기 경성 지역에 대한 도시계획과 공간분화 현상만을 기술하였고, 다른 도시의 경우나 도시공간 안에서 사람들이 겪게 되는 경험은 다루질 못했다. 경성 이외의 다른 도시에 대한 연구는 앞으로의 과제로 남아 있지만, 근대적 도시공간에서의 경험이나 일상의 문제는 이 책의 다른 논문들을 통해서 살펴볼 수 있을 것이다.

새로운 도시주택의 형성과 생활의 변화

김 성 우*

1. 머리말

19세기 말에서부터 20세기에 걸쳐 우리나라의 근대화가 진행되었다고 볼 때, 일제강점기는 근대적 변화가 일반인들에게 보편적으로 인식되고 그 움직임의 성격과 방향이 잡혀지는 매우 중요한 기간에 해당된다. 우리보다 한발 앞서서 유럽의 근대적 문명을 받아들인 일본의 관행을 매개로 하여 근대화를 진행하게 되는 정치적인 사정은 있었지만, 서양과 일본의 문화적 영향과 한국인의 자성적 의식 변화가 혼합되어져서 근대화 과정이 실현되어 온 것도 사실이다. 이러한 문제는 근대적 변화를 겪는 사회와 문화의 모든 영역에 해당되는 이야기겠지만 도시민의 거주공간, 즉 주택의 구성과 그 안에서의 생활에 있어서도 물론 마찬가지이다.

근대화는 도시화를 가져오고 도시화에 따른 도시인구 집중은 주택난을 불러온다. 일제강점기에 우리나라의 산업화가 20세기 후반과 같이 본격화되지는 않았으나 산업화의 초기단계는 이미 시작되었고 이에 따른 도시인구 집중 또한 시작되었다. 이에 대응하기 위한 도시주택이 필요하게 되고 이러한 도시주택은 과거의 전통적 주택을 그대로 답습하는 것은 불가능하였다. 결국 일제강점기의 도시주택은 근대적 변화가 본격화될 수밖에 없었다. 그리고 도시사람들은 주거를 포함한 일상생활에서 근대적 인간과 생활을 체험적으로 느끼게 된다. 다른 모든 문화적 영역에 비하여 주택 건축은 재료, 기술, 설비, 공간 구성, 건축의 개념 등의 모든 측면에서 근대적인 변화가 가장 극명하게 드러난다. 근대적 주택은 다른 분야와는 달리 전통적 주택과 그 경계선이 비교적 분명하게 드러나는 진화 과정을 겪는다. 이러한 주택의 변화는 당연히 그 속에서의 사람의 생활의 변화를 야기시킨다. 따라서 일제강점기의 주택과 생활의 변화를 문제 삼는 것은 우리나라 근대화 과정을 이해하는 데 있어서 불가결한 하나의 단면을 보게 한다.

근대적 주거변화는 건축적 측면에서 볼 때 세 가지 유형으로 나타난다. 그 하나는 대부분의 도시주택이었던 전통적 형식의 주택이 유지 또는 개량되어 새로운 시대와 사회에 맞는 도시형 한옥으로 변모되어 생기는 형식이며, 두 번째는 서구적 주택의 영향을 더 많이 받은 보다 더 근대적인 단독주택의 유형이다. 셋째는 도시인구 증가에 따른 주택난을 해결하기 위하여 관 주도로 보급되는 서민형 주거단지의 경우이다. 본고는 이러한 세 가지 형식의 주거 변화 내용을 점검하여 일제강점기 기간 동안의 거주문화의 성격을 확인하려 한다.

지금까지 있었던 이러한 영역의 연구 결과들을 수집 및 종합하고 그것들을 적당한 방법으로 엮어내는 과정에서 파생되는 새로운 의미와 해석 가능성을 욕심내어 보려 한다. 도시주택 변화의 배경적 여건을 점검하고 난 후 앞에서 언급한 세 가지 주택 형식 각각에 대한 내용적 점검을 한다. 그리고 그러한 주택 변화 양상이 생활에 미칠 수 있는 변화를 추적해 본다. 그리고 나서 종합적 논의가 필요한 문제들의 재점검 과정을 통하여 결론적 해석을 시도해 보고자 한다.

본 연구는 건축의 영역에서 출발하여 부분적으로 생활의 영역을 아우르는 범위를 건드린다. 생활에서 출발하여 건축의 문제를 건드리는 것도 가능할 수 있겠으나 여기서는 건축적 내용이 주축이 되며, 생활에 관한 내용이 부수적인 위치를 갖게 될 것이다. 본 연구를 위해 필요한 연구 자료는 『朝鮮と建築』[1]을 주축으로 한 일제시대의 자료와 해방 후 우리나라 학자들에 의한 연구 자료가 중요한 문헌적 근거가 된다. 이러한 연구 자료들의 종합과 분석은 객관적 관점에서 시도하였으나 거기에 대한 의미파악과 역사적 해석은 다분히 주관적인 입장에서의 처리였다. 그러나 어떤 새로운 주장이나 해석을 시도하기에는 연구범위가 비교적 넓은 편이고, 기존 연구의 결과를 수용하면서 전체적 조망을 주관적으로 시도해보는 정도의 결과가 기존의 연구에 보태어질 수 있는 부분이 아닐까 생각된다.

2. 도시주택 변화의 배경 및 유형화

1) 도시주택 변화의 배경

① 외래주택의 유입

외래주택의 유입은 직·간접적으로 도시주택 변화에 영향을 미쳤다. 이 당시에 소개된 외래주택은 크게 서양식 주택과 일본식 주택으로

---

1) 『朝鮮と建築』은 1922년 창간되어 해방 전까지 발간된 건축잡지이다. '조선건축회'의 기관지라는 한계가 있으나 당시 건축의 동향을 이해하는 데 유용한 자료이다.

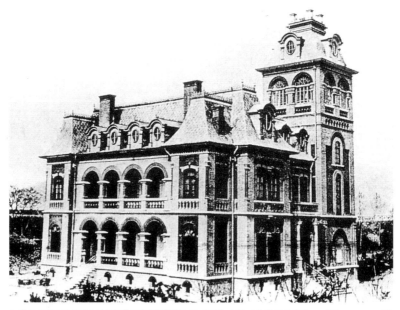

그림 1. 프랑스공사관 | 서울특별시사편찬위원회 편,『개항 이후 서울의 근대화와 그 시련』, 2002, 110쪽.

나뉜다. 숫자로 보면 일본식 주택이 훨씬 많을 수밖에 없었고, 따라서 영향도 더 많이 받았다고 가정할 수 있을 것이다. 그러나 근대화 과정 자체가 서구지향적인 성격이 깔려있는 만큼 영향의 비중을 주택의 수만으로 판정할 수는 없다.

　한국에 서양식 건축이 유입된 경로는, 외국공관 계통의 건축 <그림 1>과 선교사를 통해 들어온 구미인의 종교 및 산하 공공시설, 외국인商社 건물 및 주택 그리고 한말부터 계속되는 일본인에 의한 官衙 건물과 공공건물이었다.2) 서양인의 직접 도입에 의한 서양식 주택은 개항장을 중심으로 세워졌으나 1905년 통감부 설치 이후 거의 사라지게 되었다.3) 한국 최초의 양식주택은 1884년경에 인천에 건립된 세창양행의

　2) 윤일주,『한국·양식건축 팔십년사』, 야정문화사, 1966, 14쪽.

그림 2. 인천세창양행사택 | 윤일주, 『한국·양식건축 팔십년사』, 야정문화사, 1966, 27쪽.

사택이다(<그림 2>). 173.15평의 건평에 일부 2층의 벽돌집으로 외벽
에는 회칠을 하고 붉은 기와를 얹은 별장류의 주택이었다.[4] 정확한
수는 알 수 없으나 이때 지어진 외국공관이나 상사주택 같은 서양주택
들은 서울의 시민에게 신선한 충격이었을 것이다. 그러나 서양주택
또는 서양건축의 영향은 실제로 지어진 사례에 의한 영향에 국한되기
보다는 그 당시에 접할 수 있었던 다양한 인쇄 매체에 의한 영향이
더 많았을 것으로 추측된다. 이러한 영향은 건축가와 같이 건축을
전문으로 하는 사람들을 통하여 결과물로서 나타나게 된다.

개항 이후 일본식 주택은 일본인 거류지를 중심으로 유입되기 시작
하였다. 합방 이후 일본인의 수는 더욱 증가하면서 일본식 주택 또한
급증하게 되었다.[5] 일제는 관아시설류의 건설과 함께 일본 관리들을

3) 김선재, 「한국근대 도시주택의 변천에 관한 연구」, 서울대학교 석사학위논문,
   1987, 17쪽.
4) 윤일주, 앞의 책, 1966, 26쪽.

위한 관사를 대대적으로 건설하였으며, 관사와 사택의 건설이 정책적으로 권장되어 신축 일식주택의 약 절반에 달하였다.[6] 1920년대에 접어들면서 일본에서 이미 시도된 바 있는 和洋折衷式 주택이 소개되었으며, 이후 한국인 건축가에 의한 주택개량 논의의 하나의 선례로 작용하게 되었다. 일본인 주택의 영향에 관하여는 앞으로 좀더 정밀한 연구가 필요할 것이다. 20세기에 지어진 대부분의 단독주택 및 공동주택이 직·간접적으로 일본주택의 영향아래 있었을 것이라는 가정은 할 수 있으나, 그 영향의 구체적 내용과 정도가 규명되기 어려울 뿐이다.

② 생활개선운동과 주택개량 논의

3·1독립운동 이후 조성된 대중의 근대적 자각으로 인하여 신문화운동[7]이 일기 시작하였다. 1920년대 사회문화운동은 문자 보급을 통하여 압박받는 민족에게 민족혼을 심어주고자 하는 농촌운동으로부터 시작하였으며, YMCA 등 종교단체와 동아일보 등 언론이 주도한 가운데 부엌 개선, 배수시설 개선, 도로 정비 등 주택설비와 위생에 관련된 주택개량운동이 병행되었다.

1922년 생활개선을 위한 社會敎化會의 발족과 더불어 1923년 시작

---

5) 『동아일보』 1922. 10. 25. 신축가옥 1,459동(26,747평) 중 조선식 가옥 498동 (6,240평), 일본식 가옥 875동(17,208평)으로 규모에 있어서 조선식 가옥보다 1.5배나 됨을 알 수 있다(김정아, 「일제시대 주택개량에 관한 연구」, 연세대학교 석사학위논문, 1991, 42쪽).

6) 『동아일보』 1923. 1. 26 ; 안성호, 「일제강점기 속복도형 일식주택의 이식과 영향에 관한 연구」, 부산대학교 박사학위논문, 1997, 39쪽.

7) 조용만, 『일제하 한국 신문화운동사』, 정음사, 1979, 7~10쪽. 일제하의 신문화운동은 개화운동인 동시에 독립운동의 성격을 띠는 것으로, 3·1독립운동 이후에는 민족 자체의 실력 양성을 통한 민족문화 양성운동의 성격을 띤다.

된 신생활운동에 대한 일반인의 논의는 근대적 자각에 의한 생활개선으로 전개되었다. 생활의 개선은 의식주 가운데에서도 특히 전통주택과 주생활의 불합리한 점을 개량하고자 하였고, 생활개선 논의와 전통주택의 개량논의가 신문과 잡지에 활발하게 전개되었다. 주택의 설비 개량과 위생을 위한 채광, 환기에 대한 고려뿐만 아니라 주부 노동동선의 편리성을 도모하기 위한 부엌 개량과 식당 설치 등 전통주택의 개량에서부터 서양식 입식생활의 채용에 이르기까지 사회 각계각층8)에서 다양하게 전개되었다. 1923년 김유방은 재래 생활의 단점을 제거하고 서양식 생활의 장점을 취하여 새로운 주택환경을 만들어야 한다고 주장9)하면서, 당시 구미의 소주택 경향과 견주어 2가지의 구체적인 주택 계획안을 제시하였다(<그림 3>)

1920년대의 주택개량논의가 주로 사회지식인 계층에 의한 전통주택의 개량에 대한 것이었다면, 1930년대에 들어서는 한국인 건축가들에 의해 도시의 극심한 주택난을 해결하기 위한 합리적이고 규격화된 소주택의 대량공급방안 등 구체적인 도시주택 문제의 해결방안이 주된 논의10)로 등장하게 되었다.

이러한 생활개선운동과 주택개량논의는 그것이 이 시기의 도시주택 형성에 직접적인 영향을 주기도 하였지만 동시에 새로운 도시주택 형성의 분위기를 잘 보여주는 현상으로도 이해될 필요가 있다. 다시 말하면 시민과 지식인들에게 주택과 주생활을 포함한 무엇인가 새로운 개선과 개량이 필요하다는 인식의 보급과 확산의 과정 같은 것으로

---

8) 동아일보의 기사를 살펴보면 청년연합회 회장, 보성전문학교 교장, 동덕여고 교사 등 주생활 개선에 대한 다양한 의견들을 제안하고 있다.
9) 김유방, 「문화생활과 주택」, 『개벽』 23호, 1923. 2, 53쪽.
10) 김윤기, 「건강주택안」, 『동아일보』 1930. 10. 3 ; 박동진, 「우리 주택에 대하여」, 『동아일보』 1931. 3. 14 ; 박길룡, 「주택개량의 일안」, 『신동아』 1936. 6.

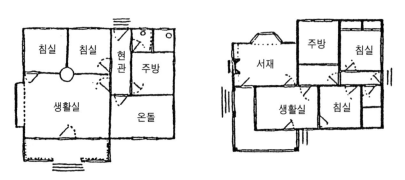

그림 3. 김유방 소주택 제시안(1923년) |
김유방, 「문화생활과 주택」, 『개벽』 23호, 1923. 2 /
김정아, 「일제시대 주택개량에 관한 연구」, 연세대학교 석사학위논문, 1991, 28쪽 재인용.

도 볼 필요가 있다는 것이다. 이러한 생활 및 주택개선운동이 구체적으로 부엌이나 상하수도, 위생설비와 같은 주택의 변화에 직접적인 영향을 미친다. 생활개선운동과 주택개량논의가 한국 도시주택 형성에 중요한 배경 중에 하나였다는 점은 인정하기 어렵지 않은 일이다.

③ 건축생산체계의 변화

외국의 근대적 문물이 이입됨으로써 전통적 수공업은 근대적 산업화의 길로 들어선다. 산업의 각 분야에서 경공업이 발생하며 서양의 근대 산업화의 형태가 지배적으로 자리잡게 되어 생산양식에 커다란 변화를 맞게 되고, 건축에 있어서도 전통적인 생산기술과 근대적 생산기술이 병존하게 되다가 점차 이입된 근대적 생산기술에 자리를 내주게 된다. 당시 최초의 근대적 건축생산양식은 일본 건설산업의 국내진입과 대한제국의 '工務衙門' 산하 '건축국'으로서, 이후 우리나라의 건축생산양식을 지배하게 되었다.11)

---

11) 김난기, 「한국근대화과정의 건축제도와 장인활동에 관한 연구」, 홍익대학교

한편 1897년 이후 경인선 철도부설 공사를 계기로 일인들이 진출하기 시작하면서 본격적인 건축청부업이 시작되었다. 근대적 건설업이 도입되는 과정이 일본인 주도로 이루어졌던 만큼 자생적 건설업이 형성되기에는 어려움이 많았다. 기술과 자본을 독점한 일본 대형 건설청부업이 각종 군사시설 공사 등 대형 공사로 호황을 누리던 시기에, 소규모의 자본으로 재래적인 건축업을 운영하는 국내 건설업이 등장하게 되었다. 1920년부터 서민들의 기호에 맞추어 전통주택을 개량하여 도시 기존주택지에 짓는 개량전통 주택업자들이 자연스럽게 생성되기 시작한다. 당시 주택업자들의 주택 공급은 한꺼번에 수십 채씩을 지어 분양하는 방식으로, 상업적 운영방식에 따른 근대적 건축생산체계로 변화하였다. 또한 근대건축교육을 받은 건축가의 등장으로 수요자의 요구에 따라 주택을 설계함으로써 재래의 건축생산체계와는 다른 근대적 설계 방식이 도입되었다.

이 당시의 건축생산체계의 변화는 민간 주도적 그리고 기업형태에 의한 건설이 어느 정도 본격화된다는 점이 두드러진다. 그리고 새로운 도시주택은 벽돌, 콘크리트, 유리와 같은 새로운 재료를 사용하게 되고, 그러한 재료 사용에 필요한 기술을 요구하게 된다. 따라서 이러한 재료와 기술의 공급과 적용이 과거와는 다른 새로운 건축생산체계를 필요로 하는 배경이 되었다. 이러한 주택생산체계의 변화는 근대사회의 본질적 속성과 직결되는 문제로서 새로운 생산체계는 생산된 주택의 성격에도 직접적으로 영향을 미치는 것이 불가피했다. 재래식 한옥이 도시형 한옥으로 변화하는 데에는 기술과 재료의 변화보다는 자본경제적 운영방식의 변화가 개입되었으며, 문화주택의 생산에는 기술·재료적 변화와 함께 전문업종의 서비스를 필요로 하게 된다. 한편

박사학위논문, 1989.

영단주택의 경우는 관 주도적인 체제하에서 표준화에 의한 기업적 대량생산이라는 측면에서 다분히 근대적 성격을 갖게 된다.

④ 주택 사정 및 주택정책

일제강점기 당시의 주택 사정을 알 수 있는 주택통계는 경성일보와 매경신보가 공동으로 발간한『朝鮮年鑑』에 실린 인구, 가구, 주거 등에 관한 통계가 유일하다. 하지만 이 통계에서 당시 주택의 조사 범위를 알 수 없으며, 또한 조선총독부 통계연보 등에 집계된 통계수치와 일치하지 않아 정확성이 다소 의심되지만, 당시의 대체적인 주택사정을 짐작할 수 있는 유일한 자료이다.『조선연감』에 나타난 인구통계를 정리한 <표 1>에서 당시 경성부내의 주택사정을 추측할 수 있다.

최초의 주거통계는 1926년의 것으로 주거부족률이 6% 정도였으나, 그 후 서울의 주택사정은 갈수록 악화되어 1930년대 중반에는 주거부족률이 20%를 초과하였다. 1937년부터 이러한 통계마저 단절되어 1943년까지의 주택사정은 그나마 알 수 없다. 1944년의 통계에서 알 수 있듯이 일제강점기 말기에는 주거부족률이 40%를 넘는 심각한 주택난을 짐작할 수 있다.

일제강점기 서울에서 이렇게 심각한 주택난을 초래한 요인을 다음과 같이 분석할 수 있다. 첫째, 일본에 의한 토지 수탈과 3·1독립운동후 사회적, 경제적 불안이 농민의 離村向都를 일으킨 것이며, 둘째는 3·1 독립운동 후 전 민족에게 팽배된 사회적, 민족적 자각이었다. 겨레가 살 수 있는 길은 교육을 받아 학문과 기술을 익히고 경제적인 실력도 길러야 한다는 민족자각운동이 대대적인 향도현상으로 나타난 것이다.[12]

---

12) 서울특별시사편찬위원회 편,『서울육백년사』4권, 1981, 1176~1179쪽.

표 1. 일제하 서울의 주택사정

년도	인 구 수	가 구 수	주 거 수	주거부족수	주거부족률
1926	306,363	68,862	64,889	3,973	5.77 %
1931	365,432	77,701	69,453	8,266	10.62
1932	374,909	78,261	57,965	20,296	25.94
1933	382,491	79,519	70,599	8,920	11.22
1934	394,511	80,961	68,186	12,775	15.78
1935	636,955	131,239	101,767	29,472	22.46
1936	677,241	138,583	107,946	30,637	22.11
1938	737,124	148,856	-	-	-
1939	930,547	154,233	-	-	-
1941	974,933	173,162	-	-	-
1944	1,078,178	220,938	132,000	88,938	40.25

자 료 : 경성일보사 발행, 『조선년감』 1934~1944년도 판에 의함. 경성의 행정구역이 확장된
　　　것은 1936년부터였는데 상기 1935년 숫자에는 확장예정지역의 통계도 포함되어 있음.
출 전 : 서울특별시사편찬위원회 편, 『서울육백년사』 제4권, 1981, 1177쪽.

　이러한 요인으로 도시의 인구는 급격히 증가하였고, 이에 따른 주택의 수요가 격증됨에 따라 많은 주택건설업자나 주택임대업자들이 주택을 공급하였으나 그 양은 부족하였으며, 일제강점기 말에는 전쟁으로 인한 자재 부족으로 또한 심각한 주택난에 빠지게 되었다.

　조선총독부는 1914년 도로규칙 등을 공포하여 각 도시의 도로를 신설·확장·정리하다가 1934년 조선시가지계획령을 제정하여 용도지역을 구분 지정하여 불량 주택건축을 규제하였다. 1936년 주택정책을 뒤늦게 세워 각 지방단체에게 구획정리 사업뿐만 아니라 직접 택지조성사업을 벌이게 하여 주택건설 희망자들에게 공급하였으나 자금난, 자재난에 부닥쳐 주택건설업자나 시민들의 자가건설호수는 계속 급증하는 수요에 따르지 못하였으며, 이후 조선주택영단이 설립될 때까지 거의 아무런 주택정책도 세우지 않았다.[13] 1941년 총독부령

13) 대한주택공사, 『대한주택공사 30년사』, 1992, 52~53쪽.

으로 '조선주택영단'이 설립됨으로써 구체적인 주택정책과 본격적인
주택공급을 시작하게 되었다.

　일제강점기 도시주택을 변화시키는 가장 직접적인 배경은 도시인구
유입에 의한 주택수요였던 것은 분명하다. 앞에서 설명하였듯이 급증
하고 있는 인구증가에 대처하기 위한 주택건설을 어떤 식으로 할
것인가에 대한 방법이 주택의 성격을 결정짓게 되었다. 다수의 서민을
위한 주택으로서는 역시 전통주택의 개량과 영단주택의 공급으로
해결될 수밖에 없었다. 문화주택은 그 수가 제한될 뿐더러 일부 부유층
의 것일 수밖에 없었기 때문이다. 이러한 도시주택의 수요증가도 근대
화를 겪었던 대부분의 도시들이 겪었던 문제였고, 그 대처 결과가
긍정적이고 또 부정적인 문제를 야기시켰다.

　2) 도시주택의 유형

　위에서 살펴본 변화의 배경으로 인하여 당시의 도시주택은 각기
다른 새로운 세 가지 도시주택의 유형으로 나타나게 되었다. 이 세
가지 유형은 앞에서도 잠시 언급했던 바와 같이 도시형 한옥,[14] 문화주
택, 그리고 영단주택이다. 이 세 가지 유형은 나타나는 시기, 사용계층,
건축형식, 생산주체 등의 측면에서 볼 때 명확하게 서로 다른 특성을

---

14) 1920년 이후 서울의 도심부와 도심주변부에 집단적으로 건설되어 분포하고
　 있는 일련의 중소규모의 한옥으로, 개량한옥이나 개량전통주거, 도시형한옥
　 등 여러 용어로 불리워 지고 있다. 개량한옥이라는 용어는 개량한복 등의
　 용어가 의미하는 바와 같이 그 주거들이 전통적인 한옥에 기초하고 있으면서
　 개량되어졌다는 이유에서 명명된 것으로, 한옥의 구성적 사실의 변화에만
　 주목한, 즉 개량된 전통한옥을 포괄적으로 지칭하는 용어이다. 일제강점기에
　 건설되고 지금까지 논의되고 있는 한옥의 용어는 송인호의 박사논문에서
　 정의한 '도시형 한옥'이란 용어가 적절한 표현이라 판단된다(송인호, 「도시형
　 한옥의 유형연구」, 서울대학교 박사학위논문, 1990).

갖는다.

도시형 한옥은 전통한옥의 연장으로 나타나는 도시주택으로, 재래주택의 도시화 및 개량화의 성격을 가진다. 주택공급업자에 의해 중류계층에 보급된, 대다수 한국인 다수의 주택이었다. 문화주택은 서양주택의 형식을 가진 주택 유형으로서, 당시 가장 새로운 주거형식으로 보아야 할 것이다. 근대건축 교육을 받은 일본인이나 한국인 건축가에 의해 설계된 상류계층의 주택이었으며, 근대주택의 전형으로 볼 수 있다. 영단주택은 관 주도하에 다수의 무주택자를 위해 대량으로 공급된 도시주택으로, 주택 정책의 차원에서 나타난 유형으로 그 성격을 이해하여야 한다.

이러한 세 가지 유형의 도시주택은 시간적 차이를 두고 발생한 것을 알 수 있다. 도시형 한옥은 1919년 3·1독립운동 이후 생성되기 시작[15]하여 1920~30년대에 본격적으로 건설되었으며, 문화주택은 1920년대 초반에 방갈로식 주택으로 잠시 유행하다 사라지고 1920년대 후반부터 생성되어 1930년대에 집중적으로 나타나게 되었다. 영단주택은 일제강점기 말기인 1941년 조선주택영단의 설립과 함께 생성되어 해방 전까지 대량으로 건설되었다.

한편 각 주택유형의 생산을 위한 사회적 배경 역시 서로 달랐다. 도시형 한옥은 소위 집장사라고 불리워지는 소규모 민간업자에 의해 주도되었고 당연히 일본인이 아닌 한국 사람들이 주 고객이었다. 건축의 재료, 기술 등의 여건도 재래식 주택의 연장선상에 있었으되 단지 도시여건에 맞게끔 개조, 개량된 것이었다. 반면 문화주택은 새로운 생산 배경하에서 태어난 형식으로서 건축가라고 하는 전문설계자에

---

15) 김난기, 「근대 한국의 토착민간자본에 의한 주거건축에 관한 연구」, 『건축역사연구』, 1992. 6, 110쪽.

의한 근대적 디자인 과정을 거친 결과였다. 이들의 고객은 주로 상류계층의 소수에 해당하지만 건축적 의미와 영향으로 볼 때 다른 형식보다 중요하게 취급될 수밖에 없다. 건축주와 건축가가 개인과 개인으로서 상호관계 및 합의에 의해 생산되면서 건축가의 개인적 자기표현이 가능해지고 서구 근대주택의 전형을 따르는 방향이었다는 점에서 중요한 역할을 하게 된다. 영단주택은 이와는 달리 官에 의해 주도된 형식이었다. 그리고 저소득층의 주택수요에 충당키 위한 대량공급체제를 갖춘 생산방식을 취했어야 했었다. 영단주택의 생산을 위해서는 평면형식 및 자재, 그리고 시공과정에 이르기까지 일정한 표준화 및 규격화가 불가피했다. 이러한 생산의 효율성 증대를 위해 취해진 방법은 또 다른 측면에서 근대사회의 본질적 속성과 직결되는 성격을 갖는다.

이와 같이 이 시기에 세 가지 다른 유형의 도시주택이 나타났다는 사실은 그 당시 사회·경제적 여건에서 요구되는 주택수요를 충족키 위한 방편임과 동시에 한국 주택이 오랫동안 이어져 왔던 전통적 관행에서 벗어나 근대화의 거대한 흐름 속에 들어가는 초기 단계로서의 자기 변화 같은 것이었다. 도시형 한옥이 제일 먼저 나타나는 것은 쉽게 이해되는 자연스런 현상으로서 기존 주택 형식의 근대 도시적 적응과 같은 것이었다. 1930년대를 전후한 문화주택의 대두는 가장 분명한 근대적 시도로 평가되어야 한다. 문화주택에 이어서 나타나는 영단주택은 도시인구 유입이라는 사회적 현상을 해결하기 위한 것이되 근대적 생산방식을 주택정책으로서 실현시킨 것이었다. 우리가 주목해야 하는 한 가지 사실은 도시형 한옥과 영단주택은 일제강점기가 끝나면서 더 이상 같은 형식으로 활발히 생산되지 않았다는 점이다. 그러나 문화주택은 그 이후 단독주택의 전형으로써 계속하여 보편화

가 된다. 이렇게 볼 때 문화주택의 경우가 한국 근대사회가 지향해야
하는 방향에 제일 가깝게 위치했으며 동시에 사회적 여건에 지속적으
로 적응할 수 있었던 속성을 갖는다고 봐야 할 것이다. 그러나 도시형
한옥과 영단주택이 20세기 중반 이후로는 생산되지 않았다고 해서
그 영향이 사라졌다고 볼 수는 없을 것이다. 왜냐하면 해방 후의 도시주
택에 평면형식 또는 공간사용 등의 다양한 측면에서 그 영향이 남아있
게 되기 때문이다.

3. 도시주택의 유형별 변화

1) 도시형 한옥

① 도시형 한옥의 형식과 성격

도시형 한옥은 이전의 전통적인 한옥 주거지와는 명확하게 구별되
는 형성 배경 및 주거지 구조를 갖는다. 도심부의 주거지는 기존의
대형필지가 균등한 소형필지로 분할됨으로써 형성되었고, 도심주변
부는 토지구획정리사업에 의해 형성되었다(<그림 4>).16) 이처럼 기
하학적으로 분할된 소형필지에 한꺼번에 여러 채가 건설됨으로써
획일적인 주택 형식을 보인다(<그림 5>). 세분화된 필지는 대부분
한면만 도로와 접하고 나머지는 인접대지와 접하게 된다. 이웃집과
서로 인접하여 배치됨으로써 고밀도의 주택군을 형성하게 된다(<그
림 6>).

대부분의 도시형 한옥은 기하학적으로 분할된 소형필지에 마당을
중심으로 안채와 문간채가 ㄷ자 또는 ㅁ자형으로 배치되는 집중식

---

16) 송인호, 앞의 글, 1990.

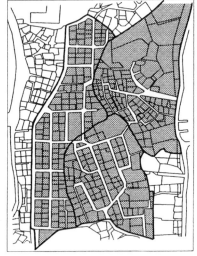

그림 4. 대형필지의 분할 사례 | 윤동근, 「도시한옥주거지에서의 도로-필지조직과
주택집합유형에 관한 연구-」, 연세대학교 석사학위논문, 1995, 26쪽.

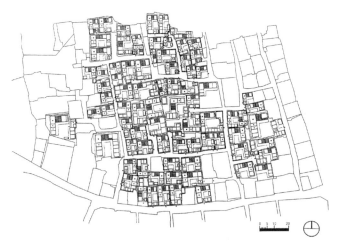

그림 5. 도시형한옥 주거군 | 박주영, 「서울의 도시형 전통한옥주거지
구조특성에 관한 연구」, 연세대학교 석사학위논문, 1996, 29쪽.

그림 6. 도시형 한옥 평면도(보문동) |
송인호, 「도시형한옥의 유형연구」, 서울대학교 박사학위논문, 1990, 198쪽.

평면 구성을 보인다. 문간채는 도로와 안마당의 사이에 위치함으로써, 공공적인 외부공간과 안채의 사적인 내부공간 사이에 완충적인 역할을 함과 동시에, 내부의 프라이버시를 강화시킨다. 안채와 외부와의 관계는 문간채로 인해 폐쇄성을 띠게 되며, 중정을 향한 내향적 배치로 인해 안마당도 한층 더 외부와 폐쇄적인 공간을 이루게 된다. 안마당은 안채와 문간채의 기능적인 연결로 분해되어 통로로서의 성격이 강해지면서 전통적인 마당으로서의 기능이 다소 약화된다.

　외관은 전통한옥의 외관을 고수하였으나, 딱지소로 등과 같이 단순히 치장을 위한 장식이 첨가됨으로써 전통 민가와는 달리 다소 장식화되었다.[17] 이는 당시 수요자의 상류주택에 대한 동경과 매매를 통한

---

17) 김난기, 앞의 글, 1992. 6, 113쪽.

그림 7. 도시형 한옥 외관(문간채) |
서울특별시, 『북촌 가꾸기 기본계획』, 2001, 134쪽.

상업적 가치를 높이기 위해 나타난 현상이었다. 도로와 면해 문간채가 발달하면서 길에 면한 외벽이 점차 경직화되어 대문은 처마 밑에 형성되어 외부로의 열림은 소극적으로 변하게 되었다(<그림 7>).

도시형 한옥 주택업자들이 1920년대 이후 본격적으로 생성되기 시작하면서, 조선인 거주 지역인 가회동, 인사동, 봉익동, 익선동 일대에 대형필지 크기에 따라 적게는 6~7호에서 많게는 3~40호씩 집단적으로 건축·생산하여 동시에 공급하였다. 이러한 형태의 주택은 이전의 전통한옥과는 다른 건축 생산방식, 즉 근대적인 건축 생산조직에 준하는 건축과 매매의 의미를 내포하고 있다. 한옥 주택업자들은 재래 전통한옥의 형태를 모방, 답습하면서, 부분적으로는 당시 전개되던 신생활운동, 생활개선운동 등에서 논의되던 주생활 개선 내용을 반영하여 주택이 일부 개량되었다.

② 평면 및 공간의 구성

도시형 한옥의 안채는 안방-대청-건넌방의 평면에 부엌과 건넌방이 수직되게 배치됨으로써 ㄱ자 또는 ㄴ자로 평면이 구성되어 있다(<그림 8>). 이는 전통주택의 안채의 평면 패턴이 그대로 유지되는

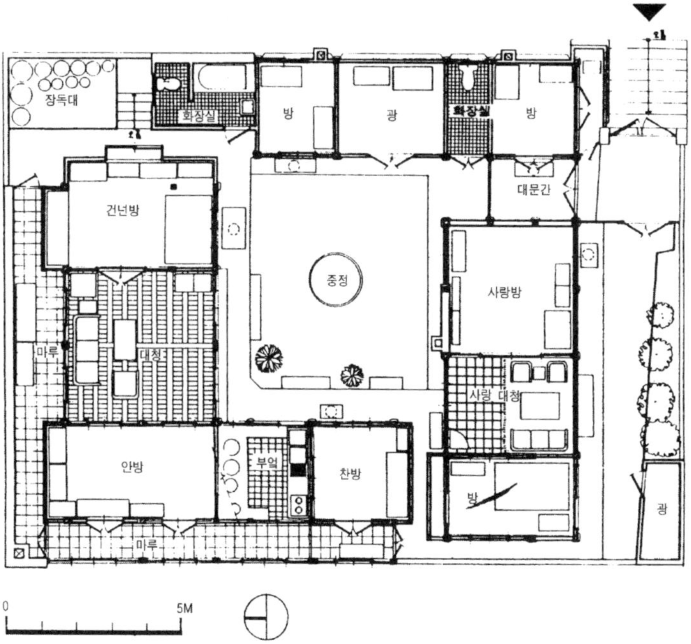

그림 8. 도시형 한옥 평면도(가회동 11-17, 1935년) |
송인호, 「도시형한옥의 유형연구」, 서울대학교 박사학위논문, 1990, 188쪽.

것이다. 대청에는 유리문을 설치하여 내부 공간화 되었다. 내부화된
대청을 통해 각 실로 출입하게 됨으로써 대청은 현관 및 거실의 역할을
하게 된다. 그리고 내부화된 대청은 난방이 가능한 거실 또는 가족실로
서의 역할도 하게 되어 가족의 중심적 생활공간으로 변화하였다.

　부엌은 취사공간인 동시에 난방을 위한 공간으로서 안방과 연계된
평면 구성은 전통주택과 동일하다. 일제강점기 당시 부엌의 상황을
정확히 판단하기는 어려우나, 당시의 주택개량 논의로 짐작하건대
재래식 부엌이 상당부분 그대로 유지되면서 일부가 개량된 과도기적
부엌이었을 것으로 추측된다. 또한 변소는 문간채의 한편에 설치되어

주택 내부로 들어오게 되는 평면 구성의 변화를 보인다.

　행랑채와 사랑채로 사용되던 공간은 자녀 등 가족 구성원의 독립된 공간으로 활용되어, 개인실이 늘어나는 변화를 보인다. 또한 문간채에 문을 이중으로 설치하여 안채와 구분함으로써 문간채를 타인이 거주(행랑살이)하는 셋방으로 사용하기 용이하게끔 하기도 하였다.

　또한 도시형 한옥의 칸 단위의 척수가 기존 전통한옥의 치수보다 다소 줄어드는데, 이는 필지 규모에 맞추면서 모든 필요 공간을 배치하려는 이유와 함께 경제적인 이유도 개입된 듯하다. 즉 당시 주택을 매매할 때 칸의 크기는 고려하지 않고 칸수로 가격이 산정되었기 때문에 칸수를 늘임으로써 상업적 이윤을 높이려는 주택업자의 상술 같은 것이었다.

③ 구조 및 설비

　도시형 한옥은 전통한옥의 구조를 그대로 유지한다. 일반적으로 안채는 5량 구조의 팔작지붕이고, 문간채는 3량의 맞배지붕 형태를 취하고 있으나, 전통주택의 구조를 보다 간략화하거나 부연과 서까래 아래에 겉치장 굴도리를 사용하기도 하며 처마길이가 짧아지는 등[18] 일부 구조적 변화를 보인다(<그림 9>).

　변소는 내수재료로 축조된 수거식 변소로 주택 내부로 들어오게 되나, 재래식 변소의 형식을 그대로 유지하여 위생문제를 완전히 해결하지는 못했다. 그러나 변소의 구조와 방수, 수거방식 등을 개량함으로써 공중위생과 위생설비를 개선하려는 노력이 가미되었다.

　현재 조사 가능한 도시형 한옥은 이미 근대적으로 개량된 것이기

---

18) 임창복, 「일제시대 주택건축의 경향고찰」, 『대한건축학회지』 33권2호, 1989, 56쪽.

그림 9. 도시형 한옥 외관 |
강영환, 『한국주거문화의 역
사』, 기문당, 1991, 159쪽.

때문에 당시의 상하수도 설비를 정확하게 판단하기는 어렵다. 그러나 당시의 사회적 분위기로 보아 상하수도 체계는 기본적으로 재래식이 유지된 채 일부 개량되었을 것으로 추측된다.[19] 상하수도가 설치된 경우라면 안마당과 부엌에 설치되어 안마당과 부엌을 연계한 가사작업이 이루어졌을 것으로 짐작할 수 있다.

④ 소결

이러한 도시형 한옥은 소위 집장사라고 불리워지는 소규모 민간업자에 의해 건설되었다. 도시형 한옥은 재래식 전통한옥의 연장선상에서, 건축의 재료, 기술, 평면 구성 등이 그대로 유지되었으되, 단지 도시여건에 맞게끔 개조, 개량된 것이었다. 유리·벽돌 등과 같은

---

19) 경성의 상수도 가설은 1903년부터 시작되었다. 1925년 수도 보급률은 47.5%에 달하며, 경성부내 一圓에 급수를 했으나, 한국인의 보급률은 29%로 상당히 낮은 편이었다. 그러나 이후 수도보급률은 향상되었으며, 도시형 한옥 밀집지역에도 상하수도의 주요간선이 설치된 것으로 미루어 어느 정도 설비가 갖추어졌다고 추측할 수 있을 것이다(서울특별시사편찬위원회 편, 앞의 책, 1981, 410~417쪽).

근대적 건축 재료가 일부 사용되었으며, 완전한 근대적 설비를 갖추지는 못했지만 근대적 설비로 개선, 개량되었다. 또한 독립적인 공간의 개인실이 보다 많이 등장하고 집중적이고 단세포적인 평면 구성이 되었다. 이는 재래주택이 일부 근대화되는 과도기적 과정이라 할 수 있다. 이렇듯 도시형 한옥은 전통한옥의 연장으로 나타나는 도시주택으로서, 재래 주택의 도시화 및 개량화 측면에서의 근대적 성격을 가진다.

2) 문화주택

① 문화주택의 형식과 성격

문화주택이라고 하는 명칭은 일본에서 사용되던 명칭이 수입된 것이라고 추정하게 된다.[20] 일본에서 전통주택과는 다르게 서구적이며 근대적인 성격을 가진 단독주택을 문화주택이라고 불렀기 때문이다. 우리나라에서는 1920년대 초반부터 시작된 근대적 설비를 갖춘 서구식 주택을 부르는 명칭으로 사용되기 시작하였다.[21]

1920년대 문화주택은 홀을 중심으로 거실과 침실이 있는 방갈로식 주택[22]이었으나, 잠시의 유행으로 그쳤다. 1930년대 이후 문화주택은 새로운 양식의 서양식 주택으로 나타나며, 서양과 일본[23]의 영향을

---

20) 문화주택이란 용어는 일본에서 1922년 동경평화기념박람회에서 '문화촌'이라 하여 14채의 실물주택을 전시한 이후 서양색이 강한 주택을 문화주택이라 일컫게 되었다(內田靑藏 外, 『図說,近代日本住宅史』, 鹿慶島出版會, 2002, 56~57쪽).

21) 안성호, 「일제강점기 주택개량운동에 나타난 문화주택의 의미」, 『한국주거학회지』 12권 4호, 2001. 11.

22) 1923년 김유방이 『개벽』지에 이상적인 주택모델을 제시하였는데, 이 또한 거실을 중심으로 각 실이 배치되는 방갈로식의 외관을 나타내고 있다.

23) 일본의 영향은 당시 일본에서 유행하는 속복도형 주택의 직접적인 유입이었

받아 和洋鮮 절충식의 주택으로 발전하게 된다.

이러한 문화주택은 당시 건축설계를 전문으로 하는 한국인과 일본인 건축가에 의해 설계되었다. 주택의 전체적인 형식은 독립적 단위의 주택으로, 근대적 구조와 재료로 된 2층 규모의 서양식 주택이었다. 그리고 전통한옥의 안채, 사랑채와 같이 분산된 평면이 아니고 모든 공간이 내부지향적이고 집중식 평면 형식을 보이고 있다. 집중식 평면의 상자형 공간은 고정된 벽체에 의해 내·외부가 차단되는 특성을 가지고 있다.

문화주택의 마당은 도시형 한옥의 안마당과는 성격이 다른 정원에 가까운 외부공간의 형태로 존재한다.

외벽은 대부분 '네일크리트'[24]로 마감되었으며 일부 타일이나 석재가 사용되기도 하였다. 지붕은 박공지붕에 슬레이트로 마감된 양풍의 주택 외관을 보이는 경우가 대부분이다(<그림 10>). 박길룡이 설계한 김명진씨 주택에서 보듯이 철근콘크리트의 평지붕이 있는 다분히 모더니즘적인 입면을 가진 주택이 나타나기도 한다(<그림 11>).

② 평면 및 공간의 구성

다. 속복도형 주택은 明治류 주택의 구성을 理想으로 하는 중류계층에 1920년 이후 보급되었다. 메이지 유신 이후 서양의 의자식 생활과 일본 다타미의 좌식생활이 공존하며, 접객용의 독립된 양식 주택과 생활용의 일본식 주택으로 된 상류주택이 생겨났다. 이러한 상류주택에 대한 동경으로 현관 옆에 접객용 양식 공간인 응접실이 생기게 되고, 생활개선운동의 영향으로 개인의 사생활 존중과 기능적인 공간 구성을 위해 田자형의 전통주택에 속복도가 생기는 화양절충식의 '中廊下式주택'이 중류주택을 대상으로 보급되었다(藤岡通夫, 『建築史』, 市ヶ谷出版社, 1998, 279~280쪽).

24) 『朝鮮と建築』에 '네일크리트'로 표기되어 있는데 현재의 '뿜칠형타일'과 같은 유사한 외장재의 일종으로 추측된다.

그림 10. 윤씨주택 전경(1941년) |
『朝鮮と建築』 제20집 제4호, 1941.

그림 11. 김명진씨 주택 전경(1932년) |
『朝鮮と建築』 제11집 제7호, 1932.

문화주택은 겹집 형식의 집중식 평면(<그림 12>)으로 구성되거나,
겹집과 홑집 형식이 혼합된 다양한 형식의 평면(<그림 13>)으로
구성된다. 주택의 전체적인 외곽은 불규칙하고 자유로운 평면 형태를
보인다. 이는 건축가의 개인적 자기표현과 건축주의 요구에 의한 근대
적 디자인 과정의 결과로 볼 수 있다.

주거평면이 집중화되면서 공간을 사용하는 동선에도 변화가 나타난
다. 그 중 하나가 현관의 등장이다. 도시형 한옥에서도 대문은 있으나
현관은 없었다. 물론 현관은 서양의 주택에는 보편화되어 있으며,

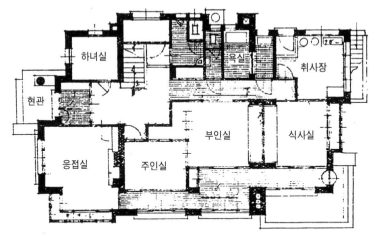

그림 12. 윤씨주택 1층 평면(1938년) |『朝鮮と建築』제18집 제3호, 1939.

일본의 근대 일식주택에서도 현관이 생겨나게 되지만, 한국의 서양식 문화주택뿐만 아니라 전통한옥 형태의 주택[25]에서도 현관이 있는 것을 보면, 이 당시 현관의 등장은 문화주택의 보편화된 특성임을 알 수 있다.

또한 집중식 평면에서 각 실을 연결하는 통로로 복도를 사용하게 되었다. 복도는 전통주택에서 없던 새로운 건축요소로서, 당시 일본의 속복도형 주택의 영향이었을 것으로도 볼 수 있다. 그러나 복도는 제한된 면적 내에서 각 공간을 연결하는 합리적인 방법이며, 한국인 문화주택에는 속복도만이 아니라 전통주택의 툇마루가 복도로 변화된 공간인 갓복도가 각 실을 연결하기도 한다(<그림 13・14>).

문화주택에는 새로운 양풍의 응접실이 나타나게 된다. 전통주택에

25) 모씨 주택은 전통한옥의 외관에 양풍(응접실) 및 일본식 공간(쯔즈끼마형 평면)과 근대 설비를 갖춘 주택으로 전통한옥의 재래 평면 구성에서 벗어난 화양선 절충식의 주택이다(『朝鮮と建築』제19집 제2호, 1940. 2).

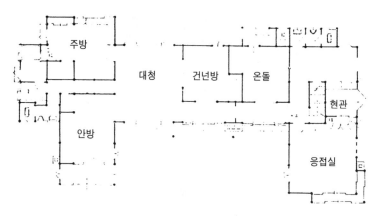

그림 13. 김명하씨주택 1층 평면(1940년) | 『朝鮮と建築』 제19집 제1호, 1940.

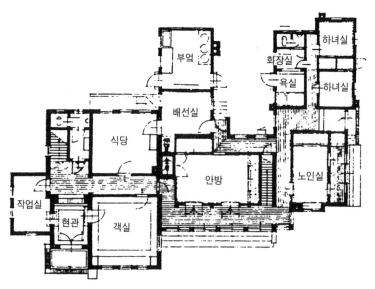

그림 14. 김연수씨주택 1층 평면(1929년) | 『朝鮮と建築』 제8집 제12호, 1929.

서 사랑채가 남성의 공간이며 접객 공간이었다면, 문화주택에서는
일반적으로 현관 옆에 위치한 응접실이 접객 공간으로 사용된다. 이러

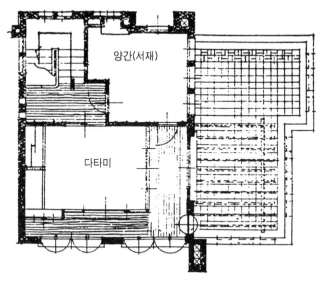

그림 15. 윤씨주택 2층 평면(1938년) | 『朝鮮と建築』 제18집 제3호, 1939.

한 접객 공간은 가족의 일상적 생활공간과 구분되어 있는 특징이
있다. 접객 공간은 현관 근처에 두고 가족 공간은 안쪽에 마련하여
그 전이되는 부분은 공간적으로나 형태적으로 영역이 다름을 여러
가지 방법으로 표현해 주고 있다. 이러한 응접실은 일본주택의 영향이
었을 가능성과 함께 전통주택의 사랑채가 근대주택으로 변화하면서
생겨난 새로운 공간형식으로도 볼 수 있다.

　전통주택에서 찾아볼 수 없는 2층이라는 공간이 새롭게 생겨난다.
2층은 주로 접객공간 또는 서재나 침실 등으로 사용되어진다(<그림
15>).

　문화주택은 침실, 공부방, 아동실 등 가족 개개인의 독립된 공간을
확보하는 개인실들이 늘어나게 된다. 이는 개인의 프라이버시를 중시
하며, 기능에 따라 실들이 분화되는 당시의 경향을 따르는 것으로

이해될 수 있다. 또한 부엌 옆에 별도의 식사 공간인 식당이 생겨나는 것도 주목되어야 한다.

안방의 남측에 툇마루와 유사한 실내 공간이 생겨난다. 이 공간[26]은 안방과 마당을 연결하는 매개 공간으로, 일식주택의 영향으로 볼 수 있으나, 전통주택의 툇마루가 새로운 주택에 변용되어 나타나는 새로운 변형으로도 볼 수도 있다.

③ 구조와 재료 및 설비

문화주택은 대부분 2층 규모였으며, 지하층을 일부 두어 기계실 등으로 사용되기도 하였다. 구조는 煉瓦造(벽돌조)에 일부 목구조를 사용한 경우가 주를 이룬다. 철근콘크리트조는 기초와 슬라브 등에 사용되었으며, 기둥 등 주요 구조체를 철근콘크리트로 사용한 경우도 소수 있다.

도시형 한옥에서의 실내 마감은 전통주택의 기존 마감재가 큰 변화 없이 유지·사용되지만, 문화주택에서는 새로운 마감 재료가 사용되어졌다. 실의 바닥은 온돌, 다타미, 마루, 리놀륨 등 和·洋·鮮의 마감 재료로 다양하게 되어 있다. 한국인 주택의 경우 주요실은 온돌방으로, 2층의 객용 공간인 화실은 다타미로, 그리고 양풍의 응접실과 서재는 리놀륨 또는 마루에 양탄자를 깔았으며, 부엌은 대부분 마루를 깔았다. 또한 주요실의 벽체는 수입산 벽지로 마감하였으며, 서재 등과 같은 실은 페인트로, 복도나 화실은 회벽으로 마감되었다. 또한 온돌방은 전통 창호로 출입구를 하거나 우물천장으로 마감하기도

---

26) 일본주택에서 이 공간은 엔가와(緣側)라고 부른다. 『朝鮮と建築』에 소개된 한국인 문화주택에서도 엔가와로 표기되어 있으나, 내부화된 '툇마루'로 볼 수 있을 것이다.

하여 전통적인 의장 요소는 유지되고 있었다.27)

　난방설비는 온돌과 온수난방을 같이 사용하였으며, 일부 페치카나 스토브를 사용하기도 하였다. 온돌설비의 경우 한국인 주택은 주로 전통온돌을, 일본인 주택은 개량온돌28)을 많이 사용하였다. 또한 전통온돌과 개량온돌이 같이 사용되기도 하였다, 일례로 우종관씨 주택에서는 주인실과 부인실은 개량온돌로, 응접실과 식당, 하녀실은 전통온돌로 설치하여 실의 종류와 중요도에 따라 온돌설비를 달리 설치한 것을 알 수 있다.

　변소와 욕실, 세면실이 각각 설치되기도 하였으며, 변소는 대변기와 소변기가 따로 분리된 구조로서 대부분 수세식이었다. 바닥과 벽은 타일로 마감되었으며, 온수난방에 의해 온수가 공급되는 근대적 위생설비를 갖추기도 하였다. 주방은 개수대가 설치된 개량 입식부엌으로 실내화 되었으나, 취사장은 일부가 타일 또는 모르타르로 마감이 된 재래식 부엌의 형태를 보이기도 한다. 이는 재래식 부엌이 현대적인 부엌으로 변화되는 과도기적 형태를 보이고 있다. 별도의 식사공간인 식당은 온돌 또는 리놀륨으로 마감되어 좌식과 입식 생활을 하였음을 알 수 있다.

④ 소결

---

27)『朝鮮と建築』에 소개된 한국인 문화주택의 사례를 살펴보면, 전반적으로 새로운 마감 재료가 사용되었던 것을 알 수 있다.

28) 당시 전통온돌의 비효율성과 건조한 실내 환경 등 단점을 개선한 개량온돌이 제시되었다. 방열실을 두어 방에 수증기를 공급하는 川上式, 床版에 열도구를 설치하여 개선한 村岡式, 연탄을 이용한 大野式 개량온돌이 소개되었다. 또한 온수파이프나 전기온돌을 이용한 계획이 구상되었던 것을 알 수 있다(野村孝文・朴吉龍・葛西重男,「온돌특집」,『朝鮮と建築』제19집 제3호, 1940. 3).

이러한 문화주택은 당시 건축설계를 전문으로 하는 한국인, 일본인 건축가에 의해 설계되었다. 한국에서의 문화주택의 등장이 이미 일본에 있었던 문화주택 형식의 연장선상에 있었다는 사실은 부정하기 어렵다. 그리고 일본인 건축가에 의한 문화주택의 경우 더욱이 일본에서의 모델을 염두에 두고 있었다는 사실도 긍정된다. 동시에 박길룡을 비롯한 한국인 건축가들이 문화주택을 설계할 때에 한국인 건축주의 요구에 부합하는 우리식 근대주택을 설계하려는 의도가 분명하였으며 이들에게는 일본식 문화주택 이외에 서양주택에 대한 식견과 정보를 갖고 있었다. 따라서 한국 문화주택의 주체적 성격을 논의하는 일은 간단치 않은 일이 될 것이다. 무엇보다 중요한 것은 이때 지어진 문화주택들이 한국 근대주택의 시발점 역할을 담당하고 있다는 점이다. 주택의 전체적인 형식에 있어서도 단독 독립형이라는 점, 건축가에 의한 설계 작업의 결과라는 점, 그리고 완전하지는 않지만 근대적인 설비를 갖추고 있는 점 그리고 현관, 거실, 식당, 침실 등 근대적 기능분할방식에 따른 실내공간 요소를 대부분 포함하고 있다는 점이 기억될 필요가 있다.

3) 營團住宅

① 조선주택영단의 설립과 표준설계주택

1920년대 이후부터 계속되어온 주택난에 미온적이던 총독부는 1939년 경성부에 주택대책위원회를 설치하여, 주거양식이 국민정신에 끼치는 영향이 지대하므로 실생활에서의 내선일체의 구체화를 꾀하는 유효한 방법으로 재래 조선식 주택양식의 개량을 장려하였다. 이는 복지행정이기 보다는 식민지 정책의 일환으로 주택난에 대한

표 2. 영단주택 표준설계도

型別	圖面	坪數 및 間數	型別	圖面	坪數 및 間數
甲		· 20坪 · 4間 8疊 6疊(溫突) 4疊半 3疊 (以外 10種類 있음)	丁		· 8坪 · 2間 4疊半 4疊半(溫突) (2種類 있음)
乙		· 15坪 · 3間 6疊 4疊半(溫突) 4疊半 (以外 9種類 있음)	戊		· 6坪 · 2間 4疊半(溫突) 2疊 (2種類 있음)
丙		· 10坪 · 2間 6疊 4疊半(溫突) (以外 3種類 있음)			

출 전 : 대한주택공사, 『대한주택공사 30년사』, 1992, 60쪽.

대응책이 강구되어진 것이었다. 전시체제하에서의 군수산업 등의 노
동자를 위한 소주택안을 제안하였으며, 조선건축회에서도 소주택조
사위원회를 구성하여 주택계획안29)을 제안하였다. 그러나 이러한
간접적 장려정책이 성과를 거두지 못하자 주택의 직접적인 대량공급
을 위해 1941년 6월 조선주택영단을 설립하게 되었다. 이보다 앞서
1941년 5월 일본에서도 심각한 주택문제로 인하여 일본주택영단이
설립되어 1층의 목조건물뿐만 아니라 연립주택, 아파트 등 20여 종의
규격평면도를 만들어 공급하기 시작하였다. 이는 조선주택영단의 설

---

29) 『朝鮮と建築』 제20집 제7호, 1941, 1~10쪽.

립과 활동에 직·간접적으로 많은 영향을 주었다고 판단된다. 주택영
단의 설립과 동시에 2만 호 건설을 목표로, 4개년계획을 세웠는데,
실제 1945년까지 경성의 4,488호를 포함하여 전국적으로 12,000호를
건설하였다.

1937년부터 토지구획정리사업을 실시하여 영등포, 돈암지구 등
10개 지구에 신시가지를 개발하고 있었다. 주택영단은 그 곳에 주택단
지를 조성하고 여러 계층을 대상으로 새롭고 근대화된 생활을 유도할
목적으로 5종류(甲·乙·丙·丁·戊)의 표준주택을 설계하는데 이는
朝鮮建築會의 소주택조사위원회의 계획안을 모델로 하고 있었다. 갑
형주택은 건평 20평으로 중류상층의 시민을 위한 주택이었고 을은
中流 中層, 병은 中流 下層이고 정과 무는 하류서민과 노무자들의
주택이었으며, 갑과 을은 분양으로, 을 이하의 주택은 임대로 하기로
하였다.

당시 표준설계주택의 작성지침은, 주택의 질을 중시하고 대지는
건평의 3배 이상으로 하며, 어느 집이라도 하루 4시간 이상 채광이
가능케 한다는 것이었다. 또한 원칙적으로 온돌방을 하나 이상 계획하
였으며, 갑·을·병형에는 욕실을 설치하고 욕실이 없는 집은 50호
단위로 공동목욕탕을 설치한다는 것이었다.[30]

② 영단주택의 형식과 성격

영단주택은 택지조성 사업에 의해 기하학적으로 조성된 대규모
주거단지에 건설되었다. 관의 주도하에 대량으로 공급된 획일화된
서민 주택이었다. 이처럼 대량공급을 위해서는 표준화된 설계에 의해
규격화된 자재로 지어질 수밖에 없는 건축적 형식을 갖고 있다. 대규모

---

30) 대한주택공사, 앞의 책, 1992, 58~60쪽.

단지에 표준화, 규격화된 주택이 밀집되어 지어짐으로써 고밀도 주택
단지를 이루게 되었다.

영단주택은 사용 계층에 따라 다양한 형식을 가지고 있다. 주택의
형식은 내부지향적 상자형 공간인 집중식 평면 형식으로, 겹집으로
되어 있다. 다양한 형식을 가진 영단주택은 크게 단독주택과 연립주택
의 유형으로 구분된다. 단독주택형은 을형 이상의 주택으로서 건평
15평 이상의 다소 규모가 있는 경우이다. 이는 단위 독립형으로, 담에
의해 경계 지어진 독립된 마당을 소유한 것으로 추측된다. 그러나
연립주택형은 하나의 건물 내에 여러 세대가 있는 경우로서, 병형주택
과 같은 10평 이하의 주택에서 나타난다. 이 경우 마당과 같은 외부공간
을 서로 공유하는 방식으로 생활하였을 것이다.

이러한 영단주택은 대부분 1층으로 되어 있다. 지붕은 박공지붕으
로, 시멘트기와를 사용하였다. 목조로 된 벽체에 시멘트 모르타르로
마감됨으로써, 다른 두 유형의 주택에 비해 다소 저급한 외관을 보이고
있다(<그림 16>).

③ 평면 및 공간의 구성

병형 이상의 영단주택은 문화주택과 마찬가지로 가운데 복도를
중심으로 남측에는 주거부분을 두고 북측에 종속부분(현관, 욕실,
변소, 부엌)을 두는 속복도형 평면형이다. 정형과 무형주택은 소규모이
므로 방이 남북으로 나란히 배치되는 평면형이다. 전반적으로 외부에
요철이 거의 없는 직사각형의 집중식 평면 형태이며, 다타미의 크기인
90×180cm의 모듈로 계획되었다.[31]

---

31) 김선재, 「한국근대도시주택의 변천에 관한 연구」, 서울대학교 석사학위논문,
   1987, 83쪽.

그림 16. 영단주택 외관(상도동) | 강영환, 『한국주거문화의 역사』, 기문당, 1991, 178쪽.

문화주택과 마찬가지로 현관이 별도의 내부공간으로 계획되며, 화장실 또한 실내공간으로 들어왔다. 각 유형마다 방에는 다타미를 깔았고 원칙으로 온돌을 하나씩만 설치한 일본식에 한국식이 가미된 형식이었다. 방에는 일본식 수납공간인 반침이 설치되어 있다. 병형 이상의 주택의 부엌에는 마루를 깔아 입식부엌의 형식을 취하나, 정형과 무형 주택의 부엌은 전반적으로 지반이 낮은 재래식 부엌의 형식이며, 일부 마루가 있어(정형주택) 찬마루의 기능을 하였다.

온돌방과 욕실은 부엌 바로 옆에 위치하는데, 이는 주부동선과의 관계를 무시할 수는 없으나, 불을 사용하는 실들을 한 곳에 집중시킴으로써 당시 설비의 기술적 한계로 인한 공간의 낭비를 없애고자 했던 이유 때문인 것으로 보인다.

갑형과 을형주택에는 방의 남측에 문화주택에서와 같이 복도형

그림 17. 영단주택 지붕(고척동) |
대한주택공사, 『대한주택공사
30년사』, 1992, 70쪽.

마루가 계획되어 있다.

④ 구조와 재료 및 설비

영단주택은 1층의 목조주택에 기와지붕을 얹었으며, 기와는 당시 대량생산체제에 의해 생산된 일식의 시멘트기와를 사용하였다(<그림 17>). 벽체는 大壁구조로서 3.5치 角의 기둥 사이를 대나무로 얽어 시멘트나 흙으로 벽을 치고 다시 철망을 덮고 나서 외벽인 경우에는 모르타르를 치고 내부에는 회칠로 마감되었다. 이 공법은 목재를 절약할 수 있으며 시공이 빠르고 보온이 잘 되나 벽 내부에 공간이 있으므로 화재에는 매우 약한 것이 단점이었다. 처마의 길이는 30cm 정도로 그 높이는 2.5m 정도로 최소화하였다.[32]

주택마다 하나씩 설치된 온돌방은 무연탄을 사용한 개량온돌을 사용하였다. 내부 현관 옆에 위치한 변소는 재래식으로, 대·소변기가

---

32) 손정목, 『일제강점기 도시사회상연구』, 일지사, 1996, 308쪽.

따로 설치된 경우도 있다. 변소의 저장조는 콘크리트로 개량되었다. 갑형과 을형주택에는 가운데 탈의실을 두고 변소와 욕실을 분리시켰다. 욕실은 철제 가마솥을 사용하여 가마솥 밑에 직접 불을 넣고 나무판을 깔아 밟고 목욕을 하게 되어 있다.[33]

⑤ 소결

영단주택은 관 주도형 대량생산을 목적으로 한 주택이었으며, 불가피하게 표준설계의 적용을 했어야 했다는 점에서 근대적 속성을 내포하고 있다. 그러나 일본인 주도로 지어졌으며 따라서 일본식 주택의 영향이 많이 남아있고 동시에 한국주택의 성격을 가미하였다는 점에서 일종의 절충 또는 혼합형으로 평가될 수 있을 것이다. 다섯 개의 유형으로 나눠서 계획되어 소유계층의 수준에 맞게끔 설계를 차등화하였다는 점도 정책적 시도로써 의미있게 평가되어야 한다. 시기적으로는 다른 두 유형보다 늦게 나타나며 따라서 재래식 한국 주택과 문화주택적인 장점을 모두 가미시키려는 노력을 부분적으로 읽을 수 있게 한다. 현재는 이러한 영단주택이 남아있지 않고 대부분 소멸되었으나 우리나라 근대주택사에서는 대단히 중요한 위치를 점하는 것이 사실이다. 영단주택의 경우 해방 후의 한국주도로 지어진 서민주택과의 영향관계에 있어서도 좀더 구체적인 연구가 필요할 것이다.

4. 생활의 변화

주택의 변화는 불가피하게 생활의 변화를 가져온다. 물론 생활의

---

33) 대한주택공사, 앞의 책, 1992, 62~63쪽.

변화는 주택변화 때문에만 발생하는 것은 아니다. 주택의 변화가 하나의 중요한 원인 제공 요소가 될 것이다. 일제강점기 동안의 생활의 변화는 그 자체로서 중요한 연구영역이다. 생활의 변화는 그 자체로서 복잡하고 다양한 원인과 배경을 갖는 것이므로 여기서는 주택의 변화로 추정되는 주생활적 측면만을 다루는 것으로 한정한다. 생활변화 측면의 연구는 건축 측면의 연구에 비하여 상대적으로 많지 않은 편이며, 여기서도 주택 변화내용으로써 추정 가능한 생활변화를 위주로 하여 정리해 보는 수준으로 정리하려 한다.

1) 공간구조의 변화와 생활 변화

① 도시형 한옥에서의 생활 변화

도시형 한옥은 전통적 한옥의 변형이지만 한옥의 기본적인 요소와 골격을 유지하기 때문에 생활의 측면에서도 파격적인 변화가 주택에 의하여 야기되기보다는 전통적 생활양식을 지속시키는 쪽으로 이해되어야 할 것이다. 그러나 도시형 한옥으로의 건축적 변화는 불가피하게 몇 가지 세부적 생활변화를 가져왔을 것으로 추정된다. 도시형 한옥이 ㄷ자 또는 ㅁ자형의 단세포적 구성을 갖게 되므로 한 가족의 생활이 이러한 공간구성 단위 속에 담겨져야 하는 공간적 불가피성을 갖게 된다. 이때 사랑채 안채의 구별이 전통적 반가에서와 같이 공간적 시각적으로 차단되는 편이기 보다는 마당을 가운데 두고 가깝게 마주하는 방향으로의 근접성이 강해진다. 이러한 경향은 남녀유별이라고 하는 유교적 규범을 상당부분 완화시키게 되는 효과를 가져왔을 것으로 추측된다. 그러나 전통적 채 나눔과 실 구성의 중요 윤곽이 그대로 남아있기 때문에 전통적 생활인습을 유지하려 했다면 유지시킬 수 있는 공간구성이기도 하다. 한편 마당이 안마당 한 개만으로 구성되는 만큼 채광, 통풍은 물론 생활의 심리적 및 공간적 중심 역할을 하나뿐인 마당이 담당해야만 했다. 대청마루에 유리문이 달려서 겨울에도 난방 효과를 높일 수 있게 했던 변화는 전통적 반 개방형 대청마루를 사계절 용 근대적 거실기능으로 한 발짝 더 가깝게 변화시킨 것이었다. 현재 확인되는 부엌의 설비는 후대에 대부분 개조된 것이므로 일제 때의 모습을 추정하기는 쉽지 않다. 그러나 어떠한 측면으로든지 부엌을 개선하려 했던 노력은 반영되었으리라 추측된다. 또한 화장실이 별도 의 건물로 떨어져 있었던 과거와 달리 마당에서 진입할 수 있는 건물의 한 부분으로 편입되었던 것도 중요한 생활 변화 중의 하나이다.

② 문화주택에서의 생활 변화

건축의 형식이 문화주택에서 가장 많이 변화했듯이 생활 변화 또한 문화주택에서 가장 과격하게 변화해야 했다. 전통주택이 마당 및 외부 공간을 향하여 개방적이었던 경향에 비교해 볼 때 문화주택은 외부에 대하여 폐쇄적이고 지면을 따라 수평적으로 펼쳐지기보다 2층화되고 자기중심적으로 뭉쳐진 독립단위를 만들려고 한다. 생활에 있어서도 외부공간의 사용이 현저히 줄어들고 모든 생활이 내부 공간 안에서 이루어지는 쪽으로 변한다. 한편 각 실이 전통주택과는 달리 기능에 따라서 분리되기 때문에 생활도 기능에 따른 공간 분할 패턴을 따르지 않을 수 없었다. 물론 안채, 사랑채의 구별은 더 이상 실현이 어려워진 다. 보기에 따라서는 응접실과 2층 공간이 사랑채에 해당하는 역할을 하지 않았을까 하는 추측도 하게 하지만 그것은 어디까지나 가정적인 추측일 수밖에 없으며, 실제적으로는 새로운 가족 중심적이고 내외구 별이 되지 않는 생활습관이 정착되는 계기가 문화주택에서 마련되지

않았나 생각된다. 한편 침실 또는 공부방과 같은 개인실의 등장과
함께 개인적 프라이버시가 소중하게 존중되는 공간이 마련되었다는
점도 놓칠 수 없는 생활 변화의 중요한 측면이다. 그 외에도 현관,
식당, 서재, 응접실 등의 공간도 새로운 근대적 생활 유형으로 이해될
수 있다. 문화주택에서는 일반적으로 입식생활과 좌식생활이 병행되
었던 것으로 추정된다. 온돌이 놓여진 안방과 같은 공간은 좌식생활이
유지되었던 반면 응접실 서재 등 서양풍으로 실내 마감된 공간에서는
탁자 및 의자가 설치되어 입식생활이 가능케 되었다. 요컨대 문화주택
에서의 생활 변화는 재래식 전통주택과는 현격하게 다른 생활 패턴을
요구하였으며 이것은 근대적 생활 패턴과 흡사한 것으로써 이 시기에
발단된 중요한 생활 변화에 해당된다.

③ 영단주택에서의 생활 변화

영단주택의 경우는 그 규모와 사용 계층에 따라 평면이 다양했던
만큼 생활 변화를 일률적으로 설명하기는 어렵다. 대체적으로 볼 때
전통적 생활인습이 유지되는 측면은 문화주택보다는 강했으나, 도
시형한옥보다는 약했을 것으로 추정된다. 바닥에는 다타미와 온돌을
혼용했던 만큼 좌식생활 위주의 생활이었을 것으로 추측된다. 화장실
이 실내에 들어오고 현관이 별도의 내부공간으로 포함되며 대부분의
공간이 실내공간화 한다는 점에서 볼 때 영단주택은 도시형한옥과
문화주택의 중간정도의 위치에 머물러 있었다는 판단도 가능할 것이
다. 또한 다타미를 사용하였던 점에서 볼 수 있듯이 일식생활과 한국식
생활의 절충적 경향이 남아 있었다.

2) 설비의 변화와 생활

근대주택의 성립은 무엇보다도 문화주택과 같은 주택의 개념과 형식 자체의 변화가 주도적인 것이었다. 그러나 그러한 주택형식이 가능했던 것은 기술과 재료의 뒷받침과 기계적 설비의 뒷받침이 없었으면 불가능했을 것이다. 여기서는 설비 위생적 변화를 추가적으로 언급하여 생활 변화의 한 측면을 보완하려 한다.

부엌의 경우 도시형 한옥과 영단주택에서는 재래식 아궁이의 사용과 지반이 낮은 부엌공간이 유지되었다. 시간이 지나면서 부분적 개량은 있었을 지라도 입식부엌으로의 개변은 해방 후의 변화이었을 것으로 추측된다. 한편 문화주택의 경우 재래식 부엌 형식과 근대적 입식부엌이 혼합 또는 절충된 양상으로 출발되었다. 점차적으로 서양식 입식부엌 쪽으로 바꿔갔을 터이지만 당시의 도면으로 검토해 볼 때 완전한 입식으로 가기에는 기술 및 설비의 지원이 불충분하였던 것 같다. 상하수도의 설비가 부엌뿐만 아니라 생활 전반에서 중요한 변화요인이 되었을 것이지만 정확한 보급률이 확인되기 어려우므로 객관적인 영향 정도를 파악하기가 어렵다. 그러나 보급이 된 경우는 분명히 있어서 욕실, 화장실, 부엌에 온수가 공급되고 하수관에 의한 배수가 설치되어 생활의 편리가 혁신적으로 도모된 사례가 있었던 것은 사실이다. 화장실이 실내공간으로 편입되고 욕실 또한 실내공간의 일부가되었다. 이것은 설비 위생측면에서 볼 때 전통주택에서 근대주택에로의 변화를 측정케 하는 중요한 기준 중의 하나이다. 이러한 설비 위생시설 상의 변화가 문화주택에서 가장 혁신적으로 적용되었고 영단주택과 도시형한옥에서 보다 완화된 단계에서 적용되어야 했던 차이점은 있으나 세 형식 유형의 주택 모두에서 전통적 주택에서와는 다른 설비 위생적 시설이 근대주택의 속성으로 채용되었던 것은 분명히 확인된다.

5. 맺음말

1) 지속과 변화

　다른 모든 문화권에서의 변화와 마찬가지로 한국 근대주택의 변화에서도 지속적인 측면과 변화의 측면이 공존하며 또 이 두 가지가 균형을 잡아가며 근대적 변화를 이끌어갔다. 세 가지 도시주택 형식 모두에서 재래적 요소의 지속성과 근대 지향적 변화가 모두 나타났다. 당연히 제일 지속성이 강한 경우가 도시형한옥이며, 가장 변화적 경향이 강했던 것이 문화주택이었다. 사실 도시형 한옥의 경우도 전통적 고유형식을 유지하면서 도시적 적응을 위한 변형을 시도했다는 점에서 근대적 변화로서의 의미와 가치를 인정해주어야 한다. 그러나 새로운 시대는 그러한 재래적 인습 자체를 계속하여 용납하고 있을 수가 이미 없었다. 도시형 한옥은 자생적이고 전통 유지 차원에서의 시도로써 중요한 변화과정을 만들었다는 점에서는 그 의미가 인정되어야 하지만, 해방 이후에까지 그 생명을 유지할 수는 없었다. 문화주택의 경우는 30년대를 전후한 시기에서 그 사례의 수가 많았던 것도 아니고, 따라서 건축적 영향이 크기도 어려웠으나 그 형식은 해방 이후 주도적인 도시주택으로 자리 잡게 된다. 문화주택에서의 지속적 요소라면 방과 마루가 있다던가, 툇마루가 설치되었다던가 하는 정도의 단순한 요소에 그칠 뿐 건축적 발상에서부터 실현된 결과에 이르기까지 대부분 새로운 시도에 의해 만들어졌다. 그것은 아마도 서구의 근대건축에서의 경우와 같이 혁신적 변화가 새 시대의 요구에 부응했기 때문에

새로운 건축을 만들 수 있었고 또 살아남을 수 있었던 것과 같은
배경에서 이해될 수 있을 것이다. 영단주택의 경우는 지속성과 변화의
측면 모두가 적당한 선에서 절충되었다고 볼 수 있다. 이러한 경우
역시 대량생산이었기에 미치는 대중적 인식의 변화에는 영향을 주었
으나 그 형식 자체가 새로운 지속성으로 살아남을 수는 없었다. 결국
지속성을 유지하려했던 형식은 단절되고 새 시대에 부합하는 변화의
새로운 대안만이 살아남게 된 것이다.

2) 외세의 영향과 자생적 변화

한국 근대주택의 형성에 있어서 논쟁을 피할 수 없는 또 하나의
문제는 외래적 영향과 자생적 대응의 문제이다. 외래적 영향에는 일본
의 영향과 서양의 영향을 꼽아야 한다. 이 시기가 일제강점기였기
때문에 일본의 영향은 보다 직접적이고 행정적 힘을 등에 업고 행사되
었던 영향이었다. 따라서 일본의 영향이 깊숙이 그리고 구석구석에
배어 있었던 것이 사실이다. 그것은 다타미방이 사용되었다든지, 속복
도형의 평면이 나타난다는 수준을 넘어서는 보다 광범위하고 사회전
반에 걸쳐 나타나는 힘과 같은 것이었다. 그러나 이에 비하여 서양의
영향이 상대적으로 약했던 것인가 하는 질문이 제기되어야 한다. 서양
의 문물이 직접적으로 한국에 전달될 수 있었던 것은 사실이며 또한
그것이 제한된 매체와 범위에 국한되었던 것도 사실이다. 그러나 일본
의 영향이 이미 일본 근대화 과정을 먼저 겪은 후의 영향이라는 점과
일본 근대화가 서구화를 추구하였던 것이라는 점을 생각할 때 서양의
영향은 일본의 영향 안에 이미 깊숙이 잠재해 있었던 것으로 보아져야
한다. 그리고 한국인의 의식 속에서도 변화가 지향하는 방향은 일본화

이기보다는 서구화일 수밖에 없었다. 결국 한국 근대주택에 있어서 일본의 영향의 흔적이 많이 남아 있었던 것은 사실이지만, 해방과 함께 힘을 잃고 서구 지향적 변화만이 유지되게 된다.

이러한 외세적 영향 속에서 얼마나 자생적이고 주체적인 변화의 움직임을 가졌느냐하는 것은 논의하기가 더 어려운 문제이다. 최소한 도 도시형 한옥은 자생적이었던 것이 인정될 수 있고, 문화주택의 설계에 한인 건축가가 참여하였다는 사실도 인정될 수 있다. 또한 당시 우리사회의 주택개량과 생활 개선의 요구가 팽배했으며, 많은 주택들이 그러한 요구에 부응하는 변화를 시도했다. 문화주택의 경우 도 서구주택의 평면이 직접 수입되어 그대로 적용된 것은 아니었다. 한국재래식 주택 평면과 부분적 일본 근대주택의 영향을 포함시키면서 서구적 개념의 주택을 점진적으로 따라가는 복합적인 변화 과정이었다. 주택이 사람의 생활을 담아야 하는 만큼 외래주택의 직수입으로 오랫동안 누적된 생활의 인습이 일시에 해결될 수 없었던 점을 감안할 때 그러한 자생적 자기 변화 과정을 유지시켰던 것은 당연하고 또 불가피한 것이었다. 이러한 측면에서 이해할 때 한국 근대주택 형성과 정에서의 자생성 내지 주체성의 문제가 가볍게 부정적인 견해로만 설명될 수만은 없는 것이다. 일제강점의 시기였지만 한국인의, 한국인에 의한 변화의 동기와 실천의지가 국민 대다수의 마음 속에 살아있었고, 그러한 마음의 총화가 근대화를 유지해 나갔던 측면을 묵과할 수는 없는 것이다.

3) 주택의 변화와 생활의 변화

주택의 변화가 생활의 변화를 야기시키는 방향도 있는 한편 생활에 대한 변화요구가 잠재해 있었기에 주택의 변화가 가능했다는 주장도 가능하다. 20세기 전반의 한국사회에서는 조선시대 후반까지의 생활, 사회제도 및 유교적 인습에 대한 변화의 분위기와 요청이 사회적 분위기로서 어느 정도 성숙되어 있었을 것으로 판단된다. 도시형 한옥이든 문화주택이든 새로운 주거 형식이 사람들에게 어렵지 않게 받아들여질 수 있었던 것도 그러한 사회적 분위기를 보여준다. 그 중에는 대가족제도의 문제, 남녀구별의 문제, 양반 상놈의 문제, 여성의 지위 문제 등과 같은 다양한 인간 관계의 문제가 포함되어있었을 것이다. 새로 등장하는 근대주택의 형식들은 예외 없이 이러한 문제들에 대한 건축적 대안을 제시하는 것이었다. 도시형 한옥이 좀더 보수적인 편이었다면 문화주택은 급진적인 대응을 하였다는 점이 다르다면 다른 것이다. 한편 설비 및 위생적 시설에 의한 생활 변화는 가장 두드러진다. 그것은 전통주택이 오랫동안 갖고 있었던 생활의 불편이 해소되는 방향이었기에 거부될 수가 없었고 또한 여권의 신장과 사회계급제도 해결의 측면에서도 거부할 수 없는 것이었다. 결국 새로운 주택은 문화주택의 형식이 보여주듯이 내부지향적이고 핵가족 중심적이며 편리지향적일 수밖에 없었다. 이러한 경향은 서구사회를 비롯한 다른 문화권의 근대화 과정에서도 마찬가지였던 변화의 속성이며, 한국의 근대주택에서도 동일한 성격이 찾아진다.

4) 결론 : 한국 근대주택의 근대성

한국 근대주택에서 어떠한 내용과 속성을 근대적인 것으로 규정할 수 있겠는가 하는 문제가 마지막으로 남는다. 이 문제는 보다 복잡한 사회적 측면과 연결되어 논의될 필요가 있겠으나 여기서는 지금까지 논의된 주택문제에 한정하여 간략하게 언급함으로써 결론을 대신하고자 한다. 세 가지 주택 형식 중 官에 의해 주도되었던 영단주택은 해방과 함께 생명력을 유지하지 못한다. 도시형 한옥과 문화주택은 민간 주도로 진척되었다. 도시형 한옥의 경우에 있어서는 민간 주도적 사업이었으나, 전통적 형식과 기술의 지속적 적용이라는 측면에서 근대사회가 필요로 하는 요구를 계속해서 수용할 수가 없었다. 문화주택은 민간 건축가와 돈 있는 건축주 사이의 개인적 관계에 의하여 추진된 경우로써 사실상 지금 대부분의 건축이 이루어지는 과정과 다르지 않다. 즉 문화주택은 민간 주도라는 점과 근대적 전문직에 의한 서비스 활동을 통하여 이루어졌다는 점에서 근대사회의 속성이 지금과 다르지 않게 반영된 경우였다.

그러나 관 주도에 의한 영단주택이나 도시형 한옥의 경우에 있어서도 상업적 원칙을 벗어나 이루어질 수는 없는 일이었다. 특히 민간 건설산업 행위로 이루어진 도시형 한옥의 경우에 있어서는 규모의 차이는 있었으나 일정 자본이 소요되는 기업 형태적 접근을 해야 했던 측면에서 볼 때 전통사회와는 다른 근대사회적 생산양식의 모습을 보여주었던 점도 인정되어야 한다. 세 가지 주택형식 모두가 그러하지만 그 중에서도 문화주택이 가장 근대적 기술을 집약적으로 사용한 예가 된다. 연와조 벽체에 콘크리트 슬라브, 파이프를 이용한 위생설비 등의 기술이 그러한 내부지향적이고 독립적인 건축을 가능하게 하였다. 이러한 기술문명의 혜택을 보편적으로 누리려고 하는 것이 근대를 사는 시민의 당연한 욕구였음을 볼 때 건축에서 재료, 설비 등의 기술적 적용이 분명한 근대성의 요건 중의 하나로 꼽혀져야만 한다. 일제강점기 당시의 건축 관련 기술이 지금에 비교하면 낮은 수준의 것이었겠으나, 보다 높은 기술적 혜택을 추구하는 시민의 요구와 새로운 기술의 공급은 그때 이후 지금까지 지속되고 있다.

　일제강점기의 도시주택 형식에 있어서 근대적 성향으로 꼽을 수 있는 또 하나의 현상은 다수 또는 대량 생산을 목표로 한 생산체계의 문제가 된다. 도시형 한옥은 영단주택에 비하여 생산의 규모가 작았으나 양쪽 모두 생산의 효율성을 위하여 자재의 표준화, 평면 및 단면 계획의 표준화, 그리고 효율적인 건설관리 방식의 적용 등과 같은 생산적 시도들은 전에는 적용되지 않았던 새로운 개념과 방식이었으며, 이것은 근대사회적 성격으로 꼽힐 필요가 있는 것이다.

　생활의 변화에서 언급하였듯이 근대적 사회에 맞는 생활과 인간관계의 변화가 주택의 변화와 함께 생겨날 수밖에 없었던 여건도 같은 맥락에서 기억되어야 한다. 전통적인 대가족 제도나 상·하적 위계관계, 남녀구별 방식의 변화, 사회계급제도의 변화 등이 보다 민주적이고 핵가족 중심적이며 여성의 지위를 향상시키고 가족 내에서의 남녀구별을 해소하는 쪽으로 변화하게 하는 요건이었다. 그리고 이런 변화는 전통사회에서 근대사회로 지향하는 불가피한 변화 요건들이었다. 이러한 변화들이 주택 내에서 공간적으로 받아들여지고 수용되어야 했던 점을 감안할 때 한국의 근대주택은 이러한 생활 변화와 직결된다는 점도 근대성의 하나로 꼽지 않을 수 없다.

　건축을 전문직으로 하는 건축인들에게는 건축의 심미성과 양식의 문제와 같은 디자인의 측면에서 근대성을 논하려고 하는 경향이 강한 것이 사실이다. 한국 근대주택의 경우 이러한 디자인 상의 측면에서 근대성을 논한다는 것이 가능할 수도 있을 것이다. 문화주택 중에는 평지붕에 비례적 입면 디자인을 갖추고 있는 근대적 표현을 찾을 수 있다. 그러나 본 논의에서는 이러한 측면의 근대성을 강조하지 않은 편이고 중점적으로 다루지도 않았다. 건축적 표현의 눈으로 보자

면 문화주택뿐만 아니라 도시형 한옥의 경우나 영단주택의 경우도
근대적 내지 근대성을 내포하는 변화의 시도가 없는 것은 아니다.
그러나 그보다도 한국 근대주택의 근대성 문제는 지금까지 논의한
것과 같은 다양한 측면들을 제외하고 건축적 표현의 문제에 집착할
수는 없다고 생각된다.

한국 근대주택의 시작은 비록 일제강점기에 출발할 수밖에 없었지
만, 그것은 한국인들의 시대의식과 삶의 요청과 무관하게 이루어진
것이 아니었다. 일본과 서양의 영향이 개입되었던 것은 사실이지만
그것 때문에 한국 근대주택에서의 근대성이 주체성과 자생적 변화
과정을 결여한 것이라고 취급되어서도 안 된다. 지금까지 이어지고
있는 한국 근대주택의 지속적 발전·변화의 흐름을 감안할 때 일제강
점기에 시작된 한국 근대주택의 시작은 거대한 역사적 전환의 시작을
주택 부문에서 실현시켰던 역사의 한 부분이었다. 이 시작을 도외시하
고는 그 이후의 흐름을 설명할 방법이 없어진다. 이렇듯 일제강점기의
한국 근대주택의 문제는 소중한 시작이며 중요한 한국사의 한 부분인
것이다.

일제하 백화점업계의 동향과
관계인들의 생활양식

오 진 석[*]

1. 머리말

일제강점하 한국은 정치, 경제, 사회, 문화 등 다방면에서 급변하고 있었다. 일찍이 개항과 대한제국기를 거치면서 근대화, 서구화의 열풍이 몰아치기 시작하였고, 이러한 변화가 일제강점기를 지나며 더욱 가속화하였던 것이다. 정치적으로는 일제의 정책이 무단통치에서 문화통치, 그리고 일제말의 황국신민화정책으로 변화하였고, 경제적으로는 일본의 이식자본이 침투하여 급속히 확산되는 가운데 독점자본주의, 금융자본주의에서 국가독점자본주의로 급격히 이행하였다. 사회적으로도 지주, 자본가, 기업가로 대표되는 부르주아 계급이 형성, 발전하는 가운데 그 대극에서 소작농, 노동자, 도시빈민 등의 프롤레타리아 계급이 양성되어 퇴적하고 있었다. 그리고 계층간의 차이는 문화적으로도 큰 격차를 보이면서 변모하고 있었다.[1]

---

* 연세대학교 강사, 경제학
1) 홍성찬, 「해방 이전의 한국경제」, 『한국경제론 강의』, 世經社, 2001 ; 洪性讚,

일제하의 도시, 특히 그 중에서도 서울은 이러한 변화의 중심이자 상징이었다. 대한제국기에 漢城府를 皇都로 개혁하려던 움직임은 일제에 의하여 좌절되고,[2] 그 대신 식민통치를 위한 首府로서 서울은 크게 변화하고 있었다. 재래의 '上下 二元型' 가로망 대신에 총독부와 일본인 거주지를 중심으로 한 '直線 格子型' 가로망이 설치되었고, 일본의 대자본이 진출하면서 대형 회사건물, 은행, 유통시설, 유락시설 등도 속속 건립되었다. 서울의 외적인 경관이 크게 변화되었던 것이다. 또한 근대적 도시에 걸맞은 신속한 교통수단, 라디오, 축음기, 극장 등은 대중문화를 형성하면서 서울시민의 생활양식도 크게 변모하였다.[3]

서울의 유통업도 예외가 아니었다. 조선이래 종로의 시전을 중심으로 짜여져 있던 유통구조가 백화점이라는 새로운 형태의 유통업체 출현으로 크게 변화하고 있었다. 일본의 대규모 상업자본을 바탕으로 한 백화점들(三越, 丁子屋, 三中井, 平田)은 갖가지 새로운 마케팅 기법을 도입하여 기존의 유통질서를 크게 와해시키며 한국인 中小商人들의 어려움을 가중시켰다. 그리고 1930년대 초에는 일본인 백화점에 맞서서 한국인 백화점 和信이 출현하면서 이들 간의 경쟁은 더욱 치열해졌다.[4] 이른바 '百貨店 全盛時代'였다. 그리고 이러한 변화는 백화점과

『韓國近代農村社會의 變動과 地主層』, 지식산업사, 1992.

2) 김광우, 「대한제국시대의 도시계획」, 『향토서울』 50, 1991 ; 이태진, 「1896~1904년 서울 도시개조사업의 주체와 지향성」, 『한국사론』 37, 1997.

3) 孫禎睦, 『日帝强占期都市社會相研究』, 一志社, 1996 ; 김영근, 「일제하 일상생활의 변화와 그 성격에 관한 연구-경성의 도시공간을 중심으로-」, 연세대학교 박사학위논문, 1999 ; 전우용 외, 『서울 20세기 생활·문화변천사』, 서울시정개발연구원, 2001.

4) 黃明水 외, 『韓國의 市場商業史』, 新世界百貨店, 1992 ; 허영란, 「1920~30년대 '京城'의 도·소매상업」, 『서울상업사연구』, 서울학연구소, 1998 ; 허영란, 「근대적 소비생활과 식민지적 소외」, 『역사비평』 1999년 겨울호 ; 吳鎭錫,

관련을 맺고 있었던 관계인들, 곧 경영진, 점원, 소비자들의 생활양식도 크게 변화시키고 있었다.

본고가 관심을 둔 부분은 바로 여기에 있다. 일제하 서울에서 각축을 벌이던 백화점들의 등장과 발전과정을 거시적으로 조망하는 가운데 그들의 세부조직, 영업정책, 판매기법, 인사관리 등과 백화점을 둘러싸고 활동하고 있었던 관계인들의 생활양식이 어떻게 변화하였는지를 검토하려는 것이다. 동시대 경제사 연구, 특히 농촌지역사, 농업사 연구들 중에서는 地主-小作관계를 분석하면서 그들이 직접 생산한 1차 사료(일기, 편지 등)를 대거 확보하여 그 생활양식을 면밀히 살펴왔던 점5)에 비춰 보면 그동안 일제강점하 首府로서 중추적 역할을 담당하였던 서울에 거주한 도시민들의 생활양식을 검토한 연구성과는 박약하였다고 생각된다.

이러한 작업을 완수하기 위해서는 먼저 관계인들의 생활양식을 상세히 살필 수 있는 다량의 일차사료들이 확보되어야만 한다. 그러나 현재 필자는 이러한 자료들을 확보하고 있지 못하기 때문에 그 대안으로써 백화점 관계인들이 신문, 잡지 등에 기고했던 수필문, 일기문 등과 인터뷰 기사를 이용해 분석에 임하고자 한다. 비록 이 자료들은 메모, 편지, 일기장, 수첩 등과 같이 개인이 사적으로 기록하여 秘藏한 자료가 아니라 公刊되어 일반에게 공개된 것이기는 하지만, '붓가는 대로' 쓰는 '身邊雜記'의 수필문이나 자신의 솔직한 심경을 드러낼 수 있는 일기문이나 인터뷰 기사 등은 이들의 내면의식이나 생활양식을 알 수 있는 매우 유용한 사료라고 생각되는 것이다. 또한 당대에

「일제하 朴興植의 기업가 활동과 경영이념」, 『東方學志』 118, 2002.
  5) 洪性讚, 앞의 책, 1992 ; 洪性讚, 「日帝下 企業家的 農場型 地主制의 歷史的 性格」, 『東方學志』 63, 1989.

이들을 다룬 문학작품들도 충분한 사료비판을 거친 다음 적절히 이용
하면 자료상의 난관을 어느 정도는 극복할 수 있지 않을까 생각한다.
그동안 문학사나 사회사 연구들에서 일부 이러한 자료들을 이용하긴
했지만, 경제사 연구에서는 그다지 활발하게 이용되지 못했다는 점도
유념할 필요가 있을 것이다.

2. 백화점업계의 동향

1) 백화점의 등장과 발전과정

서울에 일본인 상인들이 본격적으로 진출한 것은 1905년을 전후한
시기였다. 이 시기는 러일전쟁에서 승리한 일제가 강점의도를 노골화
한 데다가, 目賀田種太郎이 단행한 화폐개혁과 재정개혁으로 미증유
의 금융공황이 발생하여 종로의 시전상인들이 대거 파산한 때였다.
일본인 상인들은 통감부로부터 각종 官給 물자의 조달을 청부받고,
일본의 거대 은행들로부터 거액의 금융지원까지 받으며, 재빨리 그
틈새를 비집고 들어 왔다.[6]

그후 이들은 1910년대 후반에 1차 대전 特需를 배경으로 미증유의
호경기를 맞아 상업계 전반이 크게 호황을 누리자 막강한 자본력과
선진적 경영기법을 앞세워 한 점포 내에 여러 판매부서를 두고 다양한

---

6) 柳承烈, 「韓末・日帝初期 日帝의 商業侵奪과 商塵商業」, 『國史館論叢』 67,
1996 참조. 丁子屋은 1904년에는 韓國軍隊, 警務廳, 宮內府 등의 大臣, 高等官
피복을, 1906년에는 統監府의 制服類를 공급하였다. 1910년에도 總督府
제복을 납품하였다(鈴木文次郎, 『丁子屋小史』, 株式會社丁子屋商店, 1936).
三越의 경성임시출장소 설치(1906)도 統監 伊藤博文의 요청에 의한 것이었다
(狩野弘一, 『世界百貨店要覽』, 百貨店新聞社, 1934, 196쪽).

상품을 판매하는 새로운 판매방식을 도입하였다. 비록 근대적 백화점에 걸맞은 대규모 설비와 편의시설, 고도의 分課制度를 갖추지는 못했지만 이른바 그 직전의 '準百貨店(proto-department store)' 단계에 들어섰던 것이다.[7]

한편 이들은 1920년대에 들어서, 일본이 독점자본주의 단계로 접어들고 한국에서도 移植資本主義化가 진행되면서, 대량생산이 급속히 확대되고 그에 따라 대량판매를 위한 유통업 발전이 요구되자, 근대적 백화점에 요구되는 조건(주식회사 조직, 대규모 매장 확보, 고도의 분과제도 등)을 갖추고 백화점으로 진출하기 시작했다. 1904년경부터 충무로에서 平田商店을 경영하였던 平田家는 1926년에 이를 주식회사(자본금 20만원)로 변경하여 平田百貨店을 만들었고,[8] 1904년에 入京하였던 丁子屋은 1921년에 주식회사(자본금 100만원)로 조직을 변경한 후 1929년 9월에 남대문로(지금의 미도파백화점 자리)에 본점을 증축하고 백화점을 개업하였다.[9] 1905년에 대구, 1911년에 서울(충무로)로 들어왔던 中江勝治郎의 三中井吳服店(舊 원호청 자리)도 1922년에 주식회사(자본금 200만원)로 조직을 변경하고 1929년에 점포를 증축하였다.[10] 일본 최대의 백화점이었던 三越도 1906년 서울에 臨時

---

7) 일반적으로 백화점은 대형매장에 다종류의 상품을 部門別로 나누어 獨立的으로 경영하는 大型小賣店을 말한다. 백화점의 정의와 기원은 연구자에 따라 견해가 다양한데 이에 관해서는 大野勝也,「百貨店の萌芽」,『明大商學論叢』第79卷 第3・4号, 1997 ; 深見義一,「百貨店の定義及び歷史」,『百貨店經營』, 東洋書館, 1951 참조. 위에서 언급한 '準百貨店'은 백화점의 초기형태를 지칭하는 용어이다. 이에 관한 상세한 내용은 Bill Lancaster, *The Department Store : A Social History*, Leicester Univ. Press, 1995, Ch.1 참조

8) 狩野弘一, 앞의 책, 1934 ; 大橋富一郎,『百貨店年 鑑』, 日本百貨店通信社, 1938. 이하 백화점들의 구체적인 영업내용에 대해서는 별다른 주가 없는 한 동일.

9) 鈴木文次郎, 앞의 책, 1936.

出張所를 설치한 후 1916년에는 르네상스식 3층 건물을 낙성하고 京城出張所로 개칭하였으며, 1925년에는 건물을 증축하였다. 그리고 1929년 9월에는 이를 경성지점으로 승격시켰으며, 1930년 10월에는 충무로 입구(지금의 신세계백화점)에 지하 1층, 지상 4층의 대규모 신관(총면적 7,335㎡)을 건립하였다.[11]

당시에는 세계적으로 백화점이라는 유통기관과 이들의 새로운 판매 기법이 널리 퍼져 있었다.[12] 1852년에 프랑스에서 부시코(Aristide Boucicaut)에 의해서 부서별 판매, 정가판매, 현금판매, 자유로운 입장, 무료배달, 자유반품 등의 판매기법으로 무장한 세계 최초의 백화점 본마르세(Bon Marché)가 설립된 이래로, 부시코의 판매기법은 각국의 상업계에 큰 영향을 미쳤다. 예를 들어 19세기 후반 영국에서는 해로드 (Harrod, 1866)가 등장하였고, 미국에서는 마쉬(Jordan Marsh, 1851), 메이시(Macy, 1858), 와너메이커(Wanamaker, 1877), 마샬필드 (Marshall Field, 1881) 같은 저명한 백화점들이 속속 들어서고 있었다. 특히 미국의 백화점들은 20세기 초에 급속도로 발전하여 1920년대 중엽에는 백만불 이상의 매상을 올리는 백화점만도 445점에 달할

---

10) 『鮮滿と三中井』, 1935 ; 『三中井要覽』, 1938 ; 『株式會社三中井及傍系會社 現勢』, 1942(이상 3편은 小串勳, 『五個莊町史 第三卷 史料 I』, 五個莊町役場, 1992에 수록) ; 末永國紀, 『近代近江商人經營史論』, 有斐閣, 1997, 6장.

11) 『The Department Store MITSUKOSHI 1904~1989, 株式會社三越85年の記 錄』, 1989 ; 『新世界백화점25년사』, (주)신세계백화점, 1987.

12) Hrant Pasdermadjian, *The Department Store : Its Origins, Evolution and Economics*, London : Newman, 1954 ; Susan Porter Benson, *Counter Cultures : Saleswomen, Managers, and Customers in American Department Stores 1890~1940*, Urbana and Chicago : University of Illinois Press, 1988 ; Michael B. Miller, *The Bon Marché : Bourgeois Culture and the Deparment Store 1869~1920*, New Jersey : Princeton University Press, 1981 ; 鹿島茂, 『デパートを發明した夫婦』, 講談社, 1991 ; 深 見義一, 앞의 글.

정도로 번성해 있었다. 이러한 변화에 자극을 받아 일본에서도 1905년
에 三越이 백화점으로의 진출을 선언한 이래 여러 상점들의 백화점
진출이 시작되었고, 1923년 關東大震災를 계기로 급속한 발전을 거두
어 1933년에 일본백화점상업조합에 가입한 백화점만 24개 회사의
63개 本支店이 성업중이었다.13) 한국에서의 백화점 설립도 이러한
움직임과 무관하지 않았다. 일본 최초의 백화점인 三越이 한국에 진출
한 것을 비롯하여 여타 백화점들의 설립도 구미백화점에 많은 영향을
받고 있었다. 平田百貨店을 설립·경영했던 平田智惠人은 미국 캘리포
니아주 새크라멘토에서 20년간 잡화점을 경영하여 첨단의 판매기법을
체득했으며, 三中井吳服店을 창립한 中江勝治郎도 미국여행을 통해
첨단의 상술을 습득하고 귀국해 三中井의 백화점 진출을 결심하고
있었다.14) 한국에서 백화점의 등장은 가까이는 일본, 멀리는 미국의
유통업계 동향에서 자극을 받아 진행되고 있었던 것이다.

　서울에 등장한 일본인 백화점들의 일차적 관심은 다수 고객의 확보
였다. 이들은 대규모 설비와 매장, 多種多量의 상품을 갖추기 위해
방대한 자본을 투자하였기 때문에 다수 고객의 확보가 절대적으로
필요하였고, 이를 위해 인구의 다수를 점한 한국인 고객 흡수에 심혈을
기울이지 않을 수 없었다. 그런데 그때까지만 해도 서울의 상권은
종로를 중심으로 한 한국인 상가 이른바 北村과 진고개(충무로)를
중심으로 한 일본인 상가 이른바 南村으로 나뉘어져 일종의 '商圈의
二重構造'를 형성하고 있었다.15) 이 때문에 일본인 백화점들은 한국인

---

　13) 일본의 백화점업계 동향은 初田亨,『百貨店の誕生』, 三省堂, 1993 ; 山本武
　　　利·西澤保 編,『百貨店の文化史』, 世界思想社, 1999 참조.
　14) 川端源太郎,『在朝鮮實業家辭典』, 朝鮮實業新聞社, 1913, 250쪽 ; 末永國紀,
　　　「近江商人中江勝治郎の北米商業視察-三中井創業者」,『經濟學論叢』46-3,
　　　同志社大學經濟學會, 1995.

거주지로의 진출을 시도하였다. 丁子屋 백화점은 전통적으로 한국인 상권의 중심지였던 종로 부근의 남대문로까지 진출하면서 '韓國人 本位의 百貨店 建設'을 표방하며 한국인 고객을 흡수하려 하였고,[16] 三越은 아예 종로에 대규모 백화점을 건설한다는 계획 아래 부지를 물색하기도 하였다.[17]

이렇듯 일본인 백화점들이 공격적으로 상권 확대를 꾀함에 따라 한국인 상인들은 크게 동요하는 가운데 그 대응책 마련에 부심하였다. 우선 이들은 서로 긴밀히 연대하여 三越의 종로 진출 기도를 번번이 좌절시켰다.[18] 그리고 1920년대에 활발히 전개되었던 物産獎勵運動 에도 적극 참여하였다.[19] 또한 한국인 상인의 결속을 위하여 同業組合

---

15) 孫禎睦, 「日本人의 都心部 점거와 南村・北村 현상」, 『日帝强占期都市化過程 研究』, 一志社, 1996 ; 高錫珪, 「일제강점기 서울 중심부에 나타난 都市文化의 특성」, 『韓國史學史研究』, 于松趙東杰先生停年紀念論叢刊行委員會, 1997.

16) 『東亞日報』 1927. 5. 1 「전면광고」. "포목부를 全然히 조선인 상대로 하야 별별의 선전방법을 써 가지고서 조선인 손님을 끌기에 매우 머리를 썩이고 잇다"(申泰翊, 「京城布木商界競爭」, 『彗星』 創刊號, 1931. 4, 94쪽)는 지적도 참고된다.

17) 『東亞日報』 1925. 12. 11 ; 『朝鮮日報』 1926. 2. 11 ; 『時代日報』 1926. 5. 14 ; 『中外日報』 1927. 7. 21.

18) 1925년 東洋物産이 경영 악화로 종로 2가 99번지의 토지를 三越에게 팔려고 하였으나 종로상인들이 반발하여 이루지 못하였고(『東亞日報』 1925. 12. 11), 이듬해 종로 2가 100번지의 舊 靑布廛 자리가 三越에 팔렸다는 소식이 전해졌으나 소유주 韓圭卨은 이것이 사실과 다르다고 해명해야만 했다(『朝鮮日報』 1926. 2. 11 ; 1926. 3. 11). 당시 종로상인들은 한국인 소유의 토지를 팔 경우 반드시 한국인에게 팔 것을 암묵적으로 약속할 정도였다. 결국 三越은 충무로 입구에 있던 京城府廳이 경운궁 맞은편으로 옮기고서야 그 자리에 新館을 건설할 수 있었다.

19) 물산장려운동은 趙璣濬, 「朝鮮物産獎勵運動의 展開過程과 그 歷史的 性格」, 『歷史學報』 41, 1969 ; 尹海東, 「日帝下 物産獎勵運動의 背景과 그 理念」, 『韓國史論』 27, 1992 ; 강영심, 「1920년대 朝鮮物産獎勵運動의 전개와 성격」, 『國史館論叢』 47, 1993 ; 方基中, 「1920・1930年代 朝鮮物産獎勵會 研究-再

활동을 강화하였고, 나아가 한 차원 높은 상인단체 조직에도 착수하여 종로의 명실상부한 한국인 상인단체로 '中央繁榮會'를 조직하였다.[20] 중앙번영회는 수시로 聯合大賣出 행사를 개최하고 경품과 다양한 볼거리를 제공하여 종로 상권을 지키기 위하여 노력하였다. 그리고 그 연장선 위에서 이들은 1930년 12월 27일에 서울의 상공업자가 대거 참여한 가운데 '京城商工協會'라는 대규모 조직도 결성하였다.[21] 경성상공협회는 상공업 발전을 위한 현상논문 모집, 해외 상공업 시찰, 상공업자 운동회, 상공업 좌담회를 개최하는 등 상권 옹호를 위해 노력하였다.

종로상인들의 대응은 여기서 그치지 않았다. 백화점을 앞세운 일본인의 상권 확대에 맞서는 길은 자신들도 백화점으로 진출하는 것이라 생각하고 이를 추진하였다. 이들은 우선 한 점포에서 취급하는 품목을 대폭 늘려 갔다. 예를 들어 포목점이라 해도 한 가지 직물만을 주로 취급해 왔던 종래의 市廛과 달리, 綢緞, 毛織類, 洋屬類, 唐布屬, 生白苧, 布木類 등 모든 직물을 한 점포에서 취급하였고,[22] 포목 이외의 상품을

建過程과 主導層 分析을 중심으로」, 『國史館論叢』67, 1996 참조. 조선물산장려회는 1920년대 초에 활발하였다가 잠시 주춤한 후 1920년대 후반에 재건되었는데 종로상인들이 同會의 이사가 된 것은 1928년 이후였다.

20) 창립연도는 정확히 알 수 없다. 1926년 1월 총회에서는 이사장 朴承稷, 상임이사 梁在昶, 秦學文, 李世賢, 尹宇植, 大昌貿易 등이 선출되었다(『朝鮮日報』1926. 1. 21).

21) 간부진은 회장 朴承稷, 부회장 劉銓, 이사 朴承稷, 李泰魯, 李斗鎔, 尹宇植, 金潤秀, 李賢在, 金德昌, 劉銓, 洪淳泌, 梁世鎭, 李東善, 梁在昶, 宋在榮, 崔楠, 白泓均, 洪泰賢, 秦學文, 崔潤錫, 朴興植, 白樂仲, 方台卿, 孫弘遠, 감사 金鎔觀, 金貞烈 등이었다(『朝鮮日報』1930. 12. 29 ; 『朝鮮實業俱樂部』9-3, 1931. 3, 83쪽).

22) 포목상을 두고 "白木廛, 立廛, 綿紬廛, 靑布廛, 布廛을 혼합한 織物百貨店格에 잇는 이상한 존재"라 표현한 것이 이를 말한다(全弘鎭, 「朝鮮人 商業盛衰(中)」, 『東亞日報』1934. 1. 2).

취급하기도 하였다.[23] 나아가 일부 상점들은 대형매장 내에 품목별로 독립 부서를 두어 다양한 품목을 판매하기 시작하였고, 점차 이러한 부서를 확대하여 갔다. 일부 종로상인들은, 비록 결실을 맺지는 못했지만, '聯合百貨店'을 만들려는 구상까지 하였다.[24]

이런 가운데 1920년대 말 서울에서는 崔楠[25]의 東亞婦人商會와 申泰和[26]의 和信商會가 백화점 수준에 근접한 한국인 대형상점으로 부상하고 있었다.[27] 동아부인상회는 1920년 6월 26일에 자본금 40만 원 규모로 설립되었으나 설립 이후 경영상태가 좋지 못했는데, 1925년에 최남이 이를 인수하여 3층으로 증축하였으며 1929년에는 9개의 지점을 소유할 정도로 발전시켰다.[28] 화신상회는 신태화가 魚物塵 자리에서 金璣圭와 동업으로 金銀商會(商號 信行商會)를 경영하다가

---

23) 朴承稷商店은 綢緞, 布木 이외 紡績絲類, 穀類, 鹽類, 釜鼎까지 판매하였다(박용곤, 『배오개에서 세계로』, 두산그룹, 1996, 58쪽).

24) 『東亞日報』 1929. 2. 1, 1931. 3. 13.

25) 경기도 양주 출신으로 일본 유학 후 귀국하여 조선상업은행에서 근무한 적도 있었다. 1916년 종로에 德元商店(자본금 5만원)을 설립하였고, 이후 종로에 2개의 지점을 낼 정도로 성장하였다. 1925년 대상점인 東亞婦人商會를 인수하였고, 朝鮮物産獎勵會 이사를 지냈으며, 興業俱樂部에도 참여하였다(「逆境에서 順境으로-商業으로 成功한 崔楠」 1~2회, 『東亞日報』 1932. 1. 20~21 ; 申泰翊, 「朴興植, 崔楠氏 人物評」, 『三千里』 4-2, 1932. 2, 42~45쪽 ; 「銀行員으로 前東亞百貨店主가 된 崔楠氏」, 『三千里』 7-8, 1935. 9).

26) 서울 출신으로 13세에 鍾路의 금은세공소 직공에서 시작하여 31세에는 4천 6백 원을 모을 만큼 성장하였다. 金璣圭와 동업하여 信行商會를 만들었으나 1918년 이를 해산하고 화신상회로 독립했다. 金銀商組合의 組合長을 맡기도 하였다(「事業成功者列傳 15회-金銀商 성공 京城 申泰和씨」, 『東亞日報』 1927. 1. 16 ; 張在洽, 『朝鮮人會社大商店辭典』, 副業世界社, 1927, 146쪽 ; 申泰和, 「商業과 人格」, 『三千里』 7-7, 1935. 8, 150쪽).

27) 申泰翊, 「大百貨店戰」, 『三千里』 3-2, 1931. 2.

28) 『東亞日報』 1920. 7. 3, 1926. 12. 10, 1927. 11. 15 ; 『每日申報』 1920. 6. 28 ; 商工生, 「京城商店記-東亞婦人商會」, 『商工世界』 1-1, 1923. 2, 73~74쪽.

1918년에 독립하여 만든 상점이었다. 그후 화신상회는 꾸준히 성장하
여 서울의 제일 큰 금은상회가 되었으며, 金銀部 이외에 布木部, 新舊雜
貨部를 설치하여 영업범위와 판매부서를 넓혀 갔다.29) 이 대형상점들
은 아직 취급상품 수도 적었고 매장이나 설비, 서비스도 낙후하여
근대적인 백화점에 이르지는 못했지만 근대적 백화점의 기초요건을
갖춘 일종의 '準百貨店' 양상을 보여 이전의 상점들에 비하여 큰 변화를
보였다.30)

　그리고 이렇게 발전한 상점들은 1930년대 들어서 드디어 백화점으
로 탈바꿈하기 시작하였다. 먼저 동아부인상회의 최남은 종로 2정목
5번지(화신상회 바로 옆)에 지하 1층, 지상 4층(총건평 508평)의 대규모
건물을 신축하여 '東亞百貨店'이라 명명하고 1932년 1월 4일부터
영업을 개시했다.31) 그런데 당시 동아부인상회와 자웅을 겨루던 신태
화의 화신상회는 백화점 진출을 위한 무리한 사업 확장과 노사분규,
경기예측 실패로 인하여 경영난에 빠져 있었다. 이에 평남 용강 출신으
로 1926년에 상경하여 鮮一紙物(株)을 성공적으로 경영하여 재계의
주목을 받았던 박흥식은 화신상회를 인수하여 1931년 9월 15일에
자본금 100만원(25만원 불입)의 (株)和信商會를 설립하였고, 1932년
5월 10일에는 기존의 목조 2층 건물을 콘크리트 3층 건물(약 500평,

29) 申泰和, 「商業界에 活躍하는 策士들의 經驗計劃理想」, 『實業之朝鮮』 4, 1929.
　　9, 48~49쪽.
30) 동아부인상회나 화신상회를 대규모 설비와 편의시설, 高度의 分課制度를
　　갖춘 근대적인 백화점으로 보기는 어렵다. 당시에도 자신들은 '백화점'이라
　　불렀지만 세간에서는 '얼치기 백화점' 혹은 '백화점 흉내를 냈다'고 평가하였
　　다(申泰翊, 「半島最大의 百貨店出現」, 『三千里』 4-1, 1932. 1, 80쪽 ; 墨巾公,
　　「半島財界의 十傑」, 『三千里』 5-10, 1933. 12, 56쪽).
31) 申泰翊, 「半島最大의 百貨店出現-東亞百貨店의 內容과 外觀」, 『三千里』 4-1,
　　1932. 1, 79~82쪽 ;『朝鮮과建築』 11-2, 1932. 2, 18~20쪽. 공사비 81,082원,
　　공사기간 7개월(1931. 5~12)이 소요되었다.

남녀종업원 153명)로 증개축하여 근대적인 백화점을 개업하였다.[32)

그런데 동아와 화신은 같은 곳에 나란히 위치했고 또 한국인을 주요 고객으로 삼고 있다는 점에서 경영방침이 동일했기 때문에 경쟁이 치열했다.[33)] 미모의 여점원을 채용하여 고객을 유인하기도 하고 割引大賣出을 실시하였으며 경품도 제공하였다. 경쟁이 과열되자 화신에서는 경품으로 문화주택까지 내걸 정도였다. 결국 동아는 손해를 견디지 못하고 1932년 7월 16일 화신에 흡수·합병당하고 말았다.[34)] 이로써 서울에는 남촌의 일본인 백화점 三越, 丁子屋, 三中井, 平田과 북촌의 한국인 백화점 和信이 정립하며 경쟁을 벌이게 되었다.

백화점들은, 대공황 이후 금본위제 포기와 확대재정 정책을 기조로 한 이른바 '高橋財政'을 계기로 경기가 점차 회복되자 대대적인 경영확대책을 추진하고 있었다. 이들은 먼저 매장 확대를 위해 본점 건물의 증축과 그에 필요한 자금확보에 나섰다. 三中井은 1932년 초에 경성본점의 대대적인 증개축계획을 수립하여 1933년 9월 준공하였고, 1934년에 다시 증축에 나섰다. 그리고 1934년 2월에는 백화점 영업에 걸맞게 상호를 기존의 (株)三中井吳服店에서 吳服店을 뺀 (株)三中井으로 바꾸었다. 영업확대에 필요한 자금조달을 위해서 1929년에 공칭자본금을 3백만 원으로 증자하고 수 차례에 걸쳐 납입자본금을 늘려나갔다. 丁子屋도 마찬가지였다. 1929년 백화점으로 진출하자마자 곧이어 증축공사에 착수했고, 이어 수 차례의 증개축을 거쳐 1939년

---

32) 『東亞日報』 1932. 5. 10 ; 一記者, 「北村商街의 異彩-和信百貨店의 偉容」, 『商工朝鮮』 創刊號, 1932, 24쪽.

33) 『和信』, 株式會社 和信, 1934, 4쪽(이하 『和信』으로 표기). 동아는 수입의 1%인 100여 원을 빈민구제 명목으로 희사하여 고객들의 관심을 끌기도 하였다(『東亞日報』 1932. 1. 4, 1932. 1. 8).

34) 화신 약 8만 원, 동아 약 7만 원의 손해를 입었다(申泰翊, 「東亞·和信 兩百貨店 合同內幕」, 『三千里』 4-8, 1932. 8, 344쪽).

9월에는 지하 1층 지상 6층의 신관을 준공했다. 공칭자본금도 100만 원에서 1934년 150만 원, 1937년 250만 원으로 늘려나갔다. 三越도 1937년 10월 본점 건물을 증축하여 총면적 9,240㎡(2,795평)에 달하는 대형매장을 갖추었다. 和信도 1935년의 화재를 계기로 1935년에 동관을 4층에서 5층으로 증개축하였고, 1937년 11월에는 지하 1층, 지상 6층의 신관을 완공하여 모두 3,011평의 대형매장을 갖추었다.

백화점들은 지방 진출도 강화했다. 外賣係를 통한 출장판매와 통신판매를 중심으로 영업망을 확장하다가 마침내는 지점을 설치하기에 이르렀다. 三中井은 대구(1905), 진주(1906), 서울(1911), 원산(1914), 부산(1917), 평양(1919), 동경(1923), 목포(1924), 흥남(1928), 함흥(1928), 군산(1929) 이외에 1930년대에 들어서 광주(1932), 대전(1932) 등에 지점을 설치했고, 丁子屋은 기존의 和歌山縣 新宮(1900), 三重縣 津(1901), 釜山(1904) 지점 이외에 평양, 원산, 대련 등에도 점포망을 갖추고 있었다. 그리고 이들은 1931년 만주사변을 계기로 이른바 '만주붐'이 일자 만주 진출도 서둘렀다. 三中井은 滿洲新京(1933), 淸津(1935) 등에 지점을 설치했고, 丁子屋은 1931년에 新京出張所를 개설하고 1933년 11월에는 이를 新京支店으로 승격시켰으며, 같은 시기 奉天出張所도 개설했다. 그리고 1935년 8월에는 자본금 50만 원의 주식회사 滿洲丁子屋을 설립하여 신경지점과 봉천출장소를 매수토록 하였다. 화신도 경영 확대에 전력을 기울였던 것은 마찬가지였다. 1935년 12월에는 평양의 平安百貨店이 경영위기에 빠진 틈을 타서 이를 인수하여 平壤支店으로 삼았고, 1938년 6월에는 진남포에 3층 건물을 직접 건축하여 鎭南浦支店을 개설했다. 나아가 1934년 6월에는 연쇄점사업에 진출해 전국 각지에 약 350개에 달하는 점포망을 갖추었다.

백화점들은 영업망의 확장과 더불어 목표 고객층도 확대하고 상품 구성도 여기에 맞도록 전환하였다. 사실 기존에는 대부분의 백화점들이 중산계급 이상의 고객을 주요대상으로 삼았기 때문에 상품도 高級品, 選買品 중심으로 구성하고 있었다. 그러나 1930년대 중반 이후에는 목표 고객층을 중산계급 일반으로까지 확대하였고 상품도 대중용의 필수품, 일용품으로까지 확장하기에 이르렀다. 특히 식료품 등을 판매하는 마켓(시장)을 설치하여 일반인들로부터 큰 호응을 얻고 있었다.[35] 이른바 '백화점의 대중화 경향'이 진행되고 있었던 것이다.

백화점들의 대대적인 확장정책 덕택으로 이들의 업세는 크게 확대하고 있었다. 서울의 5대 백화점들의 총매출액은 1935년 1200여 만원에서 1939년 1900여 만원으로 증가하였고(<표 2>), 매출액에 비례하여 부과된 영업세 총액도 1931년 9,400원대에서 1942년 56,000원대까지 꾸준히 상승하고 있었다(<표 1>). 그렇지만 업계 내부의 순위는 계속 변동하고 있어서 치열한 경쟁이 전개되고 있었음을 알 수 있다. 1931년에 영업세액 납부 실적 1위를 달리던 丁子屋은 이후 三越에 처지며 만년 2위에 머물렀고, 1931년에 3위에 위치하던 平田은 이후 업세를 확대하지 못하여 뒤처지고 말았다. 대신 한국인 백화점 和信의 성장은 눈부셨다. 1931년에 크게 열세였던 和信은 이후 급격한 성장을 이루어 平田, 三中井을 누르고 1942년에는 업계 3위로 도약했다.

이들 백화점의 순위 변동 이면에는 치열한 판매전이 펼쳐지고 있었다. 백화점들은 전국 각지에 지점을 설치하고 상품권 발행과 할인대매출, 무료 배달정책, 광고 등 새로운 서비스와 다양한 판매전략을 적극적

---

35) 『朝鮮商工新聞』 1937. 11. 2, 11. 12, 11. 27. 三越에서는 마켓의 하루 매상만 8천 원 내지 1만 원에 달할 정도였으며, 和信에서는 신관 건립시에 지하 1층 전체를 마켓으로 구성하고 있었다.

표 1. 서울시내 각 백화점의 營業稅額 추이

연도\백화점	1930	1931	1933	1935	1936	1937	1938	1939	1942
三越	2,253	2,465	3,853	4,313	4,651	5,359	6,261	7,841	16,686
丁子屋	-	3,038	3,460	4,379	4,628	4,657	4,935	5,614	14,302
三中井	1,730	1,439	1,164	2,757	3,878	3,957	4,239	4,500	9,551
平田	1,812	1,853	1,732	2,012	2,329	2,319	2,653	2,830	4,850
和信	758	670	1,314	2,388	2,001	2,457	2,990	4,069	10,930
합계	-	9,465	11,523	15,849	17,487	18,749	21,078	24,854	56,319

자 료 : 『京城商工名錄』, 각년도판. 1933년은 『東亞日報』 1933. 8. 13.
비 고 : 1원 이하는 반올림. 1930년 丁子屋은 자료 누락. 해당연도의 영업세액은 전년도 일년간의
　　　영업내용에 대한 과세임.

으로 동원하여 고객흡수에 열을 올리고 있었다. 그리고 그러한 움직임
은 중소상점 특히 한국인 중소상점에게는 결정적인 타격을 입히고
있었다. <표 2>에서 보듯이 1935년에 5대 백화점의 매출액은 1,200여
만원으로서 도매, 소매를 모두 포함한 서울시내 약 7,800여 상점들
매출액의 5.6%를 점할 정도였으며, 1개 백화점의 평균매출액이 법인
상점의 8.9배, 개인상점의 184배에 달하고 있었다.

　상황이 이러하니 한국인 중소상인들의 불만은 점차 커지고 있었다.
종로의 유력한 상인이며 興一社를 경영했던 李賢在는 이 같은 상황을
가리켜, 대자본의 백화점이 고객을 전부 흡수하여 날이 갈수록 "隆盛의
狂歌"를 부르고 있다고 강한 불만을 토로하였다.[36] 종로의 한 포목점에
서 근무하던 점원도 三越, 丁子屋, 三中井 같은 일본인 백화점 때문에
위축된 종로상계를 우려하면서 조선사람이라면 조선인 상점을 이용할
것을 권고하고 있었다.[37] 한국인 상인들은 점주에서 점원에 이르기까
지 모두 백화점의 경영 확대를 우려하고 있었던 것이다. 이른바 '中小商

36) 李賢在, 「小商人의 苦悶과 그 對策」, 『朝鮮之光』 94, 1931. 1.
37) 宗老某布木商店員 金興○, 「이마에 여딜 팔자」, 『商工朝鮮』 창간호, 1932. 8.

표 2. 서울시내 상점별 매출액 추이(1935~1940)

연도	백화점 총매출액(A)/점수	1점 평균 매출액(B)	법인상점 총매출액/점수	1점 평균 매출액(C)	개인상점 총매출액/점수	1점 평균 매출액(D)	합계(E)7	백화점 매출액 비중 (A/E, %)	배수 B/C	배수 B/D
1935	12,179,001 /5	2,435,800	106,907,596 /392	272,723	98,269,332 /7,424	13,237	217,355,929	5.6	8.9	184.0
1936	-	-	-	-	-	-	400,733,578	-	-	-
1937	14,719,461 /5	2,943,892	282,757,157 /494	572,383	149,406,750 /8,689	17,195	446,883,368	3.3	5.1	171.2
1938	15,947,860 /5	3,189,572	274,621,041 /512	536,369	167,474,518 /8,729	19,186	458,043,419	3.5	5.9	166.2
1939	19,155,246 /5	3,831,049	397,169,366 /542	732,785	217,625,333 /9,181	23,704	633,949,945	3.0	5.2	161.6
1940	-	-	-	-	337,501,900 /9,295	36,310	-	-	-	-

자 료 : 『物品販賣業調査』, 京城府, 각년도판. 법인상점 통계는 원자료에서 백화점 통계를 제외하여
다시 계산한 것임. 자료상의 명백한 잘못은 보정함.

受難時代'에 처해 있었고 적극적인 대응책이 강구되는 상황이었다.

우선 백화점의 출장판매에 대해서 지방상인들을 중심으로 百貨店反
對運動이 전개되기 시작하였고,[38] 이러한 움직임은 점차 조직화되어
갔다. 지방에서는 商友會, 繁榮會같은 친목단체를 조직하여 백화점에
대항하였고, 약 1000명의 중소상인으로 조직된 小賣商聯盟에서는
1931년 6월에 연맹총회를 개최하여 백화점 대항을 공식 결의하고
백화점측에 경쟁 방지책 마련을 촉구하기에 이르렀다.[39] 한국인 주요
상공업자로 조직된 京城商工協會에서도 다양한 방법을 통해 한국인
중소상인들의 어려움을 알리고 그 대책 마련을 강구하는 등 反百貨店
運動을 전개해 나갔다.

---

38) 堀新一, 「植民地都市に於ける百貨店の近情」, 『都市問題』 18-6, 1934. 6 ; 堀新
一, 『百貨店問題の研究』, 有斐閣, 1937, 9장.
39) 『朝鮮日報』 1931. 3. 7 ; 『東亞日報』 1935. 7. 3 ; 『朝鮮中央日報』 1934. 1.
24.

이처럼 '中小商業問題'가 사회문제로 비화하자 일제는 그렇지 않아
도 농민, 노동자들의 反日·反資本主義 운동이 급속히 진행되고 있는
가운데 중소상인마저 등을 돌리면 체제위기가 더욱 가속화할 것이라
고 판단하고 일련의 백화점 규제책 마련에 나섰다. 백화점들에게 '自制
案'을 만들어 이를 지키도록 요구하는 한편, 1933년 1월에는 '朝鮮商品
券取締令'과 '同施行規則'을 제정하여 백화점들이 3원 미만의 상품권
을 발행하지 못하도록 하고 총발행액수도 제한하였다.[40]

그러나 이러한 백화점 규제책은 일본의 경우와 사뭇 달랐다. 당시
일본에서는 反百貨店運動, 中小商業問題가 본격화하면서 이를 해결하
기 위한 방편의 하나로서 商業組合法을 실시하였다.[41] 이 법에 의거하
여 백화점상업조합을 설립하고 여기서 자제안을 만들어 자치적인
통제를 가하는 한편, 중소상점들을 대상으로 상업조합을 조직하여
공동구매, 공동판매 등의 자구책을 모색토록 하였다. 또한 한 걸음
나아가 백화점을 직접적으로 규제하는 법률 제정에 대한 논의도 활발하
게 전개되어 1937년에는 백화점법이 제정되었고, 1938년에는 점원의
위생상태와 영업시간 등을 규제하는 商店法이 제정되기에 이르렀다.

그렇지만 일제는 이들 법률을 한국에서는 실시하지 않았다. 중소상
인을 무마하여 체제위기를 타개하는, 그리고 그러한 정도 내에서 완화
책을 강구하는 정책을 계속 펼쳤던 것이다. 1938년 2월 14일 관계자들
이 모여 협의회를 실시한 결과 백화점법을 시행하지 않기로 결정하고,
대신 百貨店委員會를 조직하여 이를 통해 자치적으로 해결하도록
하였다. 백화점위원회에서는 출장판매, 상품권, 지점 설치, 덤핑, 할인

---

40) 「朝鮮商品券取締令施行」, 『朝鮮』 213, 1933. 2.
41) 일본의 상업정책은 이하 별다른 주가 없는 한 小林行昌, 『內外商業政策』
　　上卷, 丸善株式會社, 1939 ; 向井鹿松, 『百貨店の過去現在及將來』, 同文館,
　　1941 참조.

판매, 과도한 서비스, 무료배달, 휴일, 영업시간에 대해서 百貨店 自制
協定案을 만들어 1938년 3월 1일부터 시행에 들어갔다.42) 그러나
백화점위원회는 중소상인들이 배제된 채 관료와 상공회의소, 백화점
관계자들만으로 구성되어 백화점의 이해가 다분히 반영될 수 있었
고,43) 중소상인을 위한 상업조합은 여전히 시행되지 않고 있었다.
    그러던 일제는 중일전쟁 이후 전시통제경제체제로 전환하고 배급통
제정책에 따라 배급기관의 정비가 필요해지자, 그동안의 방침을 바꾸
어 1940년 5월에 5대 백화점을 중심으로 朝鮮百貨店組合을 결성하였
고, 1941년 3월에는 제령 12호의 '商業組合令'을 실시하여 업종별,
지역별로 300개 이상의 상업조합을 인가, 설치하였으며, 1942년 3월에
는 상업조합들의 효율적 통제와 관리를 위해 '朝鮮商業組合中央會'를
조직하였다.44) 그러나 이때 설립된 상업조합은 중소상업문제의 해결
보다는 원활한 배급통제를 목적으로 한 것이었다.

  2) 경영정책과 경영관리

  백화점의 취급품은 매일매일 필요한 便宜品(convenience goods)보다

---

42) 『東亞日報』 1938. 2. 8, 1938. 3. 2.
43) 회장은 賀田直治(조선상공회의소 회두), 위원은 西本計三(조선총독부상공과
    장), 宋文憲(경기도 산업과장), 稻垣辰男(경성부 권업과장), 伊藤正懿(경성상
    공회의소 이사), 石原磯次郎(경성상공조합연합회장), 三越 경성지점, 三中井,
    平田, 丁子屋, 和信 대표, 간사는 矢原一誠(조선총독부 상공과 서무주임),
    赤尾正夫(경성상공회의소 업무과장)가 맡았다(『東亞日報』 1938. 3. 2).
44) 일제말의 배급통제정책은 오진석, 앞의 글 ; 허영란, 「전시통제기(1937~
    1945) 생활필수품 배급통제 연구」, 『國史館論叢』 88, 2000 참조. 朝鮮百貨店
    組合의 이사장은 朴興植(和信), 상무이사는 鈴木文次郎(丁子屋), 이사는 中江
    修吾(三中井), 平田一平(平田), 三田淳(三越), 감사는 小林源次郎(丁子屋), 山
    脇五三郎(三中井)이 각각 선출되었다.

는 계절에 따라 수요가 변화하는 選買品(shopping goods)이 주종을
이루었다.[45] 따라서 다양한 종류의 상품을 갖추는 것이 무척 중요했는
데, 그러려면 많은 자금이 필요하였고 수지를 맞추기 위해서는 많은
고객이 필요하였다. 요컨대 백화점 사업에는 많은 고객과 풍부한 자금
의 확보가 중요하였고 이를 위해서는 교통이 좋은 곳에 대규모 매장을
갖추는 것이 절실하였다. 그렇지만 이것만이 능사가 아니었다. 백화점
이라는 대형 유통업체 경영에는 그에 걸맞은 새로운 관리 시스템과
경영기법의 도입이 필요하였다. 아래에서는 한국인 백화점 和信을
중심으로 이 점을 중점적으로 살펴본다.

　販賣管理 : 먼저 백화점들은 고객흡수를 위해 신문, 잡지를 통한
광고, 선전에 온 힘을 기울였다.[46] 특히 연말연시, 명절 등 성수기에는
거의 매일 광고를 게재하였고, 특별한 경우에는 주요 일간지의 전면광
고도 서슴지 않았다. 단골 고객에게는 신상품 출하를 알리는 우편엽서,
상품목록(catalogue)을 보냈으며, 상품진열장, 쇼윈도우, 마네킹, 네온
사인도 광고에 이용하였다. 1930년대 중반에 화신의 광고비는 매출액
의 약 6%에 달할 정도였다.[47] 백화점들은 판매촉진을 위한 할인대매출
도 수시로 실시하였다. '10大奉仕品', '百品서비스', '優良百貨 每日30
種 超特價 大提供' 같은 행사를 열어 일부 품목의 할인판매를 단행했으
며 재고정리(賣殘品廉賣會)도 실시하였다. 화신은 1935년 화재직후에
'更生報恩大賣出'이라는 명목으로 보은권을 주고, 1원 이상 구매하면

45) 韓昇寅,「百貨店과 連鎖店」,『新東亞』6-5, 1936. 5, 84~92쪽 ; 向井鹿松,
　　『百貨店の過去現在及將來』, 同文館, 1941, 24~34쪽 ; 谷口吉彦,『百貨店·
　　連鎖店·小賣店問題』, 日本評論社, 1934, 20~34쪽 ; 向井梅次,『配給問題概
　　論』, 同文館, 1934, 73~96쪽.
46) 京城三越宣傳部 田中高司,「百貨店の新聞廣告」,『朝鮮公論』24-8, 1936. 8.
47) 李肯鍾,「一流商街의 致富秘訣」,『三千里』7-11, 1935. 12, 120~122쪽.

10% 할인 혜택까지 주었다. 그리고 일정액 이상 구매한 고객에게는
사은품(進呈品)을 제공하기도 하였고, 경품권을 나눠주고 추첨하여
선물을 주는 경품제도 실시하였다. 두세 가지 경품을 제공하는 '二重·
三重景品附'에서 시작한 경품제는 그 후 구입액(고액, 소액)에 따라
경품 종목을 달리하는 방식으로 세련되어졌다. 이 밖에 십전, 이십전의
균일가격으로 저렴하게 판매하는 均一店을 도입하기도 하였다.

백화점들은 최신식 매장 설비와 편의시설을 두루 갖추어 고객들의
요구에 응하고자 하였다. <표 3>은 1937년에 개장한 和信 新館의
매장 배치도이다. 이를 통해 당시 백화점들의 매장 구성을 살펴본다.
고객은 백화점 입구에 들어서면 1층 안내계에서 점원의 안내를 받아
휴대품 보관소에 휴대품을 맡기고 매장 구경에 나섰다. 2층에서는
포목, 귀금속을 3, 4층에서는 신사복, 숙녀복을, 5, 6층에서는 사진기,
악기, 가구, 전자제품 등을 팔았다. 그리고 이동의 편리를 위하여
엘리베이터를 갖추고 모든 매장을 언제나 자유롭게 관람하도록 허용
하였다. 또한 점내 곳곳에 약국, 여행사, 공중전화, 식당, 사진관, 미장
원, 휴게실, 운동시설 같은 편의시설들을 두루 갖추었다. 1층 안내계에
서는 '電車回數乘車券'과 '和信食堂回數券'을 팔았고, 상품권 매장에
서는 상품권을 팔았다.[48] 그리고 갤러리나 강당에서는 각종 행사와
전시회를 유치하여 고객 흡수의 일익을 담당토록 하였다.[49]

고객에 대한 서비스도 대폭 개선하였다. 정찰제를 실시하였고, 구입
한 상품이 맘에 들지 않는 경우는 "언제든지 반품"을 받았으며,[50]

48) 『朝鮮中央日報』 1934. 12. 1 「광고」 ; 申又均(案內係主任), 「아는 길도 물어가
라」, 『和信』, 48~49쪽.
49) 三越에서는 매상증진을 위하여 연초에 기생들의 藝能制를 개최하기도 했다
(松田伊三雄, 『나의 인생 나의 경영』 9권, 경영자료사, 1984, 203~213쪽).
50) 趙範植, 「顧客滿足第一·和信의 販賣政策」, 『和信』, 39~41쪽.

표 3. 화신백화점 매장 배치(1937년)

층수	매장 구성
塔屋	엘리베이터, 기계실, 팬룸, 전망대
屋上	원예, 小鳥部, 미장실, 탈의실, 사진실, 대합실, 갤러리, 온실, 電飾機械室
6 층	가구, 전기기구부, 가구모델룸, 홀, 스포츠랜드
5 층	조선물산, 악기부, 사진기, 同 재료부, 화신식당부, 공중전화실
4 층	신사복부, 同 가봉실, 재단실, 문방구, 서적부, 이발부
3 층	양품잡화부, 부인아동복부, 同 가봉실, 재봉실, 완구, 乘物部, 수예품, 조화부
2 층	양품잡화부, 주단포목부, 귀금속미술품부, 시계, 안경부, 검안실, 시계수리실
1 층	안내계, 상품권 매장, 贈答品 상담소, 여행사, 휴대품 보관소, 洋品雜貨部, 화장품, 약품부, 공중전화, 調劑室
地下	식료품부, 일용품부, 지하시장, 實演賣場

자 료 :『東亞日報』1937. 11. 11.

배달계에서는 구입품을 집까지 무료 배달해 주었다.[51] 잔금이 부족하면 배달시에 결제토록 편의를 제공하였고, 전화 주문에도 배달해 주었으며, 지방 고객은 기차역까지 물품을 배달해 주었다. 필요하면 야간 배달도 하였다. 만약 서비스에 대한 불만이 있을 시에는 언제든지 의견을 접수할 수 있도록 건의함도 설치하였다.[52] 편안한 분위기에서 쇼핑을 즐길 수 있도록, 하나의 물건을 구입하러 왔지만 동시에 다른 물건까지 구입할 수 있도록, 최선의 서비스를 제공하기 위해 만전을 기하였다. 어떻게 해서든지 백화점에 들어오도록 만들고, 일단 들어서면 "뭔가를 사지 않고서는 나가기 어렵게"[53] 만들었던 것이다.

화신은 백화점을 직접 찾을 수 있는 고객을 대상으로 한 "顧客吸收策"을 넘어서서, 백화점에 오기 힘든, 특히 지방 거주 고객을 직접

---

51) 趙鏞國(配達係主任),「迅速하게 破損업시 誤傳업시」,『和信』, 64~65쪽. 화신의 배달 장면은 당시 소설에도 묘사되어 있다(韓雪野,『황혼』, 신원문화사, 1994, 85쪽 ; 최초 발표는『朝鮮日報』1936. 2. 5~10. 28).
52) K記者,「거리의 埠頭 百貨店의 投書函엔 어떤 投書가 들어가나?」,『四海公論』 2-5, 1936. 5.
53) 向井鹿松, 앞의 책, 92쪽.

찾아 나서는 "顧客追及策"도 강구하였다. 용달계에서는 "중류 이상의
가정을 不斷訪問"하는 방문판매를 실시하였고,[54] 지방계에서는 광고
목록이나 신문을 통하여 선전하고 우편, 전화로 주문 받아 상품을
보내주는 통신판매도 실시하였다.[55] 外賣係에서는 관청, 은행, 회사,
금융조합 등에 출장판매도 하였다. 고객확보를 위해 가능한 모든 방법
을 동원하였던 것이다.[56]

　　購買 · 在庫管理 : 백화점은 대형 유통업체로서 하루 매출액이 엄청
났기 때문에 값싸고 우량한 상품을 적기에 구입하여 이를 효율적으로
관리하는 것이 중요한 과제였다. 화신은 일본에 구매부를 설치하여
우량 상품을 공급하는 제조 회사를 직접 선택하였고, 되도록 중간상인
을 배제한 채 직접 · 다량 구매로 구매단가를 낮추려 하였다.[57] 이를
위해 경리과를 두고 상품계산에는 계산기(register)를 사용하였다.[58]
경리과는 상품별 재고, 출입량, 회전율 등을 매일 계산하여 보다 합리적
으로 구매 · 재고관리를 할 수 있었다. 상품이 많다보니 定札係에는
가격표를 다는 업무만을 맡겼고, 창고계에는 창고업무만을 전담시켰
다.[59] 이처럼 분업이 확대되면서 창고, 정찰계, 매장 사이의 상품
이동이 빈번해지자 受渡係에서는 그 이상 유무를 일일이 확인하도록
하였다.[60] 다종다량의 상품을 취급하는 백화점으로서 반드시 필요한

---

54) 朴忠植(用達係主任), 「外交術의 秘訣」, 『和信』, 61~62쪽.
55) 沈相元(地方係主任), 「流行으로 본 都鄙의 差異」, 『和信』, 54~56쪽.
56) 이러한 판매전략은 당시 백화점들의 일반적 현상이었다(向井梅次, 앞의
　　책, 88~89 · 113쪽 ; 向井鹿松, 앞의 책, 7~8장 참조).
57) 尹明鉉(仕入課長代理), 「和信仕入의 强點」, 『和信』, 36~38쪽 ; 李熙昇(大阪
　　仕入部 仕入主任), 「仕入은 原産地로부터」, 『和信』, 68~69쪽.
58) 주요한, 『새벽 Ⅱ』, 요한기념사업회, 1982, 64쪽.
59) 金鎭鎔(定札係主任), 「信用과 便利의 入門」, 『和信』, 66~67쪽. ; 金錫鉉(倉庫
　　係主任), 「間斷없는 貯水池」, 『和信』, 65~66쪽.
60) 金永宗(受渡係主任), 「숨은 써비쓰」, 『和信』, 60~61쪽.

조직들이었다.

財務管理 : 백화점은 광고, 설비, 상품 구입에 많은 자금이 소요되었으므로 자금 조달이 매우 중요하였다. 백화점들은 방대한 자본금과 은행 대부를 이용하여 자금을 조달받고 있었으나 거액의 필요 자금을 기한에 맞추어 차질 없이 조달하는 것이 쉬운 일은 아니었다. 이 때문에 자금확보 수단으로 일찍부터 상품권 발행에도 주목하였다. 상품권은 상품권 발행 시점과 상품 인도 시점에 시차가 있어서 일시에 많은 자금을 무이자로 확보할 수 있는 장점이 있었다. 따라서 백화점들은 선물용으로 편리하다는 점을 집중 부각하면서 상품권 발행을 독려하였고 특히 성수기인 연말연시에는 상품권 판촉에 대대적인 노력을 기울였다. 이 때문에 앞서 보았듯이 총독부에서는 상품권 발행을 규제하는 법령을 제정하였지만, 1930년대 후반 상품권 발행고는 큰 폭으로 증가하고 있었다. 이 점은 일례로 5대 백화점이 7월 한달 동안 발행한 상품권이 1935년 154,094원, 1937년 187,921원, 1939년 231,665원, 1940년 430,169원으로 증가하였던 사실에서 잘 드러난다.[61]

人事管理 : 영업망의 확대와 함께 백화점들간의 경쟁도 치열해졌고, 일선에서 활약하는 점원들의 역할도 점차 중요해졌다. 백화점들간의 경쟁은 商戰이나 販賣戰으로 불리는 흡사 '전쟁' 같았고, 점원들은 그러한 '상업전선에 투입된 전사'였다. 三中井에서는 아예 점원들을 '商戰士'라고 부를 정도였다. 한편 백화점은 제조업과 달리 기계화가 늦어 매출이 늘어나면 그만큼 많은 점원이 필요하였다. 화신의 점원은 매출 증가에 따라 1932년 150여 명에서 1945년 700여 명에 이를 정도로 급증하였고 여점원도 많았다.[62] 이 때문에 인사관리에 신중을

---

61) 『每日申報』 1940. 9. 3.
62) 1938년 현재 京城本(支)店에 근무하는 점원은 三越 414명, 丁子屋 405명(남

기하지 않을 수 없었다. 특히 백화점은 일반 제조업체와 달리 한번의
파업만으로도 매출에 큰 손실이 생기고 고객의 신용도가 추락할 수
있었다. 그리고 일단 추락한 신용은 쉽게 회복되기 어려워 경영위기를
초래할 수 있었다. 예를 들어 申泰和의 和信商會는 파업으로 경영이
악화되었고, 평양의 平安百貨店도 인사관리 소홀과 파업으로 결정적
타격을 입었다.63) 백화점 경영진에게는 효율적인 인사관리가 절실한
상황이었다.

　일제하 백화점 여점원들의 근로조건은 열악하였다.64) 여점원은
대개 15~25세의 중등학교 졸업 정도의 학력을 가진 용모단정한 여성
들이었고, 상업학교, 여고 졸업자도 많았다. 여점원들의 판매술은
매상과 직결되고 있었으므로 회사측은 선발과정부터 우수인력을 확보
하기 위해서 많은 관심을 기울였다. 일단 학교로부터 추천받은 학생들
을 대상으로 채용시험을 통해 회사측이 요구하는 재능과 열성, 체력,
복종심, 명랑한 성격, 좋은 인상 등을 구비하였는지를 판단하여 견습생
으로 선발하였다. 견습생은 일정한 기간 동안 무보수 혹은 소액의

270, 여 135), 三中井 354명(남 172, 여 182), 和信 500명(남 300, 여 200),
平田 210명이었다(大橋富一郎, 『百貨店年鑑』, 日本百貨店通信社, 1938. 이하
별다른 주가 없는 한 동일).
63) 「平安百貨店은 엇재 亡햇는가」, 『三千里』 7-10, 1935. 11, 144~146쪽 ; 『東亞
日報』 1934. 2. 4, 1934. 2. 7. 丁子屋과 三中井도 파업을 겪은 적이 있었다.
『朝鮮日報』 1929. 3. 6, 1929. 3. 11 ; 『朝鮮日報』 1936. 5. 1, 1936. 5. 2.
64) 「13時間勞動에 報酬는 60錢 뿐」, 『朝光』 1-1, 1935. 11, 118~119쪽 ; 「百貨店
의 美人市場」, 『三千里』 6-5, 1934. 5, 156~159쪽 ; 「거리의 女學校를 차저서-
戀愛禁制의 和信女學校」, 『三千里』 7-10, 1935. 11, 102~106쪽 ; Z기자, 「處
女와 朴興植-朝鮮의 商業王 朴興植氏와의 處女哲學 一問一答記」, 『中央』
4-3, 1936. 3, 241쪽 ; 一記者, 「生活戰線探訪記(5)」, 『實生活』 8-12, 1937.
11, 13~14쪽 ; 『每日申報』 1938. 2. 26, 「和信百貨店 人事課長 朴周燮氏談」
참조.

급료만을 받고서 장시간 근무와 혹독한 노동조건을 감내해야 했고, 견습기간이 끝나야 비로소 정식사원으로 임명되었다.

근로시간은 대개 평균 12시간 이상으로써 2교대(早番, 遲番), 3교대, 4교대(오전 8시반~저녁 9시, 오전 11시~오후 10시, 오후 2시~오후 10시, 오후 6시~10시) 등의 방법이 이용되었고, 휴일은 한 달에 이틀(백화점의 정기휴일과 본인이 희망하는 하루)에 불과했다.[65] 임금은 학력과 경력 등에 따라 하루에 50전에서 1원까지 다양한 급료를 지급받았다. 그러나 월급날에는 지각, 조퇴, 결근, 분실물품변상, 화장품값을 제외한 나머지만을 받았으므로 실제 지급받는 임금은 10원에서 25원 정도에 불과하였다. 점심시간은 12시 반부터 2시 반까지, 저녁시간은 5시 반부터 6시 반까지 동안에 틈나는 대로 점원들끼리 교대로 먹었다. 하루 12시간 이상을 서서 근무하는 중노동과 생계비에도 못 미치는 저임금으로 인해 점원들은 근로조건에 대해 큰 불만을 가지고 있었다.

따라서 백화점측에서는 점원들의 관리와 통제에 만전을 기해야 했다. 三中井에서는 점원들의 효율적인 통제를 위해서 군대식 계급제도를 모방한 독특한 점원관리를 시행하고 있었다.[66] 우선 군대처럼 사원의 등급을 元帥부터 二等兵까지로 나누었고, 점원들 각자에게는 고유한 번호를 부여하였다.[67] 병졸에게는 급여대신 의복, 소용품 일체만을 지급하고, 下士官 이상부터는 등급에 따라 차등을 두어 급여를 지급하였다. 급여의 일부는 사내에 예금(연 6% 이자 지급)하는 제도도

---

65) 매달 제2 월요일만을 휴일로 하다가 백화점들 간의 자제협정에 따라 1938년 3월부터는 제1, 제3 월요일, 1939년 8월부터는 매주 월요일을 정기휴일로 정하였다.

66) 三中井의 점원관리는 「內規摘要」,『三中井要覽』, 1938 ; 末永國紀, 앞의 책 참조.

67) 흔히 '××部 ×××番' 점원으로 불렀다. 이는 다른 백화점들도 마찬가지였다(李撲雲, 「서울四大百貨店 美人店員 探査記」,『實話』1-2, 1938. 10).

마련했다. 점원들은 복무규정에 따라 매일 아침 정해진 영업시간 15분 전까지 출근부에 날인해야 했으며 퇴근 때는 소정의 퇴근부에 날인해야 했다. 결근이나 지각, 조퇴의 경우는 미리 허가를 얻어야 했으며 영업시간 중에는 허가없이 외출할 수 없었다. 독신자는 합숙 또는 기숙사에 기거하는 것을 원칙으로 하고, 만 23세 이하의 남자 점원은 청년훈련소에 입소시켰다.[68] 상여금, 增俸, 개근상, 근속상 등과 견책, 강등, 감봉, 휴직, 해고 등의 상벌규정도 마련하였다. 입점후 만 4년이 경과한 이후에는 10일간의 定期歸省을 허락하고 징병검사시 혹은 관혼상제시에는 臨時歸省을 허락하였다. 또한 總務, 本店長, 副本店長, 支店長으로 조직한 支店長會議, 각점 부장급 이상으로써 조직한 部長會, 각점 주임급 이상으로써 조직한 主任會, 商戰士 전원 또는 일부로써 개최한 商戰會 등 각급 회의를 열어서 회사의 지시사항을 종업원들에게 알렸다. 三中井의 점원조직은 마치 일사불란한 상명하달의 위계질서를 갖춘 군대조직을 연상시킨다.

화신의 점원관리도 구체적 방법은 다르지만 내용은 이와 유사하였다. 화신에서는 출근부를 만들어 근무시간을 기록하고 경찰 출신 감독을 채용하여 점원들을 관리하였으며, 사원들은 항상 휘장을 달고 업무부서에 따라 지정된 제복을 입도록 하였다. 회사 이미지 관리를 위하여 사내 연애는 금지하였다.[69] 직능별, 상품 종류별로 조직을 세분화하여 점원들을 편제하여 효율적으로 관리하였고, 이러한 조직을 기반으로

---

68) 다른 백화점들도 모두 기숙사를 두었고, 三越, 丁子屋은 청년훈련소를 설치하였으며, 특별히 丁子屋은 여자점원수양기관으로 德成會를 두었다.

69) 백화점 여점원의 연애문제는 당시대 수필, 소설의 흔한 소재거리였다(朴白蓮, 「떠오르는 아츰해」, 『衆明』 1~3호, 1933. 5~7 ; 李瑞求, 「키쓰와 월급과 처녀」, 『商工朝鮮』 創刊號, 1932. 8 ; 李玉女, 「職業戰線에 맺어진 로만스-투럭에 실코온 사랑의 幸運」, 『中央』 2-5, 1934. 5).

점원들의 정신교육에도 노력하였다.[70] 점원들에게 店員服務規程을
배부하여 이를 "日常 身邊에 携帶"하고서 "熟讀 暗記"케 하여 점원으로
서의 자격을 수양하며 규율적 생활을 하도록 하였다.[71] 매주 1회
개점 30분전에 전사원이 모이는 朝會도 열었다.[72] 조회에서는 店歌를
합창하며 단결심을 고양하였고, 경영진들은 이 자리에서 회사의 경영
이념을 주지시키고 사장을 중심으로 단합할 것을 강조하였다. 매주
금요일에는 폐점 후 한 시간 동안 各部, 各係別로 部會를 가졌다.
토론을 통하여 "過誤를 是正"하고 서비스, 복무상황을 "不斷히 硏究
改善"한다는 취지였다. 각부, 각계 주임들은 평일 오후 1시부터 2시까
지 食堂會를 개최하여 '각부 사무에 관한 협의, 사업기획에 대한 토론,
중역으로부터의 주의사항' 등을 논의하였다. 화신은 이 같은 모임들을
사장 이하 중역, 간부, 사원을 연결시키는 통로로 이용함으로써 회사의
지시사항을 효과적으로 전달하고 "사원의 통제와 업무의 쇄신"을
도모하였다. 요컨대 화신은 다양한 방법들을 동원하여 점원들을 이른
바 "和信的 人間型"[73]으로 육성하고자 노력하였던 것이다.

그렇지만 점원들에 대한 지나친 통제는 그들의 불만을 증폭시킬
우려가 있었다. 이에 화신에서는 이들을 회유할 대책도 마련하였다.[74]

---

70) 「商業戰線의 戰士는 어떠케 養成되는가-和信社員의 敎養, 訓練及統制」, 『和
信』, 8~12쪽 ; 『和信四十年史』, 86~87쪽.
71) 화신의 점원복무규정은 근로시간, 상벌, 휴가에서부터 고객에 대한 태도,
복장, 화장법, 그리고 일상생활에 이르기까지 모두 444개조에 달하는 매우
상세한 내용이었다(梁基哲, 『現代式販賣法』, 漢城圖書株式會社, 1936, 302~
305쪽). 三越도 점원들에게 三越店員讀本을 분급하였다(松田伊三雄, 앞의
책, 1984, 197쪽).
72) 丁子屋도 조회를 점원들의 정신교육에 이용하였다(滋水生, 「百貨店丁子屋의
'朝會'瞥見」, 『朝鮮實業』 18-6, 1940. 6, 65쪽).
73) 崔春和, 「和信 40年生의 和信觀」, 『和信四十年史』, 和信産業株式會社, 1966,
255쪽.

우선 회사 주도하에 백화점 직원 전원을 대상으로 '和友會'를 조직하였다.[75] 화우회는 월급의 5%를 회비로 적립하여 혼인, 출산, 사망, 퇴직, 화재, 질병 등에 보조하였고, 긴급한 경우에는 일시 대부도 해 주었다. 그렇지만 화우회는 점원들의 자치조직이 아니었다. 동회의 회장을 화신의 전무가 맡고 있었다는 점에서 드러나듯이 여기에는 점원들이 노동조합을 조직하는 것을 막으려는 의도가 깔려 있었다. 화신에서는 노사간 친목 도모를 위한 행사도 자주 가졌다. 연초에는 新年宴 행사를, 봄에는 店員慰安運動會를 열었고, 가을에는 소풍을 갔다. 점원들이 운동경기에 참여하도록 배려하였으며 囑託醫가 점원의 위생을 돌보는 등 여러 가지 복지정책도 마련하였다.

3. 관계인들의 생활양식

1) 경영자의 의식구조

백화점 경영자의 입장에서 보면, 최첨단 상업기관인 백화점을 경영한다는 것이 사실 쉬운 일은 아니었다. 다종다량의 상품 매입과 광대한 매장 확보에 소요되는 많은 자금을 제때에 차질 없이 조달해야 했으며, 새로운 판매기법을 잘 활용해 재고가 쌓이지 않도록 해야 했다. 또 엄청나게 증가한 점원들의 인사관리나 기타 여러 가지 면에서 많은 관심을 기울여야 했다. 이처럼 어렵고 `힘든 과업이었지만 첨단의 상업 시설을 경영하고 있다는 점에서 이들의 자부심 또한 강했다.[76]

---

74) 「한집안 갓혼 和信의 店風-社員의 親睦保健及待遇」, 『和信』, 14~17쪽.
75) 三越의 공제회로는 慶弔會, 九月會, 三鮮親睦會 등이 있었고, 平田의 共榮會에서는 급료의 5%, 상여금의 10%를 적립하여 관혼상제시 상호부조를 하고 있었다.

특히 대규모 자금과 시설, 그리고 선진적인 경영기법으로 무장한 일본인 백화점들에 맞서 한국인 백화점으로서는 유일한 和信을 경영하고 있었던 박홍식으로서는 그 자부심이 남달랐다. 당시 박홍식은 화신을 한국 최고의 백화점으로 육성하여 일본인 대상업자본에 맞서 종로의 한국인 상권을 지키는 보루로 만들겠다는 자부심, 사명감, 책임감을 굳게 갖고 있었다.77) 화신은 "一個의 營利機關"이 아니라 한국인 전체를 대표하는 한국인 유일의 백화점이며, 따라서 "二重三重의 使命"을 가지고 있다는 생각이었다. 그러한 사명의 첫째는, 백화점은 물자의 배급과 "文明 利器의 보급"에 공헌할 뿐 아니라 상품의 회전율을 높여 수요를 증가시킴으로써 한국의 산업 발달에 기여하는 바가 크기 때문에 이를 잘 경영해야 한다는 점이었다. 둘째는 예로부터 상인을 천시하는 경향이 있어 유능한 자의 상업계 투신을 막고 상인들도 구습을 답습하여 상업계가 부진했는데 화신은 한국인 백화점의 효시, 상업계의 선봉으로서 이들을 개혁하여 "新時代의 商人"을 배출하는 데 앞장서야 한다는 점이었다. 셋째는 한국인이 경영하는 사업이 모두 "幼稚의 域"을 벗어나지 못한 상태에서 "화신의 盛衰"는 만인이 주목하는 바로서 한국인의 경영능력을 보여주는 '바로미터'이기도 하므로 책임감을 가지고 노력해야 한다는 점이었다.

76) 朴興植, 『財界回顧 2』, 한국일보사, 1981 ; 宮林泰司, 「三越の加藤さんを語る」, 『朝鮮實業俱樂部』 14-4, 1936. 4 ; 三輪邦太郎, 「百貨店から見た朝鮮」, 『朝鮮公論』 24-9, 1936. 9 ; 三輪邦太郎, 「朝鮮文化と百貨店の使命」, 『朝鮮公論』 25-5, 1937. 5 ; 松田伊三雄, 송기동·문순태 공역, 『나의 인생, 나의 경영 9권』, 경영자료사, 1984. 加藤常美(1929. 10~1936. 2)와 三輪邦太郎(1936. 2~1940. 1)은 각각 三越 京城支店長을 역임하였으며, 松田伊三雄은 三越의 경성지점 차장(1930. 5~1938. 10)과 지점장(1942. 10~1945. 8)을 지냈던 인물이다.
77) 朴興植, 「和信의 使命과 吾人의 責任」, 『和信』, 18~20쪽. 이하 별도의 주가 없는 한 동일.

박흥식의 일상과 내면의식을 자세히 살필 수 있는, 그가 직접 작성한 일기를 확보하고 있지 못하기 때문에 여기에서는 대구에서 '準百貨店' 수준이었던 茂英堂(本町 1丁目 59)을 경영했던 李根茂가 남긴 아래의 일기와 박흥식의 인터뷰 등을 통해 백화점 경영자의 일상과 내면의식을 살핀다.

　8월 18일
　　요란스러운 眼覺鍾 소리에 놀나 깨우니 오전 六時. 아래 웃 층의 점원들도 깨워준다. 세면을 맛치고 곳 『商業英語』를 시작하다. 오전 七時頃 店門을 열다. 지난 오월과 유월에 동경 대판 등지로 예약주문 하엿든 양품부의 冬物들이 십여개나 도착된다. 우리 창고는 지난번 입하로써 만원이 되어 李友K.S의 미곡창고를 비러 그곳에 넛다. 冬物시세가 오, 육월 예약할 때보다는 2, 3할 내지 3, 4할 올낫다고. 동경 대판 등지의 출장원들이 와서 팔기도 전에 발서 많이 남기엿다고 하나 결국 팔 때 당하야는 헐게 산 원가표준으로 정찰을 붓치게 되겟슨즉 그들이 말하는 바 다대한 이익은 공론에 불과하다. 그러나 현시세보다는 확실히 廉한 가격으로 팔게 된다는 자신을 가지는 것만이라도 여간한 도음이 아닐 것이다. 綿絲布 貿易商 N.S商會에서 점원 二人만 고향 사람으로 구해 달나는 부탁을 간절히 하기에 힘써 구해 보갯노라 답하엿다. 전일에도 종종 각 방면에서 이와 가튼 부탁을 마텃스나 사람 주선이란 어려운 일이라 대개 사절해 왓스나 이번 일은 부득이 사절할 수가 업섯다. 오후 十時 半 개점. 전표정리를 맛친 후 점원 일동을 한테 모아 오래-간만에 例의 訓示를 如左히 하다.
　　1. 언제나 즐거운 마음 명랑한 기분으로 店頭에 스라.
　　2. 손님에 차별을 두지 말고 누구에게든지 공손하라.
　　3. 表面의 親切에 긋치지 말고 마음으로 우러나는 친절을 힘쓰라.
　　4. 상품에 대한 지식을 늘-연구하고,

5. 언제나 정직한 마음과 부즈런한 마음을 가즈라.

이는 기회를 타서 종종 훈시하는 바이지만 효과가 현저히 드러난다.……零時 十分前 와-나 메-카의 人生訓을 좀 읽다가 就寢하다.

8월 20일

오전 六時 氣象. 오늘 아츰엔 학과를 그만두고 公園을 올나 가기로 하야 店員一同과 같이 달성공원엘 올나가다.……오전 七時 개점. 점원 2인(八番·十番)이 病氣로 앞아 니러나지 못하엿기 때문에 나도 상품정돈과 소제를 가치하다. 地方來信에 答狀을 좀 쓰고 아츰 정신으로『經濟知識』을 약 半時間 읽다. 오후 三時頃 스팔타·노-트 회사에서 출장원이 왓기에 견본을 보고 주문을 하다. 석양때 서울서 온 朴友M.H씨가 놀나와서 잡지와 출판사업에 대한 니약이를 장시간 서로 토론하다. 오후 七時頃 석식을 맛치고 비를 마지며 교회에 나가다.……교회에서 도라왓건만 가을을 재촉하는 비는 여전히 내리다. 따라서 밧브지도 안키에 기대하든 명화『폭군네로』를 新裝한 互樂館에 가서 보고 오다. 도라와 능금 멋 개 먹고 독서 좀 하다. 就寢하다. 때는 十二時頃.

9월 4일

오늘은 짐뜨더 맛치는 날로 정하다. 그리하야 本店에서는 스팔타-노-(트)회사에서 온 노-트와 스크랍뿍 등 동경 東光堂에서 온 帳簿便箋 등을 洋品部에선 秋冬用 雜貨 등을 뜨더 맛추고 정찰 달기에 분주하엿다. 오후 七時 지터가는 황혼의 때 차에 오르다. 오래-간만에 旅路에 오르니 마치 무슨 구속에서 해방이나 된 거 같이 자유로운 기분과 자연스러운 마음이 가득하엿다.……

9월 5일

……경성역에 내리니 때는 오전 육시 사십오분. 오전 십시부터 남산의 이 加茂川山莊에서 朝鮮書籍雜誌商大會가 열니어 大邱府會

의 十一人 중 D.M과 나와 두 사람이 대표로 오게 되엿스며 全鮮에서
모힌 대표자 五十六名이 잇섯다. 庶務의 會報告, 규약수정건의안,
圖書祭에 관한 건, 역원개선 등 순서대로 맛치고 오후 五時로 六時까
지 한 시간 휴식. 그런 뒤를 니어 盛宴이 잇슨 후 오후 팔시경 폐회하다.
회에서 밧은 보조도 잇고 번잡한 뇌를 좀 편히 쉬기 위하야 朝鮮호텔
로 숙소를 정하다. 八十號실로 안내되여 행장을 풀고 목욕을 맛친
후 서울의 銀座-진고개를 逍遙하고 茶室 樂浪을 거처 호텔로 도라오
다. 가을의 여행 씨-슨을 마저 그러한지 호텔엔 유숙하는 客이 많엇다.
대구의 徐友C.H씨도 홀-에서 맛나 반가히 인사하다. 썬룸-로-스·까-
덴 등을 건일다 내 방에 올너와 繁華한 밤의 서울! 네온싸인의 不夜城
을 이루운 都會의 밤거리를 내려다본다.……

9월 6일
困한 남아에 마음노코 잣더니 여덜 시가 지나서야 起床하엿다.
세면후 신문을 좀 들처보고 로-스까-던을 한 박휘 도라 三越食堂에
올나 아츰을 치룬 뒤 百貨店 見學으로 나스다. 三越 平田 丁子屋을
거쳐 내가 가장 친애하는 和信으로 가다. 이는 최초 개점 때부터
오늘에 이르기까지 언제나 올 적마다 아니 들닌 때가 업섯고 다른
곳보다 더 유의하야 보는 내 집같이 녁이는 우리의 자랑거리 백화점이
다. 따라서 내 항상 배워가는 것도 만코 不足한 점도 늣기는 대로
적어 둔다. 後日의 내 參考를 위하야. 이번에 늣긴 바는 먼저 왓슬
때보다 四層 食堂의 넓고 華麗하고 雄大하게 된 것도 반가웟고 날이
갈스록 상품이 충실해가고 진열의 정돈이 잘 되여 감도 여간 반갑지
안헛다. 그러나 언제나 늣기는 바 점원의 훈련이 아모래도 좀 부족한
것갓다. 우선 表面에 낫하나는 걸로 보아 표정 언사 태도들이 좀
더 친절하엿스면-하는 생각이 간절하엿다. (전부가 그럴 리야 업겟지
만 대부분이) 여점원들도 그러하지만 남자점원이 더한 거갓다. 아모
리 施設이 훌능하고 아모리 풍부한 상품을 가젓고 아모리 廉價로
팔드래도 점원들이 객에 대한 태도가 친절치 못하면 두 번 가기를

주저할 것이다. 그리고 여점원들의 인물을 좀더 선택할 필요가 잇고 制服-(高尙 優雅한 色으로)도 닙히는게 조홀 것갓다. 만약 여점원 채용에 대우관계라면 좀더 예산을 計上해 가지고라도 반드시 優雅한 사람들을 채용함이 매상 능률에 잇서 확실한 효과가 잇슬 것갓다. 그리고 언제 와 보나 별로히 「목거지」가 업다. 전연히 업섯슬 리야 업지만 비교적 그 방면에 너무나 등한한 거갓다. 그다지 큰 경비를 아니드려서라도 무슨 展覽會나 혹은 音樂會 갓흔 것을 機會보아 개최하는게 조홀 거갓다. 東京의 三越이나 松屋이나 松板屋이며 大阪의 大丸이나 阪急이나 高島屋이 각기 特長을 발휘하며 顧客을 끌고 人氣을 집중식히려 함과 같이 和信도 三越이나 丁子屋이나 三中井보다 다른 특장으로써 늘 연구해 나갓스면 하는 마음도 간절하다. …… 두서너 知友를 맛나 團成社의 스포츠 영화실사회를 구경하고 화가 문인 등 지식계급에서 경영한다는 새로난 茶店들을 구경한 후 명곡레코드 서너장 사가지고 호텔로 도라오다.

9월 7일

오늘은 일절 외출하지 안코 靜寂한 호텔에서 독서나 하며 정원이나 소요함으로써 번잡한 뇌 피로한 심신을 고요히 쉬려 한다. 내 항상 애독하는 세계적으로 유명한 백화점의 대왕이라고 부르는 쫀 와나 메-카의 전기와 백화점 경영론을 읽다. 읽으며 늣긴 바 니저서 안될 것 우리 상업자들이 반드시 본받어야 될 멧가듸를 적어보기로 한다. 다른 상인들은 될 수 잇는대로 고객을 속여 빗싼 갑스로 만흔 이익 냉기기를 위주로 할 때 와-나 메-카는 상업은 詐術이 아니다 고객과 상인간 서로의 이익을 위하야 公明正大히 하여야 된다는 주의를 가저왓다고 한다.……三百餘頁나 되는 책자를 쉬염쉬염 다 읽고 빠-에 가서 茶를 마시며 電氣蓄音機에서 흘너 나오는 아름다운 멜로듸-에 陶醉하다. 오후 9시경 떠나는 차로 나의 일터-그리운 大邱로 향해 떠나온다.[78]

첨단의 상업시설인 백화점을 훌륭히 경영하는 일은, 투철한 사명감과 책임감만 가지고 이룰 수 있는 사안은 아니었다. 선진의 경영기법을 체득해야 가능한 일이었다. 이 때문에 일기작성자인 李根茂는 경영술 습득을 위해 부단히 노력하고 있었다. 이른 새벽에 기상하여 商業英語나 經濟知識을 공부하고 틈만 나면－취침 전이라든가 여행 중에도－구미의 유명한 백화점 경영자들의 저술을 통해 그들의 경험과 경영술을 습득하기에 바빴다. 특히 그는 상업은 詐術이 아니며 공명정대해야 한다는 워너메이커(John Wanamaker)의 말에 감명받아 판매관리, 인사관리에 대한 그의 조언들을 가슴깊이 새기고 있었다. 또한 그는 기회가 있으면 서울의 백화점들을 직접 방문하여 선진 백화점들의 경영기법을 비상한 관심을 가지고 지켜보고 있었으며, 일본의 백화점업계 동향에 대해서도 귀를 기울였다. 그런 노력 덕택에 백화점 경영에 대한 나름의 안목을 터득할 수 있었다. 동업자로서 화신의 매장 구성, 점원 선발과 훈련 내용 등에 대해 조목조목 비판하고 고객유치의 방법으로서 전람회, 음악회를 개최하도록 조언할 수 있었던 것은 이러한 노력 덕분이었다.

대구의 조그만 準百貨店을 경영하는 경영자가 이 정도였다면, 화신 백화점을 경영했던 박흥식의 백화점 경영술 습득은 더욱 많은 노력이 요구되고 있었다.[79] 원래 백화점 경영에 관해서는 "白紙"였던 박흥식은 구미, 일본의 백화점 관련 도서를 읽고 또 일본 출장 등을 통해 백화점 견학도 다니며 권위자들의 자문을 구하여 경영술을 습득해

---

78) 李根茂(茂英堂 主), 「百貨店批判其他-젊은 商家 日誌-」, 『三千里』 5-10, 1933. 12, 90~93쪽.

79) 사업의 3대 요소를 '信用, 資本, 勞力'에 둔 그는 부족한 점은 노력으로 보충하려고 애썼다(朴興植, 「收支가 맞는 生活」, 『新東亞』 2-1, 1932. 1, 40~41쪽).

나갔다.80) 외국에서 선진 백화점 경영기법을 공부한 우수 인력을
영입하는 데에도 적극적이었다. 콜롬비아 대학 출신으로서 이 방면의
전문가였던 李肯鍾, 韓昇寅 등을 영입한 데에는 이런 배경이 작용하고
있었다.81) 또한 백화점 경영에 필요한 사람들이라면 언제, 어디서든지
만나 "아침 여덟 시부터 밤 열두 시까지「休息을 모르는 精銳한 機械」"
라고 불릴 만큼 바쁜 일과를 보냈다.82) 그는 화신을 한국 최대의
백화점으로 키우기 위하여 왕성한 기업가 정신에 불타 있었던 것이다.
그리고 이렇게 하는 것이 일본인 백화점들의 종로 진출을 막는 길이라
고 생각하였다.83) 그 자신이 한국인 상인들의 모범적 존재이며 당대
최고 수준의 백화점 경영술을 습득했다는 긍지와 자부심은 이런 노력
아래에서 나올 수 있었던 자신감의 표출이었던 셈이다.

　백화점 경영자는 급격히 늘어난 점원들의 인사관리에도 신경을
써야했다. 일기 작성자인 이근무는 상당 시간을 여기에 할애하고 있었
다. 우선 그는 점원의 선발과정에서부터 많은 관심을 가지고 있었다.
매상 증진을 위해서는 '우아한 용모'를 갖춘 여점원들을 선발하는
것이 효과가 있다고 확신하고 있었다. 이 점은 박흥식도 마찬가지였다.
한 기자와의 인터뷰에서 점원의 선발 방침을 묻는 질문에 대해 그는
"인상, 신용, 상인다운 소질"의 세 가지를 들었는데, 여기서 인상은

---

80) 「和信・東亞合併問題を繞って」, 『朝鮮實業俱樂部』 10-9, 1932. 9, 17쪽.
81) 韓昇寅에 대해서는 吳鎭錫, 「일제하・미군정기 韓昇寅의 政治活動과 經濟認
　　識」, 『연세경제연구』 8-1, 2001 참조.
82) 秋葉客, 「百萬長者의 百萬圓觀-事業에서 事業으로 跳躍하는 朴興植氏」, 『三千
　　里』 7-10, 1935. 11, 53쪽 ; C기자, 「實業界의 巨星을 찾아서-熱誠忍耐의
　　權化 朴興植氏 訪問記」, 『新東亞』 5-1, 1935. 1, 193쪽.
83) Z기자, 「處女와 朴興植-朝鮮의 商業王 朴興植氏와의 '處女哲學' 一問一答記」,
　　『中央』 4-3, 1936. 3, 242쪽 ; 朴興植, 『財界回顧 2』, 한국일보사, 1981, 200・
　　209쪽.

'우아한 용모'의 다른 표현에 불과했다.[84] 일차적으로는 점원의 선발
이 중요했지만, 선발된 점원들을 교육시켜서 훌륭한 백화점 점원으로
양성하는 것은 더욱 중요한 일이었다. 이근무는 솔선수범하는 태도로
점원들의 훈련과 관리에 만전을 기했다. 그는 아침 일찍 기상하여
직접 점원들을 일일이 깨우는가 하면 점원들의 단합을 위해 이른
새벽 점원들과 함께 공원에 다녀오기도 했다.[85] 개점 전 점원들이
모두 모인 조회시간을 통해서는 점원들에게 친절하고 공손한 태도를
갖추고 늘 즐겁고 명랑한 마음을 가지고 부지런히 일할 것을 주지시켰
다. 상품에 대한 연구도 게을리 하지 말라고 충고했다. 그리고 그러한
훈시의 "효과가 현저"하다고 생각하고 있었다. 그러나 말만 있고 행동
이 없는 지시는 점원들의 반발만 살 뿐 자발적인 참여를 구하기 어려웠
다. 그는 일손이 모자랄 때에는 자신이 직접 나서서 상품 정돈과 청소를
거드는 등 점원들에게 모범을 보이려고 애썼다. 앞서 보았듯이 화신의
박흥식도 점원들의 효율적인 인사관리를 위해 다양한 방법들을 동원
하고 있었던 점은 마찬가지였다.

백화점 경영자는 상품회전율을 높이기 위해서 판매관리에도 많은
노력을 기울여야 했다. 이근무는 겨울 물건에 대한 수요를 예측해
미리 東京, 大阪 등지에 예약하여 구매에 차질이 없도록 만전을 기하였
고, 이렇게 구매한 물품들은 일일이 가격표를 달아 정찰제로 판매하였
다. 각 회사의 출장원들이나 동료 사업가와의 교섭, 그리고 상인단체
모임 출석도 중요한 일과의 하나였다. 앞서 일기에서 서울에서 열린
朝鮮書籍雜誌商大會에 참석하였던 것은 그 좋은 예였다. 사업과 관련
한 각종 출장도 그의 중요한 일과의 하나였던 것이다.

---

84) Z기자, 위의 글.
85) 화신에서는 점원들의 단합을 위해 소풍, 체육회 등의 행사를 가졌다.

그런데 이근무의 일상생활에는 근대 부르주아의 문화생활이 깊이
자리잡고 있었다. 서울 출장시에 그는 조선호텔에서 머물면서 식사는
三越百貨店의 식당을 이용했고 또 당시 유행했던 호텔 바나 樂浪
같은 새로이 개설된 카페 등지에서 차를 마시며 담소를 나눴다. 간혹
영화관에 들러 영화감상을 하였고 레코드와 축음기를 구입해 음악감
상도 즐기고 있었다. 이는 그의 주요한 취미생활의 하나였다. 시간이
나면 산책도 자주 다녔다. 진고개를 비롯한 서울의 밤거리나 호텔의
정원 등지는 좋은 산책로였다. 근대 부르주아 문화생활의 공급기관으
로서 백화점을 경영하던 경영자 스스로 그 문화를 깊이 향유하고
있었던 것이다.[86]

2) 점원의 일상과 계급의식

앞서 보았듯이 백화점 경영자의 입장에서 보면, 백화점 경영은 한편
으로는 여러모로 어렵고 힘든 일이었지만, 다른 한편으로는 첨단의
상업시설을 경영한다는 점에서 자랑스러운 일이었다. 특히 박흥식의
경우, 한국인 소유로서는 유일한 和信百貨店을 자신이 경영하고 있다
는 자부심으로 가득 차 있었으며, 和信을 통해 일본인 상업자본의
침투를 저지하고 화신을 일본인 백화점에 뒤지지 않는 최고의 백화점
으로 육성하겠다는 결심을 굳게 하고 있었다. 그리고 그는 그러한
생각을 朝會를 비롯한 여러 기회를 통해 종업원들에게도 주지시키고
있었다. 그러나 점원들은 그러한 자부심을 전혀 갖고 있지 못했다.
당시 점원들은 장시간의 노동과 저임금, 열악한 근로환경으로 인해서

---

86) 박흥식은 결혼식에 비행기를 동원하는 등 호화로운 결혼식과 피로연으로
세간의 주목을 사기도 했다(金英植, 「朴興植氏 新婚式 披露宴 參觀記」, 『新世
紀』 2-5, 1940. 11).

극심한 생활고에 시달리고 있었으므로 자부심을 가지라는 말은 그저
공허한 메아리에 불과했다.

　앞서 보았듯이 백화점 여점원들은 대개 15~25세의 중등학교 정도
의 학력을 가진 용모단정한 여성들로서 상업학교, 여고 졸업자도 많았
다. 그러나 이들의 노동조건은 열악하여 평균 12시간에 달하는 장시간
노동과 생계비에도 턱없이 모자라는 저임금에 허덕이고 있었다. 그래
서 점원들은 자신들을 상품, 인조인간, 기계에 비유하는 등 '不滿과
不評'으로 가득차 있었다.[87] 다음은 당시 한 백화점 여점원의 솔직한
심경이 씌어져 있는 일기이다.

---

87) 이하 별다른 주가 없는 한 백화점 여점원들의 일상과 의식구조는 金敬愛,
「店頭에서 본 朝鮮손님」,『新女性』5-4, 1931. 4 ;「띠파-트껄의 外奢内苦의
浮華한 生涯」,『朝鮮日報』1932. 1. 3 ; 朴恩愛,「女店員」(女人隨筆),『實生活』
3-2, 1932. 2 ; 城北洞人,「女性職業五相」,『新女性』6-5, 1932. 5 ; ××백화점
김영선,「데파-트 四層에서」,『批判』13, 1932. 5 ;「店員生活의 裏面-T百貨店
女店員 尹○媛」,『商工朝鮮』創刊號, 1932. 8 ; 和信百貨店 李順卿,「쎌쓰껄의
비애」,『新家庭』창간호, 1933. 1 ; ××百貨店 徐点順,「職業婦人과 結婚」,
『新女性』7-4, 1933. 4 ; M百貨 文連順,「眞實과 誠意 그리고 運!」,『中央』
2-3, 1934. 3 ;「百貨店의 美人市場」,『三千里』6-5, 1934. 5 ;「그날 그의
하로 女店員 尾行記」,『新家庭』3-2, 1935. 2 ; 朴奉愛,「職業女性의 生活解剖」,
『新家庭』3-2, 1935. 2 ; 女店員 金福實,「잠시라도 안저봤으면」,『新家庭』
3-8, 1935. 8 ;「十三時間勞動에 報酬는 六十錢뿐」,『朝光』1-1, 1935. 11 ;「거
리의 女學校를 차저서-戀愛禁制의 和信女學校」,『三千里』7-10, 1935. 11 ; 一
記者,「職業女性巡訪-百貨店員 孔兼子孃」,『白光』2, 1937. 2 ; 一記者,「生活
戰線探訪記(5)」,『實生活』8-12, 1937. 11 참조. 당시 소설 속에서 그려지는
여점원의 모습도 이와 크게 다르지 않았다. 崔貞熙,「尼奈의 세 토막 기록」,
『新女性』5-11, 1931. 12 ; 張露星,「百貨店女人」,『新女性』6-11, 1932. 11 ; 김
형경,「百貨店女店員」,『朝鮮日報』1932. 1. 21 ; 李瑞求,「키쓰와 월급과
처녀」,『商工朝鮮』創刊號, 1932. 8 ; 朴白蓮,「떠오르는 아츰해」,『衆明』
1~3호, 1933. 5~7 ; 號外生,「쎌스껄」1~7회,『新家庭』1-5~1-11, 1933.
5~11 ; 李鍾鳴,「阿媽와 洋襪」,『朝鮮文學』1-3, 1933. 10 ; 崔仁俊,「女店員」,
『新家庭』4-5, 1936. 5.

12월 1일

오늘부터 歲末景氣가 시작되는 날이다. 어젯밤 지배인의 훈시, 과장의 주의사항 주임의 특별출근의 명령－새벽 잠을 깨고 나니 맘이 조릿조릿하야 더 잠이 오질 않는다. 「히야방」(早番), 「오소방」(遲番)도 오늘부턴 없다. 여덟시 십분－찬바람 휘도는 거리로 나섰다. 쓸쓸한 거리다. 거리조차 아직 잠을 깨지 못한 듯싶다. 도장을 찍고－그리고 또 어수선한 하루가 갔다. 과장이 두어번 내려와서 바쁘게 돌아다니는 점원들을 흘겨 보았다. 그럴 때마다 '저 과장의 뒷짐은 언제나 빼노?'하고 미운 마음이 내 얼굴을 붉혀 놓는다. 집에 돌아오니 열시 반이 넘었다.

12월 2일

보성이가 과장실로 불려가드니 울며 내려왔다. 물어도 대답이 없다. 오늘 점심엔 콩나물을 다 볶아 놓았다. 「점원견습생」이 두 사람 오늘부터 우리들의 일을 덜어주엇다. 해 좀 밨으면 해를 보며 사는 사람들이 부러웁다. 공연히 오늘도 맘이 상해서 돌아올 때 옆집의 길순이하고 울 뜻이 한숨을 쉬었다.

12월 3일

몹시 바빳다. 웬 세찬이 그리도 많이 나가는지! 그 만은 것이 다 뉘 집으로 들어가노? 어찌나 사람이 많은지 정신을 차릴 수가 없고 사람에 취하야 머리가 횡하다. 오늘은 다리가 더 쑤신다. 아마 脚氣가 생기드니 그예 말성을 부리려나보다. 엄마가 오늘부터 감기로 누으셨다. 아파 누우신 엄마가 불상도 하였지만 맥없이 늦게야 돌아오는 나를 쳐다보시는 그 괴로운 낯은 내게 더 큰 괴로움을 던저준다.

12월 4일

얼른 결혼이나 해버렸으면 오히려－그렇지만 엄마하고 동생 때문에－.

12월 5일

비가 온다. 눈이 와야 할 때 비가 오니 아마도 무슨 일이 나려나 보다. 비가 오는 날이면 한 시간 일즉 문을 닫으니 좋기는 하지만 음산한 날일수록 속은 더 상해서 몸부림을 치고 싶다. 남점원 P가 편지 한 장을 주었다. 가슴이 두근거리면서도 나는 그가 좋았다. 그렇지만 늦게 상점을 나와서 어찌 또 그를 맞날 수가 있을가! 「다음 기회에」하고 그의 앞을 지나가며 대답하였다.

12월 6일

오늘 점심은 어찌도 그리 맛이 없던지. 주임 녀석이 날만 보면 공연히 싱글싱글 웃는다. 오늘은 내 곁에 와서 '피곤하시죠?'하며 수작을 거닌다. 동생이 와서 엄마가 더 하시다하야 주임의 혜택으로 '하야비끼'(早退)를 하엿다. 약 두 첩을 대려다 드렸으나 기침은 여전하시고 열이 막 올르신다. 밤을 꼽박 새웠다.

12월 10일

P가 쪼겨났다. 물론 나 때문이겠지. 가슴이 아푸다. 그러나 그는 여기가 아니고라도 넉넉히 버리를 할 수 있을 사람이다. 하로 종일 P생각에 아무일도 손에 재피질 않는다. 늦게야 돌아오는데 골목에서 P를 맞났다. 나를 기다리고 있었든 모양이다. 나는 그대로 울면서 그에게 몸을 의지하였다. 새벽 한 시가 넘어서야 집에 돌아왔다.

12월 11일

과장실에서 급사가 와서 나를 불렀다. 가슴이 두근두근 하여진다. 다리가 떨렸다. 얼굴을 붉히며 들어가니 주의에 주의를 주고 다시 남점원이 그런 짓을 하거던 곧 와서 말을 하라고 한다. 주임녀석이 P와 나 사이를 아러채이고 과장에게 나쁘게 고자질을 한 것도 나는 잘 알았다. 죽일 놈 두고보자.

12월 15일

방학 때가 되니까 학생들이 집에 내려갈 준비로 빈틈 없이 들어온다. 남학생들이란 모두가 뻣뻣하고 숭축맞고 나쁘다. 여학생들에게 비하면 아무것도 아니다. 젊은 내외가 와서 물건을 산다. 퍽 다정한 것이 부러웠다. P가 오늘도 늦도록 길가에서 기다릴 것을 생각하니 시계만 쳐다뵌다. P가 조금만이라도 넉넉했으면-.

12월 25일

월급날이다. 하루에 55전씩-몸 아파 이틀 빠진 것하고 화장품 몇 개 갖다 쓴 것을 제하고 나니 받은 것이 14원 38전. 나보다도 더 못 받는 금례를 생각하니 마음에 위로가 된다. 방세 동생 월사금 쌀값 전등료-밀린 것도 좀 주기는 해야 할 텐데-. 이 날은 더 괴롭다. 없어선 않되지만 없었으면 차라리 좋은 이 날이다. 밤이 늦도록 울었다.

1월 1일

이날도 나가야 한다. 어제밤엔 그믐날이라 열 한 시 반까지 在品檢査를 하고 와서 늦게 자서 그런지 눈이 부엇따. 신의주에 가 있는 순모에게서 연하짱이 왔다. 걔는 시집을 잘 가서 아들을 둘식이나 낳고 잘 산다는데-. 사장의 훈시가 있었다. 오늘 점심에는 국을 주어서 좀 낫게 먹었다. 주임 녀석이 화장품 한 상자를 보냈겠지.

1월 2일

구만 둘까? 이거나마 나온다면 또 어떻게 사노? P도 어째 몇일 채 아니보인다? 오늘도 치마 한감을 끄느려고 망설이다 구만뒀다. 좀 찢어진 것을 입었기로 남이 뭐랄가 그래도 눈딱감고 지나지.

1월 3일

모든 것을 잊고 살자! 모든 것을 참고 살자! 생각하면 뭘하고 울면

뭘하노? 그러나……생명이 원수같어 살자니 이 고생 저 고생. 에-라
한숨을 죽이고 웃어바리자. 그리하야 오늘의 기쁨으로 살자.[88]

   점원들의 가장 큰 불만은 장시간 동안 서 있어야 한다는 점이었다.
보통 12시간이 넘는 근무시간 내내 서 있어야 하는 일은 나이 어린
소녀들에게는 벅찬 일이었다. 그래서 이들은 늘 다리가 "끊어질 듯이"
아프다는 말을 입에 달고 살았다.[89] 또 오랜 실내 근무로 인해서
일조시간이 부족해 "해 좀 봤으면" 하는 마음이 간절했다. 일부 점원들
은 나이 어린 연약한 몸으로 병든 부모와 동생을 부양해야 하는 인생고
에 시달리며 장시간 과중한 노동을 계속하는 탓에 폐병, 늑막염 같은
각종 질환에 시달리고 있었다. 일기 작성자도 脚氣病으로 고생하고
있었다. 이러한 상황을 당시 한 기자는 '생사람잡이'라는 말로써 표현
했다.[90] 그렇지만 그토록 고생스러운 점원생활도 치열한 경쟁률을
뚫고[91] 견습으로 선발되어 견습기간을 거치고 나서 정식사원이 되어
야만 안정적으로 확보할 수 있는 일이었다. 무보수 혹은 소액의 급료만
을 지급 받으면서 상상 이상의 장시간 노동과 어떠한 명령이라도
수행하면서 견뎌야 하는 견습기간은 이들에게 너무나도 가혹한 시간
이었다. 이 때문에 한 점원은 "이 갈리는 시간"이었으며 "눈이 빠지게"
참으면서 버텼다고 견습 시절을 회상하였다.[92]
   이렇듯 점원들 마음속은 근로조건에 대한 불평과 불만으로 가득했

88) 崔英愛, 「女店員의 日記」, 『新家庭』 3-2, 1935. 2
89) 「店員生活의 裏面-T百貨店女店員 尹○媛」, 『商工朝鮮』 創刊號, 1932. 8 ; 女店
    員 金福實, 「잠시라도 안저봤으면」, 『新家庭』 3-8, 1935. 8.
90) 朴奉愛, 「職業女性의 生活解剖」, 『新家庭』 3-2, 1935. 2.
91) 한 점원은 불과 수 명을 뽑는 자신의 就職試驗에 4백 명이나 지원했다고
    회고하였다(「職業婦人座談會」, 『新女性』 7-4, 1933. 4, 43쪽).
92) 朴恩愛, 「女店員」(女人隨筆), 『實生活』 3-2, 1932. 2.

지만, 고객에 대해서는 불친절한 태도를 취해선 안 되었다. 언제나 친절한 태도로 웃음을 잃지 않는 것이 점원의 도리라고 교육받고 있었다. 그렇지만 가지각색의 손님들을 상대하는 일이 결코 만만치는 않았다. 때로는 막무가내로 값을 깎으려는 손님들이나 일부러 없는 물건만을 찾아달라고 요구하는 손님들도 친절하게 응대해야 했으며, 때로는 성적 농담을 일삼는 짓궂은 손님들의 장난도 부드럽게 넘겨야 했고, 때로는 물건을 훔치려는 손님들도 잘 감시해야만 했다. 만약 고객에게 실수를 하거나 물품을 분실하게 되면 그 책임은 모두 점원의 몫이었다. 그리고 그들의 행동은 늘 "호랑이 같은" 주임, 감독, 과장 등 중간관리층의 시선에 의해 감시받고 있었다. 그들에게 자유로운 행동은 불가능한 일이었다. 젊은 나이의 여성임에도 사생활은 극히 제한되고 있었다. 일기 작성자는 평소 호감을 가지고 있던 P의 데이트 신청을 시간이 없어서 '다음 기회'로 미루어야 했으며, 결국 '사내연애 금지'라는 회사의 규칙 때문에 숨겨 왔던 그들의 관계가 들통이 나면서 P는 회사를 그만두어야 했던 것이다.

따라서 점원들은 자신들은 억지로 애교웃음을 지어야 하는 인형이며 고장나서는 안 되는 기계에 불과하다고 불만을 표출하면서 주임, 감독, 과장 등에게 증오심을 품고 있었다. 그래서 일기 작성자는 감독을 향해 "죽일 놈"이라는 발언을 서슴없이 내뱉고 있는 것이다. 또 다른 점원은 백화점측을 가리켜 "무산대중의 적"임을 분명히 하고 있었다.[93] 따라서 그들에게서 첨단의 상업시설에서 근무하는 점원이라는 자부심은 백화점 경영자가 아무리 주입하려고 해도 자리하고 있지 않았다. 오히려 그들은 자신의 직업을 부끄럽게 여기고 있었다. 동문수학했던 친구나 은사들을 우연히 마주칠 때에는 부끄러움을 참을 수

93) ××백화점 김영선, 「데파-트 四層에서」, 『批判』 13, 1932. 5.

없어 기계처럼 대하거나 피하기 일쑤였다.94)

이 때문에 마음 같아선 그만 두고 싶은 생각이 간절했다. 늘 "그만 둘까"라는 말을 되뇌이고 있었지만,95) 병든 부모와 부양해야 하는 가족을 생각하면 자신만을 위해서 그만 둘 수는 없는 노릇이었다. 그저 "모든 것을 잊고 살자, 참고 살자"를 반복하면서 견뎌야 했다. 이들이 고통을 감내하면서 견디는 건 오직 '돈' 때문이었다. 그러나 월급날 수중에 들어오는 돈은 너무나 소액이었다. 일기 작성자는 하루에 55전씩 계산해서, 이틀의 결근과 화장품 값을 제외한, 14원 38전의 월급을 지급받고 있었다. 그렇지만 그 정도로는 최소한의 생활비를 제외하면 남는 게 거의 없었다. 그래서 일기 작성자는 월급날이 "없어선 안 되지만 없었으면 차라리 좋은 날"로서 괴롭기 그지없다고 토로하고 있는 것이다.96)

고통받으면 받을수록 억압받으면 받을수록 스스로 노동자임을 각성하는 계급의식도 견고해졌다. 일부 점원들은 사회과학 서적의 탐독을 통해 사회의식을 강화하고 있었다.97) 회사와 중간관리층에 대한 증오심과 점내에서 마주치는 부유층에 대한 적개심도 점차 커졌다. 극도의 저열한 생활을 영위하는 그들의 눈에 비친, 돈을 물쓰듯하는 부유층은 부러움의 대상이었다. 점원들은 눈부실 정도의 화려한 상품들을 다루고 있으면서도 정작 자신들은 그 상품을 마음껏 사용할 수 없고,98)

---

94) 화신백화점 李順卿, 「쎌쓰껄의 비애」, 『新家庭』 창간호, 1933. 1 ; 金敬愛, 「店頭에서 본 朝鮮손님」, 『新女性』 5-4, 1931. 4.
95) ××百貨店 徐点順, 「職業婦人과 結婚」, 『新女性』 7-4, 1933. 4.
96) 일기 작성자는 평소 호감을 가졌던 P에 대해서도 "조금만이라도 넉넉했으면" 하는 아쉬움을 표현하고 있다.
97) 女店員 李永愛, 「경제적으로 조선을 연구해」, 『朝鮮日報』 1932. 1. 1 ; 朴恩愛, 「女店員」, 『實生活』 3-2, 1932. 2
98) 백화점에서 판매하는 상품들은 점원들의 월급으로는 구입할 수 없는 고액이

수많은 돈을 주고받으면서 한푼도 자신의 돈으로 할 수 없는 현실을 원망했다. 잘 차려입은 남녀나 가족 동반의 고객들이 원하는 물건을 마음껏 사고 쓰는 소비행태를 보고 있노라면 자신들의 고달픈 생활과 비교하여 부러움을 느끼지 않을 수 없었다. 그러나 일부 손님들, 특히 아침, 점심, 저녁 수시로 백화점 식당에 들러 식사하고 과도하게 물건을 사는, 돈 많고 할 일 없는 유한계급에 대해서는 '아니꼽고 역겨운' 기분까지 들었다. 한 점원은 돈 많은 부자가 기생을 동반하고 백화점에 들러서 그가 청하는 것을 모두 사 줄 때는 "젓 먹은 배알이 다 올라온다"고 자신의 심경을 토로했다. 또 일부 고객이 전문학교생임을 젠체하며 일부러 일본어나 영어로 말을 하고 재미 삼아 점내를 휘젓고 다닐 때는 속마음에서는 그만 "철 좀 차려라"고 생각하고 있었다. 무분별하게 일본인 백화점만을 선호하는 신여성과 신남성들에게는 조선현실에 대한 각성을 촉구하고 있었다.[99] 이른바 '가진 자'에 대한 '적대적 계급의식'이 형성되고 있었고, 그리고 그들의 그러한 의식은 기회가 주어지면 폭발할 가능성을 충분히 안고 있었다. 때때로 이들의 불만은 파업으로써 분출하기도 했다.[100]

었다. 예를 들어 1930년대 중반 화신에서 판매하던 상품 중에서 시계는 최저 11원 50전에서 최고 75원(평균 35원 94전)이었고, 중절모자는 1원 20전에서 14원 50전(평균 5원 65전), 넥타이는 1원에서 2원 70전(평균 1원 88전)이었고, 부인용 숄은 1원 50전에서 5원 80전(평균 3원 13전)이었다. 신사화는 6~13원, 숙녀화는 5원 50전~13원에 달했다(『겨울카타로구-연말연시증답용품호』, 화신, 연도미상).

99) 金敬愛, 「店頭에서 본 朝鮮손님」, 『新女性』 5-4, 1931. 4.

100) 실제로 丁子屋과 三中井에서는 노동시간 단축과 임금인상, 근로조건 개선 등을 요구하는 파업이 발생한 적이 있었다(『朝鮮日報』 1929. 3. 6, 1929. 3. 11 ; 『朝鮮日報』 1936. 5. 1, 1936. 5. 2 ; 『每日申報』 1933. 7. 11).

3) 소비자계층의 동향

백화점은 단순히 상품을 소비자에게 판매하는 상업기관으로서만 존재하고 있지는 않았다. 새로운 유통시설로서 다양한 기능과 역할을 수행하면서 소비자들의 생활양식도 크게 변모시키고 있었다. 그러한 기능은 크게 세 가지 측면으로 나누어 볼 수 있다.

첫째, 소비자들의 소비심리를 자극하고 유행을 전파하는 기구로서의 역할이었다. 백화점은 매출액 증대를 위해 각종 광고, 선전을 통해 소비자들의 소비심리, 구매욕을 자극하는 데 많은 노력을 기울였다. 대중적인 가정잡지, 생활잡지 등에 기고를 하거나 직접 백화점 이름으로 홍보지, 팜플렛을 발행하여 유행의 행방과 소재를 안내하고 나아가서 새로운 유행을 창출해 내는 데에도 힘을 썼다.[101] 백화점은 유행이 가정생활에 필요한 것임을 강조하고 있었고, 고객은 백화점에서 단순히 상품을 사는 것이 아니라 유행을 사고 있었던 것이다. 특히 복장과 패션, 가구, 실내장식 등의 분야에서 그러한 움직임이 두드러졌다. 평양출신으로 일본 영화계에 진출해 성공을 거두어 유명해졌던 吳葉舟가 귀국해 화신백화점 내에 개설한 吳葉舟美容院은 단순히 머리손질만이 아닌 화장, 미용 전반에 걸친 서비스를 제공해 최고의 미용실로 각광받고 있었다.[102] 이제 미용도 생활의 일부분이 되어 있었다.[103] 백화점은 소비자의 구매욕을 조장하기 위해서 모든 수단을 강구하고

---

101) 和信美粧部 吳二格, 「봄철化粧法」, 『新家庭』 1-5, 1933. 5 ; 「봄과 유행, 유행과 봄」, 『女性』 1936. 4 ; 화장품부주임 吳昰永, 「化粧品의 選擇과 皮膚의 性質」, 『和信』, 1934 ; 식료품부주임 梁在星, 「現代人의 社交와 食料品」, 『和信』, 1934.
102) 「吳葉舟氏의 美容院」, 『三千里』 1933. 4, 62~64쪽 ; 吳葉舟美容院 吳葉舟, 「개성을 살리는 직업여성의 화장」, 『每日申報』 1940. 11. 1.
103) 和信平壤支店美容部 閔德成, 「整容美粧은 社交의 禮儀」, 『白光』 3·4, 1937. 4 ; 「和信美粧部の吳二格女士訪問記」, 『朝鮮實業俱樂部』 11-5, 1933. 5.

있었으므로 고객들은 자유롭게 개방된 백화점에 일단 들어서고 나면 사고 싶다는 욕구가 분출되어 뭔가를 사지 않고서는 나오지 못했던 것이다.

둘째, 백화점은 단순한 상업시설에 그치지 않고 도시민에게 윤택한 생활을 제공해주는 문화시설로서의 역할도 수행하고 있었다.[104] 백화점은 그 외양에서부터 기존의 상점과 구별되고 있었다. 백화점은 매장 확대를 위해 고층 건물로 건축되고 있었는데, 대개 화려한 외양을 갖춘 르네상스식 건물로서 그 자체가 조형미를 갖춘 도시의 명물로 기능하고 있었다. 뿐만 아니라 내부에는 극장과 홀 등을 갖추고 있었고, 여기에서는 영화상영, 음악회, 박람회 등 다양한 문화행사들이 열리고 있었다. 화신에서는 6층 홀에서 일주일에 세 차례 뉴스나 영화를 무료로 상영하다가 1940년에는 아예 이를 350명을 수용하는 뉴스영화 상설관으로 확대 개편할 정도였다.[105] 대매출이나 유행품진열회같은 상품판매를 목적으로 하는 행사도 있었지만, 강연회, 전람회, 전시회 등 상품판매와는 직접적 관련이 없는 행사들도 자주 개최되었다. 명목상으로는 소비자들에게 새로운 생활방식을 소개한다는, 즉 의식주를 비롯한 생활개선을 강조하고 있었지만, 실질적으로는 새로운 소비문화를 촉진시켜 구매욕을 조장하려는 목적이 내재해 있었음은 물론이다. 한편 백화점들은 이미지 제고를 위해 사회사업에도 나섰다. 平田百貨店에서 平田育愛會라는 보육원을 만들어 고아들을 돌보았고, 東亞百貨店에서 매출액의 일부를 사회에 기부했던 것은 그러한 사례의 하나였다.[106]

---

104) 和信百貨店 伊達昌雄,「百貨店が齎らす文化」,『朝鮮公論』24-2, 1936. 2.
105) 요금은 10전이었다(『朝鮮日報』1940. 3. 12).
106)「平田育愛會」,『新東亞』3-1, 1933. 1, 120~121쪽 ; 각주 33) 참조.

셋째, 백화점은 오락시설, 행락시설로서의 역할도 수행하고 있었고, 나아가 상류층의 사교장으로서의 기능도 가지고 있었다.[107] 백화점은 화려한 외양과 함께 내부의 屋上庭園, 전망대, 휴게실, 茶室, 식당 등은 지방에서 올라온 사람들이나 서울시민들에게 관광명소의 하나였다. 특히 식물관, 온실, 분수대, 수족관 등을 갖추고 있는 屋上庭園은 모든 시민들에게 개방되어 있는 '도시의 공원'이자, 가족 동반으로 문화생활을 즐기러 찾아오는 유람장이었고, 젊은 남녀들의 데이트 장소이기도 했다. 식당도 중요한 역할을 수행하고 있었다.[108] 화신백화점은 처음에는 동관 4층 일부를 식당으로 사용하다가 4층 전체로 확장했고, 신관을 건설한 후에는 5층을 식당으로 사용하고 있었다. 화신식당은 갖가지 양식, 일식, 한식요리와 음료 등을 판매하여 많은 시민들의 사랑을 받았고 가족 동반으로도 자주 찾는 곳이어서 식사시간에는 초만원을 이루고 있었다. 화신에서는 식당영업을 매우 중시하여 식당권(2원, 5원권)을 따로 팔고 있었으며 스스로 "일반 신사숙녀들의 유일한 사교장"이며 "경성의 명물"이라고 자부할 정도였다.[109] 이렇게 식당영업을 중시하는 경영방침은 구미의 백화점들과는 구별되는 특징이었다. 이제 백화점은 연인들의 데이트 코스이자 행인들의 휴게실, 도시민의 산보길로서 근대 시민이라면 누구나 일상적으로 거쳐야 하는 중요한 장소의 하나가 되었고 지방에서 상경하면 필히 관람해야 하는 명소로서 자리잡고 있었다.[110] 이런 의미에서 백화점은

---

107) 「春光春色의 種種相」, 『朝光』 3-4, 1937. 4, 108~112쪽 ; 韓仁澤, 「百貨店 봄風景四景」, 『朝光』 4-4, 1938. 4, 31~34쪽 ; 李鍾鳴, 「憂鬱한 떼파트」, 『中央日報』 1933. 2. 21 ; 김기림, 「봄의 傳令」, 『朝鮮日報』 1933. 2. 22 ; 김기림, 「바다의 誘惑」, 『東亞日報』 1931. 8. 27~29.

108) 당시 백화점들은 식당영업을 매우 중시하여 상호경쟁이 치열하였다(本誌記者, 「三越 丁子屋 三中井 食堂合戰記」, 『朝鮮及滿洲』 317, 1934. 4).

109) 「京城名物和信食堂」, 『和信』, 1934.

"都會의 심장"이자 "거리의 埠頭"였다.[111]

한편 백화점은 새로운 소비문화를 이끌어 갈 계층에 주목하고 있었다. 이미 당시에는 근대적인 교통수단과 고층건물, 문화시설들이 속속 들어서면서 새로운 도시문화가 싹트고 있었다. 전에 없었던 점포의 진열창, 네온사인, 이국적 정조를 풍기는 간판, 다방이나 카페 같은 유흥시설 등은 새로운 도시적 감성을 자극하였다.[112] 그러한 사정은 당시 경성을 그렸던 모더니즘 계열 소설가들의 문학작품에서도 잘 드러난다.[113] 예컨대 박태원이 지은 『小說家 仇甫氏의 一日』에서 주인 공 仇甫는 하루 종일 시내를 산책하며 그러한 도시문화를 만끽하고 있었다. 도시적 외양이 바뀌고 문화가 바뀌어 가면서 이를 선도하고 향유하는 새로운 계층이 형성되기에 이르렀다. 이른바 '모던 보이', '모던 걸'로 대표되는 신남성과 신여성, 즉 상류층 도시인들이 광범하 게 형성되고 있었다.[114] 이들은 감각적인 의상과 헤어스타일로 거리의 패션을 바꾸었고, 백화점에서 쇼핑하고, 극장에서 영화를 감상하였으 며, 레코드점에서 음반을 구입하여 이를 즐길 줄 알았다. 또한 카페와 다방을 이용하여 사교생활을 하였고, 유행에 민감하였으며, 퇴폐적인

---

110) 態超, 「소대가리 京城 싀골학생이 처음 본 서울, 在京初日記」, 『別乾坤』 50, 1932. 4.

111) 徐光霽, 「데파트 化粧」(上~下), 『朝鮮日報』 1933. 2, 15~17쪽 ; 金晉燮, 「百貨 店中」, 『朝鮮日報』 1933. 2, 26쪽 ; 김기림, 「바다의 환상」, 『新家庭』 1-8, 1933. 8 ; 김기림, 「도시풍경 1・2」, 『朝鮮日報』 1931. 2, 21~24쪽.

112) 金娟嬉, 「日帝下 京城地域 카페의 都市文化的 特性」, 서울시립대학교 석사학 위논문, 2002.

113) 경성의 도시화와 모더니즘 소설과의 연관성에 대해서는 최혜실, 「경성의 도시화가 1930년대 한국 모더니즘 소설에 미친 영향」, 『서울학연구』 9, 서울학연구소, 1998. 2 ; 徐俊燮, 『한국모더니즘문학연구』, 一志社, 1988 참 조.

114) 이하 별다른 주가 없는 한 김영근, 앞의 글 ; 김진송, 『서울에 딴스홀을 許하라-현대성의 형성』, 현실문화연구, 1999 참조.

성의식을 보유한 채 남의 이목을 의식하지 않으며 자유분방한 행동을 일삼았다. 이런 점에서 이들은 '도시생활의 중독자'이자 '거리를 헤매는 인종'이었다. 전에는 볼 수 없었던 새로운 문화를 창출해 갔던 이들은, 자신들의 문화에 사용할 근대적 상품소비에 대해서도 강렬한 욕구를 가지고 있었다.[115] 그러나 이들이 소비하는 상품은 대부분 외국 상품이었다. 백화점은 이들에게 외국의 유명상품을 수입하여 보급하고 나아가 백화점 브랜드를 단 상품을 직접 개발하여 보급함으로써 근대 소비문화를 주입코자 하였다. 예컨대 가린넬 양복, 코티 화장품을 소비하지 않고서는 더 이상 행세할 수 없도록 만들려는 것이었다.[116]

그렇지만 이들을 하나의 동일한 집단으로 묶는다는 것은 어려운 일이다. 당시에도 이들을 바라보는 시각이 "有産者社會의 近代的 頹廢群"(朴英熙)이라는 부정적인 의견에서 "아름다운 근대의 무지개"(朴八陽)라는 긍정적인 견해까지 다양했던 점에서도 알 수 있듯이,[117] 매우 퇴폐적인 계층에서부터 진보적인 계층까지 망라하고 있었다. 그렇지만 근대적인 소비문화를 영위하고 있었다는 점에서는 예외가 없었다.

그렇다면 이들의 일상생활과 내면의식은 어떠했을까. 일례로 당시 梨花女專을 졸업하고 任貞爀洋裁院을 운영했고, 1938년부터 1943년까지는 梨花女專에서 교원을 지냈으며, 문화생활, 특히 의생활 개선을 위해 당시 신문, 잡지에 많은 글을 남겼던 任貞爀은 우리가 주목하고

---

115) '좀더 아름다워 졌으면' 하는 마음은 신여성들의 공통된 심리였다(「美人이 되려면-美容秘訣」, 『모던朝鮮』 창간호, 1936. 9 ; 尹春姬, 「여름과 향수」, 『모던朝鮮』 창간호, 1936. 9).
116) 徐光霽, 「데파트 化粧」(上~下), 『朝鮮日報』 1933. 2. 15~17.
117) 「모던껄·모던뽀이 大論評」, 『別乾坤』 2-8, 1927. 12.

있는 新女性의 한 사람으로서 다음과 같은 일상을 보내고 있었다.[118]

6월 20일 청

더위는 나날이 그 위세를 가한다.……원산서는 어제도 오늘도 속히 오라는 편지가 왓다. 그 푸른 바다-그리고 바다 저편 지평선 우에서 피어오르는 탐스런 구름송이를 바라보며 그이가 사주고 가신 해수욕복을 입고 시원한 바다에 들어가 물결을 희롱하며 놀겟지. 우리의 가슴속에는 깃붐의 물결이 파도 칠 것이다. 나는 어느덧 바느질하든 손을 멈추고 즐거운 몽상에 들어가고 말엇다. 지금이라도 곳 뛰어가고 싶다. 그러나 나의 앞에 쌓여 잇는 일을 다하기 전에는 갈 수가 업는 것이다. 나의 몸은 무엇에 속박을 당하고 잇는 듯함을 늣기는 동시 간엷힌 애수에 잠겨짐을 깨달엇다. 그러나 다음 순간-아니다. 젊은 시절이 다 가기 전에 일을 해야 한다. 래일 아침 열시에는 뻬커부인이 맡긴 옷을 찾으러 올 것인데 더구나 외국여자에게 '너이가 그리면 그렇지'하는 생각이 일어나지 않도록 신용잇게 만족을 늣기도록 아름답게 지어주어야 한다. 어서 어서 일을 하자. 부즈런히 일을 한 뒤에야 참다운 안식의 맛을 알 수가 잇는 것이다. 재봉기계에 스피-드를 가하엿다.

6월 21일 청

아츰 열시가 지낫는데 어째 옷을 찾으러 오지를 않는다. 찾으러 오기를 기다리지 말고 갖다 줄까? 나는 옷을 만들어주는 사람 그는 손님이 아니냐? 예전과 달라 상업술이 극도로 발달되어 손님을 표준으로 친절하고 편리하게 써-비스를 하는 이때 손을 기다리고 턱을 처들고 앉엇을 수야 잇나? 보통이를 싸들고 대문을 나섯다. 梨專시대

---

118) 任貞爀, 「바눌귀를 따라도는 생각」, 『新家庭』 1-10, 1933. 10, 84~85쪽.
임정혁은 경성의전 출신의 의사 鄭潤錤와 결혼했으며 생활비용은 전부 남편이 책임지고 있어서 자신의 일은 생활고와는 무관함을 밝히고 있다. 1937년에는 『洋裁縫講義』라는 저서도 출판한 패션계의 전문가였다.

에 꿈그든 모든 아름다운 꿈은 어데로 살아지고 일개의 테일러-로 부탁받은 옷보통이를 든 나의 모양이 한껏 쓸쓸하게 보엿다. 골목을 돌처서니 부인이 빠른 걸음으로 우리집을 향해 옴으로 우리는 다시 집으로 들어와 옷을 입혀보니 어데나 꼭 맞앗다. 부인은 물론이려니와 나도 뛸듯이 깃벗다. 노력한 것이 헛되이 돌아가지 아니한 것이 말할 수 없이 깃벗다. 그리고 받은 보수의 다소는 하여간 내가 내 힘으로 벌엇다는 것만이 좋앗다. 생활비용의 전부는 '그이'가 책임지고 잇으니까 나는 별로 책임을 가지지는 않으나 그러나 경제적으로 내가 독립을 하고 잇다면 그만한 권리가 따를 것이고 리해와 주의의 감정을 떠난 참다운 사랑으로써 서로 련합할 수가 잇는 것이다. 그리고 또 험한 바다우에 뜬 열엽편주와 같은 인생이니 어느 때 어떠한 파도가 닥처올지 뉘라서 알 것인가?

6월 27일 청
오전중에 三越과 丁子屋의 양복부를 들럿다. 그동안 새로운 것이나 없나하고 이러저리 눈동자를 굴리면서 돌아다녓다. 외국의 문화와 시시로 변하는 류행을 조곰이라도 엿볼 수 잇는 한 가지 수단으로는 이렇게 큰 상점들을 가보는 것이 한가지 가까운 길이다. 금년 여름에는 일본서 새로 줄진 옷감이 대류행인 듯하다. 집으로 돌아오니 어떤 여학생 한분이 나를 기다리고 잇다. 오래동안 기다리게 한 것이 미안스러워서 얼굴에서 흐르는 땀도 씻을 것을 잊어버리고 닷자곳자 스타일 뿍을 그의 앞에 죽 펼처 놓아주엇다. 그는 몸이 좀 뚱뚱하고 살빛은 그리 히지는 못하엿다. 그러므로 할 수 잇는대로 홀죽하여 보이고 키도 커뵈는 스타일을 택하여야겟고 색도 좀 침착한 것을 택해 주엇다. 그리고 스포츠 타입임으로 듸자인도 좀 '씩크'한 것으로 해 주엇다. 그의 택한 모양은 옷모양 그것은 좋으나 그에게는 어울리지 않는 모양이엇다. 앞 목이 둥글게 파지고 카-라의 넓이가 넓으니 가뜩 굵은 목이 더욱 굵게 보이지 않을까?……앞으로 양복을 입고저 하는 이들에게 먼저 양복에 대한 상식을 넣어주고 싶다.

밤에는 이런 생각을 하면서 잠이 들엇다.

　당시의 新女性들은 기존의 봉건적 여성상에서 탈피하여 더 이상 부모와 남편에게 의존하지 않고 독립된 개성과 인격을 소유한 자로서 자유로운 연애관, 결혼관을 보유하고 있었다.[119] 이들은 단발머리와 짧은치마, 굽높은 구두 등 가슴과 허리를 강조하고 다리를 드러내는 복장을 즐겨 입고 시계, 파라솔, 솔 등의 장신구를 갖추고 다님으로써 일반 여성들과 외모에서부터 구분되고 있었다. 또한 이들은 일정 수준 이상의 학력과 지식을 갖추고 음악, 독서 등의 취미생활을 즐길 줄 아는, 새로운 근대적 생활양식을 영위하고 있던 자들이었다.

　일기의 작성자 任貞爀도 의사인 남편의 수입만으로도 생계에는 전혀 지장이 없었지만, 자신의 경제적 독립을 위해 직접 洋裁院을 경영하고 교원생활을 하기도 하고 洋裝 주문을 받아 제작하기도 했다. 그렇게 하는 것이 자신의 권리를 확보하기 위해서도 좋은 행동이라고 생각하고 있었다. 또 그런 바탕 위에서 남편과 참다운 사랑으로써 연합하기를 바랐다. 말하자면 더 이상 남편에게 의존하지 않고 인격적으로 독립한 가운데 자유로운 연애를 통해 결혼생활을 영위하려는 생각이었다. 또한 임정혁은 패션계 동향에 대한 해박한 지식을 바탕으로 양장 주문 제작에 종사하면서 고객 본위의 친절, 서비스를 강조하는

---

119) 신여성에 대해서는 김경일, 「서울의 소비문화와 신여성 : 1920~1930년대를 중심으로」, 『서울학연구』 19, 2002 ; 최혜실, 『신여성들은 무엇을 꿈꾸었는가』, 생각의 나무, 2000 ; 김경일, 「일제하의 신여성 연구-성과 사랑의 문제를 중심으로-」, 『사회와역사』 57, 2000 ; 이배용, 「일제강점기 서울 문화와 신여성」, 『鄕土서울』 60, 2000 ; 권희영, 「1920~1930년대 '신여성'과 모더니티의 문제-『신여성』을 중심으로」, 『사회와 역사』 54, 1998 ; 申榮淑, 「日帝下 新女性의 戀愛·結婚問題」, 『韓國學報』 45, 1986 ; 申榮淑, 「日帝下 新女性의 社會認識-『新女性』과 『開闢』誌를 中心으로-」, 『梨大史苑』 21, 1985 참조.

등 기업가정신을 구현하고 있었으며 자신의 맡은 일을 완수하려는 책임감을 굳게 가지고 있었다. 신문, 잡지 등에 서구 패션을 소개하는 글을 실어 유행을 선도하고 전파하는 역할도 수행하고 있었다. 그렇지만 이토록 바쁜 생활 가운데에서도 여가와 취미생활을 즐기는 것도 잊지 않았다. 일기에 등장하는 해수욕은 그러한 여가생활의 단편일 뿐이었다.[120]

한편, 당시의 신여성들은 미용을 대단히 중시하여 "화장은 여자의 생명"이라는 말이 공공연하게 통용되고 있었다.[121] 일부 有閑婦人들은 세간에서 밤낮으로 머리모양, 화장법, 치마, 저고리, 신발만을 걱정한다는 비아냥거림을 듣고 있을 정도였다.[122] 그런데 이들의 패션과 유행은 丁子屋, 三越 같은 일본인 백화점들이 선도하고 있었다. 일기에서 드러나듯이, 저명한 의상디자이너였던 임정혁도 丁子屋과 三越에 들러서 패션계 동향을 확인하고 있었던 것이다. 백화점을 들락거리는 사람들은 바로 이러한 신여성들이었다.[123] 그리고 이들에게는, 근대적 소비문화를 제대로 전달해 주는 백화점이라면 일본인, 한국인 상점을

---

120) 임정혁은 한 좌담회에서 독서와 가족산보에 대해 지대한 관심을 표명하고 있었다(「家庭婦人座談會」, 『新家庭』 창간호, 1933. 1, 70~79쪽).
121) 女王美粧院 吳淑根, 「化粧과 우리의 再認識」, 『新家庭』 3-11, 1935. 11 ; 金尼洙, 「初夏의 化粧」, 『新女性』 7-5, 1933. 5.
122) 東亞婦人商會 崔楠, 「商會로서 본 女學生」, 『新女性』 4-4, 1926. 4 ; 李瑞求, 「一九三二年度 新女性流行展望」, 『新女性』 6-1, 1932. 1 ; 허영순, 「有閑婦人에게 一言-먼저 생활개선에 힘쓰라」, 『新家庭』 3-9, 1935. 9 ; 李容卨, 「朝鮮女子와 奢侈」, 『新家庭』 2-9, 1934. 9.
123) 정재영, 「인사동 한정식집 『漢城』 할머니의 生涯史」, 『주민생애사를 통해 본 20세기 서울 현대사』, 서울학연구소, 2000. 鄭在英(1927년생)은 의사였던 부친, 수원의 대지주였던 조부의 보살핌 아래에서 부유한 생활을 영위하고 있었는데 그의 가족들은 三越이나 和信에서 자주 물품을 구매하였고, 1944년 의사 韓義雄과 결혼할 때에는 오엽주미용실에서 신부화장을 했다고 증언하고 있다. 백화점을 자주 내왕한 자들은 바로 이런 계층이었을 것이다.

군이 가릴 필요가 없었다.

신여성들은 경제적 윤택함을 바탕으로 식모 등을 고용함으로써 가사노동에서도 일정하게 해방되어 있었으므로[124] 일부는 한가하고 지겨운 일상을 보내고 있었다.

> 9월 1일 우
> 심심풀이겸 오늘은 크-림을 만들엇다.……비가 와서 적적하엿다. 레코-드를 틀고 수밀도를 먹으며 겨우 하로를 지내엇다.……서대문 사는 애업은 행상인이 와서 자기집 생활난을 이야기할 때에는 나도 눈물이 흘럿다. 우리집에 다니는 삼십여 명의 행상인이 그야말로 두 벌 옷도 가지지 못한 무산자 뿐이다.[125]

일기 작성자는 빈민계급이 생활비를 마련하기 위해 제작 판매하는 화장품(크림)을 그저 심심풀이로 만들어 보고 있으며 때로는 음악감상을 하면서 지겨운 시간을 보내고 있었던 것이다. 비록 동정심을 가지고는 있었지만, 그의 그러한 생활은 생계를 위해서 그의 집에 자주 들락거리는 "두 벌 옷도 가지지 못한" 행상인들의 생활과는 극명하게 대조되고 있다. 그리고 이들 빈민계급은 일기작성자와 같은 新女性들과 달리 백화점 출입은 엄두도 내지 못하고 있었다. 사실 중류 이하 계급에게 값비싸고 호화로운 물건을 판매하고 있는 백화점을 출입하는 일은 그리 쉽지 않았다. 말하자면 경제적 부를 획득하지 못한 자들에게는 '자유롭게' 개방되어있는 백화점이 '자유롭게' 출입할 수 있는 곳은 아니었던 셈이다.

---

124) 당시 신여성들의 좌담회에서 어멈(식모)의 대우 문제를 논의하고 있었다(「家庭婦人座談會」,『新家庭』 창간호, 1933. 1, 70~79쪽).
125) 이준숙, 「가을의 미틀」,『新家庭』 1-10, 1933. 10.

당시 서울 안팎에는 이러한 계급, 그 중에서도 최하의 빈민계급이라고 할 수 있는 土幕民들의 주거지가 여러 곳에 산재해 있었다.[126] 토막민이란 도시의 하천이나 제방, 산림, 다리밑 등지의 유휴지를 무단점거하여 소주택을 형성하여 살고 있는 자들로서 1910년대에 발생하여 1920~30년대를 거치면서 급속히 증가하고 있었다. 이들은 농촌의 몰락농민들이 도시로 이주하여 토막민이 되었거나 도시 내부에서 실업으로 인해서 빈민계급으로 추락한 자들이었다. 대개 1호당 4~5명이 거주하며 日傭雜夫, 職工·職人, 行商 등에 종사하여 가구당 한 달에 20~40원의 수입을 올리는 것이 고작이었다. 말 그대로 그날 벌어 그날 먹는 날품팔이로 간신히 생계를 유지하고 있었다. 따라서 의식주 같은 기본적인 생활수준도 형편없었다. 1인당 옷은 한두 벌에 불과하여 걸인과 다름없는 행색이었고, 가구당 이불이나 요는 1~2장 뿐이어서 가족 모두가 사용하지도 못했다. 이들의 저열한 생활상은 당시 추운 겨울날(12월 26일) 남산 밑의 어느 토막집을 방문했던 한 기자의 보고를 통해서 상세히 알 수 있다.

  (전략) 光熙町에서 차를 나리어 남산 밑 어구로 슬슬 들어가려니까 즐비한 문화주택이 높직높직하게 선 주택지가 전개된다. 그러나 남산 밑에 토막이 있다는 말만 들었다뿐이지 긔실 방향조차 모르는

126) 토막민을 비롯한 빈민계급에 대해서는 京城帝國大學衛生調査部 編, 『土幕民の生活·衛生』, 岩波書店, 1942 ; 강만길, 『일제시대 빈민생활사 연구』, 창작사, 1987 ; 김경일, 「일제하 도시 빈민층의 형성-경성부의 이른바 토막민을 중심으로-」, 『한국의 사회신분과 사회계층』, 문학과지성사, 1986 ; 南繁佑, 「日帝下 京城府의 土幕村 形成」, 『문화역사지리』 창간호, 1989 ; 곽건홍, 「일제하의 빈민-토막민, 화전민-」, 『역사비평』 46, 1999 ; 김태승, 「한중 도시 빈민형의 비교연구-1920년 전후시기의 서울과 상해-」, 『국사관논총』 51, 1994.

기자다.……가르켜 주는 대로 주택지역을 넘어서 남산 밑으로 빠지려니까 과연 번쩍하고 양철 지붕이 얻은 햇살에 비최인다. 가까이 가니 천변을 끼고 게집처럼 이십여 채가 늘어 있다. 문은 꺼적 지붕은 짚단과 다 썩은 함석조각 깨어진 도기그릇 (삭제)……기자는 할 수 없이 한 집에 무턱대고 썩 들어서서 주인을 찾았다. "누구요?"하고 나온 이는 50이나 된 부인네다.……떠들시는 거적으로 머리를 쑥 드러미니 관속처럼 장방형으로 생긴 방이다. 조고만 석유궤짝우에는 외투주머니 속에도 다 들어감즉한 살림연모가 놓였다. 그 옆에 물에서 건져 낸 솜뭉치처럼 군정군정해 보이는 부대쪽 이부자리가 놓여 있다. "댁엔 모두 몇식구나 되십니까?" "다섯식구지요." "아드님이 버리를 하시나요." "버리랄게 있나요. 그저 정거장에 가서 지키고 섰다가 10전 버는날도 잇고 20전 버는 날도 있지요. 사는게 아니라 저승노리지오. 죽지못해 사는게지!"……하로에 이십전 버는 날이면 재수좋은 날이고 한달이면 반은 거냥 터덜터덜 들어온다고 한다. 그러고 보니 다섯 식구의 생활비가 한달에 불과 5, 6원 한사람 앞에 1원씩이다. 그나마도 굶는 날이 있다면야-. 기자는 몹시 우울해졌다. 다시는 이런 탐방은 않으리라 하엿다. "고향은?" "충청도 청주올시다. 시골서도 살다살다 못해서 와서 보니 이꼴이군요."……영감을 잃고 자식 하나가 남의 땅을 얻어 붙이다가 이왕 굶기는 마찬가지라고 얻어먹으며 서울로 온 것이라 한다. 그때 "할머니!" 하고 대여섯 된 사내아이가 뛰어들어오면서 소리를 지른다. "배고파! 할머니 나 고구마 좀! 사줘!" "조런 망할 녀석 웬 돈이 잇다구 고구마를 사달라니!" 보니 아침도 못 끓인 모양이다. 기자는 주머니에 손을 넣어 보앗다. 어제 야근비 일원 탄 것에서 거슬른 돈이 오십전 있다. 나는 그것을 만작만작 하다가 전차 탈 생각을 하고 그대로 나오려니까 어린 아이가 할머니한테 버리를 하는지 울음보를 터트린다. 기자는 눈물이 핑 돌았다. 오십전 한푼을 노파에게 쥐어주고 거리로 나오니 바람조차 매웁다. 인간의 상상할 수 잇는 최저의 생활을 하는 이네들의 가정을 우리 독자에게 하로라도 빨리 보여주엇으면 하는 생각이

불현듯 났다. 바람 소리만 들어도 이날 밤의 그네들의 잠자리에 마음이 켜인다.[127]

불황으로 인해 농촌에서 밀려나 일자리를 찾아 도시로 이주해 온 소작농 출신의 이 가족은, 거적으로 만든 문과 짚단으로 엮은 지붕에 관속 같은 방에서 다섯 식구가 함께 살아가는 처지에, 소득이라고는 일용잡부인 아들의 불규칙한 수입뿐이었고 살림이라고는 "외투주머니에 다 들어갈" 정도밖에 되지 않았다. 그나마 하루 세끼 식사도 제대로 하지 못해 손자는 "배고파"를 연신 입에 올리고 있었고 이를 지켜보아야 하는 할머니는 "죽지 못해서 산다"는 말로써 그 심경을 표현했다. 이 참상을 목도한 기자는 그냥 지나칠 수 없어서 자신의 주머니를 털어서 이들을 원조하고 있었다. 일제의 조사에 의하면, 이런 비참한 생활을 영위하던 토막민이 1939년 현재 경성부 안팎에만 4,292호, 20,911명이나 존재하고 있었다.

그러나 당시 서울의 빈민계급은 토막민이 전부가 아니었다. 토막보다는 낫지만 정상적인 주거생활이 힘든 不良住宅에 생활하는 계층이나 자신의 주택을 소유하지 못해서 主家의 행랑에 거처하면서 주가를 위해 잡일을 거들고 연명하는 일단의 사회계층, 소위 '행랑살이'나 이마저의 주거지도 확보하지 못한 채 매일 매일을 떠돌며 생활하고 있었던 걸인이나 부랑민들도 많이 있었다. 이들까지 포함하면 빈민계

---

127) 「人間의 苦痛-土幕訪問記」, 『新家庭』 2-2, 1934. 2. 이외에도 빈민촌의 실상은 「光熙門 넷城터에 近三千戶의 土幕民」, 『每日申報』 1929. 12. 28 ; 林寅, 「貧民窟의 봄」, 『別乾坤』 5-4, 1930. 4 ; 麒麟窟人, 「平壤의 貧民窟-土城냉探査記」, 『白光』 1, 1937. 1 ; Henry B. Drake, *Korea of the Japanese*, London : New York : John Lane the Bodley Head Limited, 1930(申福龍·張又永 역, 『일제 시대의 조선 생활상』, 집문당, 2000, 116~117쪽) 참조.

급의 수는 급증할 것이었다.[128] 이들의 생활 역시 토막민의 그것과
다를 것이 없었다. 桂洞의 부자집에서 행랑살이하던 연통소제부의
집을 방문했던 한 기자는, 단칸방에 석유상자로 만든 그릇궤와 이불이
세간의 전부이며, "영양부족으로 쇠꼬치처럼 말러빠진 아이들"과 행
랑살이의 대가로 안집의 빨래를 해주는 처를 부양해야 하는 연통소제
부의 소득이 한달에 십원 정도가 고작이었다고 보고하고 있다. 비참한
생활을 영위하던 연통소제부의 부유층에 대한 적개심은 극에 달해
있었다.

> "말을 마시오. 오늘 아침입니다. 요 넘어 해주서 온 부자집이 하나
> 있는데 징을 치고 가니까 부릅디다. 일을 시키기에 굴뚝 세 개를
> 쑤시고 나니 이십전을 줍니다그려! 더 달라커니 덜 주겠다거니 싸우
> 다가 젊은 양반한테 따귀까지 얻어맞고 돈 오십전을 겨우 받어 왔읍니
> 다그려!" "요새 신여성들은 좀 대우가 낫겠지요?" "천만에!" 소제부
> 는 펄쩍 뛰듯이 소리를 친다. "말두 마시오. 요새 신여성들은 더
> 무섭습디다. 어떻게 셈수만 따지는지 자기네는 향수 한 병에 일이원
> 씩이나 주고 사면서도 오전 한푼을 가지고 불불 떤답니다!"[129]

---

128) 정확한 분포를 알 수 없다. 다만 경성부 사회과 조사에 의하면, 1936년
 10월 1일 현재 細民 호수는 19,195호, 인구는 87,040명(조선인 19,164호,
 86,931명, 일본인 31호, 109명)이었고, 窮民 호수는 3,172호, 인구는 11,191명
 (조선인 3,164호, 11,169명, 일본인 8호, 22명)이었다. 한편, 토막민은 611호,
 1,506명, 불량주택 거주자는 2,679호, 8,646명이었다. 이들을 전부 합하면
 25,657호, 108,383명으로서 전체 인구의 16%를 차지하고 있었는데 이들이
 위에서 언급한 빈민계급의 일부분일 것이다(『每日申報』1937. 1. 20).
129) 「어두운 生活-煙筒掃除夫의 家庭」, 『新家庭』2-2, 1934. 2, 108~109쪽. 생계
 를 위해 군고구마 장사에 나선 어린 소년의 경우, 매상 좋은 날의 소득이
 30~40전에 불과했다(「深夜의 街頭-고구마 장사의 家庭」, 『新家庭』2-2,
 1934. 2, 110~111쪽).

굴뚝 하나에 30전을 받고 있었던 연통소제부는 3개를 청소하고도 20전만을 주던 부유층에게 항의하다가 따귀까지 얻어맞고 나서야 겨우 50전을 받았던 일과 값비싼 향수 살 돈은 아끼지 않으면서도 연통소제에 대해서는 5전을 아끼던 신여성에 대한 경험을 털어놓고 있다. 인간으로서 최저의 생활수준을 보장받지 못하던 빈민계급의 가난과 배고픔으로 점철된 일상130)은 세상에 대한 원망과 분노로 이어지고 부유층에 대한 뼈에 사무치는 적대의식, 적개심으로 연결되고 있었다. 당시 실직자 남편이 병들었는 데에도 약 한 첩 제대로 쓰지 못하고 저 세상으로 보내야했던 한 여인은 "프롤레타리아에게는 병이 대적"이라며 '사람보다 돈이 중한 세상'을 원망했다. 그리고 남편을 실직시켰던 회사를 저주했다. 이들 '없는 자'에게 '사람을 죽이고 살리는 건 돈'으로 인식되고 있었고, '있는 자'는 적으로 간주되고 있었다.131) 한편 이기영은 소설 「失眞」에서 농촌에서 밀려나 도시로 이주하였으나 마땅한 일자리가 없어서 생계를 유지하기에 버거웠던 빈민계급의 이야기를 전하면서, 주인공 경식의 입을 빌어 "일할 꺼리는 없고 밥은 안주고 어떠케 살란 말이냐, 이놈의 세상이"라며 이들의 원망을 대변하고 있었다. 노모와 동생을 부양해야 했던 주인공은 극심한 빈부격차와 절대적 빈곤에 허덕이면서 "어느 놈이고 근드려만 보아라"고 소리치고 또 "어떤 놈이고 한 놈 처 죽이고"라는 말을 내뱉으며 세상에 대한 울분을 터뜨렸다. 결국 사흘을 굶었던 주인공은 뒷집 개가 쌀밥에 고기를 먹는 걸 보자 "눈이 뒤집혀" 살인을 저질러

---

130) 당시 신문들은 빈민계급의 餓死, 凍死 등의 참상을 빈번하게 보도하고 있다 (『中外日報』 1927. 12. 29, 1930. 4. 23 ; 『朝鮮中央日報』 1936. 1. 25, 1936. 4. 15 ; 『每日申報』 1929. 3. 17).

131) 金英熙, 「實業한 男便을 둔 女子의 手記」, 『新女性』 7-2, 1933. 2 ; 鞠○任, 「젊은 안잠자기 手記」, 『別乾坤』 5-1, 1930. 1.

파멸에 이르고 말았다.132)

　빈민계급의 사회의식이 강화됨에 따라 생존권 수호를 목적으로
한 이들의 독자적인 조직이 결성되고 다방면에서 자본가계급에 대한
저항운동도 활발히 전개되고 있었다. 서울철공조합을 중심으로 한
직공들이 모여서 '職工電車賃金減下運動期成會'를 조직하고 京城電
氣株式會社에 대해서 전차요금감액운동을 전개했던 일이나133) 서울
을 비롯한 전국 대도시의 借家人들이 모여서 借家人同盟을 결성하고
집주인에 대해서 집세인하를 요구하였던 일, 그리고 부동산회사나
행정기관에 의해 빈민촌이 강제철거 될 때 토막민들이 철거반대투쟁
을 벌이며 격렬하게 저항했던 일은 그 대표적인 예였다.134)

　빈민계급의 적대의식이 이토록 강화되었던 것은 두 가지 이유 때문
이었던 것으로 보인다. 하나는 당시 이들의 생활수준이 급격히 하락하
고 있었기 때문이었다.135) 노동자들의 명목임금은 1910년대말 호황을
거치며 급상승하여 1920년에 정점을 이루다가 1930년대 전반까지
감소하는 추세에 있었다. 특히 빈민계급이 포함된 비숙련노동자와
숙련노동자의 임금격차는 확대되고 있었다. 실질임금도 1921년을

132) 李箕永, 「失眞」, 『東光』 9, 1927. 1 ; 權瑜, 「民村 李箕永의 都市 貧民 小說
　　研究」, 『한양어문연구』 8, 1990.
133) 『東亞日報』 1924. 12. 1, 12. 3, 12. 8, 12. 15, 12. 21, 12. 26, 1925. 1.
　　20 ; 『朝鮮日報』 1925. 1. 19 ; 『時代日報』 1924. 12. 8.
134) 손정목, 앞의 책, 1996, 4장 ; 하명화, 「일제하 도시주거문제와 주거권 확보운
　　동」, 부산대학교 석사학위논문, 2000 ; 이선민, 「1930년대 都市 勞動者의
　　住居難과 住居樣態의 變化」, 가톨릭대학교 석사학위논문, 2000 ; 염복규,
　　「일제말 京城지역의 빈민주거문제와 '시가지계획'」, 『역사문제연구』 8,
　　2002.
135) 許粹烈, 「日帝下 實質賃金(變動)推計」, 『經濟史學』 5, 1981 ; 張秉志, 「日帝下
　　의 韓國消費者物價와 交易條件에 관한 計量的 接近」, 국민대학교 박사학위논
　　문, 1987.

정점으로 이후 감소 추세에 있었고, 숙련노동자는 1931년에 다시
예전의 최고 수준을 회복했지만 비숙련노동자는 1930년대 말까지
그 수준을 회복하지 못하는 실정이었다. 게다가 1930년대 초 실업은
커다란 사회문제의 하나였다.136) 말하자면 빈민계급의 소득수준은
점차 낮아지는 한편, 일자리를 얻기도 힘들었던 상황이었다. 다른
하나의 이유는 빈부격차 확대로 인한 상대적 박탈감 때문이었다. 앞서
실질임금에서도 숙련, 비숙련노동자의 장기 추세가 달랐듯이 봉급생
활자를 필두로 하여 농림어업주, 자영업자, 숙련노동자층 등 상층부의
소득은 상대적으로 증가한 반면 비숙련노동자와 빈농, 농업노동자
등 하층부의 소득은 상대적으로 감소하여 사회전체의 소득분배는
급격히 악화하고 있었다.137)

요컨대 백화점을 통로로 삼아 근대 문화를 수입하고 향유했던 일부
상류층과 달리 중류 이하 빈민계급은 근대적 소비문화에서 배제되어
있었고, 근대 부르주아 계급의 문화전달의 창구 역할을 자임했던 백화
점으로서는 중류 이하 계급의 경제생활과 문화생활에 전혀 도움을
주지 못하고 있었다.

4. 맺음말

이상에서 우리는 1920~30년대 한국에서 백화점이 등장하여 발전
하는 과정과 백화점의 세부조직, 판매기법, 영업정책 그리고 백화점들

---

136) 李亮, 「失業京城」, 『三千里』 3-6, 1931. 6 ; 許粹烈, 「日帝下 朝鮮의 失業率과
    失業者數 推計」, 『經濟史學』 17, 1993.
137) 吉仁成, 「日帝下 階層構成과 所得分配에 관한 小考」, 『西江經濟論集』 29-2,
    2000.

을 둘러싸고 활동했던 경영진, 점원, 소비자계층의 동향을 간략하게
고찰해 보았다.

1920년대에 일본과 구미 유통업계의 동향에서 영향을 받아 등장한
한국의 백화점은, 1930년대에 三越, 三中井, 丁子屋, 平田, 和信 등
이른바 5대 백화점이 전국 각지에 지점을 설치하고 영업망을 확장하며
치열한 경쟁을 벌일 정도로 발전하였다. 백화점들은 정찰판매, 할인대
매출, 무료배달, 자유로운 반품, 광고, 상품권 발행 등 새로운 서비스와
다양한 판매전략을 적극적으로 동원하여 고객흡수에 열을 올리고
있었고, 그러한 움직임은 중소상점 특히 한국인 중소상점에게는 결정
적인 타격을 입히고 있었다. 이에 일부에서는 유력한 지방상인들과
한국인 중소상인들을 중심으로 '百貨店反對運動'에 나서기도 했다.
일제도 방관할 수만은 없어서 비록 소극적이나마 백화점들에게 자치
조직을 결성토록 하고 自制案을 이행토록 하는 등 일정한 통제를
가하고 있었지만, 일본에서는 실시했던, 백화점 영업을 적극적으로
억제할 百貨店法, 商店法 등은 실시하지 않았다. 일제의 정책의도가
한국인 중소상인의 반발을 무마하여 체제위기를 해소하려는 정도
내에서 완화책을 강구할 뿐이었으며, 백화점 영업을 적극적으로 통제
하여 중소상인을 보호하고자 하는 취지가 아니었음을 알 수 있다.
따라서 일제강점기간동안 '中小商業問題'는 해결될 수 없었다.

한편, 백화점의 등장과 발전과정은 이를 둘러싸고 활동하고 있던
경영자, 점원, 소비자 계층의 생활양식과 사회의식 형성에도 큰 영향을
미치고 있었다. 백화점 경영자의 입장에서 보면, 최첨단 상업기관인
백화점을 경영한다는 것이 쉬운 일만은 아니었다. 다종다량의 상품
매입과 광대한 매장 확보에 소요되는 많은 자금을 제때에 차질 없이
조달해야 했으며, 새로운 판매기법을 잘 활용해 재고가 쌓이지 않도록

해야 했고, 엄청나게 증가한 점원들의 인사관리나 기타 여러 가지 면에서 많은 관심을 기울여야 했다. 이처럼 여러모로 어렵고 힘든 일이었지만, 첨단의 상업시설을 경영한다는 점에서 자부심을 가질 만한 일이었다. 특히 한국인 소유로는 유일한 和信百貨店을 경영하던 朴興植으로서는 일본인 상업자본의 침투를 저지하기 위해서 화신을 일본인 백화점에 뒤지지 않는 최고의 백화점으로 육성하겠다는 결심을 굳게 다지며, 화신백화점 경영에 큰 자부심, 책임감, 사명감을 가지고 있었다. 그리고 그러한 목표를 달성하기 위해서 다방면으로 많은 노력을 기울이고 있었다.

백화점 경영자들은 백화점에 대한 자부심을 가지고서 여러 기회를 통해서 종업원들에게도 이러한 의식을 주입하고자 하였지만, 당시 점원들은 장시간 노동과 저임금, 열악한 근로환경으로 인해서 극심한 생활고에 시달리고 있었으므로 그러한 자부심을 갖지 못했다. 오히려 자신의 직업을 부끄럽게 여기고 있었다. 점내에서 마주하는 부유층의 소비행태는 자신들의 저열한 생활수준과 비교해 이들에게 부러움을 가지게 하였고, 일부 유한계급의 도를 넘는 구매 행태에 대해서는 부러움을 넘어서 역겨운 심정을 유발하였다. 이들은 자신들이 다루는 상품들을 마음껏 사용할 수 없고 주어진 명령에 따라 기계처럼 일해야만 하는 현실에 대해서 원망하고 있었다. 그리고 그러한 생각은 회사측과 중간관리층에 대한 적대의식, 그리고 부유층 특히 유한계급에 대한 적개심으로 발전하고 있었다.

백화점은 유행을 전파하는 기구, 문화시설, 오락시설, 행락시설, 상류층의 사교기관으로서의 역할, 다시 말해서 '근대 부르주아 문화생활의 공급기관'으로서의 역할을 수행하고 있었고, 그런 점에서 새로운 소비문화를 이끌어 갈 이른바 '모던보이'(신남성), '모던걸'(신여성)

등 상류층 도시인들에게 주목하고 있었다. 이들은 감각적인 의상과 헤어스타일, 영화와 음악감상 등 다양한 취미생활, 유행에 민감한 소비 행태, 퇴폐적인 성의식 등을 갖춘, 당시 새로운 도시문화를 창출해갔던 계층이었다. 백화점은 이들에게 외국의 유명상품을 수입하여 보급하고 나아가 백화점 브랜드를 단 상품을 개발하여 보급함으로써 근대적 소비문화를 주입코자 하였다. 그렇지만 당시 서울에는 마음껏 사용할 돈을 가지고 있는, 신남성, 신여성처럼 수시로 백화점을 들락거리는 계층과 함께, '자유롭게' 개방되어 있는 백화점을 '자유롭게' 출입할 수 없었던 都市貧民도 광범하게 형성되어 있었다. 도시빈민은 이른바 土幕民, 행랑살이, 窮民, 細民, 부랑민, 걸인 등 다양한 용어로 불리며 실제 다양한 모습으로 살아갔지만 근대적 소비문화에서 소외, 배제되어 있다는 점에서는 동일한 계층이었다. 이들은 인간으로서 최저의 생활수준도 보장받지 못한, 가난과 배고픔으로 점철된 일상을 보내고 있었고, 그러한 일상은 세상에 대한 원망과 분노로 이어지고 부유층에 대한 적대의식으로 연결되고 있었다.

결국 백화점을 둘러싼 관계인들은 돈의 유무에 따라 '있는 자'와 '없는 자'로 구별되었고, 양자는 서로간에 적대의식을 강화하고 있었다. 이러한 적대의식이 형성된 배후에는 빈민계층의 실업, 실질임금 하락과 빈부격차, 소득분배 악화로 인한 상대적 박탈감이 자리하고 있었다. 경제력의 차이가 생활양식과 문화의 차이를 낳고, 사회의식, 계급의식에서도 큰 차이를 초래하고 있었던 것이다. 결국 양자간의 차이는 향후 독립국가의 건설방향을 둘러싸고서도 갈등을 보일 것이었다. 해방후 三越, 丁子屋, 和信 등에서 종업원들이 자치위원회를 조직하여 노동자자주관리운동에 나섰던 일이나 서울의 실업자들이 모여 失業者同盟을 결성하고 대책 마련을 요구했던 일, 그리고 노동자,

부녀자, 청년, 학생 등이 연대해 식량문제 해결 등을 촉구하며 총파업을
전개했던 일은 그러한 갈등이 폭발했던 몇몇 예에 불과했다.[138] 요컨대
양자간에는 향유하던 근대의 생활양식과 문화, 계급의식, 사회의식이
서로 달랐고, 이 시기의 계층분화, 계급분화는 서로에 대한 적대의식을
강화시키는 계기가 되었으며, 이러한 적대의식이 해결되지 못한 채
해방을 맞아 결국 서로 다른 체제를 선택케 하는 원동력이 되었다.
크게 보아 이는 남북분단의 '도시사적 기원'을 이루는 한 요인으로
작용하고 있었다.

---

138) 해방후의 백화점업계 동향과 노동자 자주관리운동은 『新世界백화점25년
　　　사』, (주)신세계백화점, 1987, 64~67쪽 ; 和信五十年史編纂委員會, 『和信五
　　　十年史』, 和信産業株式會社, 1977, 210~233쪽 ; 김기원, 『미군정기의 경제
　　　구조』, 푸른산, 1990 ; 김무용, 「해방직후 노동자 공장관리위원회의 조직과
　　　성격」, 『역사연구』 3, 1994 참조.

요보·모보·구보
-식민지의 삶, 식민지의 패션-

이 경 훈[*]

1. 하꾸라이의 풍속

화원장 식당의 '쿡 노릇'을 하는 명우(한설야, 「태양은 병들다」)는 '양주 만드는 데'에 남보다 뛰어난 재주가 있다. 그는 값싼 양주들을 사다가 이것저것 조합하여 진짜 수입 양주 같은 맛을 낸다. 따라서 'W항'에서 상당히 큰 식당을 경영하고 있는 다나까라는 사람이 이 소년에게 버쩍 구미가 동한 것은 당연한 일이다. 왜냐하면 상황은 다음과 같았기 때문이다.

> 허나 양주는 비싼 것이다. 더욱 박래품은 허무하게 비싸다. 그래서 하는 수 없이 국산을 주장 세워 쓰는데 이것은 아무려나 맛이 팔결이다.
> "하꾸라이를 가져오너라. 하꾸라이를……돈은 얼마든지 좋다. 게찌게찌한 술은 집어쳐라."

---

* 연세대학교 부교수, 국문학

취하면 이렇게 외치는 청년도 있다.

"이 집 양주는 틀렸다. 한 잔에 오십 전 짜리 압산 다섯 잔을 곱백이로 먹어도 까딱없으니 이리구야 양주 먹을 재미 있나"

하고 나믈하는 사람도 있다.

허나 다나까 상은 하꾸라이를 쓸 엄두를 못 낸다. 못 낸다는 것은 이를테면 겨우 십여 원 짜리 한 병으로 이 백원 가까이 쌀 수 있는 고마운 국산 양주에 대한 미련을 끊을 수 없다는 말이 된다.[1]

그런데 다나까의 고객들이 먹을 줄도 모르는 양주를 먹는 것은, 그것이 '서양 콧대바우'가 먹는 술이기 때문이다. '항구의 낭만파'인 그들은 "유행가를 모르고 왈쓰를 모르고 양주 맛을 모르고 홍차 맛을 모르는 것"을 '청년의 수치'로 생각한다. 이상춘의 「岐路」(『청춘』, 11호)에 등장하는 文致明처럼 이들은 '털보 선생님'의 영향을 받았다. 털보 선생님은 "두뇌가 건전하고 분투하는 정신이 왕성하여 전신이니 전화이니 하는 신출귀몰의 기계를 발명한 것은 모두 서양 사람"이라고 말했던 것이다.

즉 「모란봉」(이인직, 1913)의 옥련이가 '부란데'(브랜디)를 마시고 「장한몽」(조일재, 1913)의 심순애가 '삼판주'(샴페인)를 마신 이후, 양주나 양품 등은 근대의 표상으로 기능하기도 했을 터이다. 실로 기차를 탄 염상섭의 젊은 신경과민자는 기차와 위생의 근대적 감각을 양주의 취기와 함께 느낀다. "강렬한 <휘스키―>의 힘과 격심한 전신의 동요 반발, 굉굉한 軋響, 암흑을 돌파하는 속력, 주사 맞은 어깨의 침통"(「표본실의 청개구리」)이라고 염상섭은 썼다. 이는 李箱이 '샴페인을 터뜨리는 그런 물소리'(「첫번째 방랑」)를 묘사하거나

---

1) 한설야, 「태양은 병들다」, 김외곤 편, 『한설야 단편 선집 2 귀향』, 태학사, 1989, 235쪽.

"술은 내 몸 속에서 향수같이 빛난다"[2]고 말했던 것과도 넓은 의미에서 상통한다.

요컨대 양주를 마시는 일은 무엇보다도 '하꾸라이(舶來)'가 기획하고 주도한다. 식민지의 양주는 양조 공장보다는 문명개화의 이념과 '하꾸라이'를 발생시킨 총체적 무역에서 발생한다. '사타구니까지 화끈해'지게(「태양은 병들다」) 하는 양주의 감각과 취기는, 개항을 촉구하며 함포를 쏜 이래 급기야 식민지의 작은 항구에까지 위스키나 '압산'(absinthe)을 수출하기에 이른 시장의 맹렬한 운동과 폭력적인 자극에서 기원한다. 예를 들어 우리는 「마음이 옅은 자여」(김동인, 1919~1920)에서 금강산의 산골에 진출해 있는 미국의 '씽거-회사 특약점'을 발견하게 되지만, 사실 이는 별로 놀라운 일이 아니다. 왜냐하면 이미 『한성주보』(1886. 2. 22.)의 세창양행 광고에서부터 '洋針'은, 洋腰帶, 洋燈, 洋紗 등과 함께 선전되고 있었기 때문이다. 한편 '독립'을 내세운 『독립신문』 1호(1896. 4. 7.)에는 다음과 같은 광고가 등장하기도 한다.

> 안창회사 서울 정동 ; 서양 물건과 청국 물건을 파는디 상등 셔양 술과 각식 담비가 만히 잇더라
> K. Kameya GENERAL STORE KEEPER CHONGDONG. SEOUL ; Fresh California Butter, Cheese, Ham, Bacon, Canned Fruits, Vegetables &c.&c., Just arrived

위에서 특히 눈에 띄는 것은 '상등 서양 술과 각색 담배'이다. 왜냐하면 이는, 'Chemulpo Tobaco co.'라는 '영미연초주식회사'가 일본인이

---

2) 송민호 · 윤태영, 『절망은 기교를 낳고』, 교학사, 1968, 27쪽.

총독부 '전매국'을 창설하기 전 그 옛날에 '산호표' '북표' '칼표' 등등을 애연가에게 제공"(고일, 『인천석금』)했다는 말과 관련되기 때문이다. 즉 이는 이상의 다음 문장에 대한 좀더 명확한 이해를 돕는다.

> 내 방 미닫이 우 한 곁에 칼표 딱지를 넷에다 낸 것만한 내-아니! 내 안해의 명함이 붙어 있는 것도 이 풍속을 좋은 것은 아닐ㅅ수 없다.3)

인용에 등장하는 '칼표 딱지'란 영미연초주식회사가 판매했던 담배 상품명인 '칼표'를 상기시킨다. 즉 그것은 "인력거부가 주머니에서 칼표 꺼내는 것을 보면 열이 난다"(양건식, 「슬픈 모순」)는 서술, 「무정」의 기생집 노파가 영채를 평양으로 보내며 "이등 차표와 점심 먹을 것과 칼표 궐련까지 넉넉히"4) 사주는 장면, 더 나아가 "S는 곳헤 은마구리한 집팽이를 가지고 슬슬 굴니기도 ㅎ고 칼표를 퍽퍽 피우면서 버얼건 스토브를 드려다 보고 무슨 생각을 ㅎ고 잇다"5)는 기술 등에 나타나는 바로 그 칼표이다. 그러므로 위 인용문의 의미는 아내의 명함이 칼표 담배 상자를 사등분한 크기만큼 작다는 것, 이기영의 표현을 빈다면 '골무만한 명함'(「인간수업」)이라는 뜻이다. 이상의 누이 김옥희가 증언하듯이, 어머니가 오래 간직할 정도로 훌륭하게, 어린 김해경은 이 칼표 상표의 도안을 그대로 그려냈을 뿐만 아니라, 비유를 위해 사용하기도 했던 것이다. 그렇다면 「산촌여정」에서 이상이 구사한 다음 묘사들의 기원 역시 'Chemulpo Tobaco co.'일지 모른다.

---

3) 이상, 「날개」, 이경훈 편, 『날개』, 문학과지성사, 2001, 70~71쪽.
4) 이광수, 「무정」, 『이광수전집 1』, 삼중당, 1962, 129쪽.
5) 전영택, 「K와 그 어머니의 죽음」, 『창조』 9호, 17쪽.

'파라마운트' 회사 상표처럼 생긴 도회 소녀가 나오는 꿈을 조곰
꿉니다.
　선조가 지정하지 아니 한 '조셋트' 치마에 '외스트민스터' 卷煙을
감아놓은 것 같은 도회의 기생의 아름다움을 연상하여 봅니다.[6]

　따라서 근대문학은 문명개화, 개인, 연애, 민족국가, 혁명 등만을
고민했던 것이 아니다. 그 내용은 물론 텍스트의 생산 및 유통 형식
모두를 통해, 근대문학은 식민지로서 편입된 근대적 시장 질서를 표현
하기도 했다. 근대문학은 그 자체로서 훌륭한 '하꾸라이'의 풍속이었
던 것이다.

2. 폭탄주와 하이브리드

　이렇게 양주, 담배, 버터 등의 양품이 수입되면서, 그 물건이나
이미지를 소비하는 제도 · 관습 · 행위 · 감각 · 욕망 · 언어 · 담론도
함께 수입된다. 예컨대 '값이 비싸고 맛날 듯한 과자', '열 개 한 갑에
사십여 전이나 하는 향기로운 청지연', '서양서 온 포도주와 브랜디
병' 등이 놓여 있을 뿐 아니라, '오색이 찬란한 유리 접시'로 장식된
방에서, "순영 씨도 오늘 저녁에는 무도회에 같이 가십시다"(이광수,
「재생」) 라고 말하는 것은 자연스럽다. 또는 "붉은 입술 흰 이 새에
딸기가 물리는 것, 그것은 참 아름다운 색채의 조화입니다"라는 말은,
"흰 설탕과 흰 크림을 친 빨간 딸기가 얼음 같은 컷글라스 대접에
담긴"(이광수, 「그 여자의 일생」) 장면과 잘 어울린다. 더 나아가 「추월
색」(최찬식)의 '하이칼라적 소년' 강한영이, "문명국 사람은 握手禮만

　6) 김윤식 편, 『이상문학전집 3』, 문학사상사, 1993, 106쪽.

잘들 하데……이렇게 接吻禮도 잘들 하고"⁷⁾ 하면서 정임에게 달려드는
것이나, "내일은 M을 보거든 좀더 정답게 말을 하자. 서양식으로
악수를 하였으면 얼마나 좋을까? 키스를……. 에그, 내가 왜 이러한
생각을 할까?"(이광수, 「개척자」) 등과 같은 성순의 생각 역시 이와
관련된다.

즉 자유 연애는 "샌드위치를 만든다고 빵과 햄도 사고, 오빠가 좋아
하는 것이라고 코코아도 한 통"(이광수, 「그 여자의 일생」) 구입하는
등의 행위와 구분되기 어렵다. 죽기 직전에 '프랑스식 코페빵'⁸⁾과
'셈비키야(千匹屋)의 메롱'⁹⁾을 찾았던 이상의 욕구와 감각을 발생시킨
것은 역시 프랑스식 코페빵과 셈비키야의 메롱이다. 이상이 "내 마음의
크기는 한 개 卷煙 기러기만하다"(「무제」)고 시 쓴 것은 그 때문이다.
새롭게 등장한 양품들은 사랑하는 남성에게 악수나 키스를 하고 싶은
성순의 '이러한 생각'과 등가 관계를 이룬다. 아니, 양품들이야말로
연애 욕구의 기원일지도 모른다. 물론 그것은 단지 자유 연애와 관련되
는 것만은 아니다. 이를테면 이육사의 시 「청포도」는 묘하게 읽힌다.

  내 고장 칠월은
  청포도가 익어가는 시절

  이 마을 전설이 주절이주절이 열리고
  먼데 하늘이 꿈꾸며 알알이 들어와 박혀

7) 최찬식, 「추월색」, 『한국신소설전집 4』, 을유문화사, 1968, 15쪽.
8) 김소운, 『하늘 끝에 살아도』, 동화출판공사, 1968, 299쪽.
9) 김향안, 「이젠 이상의 진실을 알리고 싶다」, 『문학사상』, 1986. 5. 62쪽(셈비키
   야는 구라파 상점을 흉내낸 과일 가게였다고 한다).

하늘밑 푸른 바다가 가슴을 열고
흰 돛 단 배가 곱게 밀려서 오면

내가 바라는 손님은 고닲은 몸으로
靑袍를 입고 온다고 했으니

내 그를 맞아 이 포도를 따 먹으면
두 손은 함뿍 적셔도 좋으련

아이야 우리 식탁엔 은쟁반에
하이얀 모시 수건을 마련해두렴10)

　포도가 가톨릭 교회의 미사를 위해 프랑스 신부들이 들여옴으로써 본격적으로 재배된 과일임을 생각할 때, 청포도와 함께 기억되는 '이 마을 전설'은 흥미로운 논점을 제공한다. 청포도가 '내 고장'에 원래부터 있었던 과일이 아닐 수도 있기 때문이다. 사실 '흰 돛 단 배'나 '은쟁반'이 놓인 '식탁' 역시 서양적인 풍경에 더욱 어울린다.
　그러나 그렇다고 해서 이 시를 민족 의식과 관련해 평가하는 것이 잘못된 의견이라는 말은 물론 아니다. 왜냐하면 '김치는 음식 중에 내셔널 스피리트(민족정신)'(「흙」)라고 한 표현이 '민족 정신'에 뿌리 깊게 작용하는 번역의 과정을 명시하듯이, 근대적 민족 의식 자체가 양품적인 측면을 지니고 있기 때문이다. 물론 그것은 일면적으로 포괄할 수 없는 다양하고 복잡한 양상을 보인다. 그것은 종종 상반된 표정조차 짓는다. 다음은 「흙」(이광수)과 「벽공무한」(이효석)의 장면들이다.

---

10) 이육사, 『육사시집』, 서울출판사, 1946, 15~16쪽.

그래 고뿌하고 위스키 가져 오래라. 한 잔 사내답게 먹고 때 못
만난 영웅의 만곡수를 잊자. 안 그런가. 남들은 국제연맹이니 국비축
소니 무에니 하고 떠들지마는, 우리네야 술이나 먹지 무어 할 일
있나.[11]

은파는 한 편 탁자 위에 끓인 홍차를 내놓고 잔에 위스키를 몇
방울씩 떨어뜨렸다.
훈에게는 그 차맛이 또한 각별하게 여겨졌다. 더운 차에 술 향기가
섞여 전신을 훈훈히 녹이는 뜻도 하다. 그 어디서 먹은 차보다 풍미가
한결 나은 듯하다.[12]

두 인용문의 위스키는 완전히 다른 감각으로 현상하는 듯하다. 그러
나 표면적으로는 전혀 상관없이 보이는 위의 두 입장은 사실 상통한다.
이 모두는 거의 일방적으로 자본과 교환의 대상이 된 식민지의 위치를
암시한다. 한편으로는 영웅의 좌절을 탄식하고, 다른 한편으로는 위스
키 섞은 차의 '풍미'를 즐기지만, 결국 이 두 가지 센티멘털리즘의
기원은 시장이다. 이는 위스키의 물질적 속성과 화학적 작용을 넘어,
위스키의 수입과 관련된 식민지인의 위치와 밀접히 관련된다. 양주의
수입은 세계 시장 내부에 놓인 식민지(인)의 대항 민족주의적이거나
이국 취향적인 위치를 발현한다. 양주를 수입함과 동시에, 양주를
수입하는 사회적·민족적 위치도 수입된다. 그야말로 "테불 우에 늘어
놓는/국어와 국어와 국어와 국어의/전람회"[13](김기림, 「씨네마 풍경
호텔」)가 열리게 되는 것이다. 그런 의미에서 위스키는 민족 의식의
기원일 수도 있다.

11) 이광수, 「흙」, 『이광수전집 6』, 삼중당, 1962, 225쪽.
12) 이효석, 『벽공무한』, 춘조사, 1959, 399~400쪽.
13) 김기림, 『김기림전집 1』, 심설당, 1988, 83쪽.

따라서 민족적 울분 등을 위스키로써 잊으려는 시도는 성공할 수
없을 것이다. 오히려 그것은 식민지인으로 하여금 국제연맹이나 군비
축소에 참여하지 못 하게 하는 세계 질서를 더욱 강화할 것이다. "우리
네야 술이나 먹지 무어 할 일 있나" 라고 자조하며 '사내답게' 위스키를
소비하는 것이야말로 진정으로 자본이 원하는 바이기 때문이다. 더욱
이 자본의 폭력을 식민지로 관철하는 조선 내부의 시장은 좀더 교활하
고 복잡하다. 식민지의 양주는 홍차의 풍미를 더하게 하기는커녕,
'양주는 가위 술 중에서는 양반'이므로, '골치 아픈 일도 없'(한설야,
「유전」)다는 경험적인 추론마저도 부정하는 결과를 낳을 수 있다.
식민지의 양주는 명우가 이것저것을 섞어 만든 가짜 '하꾸라이'이기
때문이다. 그리고 이 잡종 '하꾸라이'야말로 현진건이 표현한 '사회란
독한 꼴'(「술 권하는 사회」)을 상징한다. 다음의 시 역시 식민지 사회의
이러한 양상과 관련될 터이다.

> 쏘이! 쏘이!
> 소주는 실타!
> '휘스키'도 가저가……
> 좀더 독한……독한!
> '사회'주를 가저오너라
> 어서 '공산'주를 가저오너라
> 나는 '세계인'이다!
> 이놈 쏘이야 쏘이![14]

그렇다면 이 모든 의미에서 식민지 근대 사회는 애초부터 '술 권하는
사회'일 수밖에 없다. 왜냐하면 아내를 괴롭히는 주인공의 '화증'과는

---

14) 김형원, 「酒酊軍」, 『개벽』, 1922. 3. 17쪽.

상관없이, 아니 오히려 그 분노를 더욱 증폭시킴으로써, '알코올의
천리마를 비껴 타고'(현진건, 「적도」) 돌아가는 자본은 더욱 더 소비를
조장하기 때문이다. 그런 의미에서 좌절로 인해 화를 참지 못 하는
주인공이야말로 술 권하는 사회의 가장 훌륭한 시민이다. 어쩌면 혁명
역시 '공산주'라는 양주를 소비하고 있는지도 모른다. 혁명이란, '화염
같이 붉은 한잔 포도주'를 높이 든 '찬란한 새 시대의 향연'15)(임화,
「한 잔 포도주를」)일 수도 있기 때문이다.

  이 역설적 상황 속에서 자본은 함포의 위협에 필적하는 자신의
본질을 드러낸다. 가짜 '하꾸라이'와 함께 자본은 스스로를 폭발적으
로 확대하려 한다. 따라서 "볏발이 곳쏘난 赤道 아래서/배 싸홈 할
이가 그 누구러냐?"16)(최남선, 「우리의 운동장」)고 한 근대 기획이
좌절된 이후, 염상섭의 신경과민자 주인공이 "어대던지 가야 하겠다.
세계의 끗까지. 무한에. 영원히. 발끗 자라는 데까지.……무인도! 시베
리아(西伯利亞)의 황량한 벌판! 몸에서 기름이 부지직부지직 타는
南洋!"17)이라고 외친 것과는 또 달리, 강간을 저지를 정도로 '열정에
지글지글 타는 인물'이자 '인생의 적도선'(현진건, 「적도」)인 여해가
폭탄을 물고 자살하는 것은 지극히 상징적이다. 왜냐하면 여해가 해외
의 비밀결사인 '××단원'으로 오해되어 징역을 살거나 '전과자'로서
죽는 일은, 일본 국가의 본원적인 폭력은 물론, 폭탄주에 펄펄 끓는
식민지 '청년 실업가' 병일이의 아래 모습과도 짝을 이루고 있기 때문이
다.

---

15) 임화, 「한잔 포도주를」, 『찬가』, 백양당, 1947, 131쪽.
16) 최남선, 「우리의 운동장」, 『소년』, 1909. 1, 33쪽.
17) 염상섭, 「표본실의 청개구리」, 『염상섭전집 9』, 민음사, 1987, 13쪽.

베개와 요 이불을 내어버리고 맨 방바닥에 구을러와서 자던 병일은
선선한 기운에 잠이 깨었다. 명월관 본점에서 맥주에다가 위스키를
타 먹은 탓인지, 눈을 뜨자마자 타는 듯한 갈증을 느끼었다.[18]

이때 병일이를 뒹굴게 하는 '하이브리드 하꾸라이(hybrid 舶來)'의
폭탄주는 식민지 정체성을 훌륭히 상징하는 듯하다. 적어도 식민지에
서 근대는 수입되었을 뿐만 아니라 잡종이다. 또 이 둘은 서로를 매개하
며 서로를 강화한다. 잡종이라는 규정은 수입과 무역의 총체적 관계에
매개된 일종의 迷語的인 동일성을 표현한다. 따라서 순종의 현존과
고유성을 강조하는 입장에서 보았을 때, '하이브리드 하꾸라이'는
이미 폭발(해체)되어 있다. 이것이야말로 양주의 진짜 의미이다. 이렇
게 「海에게서 소년에게」의 민족주의를 매개한 바다는 양주, 양품,
양장, 양복, 양등, 양초, 양옥, 양식, 양말, 양철, 양치질, 양의학, 양척,
양돼지, 양개 등으로 파도치는 일상을 낳기도 했다. 비유컨대 '국어와
국어와 국어와 국어의 전람회'장 안에서 식민지인들은 항상 폭탄주를
마셨다. 또는 김남천의 표현처럼, "이층에서는 양식을 잡숫고 아래층
에 와서는 깍두기를 집어먹"(「맥」)기도 했다. 레스토랑의 '메뉴에 적힌
몇 가지 안 되는 음식 이름'이 "내 어렸을 때 동무들 이름과 비슷"하다고
생각되는 것(이상, 「날개」)은 그 때문이다. 그런 점에서 아래의 신문
기사(『동아일보』 1926. 8. 8)는 의미심장하다.

당나귀와 말 사이에 생긴 것이 노새다. 이것을 가르켜 '특'이라
한다. 짐승만 아니라 사람도 딴 민족 사이에 난 자식을 일본말로
'아이노꼬'라 한다. '특', '아이노꼬'. 약밥에 다꾸앙을 석어 먹으면

---

18) 현진건, 『현진건전집 1 적도』, 문학과비평사, 1988, 54쪽.

이것은 '특음식'이다.……어느 목욕탕에서 '유까다' 입은 청년이 『동
아일보』를 본다. 분명히 이천만 민중의 한 사람이다. 그런데 의복
차림은 현해탄 건너가서 배운 실습이다. 시비는 어찌 되었던 이것도
방금 유행되는 '특'이다. '특'이 유행된 지는 오래다. 적어도 조선이
개화하기 시작할 때부터 '현대적 특'이 유통된 모양이다.19)

3. 문명적 조미료 아지노모토

그런데 폭탄주와 관련해 우리는 또 한 가지 문제에 대해 고찰하지
않을 수 없다. 그것은 일찍이 "그 효용이 끝을 헤아릴 수 없을 정도로
넓고도 크"며, "세계의 학문을 연구하는 데 있어서 이보다 더한 것은
없다"20)고 평가된 바 있는 화학의 문제이다. 화학자 성재의 실험과
실패를 그린 「개척자」(이광수)나, 똥이 포함한 "乾酪, 전분, 지방 등
순전한 良消化物로 만든 最新最良原食品"21)의 개발을 묘사한 「K박사
의 연구」(김동인) 등을 낳은 이 테마는 근대문학에 전제된 과학적
세계관을 암시한다. 즉 양주는 서양과학의 문제를 환기한다. 또 이는
화장품이나 의약품 등과도 관련된다. 양주 역시 그러하려니와, 이보다
훨씬 더 화장품이나 의약품 등은 단순한 사물이라기보다는 과학과
시장을 동시에 표현하고 일상화하는 풍속적 계기이다. 그 점에서 그것
들은 지극히 근대적인 것이다. 성재와 K박사의 연구가 성공하지 못한
것은, 그들의 실험과 발명이 자본의 개입을 전제하는 근대적 일상성에
도달하지 못 했기 때문이다. 이 일상성은 과학과 시장을 삶에 발현시키

---

19) 『동아일보』 1926. 8. 8(김영근, 「일제하 일상생활의 변화와 그 성격에 관한
　연구」, 연세대학교 박사학위논문, 1999, 175~176쪽에서 재인용).
20) 유길준, 허경진 역, 『서유견문』, 한양출판, 1995, 306쪽.
21) 김동인, 『김동인전집 2』, 조선일보사, 1988, 74쪽.

는 일반적 제도로 기능한다. 실로 응용화학에서 '염료 만드는 법'을 공부한 문치명은, "구주대전으로 인하야 염료가 대단히 빗사졋스니 이 틈을 타서 공장을 설립하야 염료를 제조하면 큰 이익을 볼 것"(이상춘, 「기로」)이라고 예측하는 것이다. 이때 상품이 본격적으로 발생·유통시키는 이 일반적 제도는, 근대의 여러 조건들이 의사 소통되게 할 것이다. 광고는 그 명시적이고 본격적인 채널이다. 다음은 『매일신보』 1920년 2월 25일과 2월 26일에 실린 '라이온 齒磨'와 '아지노모토'의 광고 문구이다.

> 御家庭의 齒磨로 最德用인 것은 라이온 치마 大袋入이올시다
> 라이온 치마 ; 위생적 효과의 표준 조건을 구비흔 치마로 런던(倫敦) 위생 시험소의 증명서를 得흔 명예잇는 최근의 역사를 持흔 세계적 상품이올시다.

> '美味인 요리의 첩경' '문명적 조미료 아지노모토(味の素)'

여기서 주의할 것은, 런던 위생 시험소의 증명서를 얻은 '세계적 상품'이라는 표현 및 '문명적 조미료'라는 문구이다. 이렇게 치약과 조미료는 단순한 사물이 아니다. 치약과 조미료는 무엇보다도 첨단의 과학을 표현한다. 또 그것들은 자신뿐만 아니라, 위생, 시험, 증명, 세계 등의 제 요소들을 유통시킨다는 점에서 철저히 상품이기도 하다. 따라서 구보가 관찰한 어떤 청년이 "한 개의 仁丹容器와 로-도 目藥을 가지고 있는 것에조차 철없는 자랑을 느낄 수 있었던"[22] 것은 당연하다. 왜냐하면 '로-도 약용 크레-무'라는 화장품 역시, "이십 세기 최신의

---

22) 박태원, 「소설가 구보씨의 일일」, 『소설가 구보씨의 일일』, 문장사, 1938, 267쪽.

과학의 위대한 힘으로 발명한 최고급 약용" 크림으로서 "의학, 약학, 화학의 순수를 응용"한 '화장품 중 세계적 일품'(『여성』 1940. 5)으로 선전되고 있기 때문이다.

그리고 이 모든 양상을 집약하는 것은, '아지노모토'를 수식하는 '文明的'이라는 말이다. 그도 그럴 것이, 1908년에 '글루타민 염산을 주성분으로 하는 조미료 제조법'인 아지노모토(味の素)를 발명한 이케다 기꾸나에(池田菊苗, 1864~1936)는 독일에 유학한 화학자였다.[23] 즉 '아지노모토'를 만든 것은 메이지(明治) 일본의 문명개화 이념이었던 것이다. 그렇다면 이 조미료가 만들어내는 음식의 맛은 아래의 시가 그리워하는 맛과는 전혀 다른 감각일지도 모른다.

　아, 이 반가운 것은 무엇인가
　이 히수무레하고 부드럽고 수수하고 슴슴한 것은 무엇인가
　겨울밤 쩡하니 익은 동티미국을 좋아하고 얼얼한 댕추가루를 좋아하고 싱싱한 산꿩의 고기를 좋아하고
　그리고 담배 내음새 탄수 내음새 또 수육을 삶는 육수국 내음새 자욱한 더북한 삿방 쩔쩔 끓는 아르굴을 좋아하는 이것은 무엇인가

　이 조용한 마을과 이 마을의 으젓한 사람들과 살틀하니 친한 것은 무엇인가
　이 그지없이 枯淡하고 素朴한 것은 무엇인가[24]

위 시의 '히수무레하고 부드럽고 수수하고 슴슴한' 맛은, 온갖 '내음새'와 함께 '쩔쩔 끓는 아르굴'이나 '조용한 마을'과 하나로 기억되는

---

23) 小森陽一, 『漱石を讀みなおす』, ちくま書房, 1995, 71~72쪽 참조.
24) 백석, 「국수」, 김재용 편, 『백석전집』, 실천문학사, 1997, 126쪽.

맛, 즉 놀이, 신화, 제의, 공동체의 감각이다. 그것은 "흰밥과 가재미와 나는/우리들은 그 무슨 이야기라도 다 할 것 같다"(「선우사」)고 노래되는 총체적 세계이다. 이와 비교해 '문명적 조미료'가 제공하는 맛은 과학과 시장과 사회에 매개된 분석적 미각이다. "이 반가운 것은 무엇인가"라는 질문과 함께 오직 기억되고 표현될 수 있을 뿐인 백석의 맛과는 달리, '문명적 조미료'가 만들어 내는 것은 계량, 설명, 예측, 교환, 판매되는 합리적 맛이다. 이를테면 그것은 '향기로운 MJB의 미각'(이상, 「산촌여정」)처럼 브랜드로 표상될 수 있는 미각이다. 오히려 그것은 소외의 한 형식이다.

이렇게 상품과 브랜드는 서양 유학과, 유학을 통해 습득한 근대 학문 및 그 응용, 상품의 생산과 판매, 더 나아가 국민의 근대적 훈육 체계 등과 같은 근대적 제 과정과 합리적 인과관계를 집약한다. 그러므로 '라이온 치마분'을 명시하는 「개척자」의 다음 장면은 「민족개조론」에서 춘원이 교육, 위생, 규칙적 생활 등을 일관되게 강조했던 것과 조응한다.

過慮와 수면 부족으로 성순은 어찔어찔하고 머리가 띵하였다. 기운 없이 잠시 벽에 기대었다가 자리를 개고 라이온 齒磨粉과 잇솔 담은 컵과 수건을 들고 방문 밖에 나섰다.[25]

위와 같이 계몽은 교환과 브랜드를 일상화함으로써 근대 시스템을 구축했다. 여기서 주의해야 할 또 한 가지 것은, 이 상품화된 '라이온 치마분'이 성재의 실험과 대조된다는 사실이다. 또 성재의 순진한 실험이 가짜 '하꾸라이'를 만드는 명우의 '재주'와 대비된다는 점

---

25) 이광수, 「개척자」, 『이광수전집 1』, 삼중당, 1962, 405쪽.

역시 주목을 요한다. 근대인으로서 철저하게 시간을 지켜 계획에 따라 생활했지만, 언제나 실험실에만 갇혀 지낸 성재는 이 '재주'가 없었기 때문에 전락했다. 또 자본으로부터도 소외된 그는 오히려 채무 이행 기간이라는 근대의 핵심적인 시간 규율을 지키지 못함으로써 집을 차압당하고 가족들을 잃는다.

그러나 그럼에도 불구하고 '라이온 치마분'과 비교했을 때, 성재의 실험과 명우의 '재주'는 상통한다. 성재에게 돈이 없었듯이 명우는 과학을 운용할 수 없다는 점에서, 이 두 식민지인은 모두 과학과 자본을 종합한 오리지널 브랜드를 만들어 내지는 못할 것이기 때문이다. 따라서 화학자 성재가 채무자로 전락하는 것과 식당 쿡 명우가 다나까에게 발탁되어 가짜 술을 만드는 것은 서로 다르지 않은 일이다. '공장과 상점의 굳은 악수'(김기림, 「상공운동회」)에 대해 아는 바 없는 성재나 명우 자신이 또 다른 가짜 '하꾸라이'로서 근대 문명을 흉내내고 있을 뿐이다.

물론 이 흉내내기는 생산에만 적용되는 것이 아니다. 사실 식민지인이 수행하는 소비의 본질 역시 일종의 흉내내기이다. 이를테면 '물리적 정형 작용'으로 쌍꺼풀을 만드는 '아이혼 미안기(アイホーン美眼器)'의 광고가 강조하는 것은, '세계적인 대발명'인 이 도구를 '內地의 상류 부인, 영화 스타-는 모두 애용'(『여성』 1939. 11)한다는 사실이다. 문명인 흉내로부터 근대적 소비는 시작된다.

그러나 흉내내기가 근대에 대한 진정한 이해와 그 물질적, 정신적 향유를 보장하는 것은 아니다. 오히려 그것은 오해를 촉진할 수도 있다. 따라서 종종 아래와 같은 장면이 발생하게 될 터이다.

옥련의 모녀는 지리한 시간에 몸이 불편한 기색이 있거늘, 서숙자가

유성기를 들여다가 기계를 틀어놓으니, 김관일의 부인은 유성기를
처음 듣는 터이라, 사람이 요술을 하는지, 귀신이 그 속에 있는지,
이상하다, 신통하다, 재미있다 하면서 시간 가는 줄을 모르고 듣는지
라.26)

  식민지인에게 유성기의 원리는 이해되지 않는다. 그것은 귀신의
장난으로 생각된다. 또는 김동인의 작품에서 서술되듯이, 유성기는
'음악 공부'와 혼동되기도 한다. 유성기는 근대 문명을 신비화한다.
귀신을 부활시키는 이 오해와 함께 식민지는 완성된다. 이는 '떼파-트
류리 상자 속에 피여난 한 송이의 말 업는 꽃'이라고 불리는 백화점
점원 명자로 하여금, 얼마 안 되는 월급 중 오 원을 "세상 업서도
자기 몸단장하는 데 써 버리"(이선희, 「여인명령」)도록 하는 식민지의
풍속, 즉 "째브러진 초가 삼간에서도 길에 나올 때에는 불란서 파리나
뉴욕의 만핫탄에서 부침하는 녀성들의 옷을 걸치고 나와야만 하는"
"조선 여성들의 그 무엇엔가 초조한 심리"(안석영, 「모던 껄」)를 낳을
터이다. 식민지의 경우, "고도로 발달된 생산의 근대적 기술은 오직
전설이나 일화로밖에" 알려지지 못했다. 식민지의 근대가 "소비 도시
와 및 소비 생활 면에 <쇼-윈도->처럼 단편적으로 진열되었을 뿐"(「조
선문학에의 반성」)이라고 김기림이 지적한 것은 그 때문이다. 따라서
이는 "메이드 인 파리의 코티가 납작한 그녀들의 콧등에 백악관을
짓는"(안석영, 「천국행 지옥행의 밤 열차를 타고서」) 일, 즉 "마르세이
유의 봄을 解纘한 코티 향수가 맞이한 동양의 가을"(이상, 「AU
MAGASIN DE NOUVEAUTES」) 풍속이 지닌 진정한 의미이다. 그것
은 오해와 흉내내기라는 식민지의 맹목을 표현했던 것이다.

---

26) 이인직, 「모란봉」, 『한국신소설전집 1』, 을유문화사, 1968, 95쪽.

4. 트라데 말크와 아달린

이러한 식민지의 풍속에 비춰 보았을 때, 『문주반생기』(양주동)에 등장하는 아래의 말은 상징적인 의미를 띠게 된다.

> 내가 맨 처음 서양 문자를 본 것은 그 보담 좀 앞서 성냥갑엔가에 인쇄되어 있는 "TRADE MARK"란 문자였다고 분명히 기억한다. 나는 이 괴상한 가로 쓴 글자가 대체 무슨 글자인지 그 말뜻이 무엇인지를 기어이 알고 싶어, 예의 周說의 사숙자요 개화 지식인인 C선생을 찾아가 물었더니, 그는 그것이 영문자인 것, 그 발음이 <트라데·말크>(!)임을 가르쳐 주었으나, 말뜻은 미상이라 하였다.[27]

무엇보다도 위의 인용은 상표와 서양 문자의 동시적 경험을 기술하고 있다는 점에서 흥미롭다. 역시 외국어는 교환이고 무역이었던 것이다. 그런데 낯선 외국어 'TRADE MARK'는 개화 지식인인 'C선생'에게 조차 쉽게 번역되고 해독되지 않는다. 그것은 아직 배우지 못한 시장의 언어, 김기림 식으로 표현하면 '씨-자의 투구를 쓴 商會'(「상공운동회」)의 용어이기 때문이다. 이에 대해 김기림은 다음과 같이 시 쓴 바 있다.

> 이윽고 號角소리……
> 자전거가 달린다. 선수가 달린다. 그러나 나중에는 商標만 달린다.
>
> 움직이는 商業展의 會場 우에서
> 壓倒된 머리가 느러선다. 주저한다. 결심한다.

---

27) 양주동, 『문주반생기』, 신태양사출판국, 1962(재판), 26쪽.

"이 회사가 좀더 加速度的인 걸"
"아니 저 상회가 더 빨은 걸"
"요담의 광목은 저 집에 가 사야겠군"28)

따라서 사람 대신 '상표'만 달리는 근대 세계에서, 기껏해야 영문자 읽기 이상으로는 나아가지 못 하는 '하이브리드 하꾸라이'의 외국어 지식은 유성기에 대한 오해에 필적하는 몰이해와 착각을 낳는다. 「개척자」의 성순이가 얼룩 고양이의 이름을 '퍼피'로 잘못 지어주는 것과는 또 달리, 'TRADE MARK'는 '트라데・말크'로 읽힌다. "시계점으로 들어가서 백금 껍줄의 <론징>"을 사고 모자점에 들어가 '볼사리노' (김남천, 「T일보사」)를 샀음에도 불구하고, 또는 "얼마를 망살거린 끝에 드디어 양복점 점원이 권하는 대로 닉커 복커라는 신식 복장"(박태원, 「천변풍경」)을 채택했음에도 불구하고, 결국 식민지인은 항상 '말뜻은 미상'인 '트라데・말크'를 소비하고 있다. 즉 이 '트라데・말크' 현상이야말로 식민지 근대의 본질적 성격이다. 「날개」(이상)의 룸펜 주인공이 아달린을 먹으며 '제일 싫어하는 음식을 탐식하는 아이러니'를 실천하는 것은 그 때문이다. 이를 통해 그는, 식민지 사회에서 아스피린과 아달린은 가짜 '하꾸라이'처럼 계속 혼동되고 있다는 것, 다시 말해 상표들의 '가속도'를 따라가지 못 하는 식민지인 의 '압도된 머리'에, 아스피린과 아달린은 그 진정한 뜻과 원리가 파악되고 구별되기 어려운 '트라데・말크'로서 유행되고 있음을 보여 주었던 것이다.

그런데 이는 사용가치가 아니라 교환가치를 발현하는 시장의 소비 를 강력히 은유한다. 사람들은 감기를 치료하기 위해 아스피린(사용가

28) 김기림, 『김기림전집 1』, 심설당, 1988, 123쪽.

치)을 먹고 있다고 오해한다. 하지만 실상 그들은 언제나 아달린(교환
가치)을 먹고 몽롱해질 뿐이다. 소비를 통해 사람들은 자신의 필요를
충족한다기보다는 시장을 활성화하고 있다. 따라서 주인공에게 아스
피린 대신 아달린을 먹이는 일은, 금홍이에 의해 획책된 개인적이고
우연한 사건이 아니다. 오히려 그것은 네온사인이 번쩍이는 근대적
사회 체계의 본질을 상징한다. 금홍이는 사회의 본질이 현상하는 한
계기였을 뿐이다. 그러므로 이를 깨달은 주인공은 맛이 익살맞은 아달
린을 스스로 씹어먹는다. 돈 5원을 주고 아내의 방에서 처음으로
잠을 잤듯이, 그는 집(家)이 아닌 길거리(街)에 자발적으로 몸을 맡기는
것이다. 즉 이상의 '길거리'는 시장의 다른 이름이다. 그의 위치는
오직 시장 내의 한 지점이며, 그의 환경은 '家外街'(또는 街外家)가
아닌 '街外街'이다. 유곽과도 비슷한 '33번지'는 물론, 주인공의 발길
이 닿은 미쓰코시 백화점 옥상의 진정한 의미 역시 이와 관련된다.
식민지인으로 하여금 "날마다 푸른 바다 대신에/꾸겨진 구름을 바라보
려/'엘리베이터-'로/오층 꼭대기를 올라"(김기림, 「바다의 향수」)가게
했던 백화점이야말로 교환가치의 전당이기 때문이다. 그것은 "방 덧문
을 첩첩 닫고 일년 열두 달을 수염도 안 깎고 누워있다 하더라도"
기필코 '담벼락을 뚫고 스며'(이상, 「지주회시」)드는 '길거리'의 '관계'
와 원리를 집대성한다. 이를테면 그것은 '얼마짜리 화폐 노릇을 하는
세음'이냐고 계속 묻는다. 그 누구도 이 질문에서 자유로울 수는 없다.
다음과 같이 말이다.

　　내 두루마기 깃에 달린 貞操 뺏지를 내어 보였더니 들어가도 좋다고
　그린다. 들어가도 좋다던 여인이 바로 제게 좀 선명한 정조가 있으니
　어떠냔다. 나더러 세상에서 얼마짜리 화폐 노릇을 하는 세음이냐는

뜻이다.29)

위와 같은 길거리의 흥정과 더불어, 아달린을 씹어먹는 행위는 교환 가치에 물든 사회의 본질을 육체로 표현한 식민지인의 아이러니컬한 실천이 된다. 그리고 '제일 싫어하는 음식을 탐식하는' 그 실천의 순간이야말로 식민지인의 본질인 오해와 흉내내기가 극복되는 순간이었다. 비로소 그는 자기 자신과 사회를 향해 패러독스와 유머를 구사하기 시작했다.

이렇게 아달린은 식민지의 '천재' 룸펜이 음울하게 생산한 최신의 '트라데 · 말크'였다. 이상의 아달린을 통해 '트라데 · 말크'는 '하이브리드 하꾸라이'가 진정으로 발명해 낸 유머러스한 상표가 되었던 것이다.

5. 모보, 식민지인의 탄생

그렇다면 위와 같은 상황을 배경으로, 우리는 이상의 유일한 장편소설인 「12월 12일」의 교만 방탕한 청소년 '업'과 백부의 갈등을 다시 읽을 수 있다. 백부는 가난한 부모가 준 돈으로 활동사진 배우의 '푸로마이트'를 사다가 방벽에 붙여 놓기도 했던 업에게, "네가 돈이 어디서 생기니? 네가 버는 것은 아니겠지" 라고 책망한다. 그리고 업이 사들인 해수욕 도구들을 불태운다. 이에 대해 업은 다음과 같이 '골수에 사무친 복수'를 수행한다.

---

29) 이승훈 편, 『이상문학전집 1』, 문학사상사, 82쪽.

업은 해수욕을 가겠다는 출발이었다. 새 옷을 갈아입고 방문을
죄다 열어 놓고 방 웃목에 쌓여 있는 해수욕 도구를 모두 다 마당으로
끄집어내게 하였다. 그리고는 그 위에 적지 않은 해수욕 도구의
산에 '알콜'을 들어부으라는 업의 명령이었다.
"큰아버지께 작별의 인사를 드리겠으니 좀 오시라고 그래 주시오.
어서 어서 곧- 지금 곧"
그와 업의 시선이 오래- 참으로 오래간만에 서로 마주치었을 때
쌍방에서 다 창백색의 인광을 발사하는 것 같았다.
"불! 인제 게다가 불을 지르시오"30)

이같이 「12월 12일」의 핵심적 갈등은 해수욕 도구라는 상품을 매개
로 표출된다. 업과는 달리, ×는 "家族을 위하야/바비바삐 '데파-트'로
달"려가는 '시민'31)이 아니다. 예컨대 그는 "평생 지망이 제일이 백화
점의 여점원이요, 제이가 뻐스껄"인 명숙이가, "화신상회로 가서 우
아래층을 한 바퀴 돌아오는 것이 우습게 쳐버릴 수 없는 기쁜 사무"32)로
생각하는 일 따위는 상상할 수 없다. 따라서 C간호부와 해수욕을
떠나려 하는 업의 모던한 취향을 ×가 이해하지 못 하는 것은 당연하다.
한편 "네가 돈이 어디서 생기니? 네가 버는 것은 아니겠지"라는 힐난은
치명적이다. 왜냐하면 업은 노동과 돈벌이를 면제함으로써 아동을
탄생시키는33) 근대 사회의 「자녀중심론」(이광수)적 사고 및 기획에서
탄생된 아이이기 때문이다. 사실 중요한 소비 대중으로서 새로운 소비
패턴을 형성했던 것은 자녀중심론적인 아동이나 자유연애를 외치는

30) 김윤식 편, 앞의 책, 129쪽.
31) 김기림, 「제야」, 앞의 책, 351쪽.
32) 박태원, 『천변풍경』, 박문서관, 1938, 363쪽.
33) 이에 대해서는 졸고, 「단발, '아해'의 수사학」, 『이상 리뷰』, 2001. 9를 참고할
    것.

청년이었다.

따라서 이 모든 면을 집약하는 해수욕 도구는 업과 백부의 갈등을 우연히 매개하는 것이 아니다. 그것은 대립의 본질이자 핵심이다. 해수욕 도구 자체가 레저, 관광 등의 새로운 소비 형식을 낳은 자본주의 제도(시장)와, 부모에 대한 효성이라는 봉건적 가치(가족) 사이의 충돌을 표현한다. 이때 해수욕 도구에 대한 백부의 태도는 기차나 전신주 등에 향해진 전대의 혐오감과도 상통할 수도 있다. 또는 다음의 인용에서 보이는 바, 단발에 대한 송빈 할머니의 공포에 필적한다(물론 「12월 12일」의 갈등은 현저히 그 본격성과 시대적 의의를 상실하고 있다).

> "너이 아버지가 타국 갓다 머리 싹구 오더니 개화니 역적이니 허구 몰려 여기쩌정 왓단다" 하시며 머리만 싹으면 이 어린 손자까지도 무슨 변을 만날 것처럼 겁을 내시는 것이엇다.[34]

즉 송빈 할머니에게 사위의 단발은 전혀 이해되지 않는다. 그것은 가족의 불행을 초래한 낯선 공포이자 형언할 수 없는 재앙이다. 어쩌면 그것은 사실일지도 모른다. 단발은 과거와 봉건성을 산출하는 박물관의 유리상자 안에 송빈이 할머니를 가두는 문명의 시선으로 작용했기 때문이다. 이를테면 『개벽』 1925년 8월호에는, "女子斷髮號인 동시에 暑中 學生號"인 『신여성』 8월호의 광고가 실리고 있다. 이렇게 '단발'과 '학생'은 동일화된다. 다시 말해 "양머리는 공부가 있다는 표적인고로 자기 같은 무식쟁이로서는 양머리를 싫어"[35]하는 어떤 주부의 생각처럼, 단발은 근대 지식과 동일화된다. 그런 의미에서 단발은

---

34) 이태준, 「사상의 월야」, 『매일신보』 1941. 3. 5.
35) 염상섭, 「이심」, 『염상섭전집 3』, 민음사, 1987, 209쪽.

양복의 동의어이다. 또 그것은 위압적인 근대 제도이기도 하다. "농촌
에서의 양복장이의 위력은 당당하였다. 그 노파는 인준이를 형사로라
도 인정하였는지 치를 떨면서 자기의 아는껏 대답하였다"36)고 김동인
이 쓴 것은 그 때문이다.

근대적 기관을 표상하는 이 무서운 '양복쟁이'의 등장과 함께 '상투
쟁이'의 패션은 타자의 패션, 즉 야만으로 전락한다.37) 단발로 인해
송빈 할머니는 야만인이 되었다. 비유컨대 "농민들의 하얀 바지저고리
와 순검의 까만 복장은 아주 대치적으로 인상적으로 보였"38)던 것이다.
「추월색」의 정임이가 '색주가'를 탈출하면서, "이번에 이 고생한 것도
도시 의복을 잘못 차린 까닭이오, 또 동경을 가더라도 조선 의복 입은
사람은 下等 대우를 한다"는 것을 생각하고 "吳福店을 찾아가서 일본
옷 한 벌을 사서 입고, 그 오복점 주인 여편네에게 간청하여 머리를
끌어올려 일본 쪽"39)을 졌던 것은 그 때문이다. 또 부산역에서 이광수
는, "그 찻간은 조선인이 타는 칸이니 양복을 입은 나는 일본 사람
타는 데로 가라"는 말을 듣고 '전신에 피가 거꾸로 흐르는 분격'40)을
느낀 바도 있다. 그러나 "나도 조선인이요"라고 말하며 조선인 타는
칸으로 오른 이광수 앞에 펼쳐진 '때묻은 흰옷을 입은 동포들'의 모습
은, 실로 고약한 냄새를 풍길 뿐만 아니라 "담뱃대를 버티고, 자리
싸움을 하고, 침을 뱉"는 등, "참으로 울고 싶"게 할 뿐이었다. 춘원은
「만세전」에서 다음과 같이 묘사된 '요보'41)를 발견했던 것이다.

36) 김동인, 「水平線 너머로」, 『김동인전집 7』, 조선일보사, 1988, 193쪽.
37) 이와 관련해서는 졸고, 「『무정』의 패션」, 『민족문학사연구』 18호, 2001.
   6을 참고할 것.
38) 안회남, 「폭풍의 역사」, 『한국소설문학대계 24』, 동아출판사, 1995, 501쪽.
39) 최찬식, 「추월색」, 앞의 책, 29쪽.
40) 춘원, 「나의 고백」, 『이광수전집 13』, 삼중당, 1962, 194쪽.
41) '요보'는 사람을 부르거나 할 때, '여보'라는 말을 많이 쓰는 조선인들을

"웬걸요. 촌에서 머리를 싹그라면 더 弊롭고 실상 돈도 더 들지요.
……게다가 머리를 싹그면 兄夫네들 모양으로 내지어도 할 쑬 알고
시체 학문도 잇서야지요. 머리만 싹고 내지ㅅ사람을 만나도 대답
한아 쪽쪽히 못 하면 관청에 가서든지 순사를 만나서든지 더 구치안은
째가 만치요. 이러케 망근을 쓰고 잇스면 '요보'라고 해서 좀 잘
못 하는 게 잇서도 웬만한 것은 용서를 해 주니까, 그것만 하야도
싹글 필요가 업지 안어요"
하며, 썰썰 웃어버린다.
"그러치만 가튼 조선 사람끼리라도 양복을 입으면, 대우이 다른
것 가티, 역시 머리라도 싹는 것이 저 사람들에게 덜 천대를 밧지
안소. 언제짜지든지 함부로 훗쑤리는 대로 씁적씁적하고 '요보'ㅅ소
리만 드르랴우?"42)

김기림은 "사람이 만들어 가는 모든 기구가 결국은 옷과 같은 것"이
라고 한 토마스 카알라일의 '衣裳哲學'을 거론하며, "의상이라고 하는
것은 입는 사람의 혹은 한 사회의 정신의 상태를 계시하는 기호"라고
규정했다. 또 그는 "긴치마를 몽땅 잘라버리고 딱지저고리를 허리까지
길게" 입음으로써, "수천 년 동안의 고루한 인습에 대한 자각한 신여성
의 항의"를 표현한 "조선 女服의 대담한 개혁자들을 존경"43)한다고
말한 바도 있다. 그렇다면 '내지어' 및 '시체 학문'을 단발과 동일시하는
상투쟁이의 의견은 핵심을 찌르고 있다.
그러나 그럼에도 불구하고 위의 '요보'는 '시체 학문'를 배우고
머리를 깎는 대신, 오히려 상투쟁이의 패션과 자신의 타자성을 적극적
으로 이용한다. 교활하게도 그는, "잘 못 하는 게 있어도 웬만한 것은

가리켜 주로 일본인들이 사용하던 비칭임.
42) 염상섭, 「만세전」, 『염상섭전집 1』, 민음사, 1987, 77~78쪽.
43) 김기림, 「인형의 옷」, 『김기림전집 6』, 심설당, 1987, 46쪽.

용서"를 받는 일과 자신의 주체성을 교환한다. 기필코 이 '요보'는, 머리를 "서양 아이 모양으로 앞을 길게 남겨서" 가른 안빈의 예닐곱 살 된 아들은 물론, 그가 입은 '남빛 니커보커즈'(이광수, 「사랑」)[44]의 '트라데 · 말크'에조차 '꿈적꿈적'하고야 말 것이다. 그런 의미에서 그는 그야말로 '요보'이다. 그는 경멸됨을 근거로 존재한다. 이는 그의 구조이다.

이는 식민지인의 한 양상임에 틀림없다. 이는 이기영의 여주인공 마리아가, "계집애라는 소리를 누구네한테 듯는 '요보'와 가티 듯기"[45] 싫어하는 진정한 이유이다. 아무리 '마리아'라고 불릴지라도, 결국 '요보'는 부정하고 싶은 자기 자신의 모습을 폭로하기 때문이다. 박태원이 복잡한 거리에서 허둥거리는 '윤초시'(「윤초시의 상경」) 및 '우둔하게 생긴 상투잽이'를 관찰하고 묘사하는 것 역시 이와 관련된다. 다음을 보자.

> 나의 앉아 있는 바로 앞에가 어떤 시골사람이 한 명 서 있었다. 그는 뻐스가 정류소에가 서고 또 움즈기고 할 때마다, 뒤로 나가자빠지려다, 내 머리 위로 어프러지려다 하면서, 그때마다 엄청나게 질겁한 소시로 "어그마! 어그마!" 하고 외쳤다.
> 그가 그렇게 외칠 때마다 승객들은 모멸과 흥미가 혼화한 웃음을 웃으며, 그들의 머리를 들어 그 시골사람의 뒤로 제켜 쓰인 갓과, 또 갓 속의 조그만 상투를 보았다.[46]

인용에서 알 수 있듯이, '갓 속의 조그만 상투'는 더 이상 선비나

---

44) 이광수, 『이광수전집 10』, 삼중당, 1962, 10쪽.
45) 이기영, 「옵바의 비밀 편지」, 『개벽』, 1924. 7, 140쪽.
46) 박태원, 「피로」, 『소설가 구보씨의 일일』, 문장사, 1938, 71쪽.

군자의 기호가 아니다. '낡은 좀내'를 내는 그것은 표본실의 청개구리처럼 해부되거나 '모멸과 홍미'의 대상으로 전유될 뿐이다. 이미 오래전부터 버스 안의 승객들은 "조혼 양복에 금안경 個나 부치고 마차 자동차 하다못해 인력거라도 타고 무슨 크고 긴급한 일이 늘 잇서 동서로 奔馳하는 활발"[47]한 '신사'의 '향수 내'를 맡고 있기 때문이다. 따라서 그들은 비록 헌 구두이나마, "비가 오면 어쩌나? 구두를 못 신으면?"[48]이라고 걱정하는 순모(이태준, 「성모」)처럼, 주저 없이 갓신을 구두로 대체했다. 또는 "K양의 발목을 잡고 새로 지어 온 흰 구두를 신겨 주고 있는"[49] T의 연애 장면과 함께, '하이칼라'는 '청년'[50]의 패션으로 자리잡았다.

그러므로 이런 의미의 '하이칼라'는 김기림이 존경해마지 않았던 '조선 여복의 대담한 개혁자들'이나 진정한 '신사'만의 복장은 아니었다. 이 '하이칼라'의 복장은 그 의복의 주체적 수용과 생산을 기획했던 여러 근대 이념의 잔해이거나, 근대적 감각을 피상적으로 지향하는 '몸치레'에 그칠 수도 있었다. "양복은 문명한 국민의 의복이니 양복만 닙으면 洋帽만 쓰면 머리 속 배 속까지 문명한 서양식이 되렷다"라고 풍자하며, "신사라는 신사는 다 양복을 닙엇슴"[51]을 비판하는 「신사연구」의 논조는 이를 암시한다. 또 춘원이 다음과 같이 자조한 것 역시 이와 관련된다.

47) 頭公, 「紳士研究」, 『청춘』 3호, 1914. 12, 65쪽.
48) 이태준, 「성모」, 『신문연재소설전집 4』, 깊은샘, 1999, 179쪽.
49) 김동인, 「구두」, 『김동인전집 2』, 조선일보사, 1988, 118쪽.
50) "청년"은 근대문학을 설명함에 있어 극히 중요한 개념이다. 그러나 이에 대해서는 고를 달리 하여 본격적으로 논할 것이다.
51) 頭公, 「紳士研究」, 앞의 책, 68쪽.

나는 읽을 줄은 모르면서도 하도 제 신세가 초라하여, 혹 영문신문이
나 보면 인물이 좀 돋우 설까 하는 가련한 생각으로 십전 은화를
주고 중국 外字報 치고 가장 세력 있다는 상해 今朝 발행『China
Press』一部를 사 광고 그림만 뒤적뒤적하다가, 외투 호주머니에
반쯤 밖으로 나오게 접어 넣어 몸치례를 삼았나이다.[52]

그렇다면 이 외투 속의『China Press』는 '트라데·말크'적 시민권의
또 다른 기원이다. 그것은 근대 문명에 대한 기갈 및 양복쟁이에 대한
공포를 백화점의 쇼윈도우를 선망하는 시선으로 전환한다. 도시의
네온사인과 더불어 "양복쟁이 가튼 것하고 사라보기가 소원"[53]인
'똥파리 아내'의 욕망은 일상화·피상화·정당화된다. 바야흐로 '모
보'(모던보이)가 탄생한 것이다. '하이칼라'는 "나발바지, 칠피구두,
가짜 '스네이크우드'의 지팡이, 도금 시계줄, 양대모 안경, 돈을 다하고
재간을 다하여 몸을 장식하고 종로의 거리를 헴쳐 다니는"[54] '모던보
이'의 패션이 되었다. 또 그것은 다음과 같이 '소위 첨단'을 걷는
'모가'(모던걸)의 복장이 되었다.

여기서 치마에 아래쪽까지 대림쳐 입기를(즉 서울 유행을 제일
먼저 수입한 걸세그려) 그것도 송선비지. 치마가 길었다 짧았다 저고
리가 컸다 작았다 하는 유행을 제일 먼저 수입해서 실행한 것도
송선비지. (무론 상학할 때는 그렇게 못 하지만) 늘 이름 모를 일본
비단을 몸에 감고 허욕에 뜬 계집애들의 유행의 선봉을 선 것도
송선비지. 내가 직접 보지는 못 했지만 서울 ××여학교에 다닐 때도
제일 멋쟁이고 제일 하이칼라댔다나. 팔에는 팔뚝시계, 손가락에는

---

52) 이광수, 「해삼위로서」,『이광수전집 18』, 삼중당, 1962, 211쪽.
53) 염상섭, 「똥파리와 그의 안해」,『염상섭전집 9』, 민음사, 1987, 318쪽.
54) 김동인, 「논개의 환생」,『김동인전집 3』, 조선일보사, 1988, 142쪽.

(단 한 개지만) 커다란 금강석을 박은 반지, 언제든 살이 꿰보이는 얇은 비단 양말-대체 그 돈은 어디서 났느냐 말야. 하기는 ××여학교에 다닐 때는 그 비용이 모두 그 학교 교장 Q씨에게서 나왔단 말이 있어.[55]

요컨대 모던보이나 모던걸과 더불어 본격적인 식민지인은 탄생한다. "기생의 거동이 여학생의 거동을 밟으며, 賣笑婦의 正裝이 여학생의 행색을 쫓는"[56] 상황에서 그들은 식민지인으로 규율되기조차 어려운 '상투쟁이'와 '요보'를 깔보는 대신, 쇼윈도우를 선망하는 시선을 통해 스스로 근대적 소비 대중의 식민지 시민권을 얻는다. 그는 자본주의 시장 체계의 거미줄에 단단히 포박됨으로써 '요보'와는 다른 근대적 식민지인이 된다. 생산에서 소외된 식민지 주체는 오직 소비와 관계하여 스스로의 좌표를 확인할 것이기 때문이다. 이때 유행은 단발령이나 총독부령 등을 대체하는 규율과 명령의 市場的 형식으로 기능할 것이며, 광고는 새로운 '지상 명령'이 되어 주체 내부에 각인될 터이다. 「12월 12일」의 업으로 하여금 영화 배우의 '푸로마이트'를 사게 했던 영화 역시 그 강력한 형식이다. 이는 다음과 같은 현상을 낳기도 했다.

여성들의 안면의 화장, 양말 신혼 모양, 구두, 또는 스카-트(치마)가 오르고 나리는 것도 영화의 여배우를 따랐었고 지금은 파-마넨트·웨-브가 양가의 집 처녀의 깜정 머리카락을 못 살게 굴고 또는 옥시풀로 머리의 깜정물을 빼어 여호 털 같이 맨드는 이 奇觀 역시 영화가 가저온 범죄다.[57]

55) 김동인, 「결혼식」, 『김동인전집 2』, 조선일보사, 1988, 297쪽.
56) 「여학생 제복과 교표 문제」, 『신여성』, 1923. 10, 19쪽.
57) 안석영, 「미국 영화와 조선」, 『조광』, 1939. 7, 170쪽.

그러나 영화배우를 흉내내어, "약간 초록빛 나는 스코치 양복에 같은 외투를 팔에 걸고 역시 초록 계통의 소프트를 쓰고 상아로 손잡이 한 단장에 몸을 기대고 섰는 젊은 신사"[58]가 '코닥 사진기'[59]로 사진을 찍을 때, 오히려 그는 그저 신기한 '사진 기계'(이인직, 「모란봉」) 앞에 부끄럽게 서거나, 오십 전 짜리 동전을 준 백인으로 하여금 자기를 피사체로 '캬메라를 희롱'[60]하게 했던 거지 '요보'들보다 훨씬 더 본질적으로 사진 찍힌다. 식민지의 젊은 신사가 셔터를 누르는 순간, 그는 욕망과 수요의 계기로서 정확히 예측되고 포착될 것이기 때문이다. 이런 식으로 그는 시장에 전유되고 동원된다. 따라서 가짜 '하꾸라이'의 생산양식(=소외 양식)에 대응하는 그의 패션은 보편적인 식민화를 소비의 일상으로 작동시킨다. 아래의 논의는 그 점을 지적하고 있다.

> 소비사회, 그것은 또한 소비를 학습하는 사회, 소비에 대해 사회적 훈련을 하는 사회이기도 하다─달리 말하면 새로운 생산력의 출현과 고도의 생산성을 갖는 경제 체계의 독점적 재편성에 어울리는 사회화 (socialization)의 새롭고 특수한 양식이다.[61]

그러므로 식민지 근대인의 주소는 도시의 거리이다. 그는 쇼윈도우 앞에서 사색한다. '모보'가 함축하는 핵심적 의미는 그것이다. 시장이라는 타인의 옷을 걸침으로써, '모보'는 인간과 시장의 시선을 끝없이 넘나들게 하는 쇼윈도우를 곳곳에 반영하며 재생산한다. 그의 본질은

---

58) 춘원, 「사랑」, 『이광수전집 10』, 삼중당, 1962, 47쪽.
59) 위의 책, 52쪽.
60) 이상, 「추등잡필」, 김윤식 편, 『이상문학전집 3』, 문학사상사, 1993, 87쪽.
61) 장 보드리야르, 이상률 역, 『소비의 사회』, 문예출판사, 1992, 106쪽.

타인이다. 그러므로 "황금으로 만든 카우스 단추를 사고, 녹색 비취의 넥타이핀을 사고 향수와 화장 도구"(「T일보사」)까지 산 김남천의 화려한 주인공과 이상의 '형상 없는 모던 뽀이'(「동해」)는 크게 다르지 않다. 시선(시장)의 대상으로서 거리에 전시된 '모보'는 어느새 스스로 쇼윈도우가 되었기 때문이다. 물론 그는 자신의 번쩍이는 패션에 꽂힌 행인들의 시선을 즐기기도 할 것이다. 그는 일종의 허위의식에 빠질 것이지만, 사실 사람들이 바라보는 것은 '모보라는 쇼윈도우' 너머의 것이다. 그렇다면 결국 그는 마네킹이며, 시장과 자본은 사람들 사이에 오고가는 복잡한 욕망의 시선 저 너머에서 이 모든 장면을 체크하고 있다. 그야말로 "철마다 변해지는 젊은 아가씨의 의상철학(?)은 물 건너 織造會社의 株 값을 올리고 있"[62]는 것이다. 쇼윈도우 앞의 사색이란 소외의 다른 이름이다. 따라서 다음과 같은 「공포의 기록」은 의미심장하다.

　　나는 나의 친구들의 머리에서 나의 번지수를 지워 버렸다. 아니 나의 복장까지도 말갛게 지워 버렸다.[63]

　쇼윈도우에 맞서 이상의 주인공은 "방 덧문을 첩첩 닫고 일년 열두 달을 수염도 안 깎고 누워"(「지주회시」) 있었다. '담벼락을 뚫고 스머드는' 사회의 '잔인한 관계'에 나가떨어진 그는 "허리와 두 가랑이 세 군데 다—고무 밴드가 끼여 있는 부드러운 사루마다를 입고 그리고 아무 소리 없이 잘 놀"(「날개」)았던 것이다.

---

62) 秦長燮, 「자연으로 도라가는 마음」, 『문장』, 1939. 4, 148쪽.
63) 이상, 「공포의 기록」, 김윤식 편, 『이상문학전집 2』, 문학사상사, 1991, 202쪽.

6. 모데르노로지오 상티망탈

위와 같이 식민지 도시의 일상은 '모보'로서 수행되었다. 이는 중요
한 의미를 지닌다. '요보'를 경멸하는 '모보'의 쇼윈도우적 시선을
통해 근대 문명을 둘러싸고 펼쳐졌던 낡은 것과 새 것의 대립은 '요보'
와 '모보'의 대립으로 탈이념화되고 통속화되었을 것이기 때문이다.
나아가 이는 어느 정도 민족모순이나 빈부, 노자의 대립을 사회적
논의의 표면에서 제거하기도 했을 것이다. 그런 식으로 이는 식민지의
일상을 구성하고 통제한 원리가 되었다. 이는 식민지 근대 및 식민
주체의 복잡한 잡종성을 강력히 암시한다. 이제 진보란 백화점의 엘리
베이터를 비행기로 혼동(이태준, 「어머니」)하는 '요보'를 비웃으면서,
유유히 양품부로 가 '니코보코'의 새 옷을 사는 일이다.

따라서 "남은 것이라고는 때묻은 넥타이 하나뿐이 아니냐"[64]고
한 임화의 말은 의미심장하다. 위와 같은 사회적 현상에 기대어, 이는
시장이 은폐하고자 했던 핵심적 문제를 환기한다. 이렇게 임화의 '네거
리'는 이상과는 다른 방식으로 아래와 같은 모던 보이의 '홈부라'[65]에
발목을 건다.

　서울의 녀름이 무르녹게 되엿구나 商店의 '소우, 윈도우' 안에는
녀름철에 쓰이는 가지각색의 日用品이 사람의 눈을 붓잡으려고 한다.
파라솔, 흰 양말, 향수, 못붓채, 해수복, 굽 높흔 흰 구두, 젊은 여자들의
마음을 끌기에 상당한 것들이 가득히 잇다.

64) 임화, 「네거리의 순이」, 『현해탄』, 동광당서적, 1939, 6쪽.
65) '홈부라'는 긴자(銀座)를 배회하는 동경의 긴부라에 대응하는 식민지 경성의
　풍속으로서 3차 산업 지역인 혼마찌(本町)를 어슬렁거리며 돌아다니는 것이
　다. 이에 대한 논의는 졸고, 「미쓰코시, 근대의 쇼윈도우」, 『현대문학의 연구』
　15호, 2000. 8 및 김영근의 논문을 참고할 것.

달 밝은 밤이다. 종로서부터 조선은행 압까지의 人道 우에는 희게 장속한 여자들의 그림자가 길 가는 사람들의 눈을 쌔앗는다. 속치마를 억개에 걸어메인 걸쌍이, 등어리에다 반달 형용(半月形)을 둥글게 그린 것이 얄븐 적삼으로 비치고 잇다.－서울의 流行이다. 녀름의 서울이다. (중략)

녀름이 되자 洋裝하고 단니는 여자들도 잇다. 경제와 간편한 것을 위한 양장이 아니라 사치하기 위해서, 모양 내기 위해서 하는 양장이다. 옷감은 될 수 잇는 대로 환하게 비치는 것이 류행된다. 짧은 스카트, 가슴까지 내놋는 웃저고리, 발이 비치는 양말－이 양장하는 여자들의 맨끚 目標인 듯하다. 류행은 류행을 낫는다.66)

한편 이 문제에 대한 채만식의 다음 기술은 흥미롭다.

정자옥에서 나와 진고개로 다시 들어섰다. 두 사람의 앞에 신여성과 양복장이가 나란히 서서 걸어간다.

어쩐지 얼띠어 보인다.

"네나 내나 요보가 진고개에 무슨 일이 있냐!" 하고 S가 픽 웃는다.

"그건 그래도 나으이……상투쟁이래야 제격이지."

"저건 모·본데."

S가 보니, 응 아닌 게 아니라 옷과 몸매가 모·보로 된 친구 하나가 쓱 지나간다.

K는 눈초리로 고소를 하며

"그래 모·보는 모·보야……단 조선놈 모·보는 Modern Yobo라는 모·보야, 하하."67)

주지하듯이 위의 인용문은 식민지 경성의 일본인 상업 지역인 진고

66) 김기진, 「서울의 녀름」, 『신여성』 1924. 7, 6~7쪽.
67) 채만식, 「창백한 얼굴들」, 『채만식전집 7』, 창작과비평사, 1989, 14~15쪽.

개(명동, 충무로 부근), 즉 백화점과 카페를 비롯한 온갖 상점으로
홍청거리는 南村 '혼마찌(本町)'의 장면이다. 여기서 핵심은 "조선놈
모·보는 Modern Yobo"라는 말이다. 왜냐하면 이 말은 '요보'와 '모보'
의 대립이 사실은 허구일 수 있다는 것을 지적하고 있기 때문이다.
즉 '신여성', '양복쟁이', '상투쟁이'가 모두 '조선놈'이듯이, 요보와
모보는 결국 '모던 요보'로 통일될 수 있는 식민지의 부정적 두 양상이
다. '모던 보이'와 '모던 걸'은 '못된 껄'이나 '못된 뽀이'로 지칭되기도
했던 것이다.

　따라서 한편으로 채만식은, "난찌? 난찌란 건 또 무어다냐"(「태평천
하」) 라고 했던 윤직원을 풍자함과 동시에, 다른 한편으로는 좌익
'전과자'인 고모부를 비웃으면서 "미쓰꼬시 앞에서 빠나나 다다끼우
리(행상)를 하는"[68] '미네상'에게 아주머니의 개가를 권하는 「치숙」의
조카를 그린다. 또는 미쓰코시 백화점, 마루젱 서점, 요리점, 다방
등을 도는 송영호 군의 '남부 일주의 여행'[69]을 묘사한다. 이렇게
'눈초리로 고소를 하며' 구사된 채만식 풍자의 핵심은 '요보'와 '모보'
의 표면적 대립을 넘어 '어쩐지 얼띠어' 보이는 이 둘의 공통된 부정성
을 풍속적으로 지양하는 것이다. 이를 통해 '요보'는 '모보'가 되며,
'모보'는 '요보'가 된다. 이는 다음과 같은 박태원의 '모데르노로지오'
와는 또 다른 채만식의 익살스런 고현학이다.

　　몇점이나 되었나. 구보는, 그러나, 시계를 갖지 않았다. 갖는다면,
　　그는 우아한 회중시계를 택할께다. 팔뚝 시계는-그것은 소녀 취미에
　　나 맞을께다. 구보는 그렇게도 팔뚝 시계를 갈망하던 한 소녀를

　68) 채만식, 「치숙」, 『채만식전집 7』, 창작과비평사, 1989, 262쪽.
　69) 채만식, 「종로의 주민」, 『채만식전집 8』, 창작과비평사, 1989, 160쪽.

생각하였다. 그는 동리에 典當나온 십팔금 팔뚝 시계를 탐내고 있었
다. 그것은 사원 팔십 전에 구할 수 있었다. 그리고, 그는, 그 시계말고,
치마 하나를 해 입을 수 있을 때에, 자기는 행복에 절정에 이를
것같이 생각하고 있었다.

'뱀베르구' 실로 짠 보이루치마. 삼원 육십 전. 여하튼 팔원 사십
전이 있으면, 그 소녀는 완전히 행복일 수 있었다. 그러나, 구보는,
그 결코 크지 못한 욕망이 이루어졌음을 듣지 못했다.

구보는, 자기는, 대체, 얼마를 가져야 행복일 수 있을까 생각해
본다.[70]

실로 구보는 곤 와지로(今和次郎)와 요시다 겐키치(吉田謙吉)의 『考
現學(モデルノロヂオ)』을 의식하면서, "일천구백이십구년 구월 어느
날 정오에 작성한, 이곳 통행인들의 분석표에 의하면, 학생이 48%
청년이 9% 점원이 8% 중년이 7% 계집 하인이 6% 그리고 여염집
부인, 노동자, 아이들, 기생, 군인,……기타-이러한 순위이다"(「반년
간」) 등과 같이 동경의 거리를 관찰한 바 있다. 또 창작을 위한 "<모데르
노로지오>를 게을리 하기 이미 오래"라고 생각하기도 한다. 이때
곤 와지로 등의 세밀한 풍속 조사에 비견되는 구보의 고현학적 특징은
상품 가격의 구체적인 제시와 관련된다. 이는 중요한 의의를 지닌다.
구보는 '팔뚝시계'와 '뱀베르구 실로 짠 보이루치마'의 가격인 '사원
팔십 전'과 '삼원 육십 전'으로써 근대 사회의 한 가지 핵심인 시장의
작용을 암시하기 때문이다. 즉 구보의 고현학은 계속 시장을 의식한다.
따라서 구보는 "내가 언제부터 이렇게 돈에 걸신이 들렸누"라고
반성하면서도, 전차비로 꺼낸 오원 백동화, 결혼 비용 삼천 원, 춘향전

---

70) 박태원, 「소설가 구보씨의 일일」, 『소설가 구보씨의 일일』, 문장사, 1938,
241쪽.

빌리는 값 일전, 한잔 십전 짜리 차, 인지대 백원, 지도대 십팔 원 등과 같이 계속 물건의 가격을 적시한다.

물론 이는 「소설가 구보 씨의 일일」에 한정된 현상은 아니다. 필자가 이미 지적한 바 있듯이,71) 「천변풍경」에서 박태원은 야시장에서 산 헌 잡지 값 5전에서부터 점룡이네 방세 3원과 콘서톤 라디오 가격 68원을 거쳐 서울에서 카페를 차리는 데에 드는 비용인 5000원에 이르는 교환가치의 사례를 다양하게 보인다. 또 객주집 주인, 갸꾸히끼, 고무신 행상, 고물상, 귀금속품점, 근화식당, 금광뿌로카, 껨도리, 무교정 ××루, 백화점 식당, 빙수가게, 빠텐더, 뻐스걸, 뽀이, 아이스크림 장수, 양화점, 오뎅집, 우동가게, 은방, 이발소, 자전거포, 잡화상, 전당국, 철물장사, 평화 카페, 포목전, 한약국, 한양구락부, 화신상회 등과 더불어 시골 아이 창수의 다음과 같은 경험을 묘사한다.

어디 '장'이 선 듯도 싶지 않건만, 사람은 또 웬 사람이 그리 거리에 넘치게 들끓느냐. 이층, 삼층, 사층……웬 집들이 이리 높고, 또 그 우에는 무슨 간판이 그리 유난스리도 많이 걸려 있느냐.72)

이와 같이 창수의 휘둥그레진 눈을 통해 구보는 도시 자체가 커다란 시장이며 번쩍이는 광고판이라는 사실을 발견한다. 그러므로 요리집 앞에 "金百圓デモ傳授セヌ ライスカレー, 一皿 十五錢"73)(백 원을 주어도 전수하지 않는 라이스 카레ー, 한 접시에 오십 전)이라 씌어 있거나, 다방 밖으로 '의료 기계 의수족'이라 한 광고등이 보이는 것은 당연한

---

71) 졸고, 「이상과 박태원」, 『이상, 철천의 수사학』, 소명출판사, 2000, 90~131쪽을 참고할 것.
72) 박태원, 『천변풍경』, 박문서관, 1938, 46쪽.
73) 박태원, 「피로」, 『소설가 구보씨의 일일』, 문장사, 1938, 72쪽.

일이다. 이는 도시인의 본질적인 환경이다. 이에 대한 발견은, "4, 5층 빌딩이 하나씩 둘씩 늘어서 있는 발 아래에는 '돈 한푼, 돈 한푼' 하고 구걸하는 사람이 목을 짜고 있는 데가 이곳이 서울"(「프로므나드 상티망탈」)이라고 한 김기진의 관찰과도 무관하지 않다. 구보는 그렇게 쇼윈도우와 광고판과 상점으로 구성된 교환가치의 거리를 걷는다.

그러므로 최만경이 먹은 「장한몽」의 '라이스칼'이 '서양 요리의 밥 이름'[74)]으로 주석되거나, 「무정」의 병욱이가 샌드위치의 맛과 이름을 영채에게 가르쳐주는 것과는 달리, 구보의 '라이스카레'에는 오직 한 접시에 오십 전 짜리라는 상업적 설명과 지시가 붙는다. 구보를 통해 카레라이스는 비로소 상점에 전시되기 시작한다. 이미 구보는 "난찌란 건 또 무어다냐"에 대답하지 않는다. 대신 그는 "난찌란 건 얼마다냐"에 대답한다. 구보에게 사물은 언제나 본격적인 상품이다. 따라서 구보가 보기에 '무엇을 사러 나간다는 것'은 "아낙네들에게 있어서는 단순한 사무가 아니다". 상품의 구입은 사회적 구성의 핵심과 접촉하고 거기에 참여하는 일이기 때문이다. 그것은 근대적 소비자로서 자신의 사회적 위치를 발현하고 규정하는 일이다. 그렇게 하지 않을 때, 그들은 '징신 마른신'을 팔던 「천변풍경」의 신전집이 '시절 탓'으로 인해 몰락한 것과 똑같은 일을 당할 수도 있다. 그러므로 이는 단지 '아낙네들'만의 문제가 아니다.

이렇게 판매와 구매는 본격적인 사회적 행위이다. 따라서 '샤쓰', '시계줄', '만년필' 등을 싸게 살 줄 알게 된 창수는, 들끓는 사람들과 사층 집의 간판에 놀라 입을 벌리는 시골 아이에 머물지 않는다. 포목상 점원이 주고 간 백화점 상품권으로 능숙히 명식이의 운동화와 누이의 지갑과 연화의 콤팩트를 사는[75)] 봉근이처럼, 이제 그는 도시의 한

74) 조중환, 「장한몽」, 『한국신소설전집 9』, 을유문화사, 1968, 79쪽.

좌표를 점유한 엄연한 시민이 되었다. 다음의 장면은 창수의 시민권을
증명하고도 남는다.

> "그래 뭐 샀니."
> "이거허구……"
> 창수는 멋을 내느라고 윗댄추 하나를 일부러 끼지 않아 턱 아래가
> 벌어진 시모후리 양복저고리 틈으로 엿보이는 새 샤쓰를 가리치고,
> "시곗줄허구……"
> (그것은 나중에 어름 값을 치를 때 지갑에 달린 것을 보았는데,
> 다른 두 소년이 부러워하기에 족하도록, 십오전 짜리로 하여서는
> 지나치게 번쩍거리는 것이, 아주 훌륭한 금시계줄이었다……)
> "또, 똥그란 색경허구……"
> "색경은 뭘 허게?"
> "뭐 허긴 우리 누나 갖다 줄께지……, 그리구 또 만년필……"
> 창수는 과자 먹던 손을 멈추어서까지 저고리 웃주머니에 꽂혀
> 있는 새 만년필을 꺼내어 동무들 보는 앞에서 신문지 조각 우에다
> 아무 의미도 없는 곡선을 십여 개나 그리고 난 다음에,
> "너, 이거, 사십 전이면 아주 홍재다. 너, 이게 십사금이라는 게야."[76]

　이렇게 구보는 순진한 시골 소년 창수를 쏜살같이 변화시킨 커다란
시장을 걷고 있다. 이는 구보식 '모데르놀로지오'의 핵심이다. 천변에
서 벌어지는 온갖 일들을 관찰하는 재봉이의 이발소 유리창보다 훨씬
본질적으로, 그것은 백화점의 쇼윈도우와는 다른 새로운 쇼윈도우가
작용하게 한다. 이때 중요한 것은, '모던 요보'를 풍자하는 채만식의
위치와는 달리, 구보는 자기가 관찰하는 시장과 거리의 내부에 서

75) 김남천, 『소년행』, 학예사, 1939, 65~69쪽.
76) 박태원, 『천변풍경』, 박문서관, 1938, 255쪽.

있다는 사실이다. 그는 완전히 초연한 위치에서 오직 풍자적으로 유리
창 너머의 풍경을 관찰할 수 없다. 또는 다음과 같이 포착된 장면의
감각적 양상만을 객관적으로 기술할 수도 없다.

　광호는 경희의 뒷모양을 물끄러미 내려다본다. 개갑게 올려 놓은
모자, 그 밑에 가만 머리까락, 그리고는 '에메랄드'의 눈부시는 색채
가 어깨의 곡선을 그리며 잔등으로 팡파짐하게 흘러내렸다. 그것이
한번 허리에서 끊어졌다가 구능처럼 퍼져 오르면서 궁둥이께를 지나
두 다리가 매춧하게 '하이힐'을 밟은 중턱에 구김ㅅ살도 없이 쪽
내려 드리었다. 남빛 구두는 '아스팔트' 우에서 아직도 저 편을 향한
채 서 있었다.77)

　즉 구보의 고현학은 가격표가 붙은 온갖 상품들과 함께 자기 자신의
욕망과 결핍도 발견한다. 어머니에게 "돈 한푼 없이 어떻게 기집을
먹여 살립니까?" 라고 말하는 것에서도 암시되듯이, 구보에게는 물건
을 살 돈이 없다. 그는 결국 "약간의 물질이, 참말이지 약간의 물질이,
능히, 그를 만족시킬 수 있었던 것을, 나의 가난이 마침내 그에게
조고만 기쁨이나마 가져다주지 못 하였던 것을 생각해 내었을 때,
어느 틈엔가, 나의 뺨 위를 두 줄기 눈물이, 소리도 없이 흘러나리고
있었다"78)고 고백한다. 이토록 시장의 질서에 예민한 그에게 돈은
'행복'의 일차적 조건인 듯하다. 그는 "가장 근심 없는 사람인 자신을
갖기 위하여 백화점 안으로 들어"79)간다. 그리고 "원래, 그리 불행하다
거나, 슬프다거나 그러한 사람들이 오는 곳이 아"닌 그곳에서, "얼마를

77) 김남천, 『사랑의 수족관』, 인문사, 1940, 159쪽.
78) 박태원, 「전말」, 『소설가 구보씨의 일일』, 문장사, 1938, 110쪽.
79) 위의 책, 106쪽.

가져야 행복일 수 있을까"라고 자문한다. 이제 가격표는 더 이상 상품의 값을 제시하지 않는다. 대신 그것은 결핍을 量으로 측정하게 한다. 이는 '모보'의 화려한 옷차림만큼이나 구보 자신도 시장과 쇼윈도우에 포획되어 있음을 증명한다. 구보 자신이 수요의 계기로서 시장에 결박되어 있다.

그러나 물론 구보는 돈에 매개된 쇼윈도우적 '행복'에 매몰되지는 않는다. 구보는 '황금광 시대'의 사회와 인간에 대해 누구보다도 잘 알고 있는 만큼, 비판적인 시선을 유지할 수도 있다. 구보는, "여자들은 그렇게도 쉽사리 황금에서 행복을 찾는다"[80]는 입장을 피력하며, 기생에서 학생으로 나아간 영채와는 반대로 부자의 첩이 되는 학생, 즉 '문학 기생'에 대해 지적한다. 그는, "여학생이나 기생이나 사람은 마찬가지 사람"(「무정」)이라고 했던 형식의 생각에 맞선 '인텔리 기생'[81]을 관찰하는 것이다.

따라서 한편으로 "그러한 여자를 가엾이, 또 안타깝게 생각"하면서도, 다른 한편으로는 "날마다 기름진 음식이나 실컷 먹고, 살찐 계집이나 질기고, 그리고 아무 앞에서나 그의 금시계를 끄내 보고는 만족"하는 "그 사나이의 재력을 탐내" 보기도 하는 복잡한 심리에서 벗어나지 못 하는 구보는, "조선놈 모·보는 Modern Yobo라는 모·보야, 하하"와 같은 태도를 취하는 대신, 스스로 백화점 안에 위치한 자기 자신이야말로 '모보'와 '요보'를 부정적으로 지양한 '모던 요보'일 수 있음을 깨닫는다. 그의 본질은 소비자이다. 소비가 불가능할 때, 그는 아무 것도 아니다. 따라서 그는 소비자의 위치를 반성한다. 이상의 '형상 없는 모던 뽀이'에 필적하는 이 반성적 시각은 백화점의

---

80) 위의 책, 254쪽.
81) 안석영, 「병실에서 병실에」, 『안석영문선』, 관동출판사, 1984, 276쪽.

유행과는 또 다른 패션을 낳는다.

이는 '요보'를 비웃는 것으로 '진보'를 대신하는 '모보'의 혼마찌와는 차별되는 '구보'의 거리, 즉 백화점의 쇼윈도우와는 다른 쇼윈도우에 전시된 식민지의 풍속이다. 구보의 센티멘털리즘은 이 지점에서 발생한다. 끝없이 권유하는 시장의 소음 너머로 슬픈 구보의 시선, 구보라는 근대문학사의 위치는 탄생한다. 이는 인간과 사물의 본질적인 연관을 대신해 등장한, 소비자와 상품의 관계가 발생시킨 도시의 정서이다. 이 센티멘털한 패션과 더불어, 백화점은 인간의 존재와 사물의 기원을 신비롭게 찬미하는, 충만하고 성스러운 신전이 아님이 폭로된다. 따라서 "百貨가 내 그림자나 조용히 보존하고 있는" 도시의 '거리'에 대해 이상은 다음과 같이 썼다.

> 비오는 백화점에 寂! 사람이 없고 百貨가 내 그림자나 조용히 보존하고 있는 거리에 여인은 희붉은 종아리를 걷어추켜 연분홍 스커트 밑에 야트막히 흔들리는 곡선! (중략)
> 소오다의 맛은 가을이 섞여서 정맥주사처럼 차고 유니폼 소녀들 허리에 번쩍번쩍하는 깨끗한 밴드, 물방울 낙수지는 유니폼에 벌거벗은 팔목 피부는 포장지보다 정한 포장지고 그리고 유니폼은 피부보다 정한 피부다.[82]

요컨대 구보의 고현학은, "입기는 양복을 입었으나 양복은 처음 입은 사람같이 서툴러 보이는"[83] 구완서나 옥련이의 '洋行' 이래, 다양한 풍속을 낳으며 줄곧 지속된 '양복의 시대'에 한 획을 긋는다. 동경의 '빈 다방'에서 위스키를 연거푸 다섯 잔[84]이나 마시기도 했던

---

82) 이상, 「散策의 가을」, 김윤식 편, 『이상문학전집 3』, 문학사상사, 1993, 29쪽.
83) 이인직, 「혈의 누」, 『한국신소설전집 1』, 을유문화사, 1968, 38쪽.

구보를 통해, '모던 요보'는 내면의 쇼윈도우에 비친 얼룩진 자신의
모습 너머로 사회를 응시하는 슬픈 시선을 가지게 되었다. 따라서
그것은 초월적으로 조감하는 시선인 동시에, 그 눈동자를 상실한 채
추락한 '오감도'적 시각에 필적하는 시대적 의의를 갖는다. 이 모데르
노로지오 상티망탈이야말로 아달린의 유머와 짝을 이루는 근대문학사
의 결정적 장면인 것이다.

7. 몸뻬의 시대, 결론을 대신하여

위와 같이 식민지의 근대는 '하이브리드 하꾸라이'와 '모던 요보'의
삶으로 발현되었다. 그리고 그것은 '아달린'과 '모데르노로지오 상티
망탈'이라는 쇼윈도우의 사색을 낳았다.

하지만 이상의 겨드랑이를 간지럽게 한 아달린의 익살에서 깨어나
기도 전에, 또는 '트라데·말크'를 번역해 낸 구보의 고현학적인 슬픔
이 채 가시기도 전에, 식민지에는 '창씨개명'의 또 다른 번역과 패션을
명령하는 '몸뻬의 시대'가 도래했다. 러시아인에게 29전의 도매가로
맥주를 파는 조선인 경영의 '오리엔탈 뻬-루 회사'가 "北滿 산업 중의
유수한 실업으로서 斯界에 신임"85)을 받게 되는 '대동아공영'과 '내선
일체'의 진취성 속에서, 구보를 슬프게 한 '하꾸라이'의 쇼윈도우는
다음과 같이 돌을 맞기 시작했던 것이다.

대체 서양 것은 배격한다는데 양장은 늘어가구 파-마넨튼가 무엔가
두 자꾸 늘어만 가니 그거 어떤 심판인지 모르지 않나. 우리 좁은

---

84) 박태원, 「수풍금」, 『박태원단편집』, 학예사, 1939, 162쪽.
85) 함대훈, 「남북만주편답기」, 『조광』, 1939. 7, 83쪽.

생각 같아선 미용원이나 양장점이나 백화점 양장부를 폐쇄를 시켰으면 일은 간편할 것 같지만서두 온……86)

---

86) 김남천, 『사랑의 수족관』, 앞의 책, 328쪽.

하바꾼에서 황금광까지
-식민지사회의 투기 열풍과 채만식의 소설-

한 수 영[*]

1. 채만식, 혹은 소설의 사회사

일찍이 엥겔스는 발자크의 소설을 두고, "혁명 이후의 프랑스 사회의
변화에 대해 그 어떤 역사학자나 경제학자, 통계학자의 글에서보다
그의 소설에서 훨씬 더 많은 것을 배웠다"는 요지의 글을 쓴 적이
있다.[1] 발자크 소설의 리얼리즘적 성취에 관한 엥겔스의 뜨거운 애정
은 널리 알려져 있거니와, 위대한 소설이 얼마나 많은 것을 일깨우고
보여줄 수 있는가를 더할 나위 없이 적실하게 표현한 말이다. 이 말이
리얼리즘의 고전적 기율과 어떤 지점에서 접점을 이루는가를 따지는
것은 그 나름으로 중요한 문제지만, 무엇보다도 발자크 소설에는 혁명
이후의 프랑스 사람들의 욕망, 사회심리적 추이, 계급의 浮沈 따위들이

---

* 동아대학교 전임강사, 국문학
1) 정확하게는 영국의 소설가 마가렛 하크니스에게 보낸 엥겔스의 편지의
   한 구절이다(김영기 옮김,『마르크스·엥겔스 문학예술론』, 논장, 1989, 89~
   90쪽).

공허한 관념이 아니라, 구체적인 물질연관을 통해, 특히 풍속과 같은 일상생활의 범주 안에서 적절히 형상화되고 있다는 점을 높이 평가하는 발언임은 분명하다. 이런 맥락에서 발자크의 聲價에 견줄 만한 한국 근대작가로 채만식을 떠올릴 수 있다.

채만식은 어떤 근대작가보다도, 인간의 사회적 삶에서 '물질연관'을 중요하게 생각한 작가였다. 조금 과장된 표현이 허용된다면, 그에게 사회적 삶의 '물질연관'은 거의 最終·最高의 審級 차원에 해당하는 것이었다. 이러한 작가적 개성은, 원래 그런 미학적 전제 위에서 작업하리라 짐작되는 사회주의 계열의 작가보다도 한결 치밀하고 주도면밀한 부분이 있다. 다소 역설적인 이야기지만, 이러저러한 논쟁이나 비평을 통해 채만식은 당대 프로작가들에 대해 愛憎이 교차하는 복잡한 심리적 거리를 형성하고 있었고, 그런 까닭에 그들보다 훨씬 더 삶의 '물질연관'을 제대로 형상화해야 한다는 의무감 같은 것을 지니고 있었다.[2]

예컨대, 채만식은 인물을 독자에게 제시할 때, 그의 생김새를 대강 파악한 뒤에는 곧장 그의 수입과 지출에 대한 시시콜콜한 정보로 넘어 간다. 경우에 따라서는, 외모나 성격보다 인물의 수입과 지출, 혹은 주된 收入源과 支出處에 대한 묘사가 훨씬 더 큰 비중을 차지하는 때도 종종 있다.[3] '물질연관', 특히 '돈의 흐름'과 관계된 그의 관심은

---

2) 프로문학운동에 대한 채만식의 '愛憎'과 '거리두기'를 잘 보여주는 사례의 하나로 이른바 '동반자작가 논쟁'을 들 수 있다. 1931년~34년에 걸쳐 그는 여러 편의 글을 통해 프로문학측과 논쟁을 벌이는 한편, 자신이 생각하는 진정한 '프로문학'에 관해 언급한다.

3) 가령, 『탁류』의 남승재에 관한 인물묘사에서 그의 清貧과 헌신을 묘사하는 대목을 보자. "월급 사십 원을 받아서 그 중 십원은 그렇게(빈민을 위한 의료봉사-인용자) 쓰고, 이십 원은 책값으로 쓰고, 나머지 십 원을 가지고 방세 사 원과 한 달 동안 제 용돈으로 쓴다. 용돈이라야, 쓴 막걸리 한 잔

개인의 영역에 머무르지 않고 '사회'로 확장된다. 그는 늘 '사회'라는 큰 지도를 놓고 돈의 행방을 추적하기를 게을리 하지 않는다. 종국에는 그 '돈'의 흐름이 개인에서 사회로, 다시 사회에서 개인으로 어떻게 경계를 넘나들고 영향을 주고받는가를 탁월하게 분석해 낸다. 그러니 그는 늘 물건값 하나에도 소홀함이 없다. 단언하건대, 해방 전 물가의 변동 추이나 현재의 물가대비 지수를 구하고자 할 때, 그의 소설만큼 긴요한 자료는 달리 없을 것이다. 물질연관이 반드시 '돈'으로 수렴되는 것은 아니지만, 그의 소설은 '자본'이나 '화폐'라고 말할 때의 추상성을 가뜬히 뛰어넘어, 구체적 일상을 '돈'을 매개로 해서 우리 눈앞에 그려 보인다.

식민지 시대의 일상을 탁월하게 형상화한 채만식의 수많은 작품들은 당대에도 많은 독자들에게 사랑을 받았지만, 당시의 사회상을 좀더 조밀하게 이해하려는 우리에게도 소설을 넘어서서 하나의 훌륭한 자료적 가치로 다가선다. 그가 생전에 작가로서 예민한 촉수를 곤두세우고 소설로 형상화했던 많은 분야 중에서, 이 글이 좀더 집중해서

사먹는 법 없고 담배도 피울 줄 모르고, 내의도 제 손으로 주물러 입으니까, 목간값이나 이발값이 고작이요, 그래서 처지는 놈은 책값으로 넘어가지 않으면, 요새 몇 달 째는 초봉이네 집에 방세를 미리 들여보내느라고 새어버린다."(『탁류』, 『채만식전집 2』, 창작과비평사, 1987, 64~65쪽). 수입과 지출에 관한 세부 내역은 채만식이 인물을 묘사할 때 즐겨 사용하는 방법이다. 즉, 그의 인물 성격 묘사에서 '어떻게 벌어 어디에 쓰는가'는 가장 핵심적인 준거의 하나가 된다. 그의 소설에 나타나는 이러한 사례는 일일이 예거할 수 없을 만큼 많지만, 이러한 특징이 리얼리즘과 관련된 미학적 성과와 어떻게 관련되는가는 이 글의 직접적인 관심사항이 아니므로 여기서는 다루지 않는다. 다만, 문학사에서 그의 소설을 둘러싼 '세태소설 논쟁'과 리얼리즘 미학의 상관성에 대해서는 졸고, 「리얼리즘과 일상성-1930년대 후반 채만식의 소설과 '디테일'의 문제」(『소설과 일상성』, 소명출판, 2000)에서 부분적으로 다룬 바 있다.

주목하고자 하는 것은, 당대의 조선사회를 휩쓸었던 일종의 '투기 열풍'에 관한 것이다.

'投機(speculation)'는 경제학적으로 명쾌하게 개념지어지지 않는, 그러면서도 분명히 '경제학적'인 개념이다. 범박하게 정의하자면, '투기'는 '시장가격이 급변하는 틈을 이용해 이익을 얻으려는 행위'라고 할 수 있다. 그러므로 비정상적인 자본이득을 위해 정상적인 수익을 포기하는 것은 '투기'이다. 그리고 '투기'와 '投資(investment)'는, 양자의 차이를 애써 구분하려는 사람들의 노력에도 불구하고, '투기는 실패한 투자이며, 투자는 성공한 투기' 정도로밖에 구분되지 않는다. 경계의 외연을 좀더 넓히면, '투기'와 '투자'의 구분이 모호하듯이, '투기'와 '도박'의 구분도 흐릿하기는 마찬가지다. 예컨대 '나쁜 투자는 투기이며, 나쁜 투기는 도박'이라는 역설적인 정의도 있다. 또한 '투기'의 역사는 대단히 길다. 그것은 인류가 '교환'을 발명한 역사와 거의 비슷한 연륜을 가지고 있다고 한다.[4]

그러나 '투자'와 확연히 구별되는 '투기'의 특징이 존재하는데, 그것은 시대와 상황을 넘어서서 '투기'에는 분명히 '대중들의 비정상적인 환상과 집단적인 광기', 즉 합리적으로 설명할 수 없는 비이성적이고 맹목적인 사회적·심리학적 動因이 작동하고 있다는 점이다. 식민지 시대에 우리 사회를 휩쓸었던 일단의 '투기 열풍'도 이 점에서 예외가 아니다. 물론 '투기'가 '비정상적인 환상과 집단적인 광기'로 전부 설명될 수 있는 것은 아니다. 거기에는 자본주의 체제의 成熟度나 그 체제 아래에서 살고 있는 사람들의 학습 내지는 體化의 정도도 중요한 변수로 작용한다.

---

4) 에드워드 챈슬러, 강남규 옮김, 『금융투기의 역사』, 국일증권경제소, 2001, 7~9쪽.

　채만식의 소설에서 그려지고 있는 1920~30년대의 투기 열풍은
곧 '미두'와 '금광'으로 압축해서 말할 수 있다. '미두'는 1920년대부터,
그리고 '금광열풍'은 1930년대 초두부터 시작하여 줄곧 우리 사회를
모종의 '흥분'과 '집단적 광기'로 이끌었던 일종의 사회사적 '사건'이
었다. 그리고, 이를 집중적으로 다루었던 것이 그의 대표작이었던
『탁류』와, 그에 버금가는 문제작인 장편『금의 정열』이다. 식민지시대
의 사회와 경제를 다룬 연구들은 헤아릴 수 없이 많지만, 정작 이런
문제를 본격적으로 다룬 것은 많지 않다. 소설에 기대어 이 부분을
재구해 보려는 시도도 그래서 가능해졌다.

　역사가들에게는 '과거'를 어떻게 再構할 것인가가 항상 중요한 관심
사항이다. 그것이 곧 史觀의 문제로 연결되며, 해석이나 평가와 직결되
기 때문이다. 그래서 '왕조사', '사회경제사', 혹은 '미시사'나 '일상생
활사'의 재구 방법과 양상이 서로 다르고 때로는 논쟁을 일으킨다.
그런 맥락에서 볼 때, '투기 열풍'이란 채만식 소설에 있어서 '1930년대
식민지 조선사회'를 재구하는 대단히 중요한 프리즘이다. 그는 이것을
단순히 풍속사적인 관점에서 객관적으로 묘사하는 데 그치지 않고,
한 사회를 가로지르는 여러 가지 병폐와 모순, 때로는 그와 상치되는
열정과 흥분, 혹은 절망과 환멸을 경제학에서부터 심리학의 영역에
이르기까지, 다채로운 관점에서 섬세하게 그려낸다. 그래서, 가능하면
이 글에서는 채만식이 애써 그려내고자 했던 당대의 여러 가지 제도나
용어를 둘러싼 콘텍스트를 당대의 정황에 부합하도록 되살려 내는
데 역점을 두면서, 채만식 소설에 그려진 '투기 열풍'을 통해, 식민지였
던 1930년대 조선사회의 일상의 몇몇 단면을 재구해 보려고 한다.5)

───────────────

　5) '사회경제사'의 경계를 허물고, 역사 연구의 새로운 방법론으로 거론되는
　　이른바 '微視史'나 '일상생활사' 혹은 '문화사' 등에서는 문학텍스트도 史料

2. '미두'와 식민지 자본주의

1) 청산거래 제도와 투기 열풍

채만식의 『탁류』는 그의 대표작이자 우리 근대소설사를 대표할 만한 문제작이다. 무엇보다도, 이 작품의 전반부를 구성하고 있는 군산 米豆場에 관한 세밀한 묘사와 그 공간을 둘러싼 다양한 인간 군상 및 그들의 욕망에 관한 형상화는 동시대의 어떤 소설보다도 생동감있게 사회의 底流를 묘파한다. 『탁류』의 '미두장'을 단순한 소설의 배경 공간이 아니라 채만식 특유의 '크로노토프'라는 차원으로 끌어올려 이해한 것은 역사학자 홍이섭이었는데, 그는 채만식의 문학 사적 가치가 아직 제대로 조명을 받지 못하고 있던 1970년대 초반에 이미 "『탁류』의 미두장은 조선 농민의 몰락을 상징하는 공간"이라는 논지의 분석을 시도한 바 있었고,6) 이후 '미두장'은 곧 『탁류』 해석의 중요한 '그물코' 역할을 하게 되었다. 그러나 '미두장'에 관한 우리의 이해는 여전히 충분치 못하고, 따라서 채만식이 그 '공간'을 소설의 핵심적인 무대로 설정한 의도와 그 결과에 대해서도 충분한 해석에 이르지 못하고 있다. '미두장'은 비록 소설 『탁류』의 전반부에만 집중

로 과감히 취택하는 것을 볼 수 있는데, 그런 관점에서 보자면, 채만식의 텍스트야말로 식민지시대의 일상을 재현하는 사료로서의 잠재적 가치는 대단히 높다고 할 수 있다. 이 글은 본격적인 '미시사'적 방법에 의해 쓰여지는 글은 아니지만, 채만식 문학의 진가를 그런 측면에서도 논의할 수 있으리라는 가능성을 염두에 두고 씌어졌다. 이른바 '문화사'의 방법론적 접근을 통해, 1930년대 후반에 조선을 휩쓴 「금광 개발 열풍」과 문학 작품과의 관계를 검토한 논문으로 전봉관의 「황금광시대 지식인의 초상-채만식의 금광행을 중심으로」(『한국근대문학연구』 6호, 2002. 10)와, 「1930년대 금광풍경과 '황금광시대'의 문학」(『한국현대문학연구』 7집, 1999. 12)을 들 수 있다.

6) 홍이섭, 「채만식의 '탁류'」, 『창작과비평』 1973년 봄호 참조.

적으로 설정된 공간이지만, 사실상 이 공간은 등장인물 다수의 운명을
규정하고, 그 운명의 사회적 맥락을 드러낸다는 점에서 소설 전체를
統御하는 공간이기도 하다.

무엇보다도, '미두장'을 제대로 이해하기 위해선, 당대에 이 공간이
어떤 위상과 의미로 자리잡고 있었는가에 대해 좀더 알아볼 필요가
있다.

『동아일보』1922년의 어느날 지면에는 「米豆 실패로 情死 - 모루히
네를 먹고 부부가 같이 죽어」라는 제목 아래 다음과 같은 기사가
실려 있다.

> 수원군 수원면 북수리 최영순은 삼년 전에 수원 기생 孫柳色을
> 첩으로 끼어들인 후, 자기의 본처와 이혼까지 하고 백 년을 동거코자
> 하던 바, 지난 십 삼일 오전 십일 시에 자기 첩되는 손류색과 같이
> <모루히네>를 마시고 부부가 동시에 죽었다는데 원인은 자세히
> 알 수 없으나 최영순은 인천 미두에 실패한 후 세상을 비관한 연고인
> 가 한다더라.[7] (강조는 인용자)

미두 실패로 패가망신하는 것은 백만장자도 예외가 아니어서, 다음
에 소개하는 기사는 그야말로 부호의 일패도지의 과정이 기록되어
있다.

> 「동순태사건 작일 검사국송치 - 궁하게 된 근일의 동순태號, 米豆의
> 여독이 이렇게 큰가」

---

[7] 『동아일보』, 1922. 6. 15. 표기법은 현대어에 맞게 고치고 오탈자는 바로
잡았으며, 쉼표는 인용자가 적절히 붙였음. 이후 인용하는 신문 및 잡지
기사는 위와 같이 함.

백만장자 동순태의 아편밀매, 홍삼 밀수출, 사기사건 등으로 많은
사람들의 흥미를 끄을던 사건은 작지에 보도한 바와 같이 경찰부에서
는 대강 그 죄상의 최조를 마치고 작일 아침 열한시 경에 일건 서류와
함께 정곤, 정림 두 아들과 동순태에서 경영하는 '미까도' 자동차부
사무원 류만규 등 삼인을 일제히 경성지방법원 검사국으로 넘겨
보내고 말았는데, 이 사건은 매우 중대하여 끝까지 비밀에 부침으로
정확한 내용을 알 수가 없으나 대강 듣는 바에 의하면 죄상은 기보한
바와 다름이 없는 듯하다 하며, 이번 범죄 사실을 동기로 오백만원
부자라고 굉장히 떠들던 동순태의 불쌍한 내막이 여실히 폭로되었다
는데, 인천 미두의 실패 등으로 어떻게 많은 실패가 있었던지, 몇
달 전부터는 돈 백원을 맘대로 쓰지 못하여 중매점원의 월급도 몇
달씩 밀리었으며, 수백 원씩 벌어들이는 자동차 운전수에게도 월급을
못주어 각급 점원들이 중얼거림을 들었다 하며 이뿐더러 아들 낳아준
공으로 정곤이가 자기 몸 다음으로 사랑하는 애첩 김옥련에게도
집 한 채만 겨우 사주었을 뿐더러 공돈이라고는 한 푼도 쓰지 못함으
로 드디어 김옥련 친정에서 맘이 상하여 요사이에 이르러서는 헤어지
느니 마느니 하고 귀치않은 소리가 가끔 새어나온다고 한다더라.8)(강
조는 인용자)

수원의 匹夫 최순영과 서울의 백만장자 동순태가 다 같이 몰락의
길로 접어든 것은 이른바 '미두'라는 것 때문이다. 미두로 인해 패가망
신한 것은 비단 이들뿐만이 아니다. 영국유학을 준비하던 학생이 유학
자금을 미두에서 날리고 가짜의사 노릇을 하다가 덜미를 잡히는가
하면, 미두로 돈을 날린 시골 지주가 유서 한 장만을 남긴 채 삶을
마감하기도 한다. 머슴에서부터 중매점 점원, 경찰, 사장, 객주부상,
지주, 지식인, 교육자에 이르기까지, 눈가지고 귀뚫린 조선사람의

8) 『동아일보』 1924. 8. 19.

대다수는 한번쯤 '미두'판에서의 일확천금의 꿈을 꾸지 않은 이가 없을 정도로 '미두'는 熱風 그 자체였다. 대관절 '미두'가 무엇이길래 경향각지의 필부에서 백만장자에 이르기까지 일패도지의 위험을 무릅쓰고 달려들게 만들었던 것인가?

'미두'란 '米豆場'의 준말이며, 일제강점기 인천, 군산, 부산 등 굴지의 쌀 移出港에 개설되었던 곡물거래시장을 두루 아우른 말인 동시에, 좁게는 '米豆取引所'를 중심으로 이루어지는 '현물 및 선물 거래소'를 일컫는 것이기도 하다. 오늘날 주식시장이 자본주의 체제를 상징하는 일종의 '표상공간'이듯이, 당시의 '미두장'은 식민지 조선의 산업 근간인 농업의 핵심 생산물이라고 할 '쌀'의 集荷와 거래에 있어, 자본주의적 시장경제를 상징하는 일종의 '표상공간'이라고 할 수 있다.[9] 그러나 엄밀하게 말해, 『탁류』의 '미두'나 투기 열풍으로서의 '미두'는 쌀의 현물거래와는 직접적인 관련없이, 청산거래 방식을 통한 '결제의 권리'만을 사고파는 시장을 의미한다.

이른바 '미두장' 곧 '미두취인소'가 처음 모습을 드러낸 것은 인천에서였다. 1896년, 일단의 재인천 일본거류민 상인들의 발의에 의해 '주식회사 인천미두취인소'가 자본금 5만 원을 2천 주의 주식으로 나누어 발행함으로써 최초로 설립되었다.[10] 설립 이후 인천주재 일본

9) 물론 '미두취인소'가 있던 당시에도 오늘날의 증권거래소에 해당하는 '주식취인소'가 있었다. 최초의 증권거래소는 1920년 8월에 개장한 '경성주식현물취인시장'이다. 그러나, 한국경제의 규모와 수준이 열악하여 일정규모 이상의 자본금을 가진 주식회사의 숫자가 많지 않았고, 일제의 자금조달 정책이 '증권거래소'를 통한 직접금융보다는 '은행'을 통한 간접금융 위주로 전개되었던 까닭에, 당시 '투자' 내지는 '투기'와 관련된 사회적 상징성은 여전히 '미두'쪽에 놓인다고 생각한다. 일제하 '증권거래소'에 관한 금융사적 접근은 홍성찬, 「1920년대의 경성주식현물취인시장(주)연구」(경제사학회, 『경제사학』22집, 1997, 6)와 「1920년대 '경취'의 경영변동과 관련기관들의 동향」(연세대학교 경제연구소, 『연세경제연구』, 제8권 2호, 2001년 가을)을 참조할 것.

영사관에 의한 해산명령,[11] 1910년 이후에는 '경성 주식현물 취인소'
와의 합병 파동 등 여러 차례의 우여곡절을 겪게 되지만, 인천의 미두장
은 대표적인 조선의 미곡 거래시장으로서, 특히 투기에 얽힌 애환과
흥망성쇠를 상징하는 곳으로 떠오르게 된다.

> 미상불 미두장이가 울기들은 잘한다.
> 옛날에 축현역(시방은 上仁川驛) 앞에 있던 연못은 미두장이의
> 눈물로 물이 괴었다고 이르는 말이 있다.
> 망건 쓰고 귀 안 뺀 촌샌님들이 도무지 어쩐 영문인 줄도 모르게
> 살림이 요모로 조모로 오그라들라치면 초조한 끝에 허욕이 난다.
> 허욕 끝에는 요새로 친다면 白白敎, 돌이켜서는 普天敎 같은 협잡패에
> 귀의해서 마지막 남은 전장을 올려 바치든지, 좀 똑똑하다는 축이
> 일확천금의 큰 뜻을 품고 인천으로 쫓아온다. 와서는 개개 밑천을
> 홀라당 불어버리고 맨손으로 돌아선다.
> 그들이야 항우 같은 장사가 아닌지라, 江東 아닌 고향으로 돌아갈
> 면목은 있지만 烏江 아닌 축현역에 당도하면 그래도 비회가 솟아난다.
> 그래 찻시간도 기다릴 겸 연못가로 나와 앉아 눈물을 흘린다. 한
> 사람이 그래, 두 사람이 그래, 열 사람 백 사람 천 사람이 몇 해를
> 두고 그렇게 눈물을 뿌리니까, 연못의 물은 벙벙하게 찼다는 김삿갓
> 같은 이야기다.[12]

---

10) 「仁川に於ける米豆取引所」, 仁川府 편, 『仁川府史』, 1933, 1049~50쪽.
11) '인천미두취인소' 설립 과정의 자세한 전후 사정은 김도형, 「갑오 이후
　　 인천에서의 미곡유통구조-'인천미두취인소'의 설립을 중심으로」(택와 허
　　 선도선생 정년기념 『한국사논총』, 1992, 일조각)을 참조할 것. 이 논문에
　　 의하면, 1차 '인천미두취인소'의 해산은, 설립 취지와는 달리 일본 상인들이
　　 투기를 목적으로 미곡을 매점함으로써 결과적으로는 쌀값의 대규모 폭락을
　　 야기시킨 책임을 묻는 성격이 강했다고 한다. 이것은 일본인 상인들에 의한
　　 '인취' 설립 당시부터 투기 자본의 유입 가능성이 예고되고 있음을 보여
　　 준다.

미두취인소가 오로지 투기만 횡행하는 장소이거나 수탈을 위한 교두보였던 것만은 아니다. 취인소 설립 당시의 목적은 미곡 품질과 가격의 표준화를 꾀하고, 미곡 품질의 개량화를 촉진하며, 조선 각지에 흩어져 활동하는 미곡 수집상(곧 행상)들에게 미곡 가격의 동향을 정확히 알려주어, 구매 과정에서의 손실을 최소화하고, 나아가서는 한국과 일본의 무역에 도움이 되고자 하는 것이었다. 조선을 식민지로 만든 이후, 일제 당국으로서는 미두취인소가 지니는 이러한 '순기능' 적 측면의 필요성은 더욱 절실해지게 되었는데, 그것은 일제강점기 조선에서 생산된 미곡은 일부만 국내에서 소비되고 거의 대부분이 일본으로 이출되는 중요한 '상품'이 되었기 때문이다. 생산과 集荷, 그리고 精米, 보관(창고업) 등, 미곡 생산과 소비에 따르는 전체 과정을 합리적이며 경제적으로 운용할 수 있는 기관이 절대적으로 필요해진 가운데, '미두취인소'는 그러한 역할을 매개하는 핵심적인 '경제기관' 으로 자리매김되었다. 총독부로부터 '취인소'라는 공식적인 이름을 얻어내지는 못했지만, 이미 1910년대에는 인천을 비롯해, 부산, 군산, 목포, 진남포, 강경, 대구 등 도합 9군데에 이르는 '미곡거래소'들이 활발하게 곡물거래시장의 역할을 하고 있었다.

그런데, '미두장'은 현물거래가 아니라, 거래의 성립과 물품의 인도 시기(즉 결제시기)가 다른 '청산거래'가 주종을 이루었다. '청산거래' 란 오늘날의 '선물거래'에 해당한다고 보면 된다. 곡물이란 기본적으 로 수급 조절이 용이한 상품이 아니다. 가뭄이나 홍수와 같은 자연재해, 전쟁 같은 인위적인 사태, 공업화에 따른 임금 정책, 생산시기의 집중성 과 소비시기의 상시성 등에 의해 언제든지 가격의 변동이 생길 가능성

---

12) 채만식, 『탁류』, 1987, 73~74쪽. 이하, 이 글에서 인용하는 채만식의 글은 창작과비평사판 전집에 의거함.

이 있으며, 이로 인해 발생할 수 있는 손실을 최소화하고 미곡 거래의
안정성을 확보하기 위해, 곡물 거래는 거래 주체들의 위험 부담 경감
욕구에 의해 주로 先物去來 형태를 띠게 된다. '선물'이란 매매 계약의
시점과 계약의 이행 시점이 다르다는 점에서 '현물거래'와 다르고,
매매 당사자가 직접 거래하지 않아도 된다는 점에서 '선도거래'와
구분된다. 예를 들면, '갑'이란 사람이 오늘부터 약 3개월 뒤에 쌀
1석에 30원씩 100석을 사기로 하고 '을'과 계약을 맺었다면, 이는
'선도거래'에 해당한다. 만약 3개월 뒤에 쌀 1석의 시세가 40원이
된다면, '갑'은 '을'로부터 쌀을 사서 이를 다시 시장에 되팔 경우,
1석에 10원씩 모두 100석의 이익을 보게 되지만, 반대로 '을'은 100원
을 손해보게 된다. 그런데 이럴 경우, '을'이 계약을 이행하지 않을
위험도 존재한다. 따라서 거래 당사자들은 이런 위험부담을 최소화하
고, 거래 당사자를 適期에 확보할 수 없는 어려움을 해소하기 위해,
일종의 '중개 역할'을 하는 '결제소'를 필요로 하게 되며, 이를 통해
이루어지는 거래를 '선물거래'라고 한다. 이를테면, '취인소'는 선물거
래에 있어서의 '결제소'의 기능을 하는 곳이다. '선물거래'의 경우
결제소는 일일정산을 통해 매일의 선물 가격 변동에 따른 선물 거래자
들의 이득과 손실을 정산하여, 그 결과를 손해를 본 거래자의 계좌로부
터 이익을 본 거래자의 계좌로 입금하는 과정을 되풀이하게 된다.
이러한 일일 정산을 뒷받침하기 위해 결제소는 '증거금제도(margin
requirement)'를 도입하는데, 증거금이란 선물 계약을 원하는 거래자들
이 결제소에 의무적으로 예치하는 일정 금액을 말한다.[13] 결국, 선물거
래란, 현물 없이 일정한 액수를 투자하여, 현물 受渡의 '권리'를 확보함

---

13) '선물 거래' 일반 원리에 관해서는 정운찬, 『화폐와 금융시장』, 율곡출판사,
    2002, 285~89쪽을 참조.

으로써, 현물의 시세 변동에 따른 이익을 확보하고자 하는 것이다. 당시 미두장은 투자액의 10%를 '증거금'(미두 용어로는 '증금')으로 내면, 이러한 '권리'를 얼마든지 사고 팔 수 있었다. 그리고 투기를 조장하는 비밀의 열쇠는 바로 여기에 있었다. 즉, 결제일에 이르러 현물이 오갈 때까지는 무제한으로 '권리'를 사고파는 일이 되풀이될 수 있으며, 많은 사람들이 쌀과는 아무 상관없이 오로지 가격변동으로 인한 시세차익을 노리고 이 투기판에 뛰어들었던 것이다.

이와 같은 미곡취인소의 '순기능', 즉 미곡 가격의 결정 및 예시, 거래상의 위험 회피, 在庫분배 기능, 금융시장 기능 등을 심각하게 위협하는 '역기능', 즉 '취인소'의 '부정적 기능'은, 이러한 '선물거래'에 반드시 동전의 양면처럼 따라붙는 '투기 조장의 요인'이다. 앞에서 서술한 바 있듯이, 실제 자본주의 시장경제에서는 '투자'와 '투기'는 엄밀하게 구분되지 않는다고 보는 것이 옳다. 그러나, 수익 발생에 대한 합리적 계산과 전망 없이, 무분별하게 투자가 이루어지고, 그로 말미암은 손실이 걷잡을 수 없이 커지게 되면, 이러한 손실은 단순히 손해 당사자의 '개인' 문제를 넘어서서 '자본'의 효율적인 유통과 관리의 측면에서 심각한 '사회적' 문제를 양산하게 된다. 바로, 이 '취인소'의 부정적 기능인 '투기적 요인'이 미두장을 일약 '복마전'의 소굴로 만들게 되었던 것이다.[14]

세계 제1차대전이 끝난 후, 국제시장의 축소에 따른 공황의 내습과 이에 따른 일본의 국내적 위기와 모순은 식량, 원료 공급지 및 자본투자

14) 취인소의 고유한 이익 발생은 거래 수수료를 받는 데서 이루어진다. 그러나 실제 이 당시의 취인소 중매인들은 직간접으로 미곡의 선물 거래에 뛰어들어 많은 돈을 벌었고, 심지어 선물 거래에는 거래당사자가 전혀 드러나지 않는다는 점을 악용하여 거래 방법에 어두운 투자자들을 교묘히 속여 중매인 자신의 부담을 떠넘기는 일들을 자행하여 물의를 빚었다.

시장으로서 한국에 대한 경제적 지배 강화로 전가되었다. 일제는 일본 자본주의의 안정적 발전을 위해 저임금 유지가 불가피하다는 전제 아래, 미가정책, 식량대책이자 국제수지대책인 '조선산미증식계획'을 수립하여, 조선을 對일본 식량공급지로 만들어 더욱 많은 미곡생산과 미곡수출을 꾀하게 되었다. 이로부터 조선의 미곡시장은 활황 국면으로 접어들고, 이와 연관된 미곡업자들의 투기열과 한국인 부호 및 지주의 사행심이 '미곡거래 시장'에서의 시세차익을 목적으로 하는 매매를 부추기는 결과를 가져왔다.

'미두'를 둘러싼 일본 투기자본의 유입배경을 좀더 자세히 살펴보면 다음과 같다. 먼저, 1930년대 접어 들면서 한국미의 매매고가 증가함에 따라 대량유통의 필요성이 더욱 절실해지고, 이에 따라 거래상 거래소를 이용하는 경우가 증가하였으며, 또한 저장의 장려, 미곡의 계절적 통제출하 등 이전보다 일제의 미곡통제정책이 강화됨에 따라 가격의 하락으로 인한 손실을 방지하고자 거래소를 통한 賣約定의 필요가 증가했다. 둘째, 일본 본국에 비하여 쌀값 통제의 정도가 상대적으로 가벼움에 따라 쌀값의 변동도 커서 거래상 보험연계 등이 필요했고, 이러한 쌀값의 격심한 변동은 청산거래를 통한 투기적 이윤에 대한 기대심리를 한층 자극시켜 일본으로부터 한국 거래소로 투기적 자본의 유입을 증가시켰다. 셋째, 소위 '조선경기'의 흐름을 타고 적당한 투자대상을 구하거나 투기대상을 찾고 있었지만, 한국 산업의 낙후성으로 인해 미두만큼 투자이윤을 보장할 만한 다른 대상이 없었다는 것 등이다.[15] 투기에 뛰어든 한국인 자본가나 부호, 지주의 경우에도

---

15) 이형진, 「일제강점기 미두증권 시장정책과 조선취인소」, 연세대학교 석사학위논문, 1992, 118쪽. 미두와 증권에 관한 이형진의 또 다른 글, 「일제하 투기와 수탈의 현장-미두·증권시장」, 『역사비평』 1992년 가을호 참조.

이러한 이유와 큰 차이가 없다.

그러나, 문제는 '미두' 및 '주식'을 포함한 이런 투기 열풍이 이른바 '큰손'들의 자본 놀음으로 그치는 것이 아니라, 수많은 조선의 장삼이사들을 충동질하여 이 투기판으로 이끌어 들인다는 데 있었다. 평범한 사람들까지 '미두'에 몰두하게 된 이유는 무엇일까? 주식취인소에는 조선 사람이 드문 반면 미두취인소에 조선 사람이 들끓는 이유를, 조선 사람에게 '주식'보다 '쌀'이 한결 친숙하고, 예부터 농사를 지어온 조선 사람들이 쌀의 경제학, 즉 쌀값의 변동이나 수급 상황 등을 '주식'에 비해서는 훨씬 더 잘 알 수 있었기 때문이라는 분석도 있다.[16] 그러나 이때의 '친숙함'이란 단지 '쌀'이라는 물건에 대한 친숙함일 뿐, 실제 '미두장'을 움직이는 청산거래의 방법이라든지, 지표의 변화에 따른 시세의 변동을 예측하는 일 따위는 조선의 '미두꾼'들에게 결코 친숙한 것이 아니었다. 결국, 자본주의의 첨단 파생금융인 '선물거래'가 어떤 메카니즘에 의해 운용되는지도 잘 모른 채로, 적극적으로 거기에 투신하는 기묘한 역설이 만들어지게 된 것이다.

앞서 살펴 보았던 『동아일보』 기사들을 통해서도 확인되듯이, 이 무렵에는 일확천금을 꿈꾸는 사람들이 미두장에 넘쳐 나기 시작했으며, 투기성이 강한 '선물거래'의 방법과 절차 등에 전문적 지식과 정보가 없던 수많은 조선인 투자자들은 대부분 재산을 탕진하고 하루 아침에 알거지 신세로 전락하는 일이 비일비재하였던 것이다.[17]

---

16) 이건혁, 「朝盛暮滅의 取引狂沙汰-일확천금은 가능하냐?」, 『조광』 1936. 1.
17) 당시 한국인들은 점을 치거나 卦를 보고 시세를 예상하는 등 대단히 비과학적이고 주술적인 방법에 의지해 미두를 하고 있었다. 이런 분위기에 편승해 『羽黑式柱式大野線法講義』나 『柱式期米必勝足取攫千金秘法』 같은 책이 베스트셀러가 되었다. 그리고 당시의 월간 잡지나 일간 신문에는 '미두'나 '주식'과 같은 전형적인 자본주의 금융제도의 운용원리와 투자방법을 소개·계몽하는 기사들이 자주 실렸다.

'미두장'을 배경으로 한 채만식의 희곡 「당랑의 전설」은 당시 미두취인소를 출입하며 한탕의 꿈에 빠진 조선 사람들의 면면을 엿보게하는 우스꽝스러운 일화를 삽입해 놓았는데, 투기 열풍에 빠진 사람들이 정작 미두 거래의 관행이나 절차에 얼마나 어두웠는가를 이보다더 희화적으로 보여주기는 어렵다고 보인다. 전라도 광주 인근에서인천 미두장에 올라온 이 시골 사람은 이천 원을 졸경에 잃게 되어미두 중매인들의 동정을 사고 있는 판국인데 정작 당사자는 자신이거래에서 대단한 이득을 취한 줄 알고 득의만면의 미소를 띠고 중매소로 입장한다. 중매인들은 그가 얼굴가득 웃음을 띠고 들어오자 돈을잃고 실성한 줄로 착각한다.

> 미두 손님을 : 어서들, 점심 요구나 허러 나가게라우! 아 미두를
> 히여서 당장의 돈을 근 이천 원이나 땄넌디, 즘심 한턱
> 안 내서사 쓰겄어라우? 건 참, 인사불성이지!
> 사무원을 : (뻐언히) 이천 원을 따다뇨?
> 미두 손님을 : (희떱게) 그럼 안 땄어라우? 이천 원 징금 내고서나
> 쌀 삼백 석을 팔었넌디, 오원 사십전이 올랐으닝께로, 삼오
> 십오 일천오백원 허고.
> 사무원을 : 팔었으니깐 손을 했지, 어떻게 땁니까?
> 미두 손님을 : (비로소 일말의 불안한 빛이 드러나면서도, 자신있
> 이) 팔었웅께로 땄지라우.
> 사무원을 : 하, 이런 답답한!
> 바다지 : 오오! (고개를 끄덕끄덕) 인제야 알았어! (미두 손님 을더
> 러) 여보, 이노형!
> 미두 손님을 : 애애?
> 바다지 : 노형네 고장에선, 돈 가지구 싸전에 가서 쌀 사오는 걸,
> 쌀 팔어온다구, 그리지요?

미두 손님을 : 그러먼이라우! 그게 왜, 돈 갖고 싸전으로 가서 쌀
　　　　사오넝 것이간디라우? 쌀 팔어오넝 것이지!
바다지 : 그래, 그 셈만 대구설랑 여기 와서두, 돈, 이천 원 내놓면서
　　　　쌀 삼백 석 팔아주시오, 했겠다요?
미두 손님을 : 그러먼이라우! 그랬을께로 내가 시방 쌀 삼백 석을
　　　　각고 있는 심이지라우!
바다지 : (버럭) 각고 있긴 쥐뿔을 각고 있어?
미두 손님을 : 왜라우?
바다지 : 팔어달랬으니깐 방할밖에!
미두 손님을 : 방허다니라우?
바다지 : 팔었어! 정말 팔었어! 팔맷자(賣字)루 팔었어! 논 팔구
　　　　밭 팔구, 집 팔구, 기집 팔구 선영 뻑다구까지 팔구 하듯기,
　　　　팔았어! 팔아!18)

　　표면적으로 보자면 이러한 소동은 표준어와 방언의 차이에서 오는
'말(언어)'의 문제로 읽히지만, 정작 그 이면에는 '쌀'에 대한 관념의
차이가 내재되어 있다. 이 전라도에서 온 미두 손님의 '쌀'에 관한
관념은 '농사'에 매개된 전통적인 것이며, 사실상 '선물거래'라는 자본
주의의 최신 파생금융 상품에 익숙해지기에는 요원한 것처럼 보인다.
그래서, 그에게 '팔다(買)'와 '팔다(賣)'의 묘리를 일깨워준 그 바다지는
안타깝다 못해 역정을 내며, 시골 사람에게 "얼른 봇짐 싸요! 싸가지구
내려가서 타구난 팔자대루 농사나 지여먹구 살어요! 괘니 어름어름하다
간 바가지 하나 뽄새있게 차구 나설테니."라고 소리를 지르는 것이다.
　　맹목에 가깝도록 투기에 뛰어드는 사람들이 늘어나는 좀더 심각한
이유는 조선사회의 식민지적 특수성에 기인하는 것이었다.

---

18) 채만식, 「당랑의 전설」, 『채만식전집 9』, 창작과비평사, 1987, 159~60쪽.

나는 감히 말하기를 이러한 경향이 생기게 된 근본동기는 조선 인텔리들이 지금까지 가졌던 정신적 고민과 그 물질적 생활의 빈약에 있었다고 한다. 이것을 좀 구체적으로 말하자면 매년매년 사회로 나오는 知識群은 날로 증가되는 데 불구하고 그 사회적 수요는 근소하였기 때문에 그들은 직업을 가지지 못하게 되고 따라 그 생활을 의거할 기점을 잃고 우왕좌왕하게 됨에 (중략) 따라서 금융적 성공 없이는 그 種의 성공은 期待難이라고 보아 점차 황금만능주의에 기울게 된 것이요, 이 금융적 성공의 길에 들어서도 적당한 업을 위한 자본은 구득할 수 없으매 어떤 이는 모험적으로 어떤 이는 자포자기적으로, 이러한 길을 취택케 된 것이었다고 볼 수 있다.19)

위 인용문의 필자는 투기 열풍의 부작용 중에서도 특히 지식인 및 청년 학생층의 투기를 걱정하면서, 안정된 삶이 불가능한 사회적 조건이 곧 '이판사판'의 투기로 사람들을 몰아내는 현상과 인과관계에 놓여 있음을 설명하고 있다. 만성적인 청년 지식인의 실업 사태는 이미 채만식의 「레디메이드 인생」(1934)에서 대단히 냉소적인 어조로 그려진 바 있으니, 결국 '투기 열풍'을 야기시킨 것은 식민지 사회의 특수성이 복합적으로 작용한 결과였다.

2) 미두장의 풍경

後場三節……
아래층의 '홀'로 된 '바다지석(場立席)'에는 각기 중매점으로부터 온 두 사람씩의 '바다지'(場立 : 仲買店의 市場代理人)들과 '조오쓰게 (場附)'라고 역시 중매점에서 한 사람씩 온 서두리꾼들까지, 한 사십

---

19) 김한용, 「일확천금의 활무대—주식·기미로 돈을 모을 수 있을까」, 『조광』 1938. 2.

명이나 마침 대기하듯 모여섰다.

같은 아래층을 목책으로 바다지석과 사이를 막은 '갸꾸다마리'에는 손님들이 한 백 명 가량이나 되게 기다리고 있다. (중략)

후장삼절을 알리느라고 '갤러리'로 된 이층의 '다까바(高場)'에서 따악 따악 따악 딱다기 소리가 나더니 '當限'이라고 쓴 패가 나와 붙는다. (중략)

세 번째 딱다기가 울고 '先限'패로 갈려 붙는다. 그러자 마침 기다리고 있던 듯이 갸꾸다마리에서 손님 하나가 바다지 한 사람을 끼웃끼웃 찾아 불러내다가는 목책 너머로 소곤소곤 귓속말을 한다.

바다지는 연신 고개를 까닥까닥하면서 말을 듣는 한편, 손에 들고 있는 金切表를 활활 넘기고 들여다 본다.

이윽고 바다지는 돌아서면서, 엄지손가락 식지 중지 세 손가락을 펴서 손바닥을 밖으로 쳐들고

"고햐꾸 야로."

소리를 친다. 이것은 八錢(貳拾九圓 九拾八錢)에 오백 석을 팔겠다는 뜻인데, 그 소리가 떨어지자 장내는 더럭 홍분이 된다.

일초를 지체하지 않고 저편으로부터 다른 바다지가 팔을 쳐들어 안으로 두르고

"돗다"

소리를 지른다. 그놈을 사겠다는 말이다.

이어서 여기저기서 '얏다' '돗다' 소리와 동시에 파이 쑥쑥 올라오고, 소리는 한데 엉켜 왕왕거리는 아우성 소리로 변한다. 치켜올린 바다지들의 손과 손들은 공중에서 서로 잡혀진다. 커다란 혼잡이다.

바다지석은 훤화 속에서 뒤끓는다. 다까바들은 눈을 매눈같이 휘두르면서 손을 재게 놀려 기록을 한다.

바다지와 다까바는 매매를 하느라고 홍분이 되고, 이편 갸꾸다마리는 시세 때문에 홍분이다.[20]

---

20) 채만식, 『탁류』, 1987, 75~77쪽.

거래가 이루어지고 있는 미두취인소의 내부를 생생하게 묘사한 『탁류』의 한 대목이다. '후장'이니 '삼절'이니, 또 '당한'이니 '선한'이니 하는 말들이 무슨 암호처럼 어지러이 울려퍼진다. 미두와 관련된 소설 속의 용어들, 그리고 미두장의 운용 과정을 살펴보기 위해, 일간신문의 '상황난'을 잠시 검토하기로 하자. 다음은 어느날의 일간신문에 실린 '期米市場'의 시세상황이다. 오늘날 주식 시황이 날마다 신문에 보도되듯이, 이때에도 그러한 경제동향의 지표가 날마다 '常況欄'에 실렸다.

<仁川 期米 24일 後場 (小許低落)>
前場은 大阪 騰高를 따라 當地亦堅强하게 始價 23원 35전을 低價로 高價 57전이 有하고 37전에 場을 止한 후 大阪止價는 低價인 12전이오 後場亦又低價라 하야 軟軍이 다소 우세로 입회하니
  ▲제1절 當中不成에 先限은 止價보다 七丁低한 20원 30전으로 初付되었더라
  ▲제2절 當不成에 中은 30전이오 先限은 大阪低價도 不拘하고 硬軍측 善買로 始價 22전을 低價로 3전까지 反騰으로 30전에 止하다.
  ▲제3절 當은 19전 80전이오 中不成에 先限은 오히려 硬軍이 우세 되어 37전에 始하여 低價 23전이오 高價 29전에 止.
  ▲제4절 當中不成에 先限은 軟軍이 우세로 始價 38전이 高價되어 2전까지 低落으로 26전에 止하다.
  ▲제5절 當不成에 中은 30전이오 先限은 始價 24전을 高價로 低價 20전으로 止하니 高價의 差가 19전이라.[21]

미두장은 대개 하루에 두 번 열린다. 대개 오전 9시 30분에 열리는 것을 '前場'이라 하고, 오후 2시쯤 다시 열리는 것을 '後場'이라 한다.

---

21) 『동아일보』 1921. 3. 26.

각 장은 다시 여섯節(에서 많게는 10절)로 나누어 거래가 이루어지는
데, 여섯으로 나뉜 각각의 거래를 '1절' '2절'……'6절'이라 한다. 한
'절'은 대개 10분에서 15분 정도이고, 각 절마다 다시 세 가지의 거래
방식이 있는데, 이 세 가지의 거래를 '當限' '中限' '先限'이라고 하며,
각각 현물 인도 시기에 따른 구분법으로 '당한'이 當月 결제로 가장
짧으며, '선한'이 2개월로 가장 길다. 예컨대, 3월 중에 거래가 성립되었
으면, '당한'은 3월말에 결제가 이루어지며, '중한'은 4월말에, 그리고
'선한'은 5월말에 결제가 이루어지는 것이다. 그러나, 앞서 언급했듯
이, 미두는 '청산거래'로서 실제 현물이 오가지는 않는다. 따라서,
결제일이 되기 전까지 자신이 확보해 둔 '受渡의 권리'를 '반대매매'를
통해 처분하면 그것으로 거래는 끝난다. 그리고 그 전까지는 이른바
'日步'에 의해 그날그날의 종가에 의한 차익을 증거금에서 빼거나
보태어 손익에 관한 최종 결과만을 주고받게 되는 것이다. 물론, 중간에
증거금(약칭 증금)이 부족하면, 중개인은 매매당사자에게 '증거금'을
더 충당하거나, 그럴 능력이 없으면 입금한 증거금의 한도 안에서
거래를 중지시킨다는 것을 통보하게 된다. 기사에서 '당중불성' 혹은
'당불성'이라는 말은 '당한'이나 '중한'으로는 거래가 이루어지지 않
았다는 뜻으로, 시세변동이 심하지 않아 단기 시세차익을 노리기 어려
울 때는 '당한'이나 '중한'의 거래가 뜸해진다. 위 시세표에 의해 유추하
자면, 비교적 미곡 가격이 안정세를 유지하고 있던 무렵의 지표라고
할 수 있다. 조선 미곡시장의 시세는 대개 大阪의 시세에 준하여 결정되
었다. 위의 기사에서 보듯이 大阪취인소의 시세 등락이 조선의 기미시
장의 시세에 영향을 끼치므로, 통신 설비상(전화나 전보 등) 조금이라
도 일본과 빠른 교신을 할 수 있는 처지에 있으면, 그만큼 시황의
흐름을 예측하기가 수월하기 마련이었다. 기미의 매매단위는 100석이

기본이며, 그 이하로는 거래가 성립되지 않는다. 호가는 1석에 대한 가격이다. 硬軍(또는 경파)이란 시세가 오르리라고 예상하는 측, 軟軍(또는 연파)는 시세가 내릴 것이라 예상하는 측을 말한다.22)

3) 『탁류』의 미두꾼들23)

『탁류』에서 미두장과 직접 연관을 맺고 있는 인물은 모두 세 사람으로, 주인공 '초봉'의 아비인 '정주사'와 그의 사위인 '고태수', 그리고 중매점 '마루강(丸江)'의 '바다지'이자 '고태수'의 대리인 노릇을 하는 곱추 '장형보'다. 정주사는 '마바라(백 석, 이백 석정도를 거래하는 잔챙이 미두꾼)'는커녕 '하바꾼' 중에서도 겨우 1원짜리나 50전을 '증금'이랍시고 태우고 한 절이 끝날 때마다 終價에 따라 몇 전씩 떨어지는 재미로 미두장에 나오는, '취인소'의 분비물 같은 존재다. 그나마도 태울 돈이 없어 '口頭'로 주문을 내고 나중에 돈을 지불하지 않는 이른바 '총놓기'를 하다가, 아들 뻘도 안되는 젊은 축들한테 봉변을 당하는 채신없는 늙은이다. 그러나 하루라도 미두장에 나가지 않으면 궁금해서 견디지를 못하는 '미두중독증'에 걸려 있다. 하바꾼들로서는 일확천금의 꿈을 꾸려고 해도 밑천이 없기 때문에, 잔돈푼을 이리저리 굴리며 한 '절'이 끝날 때마다 ―흠―悲하는 재미로 미두장에 나오는 것이지만, 이들의 삶을 지탱해 주는 것은 늘 '미두장'을 싸고도

22) 이건혁, 「상식적으로 알아야 할 신문경제면 읽는 법」, 『조광』 1936. 9.
23) 당시에는 '미두' 투자자들이나 '주식' 투자자들을 통틀어 '미두꾼'이라고 불렀다. '미두꾼'이라는 명칭에는 다분히 '투기를 일삼는 자'라는 비하의 의미가 들어 있는데, 조선에서는 '미두취인소'가 '주식취인소'보다 훨씬 먼저 생겨났던 까닭에 '미두꾼'은 '투기꾼'의 대명사격이 되었던 것이다. '미두꾼'보다 다소 공식적인 명칭으로는 '上場師'가 있었는데, 제한된 경우를 빼고는 거의 쓰이지 않았다.

는 팽팽한 긴장과 꿈틀거리는 욕망이란 점에서, 큰손들과 다르지 않다.

엄밀하게 말하면 '하바꾼'은 불법거래자들이다.[24]

미두꾼들 또한 투기자본으로 한탕 건질 꿈에 부푼 사람들인 점에서는 '절치기꾼(이른바 하바꾼)'과 다를 바가 없지만, 이들은 엄연히 미두취인중매점을 거치고, 일정한 거래보증금을 납부하며, 수수료를 물고, 이익에 대한 징세를 감당한다는 점에서 場內 세력인 동시에, 합법적인 거래주체라고 할 수 있다. 그러나 '절치기꾼'들은 일종의 장외세력으로서, 같은 투기자본이라고 하더라도 그 이동경로가 전혀 재정당국이나 세정당국에 포착되지 않는다는 점에서 불법화된 거래시장을 형성하는 것이다. 쉽게 얘기하자면, 경마장에 가서 제대로 줄서서 마권을 구입하고 스탠드에 앉아서 경마를 즐기는 것은 괜찮지만, 임의로 마권을 발행해서 자기들끼리 배당을 나누는 이른바 '맞떼기'는 불법행위로 단속 대상인 것과 같은 논리라고 할 수 있다. 그러나, '미두꾼'이나 '하바꾼'이나 규모와 합법성 여부의 차이는 있다고 해도, 투기행위로서의 속성을 지닌 것은 똑같다고 볼 수 있다.

고태수는 은행원으로, 한때 전도유망한 청년이었으나, 자신의 고정수입을 훨씬 넘는 액수를 주색잡기에 탕진하느라, 마침내 고객의 당좌에서 가짜 수표를 발행하는 데까지 이른다. 그는 횡령액이 3000여

---

24) 다음의 기사를 참조할 것. 「인천 期米市場에 '節치기' 도박성행 – 인천서에서는 검거에 착수」, 『동아일보』 1925. 9. 15.

"인천 미두취인소 기미시장에서는 근래에 소위 '가스도리'(數取り) 일명 '절치기'라 하는 일종 도박행위가 공공연히 유행되는 동시 각지 도박상습자가 몰려 들어 실상 미두꾼 수효보다도 많고 이해도 상당하게 됨을 따라 날로 성행한다 함은 본지에 보도한 바이어니와 그동안 인천 경찰서에서는 그들을 다소 검거하여 처벌하였으나 오히려 성행하는 모양이므로 동 서에서는 지난 9일부터 매일 삼사 명, 오륙 명씩 검거하여 엄중이 취조중인데 동 서에서 금번에는 철저히 취체하여 일망타진할 계획인 듯한 태도를 가지는 모양이더라".

원에 육박하자, 그것을 일시에 만회해 보려고 횡령액의 일부를 가지고 미두장에 뛰어들지만, 열흘만에 그 돈을 고스란히 날리고 만다. 태수는 육십 원 증금에 육백 원을 투자하여, 30원 45전에 쌀 천석을 매수했는데, 그것이 잠깐 반짝하다가 내리 열흘을 떨어져, 마침내 '증금'을 다 까먹고, 이른바 깡통계좌에 해당하는 '아시(あし)'에 이르게 된다. 그는 늘 입버릇처럼 "걱정하면 소용 있나? 약차하거든 죽어버리면 고만이지!"를 내뱉다가, 마침내 불륜을 저지르던 현장에서 몽둥이에 머리가 깨져 처참히 죽고 만다.[25]

장형보는 채만식의 소설과 희곡에 자주 등장하는 '미두장 주변의 인물들' 중에서 거의 유일하게 그곳을 거쳐 致富에 성공하는 인물이다.[26] 그러나 형보의 치부 과정은 흐릿한 윤곽만 그려져 있을 뿐, 아쉽게도 자세히 묘사되어 있지는 않다. 형보는 태수가 투자했다가 회수를 포기해 버린 끄트머리 5, 60원을 솜씨있게 굴려 수백 원을 만든 뒤, 그것으로 서울에 올라와 '수형 할인 장사'를 해서 한 밑천을

---

25) 고태수는 '미두'와 관련해서 『탁류』의 등장인물 가운데 가장 문제적인 인물이다. '고태수'를 매개로 하여, 채만식은 인간의 심리적 콤플렉스와 그것에 대한 '방어기제'가 어떻게 '투기'로 이어지는지를 매우 조밀하게 추적한다. 고태수의 불운한 성장과정, 학력콤플렉스, 계층상승의 욕망, 매저키즘에의 탐닉으로 나타나는 성적 일탈, 사기결혼 등이 전부 '투기'행위의 배경이나 심리적 基底를 형성하고 있다. 이런 맥락에서, 장형보의 육체적 장애(곱추)와 흉측한 외모 또한 '투기'와 일정한 연관을 지닌다. 고태수와 장형보를 합쳐 놓은 듯한 성격이 『금의 정열』에서 '금밀매꾼'으로 등장하는 '박윤식'이다. 그러나 '투기'와 연관된 상세한 인물분석은 글을 달리하여 고찰해야 할 것이다.

26) 당시에도, 미두장에서 많은 돈을 벌어 세간의 주목을 끈 사람이 아주 없는 것은 아니었다. 당시 미두 거래를 통해 큰 돈을 번 사람 중에 '조준호'가 가장 유명하다. 그는 '조선취인소'의 조선인 거래원으로, 일본 중앙대학교 전문부 법과를 졸업하고 다시 영국 유학을 한 상층 인테리로서, 증권거래와 미두거래로 엄청난 부를 축적한 인물이다(이형진, 앞의 글, 121~122쪽).

단단히 잡은 것으로 되어 있지만, 자세한 과정은 나와 있지 않다.[27)

미두장을 중심으로 하고 그 주변에 배치된 이 세 인물은 각각 당시 시대의 대표적인 유형적 성격들을 표상하고 있다. 정주사는, 많은 논자들이 지적한 바 있듯이, 소농 출신으로 군서기를 거쳐, 은행과 미두 중매점과 회사 등속의 하급 사원으로 전전하다가, 마침내 '영영 월급 세민층에서나마 굴러떨어진' 뒤 미두꾼으로 다시 하바꾼으로 갈 데 없는 몰락의 도정을 걷는 인물로, 당시의 조선 사람의 경제적 몰락에 대응한다. 고태수는 상대적으로 인텔리에 가까운 인물로, 지식인 계급의 시대적 고뇌라고까지 하기는 어렵지만, 그 역시 삶에 대한 전망과 의지를 상실하고 그야말로 '되는 대로' 살아가는 '자포자기형'의 인물이다. 장형보는 꼽추에 醜物로, 자신의 육체적 장애로 인한 열등의식을 '투기'행위를 통한 理財로 보상받으려는 인물이다. '투기'는 사회적 요인뿐 아니라, 형보의 경우처럼 개인적인 욕망의 대리배설을 위한 창구이기도 했던 것이다.

식민지 시대의 조선 미곡시장의 투기 열풍은 1930년대 후반까지도 계속되다가, 1937년을 고비로 서서히 가라앉으며, 마침내 1939년 일제 당국이 미곡을 자유시장경제 원리에 입각한 '매매상품'이 아니라, 전쟁 수행을 위한 '통제물자'로 규정하여 자유판매를 금지시키면서 완전히 걷히게 된다. 투기를 조장하던 장소인 '취인소'도 1939년 '조선 미곡배급조정령'의 발동으로 미두 거래의 중지, 미곡거래소와 정미시장의 폐쇄에 따라, 미두 거래는 정지되고 오직 주식 거래만 가능한 쪽으로 바뀌게 된다.

---

27) '수형 할인'을 통한 致富 과정은 『태평천하』의 윤직원을 통해 자세히 알 수 있다.

3. 황금광 시대의 빛과 그늘

1) 금광 열풍의 사회경제적 배경요인

1930년대에 접어 들어, '미두' 못지않게 한국인을 집단적인 투기 열풍에 휩싸이게 만든 것은 이른바 '황금광시대'로 불리는 '금광개발 열풍'이었다.

(1) 금값이 올라간다고 세상은 떠든다. 누런 금덩어리를 찾는 사람의 眼光은 전조선의 산야를 녹일 듯이 번쩍거리고 있다. 따라서 산야에는 광맥을 찾는 일확천금을 꿈꾸는 鑛客의 발길이 안이른 곳이 거의 없게 된 터이다. 이것은 산야에서만 보는 현상이 아니라 도시에서도 황금덩어리를 사고 팔며 한편으로는 금광출원을 하는 등 과연 황금의 광상곡이 충천의 勢로 높아간다. 언제라 황금의 만능이 아니었던 바가 아니나 요새처럼 일층의 황금광시대를 나타내는 것은 처음으로 보는 것이다.[28]

(2) 근년 '약진'이라는 경이적 용어가 조선산업계에 유행되고 있는데 그를 통계에 나타난 숫자로 따진다면 특히 금광이 그 적용을 받을 특권을 가졌다고 하여도 과언이 아닐 것이다. (중략) 조선의 산금업은 최근대식 기술과 대자본의 위력하에 약진을 보아 금후로 일층 비약을 示할 것은 명료한 일이다. 십수 년 전만 해도 금광업이라고 하면 투기의 최후적으로 여기고 또 敗家群의 말로인 것같이 여기었으나 금일의 근대과학 밑에서는 가장 유리한 건실한 기업으로 등장되어 경기의 모태인 것 같이 일컫게 되었다. 그리하여 근년 급속도로 발전약진하고 있는 조선의 금광업은 돌연 황금광시대를 현출하여 산에서는 석광, 들에서는 사금광으로 滿山遍野地下鑿掘의 진군은

---

28) 신태익, 「黃金狂시대의 狂想曲」, 『신동아』 1932. 10.

규모가 날로 커갈 뿐이다.29)

인용문을 통해서도 짐작할 수 있듯이, 1930년대 내내 조선사회는 '금'을 둘러싼 거대한 '투기 열풍'으로 심각한 몸살을 앓아야 했다. 이 투기 열풍의 감염력은 미두보다도 한층 강력해서, 그 침투의 범위가 남녀노소, 지위고하, 지식의 유무와 직업의 귀천을 따지지 않는 광범위한 것이었다.

누구보다도 시세의 풍속에 민감한 채만식이 조선사회를 뒤흔드는 이러한 일련의 '사태'를 그냥 보아넘길 리가 없었다.

> '금' '금' '금' 금값이 한 돈쭝 5원에서 11원 13원 이렇게 오른 때문에 금은 잔치집같이 조선을 발끈 뒤집어 놓았다.
>
> 그것은 확실히 한 획기적 사실이다.
>
> 물론 금광으로 해서 망한 사람이 수두룩하니 많다. 그러나 그것보다도 천만 원짜리 몇백만 원짜리 몇십만 원짜리 하다못해 몇천 원짜리의 부자가 수두룩하게 쏟아져나온 것이 더 잘 눈에 띈다.
>
> 또 그것으로 해서 소위 '경기'라는 것도 무척 좋아졌다.
>
> "지금 한 괴물이 조선 천지를 횡행한다 '금'이라는 놈이다."
>
> 이 '금'이란 놈은 그 자체가 발산하는 싯누런 광채와 한가지로 일종의 초현실적인 그리고 아주 '우상'의 작용인 것같이 인심을 지배하고 있다-금 나오느라 또드락 딱, 은 나오느라 또드락 딱 해서 금이 나오고 은이 나오는 '부적 방망이'처럼.-30)

본격적인 '금광소설'31)이라 할 『금의 정열』을 연재하기 수년 전부터

---

29) 장원준, 「금매상가 인상과 조선산금업」, 『조광』 1937. 7.

30) 채만식, 「문학인의 촉감」, 『조선일보』 1936. 6. 5~7, 9~13. 여기서는 『채만식 전집10』, 1989, 310~311쪽에서 인용함.

그는 이 금 투기 열풍에 대해 깊은 관심을 지니고 있었고, 급기야는 그 자신·家兄들과 더불어 금광채굴 사업에 직접 뛰어들기까지 한다.32)

금은 동서고금을 막론하고 오랜 세월 동안 인류에게 가장 귀한 '금속'으로 대우받아 왔다. '금'은 다른 금속에 비해 우선 지하매장량이 적어 원래의 희소가치가 높은 데다, 展延性이 크고, 電導性이 높으며, 상온이나 고온에서도 쉽게 녹슬지 않아 장식용에서 산업용에 이르기까지 그 쓰임새가 매우 넓은 귀금속이다. 그러므로 금에 대한 인간의 집착과 욕망은 새삼스러운 것이 아니다. 사람의 손으로 금을 만들고자 했던 중세의 '연금술', '황금'을 찾아 떠났던 마르코폴로의 모험이나 콜럼버스의 항해, 그리고 16세기 라틴아메리카에 상륙한 스페인 정복자들이 혈안이 되어 찾아 헤맸다는 전설의 황금도시 엘도라도와 파이치치 이야기는 모두 황금을 향한 인간의 욕망을 보여주는 대표 사례들이다. 특히 19세기 후반 북아메리카의 서부연안을 뜨겁게 달구었던 이른바 '캘리포니아 골드러쉬'는, 미국과 유럽 전체를 눈멀게 만들었던 가까운 시기의 역사적 사건으로 선명하게 남아 있다. 금이 특히

---

31) '금광소설'은 당시의 용어이다. 채만식은 『금의 정열』이 조선에서는 금광을 다룬 최초의 소설이라는 데 대해 약간의 자부심을 느끼고 있었다. "아직 남이 안 쓰는 금광소설을 썼으니 (중략) 아닌게아니라 작품이 잘 되고 못되고 한 것은 차치하고, 최근 어쨌거나 금광세계를 중심 내용으로 한 장편(『금의 정열』) 하나를 쓰기는 썼고 (중략) 이 고장에서는 아무렇든 처음가는 시험인 것만은 사실인 성싶다"(채만식, 「금과 문학」, 『인문평론』 1940. 2).
32) 장편 『금의 정열』은 『매일신보』에 1939년 6월 19일부터 같은 해 11월 19일까지 연재되었다가 대폭적인 수정을 거쳐 1941년 6월 10일 영창서관에서 단행본으로 출간되었다. 그가 가형들(세째, 넷째형)들, 그리고 小梧 설의식 등과 금광에 뛰어든 것은 1938년이었다. 금광에 투신하게 된 전후 사정은 그의 글 「금과 문학」에 비교적 소상히 밝혀져 있다. 채만식을 포함한 당시 문인·지식인들의 '금광행'에 대해서는 전봉관의 앞의 글, 「황금광시대 지식인의 초상-채만식의 금광행을 중심으로」에서 자세히 다루고 있다.

중요해진 것은, 18세기 이후 여러 나라에서 '금'을 섞은 주화를 만들어 이로써 화폐의 '명목가치'가 아닌 '실질가치'를 재는 '척도'를 삼았기 때문이다.

그러나, 1930년대 식민지 조선사회를 뒤흔들었던 '금 투기 열풍'은 이러한 일반론적인 인간의 욕망 이외에 좀더 복잡하고 미묘한 사회경제사적 맥락이 작용하고 있었다.

조선사회가 본격적으로 '금 투기 열풍'[33]에 휩싸인 것은 대략 1932년부터라고 할 수 있으며, 직접적인 계기가 된 것은 1931년 12월에 단행한 '금수출재금지' 조치였다. 이 '금수출재금지' 조치 이전에 약 2년간 '금수출금지 해금'의 시기가 있었고, 그 이전에는 역시 '금수출금지'의 시기였다. '금'을 둘러싼 이 일련의 정책 변화과정에는 약간의 설명이 필요하다.

세계 제1차세계대전이 일어나면서 유래없던 전쟁 特需로 호황을 누리던 일본경제는 1919년을 정점으로 1920년대에 접어들어 여러 차례의 심각한 반동공황에 부딪치게 된다.[34] 1920년대의 반동공황은 1920년 4월에서 7월에 걸쳐 일어난 1차 금융공황에 이어, 1922년에 일어난 중국의 '日貨배척운동'에 의한 수출타격, 그리고 1923년에

---

33) 이 글에서는 당시의 투기 열풍에 대해 '금광개발 열풍' '금 투기 열풍' 등의 용어를 섞어 쓰기로 한다. 당시의 투기 열풍은 '금광개발'과 관련된 것이 지배적인 것은 틀림없으나, 일반 시민들의 심리적 基底를 '투기'로 이끈 것은 '금광'을 매개로 한 산업적 측면만이 아니라 '금' 일반을 매개로 한 것이었으며, '금광'과 관계없이 금의 밀매매를 둘러싼 투기 열풍도 만만치 않았기 때문이다.

34) 이하, 1920~30년대 일본 및 조선 경제의 전개양상은 이석륜,『우리나라 금융사(1910~1945)』, 박영사, 1990 중의 제5장 「식민지정책과 조선경제 (1920~30)」 부분과 宮本又郎(미야모토 마타오) 외 4인 공저, 정진성 옮김, 『일본경영사』, 한울아카데미, 2001 중의 제3장 「근대경영의 전개」와 제4장 「戰前에서 戰後로」에 의거하여 정리한 것임.

일어난 '關東大震災'와 이로 인해 발생한 '진재어음'의 처리 때문에
1927년 이른바 '昭和금융공황'이 발생하여, 3주 간의 모라토리엄
(moratorium)을 선언할 수밖에 없는 상황에까지 이르게 된다. 이러한
만성적 불황의 타개를 기치로 내건 민정당의 하마구치 오사차(濱口雄
幸)내각은 마침내 1930년 1월 11일에 오랜 논쟁에 종지부를 찍고
'금수출금지 해금'조치(이른바 '金解禁')를 발표하여, 1917년부터 13
년간 유지해오던 '금본위제 정지' 정책을 철회하고 다시 '금본위제'로
복귀하게 된다. '금해금'정책의 중요목적은 일본경제를 국제경제와
직접 결부시킴으로써 일본의 물가를 국제수준으로 인하하여 기업
합리화를 촉진하고 국제경쟁력을 강화하여 수출을 늘리고, 이로써
당면한 불황을 넘어서고자 하는 것이었다.

　여하히 정부는 금해금을 단행하였으며 금융자본가는 此를 선전하
였는가. 그 이유를 논하면 이러하다. 금해금을 단행하면 爲替의 평가
복귀-통화의 위축-물가저락-생산비 저하-무역호전-국제대차의 개선
이란 코스를 취하여 경제계는 자동적으로 정리되리라는 예상에서
기인한 것이다. 그러면 일본경제계는 해금 2년간 如斯한 기대적
예상에 부합되었는가? (중략) 果是 경기는 전환되었는가 하면 不然하
였다. 물가와 상품생산비는 저하되었다 하나 소비는 증가되지 아니하
였다. 즉 구매력은 전혀 탄력성을 失하고 말았다. 저락된 물가에
시장의 상품을 소화할 능력이 부족하였다. 특히 일본과 조선을 통하
여 그 소위 豊作恐慌으로 농촌구매력은 의외로 감퇴되었다. 이리하여
사업계는 조업단축이라든지 가격통제로써 기업이윤을 취득하려 하
였으나 그 반면에는 자연적으로 거대한 失業軍을 조출하고 말았다.[35]

35) 김우평, 「금수출재금지와 일본 급(及) 조선의 재계」, 『신동아』 1932. 3.

특히 '금해금' 조치의 효과를 반감시켰던 것은 미국의 대공황이었다. 1929년 10월 뉴욕의 증권폭락을 시작으로 돌발한 20세기 최대의 미국 공황은 곧 유럽과 다른 여러 나라로 파급되어 1930년대의 세계적 대공황으로 이어졌고, 공황의 여파는 마침내 일본에도 밀어닥쳤다. '금해금' 조치로 인한 디플레이션 현상과 세계공황으로 인한 물가폭락 현상이 맞물리면서, 일본경제 역시 급속한 '공황'상태로 빠졌으니, 이것이 이른바 '昭和恐慌'이다. 이 공황의 특징은 물가, 주가, 상품시세의 급격한 하락과 도산, 공장폐쇄 등을 수반하는 공황의 일반적인 현상과 더불어, 농업공황을 수반한 것이 특징이었다. 농촌은 쌀, 누에고치 등 주요 농산물 가격의 폭락으로 풍작과 흉작을 가리지 않는 饑饉사태에 놓이게 되었다. 특히, '금해금' 조치는 수입초과의 결제, 환투기 자금의 일본으로의 회수, 외화채 매입에 의한 자본도피 등으로 일본이 예상했던 것보다 훨씬 더 많은 양의 금유출 현상을 낳았다. 일본의 '금유출'에 기름을 부었던 것은 1931년 영국이 단행한 '금본위제 정지' 조치였다. 영국의 '금본위제 정지'가 시행되면 일본의 '금본위제' 유지도 곤란할 것이라는 전망 때문에 격렬한 달러매입 현상이 일어났다. 1931년 12월 13일에 성립한 이누카이 쓰요시(犬養毅) 내각은 마침내, '금수출 재금지' 조치를 단행하고 '금본위제 정지'와 관리통화체제로 돌입한다.

'금본위제도'란 기본적으로 '自由鑄造', '自由兌換', '자유수출입'이 보장되어야 유지되는 화폐제도다. 일본은 1897년(明治 30)에 금 함량 2分을 1圓으로 기준 삼아 금본위제의 화폐개혁을 단행했다. 이에 따라 5원(금 1돈쭝의 함량)[36], 10원(금 2돈쭝), 20원(금 3돈쭝)

---

36) 우리의 금 1돈쭝에 해당하는 일본의 단위는 匁(もんめ)이다. 이것은 1관의 1/1000에 해당하는 것으로 약 3.75g이다. 5엔 주화에는 정확히 1匁1分5毛의

등 세 종류의 금화를 주조했다. '자유주조'란 누구든지 '금 1돈쭝'을 지정은행에 들고 가면 '금화 5원'을 만들어주어야 한다는 약속이며, '자유태환'이란 반대로 '5원'을 들고 은행에 가면 언제든지 '금 1돈쭝'으로 교환해 주어야 하는 약속이다.[37] '태환권'을 '正貨'라고 하며, 금본위제 하에서는 이 '정화' 또는 '금'의 자유로운 수출입이 허용된다. 이 세 가지 조건 중에서 하나라도 지켜지지 않으면, 그것은 곧 '금본위제'로부터의 이탈, 즉 '금본위제 정지'로 해석된다. '금본위제' 하에서는, 국내에 보유하고 있는 금의 총량에 대응하는 일정비율 이상의 화폐를 발행할 수 없다. 화폐를 발행한 만큼의 태환에 대해 준비를 해두어야 하기 때문이다. 이를 '정화준비'하고 한다.[38] 어떤 국가의 자국 내 금보유고가 높아진다면, 그 국가의 '정화'는 국제시장에서 당연히 가치가 높아진다. 왜냐하면, 태환권의 안정성이 그만큼 높아지기 때문이다. 반대로, 금 유출이 일어나 금보유고가 낮아진다면, 환율상의 자국 화폐의 시세는 떨어지게 된다. 당연히 국내인이든 외국인이든 평가절하되는 화폐를 처분하려 할 것이고, 그러한 투매현상은 화폐의 가치를 점점 더 떨어뜨리게 만든다.

1931년, 일본의 '금수출 재금지' 조치는 이러한 '엔화'의 평가절하를 감수하고라도, '금본위제'의 이탈에서 오는 반사이익을 통해 국내경제의 회복 및 수출증진을 꾀하기 위한 것이었다. '금본위제'를 정지하면 우선, 정화준비 즉 태환권에 대응하는 금보유량과 관계없이 명목가치

금이 포함되어 있으며, 이를 24금이라 한다.

37) 조선은행이 발행한 태환권에는 '此券引換으로金貨又는日本銀行兌換券*圓相渡可申候也'라는 문구가 씌어있다. 이는 일본은행권도 마찬가지였다. 뜻은 '이 화폐로 금화 또는 일본은행 태환권 몇 원에 해당하는 돈을 바꾸어준다'는 것이다.

38) 이건혁, 「금사용금지-금에 대한 관념을 고치자」, 『조광』 1938. 10.

를 지니는 '불태환권'을 어느 정도 자유롭게 발행할 수 있다. 즉 통화수
축으로 인해 발생한 불황을 인위적인 통화팽창을 통해 경기를 일시적
으로 진작시킬 수 있게 되는 셈이다. 이른바 '인플레이션 정책'이다.
또한, 엔화의 평가절하는 국제시장에서 일본상품의 가격경쟁력을 높
여준다. 같은 품질의 물건이라면 싼 쪽을 사게 될 것이기 때문이다.
그러나, 반대로 외국으로부터 물건을 수입해 올 때는 이전보다 더
많은 돈을 지불해야 하므로 막대한 손실을 입게 된다. 공산품의 원료
대부분을 외국에서 사들여 와야 하는 일본으로서는 '금본위제 정지'와
상관없이 국제무역의 결제에는 '금'이 절대적으로 필요하므로, '금보
유고'를 높여야만 하는 과제는 여전히 사활이 걸린 문제였던 것이다.39)

영국의 '금본위제 정지' 선언에 이어, 미국도 '금본위제'로부터 이탈
하면서, 자국의 금보유고를 높이기 위한 국제간의 경쟁은 점점 더
치열해져 갔다. 금보유고를 높이는 방법은 자국내의 금이 바깥으로
유출되지 않도록 '수출금지' 조치를 내리는 것과, 국민 개개인이 보유
하고 있는 금을 국가로 집중시키는 방법, 그리고 땅속에 묻혀 있는
'금'을 캐내는 '금광개발' 등이 있다. 일본은 1932년 이후부터, 금보유
고를 높이기 위해 이 세 가지 방법을 모두 동원하여 필사적인 노력을
기울인다. 당시 일본경제에 직접 종속되어 있던 조선의 사정은 일본과
똑같이 맞물려 돌아갈 수밖에 없었다. 마침내 금을 확보하기 위한 일본의
정책인 금수출금지과 밀매매 단속, 산금장려, 그리고 정부의 금사들이

---

39) 국제통화에서의 '금본위제'는 사실상 1930년대 이후 사라졌다고 보는 것이
통설이다. 1944년 '브레튼우즈 체제'의 출범으로 '금' 이외에 미국의 '달러'와
영국의 '파운드'가 국제무역 결제수단인 '국제통화'의 지위를 부여받고,
영국경제의 사양화로 이후에는 '달러'만이 그 기능을 떠맡게 된다. 그러나,
여전히 국제통화에서의 '금'의 중요성은 살아 있다. 지난 1997년 한국의
외환위기가 터졌을 때, 전국적으로 일어난 '금모으기 열풍'을 떠올려 보라.

기는 순식간에 조선사회를 '금 투기 열풍'으로 빠지게 만들었다.

2) 금 관련 정책의 여파와 금 밀매매의 성행

금을 확보하기 위한 일본의 정책들이 왜 '금투기 열풍'을 낳게 되었던
가에 대해서는 다시 약간의 정황 설명이 필요하다.

우선, 일본 정부가 각국의 중앙은행인 일본은행, 조선은행, 그리고
만주중앙은행 등을 통해 국민들로부터 사들였던 금매입가는 국제시세
에 비해 상당히 낮았다. 1934년 3월 상순의 기준으로 금시세를 비교해
보면, 금 1돈쭝에 미국이 14원, 영국이 14원 62전, 그리고 만주중앙은행
조차 11원 52전에 매입하는 데 비해, 일본은행과 조선은행은 겨우
9원 94전에 머물고 있다.[40] 은행이 구입할 때는 금으로 귀금속을
만들 때 드는 수고비, 즉 '공전'에 대한 배려가 따로없이 오로지 금의
함량과 무게로만 값을 매기니, 일반 시장에서보다 항상 1원 이상의
차이가 날 뿐만 아니라, 강 하나만 건너 만주에 가서 팔면 조선은행이나
조선 내의 시장에서보다 적어도 2, 3원의 시세차익을 볼 수 있으니,
밀수출이 성행하지 않을 도리가 없다.

일본 정부는 1932년 3월부터 적극적으로 금을 사들이기 시작했는데,
일반 시장가격에 근접하기 위해 이때로부터 1937년 5월까지 약 5년
동안 금매상가는 무려 23차례나 인상되었다. 1937년 5월 15일 현재로
조선은행의 금매입가는 14원 13전, 시중가는 이보다 1원 이상이 비싼
15원 13전 이상에 거래되었다.[41] 채만식의『금의 정열』이 연재되던
1939년 하반기의 조선은행 매입가는 1돈쭝에 14원 50전, 시중가는

40) 김정실,「조선광업과 재벌」,『신동아』1934. 9.
41) 장원준,「금매상가 인상과 조선산금업」,『조광』1937. 7.

15원 50전을 상회했다. 태환권 5원의 실질가치가 3배인 15원이 된
것이다. 이 때문에, 금밀수출 및 밀주조는 8년 이상의 중형에 처해지는
범죄였지만, 좀체 사라지지 않았다. 중일전쟁이 터진 뒤, 군수물자의
수입에 막대한 비용이 들어가게 되고, 따라서 금수요가 절실해지자
마침내 일본은 민간인의 금사용에 대해 규제를 하기 시작했고, 이에
발맞추어 조선총독부는 1938년 1월 4일 '조선총독부령 제2호'를 공포
하여, '9금 이상을 사용한 금제품의 제조와 금, 또는 금실, 금박, 금가루,
금액 등의 제조를 금한다'는 조치를 취했다. 통제경제의 일환이라고
할 수 있는 조치였다. 그러나 통제경제란 인위적으로 가격을 묶어
두는 것이므로, 시장에서는 더욱더 은밀한 '암시장'이 형성되어 통제
이전의 가격보다 더 높은 가격으로 거래되는 것이 일반적인 경제현상
이다. 1938년 8월 20일에는 부분제한이 아니라 '금 성분이 조금이라도
들어가 있는 것은 전면적으로 사용을 금지'하는 '금사용-전면금지'
조치를 내린다. 이제는 금이 조금이라도 섞인 물건은, 의료기구 등의
예외를 빼고는, 일체 만들 수가 없게 된다. 마침내 다음과 같은 국책
홍보용 경제기사가 신문과 잡지에 등장하기에 이른다.

　　이번에 금사용금지가 旣製品의 판매금지가 아니요, 국민 개인의
금제품 소지를 압수하는 것이 아니니 다시 살 수도 없는 귀한 금붙이
를 더 자랑삼아 내걸고 다니자고 생각할 사람이 있을지 모르나 그것은
잘못된 생각이다. 모든 가정에서 가지고 있는 금붙이 금돈은 나라에
헌납하는 것이 좋고, 나라에 그냥 바칠 형편이 못되는 사람은 조선은
행에 갖다가 파는 것도 좋다. 이것이 무슨 어림없는 소리냐고 할지
모르나 때는 戰時이다. 금붙이 자랑하던 세상은 지나갔다. 몸에 금붙
이 없는 사람을 훌륭한 사람으로 알게 되었다. 이런 소리도 귀에
들어가지 않는다면 한 가지 더 말하기로 하자.

금사용 금지로 전국에서 절약되는 것이 年額 2천만 원에 불과하다.
그러므로 이런 소액의 절약으로는 금이 부족할 터이니까 장래는
3억 내지 5억에 달하리라고 추정되는 민간의 退藏金을 강제로 매상하
는 것이 좋다는 설이 유력히 제창되는 중이다. 이것이 설에 그치지
않고 그렇게 실현될지도 모르는 일이다. 그때에 강제로 매상당하는
것보다 지금 선선히 파는 것이 어떠할까? 금에 대한 관념을 고칠
때는 왔다.42)(강조는 인용자)

　신문과 잡지에 이런 협박성 경고가 노골적으로 실릴 지경이니, 일반
시민의 '금'에 대한 감각은 한층 더 민감해질 수밖에 없다. 특히, '강제
매입'의 가능성이 시민들에게는 '강제무상공출'로 와전되어, 밀거래
를 더욱 부추기게 만들었다.
　채만식은 『금의 정열』에서 강화아씨, 해주댁, 박윤식, 현씨 일가
등을 등장시켜 '금밀매 커넥션'을 펼쳐 보인다. 강화아씨나 해주댁은
방물장사들로서, 집집마다 돌아다니면서 부녀자들로부터 금붙이들을
사들인다. 시세보다 1원 가량 비싼 값에 구입하는 것이어서, 부녀자들
의 구미를 동하게 만들기도 하지만, 곧 '강제공출'이 실시되면 팔고
싶어도 팔 수 없게 되는 때가 온다는 공갈을 곁들이는 것도 빠트리지
않는다. 이들이 가가호호 방문해서 수집한 금붙이나 패물 등속은 중간
매집상인 '박윤식'에게로 넘어 가고, 박윤식이 수집한 금은 다시 대접
주인 '현씨 일가'에게 넘어 간다. 현씨 일가는 여러 중간상들로부터
모은 금을 만주로 건너가 조선 시세보다 훨씬 비싼 값에 되판다. 방물장
사 강화아씨 등이 일반인에게서 매입할 때의 금시세가 1돈쭝에 15원
50전. 이들이 중간상에게 넘길 때 1돈쭝 18원을 받는다. 1돈쭝에 2원
50전이 떨어진다. 중간상은 대접주에게 매돈쭝 20원을 받고 넘기니,

---

42) 이건혁, 앞의 글.

고스란히 2원이 떨어진다. 압록강을 넘어 만주에서는 이것이 얼마에 팔리는가가 나와 있지 않아 자세히는 알 수 없으나, 암거래 시세가 20원을 훌쩍 넘어서리란 것은 짐작할 수 있다. 금밀매 과정에서 생기는 이익은, 다른 일의 대가와는 비교할 수 없는, 그야말로 '땅짚고 헤엄치는 노릇'이어서, 한번 이 일을 시작한 사람은 다른 일은 도무지 할 마음이 없게 된다. 그리고 '투기'의 폐해가 발생하는 지점도 바로 이곳인 바, 투기를 통해 이익을 보든 손실을 입든 그것이 정당한 노동의 댓가가 아니라는 점에서, 투기 관련자는 물론이고 사회 전체적으로도 노동의욕을 상실케 하고, 심각한 '상대적 박탈감'을 조장하기 때문이다.

평생을 보통학교 교사로 늙어가는 아버지의 애지중지하는 재산 일부를 털어 이발소를 차린 박윤식은, 금 밀매매에 한번 맛을 들인 후 생업을 포기하고 아비의 남은 재산을 훔쳐 본격적으로 이 사업에 뛰어든다.

해서 1백 96원어치인데(들어간 밑천을 가리킴 – 인용자), 그놈을 현가한테는 2백 40원을 받을 터이니까 44원은 또한 이문인 것이다. 그리하여, 이놈 저놈을 죄다 따지면, 도통 1백 39원하고 40전이니까, 60전이 모자라는 1백 40원이다. 사흘이나 나흘 잡고서 1백 40원……그러니 한 달이면 천 원이 넘어라……흥! 그 다라운 이발소를 해먹고 앉았어! 고등관 부럽잖지! 이런 생각을 되풀이하느라고 윤식은 가뜩이나 높은 어깨가 으쓱으쓱하여, (중략) 혼자 좋아 야단이다. (중략) 가령 기지개를 쓰고 주어서 매돈쭝 16원이라고 하더라도, 20원에 되넘기니 온통 4원이 이문이요, 한 냥쭝이면 40원이라 열 냥쭝이면 4백 원! 참으로 하늘이 내려다보실까 무서울 노릇이다. 그러나마 큰 힘이나 드는 일일세 말이지, 살금살금 놀러다니는 셈 잡고 하면 넉넉할 일이 아니냔 말이다. 항차 언제 꼬리가 밟혀 아닐말로 유치장 신세를지지 말란 법이 없는 것을, 그야말로 칼을 물고 뜀을 뛰는

시방 이 살판에, 그러니 이왕 해먹을 테거든 한꺼번에 와짝 해먹고서
원 전중이를 살더라도 살고, 멀리 支那 방면으로 들고 뛰더라도
뛰고 할 일이 아니냔 말이다.[43]

3) 엘도라도의 주민들 – 산금정책과 금광 景氣

그러나, '금 투기 열풍'을 조장한 주범은 일본의 '산금정책'이었다.
조선에 대한 일본의 광업법의 근간이 되는 것은 대한제국시기, 즉
통감부 정치가 시작된 이듬해인 1906년 7월에 발포한 광업법이었다.
이 광업법은 조선 광업권을 외국인에게 무제한 개방하는 것이 주요골
자이며 특히 일본인의 광업진출을 독점적으로 보장하고 있었다. 식민
지 시기에도 이 광업법의 골간은 그대로 유지되었다.[44]

1차 세계대전의 호황에 힘입어 일본의 광업도 1910년대에는 규모와
생산량에서 대단히 높은 수준으로 발전해 있었다. 그러나, 1920년대에
들어서면서 광업은 사양산업이 되었다. 폐광이 속출하고 생산량도
눈에 띄게 줄었다. 광업이 다시 일본과 조선 산업의 총아로 떠오르게
된 것은 앞서 말한 1931년의 '금재금' 조치 이후의 일이다. 금 확보를
위해 일본 정부는 우선 두 가지의 금생산 장려 정책을 실시했다. 그
하나는 '金探鑛奬勵金'이며, 다른 하나는 '低品位金鑛石賣鑛奬勵金'
제도였다. '금탐광장려금'제도란 금광개발에 드는 초기비용, 예컨대
수익성 여부를 판단하기 위해 드는 조사비를 포함한 기초 작업비의
일부를 정부가 보조하겠다는 것이다. '저품위금광석매광장려금'이란,
금함량이 낮은 금광석의 경우에도 광업권자가 생산한 금광석을 조선
의 제련업자에게 팔 경우에 광업권자와 제련업자 양쪽에 모두 일정한

---

43) 채만식, 『금의 정열』, 1987, 273~274쪽.
44) 고승제, 『한국경영사연구』, 한국능률협회, 1975, 353쪽.

장려금을 지원한다는 제도다.45) '금재금 조치' 이후에는 실제로 일본
의 대표적인 재벌 기업인 미쓰비시, 미쓰이, 노구치 등을 위시한 대자본
들이 조선의 금광 개발에 뛰어들고, 이를 계기로 금광 경기가 활성화되
었던 것은 분명하다. 그러나, 정작 조선의 일반 서민들까지 충동질시켰
던 것은 산업 차원의 금광 개발이 아니라, 그 제도에 편승한 투기
심리였다.

『금의 정열』의 등장인물 중의 하나인 변호사 민 아무개의 경우를
살펴보자. 어느 날, 민변호사의 먼 친척되는 촌로 하나가 금돌(즉
광석) 한 덩이를 가지고 그를 찾아왔다. 자기 동네 근처 산에서 캐온
것이라며, 자신은 금광에 대해 전혀 모르나 민변호사에게는 쓸모가
있을지 몰라 가져온 것이라고 했다. 민변호사는 그 자리에서 촌로에게
발현비(금광을 발견한 댓가)조로 백오십 원을 집어주고 돌려 보낸다.

　그리고는 곧장 서울의 단골 광무소로 기별을 하여 열람을 해본
후, 역시 아직도 임자가 없어서 바로 출원을 했고……하고서는, 미처
겨를도 나지 않았었지만, 몸소 산을 한 바퀴 둘러보기는커녕 새로
돌이라도 한 덩이 따오라고 해서 감정이나 분석 같은 것도 시켜보질
않고, 그대로 내던져 두었었다. 그러자 한 달 남짓해서 남원 본바닥에
산다는 누가 사람을 넣고 오백원에 팔란 말을 들여보냈었다. 뒤에야
한 소식이지만, 그 산판의 소유자더라고……민변은, 단 이백 원이라
도 이가 남았으니 선뜻 팔아도 상관은 없을 것이었었다. (중략) 그래,
말하자면 이래도 그만 저래도 그만일 셈속이라 그대로 붙잡고 있는
참인데, 그 다음에는 일천 원짜리 작자가 나섰었다. (중략) 그 다음이

---

45) 최형종, 「조선산금정책의 종횡관」, 『신동아』 1934. 9. 그러나 이 글에서
　　최형종은 '금탐광장려금' 제도는 연간 생산액 1만 원 미만의 소규모광산을
　　제외한 점, 그리고 비용의 절반만 지원한다는 점에서 소기의 목적을 달성하기
　　에는 미흡하다고 비판한다.

오천 원, 허더니 오천 원이 다시 만 원 (중략) 아니나 다를까, 그
뒤로 연방 값은 올라, 이만 원, 이만 원에서 삼만 원······하더니 또다시
사만 원······하릴없이 거리의 염매장에서 경쟁 붙은 물건 값이 오르듯
올라가는 것이었었다. 언제까지고 두어 둘 요량이었었다.46)

민변호사는 삼백 원의 밑천을 들여 확보한 이 광산의 광업권을
116배를 남기고 삼만 오천 원에 판다. 당시에는 누구든지 광맥을
발견한 사람이면 출원비 100원과 등록세 200원만 내면 광업권을 취득
할 수 있었고, 이 광업권은 광산의 소유 여부와는 아무 관계가 없는
것이었다. 그리고 이 광업권은 언제나 사고 팔 수 있도록 허용되었다.
금광 열풍에 휩싸인 대부분의 투기꾼들은 실제로 금광을 개발하려는
사람들이 아니라, 이처럼 광업권을 손에 넣은 후 최대한 값을 올린
뒤, 그 권리를 되팔기 위해 광분하는 사람들이었다. 그 광업권을 사는
사람 또한 다시 누군가에게 권리를 양도할 목적으로 사는 것이니,
요즘으로 치면 아파트 분양권(분양받은 아파트 자체가 아니라 아파트
를 분양받을 수 있는 권리)이 여러 사람의 손을 거쳐 팔고사기를
되풀이하는 동안, 천정부지로 프리미엄이 붙는 이치와 똑같다고 할
것이다. 시중의 유동자금은 죄다 이리로 쏠리게 되고, 그 과정에서
광업권 매매를 부추기는 각종 브로커들이 설쳐, 실제로 금함량이나
채산성 여부와 상관없이 단지 브로커의 혀끝에 놀아난 거래 또한
부지기수였으니, 금광업자뿐 아니라 이들도 '황금광 시대'를 연출하는
데 빼놓을 수 없는 조역들이었다.

근년 금광으로 대성공한 사람이 한두 사람이 아니요, 세상에 소문난

---

46) 채만식, 『금의 정열』, 1987, 330~331쪽.

부자가 된 사람이 없는 것이 아니나 시내 수십처 광무소에 출입하는
친구들이 모두 풍성풍성한 것이 아니요, 작년의 소위 금광경기-요리
점에 나타난 경기라는 것은 금광뿌로카 경기라 할 수 있고 실제의
금광경기는 흰옷 입은 사람들의 차지가 아니었다고 할 수 있다.
뿌로카경기란 무엇이냐 (중략) 누가 출원을 하였다. 아무개鑛이 얼마
에 교섭된다, 오늘은 십만 원의 시세가 올랐다, 어름거리다가는 놓친
다, 십오만원쯤 더 주어야 한다고 실제 상담도 없는 捏造의 헛시세를
떠돌게 하여 가지고는 어수룩하게 덤벼든 친구를 골탕먹인 일이
한둘이 아니었다.47)

  그러나 '황금광시대'의 神話의 주역들은 단연코 금광개발로 수십만
원, 수백 만원을 단숨에 벌어들인 '금광갑부'들이었다. 당시 조선사람
들의 입에 가장 많이 오르내리던 금광갑부 신화의 주인공은 '최창학'이
었다.48) 조선일보 社主로 더 널리 알려진 방응모(평북 교동광산), 박용
운(평북 신연광산) 등이 그 뒤를 잇는 신화의 주연들이었다.49)『금의
정열』에는 금광개발로 단 몇 년만에 백만장자의 반열에 올라 경향에
이름이 자자한 청년재벌 '주상문'이 등장하여, 금광갑부의 생활상을
여러모로 재현해 준다. 그러나, 하루에도 수십만 원을 주무르는 이
행운아의 '富'를 위해선 일당 70전으로 연명해야 하는 광산 노동자의

47) 이건혁, 「朝盛暮滅의 取引狂沙汰-일확천금은 가능하냐?」, 『조광』 1936. 1.
48) '최창학' 신화의 대중성에 대해서는 전봉관, 「1930년대 금광풍경과 '황금광시
    대'의 문학」, 『한국현대문학연구』 7집, 1999. 12에서 자세히 다루고 있다.
49) 그러나 조선인들이 운영하던 굴지의 광산들은 속속 일본 재벌기업에 그
    운영권을 넘기게 된다. 특히 미쓰이(三井)재벌은 최창학의 삼성광산을 1928
    년에, 그리고 1930년대에 들어서서 박용운의 신연광산과 방응모의 교동광산
    을 차례로 매입하고, 박영효의 의주광산의 독점적 대지주가 된다(고승제,
    앞의 책, 356쪽). 1930년대 중반, 조선의 광산 소유주와 생산고는 김정실,
    「조선광업과 재벌」을 참조할 것.

피땀어린 노동이 숨어 있다. 鑛主 밑에 지배인, 지배인 밑에 덕대, 덕대 밑에 기술자, 기술자 밑에 다시 하급 기술자, 그 밑에 채금 노동자에 이르기까지, 광산은 일종의 착취 피라미드로 형성되어 있었다.

　금광 열풍의 부정성은 비단 '투기'와 '착취'에만 그치지 않았다. 의식있는 사람은 대번에 짐작할 일이지만, 무분별한 산금정책으로 조선의 山河가 벌집 쑤셔놓은 듯 파헤쳐져서 심각한 환경파괴를 가져왔던 것이다. 채만식은 『금의 정열』의 주인공 주상문의 입을 통해 이 금광 개발의 폐해를 적시하고 있다.

　　"저놈이(채금선이라 불리던 '트렌처'를 가리킴—인용자) 그런데……"

　　이윽고 몸을 돌리고 바로 앉기를 기다려 상문이 이야기를 내던 것이다.

　　"……천아 몹쓸 망나니요 괴물이란 말야!"

　　순범과 봉아는 어떻게 하는 말인지 알아듣지 못해 상문의 얼굴만 돌려다본다.

　　"……나두 허기야, 인제 오래잖아서 저런 놈을 대놓구 淸州치를 파먹을 테면서, 거러니 큰소린 못할 처지지만……아, 저놈이 한번 지나가구 난다치면 땅이 말이 아니어든! (중략) 아 저놈은 글쎄 거얼구 좋은 겉흙은 갖다가 밑바닥에다 집어넣굴랑 수언 못된 자갈 섞인 밑바닥치를 겉에다가 덮어놓네 그려……그러느라구 제아무리 좋다는 논두 여지없이 망쳐놓으니!"

　　"홍! 한 ××이 '구라파 천지를……'이 아니라, 조선 천지를 횡행하는 셈인가?"

　　"시방 산금정책이 그렇게 긴급하지만 않으면, 정부 당국에서두 도저히 저놈의 걸 장려할 일이 아니냐?……국가적으로 큰 손실이니깐……(후략)"[50]

당시 변호사이면서 광업문제 전문가였던 辛泰嶽은 「광업령과 鑛害 문제」(『조광』 1935. 11), 「鑛害와 불법행위론」(『조광』, 1936. 1) 등의 글을 통해, 무분별한 광산개발이 얼마나 심각한 환경파괴를 불러오는지에 대해 날카롭게 비판하고 있다.

> 광산이 있는 곳에 그 광산으로 말미암아 이익을 보는 사람도 많지마는 손해를 보게되는 사람도 많다는 말을 듣게 된다. 광산에서 광석찧는 데 사용한 남은 물이 하천에 흘러서 川魚가 전멸되었다는 말, 그리고 부근 농작물에 피해가 막대하다 하여 농민이 소동하는 일, 吾人은 이러한 말을 흔히 듣게 된다.[51]

그는 광해의 사례로 굴착과정의 지표 함몰로 인한 경지 및 건물의 손상, 지표수의 누설과 지하수의 수맥 절단, 坑水(채굴 과정에서 나오는 유해한 물)로 인한 토양오염, 폐수 및 捨石으로 인한 토양오염, 제련과정의 매연과 아황산가스로 인한 대기오염 등, 구체적인 사례들을 열거하며 광산개발의 폐해를 비판한다. 금 열풍은 인간의 심신을 황폐하게 만들 뿐 아니라, 무분별한 금광개발로 인해 국토 전체를 멍들게 하고 오염으로 뒤덮이게 하는 부작용을 낳았던 것이다.

4. 투기, 혹은 식민지 자본주의의 통과제의

1920~30년대 식민지 조선사회를 휩쓸었던 '투기 열풍'은 경제학의 측면에서뿐만 아니라, 사회적 · 심리학적 · 문화사적으로 다양한 측면

---

50) 채만식, 『금의 정열』, 1987, 375쪽.
51) 신태악, 「광업령과 광해문제」, 『조광』 1935. 11.

에서의 검토를 필요로 하는 사회현상이다. 궁극적으로 그것은 식민 종주국인 일본의 경제와 사회에 대해 종속적 위치에 머물 수밖에 없었던 조선의 경제적 특수성으로 말미암은 것이었지만, 좀더 넓은 시각으로 보자면 '자본주의'를 학습하고 그것을 익히는 과정에서 치러야 할 혹독한 '통과제의'의 의미도 띠었다. 자본주의 체제에 미숙하면 미숙할수록 '투기'의 유혹은 강렬한 것이었고, 그 결과는 엄혹했다.

또한 계급별로, 계층별로 그리고 성별과 연령별로 이 '투기'라는 프리즘을 통과함으로써 만들어내는 빛깔이 매우 다양하고 이질적이었다는 것도 주목할 부분이다. 예컨대, 본론에서 자세히 다루지는 못했지만,『금의 정열』의 여주인공인 殷鳳兒는, 전문학교를 마친 여성 인텔리였지만, 학교에서 배운 지식과 사회를 향한 열정을 미처 해소할 만한 마땅한 공간을 당시의 조선사회에서 찾을 수가 없었던 까닭에, 그의 패트론이었던 금광갑부 주상문도 놀랄 만큼 갑작스럽게 금광개발의 의욕을 내비치게 된다. 이를테면, 그녀에게 금광개발에의 투신 의지는 출구없는 여성의 자기실현 의지가 왜곡되는 한 과정이었던 것이다. 과거의 사회주의자, 당대의 인텔리들인 의사와 변호사가 모두 저마다의 사연과 이유들로 인해 '투기'의 대열에 동참한다. 요컨대, '미두'나 '주식', 그리고 '금광'으로 상징되는 '투기 열풍'은 식민지 조선사회의 모순과 병폐, 그리고 그 속에서 환멸과 전망 상실을 경험한 사람들을 강하게 빨아들이는 '블랙홀'의 역할을 했던 셈이다.

이 글은, '투기 열풍'의 사회사적 배경을 검토하는 데 치중했고, 채만식의 텍스트들을 당시의 사회 상황을 재구성하는 밑그림의 역할에 국한시킨 까닭에 정작 채만식 텍스트 내부의 이러한 문제들을 충분히 검토하지 못한 아쉬움이 있다. 그리고 이는 다른 기회를 통해 다시 한번 조명해야 할 문제로 남겨 둔다.

식민지 근대도시의 일상과 만문만화

신 명 직[*]

1. 머리말

　1930년대 식민지 근대도시 경성의 일상은 만화 형식과 만화적 글쓰기(漫文)가 결합된 '만문만화'라는 장르에는 어떻게 묘사되어 있을까. 1925년『시대일보』에 만문만화 장르를 처음 선보였던 안석영을 비롯, 30년대 후반『동아일보』와『신동아』에 주로 만문만화 작품을 발표했던 최영수,『중외일보』의 이갑기 등은 1920년대『조선일보』나『동아일보』에 주로 발표되었던 시사성 강한 만화·만평과 달리 이른바 도회의 세태 혹은 일상을 주로 지면에 선보였다.

　이들 만문만화가가 선보였던 경성의 일상은 물론 일목요연하지 않다. 本町通의 골목이나 종로 네거리는 특별한 여과과정을 거치지 않은 채 불쑥불쑥 던져져 당대의 신문 혹은 잡지를 장식하곤 했다. 이들 작품은 특히 봄이나 여름철이 다가올 때, 혹은 세모가 다가오면 경성의 거리 골목골목을 집중적으로 조명한다. 이들의 시선에 걸려든 것은 해수욕복을 전시해 놓은 백화점 쇼윈도우 앞의 모던걸일 때도

* 일본 도쿄외국어대학교 객원조교수, 국문학

있고, 때론 그들 옆에서 구걸하는 걸인들일 때도 있다. 시선이 가는 대로 글은 흐르고 그림은 시작된다. 이처럼 특별한 형식의 구애를 받지 않기에 '흐트러진 글과 그림'(漫文漫畵)이라고 불렸을 것이다.

하지만 1930년대를 그린 이들 만문만화를 보다 주의 깊게 들여다보면 어떤 독특한 현상들과 만나게 되는데, 그것은 경성의 풍경들을 하나의 현상만으로는 설명할 수 없다는 것, 보다 분명하게 표현하자면 만문만화라는 동일한 프리즘을 통과한 경성의 풍경들이 하나가 아닌 두 개의 빛을 발하면서 끊임없이 그 둘 사이에서 진동하고 있다는 점이다.

근대를 향한 유혹은 강하지만 그 같은 유혹을 결코 채울 수 없는 식민지적 갈증 사이에서 경성의 풍경들은 흔들리고 있었다. 일본에 의한 조선의 근대화란 새로운 수요의 창출이란 의미가 특히 강했다. 철도를 부설하고 백화점을 세우고 박람회를 열었던 것은 특히 시장의 확대, 곧 새로운 수요의 창출을 의미하는 것이다. 화려한 백화점의 쇼윈도우와 오색종이 날리는 박람회장에서 미친 듯이 유혹해 대는 근대의 손짓을 발견하기란 그리 어려운 일이 아니다. 하지만 수요를 창출하려던 식민국의 의도는 여지없이 어긋나고 만다. 박람회장의 풍경은 풍선처럼 부풀었던 기대와는 달리, 하나같이 썰렁하고 초라하기 그지없다. 근대란 이미 그 자체로 수요와 공급의 모순을 내재하고 있긴 하지만, 식민지 조선의 근대화 풍경, 특히 30년대 그 모순이 첨예하게 드러나던 시절의 풍경은 더할 나위 없이 살풍경하다.

'식민지 근대'의 이 같은 이중적 성격은 '경성'이라는 도시의 일상을 그려낸 대목에서 더욱 두드러진다. 특히 화려한 네온사인으로 뒤덮인 청계천 이남 진고개를 중심으로 한 일본인 마을 남촌과, 하수구는 늘 막혀 있고 일본인 순사의 발길질이 시도 때도 없이 난무하는 조선인 마을 북촌의 대비도 그렇거니와, 갓 쓰고 구두 신고, 양장하고 고무신 신고, 도포자락 휘날리며 게다 신은 사람들이 존재하는 도시 경성의 풍경이란 근대와 전근대가 뒤섞인, 이를테면 전근대적인 것의 온존을 통해서야만 비로소 근대적인 것이 성립될 수 있는 아이러니한 근대의 풍경들이다. 하지만 식민지 조선의 근대도시 경성이 선보여 주는 가장 선명한 이중적 이미지는 역시 아스팔트 위에 점멸하는 환상과 절망의 이미지라 할 수 있다.

"복잡하게 움직이는 動體"들과 "놉히 소슨 삘딩"들, 그리고 "도회의 환상"인 '가로등'과 그 밑을 지나는 '사나희들'인 모던보이들을 만나게 해주는 아름다운 꿈을 꾸는 듯한 아스팔트. 모던걸은 그 아스팔트의 끝에 다다라 근대 도회의 전시창인 백화점 '쇼-윈도우'의 유리 앞에서 '구지비루'를 칠한다. 모던걸의 아스팔트 위 환상은 부푼 듯 한껏 피어오른다. 하지만 그 환상의 아스팔트 이면엔 '타마유' 끓는 냄새 잔뜩 배어 있는 절망 또한 함께 자리하고 있다. 아스팔트의 '꿈'이 실현될 수 있는 것은 극소수의 "恩寵바든 무리들"에 불과하고, "안해를 생각하고, 애들을 생각하"면 아스팔트의 까만 타마유만큼 '절망'스러워지는 것이 대다수의 도회인들이다. 1930년대 도시 경성의 일상은 짧은 희망과 긴 절망으로 채색되어 있음을 알 수 있다.

만문만화는 1930년대 근대도시 경성의 화려한 모습을 자주 담아내지만, 그렇다고 경성의 네온사인에만 홀려있진 않다. 종종 네온사인보다 더 강한 빛으로 근대도시 경성의 어두운 이면을 들춰낸다. 금광을 찾아 자신의 선묘까지 파헤치는 모습을 그린 작품에서처럼, 금본위제 정지에 따른 전 세계적 금융공황이 식민지 조선에 이르러 일파만파의 고통을 몰고 왔기 때문일 것이다. 이를 한 만문만화가는 '제3기 자본주의' 혹은 '파산기의 자본주의'라 부르기도 했다. 1930년대 만문만화는 근대의 화려한 유혹과 함께, 전 세계적 공황이 엄습한 가운데 불거진 '근대의 위기' 그 중에서도 특히 이중으로 심하게 비틀려 그만큼 더 혹독했던 '식민지 근대'의 위기를 함께 그려냈다. 30년대 근대도시 경성의 요지경 같은 일상은 만문만화를 통해서야 비로소 그 속살의 일단을 들춰내 보여주고 있는지 모른다.

2. 만문만화의 등장

만문만화는 '글'과 '그림'이 결합된 장르이다. 그것도 단순한 물리적 결합이 아닌, '글'과 '그림'이 결합하여 각각의 정체성과 독자성을 유지하면서도, 이들이 상호결합된 '유기적 전체'로서의 제3의 텍스트라고 할 수 있다. '그림'이 지닌 대상에 대한 지시적 성격과 '글'이 지닌 개념적·초감성적 성격[1]이 각각 자기기능을 유지하면서, 서로의 언어로 상호교환되는 독특한 언어구조로 만문만화는 구성되어 있다. '글'이 갖는 '추상성'과 '그림'이 갖고 있는 '구상성'이 상호 침투하면서, 원시 상형문자에서 발견되는 '말하기'와 '보여주기'의 오묘한 결합을 만문만화에서도 발견할 수 있기 때문이다.

종종 '코드'를 가진 추상적이면서 '서사'기능을 가진 언어예술의 기호는 '관습적 기호'로, '투영'의 법칙에 따르면서 쉽게 이해할 수 있는 조형예술의 기호는 '아이콘적 기호'로 설명된다.[2] "아이콘적인 기호와 관습적인 기호의 세계란 단지 공존하고 있는 것이 아니라, 끊임없는 상호작용, 부단한 상호이행, 상호배제되는 것"과 마찬가지

---

1) 木股知史, 『イメージの圖像學-反轉する視線』, 白地社, 1992, 64~78쪽.
2) I. M. 口トマン, 大石雅彦 譯, 『映畵の記號論』, 平凡社, 1987의 「序論」에서 부분 인용.

街頭小品（一）

アイスクリーム屋の競争　赤坂葵坂の石崖に沿うてズラリとアイスクリーム屋が荷を並べて互いに客を呼び合ってる。甲「さあ甘いよ、薄荷とレモン入りだ」乙「さあ小豆だ小豆、うであずき入りだ」甲「さあこの通り横にしても流れない上等舶来のアイスクリーム」乙「さあこういう風に山盛にしてこれで隣と同価だ」と競り合ってたが一向利き目が見えぬので甲「君、一服やろうじゃないか」。

（大正2年6月26日）

그림 1. 岡本一平, 「街頭小品(1)」, 『東京朝日新聞』 1913. 6. 26.

로, 만문만화에서의 '글' 텍스트와 '그림' 텍스트 역시 끊임없이 상호이행, 상호배제된다.

하지만 만문만화를 단지 '글'과 '그림'의 '관계적 구성물'로만 이해하는 것은, '만문만화'가 지니는 사회역사적 성격을 올바르게 이해한 것이 되지 못한다.3) 처음엔 '만화'를 그리던 안석영이 이후 '만문만화'로 돌아서게 된 것도, 당시 폭압적으로 쏟아지던 식민지 탄압을 피하기 위한 고육지책이라 할 수 있다. 보다 직접적 언설을 발화하는 '만화'장르의 '말풍선' 대신, '만문만화'의 서술문 그늘에 자신의 몸을 숨겼던 것이다. 이는 30년대 신문·잡지에서 '시사만화'가 거의 사라지고, '만문만화'가 주된 장르로 등장하였다는 사실로서 재확인된다. '시사만화'가 허용되지 않던 사회역사적 조건과의 타협으로서, 30년대 도시풍경을 중심으로 한 '만문만화'라는 장르가 생성·발전되어 갔음을 알 수 있다.4)

3) 최유찬, 「문학의 장르」, 『문학과 사회』, 실천문학사, 1996, 288~297쪽.

안석영에 이어 30년대『동아일보』를 중심으로 만문만화를 그리던 최영수는 '만문만화' 대신, '만화만문'이란 용어도 함께 사용하였다. '글'이 보다 강조될 경우엔 '만문만화', '그림'이 보다 강조될 때엔 '만화만문'란 용어를 사용하였던 것이다. 하지만 둘 사이의 구분은 그다지 엄격하지 않았고, 별다른 구분없이 함께 섞어서 쓰는 경우가 많았다.

'만화만문'이란 용어를 처음으로 사용한 것은 일본의 오카모토 잇페이(岡本一平)다. 그가 처음으로 만화만문을 그린 시기는 1913년으로, 1910년에 있었던 메이지천황 암살기도 사건 이후 수많은 사회주의자와 무정부주의자가 검거되고, 사회주의자 12명이 처형되는 이른바 '大逆事件'이 일어난 직후이다. 거센 탄압의 광풍이 몰아치자 당시의 풍자만화 잡지의 풍자력도 떨어져 만화잡지의 휴폐간이 줄을 잇는 상황에서5) 일본의 '만화만문'이란 장르가 탄생한 것이다. "예리하고 풍자적이지만 심하게 불쾌하지 않고, 잔혹하지 않은"6) 곧, 글과 그림이 결합된 우회적인 세태풍자 장르가, 본격적인 사회비판이 힘들어진 사회역사적 배경을 토대로 생성된 것이다.

일본에서는 1910년대와 20년대에 걸쳐『요미우리』신문의 곤도

---

4) '만문만화'는 '글'과 '그림' 그리고 그 배경으로서의 '신문기사'가 각각의 텍스트 간에 상호 관련된다. 만화와 신문기사의 '텍스트 상호관련성'에 대한 글로는 황지우의 글이 있다(황지우, 「권력에 대한 '웃음'」, 『문화연구 어떻게 할 것인가』, 현실문화연구, 1993, 229~235쪽).

5) 1910년대 다이쇼(大正) 전반기에 휴폐간 되었던 만화 잡지로는 당시 최고의 인기를 누리던『大阪滑稽新聞』과『東京パック』등도 포함되었다(淸水勳, 『圖說-漫畵の歷史』, 河出書房新社, 1999, 36~43쪽).

6) 소설가 나쓰메 소세키(夏目漱石)의 오카모토 잇페이(岡本一平)의 '만화만문'에 대한 평(淸水 勳·湯本豪一, 『漫畵と小說のはざまで』, 文藝春秋, 1994, 55쪽). <그림 1>은 아이스크림 노점상간의 경쟁을 그린 「街頭소품(1)」(1913. 6. 26)이다(淸水勳編, 『岡本一平 漫畵漫文集』, 岩波文庫, 19쪽).

고이치(近藤浩一)와, 고단사(講談社) 잡지에 주로 기고하던 요시오카
(吉岡鳥平) 등에 의해 '만화만문'은 비로소 한 시대를 공유하는 하나의
장르로서 자리잡아 가게 되었다. 1930년대의 식민지 조선도 마찬가지
였다. 안석영이 『조선일보』의 학예부장을 하던 1930년에는 '만화만문'
이 신춘문예의 한 부문으로 모집공고되기도 했다는 사실이 이를 잘
말해준다. 당시의 모집공고에는 "1930년을 회고하거나 1931년의 전망
이거나 시사, 시대, 풍조를 소재로 하되, 글(文)은 1행 14자 50행 이내"라
는 '만화만문'의 형식이 명시되어 있다. 단편소설, 시, 학생문예, 소년문
예와 함께 '문예'의 한 장르로 분류되어 모집공고된 것이다. '만문만화'
가 20년대 말과 1930년대를 경유하는 한 문예장르로서 분명하게 정착
되었음을 알 수 있다.

3. 식민지 근대도시 경성과 일상

1) 소비도시 경성의 이중성

30년대 만문만화에서 경성은, 청계천 남쪽 진고개 중심의 남촌
지역 상가는 근대적 상품과 화려한 건물, 네온사인으로 뒤덮인 최첨단
의 근대도시로, 종로통 부근의 북촌 지역은 전근대적 잔재가 온존된
근대도시로 대부분 형상화되고 있다. 도쿄 긴자(銀座)를 헤매던(부라
부라) 모던보이·모던걸인 '긴부라'와 마찬가지로, 경성의 혼마치(本
町) 부근을 헤매던 '혼부라'들은 '혼마치'에서 어슬렁거리며 다닐 땐
언제나 '일본어'를 사용한다.

이갑기의 만문만화 「가두풍경(7)」에서도, "……신성한 학모를 쓰
고……조선학생들"도 북촌이 아닌 남촌, '혼마치'에서 "「홈뿌라」나

그림 2. 이갑기, 「街頭風景(7) : 學帽酒黨」, 『중외일보』1930. 4. 18.

「카쮀아아라시」를 일삼는다.”[7] 작가는 이들을 “「홈맛치」에서 만히
쓰는 욕”을 인용해 ‘빠가’라며 직설적으로 비난한다. 학사모를 쓴 조선
학생의 한 손엔 ‘삿뽀로 맥주’가 들려있고, 그 뒤편엔 ‘기린맥주’의
광고가 붙어있다(<그림 2>).

이처럼 남촌의 경우 근대의 물질 혹은 소비 측면에서의 식민지적
성격이 당대 만문만화에서 특히 강조되고 있다면, 또 다른 한쪽인
북촌에선 식민지 근대를 유지하기 위한 공적인 규율권력이란 측면이
보다 부각된다. 안석영의 만문만화 「납량풍경(1)」이나 「종로서 대대확
장 이전」과 같은 작품에서 ‘종로통’은 점점 커져 만가는 종로署의
모습, 즉 강화되어 가는 규율권력이란 측면이 특히 강조되고 있기
때문이다.

하지만 이중적인 근대도시 경성의 이미지를 무엇보다 압축적으로

---

7) 이갑기, 「街頭風景(7) : 學帽酒黨」, 『중외일보』 1930. 4. 18.

설명해 낸 표현은 '환상'과 '절망'8)이다. '새로운' 근대가 펼쳐보이는 아름답고 꿈 같은 도시로부터 받게 되는 첫 번째 경험은 물론 꿈 같은 현실 곧 '환상'이다. 하지만 그처럼 아름다운 '꿈' 같은 현상이 눈 앞에 펼쳐져 있지만, 생활현실은 그곳으로 다가가기 힘들다. 다가갈 수 없는 생활현실이 주는 '절망'이야말로 또 다른 도시경험을 의미한다.

만문만화는 이 같은 근대도시 경성의 환상과 절망이라는 이중적 이미지를 여러 가지 형태로 포착해 내고 있는데, 그 중에서도 경성의 '꿈' 같은 이미지를 가장 잘 담아내고 있는 공간은 '아스팔트'이다. 근대도시를 탄생시킨 '근대 교통수단'의 소통공간이라 할 수 있는 '아스팔트 鋪道'와 그곳을 지켜주는 '水銀燈'의 이미지는 문자 그대로 "도회의 환상을 한 몸에 모아 가지고" 있는 표상이기 때문이다.

'아스팔트 鋪道'를 따라가다 보면 '근대'로 표상되는 '도회'의 거의 모든 것과 만날 수 있다. '아스팔트의 딸'인 그녀는 우선 "복잡하게 움직이는 動體들"인 근대 교통수단들과 "놉히 소슨 '삘딍'"들과 마주치게 된다. 자동차와 전차가 뿜어내는 '騷音'도 그녀의 '근대적 감각'을 자극시킬 뿐이다. 또한 그녀는 '아스팔트 步道'를 지켜주는 "도회의 환상"인 '가로등'과 그 밑을 지나는 '사나희들'='모던보이'들을 만날 수 있고, 그 아스팔트의 끝에 다다르면 '근대 도회'의 전시창인 백화점 '쇼-윈도우'의 '유리창'과 마주치게 된다. '모던걸'은 그 유리창 앞에서 '구지비루'를 칠한다.9)

---

8) "근대성 자체가 창조한 가치의 이름으로 근대 생활을 비난하는 것은 아이러니 이고 모순이며 多音性的이고 변증법적"(M. 버먼, 『현대성의 경험』, 현대미학 사, 1995, 22쪽)이라고 언급한 바 있는 M. 버먼의 이야기처럼, 식민지 근대도 시 경성이 주는 이미지는 중층적이다.
9) 안석영, 「輕氣球를 탄 粉魂群(1) : 아스팔트의 딸(1)」, 『조선일보』 1934. 1. 1.

그림 3. 안석영, 「아스팔트의 딸(1)」,
『조선일보』 1934. 1. 1.

그림 속의 표정 역시 얼굴 그득 '미소'를 담고 있다. '아스팔트 鋪道' 위를 걷는 '아스팔트의 딸' 뒤편엔 영어로 '카페'라고 쓴 간판과 '가로등'이 보이고, 미소를 띠고 걷는 그녀의 발길엔 경쾌함이 배어 있다 (<그림 3>). "輕氣球를 탄" 듯한 도회의 이미지를 엿볼 수 있다. 모자를 쓴 채 고개를 숙인 한 신사의 얼굴에 겹쳐져 묘사된 전차 속 도회여인의 얼굴에도 역시 '미소'가 배어 있다. 그녀는 차창 밖의 백화점 '파라솔' 풍경이 주는 '도회의 꿈'에 흠뻑 젖어있다.

하지만 그 같은 '꿈'이 '실현'될 수 있는 것은 극소수 "恩寵바든 무리들"에 불과하다. "안해를 생각하고, 애들을 생각하"면, '테블 인간'의 '파라솔' 꿈은 말 그대로 단지 "애처러운 瞑想"에 지나지 않는다. "테블 우헤" 놓인 '빈 약병'에 꽂힌 "한 떨기의 꽃"처럼 '환상'은 아름답지만, 그 '환상'의 꽃에는 '뿌리'가 없다. 그래서 '臨終'을 앞둔 "뿌리를 이저버린" 그 꽃은, 식민지 근대 도시인의 '절망'적인 운명과 매우 흡사하다. 그 같은 '절망'적인 도회인의 심경은, 창 밖에 펼쳐지는 "재글재글 끌른 타마유 길바닥의 苦悶"에 비유되기도 한다.10)

그림 4. 안석영, 「卓上花의 哀歌 - 여름아스팔트의 苦悶」,
『조선일보』 1935. 6. 23.

창 밖으로 아스팔트 깔린 도회의 풍경을 바라보는 표정이, 거리를 걷는 여성 혹은 전차의 창밖을 바라다 보고 있는 여성에 비해 무척 어둡고 시무룩하다(<그림 4>). '근대의 꿈' 혹은 '근대 도시 아스팔트'의 환상을 아무리 현실에 옮기려 해도 그것이 실현불가능하다는 것을 인식하고 있기 때문이다. 30년대 근대도시 경성의 '꿈'은 그 실현을 방해하는 '식민지'라는 현실에 막혀 끝내 '절망'으로 변모되어 가고 있음을 알 수 있다.

2) 근대공원의 형성

공원의 형성과 식민지적 근대 - '창경원'과 '남산공원'

서구에서의 근대공원은 중세 이후 영국의 왕후·귀족이 소유·독점 사용하던 수렵장이나 대규모 정원을 19세기 중반에 일반에게 공개한

---

10) 안석영, 「녀름의 幻想 : 卓上花의 哀歌-여름 아스팔트의 苦悶」, 『조선일보』 1935. 6. 23.

것에서 비롯된다. 이 경향은 차차 유럽 전체로 확대되었다. 런던의
하이드 파크, 리젠트 파크, 파리의 부아 드 불로뉴, 퐁텐블로, 뷔트쇼몽,
빈의 프라터, 베를린의 티르가르텐 등이 그것이다.

  만문만화 속에서도 이 같은 '경성의 도시화 과정'과 '근대공원 형성'
의 연관성을 살펴볼 수 있다. 먼저 도쿄, 교토, 베이징에 이어 아시아에
서 네 번째로 동물원이 들어섰다는 '창경원'으로 봄놀이 온 모던걸·모
던보이의 풍경부터 살펴보자.

  하지만 그 같은 '밤벚꽃 놀이'가 유달리 일본과 식민지 조선에서만
그렇게 요란했다는 것은 주의를 끄는 대목이 아닐 수 없다. 일본의
수도 도쿄에서 이 같은 '벚꽃놀이'가 가장 요란한 곳은 '우에노(上野)'
다. 본래 그곳은 에도(江戶)시절부터 유명한 하나미(벚꽃 구경) 장소였
는데, 그곳이 메이지천황의 '근대'를 연출하기 위한 공간으로 바뀐
것은, 그 곳에 박람회장과 함께 동물원과 식물원, 그리고 경마장을
건설하는 과정에서 천황의 이미지를 연출하면서부터였다. 막부와의
마지막 전쟁을 치르면서 불타 버린 우에노 벌판에 대대적인 공원을
조성하고, 벚꽃놀이와 함께, 일본자본주의의 시작을 알리는 박람회를
개최하면서, 새롭게 천황의 이미지를 부각시키기 위해 노력하였던
것이다.11)

  막부를 끝낸 뒤, 새로운 천황체제의 이미지 구축을 위해 우에노
동물원과 벚꽃놀이 연출이 필요했던 것처럼, 오래된 조선 왕조를 끝내
고 새롭게 일본 천황체제의 시작을 도모하기 위해서는 창경궁의 창경
원(공원)화는 반드시 필요했던 것이다. 1909년 동물원이 개설될 당시
순종을 참석케 해 자신의 궁전을 스스로 허무는 역할을 연출시킨

---

11) 吉見俊哉, 『都市のドラマトゥルギー : 東京·盛り場の社會史』, 弘文堂, 1987,
    118~132쪽.

뒤, 1910년엔 이름도 '창경원'으로 바꾸고, 벚꽃나무를 대량으로 옮겨 심었을 뿐 아니라, 매년 봄 '밤벚꽃 놀이' 시기가 오면, 조선의 궁궐을 요란한 오락장으로 만드는 연출이 요구되었던 것이다.

벚꽃놀이를 하는 4월의 밤이 되면, 창경원엔 요란한 전등불이 걸리고, 창경원 한 쪽엔 대규모 무대가 가설된다. 이 같은 무대의 연출이 일본에서 의도한 것이라는 사실은, "나막신 친구의 고든 혀를 통하여 외치는 소리"로 확인된다. "가리울 데만 얄팍하게 가리운 굴직굴직한 녀자들의 다리춤"을 보려는 사람들로 무대는 인산인해를 이루고, 창경궁의 봄은 "夜櫻의 레뷰-"와 "레뷰-썰의 다리"를 거치면서 '광란의 봄'으로 화한다.12) 연출은 대성공을 거둔 것이다.

남산공원이 인근 일본인 상업지역 혼마치와 거주지인 용산에 인접해 있다는 사실은 작품 「이쭐저쭐(4)」 속의 '자동차 드라이브' 풍경을 통해 확인된다. 이 작품에는 식민지 자본이 넘쳐나는 남촌에서 '탕남탕녀'가 홍청대는 모습의 한 단면이 잘 드러나 있다. '자동차 드라이브'라는 것 자체가 당시로선 일반 서민들이 흉내내기 힘든 풍경이기 때문에, 이들 드라이브를 하는 청춘남녀를 바라보는 작가의 시선은 무척이나 냉랭하다. "탕남탕녀의 발광", "지랄밧게 없"다든지, 혹은 "자동차 운전수의 핸들 잡은 손이 부르 썰린"다13)는 등 표현이 거칠기 짝이 없다. 더 나아가 분노에 가까운 작가의 시선은 남산공원에 맞붙은 남산과 용산, 곧 홍청대는 '남촌'에 맞추어져 있다. '근대공원'과 식민성과의 연관을 짐작케 하는 대목이다.

---

12) 안석영, 「一日一畵(9) : 다리! 다리! 눈 눈 눈!-1930년 夜櫻레뷰-」, 『조선일보』 1930. 4. 15.
13) 안석영, 「이쭐저쭐(4)」, 『조선일보』 1933. 2. 19.

그림 5. 안석영. 「納凉風景(2)」. 『조선일보』 1930. 8. 4.

한강의 인도교 또한 마찬가지다. 한강에 인도교가 처음 가설된 것은
1917년이다. 중지도와 노량진 간의 '대교'와 중지도와 한강로 사이의
'소교'에, 각각 차도와 좌우보도를 가설하여, 비로소 '한강 인도교'가
건설된 것이다. 이 같은 한강 인도교가 가설되면서, 경성은 바야흐로
주거지·소비지 중심의 도시에서 공업도시적 성격을 갖는 도시로
변모하게 되었는데, 그것은 도심과 공장들이 많이 들어서게 된 영등
포·노량진을 연결시키는 역할을 '한강 인도교'가 행하게 되었기 때문
이다.

이 같은 한강 인도교가 처음 완성되자, 서울의 큰 명물로 장안의
화제가 되었음은 물론, 여름철 야간에는 장식 전등도 화려하게 켜져서
많은 '산책객'들을 불러모았다. 나무나 돌이 아닌 철로 만든 그 긴

다리 위를 기차나 나룻배가 아니라 걸어서 다닐 수 있는 경험은 그야말로 근대적 과학기술에 의해 탄생된 새로운 근대적 경험이 아닐 수 없었다. 새로운 형태의 근대공원이 탄생한 것이다.

한강이 돈 없는 서민들의 공원이란 사실은 왕복 버스 삯 "십전이면 (떠날 수 있는) 피서려행"이란 사실에서 확인할 수 있다. 봄철 창경원의 '밤벚꽃놀이(花見＝하나미)'만큼 경성 사람들에게 인기있는 것은 한여름철 '한강의 연화대회(煙火＝하나비)'이다. 그림 속의 한강 인도교엔 엄청나게 몰려든 사람들로 철교가 활처럼 휘어져 묘사되어 있다 (<그림 5>). 한강 인도교가 건설되면서 한강 인도교는 "서울의 조선인 이십오륙만 명의 피서지"[14]가 되어버렸다. 하늘에 치솟은 불꽃놀이를 함께 감상할 수 있는 근대적 경험이 가능한 도시공간이 형성된 것이다.

이갑기의 만문만화 「한강 씨-슨」에서도 한강은 "기생들을 다리고 향락하러 나가는 곳"인 동시에, "그 기생에게 돈을 말니고 자살하러 나오는 곳"[15]으로 묘사된다(<그림 6>). 한강은 "말이 업스나 서울사람에겐 커다란 「히니꾸」의 존재"로 여겨졌던 것이다.

4. 식민지 근대도시의 유혹

1) 근대의 유혹

백화점 쇼윈도우와 그 안에 진열된 진기한 상품들, 그리고 마네킹은 만문만화에서 특히 30년대 경성을 형상화할 때 빼놓을 수 없는 것들이다. 백화점 쇼윈도우는 특히 근대의 체취를 물씬 풍긴다. 몇 년에

---

14) 안석영, 「納凉風景(2)」, 『조선일보』 1930. 8. 4.
15) 이갑기, 「街頭風景(9) : 漢江 씨-슨」, 『중외일보』 1930. 4. 20.

그림 6. 이갑기, 「街頭風景(9) : 漢江씨-슨」, 『중외일보』 1930. 4. 20.

한 번씩 돌아오는 박람회 역시 마찬가지다. 박람회를 알리는 대형 아치와 박람회장에 휘날리는 오색종이에 경이의 시선을 보내기도 한다. 하지만 만문만화에서 백화점 쇼윈도우나 박람회장은 근대화를 재촉하는 경이로운 것들로만 묘사되지 않는다. 이들은 종종 차가운 비판적 시선들에 직면하곤 한다.

특히 근대로의 유혹을 강하게 재촉하는 것일수록 비판은 보다 날카로워진다. 만문만화를 통해 박람회나 백화점의 풍경은 근대에의 '강한 유혹'을 요구하는 주체로, 아울러 식민지가 지닌 한계의 표상으로 묘사된다. 식민국 일본의 막대한 '공급'을 수용할 '소비지'로서, 피식민국 조선의 근대는 완성되어 갔기 때문이다. 식민국 일본이 공급하는 온갖(百) 상품(貨)을 진열해 놓은 '백화점'과, 수많은(博) 물건을 보여주면서(覽) 새로운 소비를 유혹하는 '박람회' 풍경이란 그 자체가 '식민지적 근대'의 표상이라 할 수 있다.

안석영의 작품 「暴露主義의 商賈街」에서 백화점 건물 자체는 당대에는 상상도 할 수 없었던 '대형 유리'로 만들어져 있었는데, 이는 '소비

그림 7. 안석영. 「暴露主義의 商賈街」. 『조선일보』 1934. 5. 14.

자'를 부르는 강한 유혹의 손길로 읽혀진다.

"商品이 밧갓트로 보혀야만 되"[16]기 때문에 '백화점' 건물은 철골과 '유리'로 만들어져 있다. 소비자의 시선을 끌기 위해, 상품을 진열창에 넣는 것이 아니라, 상품을 진열해 놓은 건물 전체를 '유리'로 만든 것이다. '소비' 창출의 전제조건이 상품을 보게 하고, 그 상품에 욕망을 갖게 하는 것이라면, 속이 들여다 보이는 백화점의 '유리창'은 '소비'를 유혹하기 위한 필수조건이 되는 셈이다.

'숍껄' 또한 마찬가지다. 식민지 소비자의 발길을 유도하기 위해서는 백화점 '숍껄'의 미모도 중요하다. 그림은 이들 '숍껄'의 이미지를 보다 강조해서 형상화하고 있다(<그림 7>). 4~5층 백화점 건물 크기 가득한 '유리창'에 그려진 '숍껄'의 이미지는 식민지 소비자를 향한 강한 유혹의 손길을 의미한다.

최영수의 만문만화 「陳列場에 오는 여름」에서도 백화점 쇼윈도우는

16) 안석영, 「漫畵페-지 : 暴露主義의 商賈街」, 『조선일보』 1934. 5. 14.

그림 8. 최영수, 「陳列場에 오는 여름」, 『동아일보』 1933. 6. 11.

여인들의 시선을 사로잡는다. "貧男과 結婚하야 避暑도 못할"바에야
"쇼-윈도 앞에서 눈요기나 싫건 하"겠다[17]는 표현에서 백화점 쇼윈도
우가 근대를 향한 욕망의 대리만족 창구라는 사실을 알 수가 있다(<그
림 8>).

　백화점이 이처럼 주로 식민지 조선의 수도 경성에 살고 있는 사람들
의 소비를 겨냥한 것이라면, 박람회는 도시를 벗어나 그 소비를 조선
전역으로 확대시키기 위한 근대적 기획이라 할 수 있다. 박람회가
시작되면 서울의 인구는 30만에서 "백만 혹은 2백만 명"으로 늘어난다.
시골 사람들은 논 팔고, 밭 팔고 서울로 올라와 근대가 만들어 낸
'인공도시'를 감상하고, 진기한 근대 상품에 새롭게 입맛을 들인 뒤,
새로운 근대의 소비자로 등록한다.

　총독부가 개최한 두 번째 박람회[18]가 아직 석달이나 남았는데도,

---

17) 최영수, 「陳列場에 오는 여름」, 『동아일보』 1933. 6. 11.
18) 식민지 기간 동안 박람회는 1915년 9월 11일부터 10월 31일까지 51일간

그림 9. 안석영, 「漫文漫畵—都會風景(4) : 博覽會狂」,
『조선일보』1929. 6. 8.

서울 사람 시골 사람 할 것 없이 야단법석이다. 그들은 자기 코가 떨어져 나가는 한이 있어도 모던걸과 모던보이, 그리고 버스를 구경하겠다고 벼른다.[19] 그들은 '모던걸과 모던보이'를 통해 양복과 양화와 양품의 유행을 배우지만, 그 순간 그들은 식민지 근대의 포로가 된다. 식민지 자본주의의 충실한 소비자가 된 것이다. 박람회를 통해, 식민국 일본 자본은 식민지 조선의 경성 사람들에게 근대 물품을 선전하기에 바쁘고, 경성 사람들은 또 다른 식민지 시골 '보짜리'들의 "눈물에 저진 쇠ㅅ푼"을 노리기에 바쁘다.

그림 속의 박람회 건물들은 새로운 소비자를 맞아들이기 위해 팔을 벌린 채 웃고 있고, 입구엔 만국기가 휘날리고 있다. 지폐와 동전이 오색종이 대신 뿌려지는 박람회가 끝나면, 식민국 일본의 자본들은 두둑한 돈가방을 챙기고 본국으로 날아갈 채비를 한다(<그림 9>).

전 조선적인 수요를 창출하기 위한 박람회 주최측의 준비도 다양하다. 9월에 있을 박람회 포스터를 3개월 전인 6월부터 붙이고, '박람회

경복궁 뒤 터에서, 1929년 9월12일부터 10월 31일까지 50일간, 1940년에 개최된 '施政30주년 기념 박람회'를 포함 모두 세 차례였다(손정목, 『일제 강점기 도시사회상 연구』, 일지사, 1996, 202~211쪽).

19) 안석영, 「漫文漫畵-都會風景(4) : 博覽會狂」, 『조선일보』1929. 6. 8.

아치'20)도 한 달 전부터 세우느라 부산하다. 하지만 박람회에서 무엇보다 눈에 띄는 것은 '마네킹썰'의 출현이다.

　박람회가 '식민지 근대'로의 유혹을 위해 기획되었다는 사실은 '마네킹썰'을 보면 쉽게 알 수 있다. '마네킹썰'이 일본에서 수입되었다는 사실부터가 그렇다. 게다가 일본 '마네킹썰'이 서 있는 "경성부 구청사"라는 곳이 옛 한성부 청사 자리에 대신 세워진 '미쓰코시' 백화점이란 사실을 상기해 본다면, 박람회 선전을 위해 일본에서 '마네킹썰'을 수입한 이유가 무엇인지 쉽게 알 수 있다. 만문만화는 일본에서 수입해 온 '마네킹썰'과 이를 보러 온 수많은 군중들에 초점이 맞추어져 있다. "'마네킹썰'을 초청하야 이 쌍에ㅅ사람들을 모다 '마네킹'을 맨드러" 놓고 있는21) 박람회 주최측을 심히 못마땅해한다. 이는 근대의 마술에 걸려 '마네킹'이 되어 버린 조선의 모던걸, 모던보이에 대한 비판이기도 하다.

　2) 빈약한 수요

식민지 조선에서의 수요창출을 위한 이 같은 일제의 다양한 근대화 정책은 그러나 항상 빈약한 수요의 벽에 부딪히고 만다. 특히 소비에 비해 생산이 절대적으로 빈약한 도시 경성의 경우, 그 기형성으로 인해 새로운 수요의 창출이란 사실 원천적인 한계를 가지고 있었다. 그런 이유로 도시만이 아닌 식민지 조선의 전 국토를 대상으로 새로운 수요 창출을 꾀했지만 그것 역시 절대적 빈곤의 벽을 넘지 못했다. 원인은 식민지 조선의 빈약한 생산 기반 때문이었다.

---

20) 안석영, 「일요만화(1) : 할일 업는 사람들」, 『조선일보』 1929. 8. 25.
21) 안석영, 「일요만화 : 어느게 마네킹인지?」, 『조선일보』 1929. 9. 8.

그림 10. 최영수, 「暮街行脚(1)」, 『동아일보』 1933. 12. 22.

최영수 만문만화 「暮街行脚(1)」을 보면, "鐘路거리는 各商店의 「大賣出」마치 「약광대」나 曲馬殿이 들어온 村거리와도 같"지만, "떼파-트의 넓은 문으로는 뚱뚱한 外套와 유리같이 빤짝이는 굽높은 구두만이 드나"들 뿐, "오고가는 수많은 사람들은 그 旗ㅅ발과는 아모런 因緣도 關係도 없"다. "「大賣出」의 旗ㅅ발은 如前히 휘적"대고, "殿答品을 山積한 自動車가 지나"가지만,22) 그것은 경성 보통사람들의 풍경이 아니다. 그림 속의 백화점 대매출 깃발 역시 은행인들을 향해 쓰러질 듯 요란하지만, 행인들의 모습은 그와는 무관하게 무척이나 어둡고 무겁다. 그들의 그림자가 유령처럼 길게 종로거리를 메우고 있을 뿐이다(<그림 10>).

박람회 역시 마찬가지다. 1929년 개최된 박람회를 보러 올라오는 이른바 '봇다리'들의 풍경은, 이미 한계점에 이른 서울의 수요와 그렇기에 새롭게 수요를 창출해 내려는 모습을 담고 있다. 서울로 몰려든 그들은 하지만 금방 "주머니를 톡톡" 털리우고, 곧장 "밋바닥 쑤러진 꼬모신짝을 끌고 울고" 돌아간다.23) 식민지 조선의 시골 또한 그다지

---

22) 최영수, 「暮街行脚(1)」, 『동아일보』 1933. 12. 22.

풍성한 수요의 원천이 못된다는 것을 알 수 있다. 박람회를 보러 서울로 올라오는 이들의 풍경을 그려 놓은 안석영의 만문만화 몇 편을 살펴보자.

박람회 경기를 노리고 시골에서 기생들은 서울로 원정을 온다. 화폐의 흐름을 가장 민감하게 파악하는 당대 '기생'들 다수의 서울 박람회행은 당시의 박람회가 서울 사람들은 물론, 지방 사람들에게도 얼마나 많은 관심을 끌었는지, 그리고 얼마나 많은 소비가 기대되었는지를 알 수 있게 한다. 하지만 박람회에 대한 그 엄청난 기대와는 달리 실제 박람회 특수는 빈약하기 이를 데 없었다.

박람회를 노리고 시골에선 기생들이 떼를 지어 올라오는가 하면, 서울에선 카페 '외트레스'들이 '봇다리'들을 기다리고 있다. 그림속의 이들은 '축 박람회'라고 쓴 간판을 내걸고, 창마다 가득히 '봇다리'들을 기다리고 있지만, '카페'는 "한산 대 한산"24)이다.

근대로의 유혹은 강하지만, 식민지 구조라는 태생적 한계는 늘 근대로 가는 조선의 발목을 잡고 늘어진다. 일본 자본의 대리인이라 할 수 있는 백화점은 '마네킹껄'을 내세운다, 아치를 세운다, 포스터를 부친다 야단이지만, 기생적 생산 이외엔 거의 자체적 생산구조를 갖고 있지 못한 식민지 근대화의 길이란, 계속해서 왜곡된 근대의 형상만을 만들어 낼 뿐이었다. 빈약한 소비구조 하에서 박람회를 통한 근대로의 길을 아무리 재촉한들, 새로운 수요의 창출이란 실로 요원하기 때문이다.

이 같은 사실은 박람회 기간에 식민지 조선의 서울, 경성의 한 간판25)을 보면 보다 분명해진다. 박람회는 "조선 사람의 상덤에 간판치

---

23) 「漫畵子가 豫想한 一九三二 : 봇다리時代-1932년 봇다리世上」, 『조선일보』 1932. 1. 28.

24) 안석영, 「일요만화 : 閑散한 카페-」, 『조선일보』 1929. 9. 15.

25) 안석영은 파스큘라 시절과 카프시절 내내 함께 일해 온 김복진과 함께 '경성 각 상점'의 '간판 품평회'를(「경성 각 상점, 간판품평회」, 『별건곤』

그림 11. 안석영, 「店體보다 看板이 三倍 五倍」,
『조선일보』1929. 9. 8.

장을 하게"했는데, 그 중 한 간판에는 "祝 博覽會 ○○商店, ○○○○ 等 具備, 前共進會 銀牌 受領, 電話建設 申請中, 光化門"라고 쓰여 있다. 다 쓰러져 가는 기와집의 4~5배나 되는 크기의 간판이 내걸린 것이다(<그림 11>). 안석영은 이를 두고 "난장이가 큰 갓만 쓰면 큰 키로 보"이냐고 비아냥댄다. 다 쓰러져 가는 店體에 커다란 간판을 내건다고 수입이 늘지 않는 것과 마찬가지로, 아무리 박람회를 통해 수요창출을 꾀해 본들, 식민지 구조하에서의 수요창출이란 그리 만만치 않다. '난장이가 쓴 큰 갓'이란 '식민지적 근대'에 대한 아주 적절한 메타포라 할 수 있다.

5. 식민지 근대도시의 사람들

1) 모던걸과 모던보이

모던걸·모던보이가 다른 사람들과 구분되는 일차적 특징은 역시

2권 1호, 1927. 1), 권구현과 함께 '진열창' 품평회를 한적이 있다(「경성 각 상회 진열창 품평회」,『별건곤』2권 2호, 1927. 2).

'패션'이다. 패션에 의해 모던걸·모던보이는 비로소 전근대적 가치들과도 분명한 선을 긋는다. 패션은 역사적으로 유행의 변화를 거듭하는 가운데, 단순한 실용적 기능을 넘어 인간과 문화의 주요한 징후이자 그것을 이해할 수 있는 창구가 되어 왔다.26) 모던걸·모던보이들의 패션 역시 전근대적인 관습과 규범을 넘어서는 것이었고, 따라서 당대의 많은 이들로부터 비판과 따가운 눈총을 받아온 것 또한 사실이다. 하지만 그들의 패션이 의미있는 것은 바로 그 지점, 곧 전근대적인 것으로부터 일탈한 근대적 감각의 영역을 새롭게 개척했다는 데 있다.

　최영수는 만문만화「臨床·漢陽春色을 解剖한다」에서 "流行이란……마치 紙幣와 같은 것이어서 사람이 맨들어 놓고, 사람이 끌려다니는 것"이라 정의내린 바 있는데, 그것은 모던걸 모던보이들의 창의적이지 못한 무개성적 태도를 비판한 것이다. 그 한 예로 든 것이 "불편 성냥개피를 탁꺼서 담번에 그리는 눈썹"화장이다. 남들의 시선때문에 "불편 성냥개피라도 탁꺼서" 눈썹화장을 할 수밖에 없는 것이 모던걸들의 유행이란 것이다. 그는 봄이 "女人의 流行에서 造化되는 것이 都會의 特徵"이란 점을 간과하진 않지만, 그렇다고 "옛날 사나이들의 '항코-트' 비슷한 두루막이를 半동갱이내서 입은듯한 긴" 봄 저고리까지 흔쾌하게 웃어넘기진 못한다(<그림 12>).

　하지만 모던걸의 패션을 논한 만문만화 가운데 가장 인상적인 것은 역시 안석영의 만문만화「모-던껄의 藏身運動」일 것이다. 남들에게 과시하고 싶어 전차에 자리가 있어도 앉지 않고 일제히 동일한 손목시계와 반지를 과시해 선보이는 그림은 압권이다. 몸 전체 크기보다 길게 그려진 팔 길이도 그렇거니와 동일한 이미지로 끝을 알 수 없게 그려진 모던걸들의 모습은 개성을 상실한 유행이 당대엔 어떤 의미를

26) 막스 폰 뵌, 『패션의 역사 2』, 한길아트, 2000, 399~401쪽.

그림 12. 최영수, 「臨床·漢陽春色을 解剖한다」,
『조광』1940. 5.

가지고 있는 단박에 알 수 있게 한다.

모던걸에 대한 비판은 물론 그들의 장신구에만 한정된 것은 아니다. 그보다는 오히려 그들이 입고 있는 옷에 보다 집중되고 있다. '옷' 자체가 계절의 변화를 가장 시각적으로 예민하게 감지해 낼 수 있는 것일 뿐 아니라, 그 시대의 사회문화적 배경을 함께 담고 있기 때문일 것이다. 먼저 눈에 띄는 것은 그들의 겨울 패션에 관한 것들이다.

모던걸의 겨울철 패션 가운데 가장 인상적인 것은 무엇보다도 '여호털 목도리'다. '도회'의 모던걸들은 '여우털'만이 아니라, '개털'이건 '쇠털'이건, 목에다 두를 수 있는 털이면 모두 "목에다 두르고 길로" 나온다[27]며 대뜸 시비조다. "구렝이도 털이 잇다면, 구렝이 가죽도 목에" 두르고 나왔을 것이라며 비아냥댄다. 이 같은 비아냥의 배경엔 물론 계급적 관점이 숨어 있긴 하다. '솜옷' 하나 제대로 걸치지 못한 채, "오르르 떨고 싸불며 쥐거름을 것는"[28] 거지애들과 모던걸의 '여호털'이 비교되고 있기 때문이다.

<hr />

27) 안석영, 「街頭風景 : 털시대」, 『조선일보』1932. 11. 24.

이들 모던걸에 대한 비판은 아주 직접적이다. "시체(모던) 녀자의
목아지가 무슨 갑시 잇"겠느냐는 둥, "여호가튼 맘", 혹은 "머리가
텅 비인 데다가 모양을 낸다 하니 시체 녀자들의 꼴이 천착하기 이를
데 업다"는 둥, 비판은 거의 원색적이다. 그러나 이 같은 비판은 단지
'털목도리'가 상징하는 '부유함' 때문만은 아니다. "배곱하 썰면"서도
'여호털 목도리'만을 고집하는 '허영심' 즉 헛된 "첨단 녀성"의식에
대한 비판의 측면이 더 크다. 이를 그는 "머리가 텅 비인 '시체녀자'들의
꼴"이라 하였다.

모던걸·모던보이에 대한 이 같은 비난은 물론 그들의 '여름 패션'에
대해서도 마찬가지다. 특히 여름철 모던걸들의 심한 '노출' 패션에
대해 대다수 논객들은 엄청난 비난을 퍼부었는데, 안석영의 만문만화
역시 예외는 아니었다. 여름이 되자 모던걸과 모던보이는 자신의 '육톄
미'를 맘껏 자랑하기 시작한다. 모던보이는 가슴팍을 다 열어제치고,
아랫도리도 거의 드러낸 채 게다를 신은 모습이다. 모던걸의 패션도
만만치 않다. 가슴이 거의 드러난 상의에 치마 또한 아슬아슬하다.

이 같은 노출 패션에 대해, "猥褻罪"[29]라든가, "해괴망측하다"는
식의 직접적인 표현 이외에도, "포목전은 철시하라!" 혹은 "실 한
쑤레미와 인조견 한 필이면 삼대를 물릴 수도 잇"을 것, "의복 긴축
시위운동"을 벌여 보라는 둥 비아냥이 쏟아진다.[30] 모던걸 모던보이의
'노출' 패션은, 당대의 일반적인 가치관뿐 아니라, 마르크스주의적
가치관에 근거하더라도 지나치게 '퇴폐적'이고 '감각적'이라는 작가
의 비판적 시선이 노골적으로 드러나 있다.

28) 안석영, 「晩秋風景(5) : 狐鬼의 出沒」, 『조선일보』 1933. 10. 25.
29) 안석영, 「1930년 녀름(1)」, 『조선일보』 1930. 7. 12.
30) 안석영, 「女性宣傳時代가 오면(3)」, 『조선일보』 1930. 1. 14.

그림 13. 안석영, 「春風薰兮(3)」,
『조선일보』 1930. 2. 26.

그러나 이 같은 '노출' 패션이 비판적으로만 묘사되어 있는 것은 물론 아니다. 종종 이를 애정어린 시선으로 바라볼 때도 있는데, 이를테면 안석영의 「春風薰兮(3)」과 같은 작품이 그러하다.

가게 앞에 늘어선 '장사치'들의 시선은 '노출' 시킨 모던걸의 다리에 씌워진 '엷은 양말'에 모아져 있다(<그림 13>). 상점원이 총출동하여, "상점 압헤 우뚝-하니 서서 빙그레-"하면서, 모던걸의 노출 패션에 '미소'를 보낸다.31) '왜설죄'니 '해괴망칙'하다느니, 비난을 쏟아부었지만, 그 비난의 이면엔, 근대의 등장과 함께 나타난 '노출'의 일탈성에 대한 경탄이 숨어 있다. 이 같은 태도는 모던걸·모던보이의 '노출패션'을 대하는 최학송의 평가에도 잘 나타나 있다. 모던걸·모던보이를 '못된 썰', '못된 쏘이'라고 부르는 사람들도 있지만, "혈색조흔 설부가 드러날 만침 반짝거리는 엷은 양말에 금방에 발목이나 쎄지 안을까? 보기에도 아심아심한 구두ㅅ뒤로 몸을 고이고 스카트ㅅ자락이 비칠ㅅ듯 말ㅅ듯한 정갱이를 지나는 외투에 단발, 혹은 미미가쑤시에다가 모자를 푹눌러쓴 모양은 멀리보아도 밉지 안코, 가까이 보아도 흉치"않다32)는 것이다.

─────────

31) 안석영, 「春風薰兮(3)」, 『조선일보』 1930. 2. 26.

32) 최학송, 「모-던썰·모-던쏘-이 大論評 : 쩨카단의 象徵」, 『별건곤』 1927. 12, 118~120쪽.

물론 모던걸의 '노출패션'을 바라보는 이 같은 시선 속엔 남성중심적
시각이 들어있는 것은 사실이다. 하지만 모던걸·모던보이의 '노출패
션' 속엔 모든 것을 감추고 가려야만 한다는 '전근대적' 관습 혹은
규범으로부터의 일탈 의지가 들어있는 것 또한 사실이다. 서구에서
1912~3년 무렵, 이른바 '벌거벗은 패션'이란 것이 유행했을 때, 이에
가장 반발하고 나선 쪽이 봉건적 규범의 수호세력이었던 성직자들이
었다는 점33)을 상기해본다면, '노출 패션' 속에 내재해 있는 '전근대적
인 것'으로부터의 '일탈' 의지를 이해하기란 그리 어렵지 않다.

2) 모던걸과 기생성

모던걸은 그 '모던'한 직업에 걸맞은 다양한 이름으로 불려지기도
했는데, 이를테면 '까이드걸', '뻐스걸', 혹은 '틱켙걸' 등이 그것이다.
하지만 모던한 직업이 아닌 단지 별칭으로 불리던 이름들에는 모던걸
의 '기생적 성격'을 드러내는 이름들이 많다. "사나회의 집행이 대신으
로, 산보를 즐기는 사나회의 겨드랑이를 부축하"는 '스틱껄', "사나회
의 손을 대신하"는 '핸드·껄', '키스껄', '白衣껄' 등이 그것이다.

'스틱껄'이 일본 東京에서 새롭게 생겨난 직업부인을 말하는 것이라
면, '핸드껄'은 조선 여성들 사이에 새롭게 등장한 직업을 가리킨다.
산보를 즐기는 '사나회'의 겨드랑이를 부축하는 정도가 아니라, '사나
회'의 다리를 주무르거나, 발을 씻겨주는 '핸드껄'은 '스틱껄'에 비하
면 자본주의적 성격보다 봉건적 성격이 강하다. 하지만 둘 다 "사나회
의 겨드랭이 미테서 사라"간다는 점에선 마찬가지다.34) 두 직업 모두

---

33) 막스 폰 뵌, 앞의 책, 361~7쪽. 노출이 심한 이른바 독일 등 유럽에서
    '벌거벗은 패션'이 대유행하자, 1913년 1월 라이바흐의 후작 주교는 '여성
    패션에서의 윤리와 교인다운 태도'를 유지해달라고 요청하기도 했다.

동일한 '기생성'을 갖고 있는 것이다.

'키스껄'이나, '마네킹껄' 혹은 '白衣껄' 역시 유산계층에 '기생'하여 살아간다는 점에선 '스틱껄'이나 '핸드껄'과 큰 차이가 없다. '키스껄'이란 박람회 때 "일금 오십전에 '키스'를 팔"다가 쫓겨난 '여간수'들을 말하고,[35] '마네킹껄'과 '白衣껄'은 화려한 옷차림을 하고 本町通을 오가는 '모던걸'들을 말한다. "머리ㅅ속은 텡비여"도 '마네킹껄'은 가능하면 "제 밋천 드리고 다니"는 편이지만, 보다 젊은 '백의껄'들은 본정통에서 '아이스컵피' 정도는 기본으로 얻어먹고 다닌다.

이들이 화사한 치마 저고리를 사고 손과 머리에 온갖 치장을 하는 데 드는 비용은 당시 경성의 보통 사람들이 생각하기엔 거의 천문학적인 숫자였다. "치마 한 감에 삼사십 원 양말 한켜레에 삼사원, 분갑만 해도 아츰 분, 낫 분, 밤 분해서 사오원, 머리만 지지는 대도 일이원"이다. 이 같은 엄청난 것을 모던걸들이 몸에 두를 수 있는 것은, 물론 "겨드랭이에 백어가튼 팔쑥을 꼿고서 쑹쑹한 사나희를 백화점으로 낙구어"드렸기 때문이다. 안석영의 만문만화 「어디서 그 돈이 생길가」를 살펴보자.

"조선의 대표적 도시에 굼벵이 보금자리가튼 쓰러진 초가집이 거진 반"이고, "대학 졸업생 거지 반이 취직을 못하야 거리로 방황하"는 상황이지만, 그럴수록 모던걸의 '사치'는 "나날이 놉하가"기만 한다.[36] '궁핍'한 식민지 조선의 풍경과, '사치'스런 모던걸의 모습을 대비시켜 놓은 것이다. 서로 모순된 이 같은 풍경의 근저에 모던걸의 '기생'적 행태가 숨어 있음은 물론이다.

---

34) 안석영, 「都會風景(1) : 핸드·껄」, 『조선일보』 1929. 6. 4.
35) 안석영, 「일요만화 : '키쓰껄'의 出現」, 『조선일보』 1929. 9. 22.
36) 안석영, 「一日一畵 : 어듸서 그 돈이 생길가」, 『조선일보』 1930. 4. 8.

그림 14. 안석영, 『一日一畵 : 어듸서 그 돈이 생길가』,
『조선일보』 1930. 4. 8.

이 같은 '기생적 성격'은 희화화되어 그림으로 형상화되어 있는 모던걸들의 모습에도 잘 반영되어 있다. 작품 「어듸서 그 돈이 생길가」에 나오는 모던걸들의 모습 속에 특히 잘 살아있는 것은 등장인물의 '성격'과 '감정' 코드[37]이다. 측면으로 묘사된, 높게 치켜올린 '코'에는, 자신의 화려한 치장과 고급스런 옷을 '과시'하거나 '자랑'하려는 '감정'이 잘 형상화되어 있으며, 정면을 향하고 있는 또 다른 모던걸의 뺨과 입술의 짙은 화장에는 이들의 '사치'스런 '성격'이 잘 드러나 있다(<그림 14>). 뿐만 아니라 살짝 들춰진 치마 안쪽의 값비싼 '엷은 양말'이나 치마를 감아 쥔 손의 '커다란 보석'과 이에 전혀 어울리지 않는 초라한 초가집의 대비는, 사치스런 그들의 양태와 초라한 식민지 조선의 현실 사이의 괴리를 잘 설명해 준다.

모던걸들의 기생적인 모습을 보여주는 또 다른 작품들로는 '스튜릿트썰'에 관해 묘사한 것들이 있다. 앞서 살펴본 「어듸서 그 돈이 생길가」라는 작품에서 '스튜릿트썰' 행세만을 해서는 그렇게 화사한 차림을 할 수 없다고 한 것으로 미루어, '스튜릿트썰'이란 추수기 시골지주를 노골적으로 유혹하던 안석영 만문만화 「금풍소슬(1)」의 '모던걸'과는 차이가 있어 보이지만, 이들 역시 뭔가를 '구걸'하지 않고서는 살아가기 힘들다. 이들을 바라보는 작가의 시선이 곱지 않은 것도 이 때문이다.

---

37) 四方田犬彦, 앞의 책, 142~5쪽 참고.

그림 15. 안석영, 「空腹의 童貞女」,
『조선일보』 1934. 11. 9.

안석영의 작품 「이꼴저꼴(1)」이라든지 「공복의 동정녀」에서 '스튜릿트썰'에선 종종 '거지'에 비유되기까지 한다.

'스튜릿트썰'이 '거지'에 비유되고 있는 것은 그들이 갖춘 행색은 서로 다르지만 '돈'을 구걸하고 있다는 점에선 동일하기 때문이다. 하지만 거리를 오가며 누군가의 유혹을 기다리는 '스튜릿트썰'의 표정엔 어딘지 슬픔이 배어 있다. 어쩔 수 없이 "얼골에 그림을 그리고 가두로 나"와, '사나희'에게 이끌리어 "전차를 박구어타"고 한 끼의 밥을 해결하러 가는 '스튜릿트썰'[38]의 뒷 모습엔, 먹을 것을 해결하지 못해 거리로 나설 수밖에 없는 가난한 식민지의 딸이 느끼는 "애수와 울분"이 숨어 있기 때문이다. 여우목도리를 한 '스튜릿트썰'이 거지들에 둘러싸인 모습의 배경선은 그녀의 이 같은 감정코드를 잘 보여준다(<그림 15>). 모던걸의 '기생성'이 '결과'라면, 식민지 자본주의에 내재된 '뿌리깊은 빈곤'은 그 '원인'이 되는 셈이다.

3) 대립하는 두 계급

30년대 만문만화에 비친 근대도시 경성 이미지란 늘 흔들리며 좌충우돌하는 중충적 이미지인 데 반해, 유독 계급계층의 갈등과 대립을

---

38) 안석영, 「오늘의 그 사람들(1) : 空腹의 童貞女」, 『조선일보』 1934. 11. 9.

형상화해 놓은 대목에서만은 아주 분명하고 단호하다. 물론 30년대 중반 이후 등장한 만문만화들 특히 최영수의 만문만화에선 이 같은 주제를 거의 다루고 있지 않지만, 적어도 30년대 초반까지 계급간의 대립양상을 종종 선보였던 안석영의 만문만화에선 아주 정형화된 형상화 방식이었다.

그의 작품에서 이들 계급 특히 부르주아는 아주 독특한 캐릭터로 형상화되었다. 아주 정형화된 부르주아 형상화 방식, 이를테면 머리가 벗겨지고, 배가 나왔다든지, 얼굴과 다리는 살이 찐 모습을 하고 있긴 하지만 모든 작품이 그러한 것은 아니다. 그는 자기만의 특징적인 캐릭터, 곧 독특한 신체코드를 갖고 있는데, 이는 '생략체'[39]의 일반적 신체비율인 3등신의 변형 캐릭터라 할 수 있다.

이 같은 신체코드를 가진 작품들로는 안석영의 「쑤르조아」, 「웃키는 사람」 등이 있다. 이들 작품의 '부르주아'는 벗겨진 머리, 튀어나온 배의 형상을 하고 있어, 여느 '부르주아'의 캐릭터와 크게 다를 바 없다. 하지만 이들 작품 속의 '쑤르조아'들을 좀더 자세히 살펴보면, 상당히 특징적인 신체코드를 발견할 수 있는데, 아주 짧게 그려진 '다리'가 바로 그것이다.

이처럼 '쑤르조아'의 신체코드를 캐릭터화한 안석영의 또 다른 작품으로는 「위대한 '사탄'」이 있다. 이 작품의 가장 두드러진 신체코드는 거대한 몸집과 정삼각형의 캐릭터(<그림 16>)로, 그 중에서도 '정삼각형'의 캐릭터는 부르주아가 지닌 안정감 혹은 부유한 이미지를 연출

---

39) 최열은 '만화체'와 '극화체'라는 표현보다 '희화체'와 '사실체'라는 표현이 보다 적절하다고 하지만, 생략해서 그린 그림이 반드시 '희화화'를 전제로 하지 않은 경우도 많고, '사실체'란 개념은 너무 막연하기 때문에, '생략체'와 '세밀체'란 표현이 더 타당해 보인다(최열, 「인물의 조형적 형상(4) : 희화체와 사실체(1)」, 『만화광장』, 1986. 12, 70~75쪽).

그림 16. 안석영, 「위대한 사탄」,
『조선일보』1928. 2. 10.

해낸다.

그런데 일하지 않는 '쁘르조아'를 특징적으로 형상화한 이 같은 '정삼각형'의 이미지는, 모던걸의 역동성을 형상화한 '역삼각형' 이미지와 좋은 대조를 이루고 있다. 안석영의 작품 「女子 險口되는 째」(<그림 17>)에서의 모던걸의 이미지가 바로 이에 해당한다. '모던걸'과 '모던보이'의 발 끝은 모두 날렵해서, 한편으론 불안하지만·다른 한편으론 경쾌하다. 남자는 발뒤꿈치를 든 채 걷고 있고, '모던걸'들은 하이힐을 신고 있다. '모던걸'들이 들고 있는 접혀진 양산 역시, 이 같은 역삼각형의 이미지를 강화시켜준다. 따라서 작품 「위대한 '사탄'」에서 부르주아의 정삼각형 이미지는 특히 모던걸의 역삼각형 이미지와 큰 대조를 이룸으로써, 안정감 혹은 부유한 이미지의 조형성을 더욱 강화시킨다.

작품 「위대한 사탄」은 또 다른 상반된 두 이미지의 대비를 통해 '부르주아'적 삶의 양식을 특징적으로 형상화하고 있는데, 그것은 모던걸의 4배에 달하는 '위대한 사탄'의 얼굴, 6~7배에 달하는 그의

그림 17. 안석영, 「여자 險口되는 째」, 『조선일보』 1928. 4. 10.

발과 몸집이다. 이 '거대한 몸집'은 일하지 않아 살찐 자의 형상을 전형적으로 보여준다.

이들의 신체코드나 감정코드, 혹은 행동코드[40]는 대상을 바라보는 '시선의 거리'와도 밀접하게 연관되어 있다. '쑤르조아'를 형상화할 때 '먼거리'나 '아주 먼거리'로 묘사한 경우는 거의 없으며, 대부분 '꽉찬 거리'이거나 '중간 거리'로 형상화된다. '꽉찬 거리'란 칸(프레임)안에 대상이 꽉 차는 것으로, 사람의 경우 칸의 위아래로 머리에서 발끝까지 들어가는 것을 말하며, '중간 거리'란 칸 안에 인물의 중간 부분까지, 즉 무릎이나 허리 위를 담는 것으로 칸 안에서 인물이 차지하는 면적이 배경과 비슷하거나 약간 큰 것을 말한다.[41] 일반적으로 '꽉찬 거리'는 신체의 전체를 강조하기 위해, '중간 거리'는 주로 신체 일부분 혹은 표정을 강조하기 위해 사용된다. 따라서 부르주아의 '신

---

40) 인물 묘사에 있어서, 성격창조와 감정, 행동의 표상을 四方田犬彦은 '등장인물의 코드', '감정의 코드', '행동의 코드'라고 이름붙인 바 있다(四方田犬彦, 앞의 글, 142쪽).

41) 안수철, 앞의 책, 98~99쪽.

체'적 특성과 '표정'이 보다 강조되기 위해선 이 같은 '꽉찬 거리'나 '중간 거리'가 당연히 사용될 수밖에 없다. 부르주아의 신체 코드나 감정 및 행동코드에 어울리는 '시선의 거리'라 할 수 있다.

안석영의 만문만화 「위대한 '사탄'」이나, 「쑤르조아」, 혹은 「웃키는 사람」, 「꿀도야지」, 「고리대금업자」 등에서 작품 속의 주된 대상인물인 '쑤르조

그림 18. 안석영, 「高利貸金業者」, 『조선일보』 1928. 12. 27.

아'들과의 시선의 '거리'를 생각해 보면, 이는 쉽게 이해될 수 있다. 이들 작품 어디에서나 '쑤르조아'들의 형상은 프레임 안에 전신이 들어찬 형태로 형상화되어 있기 때문이다. 벗겨진 '머리', 튀어나온 '배', 짧은 '다리', 혹은 거대한 '몸집' 등이, 프레임 안에 '꽉찬 거리'로 형상화된 것이다.

하지만 이들 작품 가운데 「고리대금업자」(<그림 18>)의 경우는 '꽉찬 거리'가 아닌 '중간 거리'로 형상화되어 있다. 프레임 안에 '고리대금업자'의 허리 윗부분이 주변의 주판, 장부책, 대형금고, 동전 혹은 지폐와 같은 배경과 함께, 거의 비슷한 비중으로 그려져 있다. 여기서 강조되고 있는 것은 바로 '고리대금업자'의 얼굴 표정이다. 안경 너머 가늘게 뜬 눈빛, 찌푸린 인상, 입에 문 붓자루 등이 누군가를 문책하는

듯한 대상인물의 '감정' 및 '행동' 코드를 잘 살려내고 있다.

안석영은 이 작품 속 대상인물의 '감정코드'나 '행동 코드'를 보다 잘 살려내기 위해 '생략체'와 '세밀체'를 복합적으로 사용[42]하기도 한다. 고리대금업자의 '표정'은 그의 눈동자와 주름살까지 세세하게 묘사된 반면, 다른 신체 부위, 이를테면 그의 손 마디마디의 경우 단지 5개의 선만이 그려져 있을 뿐이다. 얼굴 표정은 '세밀체'로 기타 신체부위는 '생략체'로 묘사된 것이다. '생략체'로 묘사된 다른 신체부위와 '세밀체'로 그려진 '얼굴 표정'은 서로 대조되면서, 고리대금업자의 얼굴 표정에 담긴 '감정코드'가 보다 강조되고 있음을 알 수 있다.

4) 순사와 식민지 규율권력

식민지적 근대질서를 유지·온존시키기 위해서는 일정한 규율 하에, 대상화된 주체들이 그 규율에 내면적 방식 혹은 외압적 방식에 의해 길들여지게 하지 않으면 안 된다. 이때 규율은 특정 부분에 국한되어 있지 않고, 모든 일상적 생활을 포괄한다. 이를테면 교육·문화·의료·노동을 비롯, 모든 구체적·일상적 부문에서 규율은 작동된다. 또한 규율은 아주 일상적이고 반복적이어서, 그 존재는 쉽게 잊혀지고 규율은 자연스런 일상의 한 부분으로 내면화되고 만다. 하지만 서구와 달리 식민지 근대의 그것은 거의 모든 부문에서 외압적인 규율권력을 필요로 한다. 식민지 지배 자체가 물론 군사력이라고 하는 무력적 외압에 기초한 것이지만, 일제는 모든 구체적 일상조차 외압적 규율로

---

42) 四方田犬彦은 手塚治蟲의 『落盤』이라고 하는 작품에서 다섯가지의 문체가 사용되었다고 설명한다. 手塚治蟲가 즐겨쓰는 '만화의 문체'로는 '악의 문제' 와 같은 내면심리를 형상화하기에 불충분하다고 느껴, 내면심리를 표현할 경우 '극화적 문체'를 사용했다고 한다(四方田犬彦, 앞의 책, 243~252쪽).

강제하기 위해 '순사'라는 규율권력을 배치한다. 산책자는 이 같은
규율권력의 일단을 '모던'한 유흥이 넘치는 '카페'에서 발견하고 있다.

'딴스홀'은 일제시대에 금지품목이었다. 만주사변 직후 식민지 조선
의 총독은 직접 서울의 신문기자들을 향해 "국가비상시에 딴스는
허가할 수 없다"고 말하기까지 했다. 하지만 레코드회사 문화부장과
다방 마담, 기생, 여급, 영화배우들이 경성에 '딴스홀'을 허락해 달라며
경무국장에게 보낸 공개탄원서에 의하면, 서구는 물론 일본에서도
'딴스홀'은 아무런 문제가 되지 않았다. 단지 식민지 조선의 수도
'경성'에서만이 '딴스홀'이 허가금지 대상이었다.[43]

그렇기 때문에 '딴스'는 '딴스홀'이 아닌 '카페'에서 주로 이루어졌
고, '카페'에서 '딴스'를 하던 사람들은 종종 순사에게 봉변을 당하곤
했다. '카페'에서 '(사교)딴스' 대신 '째스'가 유행하기 시작하였던
것도 그 같은 이유에서였다. 하지만 20년대 후반을 경과하여 30년대
초가 되면, 안석영 만문만화 「카페마다 딴스홀 겸영」에 묘사된 것처럼,
'딴스홀'의 허가는 여전히 전면 금지되었지만 '카페'에서의 '딴스'는
공공연하게 이루어져 '대류행'이었다.

카페의 조선인 여급 '아기꾜'는 '딴스'를 하면 순사에게 또 다시
봉변을 당한다며, 딴스를 하는 대신 '째스'나 하나 틀겠다고 한다.[44]
규율이 이미 내면화되어 있음을 알 수 있다. 하지만 30년대 초, 형식적으
로는 '딴스'를 금지하지만 음성적으로는 '딴스'를 인정하고 있었는
데,[45] 이는 통제는 하지만 불만의 배출구만은 열어 놓겠다는 의도임을

43) 안석영, 「서울에 딴스홀을 許하라-경무국장에게 보내는 我等의 書」, 『삼천리』
1937. 1.
44) 안석영, 「서울行進(1) : 狂亂빡테리아-홈, 소리 고혼데」, 『조선일보』 1928.
10. 30.
45) 안석영, 「아이스크림(3) : 카페마다 딴스홀 겸영」, 『조선일보』 1931. 6. 26.

알 수 있다. 조선 땅에 일본인 군속을 위한 '공창'제도를 만든 것 역시 식민 규율권력에 의해서였다.[46]

28년 작품 「광란 쌕테리아」와 31년 작품 「카페마다 짠스홀 겸영」이 이처럼 서로 달리 '짠스'를 달리 허용했다는 사실은 안석영 만문만화의 그림에도 반영되어 있다. '짠스'를 추고 있는 한 쌍의 남녀 그림을 보면, 앞쪽 그림에서 '짠스'를 추고 있는 둘 사이의 거리가 뒤쪽 것에 비해 훨씬 더 먼 것을 알 수 있다. '짠스홀'의 허가금지는 물론 카페에서의 '짠스'조차 금지되던 시절이라 대부분 '짠스' 대신 술을 마시고 있고, '짠스'를 추더라도 무척 조심스럽다. 반면에 '카페'에서의 '짠스'를 음성적이나마 묵인하던 때의 '짠스' 풍경을 그린 그림에서 카페 테이블과 의자는 서로 묶여 있다. '짠스'를 하는 두 남녀간 거리도 훨씬 가깝고, 춤을 추는 남자와 여자의 다리도 서로 엉켜 있다. '카페'는 앉아서 술을 마시는 곳이 아니라 함께 '짠스'를 추는 곳이라는 메시지가 강하다.

보다 직접적으로 규율권력의 문제에 접근한 것으로는 안석영의 만문만화 「納凉風景(1)」, 「鐘路署 大大擴張移轉」 등이 있다.

여름철 무더위와 물 것 때문에 모깃불을 놓고 길거리에서 '돌벼게'를 베고 누운 사람들을 '짝금나리'는 '구두발길'질을 해대며 집안으로 쫓아낸다.[47] 만문만화는 발길질을 해대는 '순사'의 발끝과 들어가라며 가리키는 손끝, 그리고 다른 한 손으로 붙잡고 있는 긴 칼을 주목하고 있다. 아무리 더워도 집 울타리를 넘어 길거리에 나와 눕지 말라는 엄격한 통제, 그리고 이를 벌하는 발길질의 폭력, 집 울타리 안쪽을 가리키는 명령의 손끝, 그리고 그 모든 행동을 뒷받침 해주는 긴 칼이

---

46) 손정목, 『일제 강점기 도시사회상 연구』, 442~447쪽.
47) 안석영, 「納凉風景(1)」, 『조선일보』 1930. 8. 3.

그림 19. 안석영, 「納凉風景(1)」,
『조선일보』 1930. 8. 3.

그림 20. 안석영, 「鐘路署大大擴張移轉」,
『조선일보』 1929. 8. 25.

강조된 것이다(<그림 19>). '집 울타리'라는 경계를 넘어서는 것을 식민지 '순사'는 용납하지 않으며, 이를 위해 때론 폭력도 서슴치 않는다. '긴 칼'로 상징되는 식민지 규율권력 하에서의 모든 폭력은 용인된다.

이 같은 근대도시 경성을 보다 강고하게 통제하기 위한 총 본산은 종로경찰서다. 점점 크게 확장 이전해 가고 있는 종로경찰서 풍경에선, 보다 더 크고 보다 강화된 감시와 처벌에 의해 유지될 수밖에 없는 식민지 규율을 재확인할 수 있다. 그림은 최초의 종로서와 大正 4년(1916), 그리고 昭和 4년(1929)의 종로서 모습을 함께 담고 있다(<그림 20>). 우에서 좌로, 그러니까 과거 최초의(현재 탑골 공원 파출소 뒤) 종로서보다 다이쇼 4년의 종로서가, 그리고 다이쇼 4년의 종로서보다, "옛날 재판소 자리"로 옮긴 쇼와 4년의 재판소가 훨씬 더 크다.[48] 감시 및 처벌을 상징하는 '수갑'의 크기도

종로서의 크기에 비례해 점점 커져갔다. "문화정치 이래로"란 단서를
붙이긴 했지만, 그렇게 커진 종로서를 산책자는 바라보면서, "좀도적
만 잡앗스면 이러케 번창"하지 않았을 것이라고 말한다. '소유질서'
유지보다, '식민지 질서' 유지를 위해 '규율권력'의 몸집을 점점 불려가
지 않으면 안 되었다는 것을 의미한다.

5) 고리대금업자와 경제적 강제

미디어에 의해 매개된 욕망은 소비자를 '백화점'과 '양품점'의 쇼윈
도우로 달려가게 만들지만, 빈약한 식민지 조선의 소비자에겐 욕망의
대가를 지불할 능력이 부재하다. 소비는 늘 자신의 '지불능력'을 상회
하여, 식민지 조선의 모던걸·모던보이들은 '과잉소비'를 하고 만다.
문제는 이러한 '과잉소비'를 보증하는 장치라 할 수 있는데, '은행'과
'고리대금업'이 바로 이에 해당한다. 이 같은 경제적 강제장치들이
작동되는 풍경을 만문만화가들은 '문화주택'과 '연말 쏘너스의 거리'
에서 찾아낸다.

미디어 가운데 가장 영향력이 큰 영화를 통해 소개된 이른바 '문화주
택'은 식민지 조선의 모던걸과 모던보이들의 마음을 송두리째 사로잡
았다. 그들은 자신들의 '지불능력'과는 무관하게, "시외나 긔타 터
조흔 데다가 문화주택을 새장가티 짓고서 '스윗홈'을 삼"는다. 그
같은 '스윗홈'이 가능한 것은 물론 '은행의 대부' 때문이다.

하지만 모던한 신혼부부는 "지은 지도 몃달 못되여 은행에 문 돈은
문 돈대로" 날리고, 그 집은 "외국인의 수중"으로 넘어가고 만다.

---

48) 안석영, 「일요만화 : 鐘路署大大擴張移轉」, 『조선일보』 1929. 8. 25.

그림 21. 안석영, 「一日一畵(8) : 文化住宅? 蚊禍住宅?」, 『조선일보』 1930. 4. 14.

영화에 의해 매개된 욕망에서 그는 식민지 근대의 환상, 즉 "하로사리 쎈"한 욕망을 발견해 낸다.49) 이 같은 풍경을 압축해 보여주는 것은 '문화주택'에서 '文化'라는 문구 대신 집어넣은 '蚊禍'라는 표현이다. '하로사리 쎈'한 '모기(蚊)'가 禍를 당했다는 의미이다.

이때 물론 '모기(蚊)'를 그물에 걸리게 해 잡아먹는 것은 '은행'이라고 하는 '거미(蜘蛛)'이다. 그림은 이를 보다 선명하게 보여준다(<그림 21>). 서로 입을 맞추고 있는 원앙새 같아 보이는 듯한 두 신혼부부는 푸른 초원 위에 그림같은 '文化住宅'을 지어 놓았다. 하지만 문화주택은 은행이 쳐놓은 거미줄에 걸려 있고, 문화주택의 두 신혼부부는 거미줄에 걸린 '하로사리 쎈'한 모기(蚊)의 형상을 하고 있다. 이때 은행이 쳐놓은 거미줄에는 '貸付'라는 글자가 쓰여져 있다. 은행의 '대부'란 '지불능력'을 상회한 소비를 부추기는 장치이기도 하지만,

---

49) 안석영, 「一日一畵(8) : 文化住宅? 蚊禍住宅?」, 『조선일보』 1930. 4. 14.

그림 22. 이갑기, 「街頭風景(10) : 二十一日!」,
『중외일보』 1930. 4. 21.

그 같은 소비를 감시하고 통제하는 장치이기도 하다. 유혹과 감시와 통제를 '거미줄'처럼 보이지 않게 은밀히 행하는 경제적 규율장치다.

하지만 근대적 신용관계가 온전하지 않은 식민지하에서의 경제적 강제는 은행이 아닌 고리대금을 통해 이뤄지는 경우가 많다. 이 같은 고리대금에 의한 경제적 강제 혹은 통제는 특히 '쏘너스'를 받게되는 '歲暮' 혹은 월급날 풍경을 그린 만문만화에서 많이 찾아볼 수 있다.

이갑기의 만문만화 「二十一日」은 월급날의 풍경을 그린 것이다. "이십일일은 월급날! 쌀가게 나무가게 된장가게에서 장통꾼들이 모혀드는 날!"이다. "그러나 넉넉지 못한 월급에 더구나 봄철이라 이 핑계 저 핑계로 가불만 해쓰고 나니 월급봉지는 빈봉지"라며 한숨이다(<그림 22>). 통장을 든 이들과의 한바탕 전쟁을 그린 만문만화는 다른 만문만화, 특히 보너스를 받은 세모풍경을 그린 안석영 만문만화에선 거의 매년 되풀이되어 등장한다.

'지불능력' 이상의 소비가 부추겨지고, 부추겨진 대로 소비가 이루어졌기에, 연말 '쏘너스' 철만 다가오면, 월급쟁이들은 숨을 곳을 찾기가 바쁘다. '쏘너스'란 '지불능력' 이상의 소비에 대해 궁극적으로 수요·공급 균형을 총괄하기 위한 추가 '지불능력'의 제공장치인 셈이다. 매해 연말이면 되풀이되는 '자본가'의 '쏘너스'지급과 '고리대금업자'의 지불이행 요구는 '월급쟁이'를 근대적 경제규율에 길들여진 일 주체로 만들어 가는 과정임에 틀림없다.

6. 식민지 근대도시의 문화

"류행은 사회를 化石으로부터 구원하는 것"이다. 안석영이 처음으로 그린 1925년 『시대일보』 만문만화의 첫 문장이다. 전근대적인 것이 '화석'과 같이 굳어 있을 때, 이른바 '유행'은 그 화석에 균열을 내게 되고, 그 균열을 통해 '새로운 시대'의 싹이 터오른다는 뜻이다. 언제나 당대 논자들로부터 모던걸·모던보이들의 '유행'은 비난의 대상이었지만, 유행 그 자체는 '진보적'이란 뜻이 된다. 하지만 안석영은 정작 '유행'에 그다지 너그러운 편은 아니었다. 늘 호령하듯 '모던걸·모던보이'를 꾸짖고 있다. 먼저 그의 작품 「만화로 본 경성(1)」을 보자.

'서울 길거리'의 한 모던보이는 "금칠한 책을 거미발가튼 손으로 움키어 쥐고, 풀대님한 바지에 '레인코-트'를 닙고, '사쿠라'몽둥이"를 든 '괴이한 형상'을 하고 중얼대며 걸어가고 있다. 작가는 "길을 쪽바로 걸으라"고 나무라지만, '풀대님한 바지'에 '레인코-트'를 입고, '련애시' 문구를 외우며 비틀대는 모던보이의 '유행'[50]을 멈추게 할 순 없다. 모던걸의 짧은 치마와 작은 양산의 '유행'도 그렇지만, 모던보이의 대모테 안경이나 '젬병모자'의 '유행' 또한 급속히 퍼져나갔다.

---

50) 안석영, 「漫畵로 본 京城(1)」, 『시대일보』 1925. 11. 3.

1) 근대적 욕망의 강제와 영화

안석영 만문만화에 나타난 20년대 말 30년대 초 경성에서의 영화 풍경도 우미관, 단성사 등 4개 극장을 통한 영화의 대중화와 깊은 연관을 맺고 있다. 만문만화 속 경성의 모던걸·모던보이들은 영화관에서 사랑을 나누며, 이른바 '유행'을 공유하고 있다.

서구영화가 탄생시

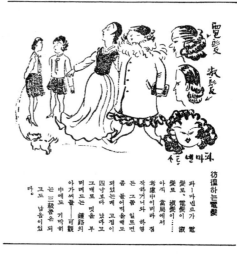

그림 23. 최영수, 「漫文漫畵―鐘路꼴不見五景 : 彷徨하는 電髮」, 『조광』 1940. 12.

킨 이른바 근대적인 유행 가운데 하나는 머리 패션이다. 최영수의 만문만화 「방황하는 電髮」을 보면 "파-마넨트가 電髮로, 電髮이 淑髮로, 淑髮이" 다시 '파-마넨트'로 수시로 변하고 있다(<그림 23>). 이처럼 패션이 변하게 되는 배경 가운데 하나는 서구영화라 할 수 있는데, 이는 당시 대히트를 쳤던 프랑스 영화 『몬파리』를 보면 잘 알 수 있다.

'필님에테이슌'이라는 프랑스 배우가 주연한 이 영화는 1929년 5월 24일부터 '단성사'에서 상영되었는데, "전편 화려한 천연색……센쓔얼한 근대적 흥미……세기말적 자극과 몽환" 등으로 소개되어 '특별대흥행'[51]을 이루었다.

이 같은 대흥행은 곧 그해 여름 '모던-썰'들의 패션에 영향을 주었다.

"쌘일, 불란사, 은조사, 아사, 당황라 등 거미줄 보다도 설핏한" 얇은 옷감 사이로 '모던-썰'들의 '몸둥아리'가 전부 내비쳐서 "큰길거리를 썰거버슨 몸으로" 나다니는 것 같았다는 것이다. 전세계적으로 "갈채를 밧엇"던 그 영화는 "먼저 일본에서! 다음으로는 조선에서" 대히트를 쳤다.[52] 프랑스와 일본과 경성이 '몬파리 패션'을 통해, '모던걸' 패션에 있어서 만큼은 적어도 동일한 '근대'에 도달해 있는 것처럼 보여졌다.

영화라는 미디어 매체는 그만큼 '서구문화'를 충실히 전달해 온 '근대'의 전도사이자, 일종의 '문화변동'을 촉진시켜 온 주체였다. 미디어의 한 매체로서 영화는 일종의 '체제(시스템)'화 되어, '근대'란 이름 하에 서구 자본주의를 문화적으로 완성시키는 '미디어크라시'의 임무를 충실히 수행해 왔음을 알 수 있다.

'무랑후주' 혹은 '몬파리'의 서구 '영화세례'를 받은 경성의 모던걸·모던보이들은 그렇게 해야만이 스스로가 '최첨단'일 수 있다고 생각[53]하였다. 영화에서 볼 수 있는 '서구적' 문화로 자신을 치장할 때에야 비로소 가장 '근대적'일 수 있다고 그들은 생각한 것이다. 서구의 영화는 식민지 조선의 모던걸·모던보이들에게 서구문화의 유행, 곧 서구문화에 대한 욕망을 강제하는 기제였다.

2) 초가집과 서구 음악·딴스

프랑스 영화『몬파리』는 '음악'으로도 경성의 모던걸·모던보이에

51) 단성사에서 상영된 영화『몬파리』에 관한 신문광고는, 우미관의 '곡예단' 광고 등과 함께 1929년 5월 27일자『조선일보』에 게재되어 있다.
52) 안석영, 「녀름風情(2) : 몽파리裸女」,『조선일보』1929. 7. 27.
53) 안석영, 「一日一畵(6) : 꼿구경이 사람구경」,『조선일보』1930. 4. 12.

그림 24. 최영수, 「빈대打슈」, 『신동아』 1936. 9.

게 널리 불려졌다. '유성긔'의 보급과 더불어, 서양 음악은 일본 노래와 함께, 카페·요리점을 넘어, 일반 가정집에까지 널리 전파되었다. 집집마다 '유성긔'를 틀어 놓고, 이 같은 노래들을 합창하는 풍경을 그린 작품 「여성 선전시대가 오면(6)」과 「집집마다 기미고히시」를 살펴보자.

최영수 만문만화 「빈대타령」을 보면 당시 근대도시 경성에 얼마나

많은 초가집이 있었는지, 그리고 그런 초가집에서 얼마나 힘들게 빈대
들과의 전쟁을 치러야 하는지 알 수가 있다(<그림 24>). 모던걸들이
거처하던 곳도 물론 예외는 아니었다. 하지만 아무리 "다 쓰러저가는
초가집"이라 해도 그들은 '몬파리'라는 노래를 부르고, "조선 서울에
안저"있으면서도 '동경행진곡'을 힘차게 불렀으며, '유부녀'가 되어서
도 '기미고히시'라는 젊은 연인들의 노래를 불렀다.[54] 서양과 일본
노래가 도시 경성을 뒤덮은 것이다. 그림은 노래 소리가 보다 멀리
퍼져 나갈 수 있도록 하기 위해 '집웅'과 '담벼락'을 뚫어 '확성기'를
설치하고, '몬 파리', '동경 행진곡', '베니야노 무스메', '기미고히시'
같은 서양 노래, 일본 노래를 밤새 큰 소리로 불러대고 있는 모습이다
(<그림 25>).

　　물론 외국 영화만이 그 주제가가 레코드화된 것은 아니었다. 1927년
에 대성공을 거둔 조선 극영화『낙화유수』의 주제가 '낙화유수' 역시
레코드로 나와 크게 히트를 쳤다. 노래 '낙화유수'는 경성에서뿐만
아니라, 북으로 의주, 남으로는 진주·군산에 이르기까지 전국적으로
널리 불려졌다.

　　일명 '강남 달'이라고도 불렸던 노래 '낙화유수'는, 당시 '변사'(영화
해설자)로서 경성 장안에 이름이 자자했던 김서정[55](본명 김영환)이
작곡·작사한 영화『낙화유수』의 주제가로, 이정숙이 불렀다. 당시
조선영화 가운데 1926년 조선키네마에서 만든 춘사 나운규의 영화
『아리랑』의 주제가를 이상숙이 불러 유행시킨 것[56]을 제외하고는,

---

54) 안석영, 「女性宣傳時代가 오면(6)」, 『조선일보』1930. 1. 19.

55) 김서정은 '낙화유수' 이외에도, '세 동무', '강남제비', '봄노래' 등을 작곡하였
　　으나, '낙화유수'만큼 크게 유행하지는 못하였다.

56) '아리랑'은 노래, 영화, 연극, 무용, 댄스곡 등 다양한데, 노래는 김연실이
　　먼저 불렀으나, 영화『아리랑』의 주제가는 이상숙이 부르게 되었다(이서구,

그림 25. 안석영, 「女性宣傳時代 가오면(6)」,
『조선일보』 1930. 1. 19.

영화와 노래가 모두 크게 성공한 것은 영화 『낙화유수』의 주제가뿐이었다.[57]

노래는 "기생의 입에도 신사의 입에도, 숙녀의 입에서도, 초례청에 갓 나가는 연지곤지 찍은 새악시의 입"에서도, 그리고 거지, 문사, 아편쟁이, 여관집 하인, 애기엄마의 입에 이르기까지, 전국 방방곡곡 남녀노소 모두에게 불려졌다. 하지만 이를 바라보는 작가의 시선은 그다지 탐탁한 편이 아니다. 남녀의 사랑노래를 "아직도 머리칼 노란 말도 바로 못하는 어린아해들이 손에 손을 익끌고 눈물 고힌 눈을 사르르- 감고서 읊조리는 것"에 개탄할 뿐[58]이다.

조선의 '근대'가요가 입에서 입으로 전해져, 조선팔도 모든 계층에게 널리 불려지게 되는 20년대 후반에 이르면, 식민지 조선의 근대문화도 차츰 정립돼, 나름의 정체성을 확립해 가게 된다.

서양음악이 '대중화'하면서, 서구의 '춤'도 함께 유행하기 시작했는데, '째스-'곡에 맞춘 춤이나 '촬스톤-'과 같은 것이 그것이다. 미국에서

「조선의 유행가」, 『춘추』 1941. 4).

57) 이영미, 「한말·일제시기의 대중문화사」, 『우리역사의 7가지 풍경』, 역사비평사, 1999, 263~5쪽.

58) 안석영, 「漫畵散步(4) : 詩人업는 짱-제비짜라 江南갓다네」, 『조선일보』, 1928. 10. 16.

그림 26. 안석영, 「一九三一이 오면(2)」,
『조선일보』1930. 11. 20.

1910년대 이후 흑인들을 중심으로 크게 유행했던 '째스-'와 같은 서구 음악과 이에 맞춰 추던 춤은 식민지 조선에 들어와 20년대 말부터 이른바 '대중문화'의 형성과 더불어 크게 유행하기 시작했는데, 이는 '서구'문화라면 무조건 새롭고 '모던'한 것이라고 흠모하던 당시 풍조와 무관하지 않다.

'째스-'뿐만 아니라 '촬스톤-'도 30년대 초 크게 유행했는데, 안석영 만문만화 「1931년이 오면(2)」를 보면, 당시 모던걸·모던보이들에게 있어 "얼골의 선택, 육톄미의 선택"보다 '촬스톤'을 얼마나 잘 추는가 하는 것이 바로 미의 척도였다는 것을 알 수 있다. 하지만 이 같은 춤의 유행을 바라보는 작가의 시선은 그리 곱지 않다. 그림에서 보는 것처럼(<그림 26>) '촬스톤' 춤을 추는 모던걸·보이들은 앞으로 "집을 용수철 우헤 짓고, 용수철로 가구를 맨들"어야 할 것 같다고 말한다. 보다 리듬감있게 춤추기 위해선 '용수철 집'이 필요하다는 뜻도 되지만, 모던걸·모던보이의 음악소리와 춤 때문에 무척이나 시끄럽다는 불만도 그 안에 내포되어 있다. 그림 속의 모던걸은 짧은 치마에 상체를 벗어던진 채 춤을 추고 있다. '촬스톤'이 '천박한' 춤이라는 작가의 시선을 보여주는 대목이다. 하지만 이들을 비난하는 보다 근본적인 이유는 모던걸·모던보이들의 비민중적인 태도이다. "굶주린 헐벗고 쩌는 사람이 보힐 째도 '촬스톤'을 추는 것으로만 알"고 있는 그들59)의 태도를 문제삼고 있다.

'짠스'나 '뿌릇스' 혹은 '월쓰'에 대한 작가의 태도 또한 마찬가지다. 생활이 넉넉한 사람뿐 아니라, 돈 없는 사람들까지 당시 경성 사람들 대다수가 '짠스'나 '뿌릇스'에 빠져 타락과 광란에 휩싸여 있다고 보는 것이 그의 시각이다. 안석영의 만문만화에서 '짠스'나 '뿌릇스'는 '촬스톤'에 비해 좀더 타락한 춤으로 간주되고 있다. 이는 그 같은 춤을 주로 '카페-' 아니면 '료리집' 같은 유흥시설에서 추고 있다는 사실과도 그리 무관하지 않다.

이 같은 '짠스'는 그러나 '카페-'나 '료리점'에서 '가정'으로 번져, 돈이 없어 도배도 안하는 사람들이 "갑빗산 축음긔를 사다노코 비단양말을 헬트리면서" 춤을 추기도 한다.60) 방문, 벽뿐만 아니라 장판, 창호문까지 모두 떨어지거나 찢어져 있다. 떨어져 나간 장판 위에서 비싼 '비단양말' 속의 발꿈치를 곧추세운 채 여자는 두 눈을 감고 있고, '사나희'는 여자의 허리를 껴안고서 춤에 열중해 있다. 펜선은 굵고 거칠어서, 방안의 황량함을 살려내기에 적절하다. '축음긔'만이 그들의 춤에 어울리는 유일한 배경이다.

'생활'도 잊고 '짠스'에 충실할 정도로, 서구의 음악과 춤은 경성 사람들의 일상에 깊숙히 침투해 있다. '짠스', '뿔루스', '째쯔'와 같은 서양 춤은 대중화되었고, 그 대중화 속도에 비례해 서구문화는 일본을 경유해 급속도로 식민지 조선에 전파되기 시작했다. 미디어의 힘과 유행의 유혹은 자본주의 문화가 일궈낸 보다 많은 서구 문화상품의

---

59) 안석영, 「一九三一이 오면(2)」,『조선일보』1930. 11. 20.
60) 안석영, 「이꼴저꼴(2)」,『조선일보』1933. 2. 18.

소비를 식민지 조선에 강요하기 시작
했던 것이다.

3) 근대적 규율과 스포츠

외국을 주로 드나들며 통역을 해오
던 譯官들을 중심으로 1896년 '대한
축구 구락부'가 만들어진 이래, 축구
를 비롯한 다양한 스포츠들은 새로운
근대적 놀이로서 정착해 가기 시작했
다. '몸'보다는 '정신'을 더 중시했던
전근대적 이데올로기하에서 늘 천대
를 받아오던 '육체'가, 근대 문화의

그림 27. 안석영, 「都會點景(2)」,
『조선일보』 1934. 2. 8.

유입과 함께 비로소 부각되기 시작한 것이다.

'스포츠'는 물론 남성들만의 전유물은 아니었다. 경성의 '모던걸'들
도 "경성 그라운드에 무슨 운동"이 있다고 하면, '공人자표'를 얻어내
반드시 보러 간다. 모던걸들은 "스포-쓰에 대해서만 상식이 업스면
안된다"고 생각하고 있다. '스포-쓰'란 이미 하나의 '모던'한 문화로서
인식되고 있었고, 또한 '유행'되고 있었다.

경성의 '모던걸'은 '럭비'뿐만 아니라 '뻑싱'에도 푹 빠져들곤 하였
다. "서울에 와서 多賀군을 괴롭게 하는 '단스추와-드'군의 그 노린내
나"는 육체를 흠모하기도[61] 한다. '스포츠' 연마를 통해, 건전한 육체에
건전한 정신을 깃들이게 하고, 규칙을 지키며, 자신의 몸을 단련시키는
것이 아니라, '스포츠'가 하나의 '근대적 볼거리'로서의 의미를 갖기

---

61) 안석영, 「輕氣球 탄 粉魂群(2) : 아스팔트의 딸(2)」, 『조선일보』 1934. 1. 3.

시작한 것이다. '권투'경기나 '복싱'경기를 보면서, 전근대 사회에선 전혀 볼 수 없었던 벗겨진 원시성의 육체가 주는 충격을 그들은 마음껏 향유했다. "부녀들도 '링사이드'에서 손벽을 치"고, "노린내 나는 '벨리칸' 새털빗가튼 육체에 제 맘을 쩔쩔 매개"된 것이다.

경성의 모던걸·모던보이들은 물론 '보는 것'으로서의 스포츠에만 만족해하지 않았다. "집안에서는 한 발자국이면 내려갈 부엌을, 내려가기에 춥다고 안ㅅ방 아랫목에 옹송구리고 안저서, 애꾸진 오라범댁만 부려먹는 그런" 모던걸들도 "큰길에 나아가 보면 맷듬 엽구리에 스켓을 끼고 가"거나, "사나희를 맛나가지고 전차를 타고 스켓장을 가"기 위해 '電信柱'밑에서 기다리고 서있는 모습(<그림 27>)을 자주 발견하게 된다. 남성의 전유물이었던 '운동'을 단지 '보는 것'만이 아니라 여성들도 직접 '행할 수' 있게 된 것이다.

'스켓'을 타고, '축구'를 하고, '권투'를 하며 '활개짓'하고 다니는 모던걸·모던보이들의 도시 경성은 "젊은이들의 도시"다. 따라서 '몸을 단련'시켜 힘차게 도회의 심장 위에서 그들이 춤출 수 있도록 하기 위해서는 "스포츠를 보편화 식혀"야만 한다는 것이 안석영의 주장이다.

근대가 일상 속으로 들어오기 전엔 여성들이 "굽놉혼 구두(스켓화)를 신고 좁은 치마자락을 허공에 날리며 톡기다툼질을 하는 것"이란 상상도 하기 힘든 일이었다. 여성도 신체를 단련시켜야 한다는 '육체'에 대한 새로운 관점을 스포츠는 던져준 셈이다.

"스포츠를 보편화 식혀"야만 한다고 그가 말하는 또 다른 이유는 이른바 "스포츠 정신"[62] 때문이다. 권투에서 "넉아웃을 당하야도 재기하라는 그 정신", 뿐만 아니라 이른바 '페어플레이'로 대변되는 '규율과

---

62) 안석영, 「筆馬를 타고(8) : 스포츠의 普遍化」, 『조선일보』 1933. 11. 19.

원칙'을 지키려는 '스포츠 정신'은 근대적 인간을 형성하는 데 있어서 반드시 갖추어야 할 덕목이란 것이 스포츠를 바라보는 그의 시각이다. 계몽주의자로서의 안석영의 면모를 확인할 수 있는 대목이다.

하지만 모던걸·모던보이들의 그 같은 '몸을 단련시키는 행위'는 결국 "가엾슨 발버둥"[63]이란 수식어로 귀결되고 만다. 이미 '직업화·상업화'되어 버린 '스포츠'가 횡행한 가운데, 도회의 그늘을 외면한 그들의 겉멋들린 행위란 일종의 "환락"에 지나지 않기 때문이다.

4) 서구문화에 대한 이중적 시선

이들 서구문화를 향한 시선은 물론 동일하지 않다. 서구형 미의 기준인 '백색'과 '유선형'은 '미적 기준'으로 인식되는 반면, 양키문화 전반에 대한 거부감 또한 팽배해 있다. 이 가운데 전자에 해당하는 '하얀 것'은 '아름다움'과 동의어라 할 수 있는 반면, '검은 것'은 '아름다움'의 대척점에 위치한 '추한 것'을 의미한다. 사람으로 표현될 경우, '백인'은 아름다움의 상징으로, '흑인(늬그로)'은 아름답지 않는 것을 상징하는 대명사가 되어버렸다. 만문만화 「1931년이 오면(2)」와 「여성선전시대가 오면(1)」과 같은 작품에서 모던걸이 들고 있는 간판의 선전문구 속에서, '늬그로'는 가장 '추한 것'을 대표하며, '흰색' 곧 서양 백인은 아름다운 것으로 형상화되고 있다.

물론 때때로 '흰색'은 '근대'의 부정적 측면을, '검은색'은 근대의 긍정적 측면을 담는 색으로 묘사되기도 한다. 작품 「黑顔과 白猫」에서 '흰색'은 부르주아 혹은 부르주아에 기생하여 사는 쪽으로, '검은색'은 프롤레타리아를 표현하는 색으로 각각 상징되고 있기 때문이다. 그럼

---

63) 안석영, 「都會點景(2)」, 『조선일보』 1934. 2. 8.

그림 28. 이갑기, 「街頭風景(6) : 미국가트면!」,
『중외일보』 1930. 4. 17.

에도 불구하고, 긍정의 대상이든 부정의 대상이든 상관없이, '백색'이 '근대미'의 척도라는 사실엔 의심의 여지가 없다. '서양 녀배우'같은 여자이든 '추파를 파러사는 녀자'이든, 그들 모두가 가장 '욕망'하고 있는 것은, 가장 근대적 인간, 곧 '서구 백인'에 가장 가까운 모습이다.

서구형 미인의 기준에 합당한 '백색'이 하나의 미적 기준이 되었듯이, 서구 과학기술이 낳은 '속도' 역시, 경성 모던걸·보이에겐 또 다른 '미'의 기준이 되었다. 이때 근대 '미'의 기준으로서의 '속도'를 조형적으로 형상화한 것은 '유선형'으로, 이 같은 미적 기준을 사람에게 적용할 경우엔 '유선형' 인간으로 불리었다. 만문만화 「포탄과 현대의 애인」과 같은 작품에서, '빠름'으로 표상되는 '속도'를 생명으로 하는 '스포-츠맨'의 유선형 몸매에 대한 예찬을 늘어 놓기도 한다.

이와는 또 다른 관점에서 미국 혹은 서구문화를 극찬해 놓은 것이 이갑기의 「미국가트면!」이다. 그는 여성을 위할 줄 모르는 조선의

그림 29. 「양키될번 댁-'오라잇'나라 사람 만세」,
『조선일보』 1928. 10. 11.

문화와 여성을 극진하게 생각하는 미국으로 대표되는 서구의 문화를 대비한다(<그림 28>). "창경원에 꼿구경도 조커니와 종로사정목에 사람구경도 할 만한 걸! 긔운 센 사람만 차를 타지 긔운 업는 녀자야 차를 타보는 재간이 업스닛가 오고가는 사람에게 옷구경이나 식켓지 별수가 업"다며 조선의 흉을 본다. 반면 "계집이라면 구쓰쓴도 매여주는 미국가튼 나라에 못태여난 것이 한"이라며 서구 근대문화가 조선에 아직 정착되지 않은 것을 안타까워한다.

하지만 양키문화 전반에 대한 거부감 또한 강하다. "歐美의 대학 방청석 한 귀퉁이에 안저서 졸다가 온 친구"들의 얼치기 양키문화 행태는 만문만화 「양키될번 댁-'오라잇'나라 사람 만세」라든가 「1931년이 오면(4)」와 같은 작품에서 호되게 비판받고 있다(<그림 29>). '어느 양식집'에서의 식사풍경도 그렇거니와, 결혼을 앞둔 이른바 얼치기 유학파들의 '문화주택' 선호 행태에 대한 비난이 그것이다. 서구문화에 넋을 빼앗긴 얼치기 서구 유학파 지식인들을 비판하고 있는 작품들 이외에, 식민지 조선을 방문한 양키들에 대한 보다 직접적인 거부반응을 보인 작품들도 있다. 작품 「양키-레뷰단의 가장행렬」 혹은 '세계 만유비행'차 조선에 들린 양키의 「세계 漫遊 비행」에 대한 비판이 이에 해당한다.

7. 맺음말

19세기 말 근대가 낯선 모습으로 한반도에 밀려들어와, 특히 일본을 통해 이 땅에 뿌리내린 이래, 20~30년 동안 근대는 경성이란 도시에 다양한 색깔의 물감들을 뿌려 놓았다. 카페, 외트레스, 아스팔트, 네온사인, 그리고 영화『몬파리』와 백화점이 뿜어내던 화려한 근대의 색깔들. 그러나 당대 만문만화가들은 그 이면에 빛을 잃고 고뇌하던 식민지 조선의 회색빛 어둠을 함께 읽어낼 줄 알았다. 1920년대 말부터 30년대에 걸친 신문과 잡지에 실린 만문만화라는 거울에 비친 다양한 당대의 편린들, 이 글은 그 같은 당대 만문만화가들의 시선에 포착된 경성의 일상들을 재편집한 것이라 할 수 있다.

이들 만문만화에 포착된 경성의 일상은 중층적이었는데, 형상화된 경성의 소비공간은 물론 근대공원, 영화, 음악, 춤, 스포츠, 패션에 이르기까지 경성의 모든 근대적인 것들은 이중적이었다. 물론 이들 경성 근대문화의 이중적 성격은 서구근대의 그것과는 달리 식민지적 성격에 기인한 것이라 할 수 있다.

근대적 문물로 가득 찼던 '남촌'과 전근대적 잔재가 그대로 보존되었던 '북촌' 자체가 상징하듯이, 청계천 '수표교'의 위쪽과 아래쪽은 식민지 전시효과를 극대화시킬 수 있는가 그렇지 않은가에 따라 확연히 구분되었다. 카페 '외트레스'의 '히사시가미' 패션에서부터 시골 노인의 두루마기 패션에 이르기까지, 전근대와 근대라는 시간은 경성이라는 동일한 공간에선 구분되지 않은 채, 동시에 그리고 복합적으로 기능하고 있었던 것이다.

하지만 경성이란 도시 일상이 지닌 이중적 성격이 무엇보다 가장 분명하게 드러나 있는 곳은 물론 모던걸과 모던보이의 새로운 생활 경험일 것이다. 그들은 한편으론 "아스팔트 보도"의 끝에서 "도회의 환상을 한 몸에 모아가지고 서 잇는 가로등 그 밋슬 거러가"면서 "라파로마를 큰노래로 하며 거러갈 때의 그 유열"을 맛보기도 하지만, "테블 우혜 뿌리를 이저버린 꼿"과 같은 그들은 "재글재글 끓는 타마유 길바닥의 고민"을 안고 살아가기도 한다.

이 같은 경성의 일상 역시 식민지적 성격에 근거한 것이라 할 수 있다. 자본주의 근대가 요구하는 소비를 재촉하는 백화점과 박람회는 다양한 아이디어로 경성사람들의 호주머니를 노리지만, 박람회는 햇수를 거듭할 수록 그 열기가 점점 떨어졌다. 특히 1929년에 열린 박람회의 경우 예상되었던 엄청난 기대와 달리 결과는 무척이나 썰렁했다. 근대를 향한 유혹과 열망은 크고 강했지만, 식민지 조선의 도시 경성 사람들은 그러한 유혹에 부합하는 소비능력을 갖고 있지 못했다.

모던걸 모던보이들이 보여주는 근대도시 경성의 다양한 모습들을 바라보는 당대 만문만화가들의 시선 역시 이중적이긴 마찬가지다. 화려한 모던걸들의 패션에 대해 한편으론 능동적으로 새로운 문화를 받아들였다며 긍정적인 시선을 보내다가도, 그들이 자신의 정체성을 유지하기 위해서는 어딘가에 기생해서 살아갈 수밖에 없는 당대의 풍토를 문제삼는다. 모던걸들이 종로 거리에 나다니는 거지들과 전혀 다를 바 없다는 만문만화가들의 지적은 모던걸들에 대한 이들의 이중적 시선을 잘 살펴볼 수 있는 대목이다.

모던걸 모던보이들에 의해 연출되는 당대 문화 역시 마찬가지다. 영화나 음악과 같은 매스미디어를 통해 규방에만 앉아 있었던 여성들이 세상을 실시간으로 파악하고 고민하게 되었지만, 다른 한편 이들

미디어 매체들이 모던걸 모던보이들의 정신을 황폐화시켰다 하였다. 당시 대유행했던 『몬파리』같은 영화는 경성에 이른바 벌거벗은 패션을 유행시켰고, 경성에 살면서 '동경행진곡'이나 '기미고히시' 같은 노래를 부르고, 경성의 카페뿐 아니라 다 쓰러져가는 초가집에서도 비싼 축음기를 사다놓고 딴스를 춘다며 비판한다. 근대성을 상징하는 다양한 서구문화와 식민지성을 상징하는 초가집의 부조화에 그들은 주목하였던 것이다.

백색과 유선형으로 상징되는 서구 중심의 미의식에 대해서도 한편으론 경탄하면서도 다른 한편으론 그들의 몰상식함을 일갈한다. 美白이란 모던걸과 동의어 같은 것이었고, '늬그로'에게 시집가라는 얘기는 모던걸에 대한 최고의 악담이었다. 하지만 얼치기 서구유학파들의 꼴불견 행태, 혹은 능력에도 닿지 않는 서구식 '문화주택'만 고집하는 모던한 신혼부부들에 대한 만문만화가들의 비판 역시 만만치 않다.

1920년대 말과 30년대에 걸친 경성의 일상에 대한 이 같은 이중적 시선도 그러나 당대 대립하던 두 계급, 혹은 순사나 고리대금업자 등과 마주하게 되면 아주 분명한 시선, 즉 단일한 비판적인 시선으로 바뀐다. 특히 카프 창립 멤버이기도 했던 안석영의 만문만화에서 부르주아는 언제나 회화화되어 비난을 면치 못했다. 식민지 규율의 직접적 담당자였던 순사들도 마찬가지였다. 말썽 많은 조선인 거주마을 북촌을 지키는 종로경찰서는 해마다 자꾸 커져만 갔다. 봉급날 혹은 연말 보너스철만 되면 통장을 하나씩 들고 악착같이 쫓아다니던 고리대금업자와 샐러리맨과의 숨바꼭질 역시 만문만화가들로서는 놓쳐서는 안 될 풍경이었다.

하지만 연말 고리대금업자와의 숨바꼭질 풍경이 아닌 부르주아지나 순사들의 모습을 그렸던 것은 안석영과 이갑기 정도였다. 특히 안석영

이 만문만화 작업을 그만두고 영화감독이 되었던 30년대 중반 이후가
되면, 만문만화의 예리한 맛은 거의 사라지고 단순한 신변잡기 일색으
로 흘러가고 만다. 30년대 후반들어 가장 활발하게 만문만화를 그려댔
던 최영수가 특히 그러했다. 좀더 자유롭고 개방적인 느낌을 주지만,
무게도 그렇거니와 특히 예리하고 날카로운 맛이 아주 사라져 버렸다.
테마에 있어서도 안석영이나 이갑기의 그것을 그대로 모방한 게 아닐
까 싶을 정도로 창의성 역시 많이 떨어졌다. 이은홍이 몇몇 작품에서
새로운 시도를 해보긴 했지만 작품의 양이나 질이 그것을 뒷받침해
주지 못했다.

 1940년대가 되면 만문만화도 거의 모든 신문과 잡지에서 사라져갔
다. 선전용 만화나 포스터가 아닌 것은 전시체제하에서 살아남기 힘들
었기 때문일 것이다. 해방 이후에도 만문만화 형태는 존재했다. 하지만
그것은 하나의 만화기법에 불과했던 것으로, 장르로서 존재하였던
것은 아니다. 한가지 시사할 만한 것은 해방 후 정부비판적인 시사만화
를 그리던 김성환이 탄압으로 더 이상 그릴 수 없게 되자 시도한
것이 유럽기행을 그린 만문만화였다. 유럽기행을 통한 우회적인 시사
풍자를 행한 것이다.

 직접적인 시사풍자가 불가능해지면서 탄생한 만문만화는 따라서
그곳에 정치적 슬로건 대신 당대의 일상을 비벼넣었다. 20년대 초
생경하고 거칠었던 정치적 구호 중심의 시사만화 자리를 대신했던
만문만화에선 다양하고 풍성한 식민지 근대도시 경성의 구체적인
일상과 마주할 수 있게 된 것이다. 경성이라는 공간에서의 일반 대중의
일상이 아닌 모던의 세례를 받은 특수한 제 주체들을 그리고 있다는
점에서 물론 그 한계가 느껴지기도 하지만, 그들이 그려낸 당대 일상에
관한 생생하고 구체적인 묘사는 그러한 한계를 상쇄하고도 남는다.

제 2 부
식민지배와 농촌 사회의 변동

일제하 민간신앙의 지속과 변화
-무속을 중심으로-

이 필 영[*]

1. 머리말

이 글은 일제의 침략과 지배라는 비정상적 역사 상황에서 민간신앙이 어떠한 지속과 변화를 보이는가를 개략적으로 살피는 데 목적이 있다.

민간신앙은 한국인의 종교적 삶 속에서 가장 오랜 '시간의 깊이'를 간직하고 있고 또한 일상생활의 모든 측면에 걸쳐 두루 유기적으로 연계되어 있기 때문에, 일제시대의 종교생활을 이해하는 데 있어서 매우 중요하다.

그러나 그동안 일제시대의 종교에 관한 연구는 주로 식민지 지배전략에 기반한 종교정책과 그에 따른 기성 종교의 저항과 굴복, 그리고 적응의 역사적 과정에 치중되어 왔다. 곧 식민지 당국의 종교정책이 지닌 기본성격과 그 영향을 밝히고, 유교·불교·천주교·기독교·신

---

* 한남대학교 교수, 민속학

종교 등이 식민지 지배구조 안에서 어떻게 변형·전개되었는지를 각 종교사의 입장에서 주로 연구해 왔던 것이다. 물론 이들에 대한 연구는 매우 절실하며 또한 앞으로도 더욱 확대·심화되어야 할 것이지만, 이와 같은 연구 태도와 성과에만 의존하면 일제시대의 실제적인 종교생활의 모습을 잘 찾을 수 없고, 또한 무속을 비롯한 민간신앙 분야를 소홀히 취급하거나 배제시킬 위험성이 있다.

이는 근원적으로 그동안 국사학이 '일상생활의 역사'나 '쓰여지지 않은 역사(기록되지 않은 역사)'에까지 관심이 미치지 못했고, 민속학도 역사를 구성하는 각 시기의 민속에 대한 연구를 아직은 구축하지 못한 데서 연유한다. 또 종교학에서도 아직은 민간신앙 분야는 주변적 주제로서 취급되고 있기 때문이다. 그러나 일제시대 그 자체나 그 시대의 종교적 삶을 온전하게 이해하기 위해서도 민간신앙이 식민지 질곡 속에서 어떻게 존재했는지에 대한 관심들은 앞으로 크게 부각되어야 한다고 생각한다.

어떤 측면에서 보면 민간신앙은 기본적으로 '쓰여지지 않은 종교(기록되지 않은 종교)'이다. 세계종교가 '쓰여진 종교(기록된 종교)'라면 민간신앙은 대체로 그 반대의 개념과 범주에 있다. 곧 역사가 없는 듯이 오해되는, 또 그렇게 잘못 인정되어 왔던 종교이다. 기록할 필요가 없었고, 기록할 수도 없었던 종교이지만, 민간신앙에도 역사가 없었던 것은 아니다. 당연한 지적이지만, 민간신앙도 오랜 시간의 흐름 속에서 자연 및 인문 환경, 그리고 역사의 전개에 조응하면서 '지속·변화'되어 왔고, 또한 전체 한국 문화와 깊은 상호관련성을 지닌 채 형성·전개되어 왔기 때문에, 일반적으로 민간신앙이 아무리 長期持續의 특성을 지닌다고 해도 역시 역사의 전개에 따른 변화에서 이탈될 수 없는 것이다. 곧 민간신앙도 일제시대를 경유하면서 그 역사환경에 조응하여 지속과 변화의 양상을 보이는 것이다.

그러나 이 시기에 일어난 민간신앙의 여러 다양하고 복잡한 변화와 그 의미, 그리고 그 존재 양태를 이 小考에서 체계적이며 종합적으로 설명하는 것은 매우 어려운 작업이다. 본고에서는 다만 일제시대에 민간신앙을 변화시킨 주된 요인들은 무엇이고, 그에 따라서 어떠한 변화가 기본적으로 초래되었는지, 그리고 그러한 변화에도 불구하고 무엇이・왜・어떻게 지속되었는지를 무속을 중심으로 大綱을 간추려 살피고자 한다. 물론 변화라 하더라도 그것은 기본적으로 '지속 안에서의 변동'이라는 관점에서 파악하고자 한다.[1] 따라서 여기에서는 민간신앙의 측면에서 본 당시의 구체적 종교적 삶의 모습이나 그 의미・기능 등에 대해서는 거의 언급하지 않았다.

그런데 앞에서 잠시 지적한 바와 같이 본 주제와 직접적으로 관련된 세부의 선행업적은 많지 않은 편이다.[2] 이 시기의 민간신앙에 대한

---

1) 지속은 변동을 일정한 범위 안에서 조절하는 기능을 한다(이필영, 「역사의 변화 발전과 민속」, 『한국민속사논총』, 집문당, 1996, 80쪽).

2) 다만 본고의 주제와 관련하여 조흥윤, 『한국의 무』, 정음사, 1998 ; 최석영, 『일제하 무속론과 식민지 권력』, 서경문화사, 1999 ; 이지원, 「1920~30년대 일제의 조선문화 지배정책」, 『역사교육』 75, 역사교육연구회, 2000 ; 이용범, 「무속에 대한 근대 한국사회의 시각」, 『근대 한국의 종교변동』, 2003년 한국종교문화연구소 정기 심포지움 발표요지문, 2003 은 많은 참고가 되었다. 조흥윤은 일제의 강압에 의한 무속의 구체적 쇠퇴 및 변화 양상에 대하여 일부 사례를 제시하고 있고, 최석영은 일제의 식민지 권력에 의하여 무속이 어떻게 통제되고 있는지를 규명하기 위하여 明治기의 종교정책과 교파신도의 출현, 그리고 교파신도의 식민지 포교에 의한 조선무속의 대응양식, 1920년대 식민지 지배방침의 전환에 따른 숭신인조합의 결성에 의한 무속의 통제 등을 분석하고 있다. 이지원은 일제강점기에 대한 연구가 정치사・경제사 측면에만 주로 치우친 상황을 반성하면서 그들 연구와 함께 문화적 지배에 대한 이해가 필요함을 역설하고 있다. 이러한 문제의식에서 3・1운동 이후 일제가 문화지배정책을 전환하는 가운데 조선의 고유문화를 어떻게 인식하고 활용하고자 하였는지를 개괄적으로 살피고 있다. 이용범은 한말・일제시

조사자료 및 연구성과는 적지않게 축적되어 있어서 그 실태와 성격은 어느 정도 파악할 수 있지만, 식민지 지배구조 안에서 민간신앙이 어떻게 존재했고 전개되었는지에 대한 연구는 상대적으로 매우 미흡한 실정이다. 국사학에서도 민간신앙 분야가 근·현대사 연구의 차원이나 그 일환으로서 연구된 적이 없고, 現時的 측면에서 민간신앙을 주로 연구해 왔던 민속학에서도 일제하의 민간신앙 존재 양태에 대한 연구는 거의 공백으로 되어 있다. 이러한 여건이 필자의 일제시기에 대한 역사인식 결핍과 함께 본고를 試論的인 성격으로 제한한다고 할 수 있다.

2. 민간신앙의 변화 요인과 그 양상

일제하의 민간신앙도 당시에 새롭게 조성된 역사환경에 조응하여 여러 측면에서 변화를 일으켰다. 새로운 변화는 민간신앙 전반에 걸쳐 야기되었지만, 그 안을 들여다보면 민간신앙의 유형에 따라서 그 변동의 속도와 내용에는 다소의 차이가 있었다. 대체로 보아 식민지 지배하의 무속 규제 및 단속, 사회 전반에 걸쳐 일어나고 있는 미신타파운동, 무속을 비롯한 민간신앙을 公敵化하는 기독교의 확산, 조선왕조의 멸망에 따른 파장, 식민지 근대화의 문화변동 등은 가장 주요한 변화 요인이었다. 그런데 식민지 근대화에 따른 변동을 제외하면, 대개의

기의 신문자료를 기초로 하여 무속의 성격 규정, 무속 의례행위, 무당과 무속 신봉자, 미신타파 운동을 중심으로 무속에 대한 당시 한국사회 일반의 부정적인 시각을 검토하였다. 한편 처음으로 일제시기 민속의 기본 특징을 개괄적으로 정리하고 그에 대한 연구의 전망을 제시한 정승모, 「일제시기 민속의 특징」, 『역사민속학』 12, 한국역사민속학회, 2001도 많은 도움이 되었다.

변화 요인은 무속을 위시한 민간신앙을 규제하고 핍박한다는 공통성을 지닌다. 따라서 변화의 개념에는 이러한 압박에 무속을 비롯한 민간신앙이 어떻게 적응하며 생존해 냈는가 하는 문제가 포함되기도 한다.

식민지 통치당국의 종교정책에 의한 강제적 규제와 부분적 허용은 역시 가장 막중한 영향력을 발휘하였다. 종교 개념의 범주 설정과 그 개념의 확산 및 상식화, 그리고 미신·미신타파의 개념·운동 등은 일제의 종교정책에도 기초가 되었다. 또한 기독교 선교 과정에서 나타난 민간신앙에 대한, 특히 무속에 대한 적대감도 기독교인을 중심으로 하여 사회 전체에 광범한 영향력을 미쳤다. 이들은 식민지 당국과는 다른 입장에서, 곧 선교의 장애물을 제거하고 근대화의 지름길을 열기 위하여 미신타파를 외쳤다.

우파적 민족주의자와 좌파 지식인 또한 각기 목적은 달랐지만 모두 미신타파를 외쳤다. 우파 민족주의자들은 재산을 탕진케 하는 미신을 타파함으로써 일상의 자본주의화를 지향했고,[3] 좌파 지식인은 미신을 아편이나 '과학의 원수' 정도로 여겨 역시 극복의 대상으로 삼았다.

일반 지식인과 청년들도 점차 강렬하게 무속을 비롯한 민간신앙을 근대화를 위해서 불식시켜야 할 대상으로 굳게 믿었다.

식민지 당국은 말할 것도 없고, 기독교 세력, 민족진영의 좌·우파, 일반 지식인 및 청년과 그들과 관련된 여러 사회단체·기관 등에 의하여 무속을 위시한 민간신앙은 四面楚歌의 고립된 상태에서 공격을 받았다. 가히 '미신타파의 광기'[4]라 할 만한 위세였다.

---

3) 박노자, 「한국 무속은 보편적 종교」(「100년전 거울로 오늘을 본다 19-巫俗으로 본 전통문화의 明暗」), 『중앙일보』 2003. 6. 20, 27면.
4) 박노자, 위의 글, 『중앙일보』 2003. 6. 20.

이러한 상황에서 이능화·최남선·손진태 등 일부의 한국인 연구자들은 무속을 고대 神敎로부터 전승되어 온 유구한 역사를 지닌 종교로 인식하기 시작했다.

이능화는 무속을 고대 神敎의 殘存으로서 또는 神敎에 연원을 두고 전개되어 온 종교로 이해하는 경향이 강했다. 그리하여 조선신교의 연원·조선민족사상·조선사회 변천상태를 연구하려면 무속으로부터 시작하지 않으면 안 된다고 생각했다.[5]

최남선은 國祖 檀君을 무당이라고 하는 君巫一源論을 주장하였다. 이는 무당을 迷信의 主役으로 간주하던 당시의 사회 분위기에서는 또 하나의 충격이었다.[6] 또한 그는 조선 민족과 문화에 대한 연구를 '종교적 고고학'[7]으로 비롯하자고 제창하고 그 중심에 무속을 설정하

---

5) "至乎今日 硏究朝鮮古代神敎淵源 朝鮮民族信仰思想 及朝鮮社會變遷狀態者 不可不於巫俗 着眼觀察也"(李能和,「朝鮮巫俗考」,『啓明』19, 京城 : 啓明俱樂部, 1927, 1쪽).

6) 육당 최남선의 단군 연구를 일선동조론의 맥락에서 파악한 견해가 있다. 이에 따르면 육당은 동방의 보편문화, 곧 불함문화를 제시하기 위하여 불함문화권 안에 단군을 위치시키고 단군을 무당으로 규정하였는데, 이는 日鮮同祖論과 다르지 않다는 것이다. 일부 일본인 연구자도 일선동조론의 차원에서 조선의 무속을 고유신앙으로 규정하면서 이를 原始神道의 잔존으로 이해하였다. 육당은 마침내 1930년대 중반 불함문화권의 공통 요소가 일본류 神道이며 그 중심지는 일본이라고 방향을 선회하였다고 한다. 또 이 무렵 그는 조선의 민간신앙을 일본 神道의 殘存으로서 보았다고 지적하였다(최석영,「일제하 최남선의 비교종교론의 맥락」,『일제하 무속론과 식민지권력』, 서경문화사, 1999, 45~69쪽). 이에 대해서는 또한 조동걸,「식민사학의 성립과정과 근대사 서술」,『역사교육』13·14, 1990 ; 이지원, 앞의 글, 2003, 81쪽 참조 요망. 여기에서는 일본의 국내 지식인 사이에서 단군을 부각시켜 단군조선과 대일본주의를 연계하려는 의도가 있었음을 지적하고 있다.

7) 육당 최남선은 1920년대에 '조선학의 건설'을 그 종교적 고고학으로 비롯하자고 주장한 바 있다. 그는 조선 민족과 조선 문화, 조선인의 생활원리, 경험철학, 신념적 전통, 생활사실의 정신적 배경을 구명하기 위하여 조선 역사의 종교적 고찰로서 그 출발점을 삼자고 제언하였다. 이와 관련하여 그는 '종교적

였다.

손진태는 상고대의 문화를 재구성하기 위한 방편으로 무속에 관심을 갖는 한편,[8] 무속이 역사상의 민중에 끼쳤던 막중한 사회적 역할에 주목하였다.[9]

이들 각자의 무속에 대한 연구태도에는 다소의 차이가 있었지만, 모두 공통적으로 무속을 한국 문화의 원류에 있어서 또는 그 기반에 있어서, 그리고 역사적으로나 문화적으로 나름대로 내재된 의미와 가치가 있음을 새롭게 발견하고 인정하였다.[10] 고려·조선조이래로 당시에 이르기까지 그 오랜 세월 무속을 淫祀 및 迷信으로만 罵倒하였

고고학'이란 낱말을 만들고 싶다고도 하였다. 곧 조선과 그 민족문화의 기초를 이해하기 위하여 고대의 神敎 및 무속 등에 대한 이해는 반드시 필요한 것으로 역설하고 있다. 이러한 관점은 그가 1927년에 쓴 『啓明』 19호(啓明俱樂部)의 序文에 잘 나타나 있으며, 이 잡지에는 그의 「薩滿敎箚記」와 이능화의 「朝鮮巫俗考」가 실려 있고, 이 둘을 아울러서 '古敎文獻'이라고 제목을 달아 놓았다.

8) 이필영, 「남창 손진태 민간신앙 연구의 성격과 의의」, 『역사민속학』 11, 한국역사민속학회, 127~146쪽.

9) 그는 "우리들의 눈에는 迷信 淫祀이지만 과학이 없던 昔日의 民衆들은 오직 그들 盲人 巫女에 의하여 생활의 安心과 享樂을 얻게 된 것이었다. 그들의 사회적 기능은 決코 歷史上 閑却하지 못할 바이다"라고 하고 있다(孫晉泰, 「盲覡考」, 『朝鮮民族文化의 研究』, 을유문화사, 1947, 342쪽).

10) 1920년대 후반에 들어 갑자기 그리고 한꺼번에 무속에 대한 연구가 나타난 배경에 대하여 조흥윤은 무당에 대한 사회적 편견의 각성 그리고 전통문화에 대한 민족주의적 관심에서 비롯되었다고 설명하고 있다. 특히 무속에 대한 외국인의 연구는 생각있는 한국인 연구자들에게 큰 충격을 주었을 것으로 추측하였다(조흥윤, 「무(샤머니즘) 연구에 대하여」, 『巫와 민족문화』, 민족문화사, 1990, 100~101쪽). 한편 檀君 해명에 일생 동안 정진한 최남선은 물론이고 이능화·손진태 모두 단군에 대한 논문을 발표한 것은 우연이 아니다. 여기서 단군과 무당, 단군신화와 무속을 대비·연계시키는 연구태도 도 주목되는 부분이다(이필영, 「단군 연구사」, 『단군-그 이해와 자료』, 서울대 출판부, 1994, 97~110쪽).

던 사실을 감안한다면, 이는 무속에 대한 인식의 역사에서 매우 중대하
며 획기적인 전환이라고 할 수 있다. 어쩌면 이는 비단 무속에 대한
이해의 전환만을 의미하는 것이 아니라, 민중문화 또는 전통문화에
대한 새로운 인식의 출발점이었는지 모른다.

이들은 무속이 미신인가 아닌가 하는 문제에 대해서는 별로 언급하
지 않았다.[11] 그보다는 앞서 지적한 대로 민족문화 및 역사상의 차원에
서 무속에 지대한 관심을 보인 것이다.

이러한 한국인 연구자들의 무속에 대한 재발견·재인식이 매우
중요한 의미를 지니는 것이었음에도 불구하고, 전반적인 핍박 상황은
무속을 비롯한 민간신앙을 최소한 외형적으로는 위축 또는 쇠퇴시켜
나갔다. 물론 시기와 지역에 따라서, 그리고 민간신앙의 성격이나
내용에 따라서 그에 대한 단속·통제 등에는 편차가 있어서, 일제시대
전 기간을 통하여 일률적으로 논급하기는 어려운 측면이 있다. 가령
武斷政治와 文化政治를 표방한 시기가 하나의 기준이 될 수 있고,[12]
경성을 비롯한 대도시와 그 밖의 중소도시, 그리고 농·어촌 및 오지의
마을 등도 그 양상이 서로 다르게 나타날 것이다. 물론 시대적으로는
무단정치 기간이 그리고 지역으로는 경성을 위시한 대도시가 규제와

---

11) 각주 8)에서 보듯이, 손진태는 무속이 현재의 지식인에게는 미신으로 평가될
    수 있지만, 과거의 민중 입장에서는 반드시 그렇게 보기 어려우며 그 사회적
    기능은 지대한 것이었다는 견해를 밝히고 있다. 이능화·최남선도 무속의
    미신 여부에 대해서 직접적으로 언급한 적은 거의 없다. 이들은 무속을
    미신시하여 그 타파를 주장하지는 않았다.
12) 『開闢』48호(1924년 6월)에 게재된 「京城의 迷信窟」에 의하면, "倂合 이후로
    取締가 엄중하여 京城 내에 巫女가 一時 影子를 見키 難하더니 齋藤 總督이
    所謂 文化政治를 선포한 후로 다른 사람보다도 특히 巫女가 恩澤을 깊이
    입어 其數가 一時 激增되고 崇祖人組合까지 생겨서 李朝 末의 亡國의 舊劇을
    復演한다"고 하여, 3·1운동 이후 표방된 문화정치를 전후하여 무속의 위축
    여부에 차이가 있음을 지적하고 있다.

단속을 더욱 심하게 받았던 측면이 있다.

조선왕조의 여러 巫俗的 國行祭나 궁중의 무속도 식민지로 전락된 다음에는 급격하게 쇠퇴·소멸 되었다. 따라서 무속에 있어서도 왕실 및 사대부 계층과 관련된, 곧 그들의 종교적 욕구에 부응했던 고급스럽고 세련된 무속은 일제를 경유하면서 빠른 속도로 퇴조하였다.

식민지 근대화의 여러 문화변동도 민간신앙에 적지않은 영향을 미쳤다. 천연두를 완화하거나 치유하기 위한 마마배송굿13)이 사라지기 시작했고, 정신질환을 위한 미친굿 등 여러 병굿도 크게 위축되었다. 병굿은 불법 의료행위로 일차적인 取締의 대상이 되었지만, 특히 정신질환자를 위한 굿은 환자를 다치거나 사망에 이르게 할 위험성이 많아서 더욱 단속을 받았다. 이외에도 의료의 발달과 보급으로 도시를 중심으로 여러 종류의 병굿도 부분적으로 사라지기 시작했다. 신작로의 개설로 서낭당이 파괴되고 서낭제도 많이 없어졌다. 철도를 비롯한 陸路의 발달로 江上 교통이 쇠퇴하고, 이에 따라서 일부의 도당굿·별

---

13) 15세기에 중국으로부터 들어온 천연두는 20세기 초 서양 근대의학으로 서서히 퇴치될 때까지 거의 전 기간에 걸쳐 조선의 전 지역을 강타하였다. 임·호란의 전쟁피해에 의한 국가 파탄과 연이은 농사의 실패에 이어 천연두를 중심한 돌림병의 창궐은 조선의 모든 지역과 여러 계층 사람들을 삶의 위기로 몰아넣었다. 이런 상황은 마마배송굿을 크게 번성하게 하였다. 마마를 물리치기 위한 굿은 왕실이나 사족 그리고 일반 백성에 이르기까지 큰 차이가 없이 성행하였다. 다만 마마배송굿의 규모와 제물 정도에만 차이가 있었을 뿐이다. 그만큼 병굿에서 마마배송굿이 차지하는 비중은 막대한 것이었다. 이러한 굿은 일제시기를 경유하면서 서서히 또는 급격하게 쇠퇴하기 시작하여 1960·70년대는 그 殘影마저 거의 소멸되었다(이에 대해서는 이필영, 「조선후기의 무당과 굿」, 『정신문화연구』 53호, 한국정신문화연구원, 1993, 29~31쪽 ; 이필영, 「초기 기독교 선교사의 민간신앙 연구」, 『서양인의 한국 문화 이해와 그 영향』, 한남대출판부, 1989 참조. 그리고 한말의 천연두와 그에 대한 의료 및 민속적 대응에 대해서는 이꽃메, 「한국의 우두법 도입과 실시에 관한 연구」, 서울대학교 보건대학원 석사학위논문 참조).

신제·용신제 등이 역시 소멸되어 갔다.[14)]

다음에는 앞서 소개한 몇 가지 변화 요인들과 그에 따른 제 양상에 대하여 살펴보고자 한다.

1) 조선총독부의 직·간접적 탄압과 통제

조선총독부는 1915년(大正 4)에 總督府令 제83호로 제정한 「布敎規則」에 의하여 神道·佛敎 및 基督敎만을 종교로 인정하고, 이들 이외의 종교는 종교 개념의 범주에서 제외시켰다. 이들 나머지 종교들은 이른바 類似宗敎로 취급하여, 이를 警務局 관할로 하고 「警察犯處理規則」에 의하여 규제하였다. 규정상 무속 등의 민간신앙은 유사종교에도 편입되지 않았지만, 기본적으로는 민간신앙도 이들 규칙에 의거하여 단속과 통제를 받기 시작하였다. 특히 占卜과 治病·精神療法은 迷信

---

14) 대표적인 사례로 남한강 상류에 위치한 木溪의 별신굿을 들 수 있다. 목계에는 일제 초기만 해도 한 달에 서너 번 크게 場이 섰다. 서울 상인들이 소금을 싣고 오면 제천과 단양에서 우마차에 곡식을 싣고 온 상인들이 소금과 바꾸어 갔다. 도매상인인 都家는 소금이나 해산물을 도매로 사서 쌀과 교환하여 큰 이득을 남겼다. 또한 그 건너편에 있는 가흥창 때문에 더욱 융성하였다. 가흥창은 전체 稅米의 1/3을 보관하였을 정도였다. 따라서 이 곳에서는 뱃길이 무사하고 내륙의 장사가 잘 되기를 빌고 시장의 번영을 비는 별신제가 매년 봄과 가을에 열렸다. 목계의 主山인 부용산 아래에는 성황신을 모신 부흥당이 있어서, 이 곳을 중심으로 별신굿이 크게 열렸던 것이다. 그리고 정초에는 3년에 한 번씩 줄다리기도 크게 벌어졌다(이에 대해서는 최완기, 「조선시대의 한강-水上交通」, 『漢江史』, 서울특별시사편찬위원회, 1985, 404쪽 ; 정승모, 『시장의 사회사』, 웅진출판사, 1992, 45~46쪽 ; 주영하 외, 『한국의 시장-제2권』, 공간미디어, 1995, 184~187쪽 ; 김종대, 「한강의 생활과 풍속」, 『한민족의 젖줄 한강』, 국립민속박물관, 2000, 139~140쪽 참조). 그러나 일제에 의하여 신작로가 개설되고 철도가 교통에서 막대한 비중을 차지하기 시작하자 남한강 水運의 중심지였던 목계는 급격하게 그 기능을 상실하여 위축되었다. 이에 따라 별신굿도 쇠퇴의 운명을 겪어야 했다.

으로 여겨져 단속의 대상이 되었다. 이로써 占卜과 治病에 많은 비중을 갖는 무속은 당연히 크게 위축되지 않을 수 없었다. 미신에 대한 정책은 그 후 농촌진흥운동의 생활개선과 연계되어 미신타파라는 확실한 목표를 지니게 되었다.15) 곧 미신은 농촌의 정신세계를 대변하는 주제어가 된 것이다. 그리고 미신이 타파되지 않는 한 문명으로 나아갈 수 없다는 인식이 확산되었다.

조선총독부는 식민지 지배의 이념 확립과 통치의 효율성 및 완성을 기하기 위한 기초 연구의 차원에서 행정력을 동원하여 조선의 민간신 앙에 대한 자료를 수집하고 이를 분석·연구하였다. 이는 물론 朝鮮舊 慣調査事業의 일환이었고, 그 결과로서 『朝鮮의 鬼神』·『朝鮮의 風 水』·『朝鮮의 巫覡』·『朝鮮의 占卜과 豫言』·『朝鮮의 類似宗敎』등이 속속 간행되었다.16)

이들 간행물에서는 부분적으로 민간신앙에 대한 긍정적 평가가 이루어졌지만,17) 무속이나 일반 민간신앙이 미치는 부정적 영향에 대한 사례와 분석 연구들도 제시되어, 미신타파의 필요성을 직·간접

---

15) 靑野正明, 「巫俗의 受難과 抵抗-朝鮮總督府의 迷信打破에 관한 硏究」, 『日帝 時代 한 漁村의 文化變容(上)』, 아세아문화사, 1992, 433~455쪽.

16) 김태곤, 「일제가 실시한 조선민간신앙조사 자료의 문제점」, 『석주선교수회갑 기념민속학 논총』, 1971 ; 박현수, 「일제의 침략을 위한 사회문화조사활동」, 『역사속의 민중과 민속』, 이론과 실천사, 1990 ; 靑野正明, 위의 글, 1992 ; 이 지원, 앞의 글, 2000 참조.

17) 무라야마는 무속의 폐단과 함께 긍정적 측면도 지적하였다. 곧 무속이 조선인 에게 마음의 평안을 주었고 오락도 제공하는 등 생활상에 있어서 공로가 있으며, 조선 고유의 사상문화를 전승시키는 기능을 지녔다고 밝히고 있다(村 山智順, 『朝鮮の巫覡』, 1932, 493~499쪽). 그러나 이들 조사자료는 기본적으 로 3·1운동 이후 조선에 대한 수탈과 지배의 강도를 높이기 위한 조선총독부 의 司政資料인 점을 간과해서는 안 된다. 이들 조사자료에 대한 비판적 안목과 주의를 요구하는 진철승, 「일제하 민간신앙 관계 자료의 번역에 대하여」, 『역사민속학』 창간호, 1991, 319~322쪽 참조 요망.

적으로 홍보하고 활용하는 데 쓰여졌다. 대표적인 사례로 村山智順은 巫의 폐해를 衛生·經濟·思想으로 나누어 지적하였다. 곧 미신적 의료행위, 굿의 방대한 비용, 도박·매음 등의 敗俗을 중심으로 사례를 제시하면서 그 폐해를 논하고 있다. 또한 미신적 무속행위에 쏟는 방대한 비용이 경제적 궁핍을 초래한다는 점, 그리고 運命觀念에 빠져서 退嬰的 성품을 지니게 했다는 것을 지적하고 있다. 아울러 전국 각지에서 보고된 巫에 의한 폐해 사실도 정리해 놓고 있다.[18]

또한 이에 앞서서 경찰 행정의 요령을 제시하기 위한 지침서가 간행되었는데, 여기에는 巫覡·地師·術客·卜者 등에 대한 개략적 설명이 수록되어 있다.[19] 경찰 행정과 무속의 단속·규제에 대한 상관성을 잘 보여주는 대목이다.

특히 警察局은 中樞院施政研究會의 諮問을 받아 巫女取締法規를 제정하여 무속을 강력히 取締하고, 巫人들은 敬神團體에 가입·등록되어 禁壓을 당했다. 과거 巫人들의 警察恐怖症은 대부분 일제로부터 받은 것이다.[20]

이 같은 무속에 대한 단속은 일제 초기에 시작되었으나, 3·1독립운동 후에는 무격단체를 이용하여 무격을 간접적으로 통제하기로 대책을 전환한 것으로 보인다.[21]

곧 경찰이 일일이 단속해야 할 조선의 무격들을 조합에 가입시킴으로써 간접 지배가 가능했던 것이다.[22] 그 무렵 小峯源作(金在賢)은

---

18) 村山智順, 위의 글, 1932, 520~595쪽.
19) 永野淸, 『朝鮮警察行政要義』, 京城 : 發兒元 巖松堂書店, 1916, 325~333쪽.
20) 최길성, 「미신타파에 관한 일 고찰」, 『한국민속학』 7, 한국민속학회, 1974, 52쪽.
21) 靑野正明, 앞의 글, 1992, 460쪽.
22) 최석영, 앞의 글, 1999, 96쪽.

崇神人組合을 경찰로부터 인가를 얻어 설립하였고, 이로써 巫覡에 대한 取締特權의 默許를 얻었다. 崇神人組合은 1920년에 결성되어 1926년까지 존속하였는데, 京城에 본부를 두고 전국 각지에 지부를 두었다. 이들은 오랜 전통의 무속이 지닌 가치를 재인식하는 한편, 무속의 폐습도 철폐하고자 했다. 곧 무격을 보호하고 무속의 폐단을 시정한다는 목표를 세운 것이다. 그러나 그 이면에는 그러한 목적을 달성하기 위하여 무격을 일정하게 통제한다는 원칙도 세워놓았다.

결국 조선총독부는 무속 등의 민간신앙을 미신으로 규정하여 타파 일변도의 禁壓정책을 펴다가, 이른바 문화정치 이후에는 다소 완화된 모습의 간접 규제로 旋回한 것 같다.

특히 숭신인조합이 결성된 이후에는 다음의 신문 기사에서 보듯이, 무격에 대한 규제·단속이 이전 시기에 비해 분명히 누그러진 양상을 보였다.

작년 여름부터 소위 崇神人組合이란 것이 생기어 조선 각디에는 巫女와 장님들이 다시 긔운을 펴고 굿을 하며 경을 읽게 되야 몽매한 사람들을 유혹하는 동시에 일편에는 반대가 격렬하게 됨은 세상이 임의 아는 바이라.[23]

그러나 이들 두 개의 통제방식은 그 실제 운영상에 있어서 시기·지역에 따라서 확연하게 구분되는 것만은 아니었고, 역시 무당들은 시종일관 기본적으로는 단속과 규제의 대상에서 자유롭지 못했다.

예컨대 경우에 따라서는 경찰이 굿이 거행되는 현장을 덮치고 신령을 위해 차려 놓은 굿상을 장화로 짓밟고 무당을 체포해 가는 일이

---

23) 『동아일보』 1922년 6월 27일.

예사였다. 무당이 굿을 略式으로 마치지 않으면 아니 되었던 것은
이러한 사정이 낳은 불가피한 결과였다.[24] 또한 전국의 무당들이
관할 지서에 호출되고 피의자 취급을 받으며 그 조사에 응해야 했다.
일제는 무당의 등록증을 장구통에 달아 놓고서야 굿판을 벌일 수
있게 하였다. 아울러 무당의 신당에는 神道의 天照大神을 한국 무속의
神靈보다 윗자리에 모셔 놓고서야 巫業을 할 수 있도록 조치하기도
했다.[25] 또한 각 지역의 청년회 및 기타의 단체들은 자신의 마을에서
또는 그 인근 지역에서 굿을 하지 못하도록 洞會에서 의결하도록
했고, 만일 동회의 동의를 얻지 못하면 단독으로 무속 행위를 엄금하고
때로는 실력 행사로 저지하기도 했다.

1925년에는 서울의 남산에 있었던 國師堂을 현재의 서대문구 인왕
산 중턱으로 이전시키고, 그 부근에 그들의 이른바 朝鮮神宮을 建立하
였다. 국사당은 조선왕조 창업주인 태조 이성계를 중심으로 하고 여러
무당 신령을 부수적으로 모신 神堂이었는데, 이 堂이 神宮의 敷地
위편에 있어서 불경하다는 것이었다. 곧 국사당이 신궁보다 높은 곳에
있어서 철수를 강권한 것이다.[26]

그러나 이러한 직·간접적 탄압과 규제로만 전국의 모든 무격과
그들의 굿을 제어할 수는 없었다. 때로는 행정력이 미치지 못했고,
그것이 가능했다고 해도 언제나 압제가 가능한 것은 아니었다.

1920년대 초기 평양의 경우, 시내에서 굿이나 경을 읽는 행위에
대해서는 엄중히 단속하고 있었지만 人家가 없는 시외의 일정한 장소
에서 밤 12시 이전까지 굿을 하는 것은 허용하였다. 경남 개천에서는

---

24) 조흥윤, 『한국의 무』, 정음사, 1983, 26쪽.
25) 조흥윤, 「한국 巫의 역사」, 『巫 한국무의 역사와 현상』, 민족사, 1997, 107 ~
    108쪽.
26) 장주근, 『국사당』(무형문화재조사보고서 제16호), 문화재관리국, 18~22쪽.

청년들이 단오굿 개최를 중지시켜 달라고 경찰에 진정서를 냈지만, 당국에서는 그리 할 수 없다고 회신하였다. 청년들은 이에 불만을 품고 굿당으로 달려갔지만 경찰에게 제지를 받았다.[27] 당연한 사실이지만, 이러한 暴壓 속의 餘白들이 '무속이 지니고 있는 무한한 생명력'과 함께 무속이 일제하에서도 제한적이나마 지속될 수 있었고, 또한 경우에 따라서는 여전히 번성할 수 있었던 배경이었다.

특히 1920년대에도 당시 京城의 무속 분위기가 결코 위축되어 있지만은 않았다는 사실은 다음의 기록에서 잘 나타난다.

迷信-迷信하야도 京城처럼 迷信 만흔 곳은 업다. 귀신 만키로는 江原道 嶺東이 유명하지만은 鬼神도 영동보다 몃 곱절이 만코, 굿 잘하기로는 開城이 屈指하는 곳이지만 京城은 그보다 몃 百倍다. 崇祖人組合의 근거도 京城에 잇고 盲者의 都家도 京城에 잇다. 關王廟도 5개소가 잇고 奠乃집도 몃 戶인지 알 수 업다. 國師堂의 장고 소리는 四時로 끗칠 날이 업고 鷺梁津의 굿 구경군은 晝夜에 絡繹不絶한다. '왓소 나 여긔 왓소 바람에 불녀왓나 님보려 나 여긔 왓네'하는 巫女의 노래 가락은 花柳界까지 보급이 되고, '불설명당 아이금강 심신금강 발월풍륭'하는 安宅經 읽는 소리는 學語兒童이라도 다 흉내를 낸다. 感氣가 들면 敗毒散 '가제삐린'은 잘 먹지 안이하야도 국밥은 依例히 해 내버리서 길바닥을 드럽히고 사람이 죽으면 家産을 蕩盡하야서라도 '자리거지'도 하고 齋도 올린다.[28]

곧 무당의 선굿이나 盲覡의 앉은굿 등 모든 굿이 여전히 번성하고 있고,[29] 집집마다 객귀물림으로 거리를 더럽힐 만큼, 그리고 망자를

---

27) 최석영, 앞의 글, 1999, 93~94쪽.
28) 「京城의 迷信窟」, 『開闢』 48, 京城 : 啓明俱樂部, 1924. 6. 1.
29) 한말·일제 시기의 각종 문헌자료에 의하면, 무당과 판수(盲僧, 盲覡 또는

위해서 齋와 함께 자리걷이를 흔히 할 만큼 여러 일상생활과 두루
밀접한 관련을 지니고, 사회 구석구석까지 광범위하고 깊게 영향력을
발휘하고 있었음을 알 수 있다.

2) 사회 각 방면의 미신타파 운동

개항기와 일제 초기를 거치면서 종교 개념의 범주가 설정·확산되면
서도, '진실한 종교의 영역'에 편입되지 못한 민간신앙은 더욱 사회
주변부로 전락하고 역사 발전을 저해하는 미신으로 규정당하고 있었
다.30)

또한 「驅魔劍」·「雉岳山」·「鬼의 聲」·「金剛門」·「花上雪」·「花
의 血」등의 개화기의 미신타파에 관한 소설 전개는 모두 과학적 세계관
의 확립을 위한 구체적 수단의 표현이었다. 여기서 미신은 頑固와
未開를 뜻하였다. 이들 신소설에서는 무당·판수·풍수 등의 행위를

經客)는 각각 '굿거리'와 '독경소리'로써 무속의 대표적 존재들로 당연히
자연스럽게 인정되었다. 그만큼 무당과 판수의 종교적 비중은 대단한 것이었
다. 특히 판수의 앉은굿은 선굿에 비하여 굿의 경비가 훨씬 저렴했기 때문에
대개의 가난한 사람들은 이를 선호하는 경향이 있었다. 다소 부유한 사람들이
라도 간단한 비손 정도는 이들에게 맡겼다. 그런데 그동안 한국 무속연구가
무당 중심의 선굿에 집중되었기 때문에 판수 그리고 그 이후의 법사에 대한
이해는 다소 결여되었고 그에 따라서 그 역할도 미비한 것처럼 오해된 측면이
있다. 일찍이 헐버트(H. B. Hulbert)도 1903년 한국 무속 연구에 대한 최초의
논문을 발표하면서 그 제목을 「한국의 무당과 판수」(The Korean Mudang
and p'ansu)라 하고, 그 해 4월부터 9월까지 The korean Review에 연재하였다.
30) 장석만, 「개항기 한국사회의 종교 개념 형성에 관한 연구」, 서울대학교
   박사학위논문, 1992 ; 조현범, 「사이비 종교론에 대한 성찰」, 『한국종교연구
   회 회보』5, 1994, 5~6쪽 ; 윤승용, 『현대 한국종교문화의 이해』, 한울, 1997,
   11~47쪽 ; 한국종교연구회, 『한국종교문화사강의』, 청년사, 1998, 272쪽
   참조.

허황하고 무모한 것이라고 일러주고, 귀신과 도깨비조차 인위적 조작에 의하여 등장하고 있다. 독자는 자연스럽게 미신타파에 강한 신념을 갖게 된다.[31]

그 후 미신타파의 旗幟는 기독교와 사회주의 이념의 호응을 얻는 한편, 우파적 민족주의자를 비롯하여 일반 지식인과 청년의 광범한 공감도 얻고 있었다. 그러나 단순히 미신타파에 대하여 뜻을 같이하는 수준이 아니라, 그들 모두가 미신타파의 주체 세력이었다.

미신타파에 동조하는 목적은 서로가 달라서, 기독교에서는 미신을 복음화의 公敵일 뿐 아니라 근대화의 최대 장애로 규정하였고, 사회주의 이념에서는 종교는 노농혁명을 가로막는 민중의 아편으로 여기는 터에, 무속을 비롯한 민간신앙에 대해서는 더욱 일고의 가치가 없는 것으로 질시하였다. 가령 1930년대 초반에 無神同盟의 활동에 참여했던 계봉우는 조선의 반만년 迷信을 폭로시킴으로써 제3전선에 당면한 투사에게 적의 정형을 알게 하는 데 도움이 되기를 바란다면서 『과학의 원수』를 썼다.[32]

사회여론을 주도적으로 이끄는 데 강한 힘을 발휘한 언론 역시 무속을 비롯한 민간신앙을 미신으로만 간주하는 관점과 태도에서 완전히 동일하였고, 오로지 무속 打破 일변도로 몰고 갔다. 당시의 신문에는 미신타파에 관한 논설이나 기사가 종종 실렸다.[33] 이들

---

31) 신춘자, 「개화기의 미신타파 의식-신소설을 중심으로」, 『새국어교육』, 한국국어교육학회, 1977, 359~368쪽 ; 성현자, 「신소설에 나타난 미신타파의 양상」, 『인문학지』 2, 충북대 인문과학연구소, 1987 참조.

32) 계봉우, 「머리말」, 『과학의 원수』, 1930(김학민 주해, 학민사, 1999).

33) 당시 신문 사설 및 일반 기사 내용에는 미신 관련 사건을 매우 지속적이며 빈번하게 다루고 있다. 물론 언론사는 때때로 각 지역의 청년회가 미신타파에 앞장서는 일을 지원하고 있었고, 기사를 통하여 그 타파에 앞장을 섰다. 이 같은 언론사의 보도 태도와 그 내용을 다른 측면에서 보면 당시의 사회

신문기사는 무속 등을 미신시하여 그것을 사회문제로 부각시키고
더 나아가 미신을 증오하는 생각과 감정을 확산시켰다.

당시 언론기관의 미신타파운동을 1920 · 30년대 『東亞日報』의 관련
기사를 중심으로 하여 주제별로 나누어 살펴보면 다음과 같다.[34]

첫째는 미신타파의 당위성에 대한 기사들이다. 대표적으로 '悲慘한
迷信의 一例-미신의 종노릇 속히 곳처라', '迷信은 亡國의 禍源, 병자에
게 약은 아니스고 푸닥거리만함을 금하라', '八千巫女를 奈何 간악한
무당의 무리가 만흠은 문화가 발달 못되는 증거이다 奸惡한 彼輩를
葬하라', '十一靑年團體가 一堂에 集會하야 무당과 기생의 撲滅策을
연구' 등과 같은 기사들이 게재되었다.

둘째는 미신으로 인한 범죄 및 사고에 대한 기사이다. 특히 각종
질병을 치료하기 위하여 행해진 여러 미신 행위와 병굿, 그리고 그것이
야기시킨 여러 사건 · 사고에 관한 것이다. 여기에서 무당의 惑世誣民
이 강하게 폭로된다.

곧 '巫女로 一村 騷動', '巫女 占卦가 殺人', '喪輿를 파괴 主山을
넘는다고 촌민들이 덤벼서', '화재를 예언하고 하인을 식혀 불을 노아
개탄할 부녀자의 미신 정읍군의 무당 정성녀가', '괴이한 老婆 칠일기
도와 聖帝 백일긔도로 감긴 눈이 떳다고 하루에 대초황률 일곱 개씩
먹고 긔도한다고 구가뎡부녀를 후려내는 로파', '神將의 命으로 家宅侵
入', '미신관계의 범죄인가 대구 다리업는 아해시톄', '橋下에 幼兒의
手足 미신으로 이러난 범죄인가 해주경찰서에서는 대활동', '迷信으로

전반에 걸쳐 그들이 말하는 미신이 얼마나 만연해 있었는지를 극명하게
알 수 있다.

34) 각 기사의 내용에 대해서는 당시의 소제목을 그대로 옮겨서 대강의 뜻을
이해하도록 제시하였고, 각 기사가 실린 구체적인 연월일 및 면수는 편의상
생략하였다.

我女毒殺 남편의 병이 낫는다는 미신으로 자기 딸을 양재물로 죽인 친어미', '남편과 두 살 난 딸이 병들어 근심턴중 그 중의 한 사람이 죽으면 다른 한 사람은 무병장수한다는 미신을 믿고 친딸을 藥殺한 김성녀는 다방법원공판에', '迷信으로 斯人 巫夫가 공동묘디에 매장된 모든 귀신을 초혼하여 위로제를 지낸다고 부녀자를 속여 錢穀을 만히 모아', '얼골검은 紅衣女 미신을 리용 가뎡부인을 속여 먹는 요물', '可恐할 것은 迷信 혼인집에 와서 아해를 나으면 그 집이나 아해에게 불길하다는 말을 듯고 변소에서 사내아이를 나아 목을 눌러 죽여', '十一歲少女를 亂打하고 傷處의 피를 빨어 문둥병자의 迷信으로 톄포되야 懲役十年', '男便의 迷信으로 産婦凍死 후산을 못한다고 지붕위에 뉘어두어 얼녀죽여', '천연두의 전파는 경성에서 비롯 미신의 예방도 만타', '連珠瘡에 배암을 물니면 약이 된다는 미신을 믿고 물니었다가 중독이 되아 죽어', '죽은 사람을 암장했다는 말을 듯고 조사한 결과 기실은 베집으로 만든 제웅 자기 병을 낫게 하기 위해 미신을 믿고 한 짓', '미신으로 人肉을 구어먹고 경찰서에 잡힌 어리석은 자 맹장병에 좋다는 말을 듯고 분묘를 파고 시톄를 훔쳐다가 병자에게 먹여', '叔父의 迷信으로 神堂에 放火', '식구의 나이대로 떡을 해 먹으라는 풍설 엇던 중이 지은 거짓말 괴질을 예방하는 방법으로', '보름노리 류행하는 여러풍속 경성에서 셩풍한 답교 부인네들의 직성푸리와 잣불 미신의 습관은 버리자', '미신의 비극 진남포의 아해 죽인 사건', '버러지먹고 靑年 變死 미신으로 병을 고친다고 남의 집 외아들 임질로 辛苦하던 중 콩벌레 먹고', '太乙敎徒가 미신으로 살인 개아미 닷말을 살마먹고 종쳐에 양재물을 발라서 병자는 치료중 사망', '信川에는 桃枝打殺 정신병 고친다고 일주일 간을 복숭아 나무로 따려 죽이엇다', '미신으로 화상 우의입고 떡찌다가 불이 몸에 붓터', '미신으로 强盜

점쟁이말듯고 돈홈치고 징역', '붓튼 귀신 뗀다고 정신병자를 타살
장님과 신장부리는 사람들이 검사까지 출동하야 크게 활동', '독갑이
뗀다고 少婦打殺 눈먼 장님이 히스테리 걸린 녀자를' 등과 같은 기사들
이 그 대표적인 사례이다.

셋째는 미신 행위를 타파하기 위한 각 지역 청년회나 그 밖의 단체들
의 활동사항과 그 영향 등도 당시 언론의 중요한 관심사였다.

예컨대, '吾照靑年會의 一事業 굿을 禁하기로 宣傳', '문제의 굿
畢竟禁止 공개한 굿노리에 평양인사의 분개 崇神組合과 妓生組合이
협동한 굿', '인천에서 굿으로 소비된 돈이 금년에 만원', '미신을
좋아하고 업디어 비는 것이 속이상해 神堂에 放火', '迷信宣傳者 警察
이 調査中', '自稱禍福判斷한다는 여자 警察은 搜査中', '江華中央靑年
會主催 미신을 타파함에는 남자가 힘써야 할것이냐 여자가 힘써야
할것이냐', '미신으로 밥먹는 자 경긔도내에 백삼십사명 警察取締보다
有志活動이 필요 양주군내가 뎨일만타', '미신을 이용하야 금전을
편취한 령검한 태주 이십오일 구류에', '咸興에 矯風會 미신타파의
목적', '馬山靑年決議 迷信을 타파하고 公娼을 폐지할 일', '迷信과
敎育 광주부인들의 掘冢햇단 말을 듯고', '賽神防止運動 安州各團體
會', '강원도 방면에서 남사당패가 들어와 家家마다 단이며 新年祝福을
한다는데 공익사업에는 一分 안이쓰든 頑固輩이들 五圓 十圓을 不惜한
다고', '崇神人을 嚴重團束 평양 시민 대표의 진정으로 평남경찰부
당국에서 엄명' 등과 같은 제목의 記事가 뒤를 이었다.

이들 사건의 내용은 지역마다 시기마다 다소 다르지만, 대체로 다음
과 같은 공통성을 지니고 있었다. 곧 지역의 청년회와 여러 단체들이
개인의 굿이든 숭조인조합의 굿이든 이를 저지하기 위하여 해당 관할
군청 및 경찰서에 抗議書나 陳情書, 投書 등을 내고, 그래도 중지를

하지 않으면 실력행사로 나섰다는 내용이다. 심지어 이들의 항의에 의하여 무당이 拘留되는 사건도 있었다. 이들 단체는 경찰로부터 미신행위를 取締하겠다는 약속도 받아내고, 미신타파 강연회를 수시로 개최하고 삐라도 살포하겠다고 통보하기도 했다.

이상의 미신에 관한 신문기사에서 보았듯이, 언론기관에서는 미신행위에 따른 사건·사고를 보도함으로써 무당과 판수의 혹세무민을 폭로하고 미신의 구렁텅이에 빠져 있는 사람들의 무지와 비극을 사회문제화하는 한편, 미신타파운동이 전국적으로 어떻게 펼쳐지고 있으며 그에 따른 마찰 및 결과는 무엇인지도 함께 중요하게 다루고 있다. 그리고 논설로써 미신타파의 당위성을 수시로 역설하고 있다.

여기서 주목되는 사실은 당시 신문기사의 논조가 무속 또는 민간신앙은 말할 것도 없고 더 나아가 부분적으로는 세시풍속을 비롯하여 조선사람의 일상생활까지 미신으로 또는 몰가치한 문화로 부정시하고 있다는 것이다.[35] 그리하여 민간신앙이 지니고 있는, 또는 일상생활의 태도나 가치관이 지니고 있는 나름대로의 긍정적 논리나 사실 등은 애초에 전혀 이해의 대상이 되지 못했다. 오늘의 관점에서 보면, 조선의 전체 역사 및 문화 안에서 왜 그러한 무속이나 민간신앙이 배태되고 전개되었는지에 대한, 겉으로 잘 드러나지 않는 의미·기능 등에 대해서는 전혀 알려고 하지 않았던 것이다. 오직 미신으로 규정하고 타파 일변도에만 신념이 머물러 있었다.

또한 1920·30년대 신문기사를 통하여 보면, 관할 당국에 의하여 규제와 단속을 받은 미신 사건이 별로 나타나지 않는다는 것이다.

---

35) 이와 관련하여 이용범은 "결국 미신타파라는 것은 당시 사람들의 일상생활의 대부분을 바꾼다는 의미를 지니게 된다"고 지적하였다(이용범, 앞의 글, 2003, 4쪽).

만약 取締를 받는다 해도 說諭·拘留·科料가 주된 조치였다.[36] 오히려 미신타파를 위한 지역의 청년회 및 여러 단체들의 활약상에 대한 보도가 거의 대부분이다.

1927년에는 개성에서 굿을 말리던 청년을 경찰이 남의 자유를 침해한다 하여 체포한 사건이 발생했다.[37] 나중에 이 청년은 경찰에 대한 청년회의 항의로 풀려나고 도리어 해당 경관이 징계를 받는 것으로 종결되었고, 이 청년은 미신타파의 기수로 칭송을 받기에 이르렀다. '崇神人組合排斥 開成靑年의 快擧를 稱頌하는 同時에 全國 靑年을 向하여 迷信打破 起運을 促進할 것을 要望'한다는 제목의 기사는 그 후속 조처에 대한 내용인 셈이다.

당시 언론은 미신타파에 수동적이며 미온적인 태도를 보이는 식민지 당국을 다음과 같이 비판하고 있다.

근래 조선 전도를 통하야 어느 디방을 물론하고 巫女와 뎜장이의 수효가 늘어가서 혹 병자가 생기는 경우에는 '굿'하고 '경' 읽는 폐단이 도처에 점사 느러가는 것이 사실이라. 동시에 소위 崇神人組合 이란 것까지 생기어 白晝에 사람을 속히여 錢穀을 奪取하다십히 하며 굿을 하고 경만 읽으면 아모려한 악질이 류행하더라도 병 한 번 앓는일이 업스며 아모리 팔장을 끼고 아모일을 아니하야도 먹을 것이 생긴다 하며 심지어 소가 사람을 바다 상처가 나거나 즉접 소가 병이 난 경우에까지 굿하고 경을 허는 사실이 업지아니하다.

---

36) 1920년대부터 1930년대 초에 걸쳐 당시 한국인들에 의한 미신타파운동은 매우 강력하게 이루어졌다. 그러나 한편 그들이 말하는 미신현상 또한 極盛하는 모습을 보이기도 했다. 당시 언론의 논조는 이렇게 미신이 성행하는 이유를 1920년대 말부터 무당에 대한 制裁가 없어졌고 경찰 당국이 미신을 방임하기 때문이라고 설명하고 있다(이용범, 위의 글, 2003).
37) 「迷信打破勸告한 靑年을 警察이 檢擧」, 『동아일보』 1927년 3월 4일.

그리하야 날을 계속하고 밤을 새여 가면서 백주에 독감이 탈을 쓰고 장고를 두다리며 근처를 소란케 하고 안면을 방해하며 아모리 급한병자가 잇더라도 약 한 첩을 못 쓰도록 하는 폐단과 흠탕한 행동으로 미신을 일삼는 동시에 일반사회에서는 이것이 모다 조선총독부당국에서 조선사람을 미신으로 인도하야 부패한 길로 가도록 하는 정책하에 이것을 묵허 또는 공인하는 것이라는 평론과 불평이 느러가는 중 근자에 平南警察部에서는 무녀와 점장이를 즉시 박멸할 수는 업스며 점차 진행하야 혹독한 처치를 하기로 각 경찰서당에서 통첩을 하얏스며 지난 십팔일까지 관내에서 공안과 풍속을 해하는 자로 인뎡하야 무녀와 뎜장이의 拘留 또는 科料에 회한자가 스물 한 명이나 되며 이후부터도 더욱 엄중히 취조하리라더라. (평양)[38]

　세상에 미신의 해독을 끼치는 무당배들이 조직한 崇神人組合이라는 것이 평양에서도 매우 치성함으로 이를 박멸하기 위하야 평양시민 중 洪致腎 씨외 오백여 민의 발괴로 그 조합을 반대하는 陳情書를 평안남도텽에 데출하얏스나 당국에서는 아모 취례하는 모양이 보히지 아니함으로 지나간 육일에 대표자로 崔正植씨 外 일명이 경찰무당국을 방문하고 확실한 대답을 요구한 즉 리원보 保安課長의 대답이 "여러분의 진정한 취지는 자세히 아는 바임으로 이후부터는 엄중히 취례를 행할 터인대 이 뜻을 각 경찰서에 통지하야 굿과 경으로 병을 치료한다는 사람과 무당이나 판수라도 허가를 맛고 세금만 밧치면 아모 관계가 없다는 거짓말을 하는 자와 시내에서 굿을 하거나 경을 읽는 자가 잇스면 엄혹히 취례할 터이라"고 명언 하얏다더라. (평양)[39]

　온갖 迷信을 깨트려버리자! 科學的生活로 나아가자! 이럿케 부르짓는 오늘날에 또는 거짓말이거나 참말이거나 하여간 문화정치를 표어

38) 『동아일보』 1922년 5월 27일.
39) 『동아일보』 1922년 8월 19일.

로 하는 이때에 괴괴한 것은 소위 숭신인조합이란 것이 날마다 발년하여가는 일이다. 일하기 실코 먹을 것 업는 협잡군들이 무당판수를 부등하여 가지고 무지한 부녀 순진한 민중을 달콤한 소리 무서운 소리로 재조껏 꼬여서 돈량쌀말을 살금살금 빼어서 먹는다. 한때에 한사람이 빼앗기는 것으로 말하면 얼마 되지 안는 듯 하지마는 한 번두 번 빼앗고 한 사람 두 사람식 번저가면 실로 거액의 소비가 될 것이다. 전곡의 소비도 이러하거니와 일반 민중의 정신상에 해독을 끼처주어 사회의 진운을 트려막는 죄악으로 말하면 이루 측량할 수 업슬 것이다. 이에 대하야 당국자의 취톄가 업는 것은 고사하고 도리혀 은연중에 공인하는 태도가 보이는 것은 괴괴 괴괴한 사실이 아니고 무엇이랴. 이 숭신인조합이 경성에만 성행할 뿐 아니라 디방에도 성행하고 이에 대한 당국자의 태도는 경성에서만 애매할 뿐 아니라 디방에서도 애매하니 이것이 긔괴긔괴한 사실이 아니고 무엇이랴. 경긔도 안성군에도 오래전부터 숭신인조합이 생겨서 협잡군 오륙명과 무당 수십명이 한덩어리가 되야 '굿'하는 소리가 끈일날이 업는데 굿 한번에 업서지는 비용은 오십원 내지 백원이라 하며 그 비용의 출처는 무을 것도 업시 민중육속이여 빼앗은 것이다. 지나간 십육일에는 우화춘이라는 과부를 꾀여서 죽은 지 삼년 된 그의 아들을 위하야 '굿'을 하라고 하여 가지고 무당 화랑 십여명이 모히여 당왕리 큰길가에서 수백원을 드려 큰 '굿'을 하는 동시에 십륙칠세 되는 절믄 무당 한명을 뽑아서 유두분면에 화려한 복색을 식혀 가지고 오는 사람 가는 사람에게 구경감을 청구하고 구경군 중에도 특히 혈긔가 미정한 절믄사람에게 음탕한 노래와 요악한 태도로 불소한 금전을 낙거내는 풍속을 괴란하는 못된 행동이 자못 극심한 중에 이것을 제지하랴 온 몃몃 사람이 잇섯스나 도리혀 부랑자들에게 매를 맛고 도라갓다. 그런데 당디 경찰에서는 모르는 체 함으로 일반인민은 이것도 문화정치의 한 표현인가? 하야 긔괴 긔괴한 생각을 풀지 못한다고. (안성)[40]

이들 세 기사는 각 지역에 만연한 무속의 미신행위, 지역단체나 개인의 저지운동, 해당 경찰 당국의 태도, 그리고 이에 대한 지역 여론의 한 측면을 잘 보여준다. 곧 문화정치 이후에 무당과 판수의 굿거리와 경문이 다시 極盛하고 있으며, 숭신인조합은 이러한 미신행 위의 중심 역할을 하며 해독을 끼치고 있다는 것이다. 그러함에도 불구하고 경찰 당국에서는 이를 적극적으로 취체하지 않고 미온적 태도를 보이는데, 이에 대하여 조선총독부가 조선 사람들을 미신으로 인도하여 부패하도록 하려는 음모일지도 모른다는 여론이 있음을 소개하고 있다. 또한 이러한 미온적 규제가 무슨 문화정치인가라고 식민지 당국에 묻고 있다. 미신에 항의를 하는 단체나 개인은 당국으로 부터 무당과 점쟁이는 갑자기 없앨 수가 없는 것이니 앞으로 점차 심하게 취체할 것이라는 정도의 약조를 받아냈다는 것이다.

이렇듯 신문기사에 나타난 양상으로 보면, 굿을 비롯한 일체의 미신 행위에 대한 규탄과 실제적인 대응은 식민지 당국보다는 언론 기관이 나 청년회 등의 사회단체들이 더욱 적극적이며 공격적이었다고 할 수 있다.

3) 기독교의 민간신앙 公敵化

대개의 기독교인들은 당시 조선이 피폐하고 낙후한 하나의 근원적 원인을 迷信에서 찾았다. 미신의 만연으로 세상을 이성과 올바른 신앙 으로 보지 못하기 때문에,[41] 근대화는 요원하다고 생각했다. 따라서

---

40) 『동아일보』 1924년 5월 22일.
41) 선교사 게일(J. S. Gale)은 "조선인들이 세계와 단절된 채, 아무것도 모르고 미신에 의지해서 살아 왔고 그 때문에 사물을 제대로 보지 못했다"고 탄식하 고 있다(J. S. Gale, *Korean Sketches*, 1898[장문형 역, 『코리안 스케치』, 현암사,

기독교에 의한 미신타파는 단순히 종교상의 문제에 국한된 것이 아니라, 근대화로 가는 첫 길목으로 여겼다. 기독교는 조선을 미신의 구렁텅이에서 올바른 종교로 인도하게 하며, 그것은 동시에 서양의 합리성과 과학정신, 그리고 문명을 조선에 이식시키는 導管이 될 수 있다는 것이다.

그런데 이 미신의 주역은 그들의 학문 개념에 의하면 샤먼이었고, 이는 조선의 巫覡에 해당하였다. 마침내 샤머니즘, 곧 무속은 기독교 선교상의 公敵으로 인식되었다.

그들은 무속을 증오하였다. 기독교가 더욱 보급되고 문명이 개화되면 샤머니즘은 서서히 소멸하리라고 확신했고 또한 그렇게 되기를 희망했다.

선교사 클라크(C. A. Clark)는 "오늘날 샤머니즘이 서서히 퇴색하고 있지만, 그것이 소멸되려면 오랜 시간이 걸릴 것이다. 나는 이 땅에서 샤머니즘이 될 수 있는 대로 빨리 없어질 것을 희망한다"고 하였다.[42]

여기서 파생되는 중요한 문제는 기독교가 무속의 개념과 범주를 지나치게 크게 확대했다는 사실이다. 무격의 종교 현상만이 샤머니즘이 아니라, 조선의 민간신앙 일체가 샤머니즘이라는 오해를 확산시켰다. 샤머니즘은 민간신앙의 한 부분이며, 경우에 따라 그것과 직·간접적으로 연계되어 있을 뿐이다. 산신제와 장승제, 그리고 安宅 등 일체가 샤머니즘으로 이해되었다. 심지어 生氣福德과 不淨을 가려 선발한 산신제의 '깨끗한' 제관도 촌락 샤먼(communal shaman)으로 지칭하고, 竈王을 모시거나 성주를 위하며 '잔밥먹이기(또는 객귀물림)'를

1970, 103쪽]).
42) C. A. Clark, *Religions of Old Korea*, Reprinted by the Christian Literature Society of Korea, Seoul, 1961(1929), 218~219쪽.

행하는 가정주부도 가족 샤먼(familly shaman)으로 보았다. 가을걷이에 대한 報恩의 '가을떡'도 미신이고, 가족 중의 不在者를 위한 어머니의 '밥 떠놓기'도 미신이며, 출산 후의 安胎 등도 미신으로 간주하였다.

모든 민간신앙을 샤머니즘으로 규정하고 공적으로 인식하게 되면, 전통문화와 일상생활의 상당 부분은 否定과 疾視의 대상이 되어 버린다. 실제로 민간신앙을 조선의 일상생활에서 어떻게 분리하여 인식할 수 있을 것인가. 줄다리기에서 놀이와 신앙 요소를, 두레에서 농기고사를, 하나의 굿판에 나타나는 여러 전통문화를, 출산 풍습에서 금줄이나 삼칠일을, 세시풍속에서 그것을 구성하는 여러 의례들을 각각 어떻게 떼어 낼 것인가.

또한 洞祭를 마을의 삶에서 어떻게 떼어내어 미신이라 하여 버릴 것인가. 기독교는 동제 속에 간직된 여러 실질적인 의미와 기능, 가령 공동체 의식의 확인과 강화, 마을 의회의 구실, 사회통제와 규범, 노동의 동기 유발, 주기적인 대청소 등과 같은 긍정적 요소마저 조금도 이해하려고 하지 않았다.[43] 오로지 '외부인의 관점'에서 무속을 비롯한 민간신앙을 타파의 대상으로 인식하였다.[44] 심지어 당시에는 절간 부수기·장승 뽑아내기·제삿상 걷어차기 등의 파괴적 행동이 한때 독실한 기독교인의 상징으로 통하기도 했다.[45] 그러나 무당을 아무리

---

43) 이필영, 「마을신앙의 기능」, 『마을신앙의 사회사』, 웅진출판사, 1994, 226~239쪽.
44) 이필영, 「초기 기독교 선교사의 민간신앙 연구」, 『서양인의 한국문화 이해와 그 영향』, 한남대출판부, 1989.
45) 나혜영은 한국의 기독교인들이 자기의 문화와 전통을 죄악시하는 풍조는 세계 어느 나라 기독교 전통에서도 그 예를 찾기 어려울 만큼 대단한 것이며, 이러한 풍조는 초기 선교의 한 핵심을 이루었다고 지적하고 있다(나혜영, 「선교사의 한국 망령이 한국을 괴롭힌다」, 『WIN』 10월호, 1995). 이와 관련하여 다음 논고들도 참고가 된다. 이혜석, 「한말 미국인 선교사들은 무엇을 전파하였나」, 『역사비평』 1990년 여름호, 1990 ; 이필영, 「한말 일제

미신의 주역으로 취급한들 그들 중 일부는 분명히 전통문화의 寶庫이
며 그 전달자이기도 했다. 특히 전통예술의 측면에서는 그러한 특성은
두드러졌다.

이처럼 모든 민간신앙을 샤머니즘이란 개념으로 포장하여 질시하는
관점과 태도는 기독교 안에서 대단히 빠른 속도로 확산되어, 마침내
자신의 전통과 문화의 상당 부분을 죄악시하는 풍조까지 만연시켰
다.46)

필자의 민간신앙에 대한 현지조사 경험으로는 반드시 일제시대가
아니더라도 교회가 일찍 들어온 지역이나 敎勢가 매우 번창한 지역에
서는 실제로 가정신앙이나 마을신앙이 진즉에 쇠퇴·소멸되었음을
확인할 수 있다. 이들 지역의 주민들은 과거에 그들이 행했던 민간신앙
의례에 대하여 언급하는 것조차 불경스럽게 여기는 경향이 강하다.

기독교 신앙이 민간신앙을 퇴조시키는 데 분명히 중요한 역할을
수행했던 것이다.47)

하의 서양인 기독교 선교사의 장승 이해」, 『역사민속학』 2, 한국역사민속학
회, 1992 ; 주강현, 「민족문화와 문화제국주의」, 『역사민속학』 2, 한국역사민
속학회, 1992.

46) 당시 사회에서 근대화의 걸림돌로 여겨졌던 '미신'이란 개념은 사실상 전통문
화의 대부분을 포함하는 것이기도 했다. 이는 어떤 측면에서 한국인이 지닌
삶의 태도·방식·가치관의 상당 부분을 지칭하는 개념이며, 또한 이에
대한 강한 비판과 부정의 관점을 전제한 개념이기도 했다(이용범, 앞의 글,
2003).

47) 본고의 주제는 아니지만, 이와는 반대로 민간신앙의 기본이념이 한국 기독교
에 '간접적으로', 또는 '겉으로 잘 드러나지 않는' 차원에서 수용되었을
측면도 간과할 수 없다. 민간신앙이 항상 외부의 다른 사상이나 종교로부터
압박을 받고 구축되어 쇠퇴·소멸 된다는 사고의 관성은 때에 따라서 재고할
필요가 있다. 일방적 영향만이 아니라 쌍방의 접촉면에 의하여 발생했을
상호 영향도 전제되어야 할 것이다.

4) 조선왕조의 멸망에 따른 파장

일제의 강압에 의한 조선왕조의 멸망은 국가와 왕실 차원의 제사와 굿들을 급격히 쇠퇴·소멸시키는 계기가 되었다. 조선말기에 들어서 祀典에 따른 大祀·中祀·小祀 등의 國行祭는 이미 유명무실해졌지만, 왕조의 몰락과 함께 아예 그 命脈이 끊어졌다.

국가와 왕실의 安過太平을 위하여 名山大川에서 정기적 또는 비정기적으로 벌였던 別祈恩이나 巫女가 때에 따라서 盲人·僧侶와 함께 또는 개별적으로 굿으로 진행한 祈雨祭, 그리고 疫病·災殃·天災地變·病蟲害 등이 유행할 때에도 벌인 나라굿 등이 모두 사라졌다. 이에 따라서 굿당이었던 白岳山堂·漢江·東郊·德積·松嶽·紺岳·開城 大井 등의 무속적 의미가 거의 퇴색되고, 德積·松嶽·紺岳 정도만이 그 후 일제하에서도 간신히 부분적으로 맥을 잇고 있었다.

궁중에서 치렀던 정월과 시월의 정례적인 횡수맥이와 고사 등을 위시하여, 그 밖의 많은 궁중의 민속적 의례들이 중단되었다.

왕실과는 달리 각 지방은 나름대로 官行祭를 지내왔다. 이들 제사는 때때로 陰祀로 규정되어 지방관들에게 핍박 당하고 한시적으로 중단되기도 했으나, 대개는 다시 존속되는 경우가 많았다. 이들 제사는 나라에서 지원하는 것은 아니었고, 다만 오랜 전통성을 갖고 지방관·무녀·지역민들의 참여 하에 유교식 제사와 무당 굿이 어우러진 종교 잔치 형식으로 치러졌다. 淸安의 國師神祭, 高城의 詞堂祭, 三陟의 烏金簪神祭, 嶺東의 太白山神祭, 安邊의 霜陰神祀祭, 軍威의 端午祭, 熊川의 熊山神堂祭 등은 그 대표적인 사례이다. 역시 이들 관행제의 殘存이나마 극히 일부를 제외하고는 거의 자취를 감추었다.

이와 함께 왕실 및 사대부가에서 행해진 여러 개인굿도 소멸해 갔다. 그 중 한 사례가 여탐굿이다. 이는 환갑이나 혼례를 집안의 조상에게 알리며 축하하는 굿이다. 궁중에서도 왕비나 세자빈으로 간택되면 여탐굿을 벌였다. 종친과 외척, 여러 양반 부녀까지 모여 구경을 하였다.[48]

이들 나라굿과 왕실 및 사대부가에서 치렀던 굿은 그 규모와 절차, 그리고 그 풍부한 문화에 있어서 현재 우리가 알고 있는 일반 굿에 비하면 매우 귀중하며 훌륭한 것들이었다.

한편 이들 굿을 주도하던 나라무당과 그들 流波도 왕조의 멸망과 함께 그 전통적인 기·예능을 보존·전승시키지 못한 채 대부분 무속의 현장에서 사라져 갔다. 주로 都城 동쪽의 각심절본 무당이 벌이는 궁중 안의 '나라굿', 대체로 서쪽의 구파발본 무당이 담당한 궁궐 밖의 '나라제당굿', 남쪽 노들본 무당이 놀았던 도성 주변 및 지방에서 행하던 '바깥굿 또는 외방굿' 등이 그러한 사례이다.[49]

조선왕조의 멸망과 일제하를 경유하면서 그나마 잔존해 오고 있었던 과거 왕실 및 사대부가의 굿은 거의 소멸되었고, 지금에 와서는 무엇이 없어졌는지조차 잘 알지 못한다. 이들 굿이 사라지기 시작하면서 그 후 제한적으로나마 전승되고 있는 굿은 대개 일반 백성이 벌였던 굿들이다. 가령 사대부가에서는 철마다 나는 새로운 과일을 신령에게 바치며 재수를 기원한다. 이를 '薦新굿'이라 부른다. 하층민이나 빈곤층이 그 집안의 재수를 위하여 굿을 벌이면 이를 재수굿이라 했다. 천신굿의 경우는 소멸해 갔지만, 재수굿은 이후에도 전승되었다. 원래 亡者를 위한 굿에도 상류층이나 부유층이 놀던 쌍궤새남 또는 상진오기가 있었고, 중류층이 놀던 열새남이 있었다. 하층민은 평진오기를 했다. 역시 거의 평진오기만이 전승되고 있다. 병굿도 상류층은 우환굿

---

48) 김용숙, 『조선조 궁중풍속 연구』, 일지사, 1996, 279쪽.
49) 조흥윤, 앞의 글, 1983, 123쪽.

이라 했고, 하층민은 푸닥거리를 주로 했다. 이는 단순히 명칭의 차이만
은 아니다. 또한 내림굿에서도 허주굿과 내림굿(강신굿)으로 이원화되
어 있었던 것이, 후자의 내림굿으로 통합되었다.[50]

  몸주로 받아들인 신령의 종류에 따라서 무격의 등급이 결정되는
전통이 있었다. 하나의 굿에서 자리를 함께했을 때 낮은 무당은 특별히
몸가짐을 조심했다. 선관은 한둘의 거리만 그것도 춤도 추지 않고
공수만 주었다. 만신은 선관의 감독 하에 대부분의 굿을 진행시키고,
뒷전 무당은 잡귀잡신에 관계되는 마지막 거리만 놀았다. 그것도 뒷전
무당은 굿청의 마루에조차 앉을 수 없었고 마당 한구석에 머물러
있어야 했다. 무당 계급과 그와 관련한 풍습도 거의 잊혀져 갔다.[51]
물론 이러한 변화는 왕조의 멸망과 일제의 단속 및 규제라는 비정상적
환경을 경유하면서 초래된 것들이다.

  요컨대 왕실 및 사대부의 종교적 수요에 전통적으로 훌륭하게 부응
하여 왔던 고급스럽고 세련된 무격과 그들의 굿이 왕조의 멸망과
더불어 급격하게 없어지기 시작한 것이다. 어떤 측면에서 보면, 오늘날
우리가 알고 있는 대부분의 굿은 조선시대 중·하류층의 굿이 식민지
근대화를 경유하면서 존속해 온 것이고, 그것도 일정 부분 굴절되고
위축된 것들이다. 그들 굿이 가치가 없다는 것이 아니라, 왕실과 사대부
계층이 향유하였던 굿의 전통이 중단되어 올바르게 전승되지 못했음
을 지적하는 것이다.

3. 민간신앙의 지속성과 그 양상

---

50) 조흥윤, 앞의 글, 1997, 124~125쪽.
51) 조흥윤, 앞의 글, 1983, 36쪽.

무속은 이미 고려시대에서부터 국가의 통제를 받았다. 무속은 陰祀로 규정 당했고, 이를 억제하기 위한 일련의 法令이 자주 세워지고 시행되었다. 무당들은 수시로 도성 밖으로 내쫓겼다. 그러나 왕도를 비롯하여 전국에 걸쳐 크게 번성하고 모든 사회계층에 의하여 두루 신봉된 무속은 國法에 의해서도 敗退되지 않았다. 이는 무속이 국법으로도 다스릴 수 없을 만큼 매우 뿌리깊게 보편적으로 신앙되었음을 뜻하지만, 다른 한편으로는 무격에 대한 禁壓策 역시 매우 제한적이고 일시적이었음을 의미한다. 결국 고려왕조에서는 시종 무속에 대한 억압과 용인 등의 정책이 일관됨이 없이 교차하고 있었고, 무속이 지니는 文化慣性을 저지하지 못했다.

조선시대에 들어서는 성리학 이념에 따른 祀典의 정비에 의하여 무속은 여전히 음사로 규정 당했고, 일련의 禁巫策이 여러 형태와 내용으로 반포되었다. 이로써 무속은 일정 부분 위축되었으나, 금무책 자체는 조선정부의 무속에 대한 二重政策 안에서 이미 명백한 한계를 안고 있었다. 곧 조선조 내내 무속은 부정과 긍정, 핍박과 용인이라는 '어쩔 수 없는' 그리고 '모순된' 이중정책 속에서 존재하였다.

무속은 유·불교 등이 해결하지 못하는 삶의 부분과 인간의 의지가 미치지 못하는 영역에서 실질적으로 기능하였다. 이 점은 개인·사회·국가 차원의 어느 경우에 있어서도 마찬가지였다. 어차피 국가에서도 무속을 일정 부분 이용하고 묵인할 수밖에 없었으나, 한편 성리학 이념과 위배되는 무속을 공개적이며 전면적으로 인정할 수도 없었다. 바로 이러한 실제 사정이 이중정책을 낳게 하였다.

조선시대의 대표적 금압책은 무격의 城外黜巫令과 巫稅賦課였다. 그러나 조선조 일대를 통하여 무속은 어느 王代에도 실질상 크게 위축되지 않고 여전히 강세를 보이고 있었다. 국가의 금압책과 비판의

주체인 일부 儒者들의 공격에 비교적 잘 대응하고 있었던 셈이다.52)

한말 애국계몽운동 시기에는 『皇城新聞』·『독립신문』·『大韓每日申報』 등의 각 언론기관이 발달하면서, 무당·판수 등이 백성을 속이고 헛된 것을 믿게 하여 재산을 탕진케 한다며 그 술수와 사기성을 폭로하는 신문기사가 많이 실렸다. 이들 신문은 더 나아가 행정 당국에 대하여 무당과 굿을 금지하고 단속하는 정책을 요구하고, 이에 관한 법령을 반포할 것을 요청하기도 했다.

실제로 고종 32년 3월 內務衙門에서 각 도에 훈시한 제반 규례에는 인민들을 타일러서 병이 있으면 즉시 약을 먹게 하고 무당이 방자하게 하는 것을 허용하지 말 것, 그리고 巫女와 난잡한 무리들을 일체 금지시킬 것 등과 같은 조항이 마련되어 있었다. 당시에도 이미 이들에 대한 단속과 규제가 행정기관의 기본 업무로 확정되어 있었다.53)

무속이 고려 및 조선시대, 그리고 대한제국 이래로 국가와 儒者들의 통제와 비판으로 항상 위축당해 왔고, 또한 그것에 익숙했지만, 한편으로 국가·지역·개인 단위의 차원에서 인정 또는 묵인 하에 왕성한 활동을 해 왔다. 그러나 일제시대에 들면 그 이전 시기와는 다른 매우 어려운 상황에 직면하게 된다. 무속을 비롯한 민간신앙에 대한 적대 세력이 다양해졌고 그 범위도 한층 광범해졌다.

앞서 지적한 대로, 일제 식민지 지배전략을 토대로 한 미신타파라는 직접적 억압과 무격단체를 통한 간접적 통제 등이 기본적으로 무속을 위축시켰다. 여기에 기독교의 종교적 입장에 따른 疾視 및 公敵 개념은 어떤 측면에서 식민지 당국의 그것보다 훨씬 강도가 높았고, 시간이

52) 이필영, 「조선후기의 무당과 굿」, 『정신문화연구』 53호, 한국정신문화연구원, 1993.
53) 이용범, 앞의 글, 2003.

흐를수록 이는 넓게 확산되었다. 일제의 미신타파와 기독교의 미신타파는 서로 그 출발점을 달리하였지만, 민간신앙을 직접적으로 협공하고 있었다. 이와 함께 개화기의 신소설에 보이듯이 문학작품을 통해서도 미신타파는 중심 주제로 부각되었고, 종교를 아편으로 간주하는 사회주의자들 역시 민간신앙을 더욱 몰가치한 것이며 특히 인민을 무지하게 만드는 주범으로 인식했다. 또한 일반 지식인과 청년들 사이에서도 민간신앙을 미신으로 규정하는 일은 이제 상식이 되어 버렸고, 각 지역의 청년회는 빈번하게 굿과 같은 여러 미신행사에 대해 직접적으로 공격을 감행하였다. 굿을 하는 사람들조차 그것을 미신으로 매우 자연스럽게 받아들였고, 또한 그러한 자신의 신앙과 그 의례를 수치스럽게 생각하게 되었다.

그러나 일제하에서도 식민지 당국은 그 이전의 고려 및 조선 정부가 그러했듯이 경우에 따라서 부분적으로는 어쩔 수 없이 민간신앙을 용인 및 묵인할 수밖에 없었고, 이에 대한 조사연구에 참여한 조선총독부와 경성제대의 일부 연구자들은 무속의 가치와 기능을 한정적이나마 인정하고 있었다. 또한 세계의 샤머니즘 속에서 조선 무속의 우수성도 지적하고 있었다.[54]

그들이 日鮮同祖論의 차원에서 조선의 무속을 고유신앙으로 규정하고, 이를 原始神道의 殘存으로 보는 관점 자체는 스스로의 모순을 드러내는 것처럼 보인다. 그러나 일선동조적 동화주의도 결국은 조선

---

54) 일제 초기의 조선 무속을 조사·연구한 赤松智城은 "조선 무속이 도교와 불교의 요소를 받아들여 전체적으로 그 내용을 풍부·복잡하게 발달시켰고……", "또한 어떤 민족의 샤머니즘보다도 우수하게 발달한 조직적인 의례 형태를 지니고 있어서 샤머니즘 일반의 발전사상 그 頂点에 위치한다"고 지적하고 있다(秋葉隆·赤松智城, 『朝鮮巫俗の硏究(下)』, 東京 : 大阪屋號書店, 1934, 319쪽).

문화의 낙후성을 증명하는 것으로 귀결되었다. 오래 전의 일본 문화를 당시의 조선에서 확인하는 과정에 불과한 것이었다. 그리고 그러한 미신과 같은 저급 문화가 대중적이며, 그러한 성격을 유지시키면서 조선에 대한 효과적 문화지배를 이룰 수 있다고 보았다.[55]

한편 일반 지식인들 사이에 무속은 미신이라는 개념이 점차 신념화되고 있던 상황에서, 이능화·최남선·손진태 등이 단군을 君巫一源論에서 규명하고 무속의 전반 현상을 조선 고대로부터 전승되는 중요한 민족문화의 한 부분이며 중심이라는 설명을 내놓았다.

당연한 현상이지만, 무속에 대한 이해와 그 정책에서 일방적 탄압을 기본 원칙으로 한다 하더라도, 그렇게만 일관할 수는 없었다. 설사 엄청난 탄압을 완전하게 지속적으로 감행하였다고 하더라도, 오랜 역사 속에서 일정하게 제 역할을 해 온 무속의 본질까지 완전히 파괴시킬 수는 없었다.

무당을 규제한다고 하여 민간신앙이 곧바로 위축되지 않는 것은 무당·판수와 그들의 신도인 모든 사회계층 사람들이 강하게 밀착되어 있고 또한 광범위한 관계망을 형성하고 있었기 때문이다. 무당·판수를 핍박하고 심지어 그들을 격리 또는 제거할 수 있다 해도, 이미 무속화된 세계관 속에서 일정 부분 삶을 영위하고 있는 많은 사람들은 그대로 남아서 경우에 따라서는 무속의 전승 주체로 기능할 수 있었다. 또한 어떤 측면에서 보면, '桎梏'으로 상징되는 일제시대라는 비정상적 역사 상황은 민간신앙의 활성화라는 요인으로 작용하기도 했다.

일제하의 핍박 속에서 무속이 위축·왜곡·변형되었어도 그리고 일부 무속이 쇠퇴·소멸되었어도, 앞서 지적한 '탄압·규제·단속'과 '용인 및 묵인'의 공존, 그리고 '부정적 이해'와 '긍정적 이해'가 역시

---

55) 이지원, 앞의 글, 2000, 82쪽.

교차되는 가운데, 일제하의 무속은 엄동설한을 이겨낸 식물의 생명력
과 같이 그 비정상적 시대를 경유한 것이다. 따라서 새 봄이 되면,
곧 무속이 다시 활발하게 전개될 수 있는 역사환경만 조성된다면,
기진맥진한 것처럼 보이고 때로는 죽어 있는 듯이 보이다가도 다시
새 싹을 틔우고 무성한 잎과 가지를 만들어 푸르름을 자랑하는 것이다.
물론 무속 자체는 언제라도 여건만 마련된다면 다시 활발하게 재생할
수 있지만, 그 안에 담고 있었던 내용들은 어려운 시기를 거치면서
일부 소멸되었고 굴절되었기 때문에, 부활한다고 해도 예전의 모습을
찾기 어려운 점이 있다. 일제시기를 경유한 무속의 지속과 변화도
바로 그러한 상황에 비유될 수 있을 것이다.

　일제시기라 해도 그 시간과 지역에 따라서 무속을 비롯한 민간신앙
에 대한 태도와 규제는 다소 달랐다. 또한 민간신앙의 유형에 따라서
도,56) 그 압제와 그에 의한 변화에도 차이가 있었다.

　일제하 민간신앙의 전개에 있어서 가정신앙·마을신앙·고을신앙
및 그 밖의 여러 무속제의 등은 서로 그 지속과 변화의 모습을 달리하고

---

56) 민간신앙의 제 유형을 정확히 분류하여 이해하기란 쉽지 않은 일이다. 그러나
　　대체로 보아 개인을 포함하여 한 가정을 위한 신앙과 각 개인 및 가정들로
　　구성된 마을공동체 신앙, 그리고 여러 마을을 포괄하는 고을공동체(또는
　　지역공동체) 신앙으로 구분할 수 있다. 이들은 각기 가정신앙(家祭)·마을신
　　앙(洞祭)·고을신앙(邑祭)으로 命名할 수 있다. 한편 무속은 이러한 혈연
　　및 지역 단위의 종교적 삶에 두루 연계되어 있다. 무당과 판수(經客 또는
　　法師 류) 등은 민간신앙의 전문 司祭로서 개인·가정·마을·고을 등의 신앙
　　과 그 의례를 주관하면서 민간신앙의 제 이념·가치관·태도 및 祭儀 등을
　　공급하였다. 이처럼 무당과 판수 등이 민간신앙의 생산자로서 또는 그 형성·
　　전개에 일정 부분 중심된 역할을 담당하고는 있었지만, 그들만이 민간신앙을
　　형성·전개 시킨 것은 아니다. 오히려 민간에 광범위하고 깊이 유포되어
　　있던 여러 신앙과 그 의례들을 무당과 판수들이 주축이 되어 오랜 역사적
　　과정을 거치면서 다만 체계화하고 조직화하였던 것이다.

있기 때문에, 민간신앙 전체를 종합적으로 논의하기에는 어려움이 있다.

가정신앙은 상대적으로 개인 및 가정에서 은밀히 치러지는 속성이 강하기에 대단한 전승력을 그대로 유지할 수 있었다. 물론 심한 경우에는 집안의 성주·조왕·터주·삼신 등의 家神 神體를 수색하여 부수고 불을 지르기도 했다.

고을신앙은 대체로 조선후기의 官行祭 성격이 강했기 때문에, 조선왕조가 멸망한 후에는 식민지 지배 하에서 급격히 소멸해 갈 수밖에 없었다.

소규모 마을 단위의 洞祭, 곧 마을신앙은 어려운 상황에 직면하였어도 전국적으로 여전히 광범위하게 전승되고 있었다.[57] 물론 사소하게는 각 지역에서 통제와 억압을 받은 사실들이 적지않게 찾아진다. 그러나 監視의 성격이 강했고, 아예 제사 자체를 지내지 못하도록 강제하는 경우는 많지 않았다.[58] 감시의 경우에도 행정력이 직접 미치는 지역이 더욱 심했다. 전체적으로 보면 이 당시의 洞祭는 그 준비 단계에서부터 제의 절차·마을회의 및 결산에 이르기까지 공동체의 신앙으로서 손색없는 의미와 기능을 유지하고 있었다.[59]

이즈음도 현지조사를 하면, 당시에 당제 및 산신제, 각종 거리제

---

57) 조선왕조가 멸망하고 일제시대로 접어든 후, 郡·縣 단위의 공동체 의례가 쇠퇴한 반면에 마을공동체를 단위로 하는 洞祭는 일제 말기까지 크게 위축되지 않은 상태에서 지속되었다. 또한 향리층이 주도해 온 城隍祭나 오거리 堂山祭와 같은 邑治를 중심으로 행해졌던 의례 중에는 마을단위로 축소되어 그 명맥을 유지해 온 사례도 보인다(정승모, 앞의 글, 2001, 291쪽).

58) 충남 부여군 장암면 장하리는 고려의 개국공신 유금필 장군을 모시는 성황제로 유명하였는데, 일제 때에는 성황제가 열리는 동안 일본 순사들이 감시차 나왔다고 한다(이필영,『부여의 민간신앙』, 부여문화원, 2001, 236~239쪽).

59) 박호원,「한국 공동체 신앙의 역사적 연구」, 한국정신문화연구원 박사학위논문, 1997, 308~309쪽.

등의 上·下堂祭를 지내지 못하게 한 사실들이 일부 확인된다. 소·돼
지 등의 희생동물을 屠殺하지 못하게 하고, 祭酒인 조라술을 함부로
담지 못하게 하여 洞祭를 지내지 못했다는 증언도 흔히 듣는다. 그러나
이 시기에도 대개의 경우 할 수만 있다면 통소·통돼지 대신에 소머리
와 돼지머리를 사서 제물로 올리고, 때로는 닭 한 마리로 예전의 희생동
물을 대신하기도 했다. 그나마 형편이 안 되면 아예 肉物은 엄두도
내지 못했다.

조라술도 密酒라 하여 담그지 못하게 하면 술을 사다가라도 올렸다.

산신당을 부수고, 당수나무를 베어내며, 장승을 뽑아버린 일본인
경찰이 지골을 맞아 죽었다든가, 下堂 앞을 지나던 乘馬 경찰이 말에서
떨어지고, 말이 그 앞에서 꼼짝하지 못했다는 등의 설화는 낱낱이
지적할 수 없이 아직도 많이 듣는다. 분명히 전국적으로 곳곳에서
직접 핍박을 받은 것이 사실이다.

그러나 대체로 행정력의 미비 때문에 그 많은 가정 및 마을 단위에서
이루어지는 신앙과 그 의례를 현실적으로 규제하기는 불가능했다.
또한 사실상 그렇게까지 철저하게 각 마을 및 가정마다 통제할 필요도
없었다. 따라서 특별한 경우가 아니면, 대개의 마을 및 가정에서는
그들의 전통 방식에 의한 祭儀들이 그대로 유지되었다. 한편 경우에
따라서는 행정력을 통한 민간신앙 규제보다는, 오히려 일제 말기의
供出 등으로 인한 경제적 피폐가 민간신앙의 儀禮들을 축소 또는
중단 시키는 데 크게 작용하였다.[60]

---

60) 마을공동체의 祭儀에 반드시 수반되는 風物도 供出의 대상이었음은 민속학
   현지조사 시에 흔히 듣는 일이다. 대표적인 사례로 충남 공주군 송학면
   송학리 소라실 마을의 경우, 일제의 공출에 마을의 풍물을 빼앗기지 않았음은
   지금껏 자랑이다. 숟가락을 내줄지언정 풍물을 내주면 장승치기(장승제)를
   할 수 없기에 마을 사람 전체가 나서서 저지했다는 것이다(심우성·이필영·

지역단위의 대규모 제의나 행사도 문화정치의 차원에서 규제 일변
도로만 취급한 것은 아니고, 상황에 따라서 적절하게 탄력적으로 대처
한 듯이 보인다.

가령 충남 부여의 경우, 이 지역 일원에서 가장 대규모의 종교
제의인 은산별신제는 한일합방 바로 후인 1910년대 초기에는 한때
憲兵分遣所長이 집회 허가를 내주지 않아서 지내지 못했지만,[61] 그
이후 1930년대 중·후반에는 비교적 큰 문제없이 日警의 허가를 받아
여전히 대규모로 치러졌다.[62] 다만 별신당 앞에 일장기를 비롯한
만국기가 내걸리고, 祝文에 倭將이 일부 삽입되고,[63] 감시 차원에서라
도 日警이 참여하는 등 다소의 간섭 및 통제 사실도 보이지만, 실제로
그렇다 할 마찰이나 갈등은 크지 않았다. 그러나 1940년대에 들어

　　　김효경, 『소라실 장승제』, 공주문화원, 1998, 70쪽).

61) 이와 관련한 은산리 주민의 口傳을 소개하면 다음과 같다. 1910년대 초기에
　　　분견소장 全增이 별신제의 집회 허가를 잘 내주지 않자, 큰 호랑이가 나타나
　　　그를 크게 꾸짖었고, 일제 말기에도 별신제를 허용하지 않아서 개최하지
　　　못했는데 이때에는 전염병이 돌고 늑대가 나타나 난동을 부리는 등 怪變이
　　　있었다고 한다(李憘洙, 『恩山別神考』, 부여향토문화연구회, 1969, 16쪽). 이
　　　구전 자료를 통하여 우리는 일제 초기와 말기에 은산별신제가 日警의 허
　　　가를 얻지 못하여 열지 못했고, 또한 당시 지역 주민의 불만이 괴변이라는
　　　상징으로 표현되고 있음을 알 수 있다.

62) 이에 대해서는 大坂六村이 1935년 3월 16일로부터 1주일간 현지조사를
　　　하여 보고하였고(大坂六村, 「恩山の別神祭」, 『朝鮮』 241, 京城 : 朝鮮總督府,
　　　1935, 84~85쪽), 또한 村山智順이 1938년에 보고한 자료가 있다(村山智順,
　　　『釋奠·祈雨·安宅』, 京城 : 朝鮮總督府, 1939, 172~184쪽). 이들 자료에
　　　의하면, 당시 별신제는 3년에 한 번씩 음력 2월중에 택일하여 약 1주일간
　　　지속되었고, 구경꾼들은 은산 부근 사람들은 물론 멀리 예산·공주 등에서도
　　　몰려와 은산시장은 수일간 인산인해를 이루었다고 한다.

63) 일제하에서 日警의 허가를 얻기 위한 방편으로 은산별신제의 將軍 祝文에
　　　倭將을 포함시키기도 했다고 한다(임동권, 「은산별신제」, 『한국민속학논고』,
　　　집문당, 1971, 200쪽).

치안과 경제상의 낭비를 이유로 들어 허가를 잘 내주지 않아서 중단되었다.

그런데 은산별신제에 대한 일경의 태도에는 다소 특수한 사정이 있지 않을까 하는 의혹이 있다. 곧 은산별신제가 지닌 백제부흥전쟁의 성격, 그리고 그 전쟁과정에서 왜의 원군이 백제부흥군을 도운 사실, 부여풍을 왜로부터 불러온 사실 등으로 인하여 일제는 은산별신제와 같은 대규모 지역 祭儀에 대하여 1930년대에 비교적 관대하지 않았나 한다. 일제는 고대한일관계의 역사를 비교적 우호적인 관계 또는 그들의 지배를 받았던 역사로 해석 · 서술하려고 노력했기 때문이다.[64] 특히 1920년대로부터 시작되어 1930년대에 크게 성과를 거둔 부여의 觀光名所化에는 고대 일본과 부여의 관계를 강조하기 위한 의도가 숨어있을지 모른다는 견해[65]도 인근의 은산별신제에 대한 일경의 태도에 다소 시사하는 바가 있다.

충남 태안의 황도 당제는 그 지역 일대에서는 비교적 대규모로 치러진 어촌 祭儀로서 일제시대 내내 중단없이 치러졌다. 밀도살이 금지된 시기였지만, 소를 잡아 해마다 당제를 모셨다. 古老들은 한결같이 당시의 상황에 대하여 "일본 사람들도 미신을 좋아해서 같은 미신인 당제를 막지 않고 대체로 인정했다"고 증언하고 있다.

그러나 이 마을의 堂山에 神祠를 건립하는 문제로 한때 갈등이 벌어지기는 하였다. 口傳에 의하면, 당집을 파괴하는 과정에서 신령들의 畵像을 소각시키려고 불에 던졌는데 어찌된 일인지 종이만 탈 뿐 뱀의 화상은 타지 않았다. 곧 뱀서낭 그 자신은 불에 타지 않았기

---

64) 이필영, 『은산별신제』, 국립문화재연구소, 화산출판, 2002, 32~33쪽.
65) 이에 대한 자세한 내용은 최석영, 「일제 강점 상황과 부여의 관광명소화의 맥락」, 『한국사연구회 · 호서사학회 공동학술발표회 요지』, 2002. 10. 참조.

때문에 땅에 묻어 버렸다. 이를 두고서 사람들은 "오랜 세월 제사 받아온 신령이라 불에 타지 않는다"고 말들 하였다. 그리고 당집을 파괴할 때에 일본인에게 협력한 간이학교 교사 부부는 3개월 만에 시름시름 앓다가 사망하였다. 이들의 죽음에 대하여 주민들은 아직도 '지골맞았다'고 기억한다. 황도의 당집을 神社로 개조하고 참배를 하였던 사실에 대해서는 더 이상 자세히 알기 어렵지만, 황도의 神社에 해방되기 삼개월 전부터는 아마테라스 오미카미(天照大神)가 봉안되어 있었음은 거의 분명한 것 같다. 해방이 되자마자 황도 주민들은 곧 아마테라스 오미카미의 화상을 뜯어내어 불지르고 당집을 예전 형태로 복구하고 신령들도 다시 모셨다. 주민들은 해방을 맞아서 빼앗긴 나라와 당집을 다시 찾았다는 기쁨으로 그 해 팔월이 다 가기 전에 신곡맞이제를 올렸다. 대동의 큰 굿이었다.[66]

황도의 경우에도 식민지 통치 기간 내내 대체로 당제는 치러졌다. 그러나 아주 정확하지는 않지만 해방되던 무렵 직전에는 당집이 神社로 개조되었고, '뱀서낭의 健在'나 '지골'에서 보듯이 주민들의 불만이 매우 팽배했음을 알 수 있다.[67]

충남 당진 機池市里(틀못시)의 山祭도 일제시대에 거의 거르지 않고 모셨다. 기지시는 1910년대부터 상권이 형성되기 시작한 것으로 추정되는데, 이 곳의 산제는 1913년부터 菊秀山頂 바위에서 음력 초닷새 안으로 정성껏 모시기 시작했다. 산제의 주체는 시장 상인들이었고,

---

66) 이필영·김효경, 「4. 황도 붕기 풍어제」, 『황도 붕기 풍어제』, 태안문화원·공주대박물관, 1996, 114~116쪽.

67) 뱀서낭이 불에 타지 않고 당집을 파괴한 교사 부부가 지골을 맞아 죽었다는 등의 설화는 두 가지 차원에서 중요한 의미와 기능을 지닌다. 지역 주민이 원하는 방향과 달리 사건이 진행되고 처리된 것에 대한 불만, 그리고 현실적으로 이를 극복하지 못한 상황에서 오는 패배감을 정신적인 저항이나 승리로 전환시키려는 지역주민의 역사의식이 내재되어 있는 것이다.

祭費도 역시 그들로부터 갹출되었다. 1913년부터 1935년까지는 당시 구장이었던 송군필과 그의 아들 송태준이 축관으로 제사를 모셨다. 1932년에는 이 곳에 감리교회가 설립되었고, 이 해부터는 일부 기독교 인들이 산제에 참여하지 않게 되었다.

1935년부터는 당집을 지어 堂祠를 모시기 시작했다. 그동안 인구도 많이 불어났고 시장도 더욱 활성화되었기 때문에, 자연제당에서 모신 산제가 당집제당에서 치르는 당사로 확대·개편된 것으로 보인다. 당집은 한 칸짜리 초가집이었고, 산신 탱화를 모셨다. 곧 지팡이를 들고 서 있는 산신령 옆에 대밭 속의 호랑이가 侍從하는 모습의 墨畵였다. 당집 부근에는 소나무숲이 매우 울창하게 조성되어 있었다. 이 당집은 1950년 한국전쟁 시에 인민군이 들어오면서 '지방빨갱이'가 파괴해 버렸다.

또한 줄다리기도 시장의 활성화를 위하여 '줄난장'이란 이름으로 1935년부터 일제시대 내내 거의 지속되었다. 대개 음력 2월 말부터 3월 초에 거행되었다. 물론 그 이전부터 소규모의 줄난장이 있었는지 분명하지 않으나, 본격적인 대규모의 줄다리기는 이 무렵에 시작된 것으로 추정된다.[68]

충남 부여 양화면의 한 조그만 농촌은 약 100여 년에 가깝게 洞祭記 文書를 작성해 왔는데, 이를 검토해 보면 일제시대에 거의 한 해도 빠지지 않고 산제를 모셔 왔다. 오히려 한국전쟁 시에만 洞祭를 거르고 있다.

전남 여천군 거문도의 당제도 역시 일제시대 내내 규제를 받지 않았다. 거문도의 일부인 거문리는 일본인이 개척하였고, 일본문화의

68) 이인화, 『기지시줄다리기의 재조명』, 당진 : 객현향토문화연구소(프린트본), 1999, 8~25쪽 및 47쪽.

영향이 지대했으며, 또한 비교적 지역 주민과 일본인들의 관계가 우호적이었다는 측면에서, 이 지역 일원의 전통문화와 어떠한 문화 접변을 일으켰는지 주목되는 지역이기도 하다. 강한 규제를 받은 것은 사실이지만 음력설도 실제로는 대체로 그대로 지켜지고 있었고, 그 밖의 세시풍습이나 민속놀이에 대해서는 아무런 제재도 받지 않았다. 특히 마을 앞 사작나무 아래에서 지내던 堂祭인 獻食도 지켜졌다. 오히려 해방 후에 이 헌식은 중단되었는데, 이러한 사정은 이웃마을 동도리의 죽촌에서도 마찬가지였다.[69] 거문도 신사참배의 경우에도 각 마을의 이장이나 마을 대표, 그리고 국민학교 4학년 이상의 한정된 사람들에 한하여 1년에 몇 번, 가령 천황생일 등에 참가하게 했으나 모든 주민들을 대상으로 한 일률적인 참배는 없었다. 神棚을 일본인 상점에서 판매하여 일부 사람들만이 형식적으로 집안에 설치하기는 했지만, 그에 대한 의례도 별로 행해지지 않았다.[70]

전남 求禮 柳氏家의 生活日記인 「是言」과 「紀語」에서도 확인되는 바와 같이, 여기서도 가신신앙과 마을신앙 등은 별다른 통제없이 자연스럽게 모셔지고 있었다. 대표적 사례를 소개하면 다음과 같다.[71]

1910년 1월 10일 : 축문을 지어 밤에 竈王祭를 지냈다.
1912년 11월 3일 : 洞祭日이다.
1913년 12월 6일 : 오늘밤 洞祭를 거행했는데, 제관은 柳村 再從叔께서 선정되셨다.

69) 최길성, 「어촌의 문화변용-일본인이 개척한 섬의 문화인류학적 연구-」, 『일제시대 한 어촌의 문화변용』, 아세아문화사, 1992, 51~84쪽.
70) 최인택, 「제의·의례를 통해서 본 거문도 지역문화」, 『일제시대 한 어촌의 문화변용』, 아세아문화사, 1992, 381~385쪽.
71) 한국농촌경제연구원, 『求禮 柳氏家의 生活日記(上·下)』(농촌 및 농업구조 변천관계 자료 1·2).

1915년 5월 21일 : 우리 속담에 '아프면 먼저 무당을 부르고 나중
　　에 의사를 부른다'라고 하는 것은 유습이라 할 수 있기 때문에
　　나 역시 이 법을 좇아서 밤에 經文을 했다.

1915년 12월 13일 : 밤에 洞祭를 지냈고 제관은 학식있는 어른으
　　로 정했다.

1916년 11월 6일 : 밤에 우리 동네 洞祭의 축문을 지었는데 전에
　　번거롭게 생각되어 축문을 사양한 바 있었기 때문이다.

1916년 11월 11일 : 洞祭日이다. 전일의 동제 축문은 누가 지었는
　　지 알지 못한다. 그러나 축문은 앞이 심히 번잡하고 길어서 지
　　금부터 폐지하고 새 축문을 조부님이 지었다. 제관은 유촌 재
　　종숙이다.

1918년 11월 10일 : 洞祭日을 정하였고 유촌 종숙이 제관이 되었
　　다.

1928년 7월 1일 : 늦가뭄이 불과 같이 심해 곡물이 말라 죽으니
　　손해가 두렵다. 祈雨祭를 지내자는 의논이 가뭄이 심한 곳에서
　　부터 있다고 한다.

1928년 7월 5일 : 본 면사무소에서는 龍頭江 龍湫에서 祈雨祭를
　　지냈다고 한다.

1928년 7월 9일 : 면사무소에서 古例에 따라 文殊洞 龍湫에 호랑
　　이 머리를 던져넣은 지 며칠이 되었으나 아무런 기미도 없다
　　고 한다.

1928년 7월 13일 : 제관과 더불어 문수동에 함께 갔는데, 날씨가
　　너무 더워 전신이 땀에 젖어 간신히 文殊洞 龍湫가에 도착했
　　다. 다시 목욕을 한 후 새옷으로 갈아입고 龍湫 盤石 위에 제
　　단을 마련하였다. 제관으로 하여금 기우제례를 행하게 하였는
　　데 예가 반도 끝나지 않아서 구슬 같은 비가 세차게 내렸다.
　　예가 끝난 후 돼지머리를 용추에 던져넣고 비를 무릅쓰고 人家
　　로 들어갔는데 날이 이미 저물었다.

일제시대 초기로부터 1940년대 전후까지 조사된 엄청난 분량의 민간신앙에 대한 조선총독부 조사자료나 또는 개인 연구자들의 조사 및 연구논저들을 보아도, 전국에 걸쳐 굿을 위시한 여러 민간의 신앙과 의례들이 광범하고 다양하게 베풀어지고 있음을 알 수 있다. 물론 쇠퇴·소멸·변질 되는 경우가 없는 것은 아니었지만, 대체로 지역에 따라서는 여전히 강세를 보이며 지속되고 있음을 알 수 있다. 그리고 외면적으로는 일시적 障碍나 限界에 부딪혀 중단되고 소멸된 것처럼 보이지만, 그 이후 여건이 개선되면 언제나 다시 부활되고 있었다.

4. 맺음말

조선총독부의 무속 규제 및 단속, 사회 전반에 걸쳐 일어나고 있는 미신타파 운동, 무속을 비롯한 민간신앙을 公敵化하고 미신시하는 기독교의 확산, 조선왕조의 멸망에 따른 제반 여파, 식민지 근대화의 문화변동 등은 이 시기 민간신앙에 강한 영향을 미친 요소들이다.

식민지 통치 당국의 종교정책에 의한 강제적 규제와 부분적 허용은 역시 가장 막중한 영향력을 보였다.

조선총독부는 초기에 무당과 그들의 굿을 警察犯處理規則에 의하여 통제하였다. 특히 占卜과 治病·精神療法은 미신으로 여겨져 단속의 대상이 되었다. 그 후 농촌진흥운동의 생활개선과 관련해서는 迷信打破라는 확실한 목표를 내세우게 되었다. 특히 警察局은 巫女取締法規를 제정하여 무속을 강력히 단속하였다.

문화정치를 표방한 이후에는 巫人들을 崇神人組合에 가입·등록 시켜서, 다소 완화된 모습의 간접 규제, 또는 부분적 허용으로 선회하였다.

그러나 이러한 두 차원의 통제방식은 실제 운영상에 있어서 시기·지역에 따라서 확연히 구분되는 것만은 아니었다. 기본적으로 무당들은 시종일관 단속과 규제에서 완전히 자유롭지는 못했다.

특히 무단정치 시기에 경찰의 행정력이 직접 강하게 미치는 지역에서는 무당이 경찰에 출두 명령을 받거나 심지어 체포되는 일도 있었고 굿도 수시로 중지되었다. 그 결과 무당들은 옛법대로 굿을 진행시키지 못하고 일부 절차를 축약해서 서둘러 굿을 마치기도 했다. 이런 과정 속에서 굿의 전통이 전면적으로 또는 부분적으로 훼손되었다. 그리고 해방 이후에도 훼손된 부분 중에는 복구되지 않은 것이 많다.

그러나 이렇게 일부는 쇠퇴·소멸되고 또한 손상을 입으면서도, 얼음 밑에서 물이 흐르듯이, 그러한 압제 속에서도 여전히 무당의 선굿이나 盲覡의 앉은굿 등은 번성하였고, 집집마다 객귀물림으로 수시로 거리를 더럽힐 만큼 일반적인 가정신앙 의례도 수그러들지 않고 계속되었다.

한편 일제강점기를 거치면서 민간신앙은 더욱 역사발전을 저해하는 미신으로 규정 당하고 있었다. 언론 및 사회단체 등의 미신타파운동은 어떤 측면에서 보면 식민지 당국의 미신타파 정책보다도 더욱 세차고 광범위하게 영향을 미쳤다. 일부 언론 및 사회단체는 식민지 당국의 미신 규제가 엄격하지 않다고 항의할 정도였다.

여기에 당시 기독교의 민간신앙에 대한 공격적 태도와 증오는 조선의 신앙적 전통에 대한 심한 수치심을 야기시키는 동시에, 마침내 조선문화의 상당 부분을 죄악시하는 풍조까지 만연시켰다. 민간신앙은 이처럼 조선총독부의 직·간접적 규제뿐만이 아니라, 언론 및 사회단체, 좌·우파의 지식인, 기독교 등의 미신타파운동 등에 둘러싸여 四面楚歌의 양상을 띠고 있었다.

　이런 상황에서 민간신앙은 그 일부가, 또는 그 외형이 분명히 쇠퇴・축소되었고, 그 스스로가 자괴감에 빠져들기도 했다. '민간신앙＝미신'이란 개념은 사실상 일제강점기에 확산되었다.

　또한 일제의 강압에 의한 조선왕조의 멸망은 국가와 왕실, 그리고 사대부 차원의 제사와 굿들을 급격히 쇠퇴・소멸시키는 계기가 되었다. 왕실 및 사대부의 종교적 수요에 부응해 왔던 고급스럽고 세련된 무격과 그들의 굿이 사라진 것이다. 오늘날 우리가 알고 있는 대부분의 굿은 조선시대 중・하류층의 굿이 식민지 근대화를 경유하면서 그것도 일정 부분 왜곡되고 위축된 것들이다.

　식민지 근대화의 여러 문화변동도 민간신앙에 많은 변화를 초래하였다. 천연두를 치유하기 위한 마마배송굿과 정신질환자를 고치기 위한 미친굿 등 여러 병굿도 크게 쇠퇴하였다. 신작로의 개설로 서낭당이 파괴되고 따라서 서낭제도 없어졌다. 철도를 비롯한 陸路의 발달로 江上교통이 쇠퇴하고, 이에 의하여 일부의 도당굿・별신제・용신제 등도 소멸되어 갔다. "電氣 불이 켜지면서 귀신들이 없어졌다"는 흔한 표현에서 보듯이, 식민지 근대화는 그 이전 시기의 민간신앙을 변화시키고 있었다.

　요컨대 일제하의 무속을 비롯한 민간신앙은 식민지 지배전략 속에서 탄압과 규제를 받아 심하게 위축되고 일부는 쇠퇴・소멸・변질되어 갔지만, 이는 대개의 경우 무속의 外皮에 관한 파손과 상처라고도 할 수 있다. 그 기본구조와 성격에는 사실상 치명적인 손상을 찾기 어렵다. 그보다는 조선왕조 멸망의 파장과 주체적인 근대화의 경로를 밟지 못한 역사환경이 식민지 지배와 연계되어 민간신앙에 많은 부정적 변화를 초래하였다. 여기에 근대화의 기본 이념 및 방향, 그리고 기독교의 확산 등도 민간신앙의 변화에 큰 영향을 미쳤다.

그러나 그러한 요인들에 의한 일부 민간신앙의 쇠퇴·소멸, 그리고 비정상적 역사환경에 새롭게 적응한 일부 민간신앙의 성립·변모 등의 복잡한 변화에도 불구하고, 기본적으로 해방되던 무렵만 하더라도 대부분의 민간신앙은 대체로 활발하게 지속되고 있었다. 이는 근원적으로 민간신앙이 한국인의 종교적 삶 속에서 가장 오랜 시간의 깊이를 간직하고 있고, 또한 일상생활의 모든 측면에 두루 연계되어 있기 때문이다.

앞으로 일제하 민간신앙의 존재 양태에 대한 많은 사례연구가 축적되면, 이 시기에 무엇이 어떻게 변화되고 지속되었는지 더욱 구체적으로 살필 수 있고, 이를 토대로 그 후의 한국전쟁과 산업화·도시화를 경유하면서, 특히 새마을운동의 상황 속에서 민간신앙이 어떻게 변화·전개되었는지를 상세하고 정확하게 밝힐 수 있을 것이다.

1930년대 농민소설을 통해 본
'식민지 근대화'와 농민생활

이 경 란[*]

1. 머리말

조선 사람들은 '근대화'된 사회질서의 영향력을 일본제국주의의 지배를 받는 시기에 이르러 실감으로 느낄 수 있었다. 근대법의 형식으로 사람들과의 경제활동이 이루어지고, 재판과 감옥제도가 운영되며, 새로운 농사기술이 도입되고, 학교라는 형태의 근대적 교육제도가 익숙해지는 사회를 보고 느끼게 된 것이었다. 즉 생활 속으로 근대화의 영향력이 침투한 셈이다. 그런데 이와 같은 근대화 과정은 일본제국주의의 조선사회 재편과정에서 실현되었으며, 조선사회의 기존 사회질서를 일정하게 유지하면서 이루어지는 것이었다. 이런 근대화과정의 성격이 그 속에서 살아가는 농민들의 생활을 어떻게 변화시켜가고, 영향을 미치는가의 문제는 이 시기를 이해하는 중요한 열쇠가 될 것이다.

* 연세대학교 국학연구원 연구교수, 국사학

이 글은 일본제국주의에 의해 주도되는 근대화의 물결이 퍼져가는 농촌사회와 농민생활을 1930년대 쓰여진 농민소설들을 이용해서 재구성해 보고자 하는 것이다. 특히 이를 통해서 식민지에 편입된 농촌사회의 근대화과정이 농민의 생활과 의식세계에 어떠한 영향을 미쳤는가를 분석하고자 한다.

소설가 이기영이 질문하는 것처럼 이 시기를 살펴보면서 당대이든 현재이든 많은 사람들은 "세상은 점점 개명한다는데, 사람살기는 더 곤란하니 웬일인가?"라는 질문을 한다.[1] 이미 이 시기 작가들은 근대화의 양상과 그것이 사회를 변화시키고 있다는 점은 직관적으로 인식하였고, 그 속에서 농촌궁핍화의 원인과 구조를 찾고자 하였다. 이는 1930년대라는 시대적 특성이기도 했다. 1930년대는 민족해방운동이나 지성사적인 측면 또는 사회경제면에서 새로운 전기를 마련하는 시기였다. 1920년대부터 성장해 온 사회운동의 인식기반으로서 사회에 대한 이해의 폭이 넓어져 한국사회라는 구체 현실에 맞는 사회운동이 성장하였다. 이를 바탕으로 하여 지식인들의 민중생활 이해도 구체 실상에 근접하게 되었고, 이는 사회주의 세력이나 민족개량주의 세력이나 마찬가지의 성과를 거두는 지점이었다. 또 한편으로는 극도로 피폐해지는 농민·농업현실은 이들의 인식을 더욱 진지하게 만들었다.[2] 이런 환경에서 배태되고, 또 그런 인식에 정보를 제공하는 역할을

---

1) 이상경, 『이기영 시대와 문학』, 풀빛, 1994, 24쪽.
2) 이 시기부터 조선농촌에 대한 구체적이고 분석적인 연구성과들이 제출되기 시작했다(오미일, 「1930년대 사회주의자들의 사회성격논쟁」, 『역사비평』 8호, 1990. 2 ; 방기중, 『한국근현대사상사연구』, 역사비평사, 1992 ; 김기승, 『한국근현대사회사상사연구』, 신서원, 1994 ; 이수일, 「일제하 박문규의 현실인식과 경제사상」, 『역사문제연구』 창간호, 1996. 12 ; 홍성찬, 「한국 근현대 이순탁의 경제사상연구」, 같은 책 ; 방기중, 「일제하 이훈구의 농업론과 경제자립사상」, 같은 책 ; 김상태, 「일제하 신흥우의 '사회복음주의'와 민족

한 것이 이 시기 집중적으로 나오는 농민소설들이라고 할 수 있다.

이 시기에 나온 소설들은 현실인식이 깊이를 더해 가는 가운데 쓰여졌기 때문에 지식인인 작가들의 의식세계를 검토하는 텍스트로서의 측면과 당대의 농촌·농민 현실을 반영하는 텍스트라는 두 가지 측면을 동시에 지니고 있다.3) 또한 소설에는 작가가 의도하는 현실의 모습과 의도하지 않았음에도 드러날 수밖에 없는 현실의 모습이 모두 나타난다. 그렇기 때문에 문학사적으로나 그 소설 속에서 드러나는 작가의식의 수준 정도와는 별도로 이 시기에 다양한 인식세계를 기반으로 한 소설들 속에서 현실 농촌사회의 모습을 추출해 내는 작업이 가능할 것이라고 본다.

한 인간의 삶이나 어떤 농촌마을을 대상으로 하는 소설들은 그 자체로서 대상을 총체적으로 묘사한다. 그들의 생활방식, 의식구조, 경제적 상황, 그들을 둘러싼 정치적 상황까지, 그리고 그 속에 관철되는 인간적 경제적 사회적 갈등구조마저 명확하게 드러나는 것이 소설이다. 특히 1930년대 소설은 작가의 정치적 지향에 따라서 자신이 인식하

운동론」, 같은 책 ; 李秀日, 「1920~30年代 韓國의 經濟學風과 經濟研究의 動向」, 『연세경제연구』 4-2, 1997. 9 등 참고).

3) 그동안 1930년대 농민소설에 대한 연구는 주로 작가론의 관점에서 이루어져 왔다. 이에 대한 주요 연구성과는 다음과 같다. 신춘호, 「한국농민소설연구」, 고려대학교 박사학위논문, 1980 ; 권영민, 「1930년대 초기의 농민문학론」, 『농민문학론』, 온누리, 1983 ; 오양호, 『농민소설론』, 형설출판사, 1984 ; 간복균, 「1930년대 한국농민소설 연구」, 단국대학교 박사학위논문, 1986 ; 김윤식, 『한국현대 현실주의소설 연구』, 문학과지성사, 1990 ; 김준, 『한국 농민소설연구』, 태학사, 1990 ; 김홍식, 「이기영소설 연구」, 서울대학교 박사학위논문, 1991 ; 김성수, 「이기영소설 연구」, 성균관대학교 박사학위논문, 1991 ; 이상경, 『이기영 : 시대와 문학』, 풀빛, 1994 ; 정호웅, 『이기영』, 새미, 1995 ; 조정래, 『한국근대사와 농민소설』, 국학자료원, 1998 ; 김상선, 『민촌 이기영문학연구』, 국학자료원, 1999 ; 김종욱, 『한국 소설 속의 시간과 공간』, 태학사, 2000.

고 있는 농촌갈등구조를 표면화시키는 방향으로 서술되었다.

따라서 당대 농촌사회를 이해하는 한 방법으로서 소설을 분석하는 일은 다른 사료를 이용할 때 느낄 수 없는, 또는 접근하기 어려운 부분들을 메우는 작업이 될 것이다. 특히 소설을 이용해서 재구성할 수 있는 범주는 생활의 영역이다. 일상을 세세한 모습까지 사진기를 들이대듯 그려내는 소설의 서술은 통계나 정책이나 심지어 가장 자세한 서술을 하고 있는 신문 잡지에서도 느끼기 어려운 삶의 모습을 드러낸다. 따라서 그동안 사회경제사연구에서 접근하기 어려웠던 농민의 생활 실상을 밝히기 위한 방법의 하나로서 신문이나 총독부나 관변단체의 조사자료들만이 아니라 농민소설도 활용할 수 있는 좋은 자료이다.

생활사연구는 일상생활의 모습 자체는 농민의 삶이라는 전제에서 출발한다. 그렇기 때문에 이는 당대 사회의 정치, 정책, 이념의 전개, 경제구조 등을 기초에 깔고 이루어지며, 그것에 규정을 당하게 된다. 그러는 한편으로 가장 밑바닥에 깔려 있는 사람들의 삶의 모습에 접근하기 때문에 '삶의 질'이라는, 때로는 수치상으로 잘 드러나지 않는 사회구조의 가장 실체적인 면을 반영한다. 그간의 사회경제사연구는 공간사료나 통계로써 세계를 인식하고자 했다. 그렇지만 그 속에서 당대인들의 삶의 질이 어떠했는가를 느끼기란 어려운 문제였다. 생활을 구체적으로 복원한다는 것은 인간생활의 본질적 바탕을 찾아낸다는 경제사연구를 더욱 현실에 적합하도록 발전시키는 방법이다.

특히 대부분의 농민소설이 형상화하고 있는 현장은 생활공간이 마을과 그 주변 지역들이었다. 공간이라는 면에서 지역사회 내부의 사회관계와 갈등을 살펴보기가 수월하다는 장점을 지녔다. 게다가 소설들마다 다루고 있는 대상 지역이 다르기 때문에 지역의 지리

사회경제적 차이에 따른 삶의 차이를 비교해 볼 수 있기도 하다.

2. 농촌사회의 근대세계 편입과 식민지 지배질서

1) 근대적 시공간의 확대와 식민지 지배질서로의 편성

"오년동안 고향은 놀낸만치 변하였다. 정거장 뒤로는 읍내로 연하여서 큰 시가를 이루웠다. 전등 전화가 가설되었다.……C사철은 원터 앞들을 가로 뚫고 나갔다. 전선이 거미줄처럼 서로 얼키고 그 좌우로는 기와집이 즐비하게 느러섰다.……읍내 앞 큰내에는 굉장하게 제방을 쌓았다.……홍수가 질 때에는 물목이 벅차서 부근의 전답은 물론이요, 읍내 앞 장거리까지 침수가 되었다. 그런데 거기를 굉장하게 방축을 싸올리고 양쪽으로는 신작로의 가로수와 같이 '사구라'와 버드나무를 심었다. 그동안 변한 것은 그뿐만이 아니였다. 상리로 올라가는 넓은 뽕나무 밭—개울 옆으로는 난데없는 제사공장이 높은 담을 두르고 굉장히 선 것이였다. 양회굴뚝에서는 거문 연기가 밤낮으로 쏟아져 나왔다."[4]

이 글은 이기영의 『고향』에서 주인공이 오랜만에 고향에 돌아와서 겪는 첫 느낌이다. 많은 글들에서 인용되기도 하는 이 글은 일제하 농촌사회의 급격한 변화를 상징적으로 보여주었다. 철도와 전선, 제방, 신작로, 가로수, 뽕나무밭, 제사공장, 양회굴뚝과 검은 연기, 이는

---

4) 이기영, 『고향』, 한성도서주식회사, 1936 / 슬기, 1987 복각판, 21쪽. 이기영은 1930년대의 가장 대표적인 농민소설 작가이다. 당대 농촌사회를 사실적으로 그려내면서도 사회주의 계열의 카프 소설노선을 가장 잘 반영하면서 그것을 이끌었다는 평을 듣는다. 특히 『고향』은 이 시기 최고의 리얼리즘소설로 평가받는다(이기영에 관한 연구는 매우 많다. 연구성과에 대해서는 이상경, 앞의 책, 1994, 제1장 참고).

어떤 사회에서나 근대화의 과정을 표상하는 상징코드들이다. 특히
철도와 신작로, 공장으로 대변되는 이 상징코드들은 농민생활 그 자체
의 변화를 나타내는 것은 아니지만, 근대적 질서가 무엇을 통해서
일상생활로 침투해 들어가는가를 보여주는 것들이었다. 철도는 농촌
과 외부를 연결해 주는 주요 통로였으며, 철도정거장이 있는 곳은
새로운 풍광과 문물이 자리를 잡고, 그것을 주변으로 확산해 가는
중심지가 되었다. 그곳과 농촌을 연결하는 것이 새로 만든 길이라는
의미의 신작로였다.

도시 기반시설을 만들 필요성이 제기되어 수리시설과 강에 대한
치수사업이 진행되었다. 읍이 도시로 성장하는 과정에서 가장 먼저
하는 시설의 하나가 제방쌓기였다. 『고향』의 읍내는 10년간 제방공사,
철도, 제사공장이라는 순서로 공사가 진행되었는데,5) 이는 도시 기반
공사가 이루어진 이후에 공장이 유치되는 과정을 보여준다. 이런 읍내
를 묘사할 때, 『흙』에서는 "500호 중 200호가 일본 사람, 면장도 일본인,
읍내의 제일 높은 등성이에 있는 양철지붕집이 창루, 다음은 군청,
경찰서, 우편국, 금융조합, 요리집, 조선사람 민가는 태반이 초가집……
전등, 전화, 수도도 있다. 전화 70개 중 조선인 것이 17개"6)라고 했는데,
『고향』의 읍내는 은행과 회사도 있는 상당히 큰 규모로서 몇백 호
되지 않던 시골 읍내가 대도회지가 되는 변모를 보였다.

이런 변화는 한편에서는 일본의 조선지배를 상징적으로 보여주며,
읍내는 그것을 주변으로 확산해 가는 중심 지역으로 형성되는 것이기
도 했다. 이 시기 철도정거장이 만들어지는 곳은 기존의 중심지에서
조금 벗어난 곳들이었고, 이에 따라서 지역내 경제적 정치적 중심이

---

5) 이기영, 『고향』, 46~47쪽.
6) 이광수, 『흙』, 『동아일보』 1932. 4. 12~1933. 7. 10 / 삼중당, 1968, 115쪽.

이동하는 양상을 볼 수 있었다. 예를 들어 안성과 평택의 경우를 보면, 안성은 '안성맞춤'이라는 말이 나올 정도로 시장이 발달한 상권의 중심지였다. 그런데 철도역이 평택에 들어서면서 그 중심은 평택으로 이동하였다. 평택은 일본인들이 중심이 되어 설립된 신흥도시로서, 안성에서 평택으로 상권이 옮겨짐에 따라서 경기 중부지역의 상권과 지배질서가 일본인들을 중심으로 재편성되는 결과를 낳았다.7)

즉『고향』의 읍내와 같은 급격한 변화를 보여주는 풍경의 이면에는 이 지역 내에서 지배질서의 축이 변동되고 있음을 의미하는 것이었다. 특히『흙』에서 나열하고 있는 것처럼 일본인들의 수가 압도적으로 늘고, 권력기관인 군청과 경찰서나 근대성의 상징인 우편국, 또는 새로운 서민금융기관으로서 지역내 서민금융을 장악하고 있는 금융조합 등을 통해서 일본에 의해 편성된 사회질서가 제도적으로 침투하여 식민지지배체제를 구축해 갔다. 또한 '읍내의 가장 높은 등성이'에 있는 '창루'는 일본의 유곽문화가 공식적으로 조선 내에 당당하게 자리잡고 있음을 보여주는 풍경이었다. 문화질서가 변한 것이다.8)

또 한편으로 철도를 중심으로 해서 사회경제적 공간이 외부로 급격하게 확산되었다.9) 조운과 도보를 통해서 국내시장 중심으로 물류체계가 이루어졌다. 그러던 것이 일본경제구조 속에 조선이 재편성됨에 따라서 철도를 매개로 시골의 한 마을에서 일본의 경제중심지까지, 때로는 세계 각국까지 의식하든 하지 않든 관계의 폭이 넓어졌다.

---

7) 허영란,「경기 남부지역 상품유통구조의 재편」,『역사문제연구』제2호, 1997 참고.

8) 야마시다 영애,「식민지지배와 공창제도의 전개」,『사회와 역사』51, 1997 참고.

9) 일제하 철도를 타 본 사람들은 1911년 250만 명에서 1930년 2,000만 명으로, 1936년 3,300만 명으로 급속히 늘었다(정재정,『일제침략과 한국철도(1892 ~1945)』, 서울대학교 출판부, 1999, 409쪽).

제국주의적 세계질서가 만들어지고, 제국주의 국가간의 무역관계와 제국주의와 식민지간의 교역이 세계경제를 유지하는 관건인 상황에서, 식민지로 편입된 조선경제도 그로부터 자유로울 수 없었기 때문이었다. 따라서 조선의 한 마을에서 생산된 미곡이 철도역을 통해서 항구도시로 옮겨지고, 그것은 일본의 오사카 미곡시장을 통해서 일본 노동자의 식탁에 오르게 된다. 제사공장 주변의 마을에서 생산된 고치는 제사공장에서 가공되어 철도를 통해 항구로 옮겨지고, 일본 제사시가에 맞춰 일본 견직물공장으로 판매된다.10) 조선을 세계 경제질서 속에 편입시킨 것은 일본제국주의였고, 조선사회에서 그 질서는 일본 제국주의의 자기 이해에 기반해서 만들어졌다. 조선농촌은 일본자본주의를 위한 식량과 원료생산기지이자, 상품판매시장인 것이다.

세계질서, 구체적으로는 일본제국주의의 일부로 편성되는 한편, 자본주의 경제질서가 침투되는 농촌생활에서 이전에 지니고 있던 생활공간으로서의 독립성이나, 자급적인 경제질서는 점차 깨져 갔다. 쌀과 잡곡을 사먹는 사람이 늘고, 성냥이나 석유, 옷감과 고무신을 사서 신는 것이 당연한 생활로 자리잡았고, 현금으로 내야 하는 세금이 신설되어 현금수입원을 늘이기 위한 부업이 행해졌다. 모든 생산품은 상품으로 바뀌었고, 이제 자신의 노동력을 판매하는 일은 일상적인

---

10) 1911년 압록강 철교가 준공됨에 따라 경부 경의철도는 한반도·만주·일본과 대륙을 연결하는 종관철도가 되었다. 특히 경부철도의 종단인 부산은 일본세력의 상륙교두보였다. 더불어 1907~1911년 철도운수를 지원하기 위해서 교통부문의 정비가 이루어지는데, 도로개수공사를 통해서 도로망은 철도정거장과 연결되도록 설계되었고, 항만은 1906~1918년 동안 인천과 부산, 진남포, 군산, 목포, 원산이 개축되어 접안시설과 철도인입망이 구축되었다. 이 항구를 거점으로 명령항로가 개설됨에 따라서 1920년대에는 철도를 기축으로 하는 해륙연락 운수체계가 실질적으로 기능하게 되었다(정재정, 위의 책, 374~378쪽).

생존수단으로 농촌사회에 자리잡았다. 어느 소설 속에서나 볼 수 있는 일상풍경이다. 이는 조선 농촌사회가 자본주의 사회질서 속에 자리잡았음을 보여주는 것들이다.

그렇지만 제국주의 세계질서 속에서 조선 농촌사회가 갖는 공간적 위치는 그리 높지 못하다. 동경과 경성과 읍내와 동네라는 공간들은 당대 사회 속에서 위계화된 공간질서를 표상화한다. "읍내까지 문전에서 자동차가 다니기는 하나 50리……서울을 가재도 자동차 길밖에 없었다.…… 웬만한 사람은 서울 가는 엄두도 내지 못하였다.……백호나 되는 농민 중에는 기차나 전차를 본 사람은 불과 몇이 못 되었다.……그래서 읍이나 서울 갔다 오는 사람들이 조금 이상한 물건 한 개만 사 가지고 와도 그것이 그대로 굉장한 뉴스가 되어 온 동리에 퍼"11)지는 동네의 모습은 사람들의 인식 속에서 서울-조치원-동네가 거리상에서만이 아니라 심리적으로 우월성의 정도를 상징하는 것이 되었음을 보여준다. 서울서 열린 강습회에 참가했던 길서는 "서울에는 우리 동네 터보다 더 넓은 자리를 잡고 있는 집이 수 없습니다. 총독부 같은 집은 수만 명이 살겠던데요"라고 말한다. 이런 서울이 상징하는 '놀랄 만한' 공간의 이야기를 '혀를 빼고 멍하니 듣는' 사람들에게 서울이란 공간은 자신이 속한 공간보다 더 좋은 곳으로 인식된다. 길서가 '서울'의 강습회에서 배워 온 '레그호온'의 가치가 얼마나 대단한지, 불경기에서 호경기로 경기가 바뀌게 될 것이라는 전망이 있다든지를 이야기하자, 사람들은 "너 서울 가서 그런 말도 배웠니?"라고 묻는다.12) 김유정은 『소낙비』에서 서울에 사는 사람들과 '촌' 사람

11) 이무영, 「흙의 노예」, 『농민/제일과제일장』, 어문각, 1985, 278쪽(『인문평론』 1940, 4).
12) 朴榮濬, 「模範耕作生」, 『一年』, 연세대학교 출판부, 1974, 26~29쪽.

들의 의식적 차이에 대해서 묘사를 하였다. 이 소설에서 남편은 어렵게 촌에 있지 말고 서울로 가서 아내를 안잠자리로 보내면 살기가 좋아질 것이라는 마음을 먹는다. 그래서 아내에게 서울에 가서 놀림거리가 되지 않도록 해야 할 자세에 대해서 가르친다. 그 첫째가 사투리를 주의할 것이고 다음이 거리에서 어릿어릿하지 말라는 것이었다.[13] 자신이 모르는 것을 알고 있는 사람과 공간에 대한 선망이 묻어 나오는 대목이다. 이렇듯 서울은 거리와 관계없이 자신이 속한 동네 공간보다는 앞서 있고, 더 많은 지식으로 가득찬 공간을 상징하였다.

또한 철도를 타고서 겪는 공간은 한 사회와 다른 사회를 비교하는 척도를 제공한다.『흙』에서는 허숭이 동네를 떠나 서울로 오는 과정의 풍경을 다음과 같이 묘사하였다. 허숭은 아침햇빛이 물묻는 물동이와 짧은 적삼 밑으로 나오려는 젖, 그리고 빨강댕이 아이들과 기운 빠져 축 늘어진 초가집과 속이 썩어 버린 사람들을 떠나, "역장과 차장과 역부와, 순사의 모자의 붉은 테와, 면장인 듯한 파나마 쓴 신사와, 서울로 가는 듯싶은 바스켓 든 여학생과, 그의 부모인 듯싶은 주름잡힌 내외'가 서 있는 정거장을 떠나 순이가 싸준 옥수수를 창피해 한 후, "꿈에서 깬" 듯 "바쁜 택시의 떼, 미친년 같은 버스, 장난감 같은 인력거, 얼음 가루를 팔팔 날리는 싸늘한 사람들"이 있는 경성으로 돌아왔다.[14] 허숭은 다른 세계 속을 철도를 타고 이동하였다. 그곳은 서로 '다른 세계'였다. 피폐하지만 인정이 있는 '고향'과 근대성으로 가득찬 빠르고 싸늘한 도시가 그것이다. 그것은 단지 다름의 차이라기보다는 '성공'의 상징으로 탈출을 의미하는 것이기도 했다. 성공하는

---

13) 金裕貞,「소낙비」,『조선일보』, 1935 /『동백꽃·소낙비 외』, 범우사, 1983, 39~40쪽.
14) 이광수,『흙』, 11~12쪽.

곳과 그렇지 못한 곳의 이미지이다.

　이런 글들 속에서 보이는 농촌사회는 양면성을 가지고 있었다. 지배와 피지배의 공간이 선진과 후진의 공간으로 인식되고, 어쩔 수 없이 되어야 하는 공간과 바뀌어야 하는 공간으로서 위치 지워진다.『고향』이나『흙』에서 보이는 지역 중심지의 새로운 변화모습은 그 자체로서 소설 내의 인물들에게나, 작가에게나 매우 의미심장한 영향을 미치고 있음을 알 수 있다. 그것은 근대성에 대한 압도이자, 이미 조선 농촌사회가 세계체제 속에 편입되었다는 현실에 대한 비감을 표현하는 양면성을 지니고 있다.

2) 식민지 근대규율의 침투와 농민 경험세계의 확장

　철도를 통해 근대적 사회관계망은 확대되었다. 그리고 그것은 규율화된 시간질서의 확산을 의미하기도 하였다. 이는 계절의 순환리듬이나 지역에 따른 관습의 차이에 따라서 각기 다른 질서를 지니고 있던 시간리듬이 제국주의 질서의 확산과 더불어 조선사회에도 마찬가지 리듬을 강요하는 것이었다.15) 철도시간표에 맞춰서 사람과 물건들이 이동한다. 쌀을 수출하려 한다면, 구매자에게 가기까지 일정한 양이 구매자가 원하는 시간에 맞춰 기차와 배에 선적되어야 한다. 그러기 위해서는 두 지역에서 공통되는 시간과 도량형의 척도가 필요했다. 일본은 조선점령과 더불어 시간과 도량형을 일본 기준에 맞게 일체화시켰다.16) 이제 조선인들은 일본 동경의 기준에 맞춰진 시간표에

---

15) 이진경,『근대적 시공간의 탄생』, 푸른숲, 1997 참고.
16) 1909년 일본은 한국의 도량형제를 일거에 바꿔버렸다. 토지면적은 結負制로 사용하던 것을 町反坪制라는 절대면적 파악방식으로 사용했고, 1되의 크기를 일본되와 같게 만들었다. 1926년에 도량형의 통일을 위해서 총독부는 미터법

따라서 기차도 타야하고, 학교에도 가야하며, 물건의 양과 길이를
재야 했다. 간도로 떠나는 사람들도 철도시간대에 맞춰 이웃들의 전송
을 받는다. 어떤 사람들이든 이동이 이루어질 때, 그곳에서는 철도와
시간에 맞춰—시가 아닌 분에 맞춰—생활할 수밖에 없다.

근대적·식민지적 시간질서를 내면화하는 과정은 철도와 공장, 학
교 등 수많은 공간내에서 동시에 진행되었다.『고향』의 제사공장은
그것을 잘 보여주었다. 제사공장은 "수백 명의 여공이 큰 공장 안에
일렬로 몇 줄식 느러앉아서, 일제히 번개를 치듯 도라가는 전기 자세에
다 실을 감고 있다. 남비 속에 있는 고치는 물고기 뛰듯 하였다. 그들은
눈 한번을 팔지 못하고 고시란히 기계를 직히고 있다"고[17] 묘사되었
다.[18] 일사불란한 공통행동을 지향하는 테일러와 포드식의 공장운영
체계에 적응하고, 기숙사로 상징되는 생활리듬과 공간의 획일화와
통제 자체가 이 공장이 노동자들에게 관철하고 싶어하는 시간질서와
규율이었다. 지금의 눈으로 보면 열악한 근로조건과 가혹한 생활을
강제하는 것이지만, 당대의 삶 속에서 이런 공장질서에 편입될 수
있는 것은 특별한 특혜로 인식되었다.『고향』의 마을 사람들은 공장노
동자가 된 원칠의 딸 인순에 대해서 "마치 진사급제나 한 것처럼
떠들고 야단"이고, "월급타면 허리띠를 끌러 놓으리라"는 부러움을
가졌다.[19]

이런 제사공장에 인순이 취직할 수 있었던 것도 보통학교 졸업생이

을 기본으로 하는 도량형령을 발표하였다(하원호,「됫박과 잣대의 역사」,
『우리는 지난 100년 동안 어떻게 살았을까 3』, 171~173쪽).
17)『고향』, 22쪽.
18) 김종욱은 한국 소설 속에서 공장질서가 근대적 생활질서를 내면화하는
공간이라는 설명에 대해서는 자세하게 설명하였다(김종욱,『한국 소설 속의
시간과 공간』, 태학사, 2000).
19)『고향』, 96~97쪽.

기 때문이었다. 공장노동자가 모두 보통학교 학력 이상이어야 하는 것은 아니었지만, 보통학교에서 익히는 근대적 시간과 공간질서의 학습은 공장생활에 반드시 필요한 요소였다.[20] 특히 식민지에서의 보통교육은 여러 가지 의미를 내포하였다. 보편화된 교양인 읽기와 쓰기, 셈하기 등의 기초지식을 갖고, 나아가 '황국신민화'를 통해서 일본제국주의의 조선지배에 대해서 순응하는 인물형을 양성하는 데 있기도 했다. 1930년대는 보통학교 교육을 받아야 한다는 사실을 상식적으로 받아들이는 상황이 되었으며, 교육을 시키는 것이 바람직한 것으로 인식되었다. 최소한 남자 아이들은 보통학교에 입학했고, 여자들도 자작농 수준이면 입학을 시켰다. 『상록수』의 청석골에서는 보통학교가 4~5리 밖에 있고, 장터에는 간이학교가 생겼다. 학교에 간 아이들도 월사금 60전을 몇 달씩 밀리다가 쫓겨나는 예가 많았다. 『고향』의 인동도 보통학교를 2년까지 다니다가 말았다. 보통학교를 가고자 하나, 갈 수 없었던, 또는 쫓겨난 아이들이 가는 곳은 야학이었다. 보통학교를 보낼 수 없는 많은 사람들이 야학에라도 보내서 배움을 갖게 하겠다는 교육열을 보여준다. 상대적으로 대규모 야학을 하고 있는 『고향』에서 희준이 교사로 있는 청년회 야학은 아동반, 부인반, 남자반으로 구성되어 있었다. 청년회당 안 구석 구석에 각기 칠판 한 개씩을 따로 붙이고 저녁 8시 30분에서 9시 30분까지 한 시간 동안 운영하였다.[21] 이렇게 제대로된 야학이 아니어도 「흙의 노예」에

---

20) "교육의 보급에 의하여 농업의 노동가능자를 공업노무자로서 상당한 정도로 구할 수 있다.……여성노동자를 많이 요하는 섬유공업부문에서는 장래는 어떨지 몰라도 주로 도읍의 부녀자에게 구하지 않으면 안된다. 시골의 무교육자 및 교육의 정도가 낮은 부녀자를 모집하여 훈련시키고자 하더라도 상당한 곤란함이 있다"(朝倉昇, 『朝鮮工業經濟讀本』, 조창경제연구소, 1937, 40~41쪽 ; 안병직, 「植民地 朝鮮의 雇傭構造에 관한 硏究」, 『近代朝鮮의 經濟構造』, 比峰출판사, 403쪽 재인용).

나오는 "두 칸 짜리 장방……아랫목에 칠이 다 벗겨진 칠판이 걸렸고 그래도 명색의 난로까지 놓였다. 한 가운데를 한 줄 비워놓고 40명이나 되는 조무래기들이 혹은 쓰고 혹은 책을 보고 있다.……석유 궤짝에 대패질을 해서 먹칠을 한 칠판……석유만은 아이들이 매달 3전식 보태서 사나 분필과 기타는 김소년 자신이 부담……기름하고 백분만 있으면 겨울을 난다. 나무는 저희들이 날마다 삭쟁이를 한 개비씩 들구 오는"22) 초라한 곳에서도 아이들은 그득 모였다. 이유는 야학을 운영하는 지식인들의 입장과 관계없이 최소한 보통학교 정도의 교육은 받아야 세상을 살아갈 수 있다는 절박감을 농민들은 크게 느끼고 있었기 때문이었다.23) 이미 지배적인 사회질서는 편성되었으며, 그에 알맞은 교육내용과 질서를 내면화하지 않는 한 그 사회 속에서 살기 어렵다는 사실, 즉 식민지적 근대사회질서를 받아들일 수밖에 없고, 그것이 살기에 더 유리하다는 생각이 농민들에게 깊이 인식되었음을 의미하였다.

이런 양상은 소위 지식인들-교육을 많이 받은 사람들에 대한 농민

---

21) 『고향』, 135~136쪽.
22) 「흙의 노예」, 283~287쪽.
23) 오성철은 일제하 보통학교 교육의 의미에 대해서 식민당국자의 입장과 조선인들의 입장을 나누어 살펴보았다. 조선인들은 정치적 실력양성이라는 의미에서 근대화과정에의 필요성을 인식하고 스스로 주체자로서 정립하기 위해서 보통학교 교육의 확대를 요구했으며, 개인적으로는 상향적 사회이동 기회를 포착하기 위해서, 그리고 다른 방법으로는 생활의 실질적인 대안을 찾을 수 없는 상황에서 학교교육에서 출구를 찾는 전통적인 의미에서의 교육에 대한 요구였다고 보았다. 또한 총독부로서는 식민지 지배체제 유지에 필요한 조선인으로부터의 동의를 만들어 낼 필요가 있어서 보통학교 교육에서 부분적으로 用意했다고 보았다. 그러나 초등학교 교육이 점차 팽창되는 데 상응하는 고등교육 팽창이 전혀 일어나지 않았던 것이 총독부의 보통학교 증설이 갖는 문제점이었다고 정리하였다(오성철, 『식민지 초등교육의 형성』, 교육과학사, 2000, 206~220쪽).

들의 인식에서도 잘 볼 수 있다. 지주집이 아니면서도 보통학교를 졸업하고 농업학교나 중학교, 나아가 전문학교를 나오는 사람들은 특별한 존재로 취급받았다. 『흙』의 허숭, 『고향』의 희준, 「산촌」의 기술과 같은 인물들은 작자가 농촌사회를 지도할 인물로 설정하며 바깥에서 새로운 경험과 세계관을 가질 수 있는 경우로 설정되었기 때문에 좀 특별한 지도자로 묘사된다. 그런데 이들에 대한 마을 사람들의 반응은 당시 농민들이 생각하는 상승욕구를 잘 보여준다. 『흙』에서는 법과 졸업을 앞둔 허숭에 대해서 "졸업하면 경찰서장? 군서기? 군수? 변호사? 의사? 큰 돈이야 금광을 하나 얻어야지……"라는 말로 교육을 통한 신분상승의 가능성을 꿈꾸며 부러워한다. 뿐만 아니라 『고향』에서 주인공 희준은 일본까지 갔다 왔다. 이런 그에게 마을 사람들은 무언가 특별하게 돈을 벌어왔거나, 앞으로도 특별하게 무언가를 하리라는 기대를 한다. "그들의 생각에는 그도 좋은 양복에 금테 안경을 쓰고 금시계줄을 느리고 그리고 짐군에게는 부담을 잔뜩 지워 가지고 호기있게 드러올 줄 알았다"라는 표현에서처럼 서울 가서 중학도 마치고 일본에서 유학까지 하고 온 희준이 자신들과는 다르게 사회적으로 성공하고 돌아오리라는 기대를 한 것이었다. 그러나 초라한 그의 행색에 실망하여 "공연히 미친 년같이 뛰여나왔지, 난 무슨 장한 행차나 드러온다고" 하거나 "허허허 참! 우리 아들(역부)이 서울 갔다 오는 길도 이보다는 낫겟구만"하고 비아냥거린다.[24] 이런 희준이 농사를 짓겠다고 하는 것은 더욱 이상스러운 일이었지만, 그래도 이러한 인물에 대한 막연한 기대를 가지고 있다. 이런 인물에 대한 인식은 가족들도 마찬가지다. 「산촌」의 기술은 보통학교를 졸업하고, 양잠소에서도 근무를 한 경력을 가지고 있다. 그래서 그의 부모는 기술이

24) 『고향』, 24쪽.

소작지를 모두 농장으로 만들어 보통학교 졸업생과 일본인 농민들에게 소작지를 옮겨버리려는 교장선생을 설득하여 소작지를 얻을 수 있으리라고 기대하였다. 또한 「모범경작생」의 길서는 보통학교 졸업 후 관과도 유대를 맺어 안정적인 농사를 짓고, 마을에서도 지도적인 지위를 차지하며, 마을 사람들의 선망을 받기도 한다.

이러한 경제적 여유나 신분상승의 기대를 가지고 그들도 조그마한 여유라도 있으면 아이를 보통학교에 입학시킨다. 또는 아이가 공부라도 잘한다거나 조금 더 여유가 있으면, 상급학교에 입학을 시키도록 노력하며, 나아가 유학까지 보낸다. 보통학교를 보내고, 유학까지 보내는 것은 기본적으로 그 사회에 적응하기 위한 기초교육의 필요성이 오래 전부터 공유되어 온 조선사회의 사회적 공감대이기도 했다. 이는 기존 사회질서에 대한 기본적인 적응력을 가져야 된다는 신념이기도 하다. 따라서 보통학교를 보낸다는 사실은 일본이 조선을 지배하고 있는 현실에 적응하며 산다는 것을 인정하는 한편으로 사회적 경쟁력을 획득하기 위한 기본적인 욕망 때문이기도 했다.

농민들이 가지고 있는 욕망의 소재나 보통학교 교육을 조선에서 펼치는 일본의 의도와는 별개로 근대적인 사회질서를 경험함으로써 그 경험자는 새로운 사회질서와 그것의 모순구조를 동시에 체험하며, 그에 대한 극복방안까지 모색하게 된다.

외부로의 통로가 비교적 확장된 결과, 대부분의 농촌지역에도 세계의 돌아가는 정세를 직접적이든 간접적이든 경험할 수 있는 기회가 많이 늘었다. 경제적인 궁핍이 심해지면서 많은 농민들은 그 상황을 탈출할 수 있는 통로를 모색하고, 그 한 방편으로 만주 이주를 생각하였다. 만주라는 새로운 탈출공간을 생각할 수 있었던 근거는 이미 주변에서 이주한 이들의 경험과 그들과의 연락이 이루어지고 있기 때문이었다.

> "기미년의 소란통을 겪고 나자 마을 사람들 중에는 남부여대하고
> 고향을 떠나는 이가 있었다. 덕삼이네 종형제가 대판으로 노동판을
> 쫓아가든 해에 춘식이네 왼 집안 식구는 서간도로 농사를 지러 간다고
> 가산 집물을 몽땅 팔어가지고 떠났다."

라는 1920년대부터 시작된 이농의 역사를 바탕에 깔고 있다. 그들의
대화 속에서 농촌을 떠난 이들에 대한 이야기는 일상적으로 이루어진
다. 「농촌사람들」에서는 이웃간의 대화 가운데에서 만주에 대한 기대
와 걱정이 오고간다. 다음 같은 이들의 대화에서는 만주가 새로운
가능성의 공간이자 자신들이 겪는 현실과 동일한 사회관계가 유지되
는 공간으로 인식되었다.

> "서간도는 올같은 가뭄도 안 들고 조가 아주 잘 되었다고 재작년에
> 들어간 그 이쁜이 아버지 천보 말이여,……거기나 갈까?" "거기 가면
> 별 수 있나. 거기도 관헌들과 지주들의 압제가 여간이 아니라네.
> 거기 가서 살던 사람들도 이리로 쫓겨 가고 저리로 쫓겨 간다네."
> "서간도……서간도……그래도 거기나 가봐……그런데 그 이쁜이네
> 하고 같이 간 유전네는 서간도에 안 있대여. 거기서 더 들어가 어딘지
> 도 알 수 없는 곳으로 가버리고 말았다데그려".25)

마찬가지로 일본도 『고향』의 희준과 같은 유학생들을 통해서 전해진
다. 1910년대와 20년대를 거치면서 일본유학생들은 청년회운동을
통해서 근대적인 농촌사회로 바꿔 가는 한편, 반일정신을 보급하는

25) 조명희, 「농촌사람들」(1926), 『포석조명희선집』, 동방도서출판사, 1959 /
한수영 엮음, 『홍수』, 민족과문학, 1989, 181쪽에 재수록.

데 앞장섰다. 이들에 의해 전개된 야학활동과 활발했던 청년회운동, 그리고 이들이 그 이후에 보이는 행보26) 등에 대해서『고향』에서는 잘 묘사하고 있다.

이런 간접적인 경험과 다르게 직접적인 경험세계도 훨씬 넓어졌다. 출가노동자의 증가에 따라서 공장의 노동질서를 경험하고, 노동운동을 체험한 세대가 늘어났다. 이기영은『고향』에서 농촌 처녀였던 인순이 공장에서의 노동경험을 통해서 건강한 노동자로 새롭게 성장하는 것으로 묘사했다. 노동자를 근대적 질서에 익숙해지며, 노동을 통해서 강인한 체력과 정신력을 갖는 존재로 인식하는 사회주의자의 의도와 기대감이 들어 있었다. 여기에는 노동자계급이 형성되는 공장의 질서를 통해 근대규율에 익숙해진 새로운 인간형이 필연적으로 만들어지며, 그것은 긍정적인 과정이라고 보는 인식이 깔려 있다. 선진적인 지식인들의 도움을 받아 건강한 노동자는 그 규율에 매몰되지 않고

---

26) 1930년대 소설에서는 농촌 출신 지식인들에 대한 부정적인 인식이 강하다. 1920년대까지 활달하고 사회개혁을 위해서 활동하던 지식인상에서 퇴폐하고 무기력한 지식인상으로 변하고 있는 양상을 볼 수 있다.『흙』에서 농촌 출신 서울유학생들의 모습은 이를 잘 보여준다. "논 밭 산을 고리대에 저당잡히고 팔고 해서 서울로 오는 학생과 부모의 유일한 동기는 땅을 파지 않고 놀고 먹자는 것. 근육노동하던 집 자식이 몸에 잘 어울리지 않는 도회식 옷을 입고 돌아다닌다. 원 도회사람 눈에는 '시골무지렁이, 시골뜨기'하는 빛, 부모는 굶기면서 정자옥으로 카페로 돈을 뿌리고 다닌다. 전문학교나 대학을 마치고 나서 놀고 먹자는 희망도, 회사원 은행원 해먹자는 희망도 직업난에 다 달하지 못하고 얻은 것은 졸업장 한 장, 고등소비생활 습관과 욕망, 다수의 결핵, 화류병"에 걸린 사람들이 된다는 지적과 함께,『제일과제일장』의 주인공 수택도 농촌 출신임에도 불구하고 신문기자로 살면서 아버지를 얕보면서 농민들의 생활을 하찮은 것으로 인식하고 있다. 또한「흙의 노예」에서는 1920년대 적극적인 활동가이자 화자가 존경하던 인물인 동경유학생으로서 야학을 하던 박선생은 청년회 활동과 야학을 통해서 적극적으로 계급의식을 전파하던 인물이었다. 그러던 그가 1930년대 후반에 오면 직업브로커로서 타락해 있는 모습을 그리고 있다(「흙의 노예」, 279~280쪽).

새롭게 그 질서를 극복할 수 있는 인간형으로 거듭난다고 보기 때문이었다. 인순은 계급의식이 성장하기 이전부터 감각적인 수준에서라도 자신의 존재조건에 대한 고찰과 불평등한 사회구조에 대한 비판적 인식을 하였다. 마을에서 만난 친구이자 마름의 딸인 갑숙과 자신을 보면서, "갑숙이가 입은 비단옷과 자기가 입은 무명옷이 서로 구별되는 것처럼!……그는 갑숙이가 자기가 짜기 시작한 인조견 교직 숙수로 치마적삼을 해 입은 것이─정작 그것을 짜는 자기는 못 해 입는데 갑숙이 같은 방적공장이 어떻게 생겼는지도 모르는 사람은 그것을 해 입었다는 것이─어쩐지 야릇한 생각을 먹는"다.27) "자기나 자기 부모는 똑같은 처지에 사는 사람이 아닌가! 자기는 아까 그래도 공장에서는 기와집에서 거처는 깨끗하고 아직 재강죽은 먹지 안는다고"하면서 농촌 출신 노동자인 인순은 노동자인 자신과 농민인 부모간의 계급적 연대의식을 느낀다.28) 이러한 묘사들은 실제 출가노동을 한 많은 여성들의 존재현실이기도 했으며, 사회주의자로 노농동맹을 소설 속에서 반영하고자 하는 이기영의 의식세계이기도 했다.

출가노동자와 마찬가지로 농민들은 계절적인 출가노동을 통해서 노동자 경험을 해본다. 『고향』에서는 농민들이 읍내의 변화과정에 긴밀히 결부되어 있음을 보여준다.

"G군에는 십년 전후에 삼대 공사를 기공했다. 읍내 앞내의 제방공사는 부역이 많았으되 철도부설과 제사공장 건축공사는 인부를 모집해서 역사를 시작했다. 그 바람에 부근 촌락에 사는 농군들은 노동자로 뽑혀 와서 품을 파렀다. 제일 먼저 기공한 것이 사설 철도 부설공사였다. 철도공사를 시작할 때에는 한 구미에 얼마식 여러 사람이

---

27) 『고향』, 89~90쪽.
28) 『고향』, 91~92쪽.

몫을 떼맡어 갖이고 구역마다 토역일을 판뜻기로 했었다. 그래서 저 맡은 구역의 역사를 마치면 '간조'날 십장한테서 품삯을 찾는 것이었다."[29]

희준이 고향에 돌아와 그 변화상에 놀랐다면, 계속 '고향'에 남아있던 농민들은 직접 그 변화를 자신의 힘으로 일으키고 있었던 장본인들이었다. 자신들이 주도한 것은 아니었으나, 생계를 위해서 뛰어든 품팔이를 통해서 그들은 희준이 경험한 것 이상으로 근대화과정을 실감할 수 있었다. 이는 『일년』에서 부근에서 벌어지는 간척사업에 마을 사람들이 한번쯤은 품을 팔러 가고, 거기에서 부당한 노동대우에 대해서 저항하며, 각지에서 몰려온 노동자들의 실상을 파악해 가는 과정과 비슷하다.[30] 또한 산금정책에 따른 금열풍 때문에 금점에 몰려가거나 자기 밭을 몽땅 뒤집어 엎는 농민들의 모습[31]과 같이 이미 농민들은 다양한 경로를 통해서 자본주의사회의 질서를 인식하고 그 속에 끌려들어가고 있었던 것이다.

그러나 이런 노동자 세계의 경험은 춘궁을 비롯한 농민경제의 취약성 때문에 일어날 수 있는 것이었다. G군 공사에 품을 팔던 원칠은 작년 여름 동안 햇동을 댈 때까지 거기서 살았다. 그런데 올해는 아무

---

29) 『고향』, 46~47쪽
30) 새로운 공사현장으로 농촌의 농민들이 대거 몰려가는 현상은 1920년대부터 지속되었다. 특히 수리조합 수축사업과 간척사업 등에는 더욱 그러했다. 철원에서 시행된 중앙수리조합 건설현장을 배경으로 하는 나도향의 「지형근」(1926)도 이런 몰락농민들의 이야기를 다룬 것이다. 여기서는 당시 철원으로 몰려드는 사람들을 묘사하는 말로 '나도 철원, 너도 평강'이라는 말을 썼다고 한다. 그런 곳의 풍경은 "집이라는 것이 마치 짐승의 우릿간과 같은데 거기서 열십 명 사람들이 도야지들 모양으로 옹기종기 모여 있었다……"며 열악한 노동환경을 설명하였다.
31) 김유정, 「금따는 콩밭」, 『동백꽃·소낙비(외)』, 범우사, 1983.

공사도 없기 때문에 그들은 춘궁을 만나도 벌이할 곳이 없는 현실이었
다.

3. 농업생산과정 속의 식민지 근대화

1) 농업생산환경의 변화와 생산과정 속의 식민지 근대규율

일본에 의해 추진된 근대화과정은 농촌사회 내부까지 깊숙이 관철
되어 갔다. 상품화와 규격화, 빠른 대량 생산이라는 구호는 자본주의
사회만이 아니라 근대사회로 접어든 모든 사회에서 통용되었다. 근대
사회 속에 편입되어 가는 농촌사회에서 농민들의 피부에 가장 크게
와 닿는 것은 생산과정 속에서 바뀌어 가는 '같은 형식으로, 더 빠르게,
많이' 이뤄내야 하는 생산과 생활리듬의 변화였을 것이다. 특히 이런
변화는 점진적으로 다가오는 것이 아니라 식민지로서 일본이 자국
체제에 맞춰 개편하려는 방향에 따라 급속하게 전개되었다.

농사를 짓고 사는 농민들에게 변화는 일차적으로 농사방법에서
다가왔다. 이제 농민들은 『상록수』의 건배가 말하는 것처럼 당연스럽
게 "수확이 많다는 은방이든지 요새 새루 장려하는 팔단 같은"[32]
것으로 벼종자를 선택하고 '유산 암모니아 같은 속효성 비료'를 사용했
다. 『상록수』에서는 벼농사 과정을 자세히 설명하였다.

  "갈아 놓은 논바닥을 다시 써레로 썰고, 여러 회원들이 덤벼들어서
  잡아 놓은 물을 바가지로, 혹은 두레질로 해서 퍼내느라고 거진

---

32) 심훈, 『常綠樹』, 빛샘, 1999, 100쪽(『동아일보』 1935. 9. 10~1936. 2. 15
   연재).

점심때가 되었다.……동혁은 화가래 장치를 꼬느고, 건배는 키에 어울리지 않는 조그만 고무래를 들고 못자리판을 판판히 고르기 시작한다. 한편으로는 줄을 띄워서 한판씩 두판씩 갈라 나간다. 나머지 회원들은 바소쿠리 지게에 거름을 지고 낑낑거리고 와서 펴는데, 퇴비 같은 거친 거름은 누르고 재 같은 몽근 거름은 손을 내저어 골고루 편다. 그리고 나서 다시 죽가래로 쪼옥 고르게 번대질을 치는데 건배의 아내가 점심을 이고 도랑을 건너 오는 것이 보였다 .……인제 죽가래루 판판허게스리 번대를 친 뒤에 새내끼를 다시 띄워 놓구서 하루 밤 하루 낮을 됬다가, 수확이 많다는 은방든지 요새 새루 장력하는 팔단 같은 걸 뿌리지요. 그러구 나설랑은 한 치쯤 자란 뒤에 물을 빼구서 못자리를 고른 뒤에 일 주야쯤 됬다가 다시 물을 넣지 않겠에요? 그래야 뿌리가 붙거든요. 그 뒤엔 가끔 물꼬리를 봐서 혀 빼문 걸 뽑아 버리구선, 거진 치 닷푼쯤 자란 뒤에 한 번 김을 매 주는데, 여기선 그걸 도사리를 잡는다구 허지요. 그런 뒤에 유산 암모니아 같은 속효비료를 주면 무럭무럭 자랄 게 아니에요? 논바락이 씨꺼멓게 되는 걸 봐서 그때야 모를 내는데, 그 후에두 몇 차례 김을 매 주면 한가위엔 싯누렇게 익어서 이삭이 축축 늘어진단 말이지요. 아 그러면 낫을 시퍼렇게 갈어 가지고 덤벼들어 척척 후려서 묶어 세우군……아 그러구설랑 개상을 놓구(벼 보리 밀 등의 단을 태질하여 낟알을 떠는 일) 바심(곡식의 이삭을 떨어서 그 알을 거두는 일, 타작)을 헌 뒤엔 방아를 찧어서 외씨같은 하얀 쌀밥을 지어 놓구 통배추 김치에……"[33]

『상록수』의 동혁이네의 농사방법 설명을 보면 그들의 농사기술상의 변화는 별로 없었음을 알 수 있다. 다만 일본인의 입맛에 맞는 종자가 '다수확종'으로, 또 화학비료를 쓰면 벼가 '무럭무럭' 잘 자라고, 이런 "암모니아는 무엇으로 만드는지 이놈만 뿌리면 모래땅이라두 낟알이

---

33) 『상록수』, 94~100쪽.

썩어지게"되는 신기한 일이 벌어졌다.[34]

지주들이 이런 변화를 이끌어 갔다. 미곡수출이 활발해짐에 따라 미가가 오르고 지주들은 수출용 쌀생산을 위해서 일본종자의 도입과 화학비료 투입을 적극 추진하였다. 소설 속에 나오는 대부분의 지주들은 농업경영에는 비료 중간판매업자와 같은 역할을 하면서 금비를 쓰게 하였다. 비료를 쓰려면 현금이 필요했는데, 그것이 없는 농민들은 지주들이 사 놓은 비료를 사용하고 가을 추수때 그 비용과 이자를 덧붙여 갚아야 했다. 이런 모습은 『일년』에서 성순의 지주인 김참봉이 소작인 대신 비료를 사서 농사를 짓게 하고, 가을 추수 때면 그 비용을 원천징수하는 모습에서 잘 드러난다.[35] 「흙의 노예」의 지주 또한 소작료를 받을 때 비료대도 자연스럽게 수납한다. 소작인은 지주가 미리 매입한 비료를 당연히 농사과정에서 투입해야 할 의무가 있었다.[36]

따라서 자기의 현금경제가 그것을 감당할 수 없어서 "나는 입도 못대보구 다 판대두 빚을 물고 나면 비료값도 남지 않을 것 같네, 농사는 나 먹으려구 하는 것이 아니라 돈이 있는 사람 먹일려구 하는

---

34) 朴榮濬, 『一年』, 연세대학교 출판부, 1974, 186~188쪽(『신동아』 봄호, 1934).

35) 『일년』, 186~188쪽.

36) 농민소설 속에 자주 등장하는 금비 사용에 대한 대목들이다. 대개 조선인 지주와 소작인의 관계를 다룬 소설 속에서 소작료 납부방식은 수확량을 반씩 나누는 打租가 일반적이었다. 그런데 생산투입물인 종자와 비료는 이 소작료 납부와는 별도로 계산되는 부분이었다. 타조의 경우 일반적으로 종자를 소작인이 부담하면 볏짚을 소작인이 갖고, 종자를 지주가 제공하면 볏짚은 반씩 나누었다. 비료는 소작인이 퇴비는 전부 부담하고, 금비는 반씩 부담했다. 이때 소작인들은 투입한 재료를 부담할 현금수급능력이 없는 경우가 많았다. 이런 조건에 기반해서 종자나 금비를 지주가 구입해서 제공하고, 소작인들이 추수때 그 원금과 이자를 지주에게 지급하는 방식으로 고착화되었다. 이때 지주에게서 대여를 받으면 소작인은 연 1할 5푼의 이자를 붙여 내도록 계약되어 있는 경우가 많았다(朝鮮總督府, 『朝鮮の小作慣行(下)』, 1932, 84쪽).

노릇이지"라는 한탄을 하면서도 당연히 비료를 논밭에 뿌려야만 하는 것으로 인식하였다. 즉 일본이 강제한 종자나 비료는 어느새 인가 지주든 농민이든 더 많은 생산과 수입을 보장받기 위해서 당연하게 도입해야 할 '선진 제품'으로 인식된 셈이다.

농민들은 근대적인 농업 기반시설을 접하면서 '선진적인 농사방법'에 대해서 극적인 경험을 하였다. 제방과 콘크리트 수로, 댐과 대규모의 간척지는 그런 상징이었다.[37] 이는 그 대척점에 가뭄과 홍수의 묘사로 더욱 극적인 모습을 띤다.

그 모습은 '밝음의 공포ㅡ백색의 공포'로서 "논밭에 곡식은 더 말할 게 없고 길 옆의 풀도 냇가의 잔디도 말랭이의 산풀도 모두 말라 시들다가 나중에는 빼빼 꾀어 틀어져 간다.……십리장야 한복판에 길게 내려 뚫고 누운 큰 내는 꾸불꾸불 말라 비틀어져 자빠져 무슨 큰 뱀의 배때기처럼 말라 뻗치어 있을 따름이다.……졸아붙은 봇물이 나마 닿는 상틀 한구통이나 또는 샘물을 파서 두레박질하여 대는 구렁텅이 논뙈밭을 제외하고는 모두 논바닥이 뽀얗게 말라 버리는"[38] 것처럼 처참하게 그려졌다.

이기영은 『고향』과 「홍수」에서 홍수장면을 묘사하였다. 뚝이 터져 전멸된 집, 반파된 집들이 속출한다. "그동안 넓은 들도 바다와 같이 물이 괴이고 강 연안은 진흙 바다로 화하였다.…… 인제는 강변의 농작물은 말할 것도 없이 모두 침수가 되고 산밑에 있는 마을 집들까지 물 속에 들어갈 지경이었다. K강 상류에서는 집이 떠내려온다. 그 지붕 위에 사람이 올라서서 '사람 살려라!'하는 처참한 소리가 들린다. 어린애 송장이 떠내려온다. 소와 말도 떠내려오고 세간ㅡ농짝과 절구

---

37) 이경란, 「日帝下 水利組合과 農場地主制」, 『學林』 12·13합집, 1991 참고.
38) 조명희, 「농촌사람들」, 178쪽.

통 등이 떠내려 온다"는 상황이다. 논도 물에 잠기고 말았다. "정작 땅임자는 그렇게 울지 않았는데 이들 소작인이 무슨 정성으로 그렇게 울 것이랴마는 그래도 풍년이 들면 단 한 톨이라도 자기 앞에 떨어지는 것이 있기 때문이다."

천수답이 많은 조선의 농촌에서 가뭄과 홍수는 농민들의 삶을 극적으로 황폐화시키는 요인이었다. 따라서 가뭄과 홍수의 재해에 시달리는 농민들에게 근대적 시설의 설치가 미치는 영향은 매우 컸다. 여러 사례에서 보이듯 갈등과 농민몰락이 표면화되는 주요 계기는 지역에 따라 달랐다. 소설의 무대인 수리불안전답이나 천수답 지역에서는[39] 홍수나 가뭄이 농민이 몰락하거나 갈등이 불거지는 주요 계기가 되었다. 그와 연동해서 볼 때, 이런 곳은 주로 조선인 지주의 토지이며, 부재지주거나 중소지주가 세거하며, 농사경영은 소작인의 몫이었고, 일부 비료문제 등과 관련해서 지주나 마름이 영향을 많이 미쳤다. '사하촌'은 보광사농사조합이 토지를 관리하는 곳임에도 불구하고, 양이 충분치 않은 작은 저수지의 물을 쓰고 있었고, 농민들은 독자적으로 물 문제를 해결해야 하는 처지였다. 갈등이 표면화되는 것은 보광사 측에 가까운 소작인과 그렇지 않은 소작인들의 물싸움에서였다.[40]

이에 비해서 수리시설이 안정적으로 이루어지는 경우, 한설야의 「홍수」, 「부역」, 「산촌」 시리즈에서와 같이[41] 농장이나 모범부락이 만들어지는 조건으로 수리시설 갖추기가 설명되었다.

---

39) "수리조합이 가까이 있으나 큰 산으로 막혀 언제나 가뭄을 피할 수 없는 이 동네에서는 조금만 가뭄이 들어도 물덕구리를 갖고 못에서 물을 퍼 논으로 넘기는 것이다. 그리하여 비가 며칠 안 오면 누구나 물을 펐고 그 때가 되면 아침 저녁이 더욱 분주해졌다"(『일년』, 99~100쪽).
40) 김정한, 「寺下村」, 『홍수』 수록.
41) 한설야의 소설로서, 여기서는 한수영 편, 『홍수』, 민족과 문학, 1997에서 인용하였다.

"검은 옷을 입은 모범농민과 학교 졸업생인 모범경작생……방축을 높이고 동안 북편에 있는 깊은 줄늪을 마저 메우고, 높고 낮은 논판을 정리하고 김갑산동과 사사끼동을 연결시킨다. 김갑산동은 금비를 실컷 먹고 유들유들 퍼러둥둥한 벼를 키워주어 살진 나락이 놀랄 만큼 그득 났다. 동도 높아지고 땅바닥도 골라졌다. 줄늪은 전부 메워지고 물길이 올바르게 째였다. 김갑산동과 사사끼동이 연결, 큰동 북쪽에는 새로 저수지가 되고 남으로는 꽝포로 나가는 뱃물(배수로)이 길게 내를 이루었다."42)

실제 농민생활이 많이 변하고, 그 성격이 어떠하던 간에 「산촌」에 나오는 모범농장의 모습은 매우 아름답고 긍정적으로 보인다. 생산에 쓸모없는 늪을 메우고, 논판을 고르게 정리하고, 저수지를 넓히고, 비료를 충분히 주면 "나락은 놀랄 만큼 그득난다"는 그의 느낌은 농업생산의 모습은 그러해야 한다는 지향점을 보여주기도 했다.43)

대단한 모습으로 그려지는 또 하나의 상징은 간척지였다. 농민소설들 속에서 드러나는 간척지의 모습은 근대적 기술의 성과로서 소설 속의 인물들은 그 거대함에 압도되어 있었다.

"서해변 육천 정보가 넘는 넓은 간사지를 개간하여 논으로 만들기는 작은 돈을 가지고는 생각도 못할 일이었다. 그래서 돈많은 주식회사에서 이곳을 시찰하기가 몇 번이나 되었으나 그들도 자기들 주머니로는 시작도 할 수 없었다. 그러던 것이 작년에 일본 사람의 회사 不二농장에서 손을 뻗혀 삼 년간 삼백 오십 만원을 투자하여 만들

---

42) 한설야, 「산촌」, 『朝光』 1938. 11 / 『홍수』, 376쪽.
43) 미곡 중심의 농사개량사업과 수리사업의 결과 미곡생산성은 증가했으나, 그에 비해 개답사업 등으로 밭이 줄어들어, 농가 생계보전용 작물을 재배하는 양이 줄어들었다. 권환의 「목화와 콩」에서 잘 보여지나, 그 외의 작품들에서 그런 문제점은 잘 드러나지 않는다.

계획을 세우고 금년 얼음이 녹자 시작을 하여 지금은 기초공사를
진행하는 중이다.

길이만 백 십여 리나 되며 저수지도 양편에 두 개, 揚水地도 두
개, 堤塘도 물을 만드는 만큼 그들의 계획은 누구나 놀랄 만한 것이었
다.

제일호 제당의 계획만을 보아도 전체의 계획이 얼마나 큰가를
알 수 있다. 북조포에서 북으로 미회리 언덕까지 길이가 천 삼백
일곱간 분이며 높이가 서른 일곱 자나 되고, 그 滿水面의 여유가
일곱 자나 되면 그 天幅이 스물 넉 자나 된다. 제당의 기초는 물이
스미지 못하게 철판을 땅에다 꽂는다. 그 철판이 들어가는 길이가
열댓 자(洋尺)나 되며 넓이가 일 여덟 치가 되는 것으로 그것 하나를
꽂는 데에 이십원식 먹힌다고 한다. 일 여덟치 따리로 천간을 나가고
또 그 위에 뚝을 쌓니 제당 한 개에 돈이 얼마나 먹힐 것인가를
추측할 수가 없었다.

농장 근처에는 농장으로 가는 노동자들과 중국인의 떼를 매일
볼 수 있으리만큼 인부를 많이 쓴다. 그도 모자라는지 북만주 등지로
노동자를 모집하러 가기도 한다."[44]

근대적 수리시설―저수지와 댐, 간척지―을 만드는 콘크리트 구조
물은 높은 생산성의 상징이었다. 조선총독부가 내세우는 치적 가운데
에서 농민들에게 가장 크게 영향을 미치는 영역이라 할 수 있었다.
이 상징들이 만들어지면서 농민들은 안정된 물공급이 이뤄져 만성적
으로 괴롭히던 가뭄과 홍수에서 벗어날 수 있다는 느낌을 받고, 간척을
통해 새로이 생긴 토지에서 거두어들일 엄청난 쌀이 자기 것이라도
된 양 압도되었다. 특히 가뭄이나 홍수로 인한 농민경제의 피폐상을
그리고 있는 경우에는 그 본질적인 갈등이 지주와 소작인간에 있다는

44) 『일년』, 124~125쪽.

점을 전제로 하더라도 대규모 수리시설과 제방시설이 가져다 줄 안정된 농업기반의 필요성에 대해서는 암묵적으로 동의하고 있었다.

이러한 새로운 생산력의 상징에 대해서 찬탄의 눈길을 주는 모습은 수확기의 묘사에서도 잘 드러난다. 타작방식에 대해서『고향』에서는 두 가지 방법이 묘사되었다. 하나는 일반적으로 해오던 것을 조금 바꾼 것이고, 하나는 이른바 '큰들'농장에서 행해지는 방식이었다.

기존의 방식은 "볏단을 질끈 묶어서 발뒤꿈치를 번쩍 처들고 힘을 뼈물너서 고함을 치며 달녀둘어 개상을 후려치는 것……너덧번을 앞뒤로 공굴러 치면 벼는 죄다 떨어지고 겁분한 짚단만 남는다.……개상 밑에는 황금같은 벼알이 떨어저서 높이 쌓인다. 그리면 그것을 파 젝키고 비질을 해서 검불을 긁어"[45)내는 것이었다. 이에 비해서 새로운 방식은 "큰 들에서는 큰 농장을 들 가운데 새로 짓고 근처 작인들이 모두 그리로 와서 작말을 하게 하는데, 넓은 마당은 세면트로 맥질을 해서 잔돌 한 개도 안 드러가게 만드렀다. 그런데도 도급기로 이 잡듯이 베를 훑어서 그놈을 풍구로 까불느고 사름통으로 다시 처서 섬피 근량을 제한 정미 백근씩 저울로 다러서 한 가마니에 열말시 이백근 한섬을 잡는 것"이었다. 게다가 "쌀을 되는데도 협잡이 붙을가 바서 공중에다 홈통을 만드러 놓고 쌀을 거기서 나려 쏟아서 그 밑에 둔 빈 말로 떨어지게 해 놓고는 다시 방망이질을 싹-하지 안튼가! 그렇게 해서 기계 산나끈으로 한 가마씩 묶어 놓는데 허허참! 그놈을 검사만 맡으면 정거장으로 실어서 인천이나 군산으로 그대로 막 내실니도록 만드렀데 그려! 몇 해전만 해도 어디 그런 일이 있었나?" 하면서 참으로 신기하며 합리적이라는 느낌을 표현하고 있다.

이런 두 방식 가운데에서 그들은 "앞으로 두고 보시오. 전부 도급기

---

45)『고향』, 460~462쪽.

를 사용하게 되지 안나. 그리고 벼도 정조식으로 심그고 타작마당에서
도 벼를 풍구질로 까불러서 다시 사름통으로 쳐서 돌을 골너 가지고는
그것을 안진방이 저울노 다러서 정평 이백근 한섬씩 다러 갈 겐데
뭐! 벌써 큰들에서는 그렇게 하는 곳도 만탐니다"라고 하며 큰들의
방식으로 갈 것,「산촌」으로 치면 사사끼농장 방식으로 생산과정이
바뀌게 됨을 견문을 통해서 이미 알고 있다. 그리고 그것이 필연적인
방향이라고까지 느끼고 있었다. 수확과정이 깔끔하고, 흙과 뒤섞여서
돌이 들어가는 쌀을 먹지 않아도 되고, 계산도 분명해진다. 무엇보다도
이는 상품성이라는 측면에서 가장 중요한 부분이었다.

그렇기 때문에 '미노루식'이 좋다든가 '사토식'이 좋다든가 하는
논쟁을 벌이며, "미노루식 기계를 한 대 사 두었으면 겨울엔 걱정이
없겠는데 돈이 있어야지"하면서 새로운 기계의 도입이 생활향상에
도움이 될 것이라는 생각을 하게 되었다.[46)]

종자에서 시작해서 상품화를 목적으로 하는 생산과정에 들어섰을
때 마지막으로 그것을 잘 조제해서 포장하는 일은 상품판매의 관건이
기 때문이었다. 이미 미곡상품화라는 시장논리에 편입되었음을 몸으
로 아는 농민들은 자신들의 의지나 현실과 관계없이 상황이 어떻게
흘러갈 것인가를 분명하게 인식하였다.

이와 같은 시설이나 농사 투입재료의 변화 속에서 농민들은 노동강
도가 높아지고, 상품화폐경제 속에 편입되어가고 있었다. 이 시기
근대적 시공간이 농민의 생활리듬까지 변화시키고 있던 공간은 일본
인들이 운영하던 '농장'이었다. 한설야의「부역」·「홍수」·「산촌」연
작은 그런 공간이 이루어지는 과정을 잘 그리고 있다.

함경도 동해안 평야 김갑산동의 주변에는 함경선 철도와 간이역이

---

46) 『일년』, 200~201쪽.

있고, 역 동쪽 철도 남쪽에 이삼십 호의 동리와 그 앞에는 이 골짜기에서
제일 넓은 평전, 크고 작은 농장들이 있는 곳이었다. 김갑산동은 10여
년전에 개간된 10만 평이 넘는 큰 농장이었다. 동리도 이 농장 때문에
생긴 것이고 동리주민은 거의 전부가 농장 작인이었다.

이 김갑산동이 몰락한 후47) 그것을 이어받은 사사끼 보통학교 교장
은 그 농장을 갱생모범부락으로 운영하고자 했다. 사사끼교장이 도입
하고자 하는 활동의 목록에는 "부락인민들의 秋耕려행, 축산려행(양
돈·양계·양견·양독), 퇴비증산, 앙판정지개량, 揚床보급, 정조식
등 농사개량에 관한 것, 부업(양잠·임업·수산·농산가공 貫太, 운
반), 연료비림 조성, 해조채취 등 부대사업, 의례준칙 시행, 색복착용,
절주절연, 허례폐지, 미신타파, 근검저축, 부녀자 근로(옥외노동, 機業
려행), 온돌과 부엌 개량, 부채근절 등 생활개선에 관한 것, 납세기일
엄수, 자력갱생, 지방진흥, 국기게양 엄수, 경로사상"48) 등 다방면에
걸친 실천항목들이 가득차 있었다.

이런 의도가 관철될 때, 농민들은 농업생산에서 일상생활에 이르기
까지 농장의 관리체계에 의해 거의 완전히 장악되어 버린다. 농업생산
관리 측면에서 보면 농사개량에 필요한 정조식과 앙판 정지개량·퇴비
증산 등 다양한 영역이 등장하였다. 이는 1930년대 지배적인 일본인
농장의 운영방식과 거의 유사했다. 예를 들어 전북지역의 유력한 일본
인 농장이었던 구마모토농장을 살펴보면 이런 사사끼농장의 방식이

---

47) 한설야의 연작소설에서 김갑산동의 몰락은 가장 자본주의적인 것이었다.
김갑산은 토지를 담보로 하여 부근에 있는 토지회사와 은행에서 돈을 빌려
소유지를 확대하고, 수리시설을 설치하였다. 그러나 그 빚을 갚지 못해 토지는
경매로 넘어가고, 그것을 소유하게 된 은행이 사사끼 교장에게 관리를 위탁하
는 형식으로 농장관리가 이전된다. 이는 금융자본에 의한 지주제의 포섭이라
는 측면에서 흥미롭게 읽히는 대목이었다.

48) 「산촌」, 『홍수』, 346쪽.

농민의 일상생활을 얼마나 변형시키는가를 엿볼 수 있다. 1930년대 중반 구마모토농장에서는 종자의 선택부터 수확물의 탈곡과 조제에 이르는 전 과정에 걸쳐 시기와 방법을 구체적으로 규정해 놓았다. 예를 들어 농장에서는 연초에 그해의 영농 일정을 편성하여 각 사업장에 배포한 후 이에 따라 농작업을 수행하도록 지시하였다. 예를 들어 1월 20일까지 관내의 모든 논에서 규격에 맞춰 퇴비쌓기를 마치도록 지시하였다. 규격은 논 4단보(1,210평)마다 가로 세로 각각 1간(6자, 1.82m), 높이 6척 5촌으로 쌓고, 겨 2가마니를 발효소로 섞고 물을 충분히 뿌리도록 하고, 쌓은 후에는 농장에 신고하여 장부와 일일이 대조 받도록 하였다. 2월과 3월에는 논보리를 중경한 후 유안 등의 화학비료를 뿌리며, 봄갈이를 한다. 얼음이 녹는대로 모든 논을 7촌으로 깊이갈이하고 퇴비를 넣도록 한다. 4월에는 종자는 농장에서 자체 생산하여 나누어주며, 모판은 揚床式 모판을 사용하며, 파종 직후의 물관리 방법은 1촌 5분 내지 2촌 가량 약간 깊게 유지하다가, 5월 10일경 기온이 오르면 차츰 물을 뺀다, 심경을 위해서 쟁기와 쟁기날을 구입하여 소작인에게 팔기도 한다. 이외에도 비료 뿌리는 시기와 양의 지정, 제초시기와 방법을 지정하고, 벼베는 시기의 선택과 소작료 수납요령과 시기 등을 구체적으로 지정하였다.[49] 이렇게 영농의 일정을 1년의 전 농사기간에 맞춰 농사를 짓게 되면, 소작인들은 그동안 자신의 일정과 방법에 따라서 농사를 짓던 리듬에서 농장이 지정한 시간표에 맞춘 리듬으로 모든 생활리듬을 조정할 수밖에 없다. '공장'과 같은 농업경영방식이 도입된 것이었다. 이런 방식은 농장이 가지고

---

49) 홍성찬, 「日帝下 全北地域 日本人 農場의 農業經營-1930, 40년대 (株)熊本農場 地境支場의 사례를 중심으로-」, 연세대학교 국학연구원 집담회 발표문, 2002. 11, 35~67쪽.

있는 자본력과 관리의 체계화에 의해서 다른 곳보다도 더 튼튼한 종자와 많은 비료, 농기구, 안정되게 공급되는 물 등을 이용해서 생산성의 향상을 가져올 수 있었다. 게다가 부업장려로 소를 개량 증식하거나, 개량 돼지를 보급하고, 모피용 토끼를 직수입하여 장려하려 하였다.

이러한 생산과정에서의 시간 엄수와 관리방식에의 복종은 일상생활의 개입으로 이어졌다. 사사끼 농장이 주장하는 의례준칙 시행, 색복 착용, 절주절연, 허례폐지, 미신타파, 근검저축, 부녀자 근로, 온돌과 부엌 개량, 부채근절, 납세기일 엄수, 자력갱생, 지방진흥, 국기게양 엄수, 경로사상 등은 1930년대 총독부가 추진하던 농촌진흥운동의 주요 슬로건이자, 일본인 농장에서 농민들을 관리하는 방식이기도 했다.

철도와 공장, 전선을 통해서 들어온 근대적 시공간의 규율은 점차 농촌사회의 일상 규율로 자리잡아 가고 있었다. 그것은 파급되는 시간의 빠르고 늦음은 있지만, 30년대 후반 통제경제기에 들어가면서 총독부 행정기관에 의해 개별 농가와 마을별 통제가 행해지면서 거의 전일화되어 가는 과정을 겪는다. 1920년대와 30년대에 쓰여진 농촌소설들 속에서 묘사되는 농촌사회의 근대화과정은 '근대적'인 변모와 아직 변하지 않고 있는 부분들, 또는 근대화 과정의 침투로 인해 뒤틀려 가는 '후진적'인 사회 부문을 대조적으로 비교하였다. 이는 한편으로 선진적인 부분이 후진적인 부분으로 침투해 들어가며 변화시키는 것으로 인식되기도 하며, 또 한편으로는 목가적인 농촌사회에 수탈적인 자본주의적 침탈이 진행되는 장면으로 인식되기도 하였다.

빈궁과 기아가 광범하게 존재하는 현실에서 '많이 생산해 낸다'는 것은 무엇보다도 중요했기 때문이었다. 당시의 거의 모든 사람들은— 농민들이든, 지식인이든, 사회를 변혁시키려는 사람들이든—'다수확

모형'의 확산과 안정된 농업기반의 형성을 긍정적으로 생각할 수밖에 없는 토양을 가지고 있었다. 많은 소설들 속에서 생산과정에서 보이는 종자나 비료주기, 모범농장의 생산과정 자체에 대해 큰 문제의식이 보이지 않는 것은 그 때문이라고 할 수 있다.

2) 강요된 근대화와 농민 현실의 괴리

일제시기 동안 농업근대화를 추동하고 '근대성'의 이데올로기를 확산시키는 존재는 바로 조선총독부—일본제국주의—였다. 이 사실 자체는 농민들과 이를 바라보는 소설의 작자인 지식인들에게 '근대화가 가져오는 성과물'이 농민들의 것으로 돌아오지 않는다는 현실을 깨닫게 해주는 요소가 되었다. 농민소설들에서 보이는 '근대화'에 대한 평가는 그 자체에 대해서라기보다는 그것을 적용하고 강제해 가는 과정과 그 결과가 어떻게 되었는가에 있었다.

농민들이 일상생활에서 접하는 총독부 농업정책의 대변자는 농업기수였다. 강점 이후 총독부는 헌병경찰로 대변되는 무장력과 농업기수로 대변되는 기술인력을 통해서 거의 강제적으로 자신의 농업정책을 농민들에게 보급하려 하였다. 따라서 농업기수에 대한 농민들의 인식은 긍정적일 수 없었다. 『흙』에서도 "요새 세상에 농사나 해먹는 놈이야 어디 사람인가, 귀밑에 피도 아니 마른 애들이 무슨 서깁시오, 무슨 나립시오 하고 제 애비 할애비뻘되는 어른들을 이놈 저놈하고 개 어르듯 하지 걸핏하면 따귀를 붙이고, 일전에도 전매국인가 어디선가 온 사람이 담배가 어쨌다나 해서, 저 홰나무집 참봉 영감을 구둣발로 차서 까무러쳤다가 피어는 났지마는 아직도 오줌 출입도 못한다오"라면서 목소리를 높인다. 농민들은 누에도 치지 않으면서 '관'에서 뽕나무를 심으라면 어쩔 수 없이 그저 뽕나무를 심고 가꾸기도 한다.[50] 『흙』에서 벌어지는 주요 갈등의 배경 또한 농업기수가 강제하는 정조식에 있었다. 또는 「목화와 콩」과 같이 "목화는 심어 팔어도 이익이 안 되고 콩은 그래도 양식을 할 수 있어서" 목화를 심으라는 땅에 콩을 심고서, 그 콩을 파헤치고 목화심기를 강제하려는 '양복 입은' 농업기수들에 대항하기도 한다.[51] 어찌되었든 농민소설들에서 다양하게 지적하고 있는 문제의 현실은 농민들의 생활을 무시한 일방적인 강제에 있었다.

따라서 새로이 도입되는 근대적인 생산과정이 그 자체로서는 합리적이라고 인정한다 하더라도 강제적 도입과정에 대한 문제의식에서 출발한 농민들은 그 본질까지 인식을 확장해갔다. 일본이 강조하듯 목화를 재배하면 현금수입이 늘어난다거나, 정조식(줄모)을 하면 수익이 늘어난다는 것은 농민들의 현실과는 맞지 않았다. 직거래를 통해서 생산자와 구매자 모두의 이익이 된다고 주장하면서 1910년대 초반부터 도입한 목화의 공동판매는 1930년대에 가면 다른 거래방식을 금지하면서 획일화된 거래방식이 되었다. 그렇지만 공동판매는 가격 결정 과정에서 농민의 생산비를 보장하여 농민경제를 살리는 방향이 아니라, 구매자인 방적공장에 값싼 원료를 공급하려는 목적으로 한 것이었다. 목화를 재배해서 가족의 옷을 해 입는 것보다 공판을 하는 것이 더 손해였다. 상품화폐경제에 강제적으로 편입된 결과였다.[52]

---

50) "물론 그가 뽕으로 누에를 치기 위함은 아니었으나 뽕나무는 누구나 심어야 한다는 면의 지시에 할 수 없이 조밭머리에 심었던 것이다. 뽕이 자랐으니 누에도 못치고 그저 버려두었다. 그러던 것을 금년에는 도에서 뽕나무날을 정하고 면에서 나와 거름을 주고 김을 매어 주라고 할 때 그는 두엄을 주고 김을 매었다".

51) 권환, 「목화와 콩」, 『농민소설집』, 별나라사, 1933.

52) 權泰億, 『韓國近代綿業史硏究』, 일조각, 1989, 134~188쪽.

"목화든지 무엇이든지 이익만 되몬 심을낀데 손해되니 하는 수 이야재."

"손해가 뭣고? 난 작년에 죽도록 가꿔서 목화를 따가지고 공동판매 장에 가져가니께 양털같은 솜 한근에 이십전밖에 안 준단 말이다. 그래, 다섯 근 가져가서 일원 한 장 얻어오니게 우리집 여편네가 우는 소리로 '우리 딸막이 옷이나 해입힐 걸 갖다가. 다시는 우리 목화 심지 맙시더. 콩이나 무시나 갈어묵고'한단 말이다. 그래서 금년에 나는 구장이 자꾸 맽기는 목화씨도 기어이 안 받어 하고 면소 앞 밭에 콩을 다 심어버렸어."

"난 열다섯근을 이십리나 지고 가서 한근에 18전씩, 12근 값으로 26전밖에 안주었어. 목화는 15근인데 12근값밖에 안주느냐 하니 군청서 온 양복장이가 알어 듣지 못할 조선말로 열두근이라고 주장 해. 장부를 봐! 소로시 목화 세근 잊어버리고 왔지."[53]

목화공판문제에 대해 이야기하는 「목화와 콩」에 나오는 농민들의 대화는 당시 목화공판의 현실을 잘 표현해주고 있었다. 고치생산 또한 비슷한 실정이었다.[54] 상품작물로서 미곡과 목화, 고치 등을 권장하기 는 했지만, 일본자본주의 위주로 편성된 상품시장에 편입되는 만큼 오히려 농민경제는 악화되었다.

당연한 결과로서 농민들은 '근대화' 과정 자체가 그럴 듯하고, 앞으 로 그렇게 되는 추세임을 알고 있더라도, 자신의 현실과 맞지 않는 부분에 대해서 괴리를 느끼고 있었다. 『일년』의 성순은 돈이 없어서 품이 덜드는 방식으로 모내기를 하였기 때문에 "품이 배가 드는"

---

53) 「목화와 콩」, 224쪽.
54) "뽕도 없는 땅에 억지로 심어서 밤잠도 몬자고 누에를 쳐서 꼬치를 가져가면 상고치 한관에 2원, 뽕값도 안되고 공력값도 안되는 걸 뭐. 또 간간이 한두 관은 어데 가는 줄 모르게 잊어버리고. 근검하기로 유명하고 살림잘하기로 유명하고 또 양잠 잘하기로 유명한 허춘삼의 말이었다"(「목화와 콩」, 225쪽).

정조식(줄모)를 하지 않았다는 것을 지주에게 말할 수 없었다. 그렇지
만 "지금 구장네 집에 와 있는데 줄모(정조식)을 안한 사람은 큰 일
난대드라!"라는 말을 들으면 두려웠다. "모 낸지가 벌써 며칠이 지나서,
뿌리가 뻗고 땅김을 다 쏘였는데 이제 그것을 뽑는다면 금년 논농사는
망쳐버리는 판이다. 더구나 모판에 콩도래(대두박)을 하느라고, 또한
논에 쓸 조합비료를 사느라고 남의 돈을 빌린 것도 문제다. 모를 하면서
도 빚 때문에 죽을지 살지 모르겠다고 야단이던 그들에게 모까지
뽑아버린다면 죽으라는 말과 같다"라는 상황과[55] "내년에 줄모를
안하는 사람에게는 부득이 땅을 떼야겠어. 안 그랬다가는 내가 큰일
나니까……"라는 지주의 말에 어쩔 수 없이 정조식을 할 수밖에 없는
현실에 직면한다.[56] 지주와 소작관계 속에 편입되어 있는 대부분의
농민들은 자신의 경제현실과 관계없이 일제와 지주가 강제하는 방식
을 실행할 수밖에 없었다. 농민 스스로 식민지의 소작인이라는 이중의
강제요소가 존재함을 몸으로 느끼는 계기였다.

　게다가 '합리성'과 '비합리성'이라는 근대적 사유체계와 농민의
삶이 배치되는 현실은 도급기 사용을 둘러싼 『고향』의 설명에서도
드러난다.

　　"다 같은 한섬이라도 옛날 한섬의 그것과는 엄청나게 내용이 틀니
　　었다. 옛날에는 두툼하게 섬을 처서 모래와 흙이 석긴 껄그렁벼를
　　모말로 스무말씩 되어서 한섬에 처담고 집모개미를 넣어서 묶은
　　것을 한섬이라 한 것이다. 그때의 그런 벼 한섬은 지금의 반섬 폭도
　　못될 것이다. 첫재는 벼를 쌀같이 몽그르는 것, 둘재는 김푸래기나
　　돌멩이라든가 모래알 같은 잡동산이가 섞이지 않은 것, 셋재는 저울

55) 『일년』, 93쪽.
56) 『일년』, 97~98쪽.

로 이백 근씩 정평을 해서 다는데도 섬피의 근량까지 제하니가 한섬
근량이 무척 많아진 것—이러고 보니 땅 한마지기는 그전이나 지금이
나 일반인데도 소작료는 실속으로 그전의 갑절을 무는 셈이 아닌가?
그러면 그것은 전혀 소작인의 손실로 돌아갈 뿐이다.……한섬의
소작료를 웨 백근씩이나 정했는지 모른다. 논 한마지기에 이백평을
잡아서 한평에 한근씩 하자는 것인가? 옛날의 한섬은 일백육십근밖
에 안되든 것을 지금은 어디서나 이백근씩 받는 것이 아주 불문율이
된 것 같다."[57]

　벼가마니가 깔끔한 벼로 가득차게 되는 것이 합리적이고, 이것저것
지저분한 것들이 섞여서 말을 재던 과거 방식이 분명히 비합리적임을
알고 있는 농민들이지만, 섬을 재는 방식은 곧바로 합리와 비합리의
가름을 넘어서는 생존문제였다. 문제는 그것이 소작료로 내는 것이라
는 점에 있었다. 만약 자작농이라면 스스로 상품판매자가 되거나 자가
식량으로 쓰이기 때문에 상황은 달랐다. 그러나 '합리성'을 통해서
이익을 보는 것은 지주고, 손해는 보는 것은 소작농이었다. 또한 가장
근대적인 모습의 농장으로 설정된 「산촌」의 모범농장은 만드는 과정에
서 땅을 빼앗기지 않으려고 관행대로 씨앗을 파종했던 기존 소작인들
을 모두 내쫓고, 일본인 이민과 보통학교 졸업생인 모범경작생에게
소작을 넘겨 주었다.
　이래저래 합리적이고 근대적인 생산방식과 생활의 변화가 가져온
것에 대해서 이 시기 농민소설들에서 공통으로 말하고자 하는 것은
농민들의 '궁핍'이었다.

　"논 한마지기에 한섬씩 나든 것을 금비 반짝식 주어서 3할을 더

57) 『고향』, 459~460쪽.

424 제2부 식민지배와 농촌 사회의 변동

나게 했을 때, 열마지기면 금비 닷섬. 석섬을 더 먹는 것이다. 이것을
지주와 절반 나누면 한섬 반, 거기에 비료대를 한섬에 2원50전씩만
하면 닷섬에 12원 50전. 벼 한섬반에서 12원 50전을 제하고 나면
얼마가 남는가. 더구나 비료대에는 거의 반년동안 이자가 붙는다.
벼 한섬에 10원씩 치더라도 비료갑이 부족하다.……곡가는 점점
떨어지고 금비값은 점점 올라간다."58)

비료값 부담 때문에 수확이 늘더라도 소작농에게 남는 것은 별로
없다는 말이다. 더구나 1930년대 초반은 미가가 폭락하였다. 농업공황
으로 인한 미가 하락은 가을철 벼를 수확하여 다 팔고 그것으로 잡곡을
사서 먹고 나머지 현금으로 필요품을 사야하는 농민들에게는 악몽과
같은 일이었다. "금년도 작년같은 시세라면 벼가 열섬이래두 팔아서
빚을 다 물 것 같지 않으니 참 야단이지". 또는 "나는 입도 못대보구
다 판대두 빚을 물고 나면 비료값두 남지 않을 것 같네. 농사는 나
먹으려구 하는 것이 아니라 돈 있는 사람 먹일려구 하는 노릇이지"나
"그래 봄에는 빚을 내어다가 농사짓고 가을에 거두어서는 그것 물어주
구……그것이 농부지"라는 탄식을 할 뿐이었다.59)

자작농의 경우는 그래도 자기 밭에서 나는 것이 있었다. 『일년』의
성순은 농사를 짓는 과정에서 빌려 썼던 돈과 곡식들을 모두 쌀로
갚아야 했기 때문에 수확한 벼는 소작료와 그동안의 빚을 갚고 나면
아무것도 남지 않았다. 단지 자기 밭에서 난 조와 팥이 있을 뿐이었다.
이런 때 술값이 많이 들기라도 했으면(『상록수』의 동혁네) 그나마도
남는 것이 없었다. 「흙의 노예」에서 조카가 마름자리라도 얻어 볼
요량으로 술자리를 가졌던 것이 그 집안의 경제를 몰락시키는 주요한

---

58) 『고향』, 449~451쪽.
59) 『일년』, 198쪽.

원인이 되는 것도 이런 취약한 자작농 또는 자소작농의 현실 때문이었다.

가장 실감나게 소작료를 내고 난 후의 가계 예산을 하고 있는 글이 「흙의 노예」이다. 경성에서 돌아온 인텔리의 농촌생활 감이 살아있다.

"한여름 동안 밤잠을 못 자고 피땀을 흘린 총 수확이 벼 넉 섬이요, 이 넉 섬으로 보리 때가지 연명을 하지 않으면 안 된다는 엄연한 사실……그 5, 6개월을 벼 넉 섬으로 산다?……호세도 내야 하고 사람이 병이 나지 말란 법도 없고 보니 영신환 봉도 사게 될 게고 석유며 심지어 성냥 한 갑가지도 저 벼를 내야만 한다. 금년은 볏금이 좋아서 8전이다. 이백근 잡고 16원, 너 섬을 다 낸댔자 60원이다. 잡용으로 아무래도 한 섬은 내야 할 판이다. 그렇다면 50여 원을 가지고 반년을 살아야 한다.……네 식구에 매양 10원이다. 창문이의 바지저고리는 뭣으로 해주면 어린 것들의 알궁둥이는 뭣으로 가려주어야 할 겐가. 그나 그뿐인가 아내는 서울서 입던 찌꺼기를 꿰매 입는다 친대도 나만은 바지저고리 두어 벌은 가져야 삼동을 날게다. 버선을 기워댈 도리가 없을게니 양말짝이라도 사 신어야 이면이 옳잖은가.……부지깽이도 살림 값이 간다는데 연모 하나 없이 이렇게 농가에서 부지를 하며 담배는 누가 사준다는가. 아직 식구가 다 죽지는 않았으니 친구고 아내 집으로 통신도 해야 할 겐데 우표는 뭣으로 사며 종잇장 봉툿장은 뉘게서 갖다 쓰나.……석유, 성냥, 담배, 우표－이렇게 조목조목 적다보니 주먹구구로 칠 때는 매양 8, 9원은 되던 것이 겨우 5원 부리에서 벗어난다.……예산을 좀더 삭감해 보잔 것이다. 담배값 1원50전이 1원으로 감해졌고, 석유 4사발이 3사발로, 통신비 30전이 25전으로…… 이렇게 삭감해도 일인당 한달 생활비가 1원 50전이 못된다.…… 15전짜리 몸살약첩을 쓴대도 볏섬은 들어갈 것이다."[60]

---

60) 「흙의 노예」, 245~247쪽.

1년 동안 살아야 할 비용을 계산해 본 것이다. 이것 저것 제하고 나서 남은 것이 벼 4섬이었다. 미가 8원으로 쳐서 4섬에 60원의 수입이 있다. 내야 할 것도 많고 사야 할 것도 많았다. 호세를 내고, 아픈 것을 대비해서 영신환봉도 사놓고, 석유나 성냥같은 잡용에 필요한 돈도 있고, 남자의 바지저고리를 마련할 비용, 양말, 담배, 통신비 등 필요한 부분은 많았다. 이렇게 해서 보아 1인당 1달 생활비는 1원 50전이 못된 상황이었다. 이것으로는 생활하기가 막연한 수준이었다. 생활은 점점 어려워졌다.『일년』의 성순은 다음 해 김참봉이 소작료 산정방식을 바꾸는 바람에 점점 형편이 어려워질 형편이었다. 김참봉은 비료값 1/3에 수확미를 반씩 나누던 것을 비료값은 지주가 1/2씩 내고, 수확미의 2/3를 가져간다고 한다. 그러나 김참봉이 이 지역 땅의 전부를 소유하고 있는 탓에 이들은 다른 땅을 구해서 갈 수도 없고 그가 원하는 대로 할 수밖에 없었다.[61]

미가 변동 등에 따라서 한계선에 있던 농가경제는 유지와 파탄을 오락가락한다.[62] 이미 상품경제 속에 깊숙이 편입되었기 때문이었다. 그 결과 거의 모든 소설 속에서 농민들은 몰락 일변도로 나타난다. 자작농이 자소작농으로, 거기서 소작농으로, 다시 농업노동자로, 나아가 유이민으로 전락해 가는 과정들이 보인다.『고향』의 희준이네는 칠팔십 석은 하던 집안이 아버지의 방탕함과 학비부담으로 인해 몰락해 갔다. 마찬가지로 열심히 일을 하는 사람들도 몰락해 갔다.「흙의 노예」의 수택아버지는 열심히 노력해서 자작농이 되었고, 농업기수까지 농작물에 대한 의견을 참조하고 군이나 도에서 표창을 받기도

---

61)『일년』, 210~211쪽.
62) 1939년 印貞埴의 조사에 의하면, 한 지역 농가 중 고리대를 겸하는 자작농을 제외한 자소작농과 소작농층은 모두 지출이 수입보다 많아 부채를 질 수밖에 없는 상황이었다(印貞埴,『朝鮮の農業地帶』, 生活社, 1940).

했으나, 점차 소작농이 되고 마침내 소작도 못하게 되는 존재로 전락한다. 또는 가족의 죽음이나 혼인으로 인한 빚 때문에 몰려 소작농으로 전락하는 경우가 자주 등장한다.[63]

이렇게 몰락한 농민의 삶과 심정을 잘 대변하는 것이 『상록수』의 건배였다.

> "우리 내외는 남몰래 굶기를 밥 먹듯 했네, 못 먹구두 배부른 체허기란 참 정말 심드는 노릇이네. 허지만 어른은 참기나 허지. 조 어린 것들이야 무슨 죄가 있나? 우리 같은 놈헌테 태어난 죄밖에 이승에 무슨 큰 죄를 졌단 말인가? 그것들이 뻔히 굶네그려. 고 작은 창자를 채지 못해서 노랑방통이가 돼 가지구 울다울다 지쳐 늘어진 걸 보면, 눈에서, 이 아비놈의 눈에서 피눈물이 나네그려!"[64]

이런 빈궁을 견디지 못하는 사람들은 농촌을 떠나거나, 동료를 배신하거나(건배), 망가진 사람으로 변하기도 한다(원보). 이는 농촌공동체의 해체를 절실하게 드러내 주는 것이었다. 궁핍함은 곧바로 같은 마을 사람들 사이의 관계를 망가뜨려 버린다. 양식을 꾸러 돌아다니는 동네에서 같은 지주의 소작인들끼리도 친하지 못하고 서로 싫어하는 관계가 형성되었다. 그들은 지주에게서 땅을 빌릴 때 경쟁자이기 때문이었다.[65] 이는 과거 궁핍이 계나 두레와 같은 공동체적 질서를 낳은 기원이 되었던 것과 달리, 지주제의 강화와 상품화폐경제의 침투로

---

63) 일제하의 소작지율은 산미증식계획기 이후에도 1930년대 말까지 지속적으로 늘었다(1924년 52.3%→1935년 57.3%→1939년 58.0%). 1939년 도별 소작지율은 경기 71.5%, 충북 66.5%, 전북 77.3%, 전남 53.3%로서 지주소작 관계가 고착되어 있었다(朝鮮總督府, 『朝鮮農地年報』, 1940, 109~120쪽).
64) 『상록수』, 293쪽.
65) 『고향』, 88쪽.

428   제2부 식민지배와 농촌 사회의 변동

인해 궁핍함은 그것을 깨는 역할을 한 것이었다.

이런 궁핍 속에 사람들은 춘궁기가 되면『고향』에서처럼 양조소에서 파는 가축들에게 먹이던 지푸라기 등 별별 잡동사니가 섞인 술지게미를 사먹든가, 「산촌」에서 먹는 방법을 자세하게 설명하는 소나무껍질이나 나물을 먹고 지탱한다.66) 나름대로의 살 방도를 찾아서 「흙의 노예」에서 여자들은 담배일이나 감자나 사과를 파는 부업을 다니거나,67)『고향』의 원칠처럼 제사공장 공사장에서 날품을 팔고,68)『일년』처럼 농장 간척공사장에서 돈을 번다. 이도저도 할 수 없는 지경에 이르러 인신매매가 횡행한다. 자기가 자진해서 딸을 팔고 먹고 살거리를 마련하는 「농부 정도룡」의 이웃도 있고,69) 지주가 소작권을 이용하여 소작인의 딸을 노리는 경우나,70) 고리대 때문에 자식을 파는 「민촌」의 점순이네도 있었다.

이런 궁핍 속에서『흙』의 농민들은 자신들이 가난해진 이유를 모른다. "별로 전보다 더 잘못한 일도 없건마는─술을 더 먹은 것도 아니오, 담배를 더 피운 것도 아니오, 도적을 맞은 것도 아니오, 무엇에 쓴 데도 없건마는─여전히 부지런히 일하고 애끼고 하였건마는, 새 거름 새 종자로 수입도 더 많건마는……비싸진 구실, 비싸진 옷값, 비싸진 교육비, 비싸진 술값, 담뱃값……채마 한편 귀퉁이에다 담배 포기나 심으면 일년 먹을 담배는 되었다. 보릿말이나 누룩을 잡아, 쌀되나 삭히면 술이 되어 사오명절이나 제삿날에는 동리 사람 술잔이나 먹였다. 그러나 지금은 담배도 사 먹어야 술도 사 먹어야, 내 손으로 만든

---

66) 「산촌」, 374쪽.
67) 「흙의 노예」, 273~274쪽.
68) 『고향』, 47쪽.
69) 이기영, 「농부정도룡」, 『개벽』 1926. 1-2 / 『홍수』, 73~74쪽.
70) 이기영, 「원치서」, 『동아일보』 1935. 3. 6~7쪽 / 『홍수』 재수록.

누에고치도 내 마음대로 팔지 못한다"면서 "다 제팔자지, 세상이 변해서 그렇지"라면서 한탄하였다.[71] 문제의 원인이 제국주의 일본에 의해 확산된 자본주의적 상품화폐경제에 있음을 알면서도 그 해결방법을 찾지 못하는 사람들의 모습이었다. 그에 비해서 「목화와 콩」의 농민들은 목화가 손해를 끼치는 것을 알게 되면서 목화 대신 콩을 심고, 콩을 엎어버리려는 '관'에 대항하기까지 한다.

이와 같이 소설 속에 나타난 대응방식의 차이는 소설 작자의 현실인식과 사회적 대응방식의 차이에서 비롯하였다. 근대화 특히 농촌근대화를 절실하게 강조했던 이광수는 선진적인 지식인과 그를 따르는 농민대중에 의해서 문제를 해결할 수 있다고 생각했다. 따라서 그 현실 속에 사는 농민들은 지식인이 깨우쳐 주지 않는 한 현실의 모순구조를 인식하지 못한다.[72] 이에 비해 사회주의자인 「목화와 콩」의 작자 권한이나 『고향』의 작자 이기영은 농민들의 의식성장과 자발적인 저항에 중심을 두었다.

그렇지만 이런 해결방법의 차이에도 불구하고 농민소설들에서 공통적으로 나타나는 요소는 첫째 이미 농촌사회 속에 근대적 사회질서가 깊게 침투해 들어가 있으며, '근대화' 자체의 필요성을 긍정한다는 점이다. 그러나 둘째 일본에 의해서 도입되기 시작한 '근대화'의 성과가 농민들에게는 귀속되지 못한 현실의 문제에서 출발한다. 따라서 문제의 핵심은 그 마을 또는 농민을 둘러싼 사회관계 중 지주와 소작인, 또는 마름과 소작인들의 갈등이 초점에 놓이게 된다. 이는 당시 지식인

---

71) 『흙』, 90쪽.
72) 1932년 이광수는 마르크스주의에는 조국이 없다고 비판하며, 민족운동은
① 인텔리겐차의 결성, ② 농민 노동자의 계몽과 생산확대, ③ 협동조합운동이
필요하다고 보았다. 『흙』은 이런 그의 생각을 담고 있다(김윤식, 『이광수와
그의 시대 2』, 솔출판사, 1999, 189~192쪽).

들이 당대 사회를 '근대'를 이루어야 할 사회로 인식하는 한편, 사회의 가장 큰 모순구조를 '지주와 소작'의 반봉건적인 관계에 커다란 비중을 두고 있고, 그것을 둘러싼 관계로서 일본과 조선의 식민구조를 설정하고 있었기 때문이었다.

4. 농민의 현실인식과 의식구조

농촌사회 구성원들의 존재는 생활양식상에서도 대조적이며 대립적인 모습을 지녔다. 많은 소설들에서 지주나 마름 또는 농업기수의 차림새는 주요한 묘사대상이다. 농민들의 모습과 대비하고자 하는 의도에서 그리했을 것이다. 군청에 다닐 때 『고향』의 마름 안승학은 금테 안경을 쓰고 프록코트와 중산모를 썼다. 그는 논에 일을 보러 나갈 때도 신사 차림이었다. "아침부터 일직이 각반을 치고 들로 나갔다. 그는 금테안경에 금반지를 끼고 양복조끼 앞자락에도 마치 자랑을 하라는 것처럼 금시계줄을 길게 느렸다. 그 위에 누른 빛 렌-코트를 입고 머리에는 농립을 썼다. 그리고 손에는 검은 양산을 단장삼아 짚고 섰다."[73] 이런 안승학의 모습은 빈농의 모습을 묘사한 「원치서」의 "뱁새집 같은 더펄머리 속에 북상투가 끄덕"거리며, "땟국이 흐르는 깜장 바지는 벌써 언제 입었는지 물이 바래서 도리어 희어지는 것 같"고, "회색 저고리는 더 말할 것 없이 만국지도처럼 얼룩이 진 데다가 군데군데 딴 헝겊을 대고 당장 먹은 코를 수술한 것처럼 얼기설기 꿰어"맨 상태이며, "색의 장려인지 때문에 무색옷을 입을 수 없어서 남과 같이 염색 옷을 해" 입었는데 "말이 염색 옷이지 그것은 경제도

---

73) 『고향』, 78~79쪽.

아무 것도 아니 되고 까막 족제비처럼 보기만 흉하게" 된 옷을 입은 원치서와 아주 대조적이었다.[74]

안승학은 수백석 지기에 민판서집 마름이지만 과거에는 중인 출신으로 빈궁한 처지였던 인물이다. 그는 "기차와 정거장과 전보때를 보고는 경이의 눈을 뜨고서" 가장 먼저 철도를 타 보고 '마술과 같은' 전보를 이용했으며, 주변 사람들에게 그 경이로움을 자신의 것처럼 자랑하는 사람이었다. 사립학교를 졸업한 후 군청에 들어갔다. 토지조사사업과정에서 은결을 빼돌려 자기 땅으로 만드는 등 여러 가지 협잡을 통해서 땅을 모으고, 민판서 마름이 되었다.[75] 그는 돈을 벌어야 출세한다는 의식이 매우 강하다.[76] 개인이 가질 수 있는 근대성과

---

74) 「원치서」, 141~142쪽.

75) "치부의 풍설-몇해전까지 단순히 하급의 월급생활. 뇌물을 먹었다는 소문, 토지조사 임시에 은결로 숨은 땅을 누구와 협잡하여 나중에 자기 땅으로 돌렸다는 소문", "농민은 묘목값이 비싸다고 산을 헌신짝같이 내버렸다. 도처에 미간지와 진펄이 있었다. 환자쌀도 어수룩하였다. 역둔토는 넌부로 불하를 하였다.……안승학은 이통에 미천을 잡았다." "(민판서집 마름운동내막) 여름 앞내에 큰 홍수가 저서 민판서집 전장이 많이 상했을 때 민판서는 친히 농장시찰을 내려왔다. 안승학은 그전 사음을 중상, 군 재무계에 오래 있어서 원터 앞뒤들을 모두 알고 있었다. 비밀히 민판서집 전장의 지적도를 펴놓고 복사를 하고, 그때 일부러 내뚝으로 붙은 경계선을 다소 변작. 그 변작한 부분의 바로 활등같이 굽은 내뚝 안에 있는 구레논은 그전 마름이 짓던 것이었다. 그런데 그전에는 그 내뚝이 그렇게 휘지를 않았는데 작년 수파에 그 뚝이 반이나 무너져서 위험하다고 새로 쌓을 때에 도리여 내 안으로 뚝을 다가서 쌓기 때문에 내가 좁아저서 금년에 큰 수해를 본 것이라고 설명하였다. 민판서가 실지답사하니 그 말이 맞아. 민판서는 고지듣기를 그것은 분명히 제가 짓는 논을 늘려 먹자고 방축을 허수히 할 뿐 아니라 악의로 한 줄만 알게 되었다."(『고향』, 101~104쪽).

76) "너희도 돈을 버러야 하느니라. 사회니 무어니 하고 떠들어도 결국 돈 가진 놈의 노름이야. 다 소용없어! 그저, 돈이다. 애비가 오늘날 이만한 지위를 얻은 것도 무엇 때문인 줄 아니? 돈 때문이야……지금이라도 돈 한 가지만 없어 봐라! 다시 쫍박을 찰 테니. 흥!"(『고향』, 109쪽, 안승학의 주장).

부의 상징으로서 양복을 입고 '금'시계를 찬다. 그는 가장 유리한 처세술이기 때문에 '시간을 엄수하는 성벽'을 가졌고, '지각을 한 번도 하지 않은 워싱턴'을 존경하며 시계모으기가 취미이다. 이만하면 근대성을 상징하는 인물로서 손색이 없는 묘사였다.

소설에서는 입성만이 아니라 여러 측면에서 비교를 행하고 있다. 지주집의 모습으로 「부역」의 강참봉집은 "사랑이 무학동 골 안의 수양버들이 우거진 높은 지대에 올라서 있다. 뜰 앞에는 화단을 모으고 거기 많은 각색 화초를 심었다. 마당 저편으로는 연못을 파고 그 한가운데는 석가산을 모았다. 연못 속에는 금잉어가 꼬리치며 논다. 여기서만 심심하면 강참봉 아들이 낚시질을 하는 것이다. 후원에는 대 수풀이 우거지고 좌우 산기슭으로는 푸른 솔이 울창하였다. 수양버들이 우거진 돌개천이 흐르는 유수한 이 동학에 강참봉의 수십칸 와가는 왕궁과 같이 덩그렇게 섰다."[77] 아름다운 정원을 가지고 있는 지주집의 풍경으로는 『고향』의 안승학의 집도 그랬다. "아침에 일어나면 우선 화초를 건사하는 것이 날마다의 첫일과였다. 월계장미, 목단, 백일홍, 석류화 같은 것, 수선화, 파초, 난초, 백합 같은 것도 있었다."[78] 젊은 축은 "작은 사랑채를 말끔 중창을 하고 유리를 붙이고 실내를 동경같은 데의 찻집을 본떠서 모던식으로 꾸며 논 것과, 또는 새로 사 온 유성기를 틀면서 '이 시굴 구석에도 이만치 문화 생활을 하는 사람이 있다'는 것을 자랑"하기도 한다.[79]

이에 대비해서 『상록수』의 동혁집에 대한 묘사는 농촌집의 보편적인 양상을 보여주는 한편으로 그래도 관리가 될 수 있는 정도의 수준이다.

---

77) 이기영, 「부역」, 『조선문학』 1937. 6 / 『홍수』, 135쪽.
78) 『고향』, 219쪽.
79) 『상록수』, 109~110쪽.

"흙바닥에다가 그냥 기직대기를 깔……윗목에 놓인 책상에는 학교에
다닐 때 쓰던 노트 몇 권이 꽂혔고, 신문 잡지가 흐트러졌을 뿐이요,
아랫목에는 발길로 걷어차서 두르르 말아 놓은 듯한 이불 한 채가
동그마니 놓였다.……마분지로 도배를 한 벽에 붙은 사기 등잔인데,
그것도 오늘 지나다니며 들여다 본 다른 농가의 것과 조금도 다를
것이 없다."[80] 그보다 못한 경우가 「원치서」의 집이다. "몇 해를 깔았는
지 모르는 다 떨어진 왕골자리는 쓰나 마나 제턱이었다. 만일 햇빛이
방안으로 비친다면 흙먼지가 방안에 연기끼듯 하였을 것이다. 그것을
밤낮없이 들이마신다.……흙벽에는 종이 한 장 안 바른 것이 가물에
마른 논 터지듯 죽죽 금이 나갔다. 그 속으로 빈대알이 쪽 깔렸다.
고리타분한 흙먼지 냄새와 석유냄새, 된장내, 음식내, 지린내는 한
데 뭉치어서 구역이 날 만큼 이상한 악취를 발산한다. 그나마도 집이
없어서 치서는 이 집으로 곁방살이를 들었다."[81]

　현실 속에 존재하는 계급 계층간의 경제적인 차이와 거기서 파생되
는 생활의 모습이 이런 비교 속에 잘 드러났다. 작가의 의식세계 속에서
이는 계급적 대립구조를 갖고 의도적으로 묘사되었다. 근대적이고
문화적이며 청결한 생활과 후진적이며 문화수준이랄 것도 없고 불결
한 생활이 대조되었다. 이는 근대와 봉건, 선진과 후진, 부와 빈곤,
가진 자와 못가진 자라는 이중구조를 표현하는 것으로서 이것이 의식
세계 속에서 대립적이면서도 일정한 지향성을 가진 것으로 인식되었
다.

　소설 속의 인물들도 마찬가지였다. 농민들의 의식은 상당히 강한
양면성을 보였다. 한 면은 개인적으로는 안승학을 비롯한 지주나 마름

80) 『상록수』, 112~113쪽.
81) 「원치서」, 158쪽.

같은 존재들을 싫어하면서도, 그들이 가진 부와 근대적 상징에 대한 선망을 강하게 가진다는 사실이다. 욕을 하는 한편으로 "마름집으로 일을 오면 모두 신명이 나서 일들을 잘 했다. 그것은 마름의 눈에 잘 보이라는 소작인 심리가 움지기기도 함이었지만 그보다도 그 집의 풍족한 생활은 제절로 배가 불러지는 것 같았다. 어떻든지 술밥부터 잘 먹지 안는가. 그들은 요새 보리 꽁살미만 먹다가도 이 집으로 일을 오면 반 섞어 쌀밥에 토막반찬을 포식할 수 있다"고 기대하는 것이나,[82] 안승학의 딸인 갑숙의 깔끔하고 세련된 모습에 마음이 흔들리는 유부남인 『고향』의 주인공 희준에게서 밑바닥에 깔린 농민층의 욕망을 읽을 수 있다.

이런 욕망에 기초하여 일상적인 상황에서는 지배질서에 충실하여 성장기반을 닦은 인물에 대해서 상당히 긍정적으로 바라보았다. 이는 「모범경작생」의 길서에 대한 마을 사람들의 인식에서 엿보인다.

"(길서는) 동네 전체로 보아 보통학교 졸업을 혼자 했고, 군청과 면사무소에 혼자서 출입하고, 공부를 많이 한 사람에게도 지지 않을 만큼 동네 사람들을 가르치며 지도했다. 나이 젊은 사람으로 일을 부지런히 해서 돈도 해마다 벌며, 저축을 하며 마을의 진흥회니 조기회니 회마다 회장을 도맡고 있는 관계로 무식하고 착한 농부들은 길서를 잘난 위인이라고 생각하지 않을 수 없었다."[83]

이렇게 대조적인 삶의 질서가 유지되는 속에서도 재해나 지주와 소작관계의 변동과 같은 변수가 생기기 전에는 이런 질서는 질시와 선망의 이중적 대상이 되거나 때로는 모방하고 싶은 욕구를 불러일으

---

82) 『고향』, 145쪽.
83) 「모범경작생」, 20쪽.

키는 정도에서 상황은 유지되었다. 그러나 이는 매우 취약한 구조를 지니고 있었다.

승승가두인 길서가 살아가는 방법은 자신의 이익을 챙기기 위해 면장에게 빌붙는 것에 있었다. 보통학교 증축을 위해 호세를 올릴 때, 길서의 동네에 많이 부담시키려는 면장에 대해서 길서는 자신이 불이익을 당할까봐 아무 말도 하지 못하고, 그것을 묵인하고 말았다. 그 결과 생계비도 부족한 마을 사람들이 호세를 더욱 많이 내게 되었다. 그 순간 그가 걱정한 것은 뽕나무묘목을 사주는 면에 잘못 보이면 그것을 못팔게 되고, 그러면 보통학교 교장에게서 돈을 빌리지 못한다, 그러면 묘목을 심었던 밭에 조를 심게 되고, 면사무소 사무원과 학교선생들에게 팔던 감자와 파도 썩히게 된다. 논에 비료를 많이 내지 않으면 미곡품평회에 출품도 못하며, 그러면 상금도 못타고, 벼도 적게 소출될 것이다. 그러면 자신도 동네사람들과 똑같이 일년양식도 부족할 것이라는 점이었다.

'보통학교 졸업생지도'라는 농촌진흥운동의 주요 정책의 대상이었던 길서의 삶은 총독부 행정기구에 철저하게 예속되어 있어 그들에 대한 주체성을 상실하고 만 상태였다. 보통학교 졸업생에게 총독부와 금융조합을 통해 저리 자금대부를 해주고 그들이 적극적인 농사개량의 주체이자 총독부정책의 수행자로서 역할하기를 원했던 일제의 정책이 잘 관철된 모습이었다. 이럴 경우는 어려운 농업환경이긴 했지만 살아남을 수 있었다.[84]

---

[84] 보통학교 졸업생지도는 경기도에서 시작하여 농촌진흥운동의 주요 사업이 되었다. 중견청년 양성을 위해서 보통학교 졸업생지도, 實修학교의 개선과 농사훈련소 경영 등을 통해서 생도 연습생 수강자들을 관계자들이 협력하여 중견인물로 활동하게 하는 지침을 마련하였다. 이들을 조직하기 위해서 갱생계획을 실시하고 농촌진흥회에 청년부를 두어 이끈다는 방침을 세웠다.

마찬가지로 보통학교 졸업생의 진로와 관련한 글은 한설야의 「부역」
과 「산촌」에 나오는 문근의 모습에서도 볼 수 있다. 문근은 농업학교를
중퇴한 후 모범청년강습회를 다니면서 보통학교 교장인 사사끼가
운영하는 모범농장에 들어가고자 한다. 이 모범농장은 이 마을의 소작
인들을 모두 내쫓고 새롭게 일본인 이민과 보통학교 졸업생에게 소작
을 맡기면서 철저한 농사개량과 농장관리체제를 갖추는 일본인 농장
제의 모범격인 곳이었다.

이렇게 안정된 농업경영을 할 수 있는 사람들이라 할지라도 그
심리상태는 매우 미묘하게 왜곡된 모습을 보였다. 지주층이나 마름들
의 심리가 아주 당당하게 자신들의 수탈을 인정하고 밀고 나가는
것과 다르게, 길서와 같은 인물은 자신의 안전을 위해 마을 사람들을
배신하는 과정에서 심리적 갈등을 겪었다. 그들은 자신이 속해 있는
사회가 어디인지에 대한 정체성의 문제를 고민하였다. 그렇지만 이들
의 심리는 어느 한편에서는 『상록수』에서 주인공 동혁과 함께 농촌을
개혁하려고 나섰던 건배가 지주의 편에 서게 되는 배신과 그다지
다르지 않다. 건배의 배신은 농업노동자로서 땅 한 뙈기 농사짓지
못하는 가난한 자신의 삶에서 어쩔 수 없이 선택한 것이었다. 건배나
길서의 선택은 경제적 조건을 다르지만, '생존'의 문제로 다가오기
때문이다. 자신이 마을 주민들의 이익을 대변하는 입장이 되었더라면,
자신이 현재 어렵게 누리고 있는 경제적 안정이 일시에 붕괴될지도
모른다는 불안감이 컸기 때문이었다. 이는 길서와 같은 존재조차 이

또한 보통학교 졸업생들은 특수산업저리자금이나 상호연대보증으로 자금을
대부받을 때는 차입금의 연 2%에 상당하는 금액을 보조하였다(「公立普通學
校卒業生ノ金融組合加入ニ關スル件」, 『京畿道金融組合例規』, 1930. 8. 27,
149쪽 ; 「更生計劃擴充實施ニ關スル件」, 『京畿道金融組合例規』, 1935. 7. 12,
728~729쪽).

사회에서 자신의 자립성을 획득하지 못하는 존재로서 매우 취약한 조건에 있음을 보여준다.

일상생활 속에서 농민들의 의식구조는 현실안주적인 양상이 많이 나타났다. 이는 근대성에 대한 관심을 많이 갖고 있거나, 사회주의적 지향성을 가지고 있던 당시의 작가들 눈에는 보수적이고 퇴영적인 농민들 인식의 한계로서 인식되었다. 그럼에도 불구하고 농민들은 결정적인 순간에 즉 경제적 여건이 한계에 도달한 갈등이 극대화된 시점에서 폭발하였다. 소작쟁의 양상이나 물싸움 등의 모습으로 그려진 소설이 그런 것을 잘 보여주었다.

소설 속에 나타난 농민들의 지주에 대한 대응양상은 다양했다. 그런데 이런 문제가 발생하는 것은 대개 특수상황에서였다. 가뭄이나 홍수가 났을 때, 부역이 너무 심할 때, 물싸움의 과정에서 지주의 편파적인 행위가 있을 때 등이다. 이런 특수상황은 기존부터 있어왔던 양자의 관계가 위험수위에 있었기 때문에 발생하는 경우가 많았다.

「홍수」에서는 홍수로 인해 논과 집 모두 망가진 사람들이 소작료 2할을 감면하거나 면제해 주기를 요청했을 때 이를 거부한 지주에 대해서 집단적인 쟁의를 일으킨다. 가뭄에 시달린 농민들이 농사조합의 조합비 납부 연기를 요청하였던 「사하촌」에서도 농사조합에서는 이를 거부하고 입도차압을 단행하였다. 이에 대해 농민들은 차압취소와 소작료 면제를 요구하면서 한편으로는 탄원을 하고, 한편으로는 직접적인 투쟁방법을 취하고자 하였다.

이와 같은 소작인들의 투쟁양상과 달리, 『고향』에서의 문제풀이는 좀 온건한 편이었다. 수재를 입은 농민들이 마름 안승학에게 소작료 면제를 요청하고 거절을 당한 후, 외부의 지원을 얻어 농민들의 생계를 보전해 주는 한편, 사적인 약점을 잡고서 마름을 설득함으로써 문제를

해결한다.85)

이러한 투쟁이 모두 성공하지는 못했다. 「산촌」에서 김갑산동에 사사끼 보통학교 교장이 모범농장을 운영하기 시작하면서 농민들은 그땅에서 농사를 지을 수 없었다. 그들은 과거와 같이 씨만 뿌리면 소작권을 떼지 못한다고 믿고서 밤새 씨를 뿌리나, 다음날이면 뒤집어져 있다. 종자도 못 건지고 말았다. 이런 현실에서 계속 충돌한 후 농민들은 감옥으로 잡혀갔다. 출옥한 후 농민들은 모두 그곳을 떠나 사방공사장의 날품팔이로 전락하고 말았다. 이런 모범농장의 양상은 1930년대 중후반에 일반 지주층에 대한 억제조치가 나오는 반면, 이른바 '동태적 지주'라 불리는 경영형 지주는 총독부의 지원을 지속적으로 받고 있다는 현실과 연결되는 모습이었다. 특히 1940년대 통제경제 하에서 전 농촌으로 확산되었던 농민통제 방법이기도 했다.86)

취약한 농민경제구조 속에서 농민들은 홍수나 가뭄 등의 재해 자체가 일상화되어 삶의 토대를 위태롭게 만들었다. 이를 극복하는 방법으로 조합을 결성하고 소작료 면제투쟁을 벌이는 「홍수」나,87) 두레를 조직하여 농민들을 모으는 『상록수』와 같은 농민운동의 생활화가 진행되기도 했다. 그러는 한편 몰락해서 농촌을 떠날 수밖에 없는 것이 농민현실이었다.

---

85) 이런 점은 『고향』이 사회주의리얼리즘을 표방하는 소설이라는 성격을 약화시키는 것이며, 당시 농촌사회의 정서와 사회운동수준은 반영하지 못했다는 비판을 받는 부분이다(지수걸, 「식민지 농촌현실에 대한 상반된 문학적 형상화」, 『역사비평』 20, 1993년 봄).

86) 久間健一, 「地主的職能の調整」, 『朝鮮農政の課題』, 1943 참고.

87) 「홍수」, 119~124쪽.

5. 맺음말

1930년대 농민소설을 통해서 식민지 속에서 근대화과정을 겪는 농민들의 생활과 현실인식에 대해서 살펴보았다. 소설은 단순한 현실의 반영이 아니라 작가의 의식세계를 통해 걸러진 현실이다. 그런 면에서 이 시기 농민소설은 1930년대라는 조선사회와 농촌에 대한 이해가 깊어지는 가운데 쓰여진 것이며, 민족해방과 사회개혁 방법을 둘러싼 여러 개혁론의 연장선에서 이루어진 것이라는 특징을 지니고 있다. 그런 만큼 작가가 지향하는 세계관과 농촌관이 중심에 있으며, 작가가 가진 현실인식의 한계가 그대로 녹아들어 있다. 하지만 그 반면 소설은 사실의 개연성에 입각하고 있기 때문에 작가가 의도하지 않았던 현실세계의 모습이 반영될 수밖에 없다. 이렇게 의도하여 보여주는 현실과 의도하지 않았던 현실을 통해서 당시 농민들의 생활상을 복원해 내고자 하는 것이 이 글의 목적이었다.

소설 속의 농민생활상은 그동안 일반 역사연구에서 검토되었던 양상들이 생동감 있는 현실로서 세밀하게 묘사되어 있었다. 일본제국주의에 의해 근대세계체제에 편입된 조선농촌이 근대적 공간 속에 어떻게 편재되어 가는가를 철도역이 설립된 이후 변해가는 읍내의 모습을 잘 설명하는 『고향』이나, 동경-서울-마을의 위계적 공간개념이 확산되어 가는 모습들을 여러 글에서 확인할 수 있었다. 위계적 공간개념은 근대화된 '선진' 도시와 그렇지 못한 '후진' 농촌사회를 대비함으로써 농민들에게 일본에 의해 전개되는 근대질서 속에 편입되어야 한다는 생각을 심어주었다. 여기에 철도와 전신, 학교, 근대적 수리시설 등으로 표상되는 근대적 시설들이 농촌사회에 자리잡으면서 농민들에게 '근대화'란 당연한 과정이고 필연적으로 이뤄야할 목표로 설정되게 되었다. 또한 농민들이 직접 경험하는 노동자로서의 체험이나 유학생들을 통한 바깥 세상에 대한 정보, 만주나 일본으로 떠난 이웃들에 대한 이야기들을 통해서 이 시기 농민들의 경험세계는 확장되어 갔다.

또한 농업생산 과정에 도입되는 도급기나 농장경영 방식과 같은 것들은 농민의 일상에서 가장 중요한 부분을 차지하는 경제생활에 커다란 변화를 일으켰다. 또한 농업정책으로서 강제되는 비료 보급이나 정조식, 또는 면화재배 강제 등은 합리적인 농업경영 방식으로서 필요하다는 인식과 더불어, 그것을 실현할 수 없는 농민경제의 취약성으로 인해 반발을 불러일으켰다. 정조식을 둘러싼 성순의 갈등(『일년』)이나 『흙』에서 문제가 되는 농업기수의 모습, 「목화와 콩」에서 보이는 강제적인 목화재배가 그러한 모습을 잘 보여주었다.

근대적 공간과 시간의 침투에 의해서 농촌사회는 그 규율 속에 점차 편입되어 갔고, 농업생산 과정을 통해서도 '근대적 생산성'은 필연적으로 확보해야 한다는 생산력 인식과 식민규율 속에 편입되어 가는 것이 개인적으로 성공하는 길임을 공개적으로 주장하며, 성공한 인물에 대해 선망하는 인간관계의 모습이 잘 드러났다. 「모범경작생」의 길서에 대한 인식이나 『고향』의 마름 안승학에 대한 농민들의 이중적인 태도, 또는 『흙』의 허숭이나 『고향』의 희준과 같은 인텔리들에 대한 선망과 교육열 등이 그러한 농민의 이중성을 잘 보여주는 대목이었다.

그렇지만 이중적인 인식구조는 농민생활의 궁핍과 취약성으로 인해 유지되는 것이었다. 큰 문제가 발생하지 않는 일상적인 상황에서 농민들은 경제적 사회적 어려움을 겪고 있고 커다란 모순구조 속에 존재해 있다 하더라도 그것을 표면화시키지 못하며, 상승욕구와 소유욕만이 드러난다. 그렇지만 이런 일상성은 항상적인 위기의 경계선에 놓여 있으므로, 그 균형을 무너뜨리는 홍수나 가뭄, 소작료 납부방식의 변화 등이 발생할 경우 균열이 생길 수밖에 없었다. 이 시기 농민소설들은 이러한 궁핍한 농민현실 속에서 농민들이 갖는 의식세계와 그것을 넘어서려는 노력들을 단편적이나마 다양하게 그려내고 있었다. 이런 의미에서 1930년대 농민소설은 작가가 가진 현실인식의 한계에도 불구하고, 일본에 의해 주도되며 변화하는 농촌사회와 그 속을 살아가는 농민들의 이중적인 의식구조, 그리고 변화된 사회에 대한 대응방법 등을 총체적으로 볼 수 있는 유일한 텍스트였다.

제 3 부
식민지 권력과 근대적 규율 체계

감옥 내 수형자 통제를 통해 본
식민지 규율 체계

이 종 민*

1. 머리말

 작업은 일정한 것이 없었고, 자고 일어나는 것은 자유자재, 어떤
감방은 10명이나 족쇄를 하고 어둠침침한 방에 방치되어 보기에도
딱했습니다. 그럼에도 불구하고 부모의 祭日이나 간호를 위해서는
귀가를 허가하는 이상할 일도 있습니다. (中略) 外役으로 매일 시내에
청소를 나가 公錢으로 마음대로 물건을 구입하며, 술·담배는 지금까
지 금지 제약이 없었던 상황이라 죄수가 외출하여 술에 취해 歸監하지
않는 일도 있습니다.[1]

 위의 인용문은 1907년 警務顧問으로 한국에 파견된 한 일본인 관리
가 작성한 보고문의 일부로, 갓 부임한 그의 눈에 비친 경성감옥[2]의

---

* 일본 주오대학교 강사, 사회학
 1) 山川定, 「京城便」, 『監獄協會雜誌』 제20권 제6호, 1907. 6, 36쪽.
 2) 여기서 경성감옥이란 조선시대부터 전옥서란 이름으로 종로(서린동)에 있었
    던 시설로, 1902년의 개축 공사를 거쳐 '죄수'를 수용하여 왔다. 1907년부터
    서대문에 신축하기 시작한 새 감옥이 1908년 10월에 문을 열고 경성감옥이

실상을 표현하고 있다. 비록 좁고도 불결한 방에 가축처럼 밀어 넣어진 상태이지만, 당시 수형자들은 이 일본인 관리의 말처럼 '방치'된 상태였다. 시내에 나가 일한 대가로 먹을 것을 구하고, 술 담배를 하거나 마음대로 자고 일어나는 모습은 일부 수형자의 극단적인 사례였을지 모른다. 하지만 적어도 당시의 수형자들이 각자의 시간을 스스로 통제하는 것이 가능하였음을 알 수 있다.

이러한 감옥 내 일상은 1909년에 「한국의 사법 및 감옥 사무를 일본국 정부에 위탁하는 건에 관한 각서」로 감옥 사무가 일본 정부에 위임되고, 다음해에 식민지가 되면서부터 사뭇 다른 모습으로 변화되어 갔다. 1910년대를 거치면서 수감자들은 잘게 나누어진 하루 일과에 따라 생활하고 정해진 자세와 동작을 반복하도록 만들어진 규율체계 속에서 '적절히 통제된 상태로' 일상을 보내는 데 익숙해져 갔다. 1910년의 병합을 전후로 한 시기에 투옥된 후에도 기와와 돌을 던지며 격렬하게 저항하던 의병 세력을 선두로 한 '거칠고 무질서한' 무리들은, 벅찬 작업량과 엄한 감시와 제재 속에서 차츰 말없이 기계적으로 움직이는 수형자 집단으로 평준화되어 갔다.

총독부 관계자들은 조선의 刑政이 '야만'에서 '문명'의 상태로 개조되었다고 평가하여 근대적인 식민지 감옥이 가진 특성을 '문명'이라는 단어 뒤에 숨겨두었다.3) 한편 해방 이후 한국에서는 일제하 감옥을 '굶주림과 질병으로 사망자가 속출'하는, '짐승 우리와도 같은', '폭압의 장소', 특히 독립운동가들을 학대한 장소로 기록하여 왔다.4) 지배자 측에서는 일본에 의해 조선의 전근대적인 제도와 시설이 얼마나 현격

됨에 따라 이곳은 경성파출소가 되었다(刑務協會, 『朝鮮臺灣刑務所沿革史』, (연도불명), 4~6쪽 ;『황성신문』 1902. 4. 26).

3) 朝鮮總督府法務局行刑課, 『朝鮮の行刑制度』, 京城 : 朝鮮治刑協會, 1938, 14쪽.
4) 법무부, 『韓國矯正史』, 1987, 304쪽.

하게 '개선'되었는지를 강조한 반면,5) 피지배자의 기억에서 감옥은 오로지 일제 지배하의 폭압 장소였을 뿐이었던 것이다. 우리 사회에서 식민지하에 전개된 근대적 형정과 감옥이 더 이상 돌아보고 싶지 않은 혐오 시설이자 억압기구로 형상화되어 왔던 만큼, 당시 수형자들의 일상 지배를 자세히 돌이켜보는 작업은 자연히 지연되어 왔다.

하지만 근대감옥은 단순한 억압기구가 아니라 식민지 지배와 근대화를 추진하는 과정에서 새로운 질서에 대한 일반 대중의 복종을 도출하고 규율을 부여하는 과정을 가장 극적으로 보여주는 장소이다. 감옥을 중심으로 한 처벌 구조는 근대를 경험한 대부분의 국가에서 볼 수 있지만, 그것이 한 사회에 자리잡고 운영되는 양상은 결코 같지 않다. 처벌에 대한 사회적 합의가 이루어지는 방식과 국가폭력을 경험·용인하는 방식은 역사적으로 구성되는 것이기 때문이다. 이 글은 일본의 식민지 지배가 한국의 감옥 역사에 어떤 계기를 형성하였으며, 수감자를 대상으로 한 처벌과 통제가 어떤 것이었는지를 해명하고자 한다. 일본에 의해 이식된 근대적 처벌기구와 통제 원리 그리고 그 실천의 내용을 규명하기 위한 실마리를 제공하려는 것이다.

2. 근대감옥의 도입과 처벌권력의 강화

1) 자유형의 도입과 감옥의 개편

이 장을 시작하기 전에 우선 전통적인 의미의 감옥과 근대감옥의

5) 1933년 당시 조선총독부 법무국장이었던 笠井健太郎은, "조선의 과거 獄政 이천 년의 경과보다도 최근 20여 년간의 진보가 훨씬 뛰어난 것이라 말해도 과언이 아니다"라고 평가한 바 있다(「朝鮮に於ける司法及刑務の槪要」, 『朝鮮總攬』, 1933, 580쪽).

차이를 분명히 할 필요가 있다. 조선시대의 경우 전통감옥은 미결수들의 대기 장소와 같은 곳이다. 당시의 처벌은 사형과 笞刑,6) 杖刑, 流刑, 徒刑 등이 대표적인데, 장형과 태형은 신체에 직접 매질을 가하여 죄값을 갚도록 하는 것이고, 유형은 추방형, 도형은 노역이 가미된 추방형이다. 사형의 경우 처형을 대부분 공개하여 처벌자의 권력을 과시하고 동일 범죄를 사전에 예방하고자 하였다. 이러한 처벌이 실행되기까지 구금하는 장소가 전통감옥이다.

근대감옥은 구금 그 자체를 처벌 내용으로 하는 자유형이 개발되면서 만들어진 처벌 기관이다. 서구에서부터 실시되기 시작한 자유형은 처벌의 근대화과정에서 폐지된 체형과 추방형 등의 자리를 대신하였으므로, 자연히 수감 인원의 증가를 가져왔다. 자연히 죄수들을 장기적으로 구금할 환경과 방법이 모색되었다. 보다 넓고 큰 시설이 필요하였으며, 대규모 인원을 효과적으로 통제할 방법을 개발해야 했다. 근대감옥기구와 규율체계는 이렇게 등장하였다.

근대의 처벌 담론은 인권을 옹호하는 논리에 의거하여 수형자가 공정한 재판을 받고 위생적인 환경 속에서 신체적 고통을 받지 않고 생활할 권리를 강조하는 한편, 감옥이 더 이상 죄값을 치르도록 하는 응보의 장소가 아니라 새 사람을 만들어내는 矯正의 장소라는 논리를 전개시켜 왔다. 여기서 국가가 전체의 이름으로 누구를 어떻게 교정시키는지, 누구를 위한 교정인지를 둘러싸고 근대 이래의 감옥 개혁을 해석하는 여러 논의가 전개된 바 있다.7)

---

6) 장형은 큰 刑杖으로 60에서 100대를 치는 것이고, 태형은 상대적으로 가벼운 죄를 범했을 때 작은 형장으로 실시하는 10에서 50대까지의 매질을 말하는 것이다. 조선시대의 형벌에 대한 자세한 논의는 서일교, 『조선왕조형사제도의 연구』, 박영사, 1968 참조.
7) David Garland, *Punishment and Modern Society : A Study in Social Theory*, Oxford

한국에서는 1894년의 갑오개혁이래 감옥에 대한 개혁이 이루어져, 감옥 규칙과 세칙, 징역표 등 근대적인 법률을 마련하고8) 典獄署라는 감옥의 기존 명칭을 감옥서로 바꾸었으며 국가기구별로 중복되어 있던 감옥 행정을 일원화시켰다. 처벌의 내용도 징역과 유형, 사형만을 인정하였다. 그러나 혼란한 정세와 빈핍한 재정 사정으로 인해 안정적인 개혁으로 이어지지 못하고, 새로운 제도와 구제도 사이를 오가는 과도기가 이어졌다. 그 결과 1890년대까지도 한국에서 감옥과 징역형이 차지하는 비중은 크지 않았고, 수감자에 대한 적극적인 관리 또한 이루어지지 않았던 것으로 보인다. 대형 감옥이 들어서고 수형자가 적극적으로 관리되기 시작한 시기는 결국 한국에서 일본의 지배가 본격화된 시점과 일치한다.

통감부 설치 이후 1907년에 감옥관제가 실시되면서 일본인 관리들이 감옥의 실무를 장악하기 시작하였다. 1909년에는 「한국의 사법 및 감옥 사무를 일본국 정부에 위탁하는 건에 관한 각서」가 이루어져, 일본인 대상의 이사청 감옥과 한국의 감옥이 합병되었다. 이로써 한국 정부는 처벌권을 잃게 되었고, 전국의 감옥은 경성, 공주, 함흥, 평양, 해주, 대구, 부산, 광주 등의 本監과 인천, 춘천, 청주, 원산, 진주, 목포 등 別監으로 나뉘어 지정되었다.9)

한국에서 수형자가 급증한 시기는 1910년대를 전후한 시점이다. 사법권의 이양 이후로 징역과 금고, 구류를 선고받은 인원이 증가했기 때문이다. 한 일본인 관리의 견해를 그대로 소개하면, 당시는 "죄수들이 엄정한 재판에 의해 범한 죄에 해당하는 형벌을 받고 속속 각지의

University Press, 1990 참조.
8) 『한말법령집』, 아세아문화사, 1982, 1~15쪽.
9) 『官報』1908년 4월 17일 法部令 제2호 감옥위치・명칭 ; 中橋政吉, 『朝鮮舊時의 刑政』, 京城 : 朝鮮治刑協會, 1936, 105~106쪽.

감옥으로 보내졌으므로 감옥이 만원의 성황"을 이루었다는 것이다.[10] 이 시기는 일본군에 의해 의병 토벌이 집중된 시기였다. <표 1>을 보면 이 시기 재감자 수의 급증 추세를 알 수 있다. 1908년 당시에 이천여 명이었던 재감 인원은 불과 1년 후에 3배로 증가하였으며 10년 후인 1918년에는 5배 이상으로 증가하였다. 1919년에는 3·1운동으로 일단 증가하였다가, 사면 및 감형으로 잠시 증가세가 주춤하였으나 1921년에 태형이 폐지되면서 다시 증가하였다.

표 1. 식민화 전후 연도별 재감자 총수 (단위 : 명)

연도별	인원
1908	2,019
1909	6,026
1910	7,021
1912	9,581
1914	9,474
1916	10,869
1918	11,609
1919	15,161
1920	14,428
1921	16,695

출전 :「朝鮮の行刑制度」,『朝鮮總督府統計年報』, 20~21쪽.

통감부 산하로 재편된 재래 감옥들은 폭증하는 수형자를 전부 수용하기 어려워졌으므로 급히 가까운 군부대나 민간 가옥들을 개수하여 수용하기도 하였다. 이렇게 절대적인 수용 초과 상태에서 일본인 형무관들이 도입한 새로운 수형자 관리와 규율은 실효를 거두기 어려웠다.

1906년에는 와카야마현 전옥 四王天數馬[11]를 보좌관으로 채용하

---

10)「韓國の監獄」,『監獄協會雜誌』, 1910. 1.
11) 四王天數馬는 메이지 중기부터 후기에 걸친 기간에 北海道廳 삿포로감옥서

여 그를 배치, 수인 課役의 방법을 만들고 불규율 없이 기상취침은
시간을 정하고 수인의 동작은 모두 호령을 사용하는 등 다소의 면모를
고쳤음에도 불구하고, 옥사의 구조가 불완전하여 행형의 목적을
달성하기 어렵다. 경성의 감옥이 이와 같으니 기타 지방감옥은 논외
로 한다.12)

　　당시 한국에 온 일본인 관리들은 시급한 과제로 한결같이 감옥의
신축과 증축을 지적하였다. 당시 감옥 건물은 경성감옥과 이사청감옥
이었던 영등포감옥을 제외하면 모두 종래 사용되어 오던 '구식' 시설이
었는데 1평당 인구밀도가 높아져 효과적인 관리, 감시가 어렵다는
것이다.13) 당시 『매일신보』에는 수감자가 너무 많아 상호간에 영향을
받고 있으므로, 감옥을 증축하여 수인을 분산시키고, 감옥 내 노동을
제도화시켜 이들의 '태만을 교정'해야 한다는 논지가 실려 있다.14)
특히 이 시기는 항일의병운동으로 수감된 인원이 상당수를 차지하였
기 때문에 일제 당국은 이들이 집단으로 수용되어 있는 감방의 동향에
주의하지 않을 수 없었다. 실제로 1910년 전주감옥에서는 의병세력을
중심으로 한 98명이 폭동을 일으켜 기와를 던지고 곤봉을 휘둘러
간수 6명이 부상을 입는 사태가 발생하였다. 일제는 폭동을 진압한
후 수뇌자로 지목한 사람들의 사진을 남겨 놓았다(<사진 1>).

장, 富山감옥서장, 和歌山감옥전옥 등으로 활동했던 자로서 1907년 2월에
한국에 초빙되어, 고문본부의 제4과장(회계) 겸 제6과장(감옥)으로 한국감옥
의 주재자가 되어, 일본식 행형을 전달하는 '선구'적인 역할을 담당했다고
평가되고 있다. 서대문감옥을 만드는 설계 과정에 관계했던 인물로도 알려져
있는데, 한국에 온 해가 1906년인지 1907년인지는 확실하지 않다(重松一義,
『名典獄評伝』, 日本行刑史研究會, 1983 ; 中橋政吉, 앞의 책, 127~129쪽).
12) 『顧問警察誌』, 242쪽.
13) 『朝鮮總督府施政年報』 1918~1920, 300쪽.
14) 『每日申報』 1910. 12. 21.

사진 1. 전주감옥에 수감된 의병들의 모습 | 朝鮮治刑協會, 『朝鮮刑務所寫眞帖』, 1924.

2) 식민지 감옥의 '근대화'

식민지 초기 刑政의 시급한 과제는 수감자들을 격리 통제하는 한편 단기간 내에 안정적인 관리 감시 체제를 만드는 것이었다. 총독부 측에서도 이 시기의 수형자 처우를 '구금과 규율의 유지'에 주안점을 두었다는 의미에서 "戒護行刑"이라 이름붙인 바 있다.[15] 일제 당국은 식민화를 전후로 한 시기에 일제 지배에 반대하는 의병 등을 대상으로 '폭도' 진압을 거듭하여 왔으므로, 단호하게 처벌하여 상대를 제압하는 한편 구금에 있어서도 질서와 규율의 유지를 중시하였다.

태형은 이 시기 폭력적 처벌의 대표적인 사례로 지적되어 왔다. 이 전통적 처벌방식은 한국은 물론 중국과 일본에서도 시행되어 왔는데, 일본에서는 1882년에 태형을 폐지하고 식민지인 대만, 조선과 관동주 등에만 1920년대까지 존속시켰다.[16] 조선에서 태형을 시행하

---

15) 朝鮮總督府法務局行刑課, 『朝鮮の行刑制度』, 1938, 14쪽.

는 이유로서는, 태형이 종래 주된 처벌 방법이었다는 점, 그리고 "사리
를 모르고 생활 정도가 낮은 자에게 감옥의 구금은 고통이 될 수
없으므로", 정신적 痛苦에 무딘 자에게 현저한 처벌 효과를 얻으려면
강렬한 고통이 수반되는 태형으로 당분간 통제해야 한다는 것이었
다.[17] 게다가 조선과 같이 수형자가 폭증하여 감방 1평당 7명 이상까지
수용하여 2교대, 3교대로 잠을 자야하는 현실에서는, 자유형으로 장시
간 구금하기보다는 처벌 이후 곧장 방면이 가능한 태형이 선호되었던
것이다.

　1912년의 조선태형령(제령 제11호)은 3개월 이하의 징역이나 구류
에 처할 자, 그리고 백원 이하의 벌금이나 과료에 처할 자 중 일정한
주소가 없거나 자산이 없는 조선인은 태형으로 처분할 수 있도록
하였다. 특히 정식 재판없이 처벌할 수 있도록 하는 범죄즉결례(제령
제10호)에 의해, 이상과 같은 가벼운 처벌의 대상자들은 (헌병)경찰측
의 즉결로도 태형에 처할 수 있게 되었다. 이로서 1910년대 식민지
조선에서는 즉결이나 형사재판으로 태형을 언도, 집행하는 사례가
전체 처벌의 약 반수를 차지하였다.[18]

　결국 식민지 초기의 처벌은 조선의 전근대적 형벌 제도를 개혁한다
는 애초의 명분과는 달리 전근대적 체벌의 전형인 태형을 중심으로
이루어졌다. 태형은 감옥의 신설이 더디게 이루어지는 당시의 상황에
서 집행 후 바로 방면할 수 있으므로 감금 비용이 절약되고 과밀수용을

---

16) 비슷한 시기 대만에서의 태형에 대해서는 文竣暎, 「帝國日本의 植民地 刑事司
　　法制度의 形成 1885~1912-臺灣과 朝鮮에서의 法院과 刑事法規를 중심으
　　로」, 『법사학연구』 23호, 2001, 113~116쪽.
17) 司法府監獄課, 「笞刑に就て」, 『朝鮮彙報』, 1917.
18) 졸고, 「1910년대 근대감옥의 도입연구」, 『정신문화연구』 제22권 제2호,
　　정신문화연구원, 1999, 193~203쪽.

완화할 수 있다는 점에서 불가피한 것이었고, 강렬한 신체적 고통을
주어 응징의 효과가 현저하게 나타난다는 점에서는 바람직한 것이기
도 하였다. 빠른 석방을 선호하여 차라리 태형을 선호했던 수형자들,
그리고 그들과 같은 감옥이나 즉결관서에 있던 동료 수감자들은 태형
의 고통을 알게 되는 데 그리 오랜 시간이 걸리지 않았다. 감옥 관계자들
은 점차 자유형을 희망하는 자들이 많아지는 것을 보고 그(태형의)
효과의 현저함을 알 수 있다고 기록하였다.[19]

> 우리는 무서운 소리에 화다닥 놀랐다. 그것은 단발마의 부르짖음이
> 었다.
> "히도쓰(하나), 후다쓰(둘)"
> 간수의 헤어 나가는 소리와 함께,
> "아이구 죽겠다, 아이구, 아이구!"
> 부르짖는 소리가 우리의 더위에 마비된 귀를 찔렀다. 우리는 더위를
> 잊고 모두들 소리를 들었다. 우리의 몸은 한결같이 떨렸다. 그것은
> 태맞는 사람의 부르짖음이었다.[20]

1910년대를 전후로 한 시기는 일제 지배가 시작되면서 '조선 특유의
사정', 즉 만사에 지체되고 둔감하며 비위생적이고 거친 '전근대적'
조선사회에 대한 논의가 여러 부문에서 이루어져, 일본과는 다른 성격
의 정책과 제도를 실시하는 것을 논리적으로 뒷받침하였다. 형사 처벌

---

19) 司法府監獄課, 앞의 글, 82~87쪽.
20) 김동인, 「태형」,『배따라기·화수분 外』(한국소설문학대계 4권), 동아출판사,
   1995. 112쪽. 「태형」은 1922년 『동명』 16-34호에 연재한 소설로, 1919년
   3월 5일 귀국하라는 모친의 전보를 받고 귀국한 김동인이 아우 동평의 부탁으
   로 써준 격문이 빌미가 되어 구속되었다가 3개월간의 옥고를 치른 일이
   있는데, 이때의 옥중체험을 소재로 쓴 것이다.

과 감옥 관련 제도 또한 조선 특유의 사정에 맞추어 근대성과 전근대성
이 모호하게 뒤엉킨 상태로 전개되었다.

 형정에 변화가 이루어진 것은 1920년 이후였다. 태형은 무단통치
전반에 대한 반발이 3·1운동을 계기로 가시화되고 난 후 폐지되었고
자유형이 비로소 처벌의 중심이 되었다. 기존의 감옥 행정이 주로
외형적인 건물, 감방, 공장 등의 시설을 갖추는 데 주력했다면 이
시기 이후로는 감옥 내 통제 내용을 가다듬는 작업에도 관심이 모아졌
다.21) 刑政의 이념과 정책도 점차 변화되어 갔다. 범법자들은 혹독하게
죄값을 치러야 할 대상이 아니라, 矯正되어야 할 대상, 즉 적절한
관리와 교화를 통해 '바람직한 새사람'으로 재활시켜야 할 대상이었다.
수감자 통제를 위해 과학적 지식에 의거한 관리 방식을 적극 활용하고
새로운 사람으로 훈육, 교육시키는 이른바 '권력의 기술 혁명'이 일본
을 거쳐 식민지로 밀려오기 시작한 것이다.22) 3장에서는 이러한 변화
에 따라 감옥 내 통제가 어떻게 전개되었는지를 전시체제 이전까지의
시기를 중심으로 살펴보기로 한다.23)

3. 감옥 내 수형자 통제

1) 시공간적 통제

---

21) 松寺法務局長訓話,『朝鮮司法協會雜誌』, 1923. 12, 94쪽.
22) 이 시기 형사정책과 감옥의 변화에 대해서는 이종민,「식민지시기 형사처벌의
 근대화에 관한 연구-근대감옥의 이식과 확장을 중심으로」,『사회와 역사』
 55집, 1999 참조.
23) 전시체제하의 수감자 통제는 여러가지 면에서 그 이전 시기와는 달라지므로,
 구분하여 파악할 필요가 있다. 다만 각 시기의 실상을 보여주는 자료가
 풍부하지 못하므로 불가피한 경우에는 전시체제하의 자료를 참고로 하였다.

① 근대감옥과 공간배치

앞서 언급한 바와 같이 감옥의 수용 능력은 1910년을 전후로 수감자가 폭증함에 따라 꾸준한 신축과 증축에도 불구하고 그 증가세를 따라잡지 못하는 형편이었다. 따라서 1915년에 다시 신·증축을 계획하여 1919년에는 수용력 면에서 애초에 한국의 감옥을 인수했던 10년 전에 비해 4배로 증가하였고, 구조면에서도 면모를 일신하게 되었다. 그러나 다음해 태형의 폐지로 인한 수감자의 증가로 다시 감옥 확장을 추진하여 기존의 분감 5개소를 본감으로 승격하고 새로 분감 4개소, 출장소 3개소를 두는 등 확장을 거듭하였다.[24] 1919년 당시 본감 10개소, 분감 13개소로 총 23개였던 조선의 감옥은, 일년 이후인 1920년에 본감 15개소, 분감 8개소로, 그 다음 해에는 다시 분감이 14개소로 증가하여 전조선의 감옥 수는 총 29개소로 증가하였다.

표 2. 감옥의 증가 추이

연도	본감	분감	합계	연도	본감	분감	합계
1910	8	14	22	1920	15	8	23
1912	9	14	23	1921	15	14	29
1914	9	13	22	1922	15	15	30
1916	9	13	22	1923	16	13	29
1918	9	13	22	1936	17	11	28
1919	10	13	23				

출전 :『朝鮮の行刑制度』, 朝鮮治刑協會, 1938, 18~19쪽.

그런데 감옥의 확장은 단지 수적인 것만이 아니라, 건축물 자체와 내부의 공간 배치에서도 기존의 '구식' 감옥과는 다른 것이었다. 구식 감옥은 감방이 몇 개 달린 정도의 소규모 한옥이 대부분으로서, 수감자의 일상에 대해서도 도주 방지 이상의 특별한 감시 감독이 이루어지지

---

24)『朝鮮總督府施政年報』, 1919, 300~301쪽.

않았다. 조선 최초의 서양식 감옥은 통감부 지배하인 1907년에 준공된
서대문(당시의 명칭은 경성감옥)감옥이었다.

경비 약 5만원을 들여 (本國에서 오랫동안 典獄을 지낸) 四王天數馬
의 설계에 기초하여 신축에 착수, 융희 원년(1907)에 준공되었다.
이 신축 감옥은 전부 목조로 하였고 外圍는 전면의 일부만 벽돌로
하고 그 외는 모두 아연판을 붙인 판자로 하여 허술한 점이 있었지만
청사 및 부속 건물 80평, 감방 및 부속 건물 480평에 모두 새로운
구조법에 의한 것으로서 감방의 巡警, 시찰, 환기 및 防寒을 고려하여
"丁자형"으로 하고 外鞘를 설치하고 巡回路를 둔 것이었다. 따라서
戒護상으로는 편리하게 되었지만, 外鞘式이기 때문에 감방 안은
낮에도 어둡고 매우 침침하여 이 점만은 결점이었다. 하지만 공장,
목욕실, 그 외 필요한 설비를 갖추고 있어 재래의 옥사에 비하면
큰 차이가 있었다. 수용 능력은 500명 정도였다.[25]

이로써 구식 감옥과는 전혀 다른 대형 감옥 건물이 최초로 들어섰다.
이 건물은 수감자들을 분산 격리시킬 수 있을 뿐더러 그들의 움직임을
감시(이른바 戒護)하기 편리하게 설계되어 있었다. 이후 총독부 산하에
신축된 감옥은 이러한 근대감옥의 외양과 내부 구조를 자랑하게 된다.
총독부 스스로도 근대적 개혁이 지체된 조선에 일본이 이식시킨 변화
중의 하나로 감옥의 변화를 과시하면서 1920년판 『조선시정연보』에
다음과 같은 대조적 사진을 실었다.

우선 좌측의 감옥 사진을 보면, 통감부 시기에 찍은 듯한 사진으로,
수감자들은 <사진 1>에서 본 모습과는 달리 모두 머리를 자르고
무릎을 꿇고 있는데, 전통 감옥 건물이 그대로 활용되고 있다. 반면

---

25) 中橋政吉, 앞의 책, 1936, 127~129쪽.

사진 2. 과거의 감옥(왼쪽)과 1920년 당시의 감옥(오른쪽)

우측의 1920년 당시의 건물은 격리와 감시의 편의를 위해 새로 지은
서구식 감옥 건물과 그 내부를 보여준다. 여기서 잠시 근대감옥에
대한 이해를 돕기 위해 서구에서 통제의 편의를 위해 고안되어 온
감옥 건축의 대표적 사례를 소개하고, 그 모형이 조선에 이입되는
경로에 대해 살펴보겠다.

가. 서구의 감옥 건축 모델

 애초에 근대감옥은 수감자를 격리시켜 노동을 강제하는 전략에서
출발하였으므로 서구, 특히 영국과 미국의 초기 감옥 시설은 격리에
주안점을 두고 설계된 바 있다.26) 근대감옥의 모형으로 잘 알려진
벤담(J. Bentham)의 판옵티콘(Panopticon) 설계에서 가장 핵심적인
요소는 전면적이고 지속적인 감시의 확보와 여타 수형자와의 접촉을
가로막는 격리에 있다. 수형자는 일인용 감방(cell)안에 고립되었다는
느낌과 아울러 어두운 중앙의 감시탑에 의해 언제나 감시받고 있다는
느낌을 갖게 된다.
 원형으로 설계된 감옥 건물은 원주 부분에 감방이 배치되고, 건물

---

26) 한인섭, 「근대감옥과 사회통제에 관한 역사-사회적 연구」, 심영희·전병재
   공편, 『사회통제의 이론과 현실』, 나남출판, 2000 참조.

중앙에 감시탑이 위치되도록 구성된다. 이렇게 되면 채광이 감방을 통해 중앙부로 전달되게 되므로, 감방이 밝은 반면 중앙으로 갈수록 어두워진다. 그 결과 중앙부의 감시탑은 노출되지 않은 채 감방을 볼 수 있게 되고, 그 반대로 감방 속에서는 감시탑의 움직임을 알아보지 못하는 상태로 視界에 노출되는 건물 구조가 만들어진다. 이러한 구조는 시선의 상호성을 파괴

그림 1. 판옵티콘 모형도 | M.Foucault, Discipline and Punishi : The Birth of Prison, New York, 1977.

하므로, 일방적으로 감시당하는 수형자에게는 감시자의 감시 능력이 무한한 것처럼 보이게 되어 효과적인 통제가 가능하게 된다는 것이다.27)

이 같은 구상은 19세기 초 미국의 감옥 설립 계획에 영향을 주어, 철저한 격리 이념을 바탕으로 한 동부주립감옥(Eastern State Penitentiary, <그림 2>의 위쪽 모형)이 건설되었다. 격리 감옥으로 축조된 이 감옥은 부지의 중앙에 8각형의 중앙 감시소가 위치하고 各面에 放射線狀으로 7개의 舍棟이 배치되어, 감시자는 중앙에서 각

---

27) M.Foucault, *Discipline and Punishi : The Birth of Prison*, New York : Vintage Books, 1977, 200쪽 ; 한인섭, 위의 글, 229~230쪽.

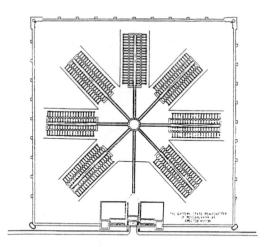

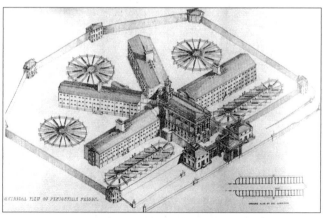

그림 2. 동부주립감옥(위)과 팬턴빌감옥(아래)의 건물배치도 |
重松一義, 『圖說 世界の監獄史』, 柏書房, 2001.

사동의 복도를 볼 수 있게 만들어졌다.28) 이러한 건축은 곧 감옥의
이상적 모델이 되어 유럽 각국으로부터 호응을 받았는데, 특히 영국에

---

28) 朝倉京一, 「刑務所建築の變遷」, 大塚 仁・平松義郎 (編), 『行刑の現代的視點』,
有斐閣, 1981, 237쪽.

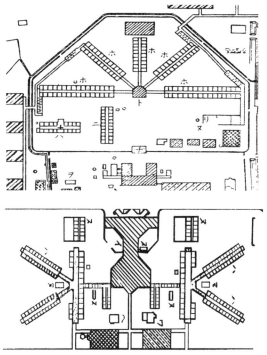

그림 3 1923년(위)과 1932년(아래)의 고스게 감옥 |
重松一義, 『圖鑑 日本の監獄史』, 雄山閣出版社, 1985.

서 이를 모델로 1842년에 완성시킨 펜턴빌(Pentonville Prison, <그림
2>의 아래쪽 모형 참조)감옥은 세계에서 가장 많이 모방된 감옥으로서
주목할 필요가 있다.

일본에서는 동부주립감옥이나 팬턴빌감옥과 같은 건축 구조를 放射
型이라 불러왔는데, 감시 중심점을 축으로 獄舍가 사방으로 이어지는
이 구조는 사실상 판옵티콘의 변형물이다. 이러한 구조에서는 운동장
과 교회당도 철저히 격리의 원칙에 따라 만들어졌는데, 운동장은 수감
자들이 운동시에도 서로 접촉하는 일이 없도록 1인용으로 만들어졌고

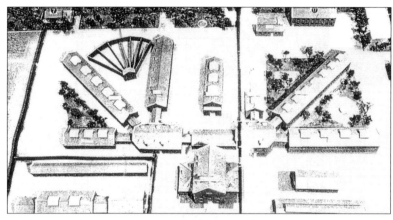

사진 3. 서대문감옥(1934년) 재현도

교회당도 의자 사이에 칸막이를 두어 예배시에도 접촉을 차단하면서 많은 인원을 동시에 감시하기 쉽게 설계되었다. 이러한 형태는 영국의 여러 식민지에도 건설되었고 일본의 고스게(小管)형무소(<그림 3>)를 거쳐 서대문형무소(<사진 3>) 건축 모형에까지 영향을 미치게 되었다.

나. 일본과 조선에서의 감옥 모형

일본에서는 1888년이래 벽돌과 석조로 지은 대형 감옥들이 등장하였는데, 단지 재질상의 변화뿐만 아니라 서구식 외양과 격리의 이념을 모두 만족시키는 감옥을 추구하여 변화해왔다.[29] 메이지 말기이래

---

29) 당시 일본의 감옥행정에 영향력을 행사하고 있던 일본 내무성의 감옥 고문 제바하(Curtt Von Seebach)나 일본의 감옥학자 오가와 시게지로(小河滋次郎)의 개별처우주의와 규율제일주의는 감옥 건물에도 엄격한 분방주의(分房主義)를 지향하여, 옥사를 T자형이나 부채형, 십자형 등으로 중심 건물(중앙감시소 : 계호사무소)에 이어 붙이는 방사형 구조가 주된 모델로 등장하였다(朝倉京一, 위의 글, 242~244쪽 ; 重松一義, 『日本の監獄史』, 雄山閣出版社,

일본의 대표적인 근대감옥 모델은 벨기에의 강(Ghent)감옥을 모방한
방사형 설계의 東京集治監(1903년에 小管감옥으로 개칭 : <그림 3>
의 좌측 도면)에서부터 시작된다. 강감옥은 벤담의 판옵티콘 구상에
기초하여 중앙감시탑을 중심으로 한 8각형 방사형 건물로 지어져,
근대감옥의 원형을 보여준 유명한 건축물이었다.[30] 동경집치감은
이 모델을 응용하여 지어졌으나, 관동대지진때 파괴되고 1929년에
콘크리트 건물로 다시 지어진 고스게(小管) 감옥 모형(<그림 3>의
우측 도면)은 서대문감옥의 增築시 주요 모델이 되었다. 5년에 걸친
공사 끝에 등장한 고스게 감옥은 豊多摩감옥과 함께 이 시기 일본이
자랑하는 대표 감옥이었다.

> 사방의 구조는 보안 사무소를 중심에 두고 扇形-K자형의 사방이
> 남북 양측에 대조적으로 늘어서 전체로서 방사상형이었다. 장기수형
> 자 수용형무소로서 초범자, 누범자의 분리 처우, 주간 독거방의 각방
> 분리를 위한 삼각톱 모양의 외면벽, 특히 당시 동경에서도 희소했던
> 수세식 변소 등의 새로운 모습으로 '동양 제1의 모델형무소'였다고
> 한다.[31]

1933년 격증하는 수형자를 수용하기 위해 증축된 서대문감옥의
건물 배치는 고스게 감옥과 흡사한 것이었다(<그림 4>). 감시사무소
를 중심으로 양쪽으로 뻗은 K자형의 옥사는 당시 조선 내 감옥의
전형적 모형이었다. 1920~30년대에 증축된 대부분의 감옥들은 이러
한 모형으로 설계되었다(<그림 5> 참조). 콘크리트로 증축된 서대문

1985, 62쪽).
30) 重松一義, 『圖說 世界の監獄史』, 柏書房, 2001, 299쪽.
31) 朝倉京一, 앞의 글, 1981, 248쪽.

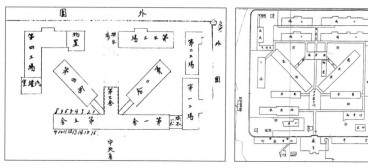

그림 5. 광주감옥(1926년. 왼쪽)과 부산감옥(1928. 오른쪽)의 건물배치도 |
『정부기록보존소 행형문서』

감옥이 조선에 그 모습을 드러내었을 때, 당시 신문들은 마치 일본의
여론이 고스게감옥에 대해 감탄해 마지않았던 것과 같이, 일제히 다음
과 같은 기사를 여과 없이 싣고 있다.

신건물의 설계 내용을 보면 전부 콩클리트로써 이중으로 여섯채를
짓게 되는데 전부 남향으로 일광이 잘 쪼이도록 되었으며 감방은
독방이 242개, 잡거방이 36개 그리고 독방 감방에 부속된 병실이
여섯 개, 잡거방에 부속된 병실이 다섯 개라 한다. 그리고 그 병실은
이층에는 이층대로 아래층에는 아래층대로 각각 있으며 또 감방
안에는 스팀과 서양식 뒷간(물로 씻어 내리는 장치)을 설치하기로
하였다 한다. 이번에 증축하는 감방은 약 오백 명 가량을 수용할
수 있게 되었다 하며 그 설계는 土居 형무소장이 일본 각지의 형무소
를 시찰한 나머지 岐阜형무소와 東京 小管형무소의 건축양식을 본받
아 절충하여 설계한 것인데 적어도 조선 안에서는 제일이라고 할
수 있는 모던 형무소로서 「죄수아파트」라고 할 만한 최신식의 것이라
한다.32)

___

32) 『조선일보』 1933. 5. 12.

사진 4. 獨居운동장(서대문감옥, 위)과 獨居 獄舍(고스게 감옥, 아래) |
重松一義, 『圖鑑 日本の監獄史』, 256쪽 ; 『朝鮮刑務所寫眞帖』 중.

본래 방사형 설계 방식은 채광이 나쁘고 환풍이 안 된다는 결점
때문에 지속적인 비판을 받아왔으나, 관리자의 입장에서 수감자 감시
와 통제에 편리하다는 장점을 이유로 20세기 초반기까지 널리 활용되
었다. 특히 일본과 조선에서 사상범을 경계하기 시작했던 1920년대
이후로는 이들의 격리 수용을 위해 다수의 獨居 감방을 설치한 옥사가
지어졌다. 1933년에 증축된 서대문감옥의 옥사는 사상범을 수용하려
는 목적으로 세워진 것이다. 이들 옥사는 수직으로 각 방의 창 사이를
막는 담(일명 아코디온형 벽면)이 설치되어 수감자 사이의 의사소통을

차단하도록 설계되었다. 운동장 또한 혼자 들어가 움직이도록 높은
담으로 둘러싸인 칸막이 구조로 만들어졌는데, 이 경우 간수는 반원형
운동장의 끝 부분 높은 곳에서 개별적으로 운동하는 여러 명의 수감자
를 지켜볼 수 있었다.

근대감옥은 옥사만으로 구성되는 것이 아니라, 거대한 구내 공장을
비롯한 부대 시설을 포함하고 있다. 대형 감옥의 경우에는 감옥 부지안
에 다수의 공장 건물이 있었다. 수감자들은 격리 수용되는 것만이
아니라, 침묵 속에서 노동하면서 스스로를 조용히 돌아볼 시간을 갖는
것은 물론, 태만한 생활습관을 버리고 근면성과 기술을 몸에 익히도록
한다는 이념하에 장시간 노동하지 않으면 안되었다. 아울러 설교를
듣거나 교육을 받기 위해 구내 강당(혹은 교회)에 집합하기도 했다.

이렇듯 감옥은 수감자들이 집단적으로 일상을 영위하는 장소였으므
로, 질서와 보안을 위해 특별히 고안된 감옥 공간 이외에도, 단체로
질서정연하게 움직이고 생활하기 위해서는 정해진 일과 시간에 정확
한 동작을 취하도록 엄격한 규율이 요구되었다.

② 일과시간의 짜임새

수감자의 하루하루는 시간에 따라 정해진 일과를 반복하는 훈련
과정이다. 근대감옥은 자유형 처분을 받은 자를 사회로부터 격리,
구금하는 데 그치지 않고 해당 국가가 표방하는 여러 가치들을 내면화
시키는 사회화 기구이기도 하다. 우선 수감자들은 '묵묵히' '정해진
일과'를 '정확히' 수행하는 데 익숙해져야 했다. 정해진 일과의 대부분
은 감옥 내 노동이었다. 자세한 일과를 파악하기 위해 감옥문서 및
수감 경험자에 의한 수기와 소설 등을 참고로 하여 다음과 같이 재구성
하여 보았다.[33]

1. "기상" 나팔(또는 간수의 "기상!" 외침 또는 사이렌이나 종소리).
2. 침구 정돈과 청소.
3. 인원 점검.
4. "出房" 명령에 따라 나체로 문 앞에 선다.
5. 간수가 문을 열면 인사.
6. 수건을 들고 공장으로 이동.
7. 檢身-공장 입구에서 허들을 넘으면서 입을 하-벌리거나 자신의 번호를 큰 소리로 외친다(입안이나 다리 사이에 아무 것도 감추지 않았음을 증명하는 행위이다).
8. 換衣場에서 작업복을 입고 지정된 위치에 자리한다.
9. 번호순으로 세면장으로 이동하여 세면 후 제자리로 복귀.
10. 인원 점검.
11. 식사("食事준비", "喫飯" 호령에 따라 식사하고 난 후 "禮" 호령에 따라 일제히 묵례하고 정돈).
12. 작업("취업" 사이렌이 울리면 "기립-" "앞으로 나가" 호령에 따라 작업석에 앉아 "작업 시작" 명령에 따라 일제히 일을 시작한다).
13. 오전 휴식 15분("그만" 호령에 따라 휴식한다).

---

33) 경성형무소, 『在所者動止令』, 1938 ; 황에스터, 「大邱女監의 0141호」, 『동광』 1931. 11(1919년부터 3년간 대구감옥생활) ; 元甲鐵, 「海州刑務所의 특색」, 『東光』, 1931. 11 ; 尹聖姬, 「나의 獄窓1년」, 『삼천리』, 1931. 11(1929부터 1년간 함흥감옥생활) ; 이규호, 『運命의 餘燼』, 寶蓮閣, 1993(상해에서의 일명 6104암살사건으로 1930년부터 15년간 감옥 생활) ; 이소가야 스에지, 『우리 청춘의 조선』, 사계절, 1988(1932년 혁명적 노동조합조직사건으로 8년 7개월 간 감옥 생활) ; 김광섭, 『나의 옥중기』, 창작과 비평사, 1976(1941년에서 1944년까지 3년간 서대문형무소생활) ; 박승극, 「풍진」, 『신인문학』, 1935. 4(소설). 위의 참고자료 중 1930년대 후반 이후로 출판된 자료에서 나타난 전시체제하의 독특한 관행이나 규율내용에 대해서는 이 글에서 다루지 않았다.

14. 작업.
15. 점심 식사(아침 식사와 같은 동작).
16. 작업.
17. 오후 휴식 15분.
18. 저녁 식사(같은 동작).
19. 罷業(사이렌이 울리면 "작업 그만" 호령에 따라 일제히 작업
    을 마치고 정돈 후 "모여" 호령에 따라 일정 장소에 집합 정
    렬하여 기계/기구 점검이 마칠 때까지 대기한다).
20. 인원 점검.
21. 換衣와 檢身(환의장으로 행진하여 "탈의-" "앞으로" 호령에
    따라 검사장으로 이동, 신체검사를 실시).
22. 감방으로 이동하여 옷을 입고 앉는다.
23. 번호 점검-문이 열리면 경례를 하고 번호를 부르면 대답한다.
24. 폐감 종료 사이렌 이후 "취침" 호령에 따라 취침.

이번에는 1927년 서대문형무소의 동작 시간표를 보자. 이 시간표는
월별 시간표가 구체적으로 제시되어 있다. 이를 기초로 추정해 보면
위의 1번에서 11번에 이르는 작업 시작 이전의 세세한 행동들은 대체로
1시간 이내에 이루어진다는 것을 알 수 있다. 시간에 맞추어 집단적으
로 시행되는 이 행위들은 모두 침묵 속에서 이루어진다. 단체 행동에서
침묵을 강제하지 않으면 질서를 유지하기 어렵다는 판단에 의거한
것이다.

이로써 수형자의 일상에서 작업(노동)의 비중이 얼마나 큰 것인지
실감할 수 있다. 원래 일본의 감옥제도는 노동의 강제에 큰 비중을
두고 있다는 의미에서 "오번제의 일본 수정판"[34]이라 간주되어 왔

---

34) 小野淸一郎·朝倉京一, 『監獄法』, 有斐閣, 1965, 489쪽. 오번제(Auburn
   System)는 수형자들을 주간에 공장에 집결시켜 작업을 수행하고 야간으로

표 3. 수형자 동작 시간표

	起床	始業	午前 休息	午食 休息	午後 休息	終業	就寢	就業 時間
1월	07 : 30	08 : 30	10 : 00 ~10 : 15	12 : 00 ~12 : 30	15 : 00 ~15 : 15	17 : 00	19 : 00	7시간 30분
2월	07 : 30	08 : 30	同	同	同	18 : 00	19 : 30	8시간 30분
3월	07 : 00	08 : 00	同	同	同	18 : 30	20 : 30	9시간 30분
4월	06 : 30	07 : 30	同	同	同	同	同	10시간
5월	05 : 30	06 : 30	09 : 30 ~09 : 45	同	同	同	同	11시간
6월	05 : 30	06 : 30	同	同	同	同	同	同
7월	05 : 30	06 : 30	同	同	同	동	同	同
8월	05 : 30	06 : 30	同	同	同	18 : 00	同	同
9월	06 : 30	07 : 30	10 : 00 ~10 : 15	同	同	同	同	10시간
10월	06 : 30	07 : 30	同	同	同	18 : 00	20 : 00	9시간 30분
11월	07 : 00	08 : 00	同	同	同	17 : 30	19 : 30	8시간 30분
12월	07 : 30	08 : 30	同	同	同	17 : 00	19 : 00	7시간 30분

출전 : 交友會, 『西大門刑務所例規類纂』, 서대문형무소직원교우회, 1936.

다.[35] 감옥노동은 애초에 서양에서 범죄의 대부분이 나태와 안일에서 온다고 보고 노동을 강제하던 이념에 따라 실행된 것인데, 일본의 경우는 후발자본주의국가로서 19세기 말이래 수차례의 전쟁을 경험하면서 수인노동력을 활용해 왔다.[36]

그런데 감옥노동의 성격은 일반적 대량생산체제하의 공장 노동[37]이

독거제를 실시하는 체제로서 북미 각지의 신설 감옥에 큰 영향을 미쳤다. 이 경우 수형자들이 모여 상호접촉으로 생길 수 있는 악영향을 방지하기 위하여 침묵을 절대적으로 갖게 하였다. 이런 특징 때문에 오번제는 흔히 침묵제라고 불리기도 했다. 유럽에 비해 상대적으로 노동력이 부족했던 미국에서 지지를 받았던 구금 모형으로, 미국의 오번감옥과 싱싱감옥은 이러한 취지로 건설되었다(朝倉京一, 앞의 글, 237~238쪽).

35) 일본감옥제도에서 수인노동력의 의미와 운영에 대해서는 이종민, 「일제의 수인노동력 운영실태와 통제 전략」, 『한국학보』 98집, 2000 참조.

36) 重松一義, 앞의 책, 1985, 144쪽.

극대한의 이윤을 추구하기 위해 정확한 동작을 갖춘 효율적인 노동력을 요구하는 것과는 조금 다르다. 대체로 감옥내 노동의 성격은 고역의 성격이 첨가된 수공업 노동이 주를 이룬다. 따라서 감옥노동은 주어진 규율, 즉 말없이 한 자리에 고정되어 12시간 전후의 작업을 견뎌내는 데 주된 목적이 있었으며, 기능을 몸에 익히는 것은 부차적인 목적이었다. 따라서 권장되는 것은 참을성과 순종을 몸에 지닌 기능공으로, 짧게는 7시간 30분에서 일조시간이 긴 여름에는 11시간까지 작업을 하게 되는데, 수기를 보면, 13시간까지 작업한 경우도 눈에 띈다.

수형자의 하루 일과가 이같이 작업에 맞춰 짜여졌기 때문에, 일조시간이 짧아지고 추워져 사실상 장기 작업이 어려운 겨울철의 경우 그들의 일상에서 취침 시간은 비상식적으로 증가된다. 예를 들어 작업 시간이 가장 짧은 12월과 1월의 경우, 취침 시간은 저녁 7시에서 다음 날 아침 7시 반까지 12시간 반이 되는 것이다. 작업을 하지 않는 형사피고인의 취침 시간은 이보다 더 빨라, 오후 5시 반부터 취침을 시키는 일도 있었다.[38]

감옥 내 시간이란 인체 시계와는 상관없이 관리자가 관리감독의 편의에 따라 편성한 일과에 맞춘 것이었으므로, 기상에서 취침까지의 시간을 동작표에 의거하여 움직여야 했다. 따라서 공식적으로[39] 서대

---

37) 근대적 공장의 등장은 공장 노동을 잘 수행해 낼 수 있는 참을성 있고 시간을 잘 지키는 표준화된 인력을 요구하였다. 따라서 정확성과 규칙성을 요구하는 시간 규율의 확립과, 공장이라는 공간 속에 노동자들을 배치하고 그들의 활동과 행위를 일정하게 양식화해 내는 공간 규율의 확립이 중요시되었다(강이수, 「공장체제와 노동규율」, 김진균·정근식 편저, 『근대주체와 식민지 규율권력』, 문화과학사, 1997, 120쪽).

38) 張利郁, 「경찰서 유치장에서 사표를 쓰다」, 『일제하 옥중 회고록』 5권, 정음사, 1997.

39) 典獄(감옥소장)은 지방의 상황과 감옥의 구조, 작업의 종류에 따라 총독의 허가를 얻어 작업 시간을 신축적으로 운영할 수 있었다(1912년 조선감옥령시

문형무소 수감자들은 아침부터 저녁까지 7시간 반에서 11시간 동안 침묵 속에 자신의 자리에 고정되어 작업하도록 되어 있었다. 허락없이 화장실에 가지 못하는 것은 물론, 자신의 작업량을 일찍 마쳐도 작업 시간이 끝날 때까지는 작업을 계속하지 않으면 안 되었기 때문에(조선 감옥령시행규칙 제63조) 휴식과 감방 - 공장간의 이동시간을 제외하고는 내내 고정되어 있는 것이다.

2) 동작의 통제

국가가 형무소에 사람을 구금하는 것은, 非社會的 행위를 한 자를 격리하여 사회의 公序良俗을 유지하고 피구금자를 紀律과 절제 있는 생활에 익숙해지도록 하여 다시 사회로 복귀시키기 위한 것이다. 따라서 형무소는 모든 방법 수단을 다하여 그 목적을 달성하지 않으면 안 된다. 형무소의 직원은 그 지위 여하를 막론하고 기율을 정중히 지키고 행동거지에 질서와 節度가 있도록 만들 것이며, 모든 工作物, 제 시설은 外觀을 그럴듯하게 하기보다는 견실하도록 지시하고 그 배열 또한 질서정연하게 하여 所在의 물품이 항상 일정한 위치에 정돈되는지 단속하는 것이 중요하다. 형무소를 紀律의 府라고 일컫는 것은 이러한 것을 의미하는 것으로, 단순히 기율이 까다로운 것을 말하는 것이 아니다. 형무소는 항상 제 설비와 피구금자가 앞서 말한 목적에 배치되는 일이 없는지 視察하지 않으면 안 된다. 刑務는 항상 범죄라는 非社會性의 敵과 接戰을 하고 있으므로, 여기서 말하는 시찰은 군대의 敵狀視察에 해당하는 것으로 그들의 陣地를 조사하는 한편 아군의 防備와 기타 결함을 精査하여 策戰에 방비하는 것이다.[40]

행규칙 제58조).

[40] 朝鮮總督府法務局監獄課編, 『朝鮮治刑階梯』 第1編, 朝鮮治刑協會, 1924, 153~154쪽.

그림 6. 정좌한 모습 | Human Right Watch Asia, 刑事立法硏究會 譯,
『監獄における人權』, 現代人文社, 1995, 27쪽.

이상은 1920년대 초반에 조선의 간수를 대상으로 만들어진 지침서
의 한 대목이다. 수형자에게 규율과 절제를 내면화시키고 철저하게
감시하는 일의 중요성을 강조하고 있다. 여기서 규율의 유지와 절제
있는 생활을 위해 당시 수형자들이 익혀야 했던 기본적인 동작규율을
소개해 보겠다.

① 방향과 위치, 표준화된 동작 익히기

앉는 방향과 눕는 방향은 출입구을 향하도록 정해져 있다. 간수가
監視口를 통해 얼굴을 확인할 수 있도록 방향을 잡는 것이다. 앉는
자세의 경우, 감방안에 앉을 때는 잡거방의 경우 원칙적으로 번호순대
로 꿇어앉거나(正坐) 책상다리를 하고 앉아야 한다(安坐).41) 특별한

---

41) 경성형무소, 『在所者動止令』, 1938, 2쪽 ; 이규호, 앞의 책, 220쪽.

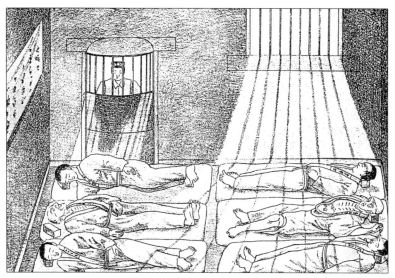

그림 7. 잡거방에서의 취침 위치 | 重松一義, 『圖鑑 日本の監獄史』, 雄山閣出版社, 1985.

사유로 인해 허락을 받기 이전에는 취침 시간 이전에 눕지 못하며, 벽이나 이불에 기대거나 비틀어 앉는 일 없이 앉는 이 자세를 坐라 한다. 특히 점검을 하기 10분전에는 반드시 정좌를 하도록 하였다.

눕는 자세는 독방의 경우 반드시 머리를 감시구 반대편에 두고 바로 누워야 한다. 좁은 독방 안에서 머리를 출입구 쪽으로 했을 경우 얼굴을 확인하기 곤란하기 때문이다.[42] 여러 명이 기거하는 雜居房의 경우 눕는 배열은 <그림 7>과 같다. 간수가 확인할 수 있도록 한밤에도 전등불을 소등하지 않으므로, 눈이 부셔도 이불로 얼굴을 덮을 수 없게 되어 있다.

또한 이동하는 시간을 제외하고는 서 있는 자세가 허용되지 않는다. 언제, 어딜 가나 수감자들을 앉게 함으로써, 수시로 하는 인원 파악이

---

42) 이소가야 스에지, 앞의 책, 119쪽.

용이하도록 하고 기동성을 저하시키는 것이다.[43] 이동시에는 대열을 만들어 2열 또는 5열 종대로 행진을 시키는데, 이때 팔 흔드는 각도나 視點에 주의하면서 복창을 하도록 되어 있다. 이는 이동시 수형자간에 대화는 물론 눈짓, 손짓 등의 의사 소통을 막기 위해 정형화된 규제 장치이다.

표준화된 동작의 중요성이 커지기 시작한 것은 공장 작업의 개시와 깊은 연관이 있다. 감방 안에서 수공업적 작업을 하던 때와는 달리, 매일 감방과 공장 사이를 수형자들이 왕래하는 대규모 동시 이동이 실시되면서 그들의 동작을 더 많이 규제하지 않으면 안 되었던 것이다. 따라서 군대 행진과 같은 구령 양식을 도입하여 공장으로의 이동 외에 운동이나 입욕을 위한 이동시에도 활용되었다.[44]

한편 감방 내 이불과 청소도구, 세면도구, 책 등 일상 용구의 위치는 물론 수감자들의 착석 위치도 번호순으로 정해져 있었다. 그러므로 아침과 저녁 2차례 있는 점검시에 한 감방 내의 일상 용구와 수감자들은 모두 정해진 위치에서 그 존재 여부를 확인받았다. 수감자의 위치를 고정시키는 이유는 말할 것도 없이 정확한 감시와 확인을 위한 것이며, 일상 도구들의 위치 고정 역시 정돈습관을 몸에 익히도록 유도하고, 점검하기 쉽도록 하기 위한 것이다.

시찰 관리나 所長 등에 대하여 敬禮를 올리는 행위도 座禮와 立禮 두 가지로 표준화되어 대단히 중시되었다. 座禮는 정좌하여 양손을 무릎 위에 얹고 상체를 약 45도 전방으로 기울이는 것이며, 立禮는 기립한 부동의 자세로 상체를 약 45도(最敬禮는 90도) 전방으로 기울이

---

43) 이규호, 1995년 8월 28일 순국선열유족회사무실에서의 인터뷰내용.
44) 重松一義, 앞의 책, 1985, 160쪽. 이러한 군대식 행진 규율이 실시된 시점이 언제인지는 분명하지 않다.

는 것이다. 경례는 관리자에 대해 예의를 갖추는 행위만이 아니라, 보살펴주는 윗사람에 대해 감사와 복종을 표하는 태도를 몸에 익히도록 하는 것이다.

② 의사 소통의 금지

근대감옥 내 규율의 기본적인 특질 중 하나는 관계를 추구하는 행위의 금지다. 개인적인 대화에서부터 정보를 얻기 위한 탐색에 이르기까지 일체의 소통 행위는 허용되지 않는다. 수감자들은 철저하게 개별적으로 생각하고 행동하지 않으면 안 된다. 감옥 내 정보의 방향은 일방적인 통로만이 인정되기 때문에 교리를 듣고 허가된 책을 읽을 수는 있어도 생각을 나누는 것은 금지된다. 敎誨師가 던지는 질문에 대답하거나 반성문 또는 감상문을 쓸 수는 있어도 적극적인 대화를 나눌 수는 없는 것이다. 이러한 일방적 의사전달 방향은 근대감옥의 통제 원리와 기본적으로 합치되는 것이다. 시선의 상호성을 차단하는 초기 근대감옥의 공간 배치는 정확히 이러한 일방성의 원리가 건축 구조에 반영된 것에 불과하다.

사회로부터 격리되어 엄한 규율과 고된 노동에 시달리던 수형자들에게 의사 소통은 식사 다음가는 위안이었지만, 수형자간에 대화는 물론 눈짓, 손짓 등은 원칙적으로 엄격한 금지의 대상이었다. 특히 식민지 조선의 경우 <표 4>에서 보는 바와 같이 감방 내 인구 밀도가 같은 시기 일본이나 대만보다 2배 이상 높았던 만큼, 수형자간의 정보 교환이나 의사 소통에 대한 관리자의 불안과 긴장도 더 큰 것이었고, 차단을 위해 여러 가지 수단이 활용되었다.

정보 교환과 소통을 우선적으로 막아야 할 대상은 사상범 집단과 구치감 내 피의자 집단이었다. 재판 과정이 아직 진행중인 피의자간

표 4. 조선과 일본 대만에서의 구금 상태 비교표

	조선	일본	대만
재감인원수(1935)	18,323명	56,677명	3,961명
감옥수(1935)	27개소	155개소	7개소
일감옥당 평균 재감인원(1935)	679명	366명	566명
인구 1만명 당 재소자 비율(1932)	9.2명	7.9명	8.8명
간수 1인당 재소자 비율(1935)	8.8명	7.4명	6.2명
雜居房 1평당 인구(1935)	3.129명	1.197명	1.377명
보호단체수 (1930~1934년간 평균)	26곳	823곳	60곳
일보호단체에 대한 석방인원수(상동)	1,028명	122명	122명

출전 : 法務局行刑課, 「朝鮮內地臺灣行刑比較統計表」, 『1936年度豫算書類』, 1935(정부기록보존
소 소장자료).

의 의논을 막아야 했고 무엇보다도 사상범간의 의사 소통과 사상범이
일반 수감자를 대상으로 하는 사상적 전파를 차단해야 했다. 관리자들
은 이들의 의사소통을 감시하고 제재하는 것뿐만 아니라, 함정을 만들
어 유인한 다음 가혹하게 징벌하였다. 일례로 피의자들이 공범 관계에
있는 경우, 이들이 각각 거처하는 감방 사이에 밀고자를 두어 공범
사이에 비밀스레 오가는 통방 내용을 엿듣도록 하는 방법이 널리
사용되었다. 사상범의 경우에는 같은 방안에 밀고자를 두어 정치적인
선전, 특히 공산주의 사상을 전파하는지를 감시하였다. 이런 식으로
처벌이 거듭되면서 수감자들이 자신의 의견이나 주장은 물론 소개조
차도 소극적으로 임하게 되고 그들 사이의 의사 소통 그 자체를 불신하
고 자제하게 되는 것이다.

3) 이데올로기적 통제

① 敎誨의 주체

1920년대이래 일제의 행형이념은 교육주의를 전면에 내세우면서 수형자의 내면을 대상으로 한 敎誨의 비중을 높여갔다. 교회란 말 그대로 가르쳐서 반성하도록 하는 것으로, 수형자의 '덕성 함양'에 목적을 둔 훈시 일반을 의미한다. 교회는 집합교회와 개인교회로 대별되는데,[45] 집합교회는 작업이 없는 일요일이나 축일에 전체 인원을 대상으로 이루어지는 것으로 式場교회와 사면기념일이나 기타 특별한 목적으로 이루어지는 특별집합교회가 대표적이다. 개인교회는 入監, 出監, 가출옥, 석방준비, 忌日, 부모의 죽음(遭喪), 징벌 등의 계기가 있을 경우에 이루어지는데, 사상범의 경우에는 그의 성향을 파악하기 위해 탐문성 개별 교회를 하기도 하였다.

교회 사업의 주요 조직적 기반은 眞宗(東·西) 兩本願寺라는 일본불교의 포교 단체였다.[46] 식민지가 되기 전에는 기독교도 수형자 교회에 참가하고 있었으나, 식민화 이후로는 刑務敎誨의 강습을 마친 兩本願寺의 포교사들이 교회를 대부분 전담하였다.[47] 교회 제도가 한국에 정식으로 채용된 것은 1909년이지만, 실질적으로는 촉탁의 형식으로

---

45) 朝鮮總督府法務局監獄課編, 『朝鮮治刑階梯』 第1編, 朝鮮治刑協會, 1924, 261~266쪽.
46) 敎誨百年編纂委員會 編, 『敎誨百年』, 京都 : 本願寺, 1973, 309쪽. 眞宗本願寺派는 조선에 들어온 일본불교의 宗派 중 사원과 신도수 등으로 볼 때 가장 규모가 큰 세력이었다(吉川文太郎, 『朝鮮の宗敎』, 朝鮮印刷株式會社, 1922, 253쪽).
47) 朝鮮總督府法務局行刑課, 『朝鮮の行刑制度』, 1938, 66쪽. 당시 兩本願寺의 승려들은 대한제국기 시절부터 부산 등지에서 포교 사업을 전개하여 한국사회와 언어에 익숙하면서도 일본에서 감옥 교회를 맡아 온 경력을 가지고 있었다. 이밖에 초등학교장 경력을 가진 자 등이 선임되기도 하였다(中濃敎篤, 『天皇制國家と植民地伝道』, 國書刊行會, 1976, 189~190쪽).

그 이전부터 감옥교회가 전개되어 왔다. 이후 지속적으로 감옥교회와
보호 사업을 지속해 온 本願寺 계열의 승려들은 마침내 한국 내 교회
사업을 독점하게 되어, 불교를 중심으로 교회를 이끌어 나갔다.[48]
본래 식민화 이전 종로의 전옥서에는 고구려의 東明王과 그 왕비를
모신 神壇과 기타 祭具 등이 안치되어 있었다. 토속신앙이 수감자들의
불안한 심리를 위로하는 데 활용되어 왔던 셈인데,[49] 합병 이후로는
일본불교가 그 자리를 대신하게 된 것이다.

② 교회와 교육의 내용

1923년 법무국 감옥과에는 교회교육에 관한 사무의 개량 발달을
도모하여 그 통일을 기하기 위해 敎務調查會가 만들어졌다.[50] 眞宗의
교회사촉탁과 사무관(土居寬甲) 그리고 경성감옥의 전옥(中橋政吉)으
로 구성된 이 모임은 교회와 관련한 회의를 정기적으로 개최하기로
한다. 이후 법무국 감옥과에서는 간수 등 감옥 관리자를 대상으로
한 교육서를 비롯하여 수인용 잡지『道』와 훈화용 서적인 自彊 총서
등이 출판되었다. 이 서적에는 일본 서적을 번역한 부분과 조선에서
집필된 부분이 포함되어 있는데, 대강의 주제는 立志, 努力, 成實,
節制, 修德, 自然과 사회, 가정으로부터 받은 은총, 공존공영 등이다.[51]
만사는 개인의 마음가짐과 노력 여하에 달려있다는 것을 인식시키고,
자신의 주변에 대해 감사하는 마음을 갖도록 하는 내용이 주를 이루었

---

48) 그러나 전시체제하 이후로는 교회 내용 가운데 불교의 비중이 현격하게
   축소된다.
49) 治刑協會,『朝鮮刑務所寫眞帖』, 1924. 일제의 기록에 의하면 이 신단은 이태조
   가 治獄에 뜻을 두고 설치한 것이었다고 하며, 이 전옥서의 뒤뜰에는 우물이
   있어 그 물을 靈藥이라 칭하여 받들었다고 한다.
50) 監獄彙報,『朝鮮司法協會雜誌』1923. 12, 93쪽.
51) 敎誨百年編纂委員會 編, 앞의 책, 314~316쪽.

다.

이와 같이 수형자 일반을 대상으로 한 교회의 방향은, "국체존중"과 "국법준수"에서부터 "社會相愛心의 환기", "상공업의 도덕", "직업 근면", "인내와 극기"에 이르는 다양한 가치를 표방하며 진행되었다. 즉 국가와 국법에 대한 인식은 물론 직업상의 윤리와 근면성에 대한 인식 등을 새롭게 다지도록 하는 것이다.

대체로 식민지 초기에는 이러한 근대의 일반적 가치들이 나열되는 한편 개인의 感性에 호소하면서 자신의 행위에 대한 성찰과 뉘우침을 유도하는 도덕 교화가 주를 이루었던 것으로 보인다. 그러나 이러한 교회 내용은, 1930년대 중반기 이후로 실제 활용할 수 있는 지식과 집단적 정체성으로 강조점이 옮겨져, 전체를 위해 봉사할 있는 국민성과 일본인으로서의 태도를 체화시키는 전체화 전략으로 변화되어 간다.[52]

교육은 감옥법 제30조의 18세 미만 수감자를 교육시킨다는 원칙에 의거하여 진행되었다. 18세 미만의 경우에는 매일 4시간 이내로, 18세 이상으로 필요한 경우는 1주에 3~6시간 이내로 야간의 시간을 이용하여 교육을 실시하였다. 내용으로는 수신, 독서, 산술, 습자, 기타 필요한 학과로 체조나 조선어 등이 전수되었는데, 1935년 이후로는 일본어(당시로는 '국어')와 수신의 비중이 점차 커졌다. 지식의 전수만이 아니라 '일본인으로서의' 몸가짐을 가질 것이 중시되었는데, 이 과정에서 충과 효 이데올로기가 자주 활용되었다(<사진 5> 참조). 독서의 경우 문서와 도서는 "紀律을 해치지 않는 범위 내에서" 읽는 것이 허용되었는데, 신문과 시사 논설의 열람은 감옥령시행규칙(제86조)으로 금지하였다.

52) 「新行刑敎育規程の實施」, 『治刑』, 朝鮮治刑協會, 1937. 7, 4쪽.

사진 5. 대구감옥의 집합교회(왼쪽)와 부산감옥의 교육(오른쪽) 실시 모습 [『朝鮮の行刑制度』 67, 72쪽.

한편 사상범에 대한 교회53)는 내면에 자리한 신념을 포기시키는 차원에서 전개되었으므로, 처음부터 일반수감자 대상의 교회와는 다른 것이었고, 일본에서의 사상범에 대한 교회와도 다른 것이었다. 사법 관계자들은 독서를 통해 공산주의 및 무정부주의 신념을 획득한 일본의 사상범에 비해 볼 때, 조선의 사상범은 민족적 차별에 대한 깊은 반감이 의식의 저변에 깊숙하게 자리잡고 있기 때문에, 서구 사상을 포기하는 수준에서 간단히 전향하기 어렵다고 보았다. 따라서 조선의 사상범에 대한 교회는 보다 인격적이고 개별적인 감성 차원에서 접근하여 다음과 같은 세 가지 측면을 포함한 설득이 되어야 한다고 보았다.

---

53) 조선에서의 사회운동이 상당 부분 사상운동과 연계된 형태로 지속되어 온 만큼, 사상범에 대한 행형 당국의 정책과 실제 교정 사례는 적지 않은 비중을 차지한다. 이 글에서는 다루는 주제와 지면 관계상 간단히 언급해 둔다. 사법당국의 전향정책과 사상범에 대한 대응에 대해서는 水野直樹, 『植民地期朝鮮・臺灣における治安維持法に關する硏究』, 科學硏究費補助金 硏究成果報告書, 1999 ; 장신, 「1930년대 전반기 일제의 사상전향정책연구」, 『역사와 현실』 2000. 9. 사상범들의 대응에 대해서는 「자료 : 일제하(1932~ 35) 전향공작에 대한 옥중투쟁기」, 『역사비평』 1993년 여름호 참조.

1. 객관적 사실 즉, 과거 및 현재의 역사적 사실을 인식, 이해시
   키는 일.
 - 內鮮의 역사적 지리적 조선에 따른 민족, 언어, 풍속, 관습의
   공통점.
 - 한일병합의 근본 의의를 철저하게 이해시키는 일.
 - 아시아에 있어 일본의 특수적 지위를 자각시키는 일.
2. 주관적 사실, 즉 종교적 이념의 세계를 인식시키는 일.
 - 마르크스적 신념을 포기하고 다시 그것을 대체하는 새로운 신
   념 내지 신앙을 획득하도록 할 일. 즉, 행동이나 사상의 전향
   에서 더 나아가 믿음의 전향으로까지 나아가도록 하지 않으면
   안 된다.
3. 경제적 생활의 확립 보전을 도모시키는 일.
 - 직업 훈련을 시켜 석방 후 취직을 알선하고 歸農을 추천, 농장
   의 경영, 농산물의 재배, 과수원 경영 등의 희망을 주는 일.[54]

 일반 수형자에 비해 사상범의 경우는 탐문성 개인교회를 통해 사상
의 변화 여부를 관찰하는 일이 많았다. 교회사에 의한 면담 결과의
기록은 가석방이나 작업에의 참여 여부 등을 결정하는 데 중요한
자료로 사용되므로, 교회사는 간수 이상의 권력을 가지고 있었다.
그런 의미에서 사상범에게 있어 개인교회는 미묘한 긴장의 시간일
수밖에 없었다.

4. 맺음말

한국의 감옥과 처벌의 구조는 식민화를 전후로 하여 급격하게 변화

---

54) 敎誨百年編纂委員會 編, 앞의 책, 336~337쪽.

되기 시작하였다. 식민지 초기에 활용되었던 기존의 전통감옥은, 새로운 법망에 걸린 자들이 폭증하면서 곧 수용한계에 부딪혔다. 고밀도 수용에 따른 관리 부담과 '위험하고 게으른' 조선인을 '근면하고 안전한' 인물로 개조해야 한다는 명목이 겹치면서 총독부 당국은 근대적 감옥 설비를 서두르는 동시에 조선인 수감자들을 다루기 위해 전근대적 태형을 활용하는 방식을 병행하였다.

자유형의 등장과 짝을 이루는 근대감옥의 이념과 제도는 태형이 폐지되는 1920년이래 본격적으로 전개되었다. 이른바 문화통치가 시작되는 시점에서 근대적 처벌의 장치 또한 전면적으로 작동하기 시작한 것이다. 수감자들의 생활 공간과 시간은 관리 감독자의 편의에 맞추어 재배치되었고 동작 하나하나에서 생각이나 태도에 이르기까지 세밀하게 지정하고 규제하는 미세 통제가 추진되었다. 일본은 그 자신의 식민지 가운데 조선에서 가장 지속적이고 강도 높은 저항을 경험해왔기 때문에, 반체제 혹은 반사회적인 성향으로 낙인 찍힌 죄수들이 모여 있는 감옥에 대해 각별한 통제와 교정의지를 가지지 않을 수 없었다. 더구나 조선의 감옥은 식민지시기 내내 고밀도 초과수용 상태를 벗어나지 못하였으므로(<표 4> 참조), 수형자들에 대한 통제를 유지하기 위해 강력한 규율이 요구되었다.

따라서 감옥규율체계를 관통하는 핵심어는 복종이었다고 생각된다. 이것은 인내와 극기 그리고 순종을 포괄하는 것으로, 각종 규칙에 대한 준수는 물론 간수와 교회사, 작업기수 등의 관리자에 대한 복종을 요구하였다. 특히 일본의 감옥체제는 '오번제의 일본판'이라 평가받을 정도로 노동에 많은 비중을 두어왔다. 애초에 서양에서 감옥노동은 범죄의 대부분이 나태와 안일에서 온다고 보고 노동을 강제하던 이념에 의거한 것이나, 일본이 후발자본주의국가로서 수차례의 전쟁을 경험하는 가운데 수인노동력의 유용성에 일찍 눈을 돌렸던 것 또한 사실이다. 하지만 戰時를 제외한 시기에 수인노동은 하루종일 한 장소에 집결시켜 침묵하에 작업을 강제함으로써 한꺼번에 많은 수형자를 통제하는 수단으로 활용되었다. 근면성의 함양이라는 이름으로 말없이 12시간 전후의 작업을 매일 견뎌내는 순종적인 노동자가 되길 요구한 것이다. 이밖에도 순종적인 '학생'으로서, 國體 및 국법에 대한 존중과 황국신민으로서의 자기정체 확립 그리고 선량한 사회인으로서의 재기를 촉구하는 교화와 교육 과정을 충실하게 받아들일 것 또한 요구되었다.

결국 감옥은 조선에서 학교교육과 병원과 일터와 가정의 역할이 강조되어 가던 1920년대 이후 사회의 다른 한편에서 충실한 역할을 담당하였다. 감옥의 관리자들은 지속적인 감시와 그에 의거한 분류평가, 그리고 엄격한 제재 권한을 행사함으로써 수형자 집단에 대해 절대 권력을 행사하였고 "의사이자 교사"이자 嚴父慈母와 같은 '보호자'로서 수형자를 신체적 정신적으로 矯正하고자 하였다. 이러한 고강도의 집단 생활은 일찍이 조선의 그 어떤 사회적 단위에서도 경험하지 못했던 것임에 틀림없다. 이러한 상황에서 수형자들은 관리자들과의 관계에서는 복종과 타협 때로는 (은밀한) 저항을, 동료 수형자와의 관계에서는 경쟁과 협력이라는 매일매일의 크고 작은 선택의 계기를 맞이하면서 변화되어 갔을 것이다.

감옥 내 통제가 가져온 변화를 규명하기 위해 보완되어야 할 점은, 감옥이라는 거대한 처벌 기구 안에서 이상과 같은 규율체계가 부여되었을 때 수형자 집단을 변화시키는 구체적인 계기가 무엇이며 어떻게 주어지는지를 엄밀하게 검토하는 것이다. 아울러 감옥의 사회적 기능과 그 식민지성을 명료화하기 위해서는 당시의 형사정책 전반은 물론

일본의 감옥 제도와 정책 전반에 대한 엄밀한 비교 검토가 있어야
할 것이다. 앞으로 지속될 과제로 남긴다.

보통학교제도의 확립과 학교 훈육의 형성

김 경 미*

1. 머리말

1895년 갑오개혁기에 국민교육을 표방하며 설립되었던 소학교는 일제 식민지 지배 하에서 보통학교로 개편되었다. 1905년 한국[1] 교육 행정의 실권을 장악한 일본인 학무관료들은 1906년 통감부가 설치되자 본격적으로 학제 정리에 착수하여, 8월에는 「보통학교령」을 공포하고, '簡易'와 '實用'을 기본 방침으로 보통학교 중심의 교육체제를 구축하려 하였다. 이는 보통학교를 4년제로 단축하고 일어교육과 실업교육을 주로 하는 완성교육기관으로 제한하겠다는 것이었다. 한 국병합 후 1911년에 공포한 朝鮮敎育令에는 조선의 교육이 '敎育에 관한 勅語'의 취지에 기초한다는 조항을 포함시킴으로써, 교육의 궁극적 목표가 일본천황에 충성하는 식민지 국민을 양성하는 데 있음을 명시하였다. 이와 같은 목표를 달성하기 위한 주요한 방법은 보통학교

---

* 연세대학교 국학연구원 연구교수, 교육학
1) 본 논문에서 대한제국 시기와 통사적으로 우리나라를 가리키는 경우는 '한국', 대한제국 이전과 1910년 이후의 시기는 '조선'을 사용한다.

의 훈육이었다.

학교교육은 지식과 기술의 교수를 중심으로 하지만, 신체의 반복
훈련을 통해 규율을 습득시키는 훈육은 인간 형성의 면에서 더 큰
영향을 미친다. 일제강점기 학교교육은 식민지 국민성 주입을 위한
덕성 함양을 가장 중시하여, 덕육의 중심 교과인 修身을 수위에 배치하
였고, 실천궁행을 강조하며 교수를 통해 배운 도덕 지식이 훈육을
통해 體化되기를 꾀했다.

식민지 지배 초기의 보통학교에 관한 연구는, 주로 通史的인 시각에
서 교육정책 및 교과내용의 식민성을 밝히는데 중점을 두었다.2) 1990
년대에 들어와 보통학교의 실체를 밝히려는 연구가 시작되어, 3 · 1운
동 이후 한국인의 보통학교에 대한 교육적 요구가 나타나기까지 보통
학교가 초등교육기관의 중심적 위치에 서게 되는 과정을 밝히고자
하였다.3) 그러나 구체적인 교육활동의 측면에 대해서는 다루지 못했
고, 훈육에 대해서는 학교 훈육이 체계적으로 행해졌던 1920년대
말 이후를 다룬 연구가 있을 뿐이다.4)

본 논문은 일제 식민지 지배 초기인 통감부 시기부터 1910년대까지,
보통학교가 식민지 초등교육기관으로 확립되어 가는 과정은 곧 한국
인을 식민지 지배 질서에 복종하는 식민지 국민으로 만들기 위한

---

2) 李萬珪, 『朝鮮敎育史 下』, 乙酉文化社, 1949 ; 鄭在哲, 『日帝의 對韓國植民地
   敎育政策史』, 一志社, 1985 ; 지호원, 「일제하 수신과 교육연구」, 부산대학교
   박사학위논문, 1997.
3) 한우희, 「식민지 전기의 보통학교」, 우용제 외, 『근대한국초등교육연구』,
   교육과학사, 1998 ; 古川宣子, 「日帝時代 普通學校體制의 形成」, 서울대학교
   박사학위논문, 1996.
4) 김진균 외, 「일제하 보통학교와 규율」, 김진균 · 정근식 편저, 『근대주체와
   식민지 규율권력』, 문화과학사, 1997 ; 오성철, 『식민지 초등교육의 형성』,
   교육과학사, 2000 ; 오성철, 「식민지기 교육의 식민성과 탈식민성-초등학교
   규율의 내용과 형식」, 『한국교육사학』 제22권 제2호, 2000.

훈육기관으로 자리잡아 가는 과정이었음을 밝히고자 한다. 이를 위해
제2장에서는 보통학교를 일어교육과 실업교육을 위주로 하는 완성교
육기관으로 제한하기 위해 학교 훈육을 강조했음을 기술하고, 제3장에
서는 '국민교육'5)을 배제하거나 시도하면서 식민지 국민성 형성기관
으로서의 보통학교의 성격을 확립하기 위해 학교 훈육을 강조했음을
밝히며, 제4장에서는 보통학교에서 시행된 훈육의 실제를 살펴보고
그것이 조선인 아동에게 어떻게 내면화되고 있는지를 살펴보고자
한다.

2. 완성교육기관으로서의 보통학교와 훈육

학부에서 보통학교제도를 도입하면서 가장 먼저 역점을 둔 것은
일본어의 보급이었다. 일본어 보급은 한국인을 일본의 식민지 국민으
로 만들기 위한 기초 작업이었다. 최초의 학부참여관으로 「보통교육
령」의 초안을 작성했던 시데하라 다이라(幣原坦)는 「韓國敎育改良案」
에서 개량 방침의 하나로 '일본어를 보급할 것'을 제시하고, 먼저
관공립소학교를 4년제의 보통학교로 개량하여 초학년부터 일본어를
익히게 할 것을 제안한 바 있다.6) 1906년 8월의 「보통학교령」에 따라,
수의과목이었던 일어7)는 '일상생활에 필요한 보통지식'을 가르치는

---

5) 본 논문에서, 국민교육은 근대국민국가에서 국가 구성원을 생산력과 국민의
  식을 지닌 국민으로 키워내기 위해 실시한 교육을 의미하며, '국민교육'은
  국민교육의 내용 중 국민적 일체감, 애국심 등 국민의식을 형성하기 위한
  교육을 나타낸다.
6) 幣原坦, 「韓國敎育改良案」, 1905, 11~13쪽 / 渡部學·阿部洋 編, 『植民地朝鮮
  敎育政策史料集成』(이하 『史料集成』으로 略) 63, 龍溪學舍, 1986.
7) 1895년의 소학교령의 교과목 규정에는 '외국어'로 되어 있지만, 외국어는

교과로 간주되어 필수 교과가 되었다. 일어의 주 당 수업시간은 6시간으로 국어의 수업시간과 같았다. 학부는 보통학교에 일본인 교사를 배치하여 학교의 운영과 교수를 맡도록 하였다. 1907년 12월의 「보통학교령 개정」으로, 촉탁으로 고용되어 있던 일본인 교사를 정식 보통학교 교원으로 임명할 수 있도록 하고, 교감제를 설치하여 일본인 교사가 교감으로서 사실상 학교의 首腦로 기능할 수 있도록 하였다.[8]

보통학교의 분포는 되도록 전국에 두루 설립할 수 있도록 하며, 관찰도 소재지나 교통이 편리한 곳, 한국인이 일본인 및 기타의 외국인과 접촉하여 가장 신교육의 필요를 느낄 만한 지방을 기준으로 하여 설치하도록 하였다.[9] 먼저 한성의 관립소학교와 지방의 주요 공립소학교를 정비하여 학부직할 관립보통학교 및 갑종공립보통학교로 개편하였다.[10] 이 학교들에 대해 학부는 '완전한 경영'을 하는 곳[11]이라 했는데, 이는 곧 일어를 주요 교과로 하고 일본인 교감을 배치했다는 의미이다. 구공립소학교 중 개량하지 못한 곳은 을종공립보통학교로 구분하였다. 1909년에는 보조지정보통학교 제도를 설치하여 시설이 나은 을종공립보통학교와 사립학교를 보조지정보통학교로 선정하여

바로 일본어를 의미했다. 초등교육의 첫 번째 단계인 심상과의 교과목에 외국어가 포함된 것은 당시 교육개혁의 모델을 제공하고 실제로 개혁과정에 관여했던 일본측의 영향이 작용했기 때문이라고 생각된다(김경미, 「갑오개혁 전후 교육정책 전개과정 연구」, 연세대학교 박사학위논문, 1999, 108~110쪽 참조).

8) 이들은 일본의 현·퇴직 소학교장, 사범 훈도, 소학교 훈도, 郡視學, 중학교 敎諭 출신이었다(學部, 「第十七官公立普通學校校監及日人訓導一覽表」, 『第二回官公立普通學校校監會議要錄』 부록, 1908. 2, 68~73쪽 / 『史料集成』 65).

9) 學部, 『韓國敎育ノ現狀』, 1910, 13~14쪽 / 『史料集成』 63.

10) 당시 관립소학교는 한성에 고등소학교(3년) 1교, 심상소학교(3년) 8교가 있었고, 공립소학교는 각 道의 관찰부 및 주요 郡·港에 57교가 있었다.

11) 統監府編, 『韓國施政年報(1906~1907)』, 1908. 12, 358~359쪽.

일본인 교감 1명과 한국인 교원 1명을 배치하였다.[12] 1910년 6월 현재 관공립 및 보조지정 보통학교 수는 101교였다.[13](<표 1> 참조)

표 1. 보통학교 및 생도수의 추이

연차별	관립		공립		보조지정		합계	
	학교수	생도	학교수	생도	학교수	생도	학교수	생도
1906	9	1,062	13	862	-	-	22	1,924
1907	9	1,681	41	3,166	-	-	50	4,847
1908	9	1,781	50	5,962	-	-	59	7,743
1909	9	2,256	51	8,658	31	2,332	91	13,246
1910	1	263	59	12,469	41	4,214	101	16,946

* 매년 6월말 현재에 의한 것이나, 1906년 공립보통학교 및 1909년 보조지정보통학교는 12월 현재에 의함. 1910년에 관립보통학교가 감소한 것은 한성부내 관립보통학교를 사범부속 외에는 공립으로 변경한 것에 의함.

보통학교의 입학을 장려하기 위해, 시데하라는 보통문관을 학교졸업생에서 취하도록 하는 법안을 편성해야 한다고 제안한 바 있다.[14] 1906년 「문관임용령」에서 판임관의 임용자격으로 관립고등학교 등의 학교졸업자에게 자격을 부여했는데, 이들 학교의 입학에는 보통학교 졸업자가 유리했다. 예를 들면 1906년의 「고등학교령」은 입학 자격으로 보통학교 졸업생은 바로 입학을 허가하고 그 외는 입학시험을 행하기로 하였다. 또 고등학교의 입학연령을 만 12세 이상으로 하여 보통학교 졸업과 연결되도록 하였다.[15] 이러한 학교 급별 간의 연계와 학력에 따른 진학제도는 근대학교체제의 특징으로서, 학력에 의해 사회적 역할을 배분하는 한편 국민교육기관인 초등학교를 정착시키는 데 기여할 수 있다. 이때 초등교육기관은 국민교육을 수행하는 완성교

---

12) 統監府編, 『第三次施政年報(1909)』, 1911. 4, 230쪽.

13) 『韓國教育ノ現狀』, 1910. 7, 28~29쪽 / 『史料集成』 63.

14) 幣原坦, 「韓國教育改良案」, 1905, 13쪽 / 『史料集成』 63.

15) 統監府編, 『韓國施政一班』, 1906. 12, 209쪽.

육기관인 동시에 상급학교 진학을 위한 첫 번째 예비교육기관이 되기
도 한다. 그러나 보통학교가 예비교육기관이 된다는 것은, 간이와
실용을 근본 방침으로 하는 學部의 초등교육 중심의 교육정책과는
모순되지 않을 수 없다.

  한편 한국인은 보통학교 초학년부터 일어를 부과하는 것에 대해
반대하였다.16) 일본인이 보호정치를 행한다는 것은 한국을 자기 영토
로 하기 위해서이며, 이를 위해 우선 국어를 일어로 변경하여 한국의
국민성을 멸실시키려고 계획하는 것이라 하였다. 하급의 지방민들은
일본어를 가르쳐 후에 일본의 군인으로 만들거나 일본에 납치하여
노동자 또는 노예로 만들려는 것이라고 하였다.17) 일본인 학부관료들
은 이러한 반대를 무마하고 보통학교 입학을 장려하기 위해 일어의
필요성을 역설하였다. 학부차관 다와라 마고이치(俵孫一)는, 현재 한
국에는 일본인의 왕래가 빈번하고 일본인과의 교섭이 날로 증가하고
있으므로 일어는 한국인에게 생활 필수의 지식이라고 하며, 일어는
한국인들이 구하고자 하는 지위의 행·불행을 좌우할 것이라 하였다.
가령 신교육을 받는 사람들이 앞으로 사회의 중견이 되어 크게 활동할
때 일어를 알지 못하면 사무를 제대로 처리할 수 없을 것이며, 개개의
인민의 생활에서도 중류 이상의 한국인은 일어를 모르면 일어를 잘

---

16) 1905년 한문 시간을 잘라내어 일본어 학습시간으로 하자, 소학교 교사까지
   반대하였다. 어느날은 수백 명의 생도가 학무아문에 밀어닥쳐 대여해 준
   교과서를 던지고, 이를 선동하는 군중까지 더하여 소동이 일어났다. 일본인
   교사에게 고등소학교의 아동이 쫓아와서, '소학정도의 학교부터 이미 한학의
   시간을 줄여서 일본어를 가르치려고 하는 것은 아국의 소년의 싹을 잘라버리
   고 타국의 종자를 심는 것으로 우리들은 그러한 수업을 받을 수 없다'고
   하는 일도 일어났다(幣原坦, 『朝鮮教育論』, 1919, 38~39쪽 / 『史料集成』
   25).

17) 學部, 『韓國教育』, 1910, 11쪽 ; 學部, 『韓國教育ノ既往及現在』, 1910, 28~29
   쪽.

아는 사람들이 邪術을 이용하여 재산을 약탈하려는 것을 방지하고
또 辨疏할 방법을 알 수 없을 것이라 하였다. 그러므로 보통학교에서
중류 이상의 사람들을 양성하는 데는 반드시 필수과목으로서 일어를
배우게 할 필요가 있다고 하였다.[18] 즉 일어는 학교교육의 지위 배분
기능의 중요한 요소로서, 앞으로 한국사회에서 중류 이상의 지위를
차지하는 데 유용한 지식이 된다는 것이다.

사실 「보통학교령」상의 계획은, 서당에서 약간의 한문교육을 받은
아동을 보통학교에 입학시켜 4년간의 신교육을 받는 정도로, 한국
중류 사회의 '우량근면'한 인민으로서 자리잡게 하고 일부는 중등교육
에 나아갈 수 있도록 하겠다는 것이었다.[19] 즉 「보통학교령」은 보통교
육을 표방하고 있지만,[20] 일본인 학부관료들은 자제를 서당에 보낼
수 있을 정도로 여유 있는 한국의 중상류 자제들에게 일어 및 신지식을
가르쳐, 이들이 식민지 상황에서도 본래의 지위를 확보하고 식민지
지배하에서 안정하기를 기대하였다. 보통교육은 모든 국민에게 부과
되는 공통의 기초교육으로 그 자체로 국민을 형성한다는 완성교육의
성격을 지니고 있지만, 사회가 신분사회에서 學歷社會로 이행되면서,
광범위하게 인재를 끌어 모으는 역할을 하는 한편 사회의 변동을
가져오는 기능을 하게 된다. 이러한 보통교육이 야기할 수 있는 사회변
동을 일본인 학부관료들은 두려워하였다. 한국의 전 구성원이 학교교
육의 지위 배분 기능을 통과할 때 일어날 수 있는 급격한 사회변동은

---

18) 學部, 『韓國敎育ノ旣往及現在』, 30쪽.
19) 위의 책, 32쪽.
20) 1908년 5월 관찰사회의에서 학부대신은 보통교육이란 보통학교령 제1조에
　　서 나타내고 있듯이 귀천빈부의 구별없이 적어도 국민된 자의 반드시 修得하
　　지 않으면 안 되는 것으로 규정하고 있다(「隆熙二年五月觀察使會議ニ於ケル
　　李學部大臣訓示要領」, 『第二回官公立普通學校校監會議要錄』 부록, 34쪽).

식민지 사회를 불안정하게 할 것이기 때문이다.

그들의 기대와는 달리, 서당에 자제를 보내는 중류 이상의 한국인은 자제를 보통학교에 입학시키려 하지 않았다. 그나마 지방 관헌의 힘을 빌고 학무위원을 동원하는 등의 방법으로 간신히 모을 수 있었던 학생들은 빈한한 가정의 자제였다. 자연 보통학교는 중류 이하의 자제들이 입학하는 빈민학교라고 불리게 되었다.21) 다와라는 보통학교 교감들에게 상·중류 한국인 자제의 입학을 장려할 것을 지시하면서, 양반 자제가 舊來의 迷夢을 아직 깨닫지 못하고 신교육을 공부하지 않으면 앞으로 사회적 지위를 지키지 못할 것이고, 이에 반해 하층 노동사회의 자제가 정식의 교육을 받아 실력을 양성하고 있으므로, 앞으로 사회상의 지위는 전도할 것이라고 경고하기도 했다.22)

보통학교의 일어교육의 효용성이 나타나면서 일부 한국인의 보통학교에 대한 반응은 조금씩 달라지기 시작했다. 순사, 헌병보조원, 제 官衙의 雇員 혹은 판임관 등의 채용에 일어를 조건으로 하자, 당초 일어를 혐오하던 사람들 중에서도 자진해서 보통학교에 자제를 입학시키는 사람이 생겨났다.23) 1910년에 들어와서는, 僅少한 지방에서는 여전히 모집 정원 60명을 채우지 못하고 있었지만, 도회지의 학교에서는 특별히 애쓰지 않고도 한 편의 모집 광고에 의해 지원자를 모집할 수 있었다.24) 일반사립학교 재학자가 보통학교에 전학을 희망하는

---

21) 『韓國敎育ノ旣往及現在』, 39쪽.
22) 「俵學部次官訓示」, 『第二回官公立普通學校校監會議要錄』, 18쪽.
23) 『韓國敎育ノ現狀』, 26쪽.
24) 학생 모집이 순조로웠던 것은 한성이나 그 밖의 도회지 소재의 보통학교에서였으며, 벽지에서는 1910년대에도 계속 학생 모집이 어려웠다. 1911년에 사립학교에서 공립보통학교로 개편된 곡성공립보통학교는 1918년에도 여전히 학생 모집을 위해 교사가 학령 아동의 가정을 방문하러 다녀야 했다. 1918년의 신입생 49인의 부형의 생각을 조사한 결과는 다음과 같다.

일도 있었다. 학생 모집이 순조로워지면서 다와라는 지원자들의 가정 상황을 조사하여 되도록 중류 이상의 자제를 선발하여 입학을 허가하도록 지시하기도 했다.[25]

보통학교 학생 수가 증가하면서[26] 새로운 문제가 발생하였다. 보통학교를 졸업한 후 진학을 희망하는 사람이 늘어나고,[27] 진학을 하지 못한 경우 취직도 하지 않고 놀면서 아무것도 하지 않는 사람도 적지 않았다.[28] 그러나 학부는 보통학교 졸업자의 일부만 중등학교로 진학하도록 할 뿐, 초등교육을 기반으로 중등교육에 대한 요구가 발생하는 것을 억제하고자 하였다. 식민지 교육의 성격 자체가 식민지 국민의 민족적 자각을 억제하기 위해서 중등 이상의 교육을 억제한다는 면도 있고, 일본인들이 한국사회의 중요 지위를 점령해 가는 상황에서 중등

---

1. 시세를 了解하여 스스로 나아가 온 자 7인
2. 장래의 희망(役人이라도 한다고 하는 생각)을 갖고 온 자 8인
3. 교원 및 학무위원의 권유에 의한 자
  1) 보통학교의 취지를 설유에 의해 깨달은 자 12인
  2) 권유에 의해 어쩔수 없이 온 자 2인
  3) 미정인 자(학교에 오기는 했으나 중도에 그만 둘 생각) 8인
4. 아무런 생각 없이 단지 사람의 권유에 의한 자 2인
5. 생도 부형은 반대해도 생도 스스로 온 자 3인
6. 학교 생도의 권유에 의한 자 2인
7. 졸업생의 권유에 의한 자 2인
8. 각 관서원의 노력에 의한 자 3인
  (金漢奎, 「生徒募集四年間の所感」, 『朝鮮教育研究會雜誌』 제35호, 1918. 8, 27~29쪽).
25) 學部, 「普通學校教養ニ關スル施設綱要」, 1909. 12, 30쪽 /『史料集成』 65.
26) 앞의 <표 1> 참조. 취학률이 2.1%로 추정된 1912년의 보통학교 학생수가 44,638명(오성철, 앞의 책, 133쪽)이었던 것을 통해 미루어볼 때, 1910년경의 취학률은 1%에도 미치지 못했다고 할 수 있다.
27) 1910년 3월 공립보통학교 졸업자 지망 조사(「公立普通學校卒業者志望調査」, 『各種教育統計』, 11쪽 /『史料集成』 66)

도별	학교수	본년졸업자수	가·실무종사	다른학교에입학	입학하려는 학교 종별										
					사범학교	고등학교	외국어학교	실업학교				의학교	보습과	각사립학교	미정
								상	공	농	계				
한성부	9	307	26	274	15	95	40	67	44	10	121	2	1		
경기도	6	97	21	83	22	7	4	15	6	7	28	2	13	5	2
전라남도	3	63	16	47	3	1	0	5	5	29	39			3	
전라북도	1	36	9	27	1	2				21	21		2	1	
강원도	1	23	·	23			3			20	20				
황해도	2	33	10	23		4				18	18	1			
충청남도	3	67	16	37	13	3	2		5	14	19		14		
충청북도	1	17	3	14											
경상남도	6	122	27	91	6	4		21	3	11	35		11	2	33
경상북도	2	47	12	35	1	4			3	24	27				3
평안남도	1	22	·	22	13					8	8			1	
평안북도	4	37	7	30	6	3			2	8	10	1	8	2	
함경남도	3	39	18	21	2	3			1	7	8		4	2	
함경북도	3	69	26	43		1				27	27		12		3
계	45	979	191	770	69	140	49	108	69	204	381	6	65	16	41

* 공립보통학교 졸업자 전부가 아님

28) 1910년 4월말 중등 정도 관공립학교 입학지원자 및 입학자수(學部, 『韓國敎育 /現狀』, 1910. 7, 38~39쪽 /『史料集成』 63)

구별 학교명	입학지원자수		비교 증감	수험자수		비교 증감	입학자수		비교 증감
	전년도	본년도		전년도	본년도		전년도	본년도	
관립한성사범학교	본1,912 속 345	본1,744 속 545	-168 200	본1,476 속 260	본1,358 속 424	-28 164	본 98 속 96	본104 속 90	6 -6
관립고등학교	194	1,019	825	155	751	596	50	102	52
관립평양고등학교	209	166	-43	136	108	-28	72	78	6
관립한성외국어학교	1,138	1,608	470	683	990	307	307	316	9
관립고등여학교	99	155	56	89	127	38	79	87	8
관립인천실업학교	67	94	27	57	61	4	52	70	18
공립부산실업학교	41	72	31	41	54	13	41	54	13
계	4,005	5,403	1,398	2,897	3,873	976	795	901	106

* 원래의 표에서 고등학교 학력 이상이 입학하는 관립법학교는 제외함.

교육 이상을 이수한 한국인들은 졸업 후에 오히려 바라는 수준의
직업을 얻지 못하고 체제의 불만자가 될 수도 있기 때문이다.

학부는 졸업생 지도에 주의하며 보통학교의 완성교육기관으로서의
성격을 강조하기 시작했다. 보통학교는 진학을 주로 하는 예비교육을
행하는 것이 아니고, 오로지 일상생활의 실제에 적응해야 할 유효
필수적인 신교육의 모범기관으로서, 학생에게 근면 착실하며 노동을
통하여 의식주를 편안하게 하고 집안을 일으키고 나라를 부유하게
하는 '良民'이 되도록 지도해야 한다는 것이었다.29) 다수의 생도들이
졸업 후 진학을 희망하는 것은 보통학교 본래의 목적을 벗어나 계급학
교가 될 우려를 낳는 것이라 하며, 학교에 農圃, 농림 등을 설치하여
생도에게 실용적 지식을 주도록 하여, 졸업 후 관아나 회사에 봉직하거
나, 또는 私人의 사업에 사용되거나 가사에 종사하는 등 보통학교
본래의 목적을 이루도록 해야 한다30)고 하였다.

1909년 7월 5일 새로 공포된 「보통학교령시행규칙」은 보통학교의
실업교육을 강화하기 위한 것이었다. 보습과의 농업, 상업, 수공 등의
실업에 관한 교과목을 필수과로 하고, 제대로 실행되지 않았던 보통학
교 실업 교과를 지역에 따라 농업이나 상업을 부과하고, 농림학교
졸업생 및 공업전습소 졸업생을 보통학교에 배치하여 실업에 관한
교과를 담당하게 하였다.31) 그동안 학부가 한국인을 보통학교에 끌어
들이기 위해 일어의 사회적 가치를 강조해 왔다면, 이제는 보통학교

---

* 1909년 4월에는 총 입학자수가 795명인 데 대해, 입학지원자수는 4,005명,
  수험자수는 2,897명으로 합격률은 각각 19.9%, 27.4%였으나, 1910년 4월에
  는 총 입학자수 901명인 데 대해 입학지원자수는 5,403명, 수험자수는
  3,873명으로 합격률은 각각 16.7%, 23.3%로 입학 경쟁은 더 심해졌다.
29) 「普通學校敎養ニ關スル施設綱要」, 2~4쪽.
30) 『韓國敎育ノ現狀』, 29쪽.
31) 『弟三次施政年報(1909)』, 228쪽.

본래의 목적이 완성교육에 있음을 분명히 하기 시작한 것이다.

그런데 한국인이 보통학교를 받아들였던 주요한 이유는, 보통학교가 제공하는 일어 능력과 學歷이 직업상의 혜택과 새로운 삶의 기회를 준다는 점에 있다. 서당에 다니던 학생들이 보통학교에 입학하고, 사립학교에서 일어 교과를 설치하지 않으면 학생모집이 어렵게 되는 곳도 있고, 사립학교에서 보통학교로 전학을 오는 학생도 생겨나는 것은, 보통학교를 통해 보다 나은 삶의 기회를 얻을 수 있을 것으로 기대했기 때문이었다. 이 시기뿐 아니라 보통학교가 의무교육으로 제공되지 않았던 식민지기 내내, 한국인은 보통학교의 학력이 삶의 기회를 확대해 줄 것이라고 기대하였다. 이를 억제하여 보통학교를 졸업하고도 전과 다름없이 가정의 생업을 이어받아 지역에서 정착하고 사는 데 만족하도록 하는 것은 쉽지 않았다.

이는 보통학교 자체의 이중적 성격과 중등 이상의 교육을 억제하는 식민지 교육체제의 모순에서 더 증폭되는 문제이지만, 일본인 학무관료들은 조선 전래 교육의 弊習의 문제로 돌렸다. 교육이 실제와 거리가 멀어 지나치게 空疎하여 헛되게 遊衣徒食의 무리를 낳아 많은 民人을 窮迫한 현황에 빠지게 하는 폐습에 인한 것이라는 것이다. 보통학교는 이러한 조선교육의 폐습을 닮아서는 안되며, 학생들에게 언제나 학습한 바를 실제에 활용케 하도록 힘써서, 나가서는 능히 배우고 들어와서는 능히 가정의 업무를 돕는 사람이 되게 하여, 학습과 근로가 渾然融合하여 서로 어그러지지 않는 '美風'을 장려하는 곳이 되어야 한다고 강조하였다.[32]

학부는 1910년 1월 관공사립 각 학교에 내린 訓諭에서, 학교교육의 급무는 한국의 "遊惰한 풍속을 바꾸어 勤勞하여 治産하는 良風을

---

[32] 「普通學校敎養ニ關スル施設綱要」, 3쪽.

일으키며 인민들이 주거를 편안하게 하여 文明한 德澤을 입게 하는
것"이라고 명시하였다.[33] '遊惰'라는 '폐풍'과 '근로'라는 '양풍', 교정
해야 할 전자는 조선 전래의 것, 따라야 할 후자는 새로운 문명의
것이라는 조선 폐풍 개조론의 구도 속에서, 보통학교는 학생들에게
전래의 폐풍을 버리고 문명한 양풍을 익히도록 훈육하는 곳으로 규정
되었다. 한국 학생들의 정신을 개조하기 위한 훈육은 일어, 실업 교과와
함께 보통학교의 중요한 교육내용이 되었다. 학부에서는 학도의 교양
이 실제적이 되도록, 가령 훈육은 한국의 時弊를 돌아보고 이를 교정,
훈계하는 것을 가장 필요로 한다고 하면서, 근로, 규율, 착실, 신용
등에 대해 修身이나 기타 교과를 교수할 때 주의해서 훈육할 것을
당부했다.[34] 1910년 4월에는 관공립보통학교 교감들이 보고한 각
학교의 학도훈련에 관한 자료를 총괄하여 만든 요항일람을 인쇄하여
각 학교에 배포하여 교직원의 학도 교양상 참고로 삼게 하였다.[35]

일본인 학무관료들은 일본어 보급을 위해 보통학교 입학을 장려하
는 과정에서 발생한 한국인의 진학 욕구를 한국의 오랜 '弊習' 탓으로
돌렸다. 처음에 보통학교를 기피하여 '고루'하고 '우매'하다고 규정했
던 한국인이 보통학교를 이용하여 자신의 삶을 개선시키려고 하자,
이번에는 '遊惰'해서 노동을 기피하는 '폐풍'에서 벗어나지 못한 비문
명인으로 규정하였다. 보통학교 중심의 교육체제가 갖고 있는 식민지
적 성격에서 기인하는 현실적인 모순을 '한국인의 폐습' '실업정신의
결여' 등 '정신적'인 이유로 돌리고, 이 폐해를 없애기 위해서는 한국인
의 정신을 교정해야 한다는 것이었다. 이를 위해 보통학교에서는 훈육

33) 「學部訓諭第一號」, 『舊韓國官報』 1910. 1. 28.
34) 「普通學校敎養ニ關スル施設綱要」, 27~29쪽.
35) 學部, 『普通學校學徒訓練資料』, 1910. 4 / 『史料集成』 65.

을 강조했다. 훈육의 덕목들은 조선의 폐해에 기인한 것으로 호도하여
훈육의 타당성을 확보하였다. 그러나 이것은 보통학교를 '간이'하고
'실용'적인 실업교육 중심의 완성교육기관으로 확립하여 식민지 국민
을 양성하는데 필요로 했던 덕목에 다름 아니었다.

3. 식민지 국민성 형성 기관으로서의 보통학교와 훈육

1) 통감부 시기 '국민교육'의 배제

통감부 시기 보통학교의 목적은 일본어 보급과 함께 식민지 국민성
을 주입하는 것이었다. 시데하라는 「한국교육개량안」에서 식민지 국
민성의 구체적 내용을 '선량하고 평화로운 美性'으로 제안하였다.36)
이는 곧 한국인의 '국민의식'을 억제하고 자신의 국가가 식민지화되어
가는 현실에 수동적으로 순응하도록 만들어야 한다는 것을 의미했다.
보통학교 교육의 개요를 규정한 「보통학교령」 제1조에는 보통학교
에서 '도덕교육' 및 '국민교육', '일상생활에 필요한 보통지식과 기예'
를 가르치는 것을 본지로 한다고 규정하였다. 그런데 「보통학교령
시행규칙」(1906. 8. 27)의 '교칙'에는 '국민교육'에 대한 언급이 없
다.37) 일본의 「소학교교칙대강」38)을 참조해 보면, 德育을 담당하는

---

36) 幣原坦, 「韓國敎育改良案」, 11쪽.
37) 제8조 : 보통학교에셔는 보통학교령 제1조의 취지를 준수ᄒ야 학도를 교육홈
　　이라 도덕교육에 관ᄒ 사항은 모교과목이던지 居常留意ᄒ야 교수하며 지식
　　과 기능은 일상생활상에 필요ᄒ 사항을 선ᄒ야 교수ᄒ되 반복연습ᄒ야 응용
　　자재케 홈을 요홈이라
　　　제9조 1 : 수신 : 학도의 덕성을 함양ᄒ고 도덕의 실천을 지도홈으로 요지를
　　홈이라 실천에 적합ᄒ 근이사항에 의ᄒ야 품격을 고케 ᄒ며 지조를 고케
　　ᄒ며 덕의를 중히 ᄒᄂ 습관을 양홈을 무홈이라.

주요 교과인 수신은 孝悌, 友愛, 仁慈, 信實, 禮敬, 義勇, 恭儉 등의
일상도덕을 가르침과 함께 '특히 尊王愛國의 志氣를 養하도록 노력한
다' 하여, '국민교육'의 핵심은 천황과 국가에 대한 존왕애국 정신을
함양하는 것임을 명시하고 있다. 일본의 존왕애국과 같이 국민의식을
고취시키기 위한 덕목은, 명목상이나마 아직은 대한제국과 황제가
있는 이상, 자칫하면 한국인의 국민의식을 불러일으킬 수 있기 때문에
보통학교에서 '국민교육'을 다루기가 곤란했던 것이다. 시데하라는
후일 "구한국시대에는 뭐라고 하더라도 일국의 황제가 역연하게 자리
에 있었기 때문에, 忠君愛國 사상의 고취는 곧 일본의 보호로부터
독립하는 의미도 되었다"[39]고 토로하고 있다. 조금이라도 한국인의
국민의식을 각성시킬 우려가 있는 교육내용은 경계 대상이 되었던
것이다. 더구나 국민의식을 고취시키려는 한국인의 교육활동은 학부
의 강력한 단속 대상이 되지 않을 수 없었다.

1905년 당시, 한국에는 관공립소학교 외에 전통적인 초등교육기관
인 서당이 1만 이상에 달할 정도로 광범하게 운영되고 있었고, 한국인
이나 서양인 선교사가 경영하는 사립학교도 상당수 있었다. 학부는
관공립소학교도 '유명무실'하다고 했지만, 서당과 사립학교에 대한
평가도 별반 다르지 않았다. 서당의 교육은, 단순히 동몽선습, 천자문,
소학, 맹자 등을 읽고 암기하게 하여 아동의 뇌력을 消磨할 뿐 무익한
것이라고 비판했고,[40] 사립학교에 대해서는 신교육을 한다고 해도
대부분 설비가 불완전하다고 하였다.[41]

---

38) 文部省教育史編纂會, 『明治以降教育制度發達史』 第一卷, 龍吟社, 1964, 94
   쪽.
39) 幣原坦, 『朝鮮教育論』, 87쪽.
40) 『韓國施政一班』, 1906, 202쪽.
41) 위의 책, 198쪽.

학부의 일본인 관료들은 서당 교육을 무익하다고 하면서도 실제로는 보통학교 교육에 활용하고자 했다. 보통학교의 입학연령을 소학교보다 7세에서 8세로 늦추고는 입학연령이 지연되는 것을 보완하는 방법으로 입학하기 전의 학생들을 잠시 종래의 서당 또는 가정의 교습에 맡기겠다고 하였다.[42] 보통학교의 정도도 서당에서 약간의 한문교육을 받은 것을 전제로 하여 일본의 尋常小學과 高等小學과의 중간 정도로 정하고,[43] 교과서도 그 정도로 편찬하였다.[44] 이는 서당의 선행 문자 교육을 활용하는 방편이기도 했지만,[45] 서당의 유교교양 교육도 적극적으로 이용하고자 했기 때문이다. 교과서 편찬을 담당했던 오다 쇼고(小田省吾)는, 1907년에 출판한 修身 교과서의 편찬방침이 규율, 근면, 위생, 공덕 등 近世의 도덕을 주로 하면서, 漢文科와 결합하여 완성되도록 하는 것이었다고 했다.[46] 시데하라의 제안대로 '종래 한국의 형식적 국교였던 유교를 파괴하지 않으면서 신지식을 일반에 개발'[47]하는 것은 그들의 목적에 합당한 방법이었던 것이다.

다와라는 유교는 종교가 아니고 오륜오상의 도덕이라 하며, 덕육을 기본으로 하는 교육에 修身齊家의 도덕이 필요하므로, 교육은 유학을

---

42) 위의 책, 206쪽.

43) 『韓國敎育ノ旣往及現在』, 32쪽

44) 小田省吾, 「敎科書取扱方要項」, 朝鮮總督府內務部學務局, 『公立普通學校長 講習會講演集』, 1912. 9, 71쪽.

45) 幣原坦은 "이미 書房에서 어느 정도 학습을 한 자제로부터 취하여 초학년부터 반드시 일본어를 익히게 해야 한다"고 제안하였다(幣原坦, 「朝鮮敎育改良案」, 12쪽). 幣原坦이 편찬했다고 생각되는 『日語讀本』(佐藤由美, 41쪽) 권1의 제1과의 본문은 '本 敎場 先生 運動場 生徒 門 學校 黑板'이다(學部, 『日語讀本 卷一』, 학부편집국출판, 1~2쪽). 이미 한자의 뜻을 알고 있는 학생들은 보다 쉽게 일본어를 배울 수 있었을 것이다.

46) 小田省吾, 「敎科書取扱方要項」, 朝鮮總督府內務部學務局, 『公立普通學校長 講習會講演集』, 1912. 9, 71쪽.

47) 幣原坦, 「韓國敎育改良案」, 11쪽.

그 기본으로 해야 함은 물론 유학은 영원히 교육상 修身의 기초가 되어야 한다고 하였다.[48] 그러나 그는 유학의 '修身齊家'의 도덕을 사회윤리로 활용하고자 하면서도, 동시에 조선의 유학을 비판했다. 즉 '政事'와 '교육'을 혼동하는 것은 교육의 본지를 그르치는 것이라 하면서, 종래 한국의 유일한 학문이었던 유학은 주로 治國平天下 즉 經世學에 치우쳐, 교육은 政事의 학이며 교육을 받는 것은 관리가 되는 준비로서, 관리가 되지 않으면 교육은 필요없다고 믿는 풍습이 일반 민심을 지배했던 폐해가 있다고 하였다.[49]

이러한 경세학으로서의 유교 비판의 논리는 두 가지 점에서 유용하게 활용할 수 있었다. 하나는 한국인이 보통학교를 졸업하고 생업에 종사하려 하기보다 '관리가 되고자' 상급학교에 진학하려는 것을 조선의 舊교육의 '폐풍'에 의한 것으로 비판할 수 있으며, 다른 하나는, 후술하는 바와 같이, 사립학교에서 '정치와 교육을 혼동'하고 있는 것 역시 조선의 舊교육의 '폐풍'에 의한 것으로 비판할 수 있다.

정치 도덕으로서의 유학은 '폐풍'으로 규정되었지만, 개인과 사회 도덕으로서의 유학은 '양풍'으로 규정되었다. 다와라는 보통학교 교감들에게, 학생에게 지성으로 일을 처리하고 倫常을 중히 여기는 덕성을 함양케 함은 물론, 일상의 灑掃應對와 같은 일도 역시 등한히 하지 않도록 하여, 수신제가의 방법 중 고래의 양풍이라고 인정할 만한 것은 특히 신경을 써서 그의 조장에 힘쓸 것을 훈시하였다.[50]

학부가 서당과 보통학교의 兩存主義를 취하여,[51] 서당에 별 규제를

48) 「隆熙二年五月觀察使會議ニ於ケル俵學部次官演說要領」, 『第二回官公立普通學校校監會議要錄』 부록, 46쪽.
49) 위의 책, 48쪽.
50) 「普通學校敎養ニ關スル施設綱要」, 5쪽.
51) 「官公立普通學校校監に對する俵學部次官訓示大要」, 『第二回官公立普通學

가하지 않으면서 식민지 교육에 이용하려고 했다면,[52] 사립학교 문제
는 이후 1910년대까지 식민지 교육정책의 가장 큰 현안이 되었다.
1907년 韓日新協約을 계기로 교육구국운동이 발흥하여 전국 각지에
학교설립운동이 전개되면서 사립학교는 排日敎育의 장이 된 것이다.

　사립학교는 학생들에게 국민의식을 고취하고자 하였다. 병식조련
과 토론을 중요 과목으로 하고, 학생들을 동원하여 나팔을 불고 북을
치며 행진을 하며, 연합운동이라 하여 일종의 시위운동도 벌였다.
통감부는 사립학교에서 사용하는 교과서가 시사를 분개하는 불온한
문자로 가득 차 있고, 唱歌는 학생을 선동하는 위험한 어조로 가득
차 있다고 경계하였다.[53] 지방의 공립보통학교가 서적, 기구를 무상으
로 주고 수업료를 징수하지 않음에도 불구하고 여전히 학생 모집에
곤란을 겪고 있을 때, 한국인들은 오히려 설비가 부족하고 수업료를
요하는 사립학교를 선호하여 자제를 입학시켰다.[54]

　통감부는 1908년 8월, 사립학교가 기초도 확립되지 않고 조직이
불완전하며, 이익 권세 쟁투의 도구로 또는 위험한 정치사상을 고취하
는 수단으로 이용되고 있는 것을 규제한다[55]는 명분을 들어 「사립학교

校校監會議要錄』 부록, 12쪽.
52) 그렇다고 서당이 보통학교의 침투에 대해 무력하게 보고만 있었다는 것은
　아니다. 1909년 12월 稷山의 私立經緯普通學校 교감의 보고에 의하면, 사립이
　었던 이 학교가 보통학교로 인가를 받아 일본인 교감이 임명되자 지방민들은
　서당을 중심으로 반대하였다. 입학을 권유하면 학교에 입학시키느니 오히려
　농사에 종사시키겠다고 하고, 서당은 선량한 국민을 양성하는 곳이라 하며
　보통학교를 적대시 했다. 일본인 교감은 반감을 해소하기 위해 부근 사립학교
　및 서당에 대해 특별히 간섭하지 않았다고 한다(學部學務局, 『學事常況報告
　第六回要錄』, 1910. 2, 3쪽).
53) 『韓國敎育ノ現狀』 3, 48쪽.
54) 『韓國敎育』, 11쪽.
55) 統監府, 『第二次韓國施政年報(1908)』, 159쪽.

령」및「교과용도서 검정규정」을 공포하였다. 1909년 3월에는「寄附金品募集取締規則」, 10월에는「地方費法」을 발포하였다. 이와 같이 통감부는 사립학교에 대해 법적·행정적·재정적 제재를 가하는 한편, 사립학교 단속의 정치적 의도를 은폐하기 위해 사립학교의 폐해를 지적하고 나아가 이는 조선의 폐풍에서 기원함을 주장하였다.

사립학교의 폐해는 '정치와 교육을 혼동'한다는 말로 표현되었고, 이는 "古來에 學問으로써 一經世의 具로 ᄒ야 政權을 執ᄒ기로 수단을 삼는 동양의 通弊"가 아직도 한국인 사이에 상존하고 있는 탓이라고 하였다.56) 이들이 정치교육만 일삼고, 생활에 필수적인 실업교육을 외면하는 것은, 조선의 "民俗이 學問으로뼈 單이 就官의 階梯롤 作ᄒ고 實業을 賤히 ᄒ며 勤務롤 厭ᄒᄂ 風이 未祛ᄒ"57)기 때문이라고 했다. 또한 이러한 사립학교의 폐풍은, 한국의 옛날 교육이 "소위 經世의 학으로서 浮言流說을 唱하고 粗笨한 정치사상을 고취하여 헛되이 치국평천하를 논하고 時務를 橫議하는데 그치고 하등의 일상 처세에 필수적인 학술을 가르치지 않고 治産致富의 도를 분별하지 않아서, 곧 교육과 실제는 거의 상관하는 바가 없어 遊衣徒食 虛飾을 숭상하고 경박에 흐르는 폐풍에 馴致"58)되어 온 결과라고도 했다. 사립학교에서 그러한 '舊學의 사상'을 가지고 학문은 즉 政事의 학이며 治國平天下의 학이라고 하여 정치를 談하고 사회의 문제를 토론하는 것은 謬見59)이라는 비판을 거듭하였다.

일본인 학부관료들은 사립학교의 정치성을 비판하면서 보통학교의

---

56)「學部訓令第一號」·「學部訓諭第一號」,『舊韓國官報』1910. 1. 28.
57)「學部訓令第二號」,『舊韓國官報』1908. 9. 1.
58)『韓國教育ノ現狀』, 5쪽.
59)「隆熙二年五月觀察使會議ニ於ケル倭學部次官演說要領」,『第二回官公立普通學校校監會議要錄』부록, 48쪽.

비정치적인 '국민교육'의 정당성을 역설했다. 보통학교의 모범교육은
著實勤勉하여 선량한 국민으로서 그 본분을 그르치지 않는 청년자제를
양성함과 함께, 다른 학교의 유타경박하여 헛되이 시사를 논의하는
것과 같은 고래의 폐풍을 교정하는 역할을 한다고 했다. 이를 위해
교과목은 처세에 필수적인 것을 택하여, 국어, 한문, 일어는 물론
산수, 地歷, 이과 등 실제의 생활에 適應近切한 지식 기능을 가르치고,
특히 중요시해야 하는 덕육에 관해서는 儒道의 기본인 오륜오상의
도를 주안으로 하고 또 현시의 사회에 필요한 공덕심, 의무심의 함양에
힘쓰고 勤勉, 著實, 紀律, 信用 등의 덕목에 의해 실제적 인물을 양성함
을 교양의 본의로 한다60)고 했다. 이러한 보통학교의 교육이야말로
"일상생활에 適應ᄒ며 利用厚生의 途에 副케 ᄒ"여, "家國福利를 增進
홈에 공헌"61)한다는 것이었다.

사립학교는 보통학교가 억제해 왔던 '국민교육'의 문제를 제기하였
다. '선량하고 평화로운 美性'을 지니고 수신제가에 자족하는 국민이
아니라, 애국심과 민족의식을 갖고 국가의 일에 적극 참여하는 국민을
양성해야 할 것을 주장했다. 이에 대해 일본인 관료들은 그러한 '국민교
육'은 교육과 정치를 혼동하는 것에 지나지 않고, 노동하지 않고 정담만
논하는 한국의 오랜 폐습에 의한 것일 뿐이라고 하였다. 한국인의
국민의식 형성을 둘러싼 사립학교와 보통학교의 대립을 조선폐풍의
식민 담론으로 호도하려 한 것이다.

한편, 1909년의 「보통학교령 시행규칙」의 수신 교과에 대한 규정에
는, "國家及社會에 대ᄒ는 책무의 一斑을 知케 ᄒ고"라는 문구가
새로 삽입되어 있다. 국민 도덕에 대해서는 되도록 언급하지 않던

60) 『韓國教育ノ現狀』, 6쪽.
61) 「學部訓諭第一號」, 『舊韓國官報』1910. 1. 28.

통감부는 사립학교의 저항에 부딪치자 국민의 국가에 대한 책무를 말하기 시작했다. 이는 국민이 공덕심, 의무심을 갖고 현재의 사회질서를 어지럽히지 않고 자기의 생업에 종사함으로써 국가의 '문화적' '경제적' 발전에 공헌해야 한다는 것으로, 여전히 '정치적'인 면은 배제되어 있었다.

2) 제1차 조선교육령 시기 '국민교육'의 도입

1910년 한국병합 후, 이제 명실공히 한국을 식민지화한 이상, 한국인을 어떻게 일본의 구성원으로 만드는가는 총독부 식민지 교육정책 수립의 최대의 문제였다. 1911년 8월에 공포된 「조선교육령」의 제2조에서는 교육목적을 '敎育의 勅語의 旨趣에 기하여 忠良한 국민을 양성하는 것'으로 규정했다. 근대 일본국민 형성의 지침이 되어 온 '교육에 관한 칙어'를 한국인에게도 적용한 것이다. 교육칙어의 핵심은 천황의 충량한 신민으로서의 최대의 의무가 '일단 緩急이 있으면 義勇으로 奉公하여 天壤無窮의 皇運을 扶翼해야' 하는 것이라는 데 있다. 곧 국가에 급변이 있을 경우 국민은 전장에 나가 천황을 위해 목숨을 바칠 수 있어야 한다는 것이다.[62] 그렇다면 오랫동안 일본과는 다른 역사를 가졌고 조선민족이라는 명확한 자각심을 갖고 있는 한국민족[63]을 어떻게 일본천황을 위해 목숨을 바칠 수 있을 정도의 일본국민으로 동화시킬 수 있을 것인가.

---

62) 조선총독부, 「敎育ニ關スル勅語ノ奉釋上特ニ注意スヘキ諸点」, 1918 / 『史料集成』 16. 이 자료에 의하면, 완급이라는 것은 국가 급변의 경우를 포함한 것으로 해석한다고 하며, 조선은 징병령이 없지만, 재력 혹은 체력에 의해 의용봉공의 정신으로 국가를 위해 전력을 다해야 한다고 하여, 궁극적으로는 전쟁 상황을 상정하고 있다.

63) 隈本繁吉, 「敎化意見書」, 1910, 17~19쪽 / 『史料集成』 69.

「조선교육령」제정에 참여한 총독부 학무과장 구마모토 시게키치(隈本繁吉) 등의 학무관료들은 「敎化意見書」에서 조선인의 동화는 불가능하다고 보았다. 「교화의견서」의 저자는 동화를 일본화(ジャパ二ゼーション)라 부기하면서, 동화란 일본 민족의 언어, 풍습, 습관 등을 모방하게 할 뿐 아니라 나아가 일본민족의 忠君愛國의 정신(忠義心)까지 체득시키는 것이라 하였다. 그런데 동화의 요점인 충의심은 일본 민족에 고유한 祖先崇拜에 깊은 토대를 갖고 있는 것으로, 설명 훈유를 해서 계발되는 것이 아니므로, 오랫동안 독자의 역사를 갖고 있는 한국민족에게 일본민족과 같은 충의심을 갖도록 하기는 불가능하다는 것이었다. 따라서 식민지 교육의 목표를, 동화를 통한 '충량한 신민'이 아니라 교화를 통한 '순량한 신민'으로 할 것을 제안하고, 이로써 조선민족을 일본민족에 대하여 항상 종속적 지위에 서게 할 수 있다고 하였다. '순량한 신민'을 육성하기 위해서는 초등교육을 주로 하여 일어교육과 실업교육을 중심으로 하며, 德育에서 忠君愛國은 오히려 무익유해할 위험이 있으므로 주입을 피하고 단지 제국 및 황실에 대한 감사보은의 정을 훈도하는 데 그치고, 다른 부분은 단지 개인의 생활상 필요한 성실 · 근검 · 규율 · 청결 등의 덕목을 교양해야 한다고 제안했다.64) 한마디로 저자가 앞으로의 식민지 통치에서 가장 우려하는 바, 조선인이 민족적 자각심을 각성하지 않도록65) 낮은 수준의 교육만을 할 뿐 아니라 덕육에서도 민족의식을 불러 일으킬 만한 내용은 주의해야 한다는 것이다.

그러나 「조선교육령」에는 조선에도 교육칙어를 적용하도록 규정되었고, 10월에는 조선총독에게 교육칙어가 下付되었다. 교육목표가

---

64) 위의 책, 8~37쪽.
65) 위의 책, 39쪽.

'충량한 국민'임이 명시되고 나자, 학무관료들은 이 문제에 대해 과연
어떻게 접근할 것인가를 고민하지 않을 수 없었다. '삼천리 강산',
'삼천만 동포'라는 말을 상투어로 쓰면서[66] 민족의식을 불러일으키고
배일사상을 고취시키고 있는 사립학교의 문제가 여전히 남아 있는
상황에서, 구마모토 등의 우려대로 충군애국 사상의 주입은 오히려
무익유해할 위험이 있었다. 이에 그들은「조선교육령」제3조의 '시세
와 민도에 따른 교육'의 조항을 활용하여 점진적인 방법으로 제2조의
교육목적에 접근해 보려고 하였다.

「조선교육령」이 발표될 무렵인 1911년 8월 공립보통학교 교감 강습
회에서 학무국장 세키야 사다사부로(關屋貞三郞)는, 보통학교교육에
서 칙어의 취지에 따라 충량한 국민을 양성하는 것은 일본인뿐 아니라
조선인 교육의 방침이기는 하지만, 역사를 달리 하고 民情이 같지
않은 국민에게 바로 이를 강제하지 말고 민심의 선도에 힘써 아동의
뇌리에 점차 이 정신을 주입할 각오를 해야 한다고 주의하면서, 보통학
교는 '시세와 민도'에 따라, 일용필수의 지식을 가르쳐 시무에 응하는
인물을 양성하며 근면·역행·착실·온건한 국민을 양성하는 데 힘써
야 한다고 하였다.[67] 1912년 7월의 보통학교장 강습회에서는, 歷史人
情을 달리하고 民俗習慣을 같이하지 않는 국민에 대해서 같은 칙어의
취지를 실행하려면 덕목을 선택할 때 民情에 부응하고 완급의 적절함
을 취할 것을 요한다고 하며, 독립·자치·용감 등과 같은 제 덕목도
양성해야 하지만 이에 앞서 준법·규율·절제·公德 등과 같은 것을
함양해야 한다고 하였다.[68] 즉 조선인에게서 바로 일본천황에 대한

---

66) 위의 책, 19쪽.
67) 關屋貞三郞,「朝鮮敎育の要領」, 朝鮮總督府內務部學務局,『公立普通學校校
監講習會講演集』, 1911, 5〜6쪽.
68) 關屋貞三郞,「朝鮮敎育に就て」, 朝鮮總督府內務部學務局,『公立普通學校長

충성을 이끌어내기 위해 정치적 도덕을 가르치면 위험하므로, 개인
도덕과 사회 도덕을 먼저 가르치자는 것이었다.

1911년 3월에 발행된 보통학교 수신서 권4의 표제를 보면, 자활·직
업·공동·공중·위생·황실·납세·공사의 구별·박애·動物待遇
·적십자사·붕우 등으로 '황실'을 제외하고는 대개 근대 덕목이다.
이 교과서는 1908년 학부가 편찬한『보통학교학도용수신서』를 정정
한 것이다. 두 책의 차이는 먼저, 제1과의 제목이 '독립자영'에서
'자활'로 바뀐 것이다. 소재는 같으나 본문에 있는 '독립자영'이라는
단어를 빼면서 문장을 바꾸었고, 다른 과의 본문에 있던 '독립자영'이
라는 말도 '자활'로 바꾸었다. 즉 정치적으로 해석될 수 있는 낱말을
개인 도덕의 용어로 바꾼 것이다. 또 다른 차이는 제6과의 '황실'이
제목은 같으나, 내용은 조선의 황실에서 일본의 황실에 대한 것으로
바뀐 점이다.[69] 그 내용은 조선인이 '충량한 신민'이 될 결심을 해야
하는 근거로 明治天皇이 조선인민에게 많은 은택을 베풀었다는 점에
초점이 맞추어져 있다.[70] 앞 부분에 천황의 萬世一系에 관한 내용이
기술되어 있으나 조선인과는 연결되지 않고 충군애국이라는 용어도
언급하지 않고 있다. 당시 실제 학교 훈육에서는 규율·청결·근면
등의 덕목을 주로 하고, 국가적 문제는 대개 교과서에 기재되어 있는
사항을 간단하게 취급하면서 충군애국과 같은 덕목을 정면으로 가르
치지 않는 것이 보통이었다.[71]

講習會講演集』, 1912, 20~21쪽.
69) 그 외 1908년의 교과서 제7과 '良吏'가 완전히 빠졌다. 한국에 관한 내용이고
   '不忠'이라는 말도 나오기 때문이라고 생각된다.
70) 朝鮮總督府,『普通學校學徒用修身書 卷四』, 18~22쪽 / 한기언·이계학 편,
   『한국교육사료집성-교과서편 XIII』, 한국정신문화연구원, 1996.
71) 弓削幸太郞,『朝鮮の敎育』, 1923, 123쪽 /『史料集成』 26.

그러나 사회 통합의 구심점이 불명확한 상태에서 그와 같은 개인의
경제적 자립과 집단 질서 유지를 위한 덕목만으로 식민지 질서는
보장되지 않는다. 이때 동원된 것은 역시 유교 도덕이었다. 구마모토는
「學政에 관한 意見」에서 학교교육의 주안인 덕성의 함양은 孔孟의
가르침과 그 외 일상필수의 제 덕목을 기본으로 해야 한다고 하였다.
그는 "父母에 孝하고 長上에 敬하고 朋友에 信하며 卑幼에 慈함과
아울러 규율·절제·청결·공덕 등 중요시해야 할 것을 알게 하여
身을 修하고 家를 齊하여 本分을 守하고 國法에 遵한 良民이 되게
할 것을 期해야 한다"72)고 하였다. 여기서 유교도덕 중 '忠'이 제외되어
있으며 '治國平天下'의 영역이 배제되어 있음은 물론이다. 이와 같이
덕육에서 유교도덕과 일상 도덕을 함께 가르쳐야 한다는 의견은 교과
서에 반영되었다. 오다는 교감강습회에서, 원래 수신서와 한문독본은
서로 합쳐져 완성되도록 하는 계획하에 편찬되었다고 설명하면서,
한문독본에서는 소학·논어·맹자 등에서 적당한 언사를 발췌하고
또 다른 책에서 적당한 예화가 될 만한 중국 고대의 인물에 관한
小話를 수록했으며, 수신서에서는 규율·근면·자활·청결·公德·
위생 등 경전에서 설명하지 않는 諸德을 주로 했으므로 양자는 언제나
서로 연결하여 교수하기를 요한다고 하였다.73)

동양의 전통 도덕과 동양의 전통에는 없는 근대 도덕을 연결한다는
것은 단순한 산술적 결합이 아니다. 일본은 유교의 덕목인 '순종'을
조선의 美俗이라고 반복하여 강조했는데,74) 이를 수신서의 '황실'의
내용과 결합하면, 천황이 조선에 베푼 은택에 대해 조선인민은 순종해

---

72) 隈本繁吉, 『學政に關スル意見』, 1910. 8, 8~9쪽 / 『史料集成』 69.
73) 小田省吾, 「敎科書取扱要項」, 朝鮮總督府內務部學務局, 『公立普通學校校
   監講習會講演集』, 1911, 126쪽.
74) 弊原坦, 『朝鮮敎育論』, 150~152쪽.

야 하는 것으로, 순종의 방향이 지시된다. 또한 수신서의 문명과 야만의
담론 속에서 작용할 때는, 문명한 일본에 순종해야 하는 것이 된다.

1914년부터는 새로 편찬된 수신 교과서에서는 국민도덕의 중추인
충효의 관념 양성에 중점을 두도록 했는데, 주로 천황의 '恩'을 알게
하도록 하는데 초점을 맞추고 있었다. 이와 함께 정직·근면·검약·
저축·청결·위생과 같은 덕이 현재의 조선인에게 가장 필요한 덕목이
라고 하며 각 권에 배당되었으며, 또 조선인 고래의 미풍으로서 보존권
장을 요해야 하는 尙老, 敬師와 같은 덕목과 폐풍으로서 속히 개선해야
할 미신, 遊惰, 실업을 천시하는 것 등도 미리 조사하여 넣도록 했다.[75]
여기서도 천황의 恩, 근대적 덕목 및 조선의 양풍폐풍을 병렬적으로
나열함에 그치는 것이 아니었다. 가령 明治天皇이 조선인민에 내린
은혜에 대해서는, 공립보통학교 생도들이 다니는 학교가 무엇보다도
천황의 하사금의 이자를 기초로 하여 설립된 것이므로 매일 그 은혜를
입는 것이 된다는 점을 명심하도록 하고, 현재의 천황에 관해서는
황태자 때 보통학교 등에 하사금을 주었던 사실을 특기하여, 구체적으
로 은택의 두터움을 알도록 교수하도록 했다. 이와 함께 조선인의
결점으로 '報恩感謝의 念'을 결여하고 있다는 점을 강조하였다. 조선
청년의 최대의 결점은 감사의 念을 결핍하고 있는 것이라 하며, 보통학
교에서는 학생 각자에게 그 결점을 깨닫게 하여 부모·교사의 恩,
友人의 恩, 사회의 恩의 순서로 서서히 이를 설명하고 최후로는 '皇恩의
無窮함'에 귀착될 수 있도록 하는 교수방법을 사용하도록 했다.[76]

1916년 1월의 『敎員心得』은 국민교육의 大本이 교육에 관한 칙어에

75) 小田省吾, 「朝鮮總督府に於ける敎科書編纂事業の槪要(一)」, 『朝鮮敎育硏究
會雜誌』 제21호, 1917. 6, 9~10쪽.
76) 太田秀穗, 「一般敎授訓練上の實際問題」, 朝鮮總督府內務部學務局, 『公立小
學校及公立普通學校敎員講習會講演集』, 1915. 3, 298~299쪽.

있음을 강조하면서, 유의하여 努力奮勵해야 할 그 첫 번째 사항으로
'충효를 本으로 하여 덕성을 함양'하여 제국의 신민으로서 그 본분을
완수할 수 있는 인물을 교양해야 함을 들었다.[77] 병합 후 6년이 지나면
서, 그동안 소극적으로 다루던 '국가적 문제'를 서서히 전면에 배치하
기 시작한 것이다. 9월 총독부는 지방장관에 대해, 조선인 학교의
훈육에서 시세민도에 적합해야 함을 오해하여 다만 소극적 방면으로
만 주의하고 혹은 개인도덕에만 치우쳐서 국가사회에 대한 책무를
각지시키지 않는 점을 비판하였다.[78] 1918년에는 「敎育에 關한 勅語의
奉釋上 특히 注意해야 할 諸点」이라는 소책자를 교육관계자에게 배포
하여 조선인 학생에게 勅語의 취지를 이해시키고자 했다.[79] 그러면서
도 계속 점진주의를 강조하면서, 皇恩을 설명하고 國威를 과시하다가
오히려 조선인의 반감을 야기하는 경우를 경계하였다.[80] 이러한 때문
에, 미개한 조선을 문명화시켜 주는 천황의 은혜와 일본의 국위를
강조하여 그에 대한 충성을 이끌어내기 위해서도, 조선 전래의 폐풍은
끊임없이 지적되고 순종의 미풍은 강조되었다. 총독부는 조선인의
美俗과 폐풍을 그들의 목적에 맞게 규정하고 활용하면서 보통학교를
식민지 국민 양성을 위한 훈육기관으로 정립시키려 했던 것이다.

4. 보통학교 훈육의 실제와 내면화

---

77)「敎員心得」,『朝鮮總督府官報』1023호, 1916. 1. 4.
78) 弓削幸太郎,『朝鮮の敎育』, 1923, 123쪽 /『史料集成』26.
79) 朝鮮總督府,「敎育ニ關スル勅語ノ奉釋上特ニ注意スヘキ諸点」, 1918. 6. 25
   /『史料集成』16.
80) 弓削幸太郎,『朝鮮の敎育』, 1923, 124~125쪽 /『史料集成』26.

1) 보통학교 훈육의 실제

보통학교는 일본어 지식과 학력을 얻기 위해 입학한 조선인 아동을 식민지 지배 질서에 순종하고 나아가 천황에 충성하는 식민지 국민을 만들기 위해 훈육의 여러 가지 장치를 활용하였다.

먼저 학교 훈육의 정당성을 확보하기 위해, 훈육의 덕목은 어디까지나 조선인의 폐풍을 개선하고 양풍을 보존하여 조선사회를 문명화하기 위한 것이라고 하였다. 한국병합 후, 조선의 양풍은 보존하고 폐풍은 교정해야 한다는 양풍폐풍론이 빈번하게 언급되는 것[81]은 이러한 때문이었다. 조선의 풍속 중에는 고쳐야 할 악풍이 있지만 미속 역시 적지 않으므로, 그 良否를 구별하여 악풍은 교정하고 미속은 조장하는 데 힘쓰지 않으면 안 된다는 것이다.

이를 위해 조선의 양풍 폐풍에 대한 조사가 행해져, 조선 학생의 양풍미속은 가장 먼저 사제 관계가 친밀하다는 점을 들었고, 악습폐풍은 위생사상의 결핍, 불규율, 시간을 존중하지 않는 점이 지적되었다. 사회의 미풍은 연소자가 연장자를 존경하는 것이 가장 먼저 거론되었고, 폐풍은 위생사상이 결여된 것, 노동관념과 시간관념이 희박한 것이었다.[82] 학생들의 교사에 대한 존경심은 일본에서도 보기 쉽지 않은 것이라 하며, 일본인 교사들은 강습회에서 그러한 조선인 학생의 장점을 교수 지도에 적극적으로 활용할 것을 교육받았다.

교사들은 교사직을 준비하는 과정에서 조선의 양풍과 폐풍이 무엇인지를 익혔다. 제1종 교원시험의 '조선사정'이라는 시험과목은 바로

81) 關屋貞三郞, 「朝鮮敎育の要領」, 10~11쪽 ; 「寺內總督訓示要領」, 朝鮮總督府 內務部學務局, 『公立普通學校長講習會講演集』, 1912, 4쪽 ; 「宇佐美長官訓示要領」, 위의 책, 14쪽.
82) 朝鮮總督府內務部學務局, 『普通學校實業學校學事狀況報告要錄』, 1912. 1, 66~68쪽.

조선의 풍속습관에 대한 것이었다.[83] 조선사정 준비의 참고서로『朝鮮
風俗集』이 추천되기도 하였다.[84] 특히 폐풍은 교원검정시험 수신과의
주요 문제로 제출되었다.[85] 교원단체의 기관지『조선교육회잡지』,
『조선교육연구회잡지』에도 조선의 미풍과 폐풍에 관한 기사가 실려
있었다.[86]

교사들은 이러한 조선의 양풍과 폐풍을 보통학교 학생들에게 인지
시키고자 했다. 그 방법으로 생도 스스로 조선풍속의 습관을 조사하게

83) 「公文」, 「小學校及普通學校敎員試驗」, 『朝鮮敎育硏究會雜誌』 제21호, 1917.
  6, 1쪽.
84) 위의 책, 6쪽.『조선풍속집』은 저자가 1908년 조선에 와서 지방경찰부장으로
  충청·강원도에서 근무하면서 조선의 풍속습관을 조사하여 신문 잡자에
  게재하거나 강연한 것을 모아 낸 것이다(今村鞆, 『朝鮮風俗集』, 斯道館, 1914).
  『조선풍속집』에서는 가장 먼저 「조선인의 미풍」(1911. 2월 稿)을 싣고, "조선
  인은 국민성에서 많은 결함을 갖고 있지만 개인으로서는 상당히 장점도
  갖고 있다면서, 그 중 부모에게 절대적으로 복종하는 것, 長上을 존경하여
  추호도 저항하지 않는 것, 관청의 명령을 잘 준수하는 일 등을 미풍으로
  들고, 이는 질서를 보존하는 데 필요한 미풍임을 강조하고 있다. 이하 조선의
  각종 풍습의 많은 결함과 악풍을 소개하고 있음은 물론이다.
85) 다음은 제3종 시험 수신과 문제의 예이다(大塚忠衛, 『學校訓育の實際』, 1924
  (초판 1919), 京城 : 敎育普成株式會社, 430·432·434쪽).
  ·조선에서의 풍습에 대해 개선을 요한다고 생각하는 사항을 열거하라(1919
  년 충청북도).
  ·보통학교 생도에게 조장 또는 교정하도록 해야 하는 조선 고래의 습관을
  묻는다(1918년 10월 경상북도).
  ·조선 현재의 시시에 비추어 도덕상 개량을 요해야 하는 점을 들어 각자의
  의견을 진술하라(1917년 경기도).
86) 「朝鮮に於ける良風美俗」, 『朝鮮敎育會雜誌』 18, 1913. 3 ; 金志淵, 「改良すべ
  き朝鮮の風俗」, 『朝鮮敎育硏究會雜誌』 41, 1919. 2, 53~60쪽. 전자는 학무국
  조사에 의한 것이고, 후자는 조선인 교사인 대구공립보통학교 훈도 金志淵이
  혼인, 남녀의 別, 관혼상제, 어린이양육법, 의복, 성질, 위생, 미신, 술, 가옥,
  도박, 서당의 교사, 시장소재지의 庸人, 官吏熱, 宿屋, 양반·중인·상민,
  作法·容儀 등 그야말로 조선인 사회 전반에 대한 폐풍을 지적하고 많은
  부분 교육에 의한 개량안을 제시한 글이다.

하기도 하였다. 다음은 전라남도 모 공립보통학교에서 조사한 '보통학교 생도의 눈에 비친 조선풍속 및 습관'으로, 아동이 조사를 하고 이를 다시 교원이 첨삭하는 과정을 거쳤다 한다.[87]

　　<좋은 습관>
　　부모를 존경하는 것, 선생을 존경하는 것, 長上을 공경하는 것, 朋友相信하는 것, 온돌의 구조 좋은 것, 윗사람 앞에서 술과 담배를 하지 않는 것, 삼년 부모상을 입는 것, 형제 화목한 것, 친척간에 결혼하지 않는 것, 여자 의복의 구조 좋은 것, 친족간 상친한 것, 남녀 구별있는 것, 선조를 잘 제사지내는 것, 예의를 중시하는 것, 臣事君以忠, 열심히 공부하는 것.

　　<나쁜 습관>
　　타인의 물건을 훔치는 것, 어린이가 담배를 피우는 것, 도로에 대변을 보는 것, 손으로 코를 후비는 것, 조혼을 하는 것, 위생에 주의하지 않는 것, 노동을 싫어하는 풍이 있는 것, 입욕하지 않는 것, 도박을 하는 것, 머리를 자르지 않는 것, 옛 관리가 인민으로부터 돈을 강탈하는 것, 생수를 마시는 것, 규율을 지키지 않는 것, 한문만 연구하려는 것, 가옥내 불결한 것, 관존민비, 부자임을 자랑하는 것, 농민을 경멸하는 것, 무뢰한이 많은 것, 식수하지 않으면서 盜伐하는 것, 긴담뱃대를 씹으면서 일을 하는 것, 미신 많은 것, 잘 떠드는 것, 결혼에 서로 맞선을 보지 않는 것, 전염병을 감추는 것, 실내에

---

87) 大塚忠衛, 앞의 책, 130쪽. 이 책은 제2판으로 초판은 1919년에 나왔다. 오오츠카는 1909년 6월에 한국에 와서 교감, 훈도, 視學, 교육, 학무주임으로서, 사립학교, 공립보통학교, 사범학교, 고등보통학교, 학무국 및 도청에 근무한 경험을 바탕으로 조선인 생도의 훈련에 관한 이 책을 저술하였다. 제2판은 1922년의 제2차 조선교육령의 취지에 의거하여 개정을 가하여 부록으로 신교육령 실시에 관한 유고·훈시·훈령 등을 게재했다고 하므로, 본문의 사례는 대부분 초판에서부터 사용된 것으로 생각된다.

소변기를 두는 것, 첩을 갖는 것, 여자의 학문이 부족한 것, 변소의 구조가 불완전한 것, 함부로 기도하는 것.

조선인 학생에게 조선의 양풍과 폐풍을 인지시키는 것은 스스로 훈육의 필요성을 인식하게 하기 위한 것이었다. 양풍, 폐풍으로 분류된 것은 아동과 그 가족, 이웃들이 지금까지 무의식 중에 행하던 습관일 것이다. 스스로의 삶에 대해 長短의 판단을 하지 않다가, 학생들은 보통학교에서 가르치는 가치 판단 기준에 따라 자신의 일상생활을 좋은 것과 나쁜 것으로 가르게 된다. 자연스럽던 행동이 나쁜 것으로 되고, 그러한 것을 하는 나 또는 부모, 내가 속한 집단은 나쁜 것 또는 적어도 바람직하지 않은 사람들이 된다. 이러한 바람직하지 않은 상태에서 벗어나려면 지금까지의 습관을 부정하고 보통학교가 가르치는 문명한 습관을 익히려고 노력해야 하는 것이다.

조선인의 악습폐풍을 교정하기 위한 훈련은 통감부 시기부터 실시되고 있었다. 주로 실업교육과 관련된 덕목과 시간관념에 관련된 규율을 훈육하였다. 공립의주보통학교에서는, 실업 사상의 양성을 위해 學校園의 深耕, 理科掛圖의 이용, 재래 사육·재배법의 연구, 수공제작법의 교수를 행하였다. 근검 사상의 양성을 위해서는 근로에 종사하게 하는 연습(임시 대청결법 시행, 학도 당번의 근무, 庭園耕耘), 지각 교정법(훈시, 8시의 號鐘), 저금 장려를 행하여, 운동 장려를 위해서는 얼음지치기의 유희, 팽이돌리기 유희를 행하며, 강당훈화로 모범학교 학도의 태도에 대한 諭告, 이토(伊藤)공작 조난에 관한 諭示 등의 방법을 실시하였다. 또 다른 학교에서는, 근로를 좋아하게 하는 것과 규율을 엄정하게 하는 훈련을 하고 있었다. 규율 훈련의 경우, 종래의 서당교육에 익숙한 학생들이 불규칙하여 시간관념이 없고 기거동작에

절도가 없어서 교실의 정숙을 유지하고 齊一的 수업을 하는데 지장을
초래하고 있어서 그 필요상 교실의 출입을 엄격히 행하고 시간의
終始를 정확히 지키도록 하여 불규율한 행동을 금하였다.88)

1910년대에는 훈육의 기초 자료로 학생에 대한 조사를 행하고,
학생의 생활 전반에 걸친 구체적인 모범 행위를 규정한 心得을 제시했
으며, 학교의 조회와 儀式 등을 통한 훈육을 행하였다. 함흥공립보통학
교에서 행한 학생의 '性行 및 가정상황 조사' 내용은 다음과 같다.89)

1. 개성
1) 신체방면
① 건강 상황 ② 感官 상황 ③ 자세 ④ 특이한 형태 및 습벽
2) 정신방면
① 注意의 강약 ② 관찰의 精粗 ③ 기억, 상상, 판단 ④ 감정상의
  특성 ⑤ 의지의 강약 ⑥ 심미적 감정 ⑦ 학과의 好惡 ⑧ 기타
  정신상 특이한 점
2. 操行
1) 학교에서
① 청결 정돈, 복장 상황 ② 勤惰의 상황 ③ 謹愼의 상황 ④ 예의
  작법 ⑤ 校規 및 명령에 대한 상황
2) 가정에서
① 家事 돕기의 상황 ② 부모 및 형제에 대한 상황 ③ 어른에 대
  한 從順의 상황 ④ 근로 상황 ⑤ 예습 복습의 상황 ⑥ 기타
3. 가정
① 신분 ② 부모의 存否 ③ 가족 수 ④ 직업 ⑤ 자산 생계의 정도

88) 學部學務局, 『學事狀況報告弟六回要錄』, 1910. 2, 10~16쪽.
89) 河井軍次郎, 「教員心得の趣旨徹底に關し施設せる事項並將來の計劃」, 『朝鮮
  教育研究會雜誌』 21, 1917. 6, 44~45쪽.

⑥ 배우자의 존부 ⑦ 부모의 아동에 대한 태도 ⑧ 학용품 공급
의 상황 ⑨ 졸업후에 대한 부모의 의견.

이러한 조사는 '個性調査', '操行考査'라고도 했다. 전남모공립보통
학교의 '操行考査規程'에 의하면, 담임이 평소에 관찰해 두었던 사항을
각 학기 말에 조행조사부에 기입하도록 했는데, 그 내용은 다음과
같았다.[90]

1. 心性 : 정직, 순종, 온후, 질박, 활발, 면밀, 동정이 두터움, 화를
   쉽게 냄, 집요, 교활, 침착, 諂諛, 遲鈍
2. 행위 : 정숙, 輕躁, 粗暴, 怠惰, 남을 잘 돌봐줌, 虛言을 마함, 일
   을 좋아함, 남을 원망함, 남을 깔봄, 남을 업신여김, 無邪氣
3. 언어 : 명료, 불명, 다변, 과묵, 率急, 遲緩, 더듬거림, 高聲, 低
   聲
4. 체질 : 강건, 심상, 박약
5. 상벌 : 그 학기간 상벌받은 사항을 기입
6. 판정 : 갑 佳良 / 을 통상 / 병 불량
7. 비고 : 본인 교양상 장려 또는 교정해야 할 각별한 주의사항을
   기입
8. 가정상황 : 부모·조부모·형제 등의 유무, 부형의 업무, 생활
   상황, 기타 교육상 참고로 해야 할 사항.

이와 같이 학생에 대한 조사는 각 개인의 특성에 맞는 교육을 한다는
명분으로 학생의 신체, 정신, 태도뿐 아니라 가정 형편까지 전반적인
사항을 조사 기록하고 있다. 교사는 그 기록에 의거하여 적절한 훈화와
지도를 하였고, 학기말에는 표준에 맞추어 우열을 평가 기록하였다.

---

90) 大塚忠衛, 앞의 책, 85~86쪽.

학생들은 계속 관찰·평가의 대상이 되어 국민적 성격 양성에 필요
한 '生徒心得'을 실천해야 했다. 함흥공립보통학교의 '생도심득'의
항목은 학교에 있을 때의 심득, 가정에 있을 때의 심득, 途中에서의
심득, 언어의 심득, 의복·신체에 관한 심득, 경례의 심득, 생도 役員의
심득, 기타의 심득 등 학생의 전 생활 영역에 걸친 것이었다.[91] 심득의
구체적인 내용은 전남 某공립보통학교의 '兒童作法'을 통해서 볼 수
있다.[92]

제1. 경례의 심득
1. 경례는 상하의 구별을 분명히 하고 질서를 유지하는 것으로,
   아동은 어른, 동년배에 대하여 이를 어그르뜨려서는 안 된다.
2. 경례는 공경 성실을 주로하고 결코 부박 경솔의 거동을 하지
   말라.
3. 경례를 할 때, 착석했을 때는 그 자리에서 일어나고, 행진 중
   에는 보행을 멈추고 자세를 바로 하여 절을 하는 사람에 대하
   여 손을 가지런히 내리고 눈을 보면서 몸의 윗부분을 조금 앞
   으로 기울여라.
4. 모자를 쓰고 있을 때는 오른손으로 모자를 벗어 그 뒷면을 밖
   으로 보이지 않도록 하여 왼손과 같이 내리고 절을 해라. 단
   양손에 물건을 쥐고 있을 때는 그대로 절을 해도 된다.

제2. 신체 의복에 관한 심득
1. 신체는 늘 청결하게 하고 두발을 흩트려 안면 수족 등을 지저
   분하게 하지 않도록 주의해라.
2. 옷은 검소하고 화려하지 않은 것이 좋지만 때가 묻어 더러워

91) 河井軍次郎, 앞의 책, 47~48쪽.
92) 大塚忠衛, 앞의 책, 67~72쪽.

졌다든가 터진 것을 입지 않도록 해라.
3. 옷을 입을 때는 옷깃을 가지런히 하고 앞을 맞추고 두루마기의 끈과 띠 등은 바르게 묶고 보기흉한 모습을 하지 않도록 해라.
4. 목도리는 병이 났을 때 외에는 결코 하지 말아라.

제3. 언어동작에 관한 심득
1. 사람을 대하거나 사물을 접할 때에는 공경을 으뜸으로 하고 언어동작을 삼가며 특히 남자는 勇壯 活潑을 숭상하고 여자는 溫順 優美를 중히 여겨라.
2. 음성은 명료하게 하고 언어는 溫雅하게 해라.
3. 어른에 대한 말은 불경하지 않도록 주의해라.
4. 교사에게는 '무슨 선생', 동년배에는 '누구 상(サン)'이라고 불러라.
5. 어른과 말을 할 때는 먼저 인사를 하고 말을 마칠 때는 절을 하고 물러나라.
6. 어른과 물건을 주고 받을 때는 절을 해라.
7. 어른과 말을 할 때는 함부로 그 곁에 가까이 기대지 않도록 해라.
8. 어른과 마주쳤을 때는 공손히 절을 해라.
9. 모든 용구는 조심스럽게 취급하고 분실하거나 더럽히지 않도록 해라.
10. 물건을 잃어버렸을 때나 주웠을 때는 바로 교사에게 갔다 와라.

제4. 학교왕래의 심득
1. 집을 나올 때는 반드시 부모 어른께 절을 해라.
2. 그날 필요한 물건을 잊지 않도록 해라.
3. 도중에 어른이나 동년배를 만났을 때나 헤어질 때는 절을 해

라.

4. 도중에 나쁜 행동을 하지 않도록 해라.

제5. 등교의 심득

1. 등교할 때는 교사와 동년배에게 절을 해라. 단 등교 때 만나지 않았던 교사에게는 처음 만났을 때에 절을 해라.

2. 모자, 우비, 신발 등은 일정한 장소에 정돈해 두어라.

3. 등교 후는 교사의 허가를 얻지 않고 함부로 학교 밖으로 나가 서는 안된다.

제6. 교실 내의 심득

1. 매시 교수의 시작과 끝에는 급장의 호령에 따라 교사에게 절을 해라.

2. 교실의 출입, 좌석의 거취 및 기구의 출납 등은 모두 교사의 지도에 따라 조용하게 해라.

3. 착석할 때에는 자세를 바르게 하고 양손을 무릎 위에 놓고 두 다리를 가지런히 하고 눈을 교사에게 주목하도록 해라.

4. 수업 중에는 속삭이거나 돌아보기 또는 떠드는 등의 일은 하지 말아라.

5. 발언을 하고자 할 때는 오른손을 들어 교사의 허가를 받아라.

6. 서서 발언할 때는 책상 옆에 똑바로 서서 양손을 내리고 눈을 교사에게 두고, 발언을 마치면 경례하고 착석해라.

7. 교실 안은 항상 청결하게 하고 종이 부스러기, 연필 깎은 것 등을 버리지 않도록 해라.

8. 교실의 문 등은 조용히 열고 닫아라.

9. 학습용구는 교실 안에서 가지고 나가지 말아라.

10. 까닭이 있어 등교시간에 늦었거나 조퇴하려고 할 때는 그 사 유를 교사에게 알리고 지도를 받아라.

11. 내빈이나 來觀人이 있어서 교사가 경례를 하라고 알려줄 때

는 호령에 따라 그 사람을 향하여 경례를 해라.

제7. 식사의 심득 (생략)

제8. 운동장의 심득 (생략)

제9. 변소의 심득
1. 변소에 급하게 뛰어 가지 마라.
2. 변소는 더럽히지 않도록 충분히 주의해라.
3. 변소에 갔을 때는 손을 씻고 잘 닦아라.

심득은 학교에서뿐 아니라 아동의 全생활 영역에 걸친 것이고, 또 아동의 신체에 관련된 것으로부터 아동이 접하는 모든 인간 관계에 관련된 규율이었다. 특히 윗사람에 대한 공경과 복종은 거의 모든 장면에서 세세하게 규정되어 있다.

이러한 훈련을 통일적으로 행하는 활동이 조회였다. 조회는 매일 아침 전교생을 교정이나 적당한 장소에 집합시켜 복장을 검사함과 동시에 자세를 바로하고, 교원에 대해 아침 인사를 하고 심호흡이나 5분간 체조를 하도록 하는 것으로, 이때 각 학급 생도의 경례, 작법 등에 주의하도록 하여, 전교 생도의 작법 규율의 통일을 도모하려는 것이었다.[93] 전교 직원과 아동의 정신을 통일하고, 침착한 사상을 양성하려는 때로서, 어떠한 일이 있어도 마음과 눈을 다른 데로 돌리지 못하도록 하였다.[94] 때로는 필요에 따라 학교장의 훈유가 있고 '部下敎員'은 이를 경청하여 각 학급에서 적당히 해석 부연하여 그 취지를

---

93) 위의 책, 176쪽.
94) 馬山公立普通學校,「敎授訓練ノ方法及成績」,『朝鮮敎育硏究會雜誌』2호, 1915. 11, 86쪽.

관철시킬 수 있도록 하였다.95) 전남모공립보통학교에서는 매일 수업 시작 5분전에 전교 아동을 운동장에 모아서 조회를 했다. 조회는 교원 아동 착석, 일동경례, 학교장의 훈유, 일동경례의 순으로 진행되었다.96) 함흥공립보통학교의 조회는 매일 아침 교정에서 학교장의 호령에 따른 심호흡과 훈화 및 검열의 순서로 이루어졌다.97) 마산공립보통학교에서도 조례식 후 복식호흡을 하고, 필요할 때에는 교장의 훈화를 덧붙였다.98) 조회가 행해지는 교정은 질서 정연한 세계였다. 경례, 호령, 훈화, 검열 등은 조회의 질서가 엄격한 명령과 복종의 상하 질서임을 나타낸다. 교실에서의 교사와 학생의 명령과 복종의 관계는 조회를 통해, 그 상층의 교장과 '부하교원'의 명령과 복종의 관계로 이어지는 위계 속에 위치함을 보여준다. 그리고 그 위로 이어지는 위계의 극점에 있는 것이 천황인 것을 보여주는 것이 학교 儀式이다.

함흥공립보통학교에서는 의식이 국가·황실에 대한 충군애국의 至情, 忠良賢哲에 대한 경건한 마음과 애교심, 기타 제 덕을 환기하는 기회를 줄 수 있으므로 훈육상 간요하다고 보고, 삼대축일,99) 교육칙어 하사 기념일, 학교창립기념일, 생도입학식, 졸업식, 기타 황실에 관한 임시의 大典 및 의식을 요하는 때에 의식을 행하고 있었다.100) 마산공립보통학교에서는 육해군기념일에도 의식을 행하였다.101) 의식에서의 훈련은 다음과 같다.102)

---

95) 大塚忠衛, 앞의 책, 176쪽.
96) 위의 책, 177쪽.
97) 河井軍次郎, 앞의 책, 46~47쪽.
98) 馬山公立普通學校, 앞의 책, 86쪽.
99) 1월 1일의 四方拜, 2월 11일의 紀元節, 천황의 탄생일인 天長節.
100) 河井軍次郎, 앞의 책, 48쪽.
101) 馬山公立普通學校, 앞의 책, 87쪽.
102) 위의 책, 48~49쪽.

1. 天長佳節 등에는 聖恩無量한 所以를 알게 하여 이 聖代에 際會
   한 행복을 깨닫게 하고, 國家忠良의 신민이라는 것을 자각시
   킴.
2. 기타 국가적 의식에서는, 그 擧式의 취지를 了解시킴과 함께,
   충군애국의 사상과 감정의 함양에 힘쓸 것.
3. 학교기념일에는 창업의 역사를 追懷하도록 함과 더불어, 현재
   의 학교가 성함에 생각이 미치게 하여, 보은의 마음과 애교의
   마음의 결합을 도모해야 할 것.
4. 장중한 식장의 설비는 부지불식간에 생도에게 경건한 情을 일
   으켜, 감정의 도야 의지를 연마할 것.
5. 엄숙한 규율과 정연한 자세를 지키게 하여, 질서·극기·규율
   의 습관을 양성할 것.
6. 신성한 의식의 권위에 의해, 국민예법을 알 수 있게 할 것.

1915년 11월 10일에 있었던 卽位禮에는 보통학교를 포함한 각 학교
에서 직원과 생도를 소집하여 봉축식을 거행하였다. 이는 총독부에서
미리 제학교에서 행할 봉축식에 관하여 훈령한 바에 따른 것이었다.
식은 오후 2시부터 시작했는데, 먼저 '기미가요(君が代)'를 합창하고,
다음에 천황과 황후의 眞影이 있는 학교에서는 이에 대한 最敬禮를
하고 교육칙어를 봉독하였다. 학교장은 大禮에 관한 훈화를 하고,
직원과 생도 일동은 대례봉축창가를 합창하였다. 그리하여 3시 30분이
되자, 직원과 생도는 모두 동쪽으로 향하여 교장의 구령에 따라 열성을
다하여 천황폐하 만세를 삼창하였다. 이로써 식을 마치고 생도에게
기념과자를 나누어 주고, 학교에 따라서는 기념식수를 행하였다.[103]
경성내 각 관공립학교 직원과 생도들은 밤에 봉축제등행렬을 하기도

103) 「彙報-御卽位禮當日に於る各學校の奉祝式」, 『朝鮮教育研究會雜誌』 2호,
     1915. 11, 14쪽.

하였다.104) 1913년 10월 31일의 천장절에는 경성부내 각공립학교에서
축하식을 마친 후 '國旗行列'을 하였다. 총독부가 미리 참가학교에
배부한 심득에 따라, 모두 손에 국기를 들고 오후 1시부터 2시까지
사이에 총독관저까지 미리 정해진 학교 순서대로 校旗를 앞세우고
행진하여 집합한 뒤 구령에 따라 천황의 만세 삼창을 하였다.105)

의식에서의 어렵고 긴 칙어의 봉독과 이 보다 더 긴 교장의 훈화로
이루어지는, 1시간 반 이상 진행되는 절차는 아동에게는 견디기 힘든
것이었을 것이다. 그러나 식을 마친 후 모찌와 같은 기념과자를 나누어
줌으로써 이를 견디도록 하였다.106) 그러는 가운데, 몸을 90도로 굽히
는 복종의 태도, 구령에 따라 일사불란하게 이루어지는 의식 행위의
집단성, 기미가요와 봉축창가가 일으키는 정조, 식장의 엄숙함 등이
명령과 복종의 위계의 극점에 있는 천황에 대한 숭배로 귀결되도록
함으로써 천황제 이데올로기를 부지불식간에 식민지 아동에게 주입하
려는 것이었다.

2) 보통학교 훈육의 내면화

보통학교 학생들은 이상과 같은 학교의 훈육을 통해 '바람직한'
습관과 행위를 몸에 익혀야 했다. 학교에서는 훈련을 통해 폐풍을
교정하고 좋은 규율을 잘 익힌 학생에게는 표창을 하였다. 賞은 생도의
도덕 실천을 유도하는 방법이면서 또한 훈육의 내면화의 정도를 평가

104) 「彙報-御大禮奉祝提燈行列」, 『朝鮮敎育硏究會雜誌』 2호, 1915. 11, 14쪽.
105) 「彙報-天長節祝日祝賀」, 『朝鮮敎育會雜誌』 22호, 1913. 11, 59쪽.
106) 박완서의 『그많던 싱아는 누가 다 먹었을까』(웅진출판, 1993, 77~78쪽)에는
학교 의식의 경험이 생생하게 서술되어 있다. 황민화교육이 극성에 이르렀던
1940년대의 국민학교의 경우이지만 참고해 볼 만하다.

하는 것이기도 했다. 경기 남양공립보통학교에서는 4학년생 배덕근이 쾌활하고 국어(일본어)를 능숙하게 하고 질박하고 근로를 좋아하며 외관을 꾸미지 않고 나아가 제반의 노역에 종사하고 저축을 하는 등 그 행위가 '우리의 이상 니노미야(二宮)선생'의 행위를 실천함으로써 학우가 이를 존경하고 '작은 니노미야선생'으로 부르고 保護者會 때 표창을 했다.[107] 조선인 아동이 따라야 할 모범으로 제시된 일본인 니노미야 손토쿠(二宮尊德)는 조선인 아동을 '훌륭한' 일본에 대한 추종으로 이끌게 된다.

　조선인 아동이 이렇게 그의 열등한 상황을 벗어나려 하고 있을 때, 여전히 나쁜 습관을 태연히 반복하는 것으로 보이게 된 부모는 더 이상 존경의 대상이 될 수 없다. 근대 도덕은 복종의 양풍과 결합하여 문명에 대한 복종으로 이끌고, 문명의 반대쪽에 있는 부모와 마을의 연장자에 대한 존경심과 복종심을 잃게 하며, 마을에 새로 등장한 일본인들과 그들이 가져온 문명을 동경하게 만든다. 다음은 1911년 11월 함북 회령공립보통학교에서 개최한 도내 공사립보통학교 학예품 전람회에 아동이 출품한 작문 내용에 관한 조사이다. '우리 마을'에 대한 제3, 4학년생들의 일본어 작문에서(답안 제출 학교수 5교, 생도수 61명), '향리의 美點을 자랑한 것'은 좋은 학교가 있는 것(61명), 풍경이 좋은 것(44명), 農圃를 열고 있는 것(30명), 풍속이 좋은 것(10명) 등의 답은 각 학교에서 모두 나왔다. 그런데 광대한 건축물이 많은 것(28명), 市가 청결하게 된 것(9명), 상업이 성대하게 된 것(7명), 교통이 편리하게 된 것(7명), 읍내에 좋은 人士가 많이 있는 것(7명), 가옥이 조밀한 것(6명), 읍내에 재산가가 많은 것(6명) 등은 공립보통학교 생도의

---

107) 朝鮮總督府內務部學務局, 『普通學校實業學校學事狀況報告要錄』, 1913, 72쪽.

답안에서만 나오고 사립학교에서는 한 사람도 쓰지 않았다. 이에 대해 공립보통학교의 일본인 교장은 '본교 생도와 촌락학교 생도의 견문의 廣狹'을 보여준다고 하며, 청결하게 된 것을 기뻐하는 것은 위생사상의 발달 때문이고, 특히 읍내에 좋은 인사가 거주하는 것에 대해서는 일본인에 대한 좋은 감정의 발표로 해석하였다. '내지인(일본인)에 대한 감상'에 관한 것으로는, ① 내지인이 왕래하기 때문에 市中이 번영하게 될 수 있다(17명), ② 내지인 때문에 상업이 번영하고 있다(12 명), ③ 좋은 役人이 와서 우리들을 보호한다(18명)는 답이 있었는데, 그 중 ①, ②는 공립보통학교 생도만 답하였고 ③은 공립보통학교와 인계학교 생도만 답하였다.[108] 이상을 통해서 볼 때, 일본인 교장이 경영하는 회령공립보통학교의 교육이 사립학교에 비해 조선인 아동에게 소위 문명적 변화를 '좋아진 것'으로 보고 또 그러한 변화를 가져온 일본인에 대해서도 긍정적이도록 하고 있음을 알 수 있다.

학생들이 부모보다 문명을 가르치는 일본인 교사의 권위를 우월시하게 되었을 때, 천황 이데올로기가 보다 쉽게 주입될 수 있는 조건이 만들어진다. 수원의 공립보통학교에서 1917년 1월에 아동의 사상 조사를 위해서 갑자기 문제를 내고 답안을 쓰게 했다. 그 중, '우리들이 평안 무사하게 살 수 있는 것은 누구의 덕택인가'라는 문제에 대해, 대다수의 학생들은 '천황폐하의 덕택입니다'라고 답하였다. '忠義란 어떤 것인가'라는 문제에 대해서는, '천황을 위해, 나라를 위해, 힘을 다하는 것'이라는 답이 가장 많았다. 또 '국기가 서 있는 것을 보면 어떤 기분이 드는가'라는 문제에 대해서는, '기분이 좋다'라고 답한 것이 대다수이고, '용맹스럽다', '기쁘다', '유쾌하다'라는 답도 꽤 많았다. 소수지만 '황은을 생각한다'는 것도 있었다. '우리나라가 세계

---

108) 위의 책, 72~75쪽.

의 어떤 나라보다도 좋은 이유는 무엇인가'라는 답에 대해서는, '만세
일계의 천황을 모시기 때문'이라는 답이 가장 많았다. 1916년 12월에
개성의 제1공립보통학교에서도 문제를 내어 아동의 마음을 조사했는
데, 이때는 '가장 위대하다고 생각하는 사람'이라는 문제에 대해, '천황
폐하'라고 답한 것이 대다수였다. 이러한 결과에 대해, 시데하라는
다 학교에서 선생에게 배운 것에 기초하여 답하고 있기 때문일 것이라
고 하여, 천황이데올로기가 학생들에게 쉽게 주입될 수 없음을 말하면
서도, 오랜 후에는 아동의 사상이 점차 변천해 갈 것이라고 기대하고
있다.[109)

　사실 무단통치 하에서 보통학교의 규율이 강제되는 상황 속에서도
학생들의 동맹사건은 일어나고 있었고, 총독부는 이를 막기 위해 보통
학교 교원들에게 보다 철저한 훈련을 하도록 지시하지 않을 수 없었
다.[110)

5. 맺음말

　일제는 1906년 통감부 설치 후 보통학교제도를 도입하여 식민지
국민을 양성하기 위한 식민지 보통교육기관으로 확립하고자 하였다.
일본어를 필수교과로 하여 사실상 '국어'와 다름없는 위치를 부여하고,
일본어 보급을 위해 보통학교의 입학을 장려하는 한편, 보통학교는
어디까지나 4년간의 교육을 통해 식민지 질서에 순응하는 良民을
길러내는 완성교육기관으로 제한하고자 했다. 국민성 교육의 측면에

---

109) 幣原坦, 『朝鮮敎育論』, 88~89쪽.
110) 「宇佐美內務部長訓示」, 朝鮮總督府內務部學務局, 『公立小學校及公立普通
　　學校敎員講習會講演集』, 1915. 3, 6~7쪽.

서는 한국인의 국민의식을 각성시킬 우려가 있는 교육 내용을 경계하
여 보통학교의 '국민교육'을 배제하고 '근로'를 비롯한 근대 규율을
강조하였고, 병합 후 1910년대에는 교육칙어를 적용하여 보통교육의
목적을 천황의 충량한 신민을 양성하는 것으로 명시하여 식민지 국민
성 형성기관으로서의 위치를 확립시키려 했다. 이에 대해 한국인은
보통학교의 일어 교과 및 학력을 보다 나은 삶의 기회를 획득할 수
있는 수단으로 이용하고자 하였고, 다른 한편으로는 사립학교를 통해
민족의식을 유지하고 국민의식을 고취하면서 보통학교제도에 저항하
였다.

일제는 보통학교를 식민지 초등교육기관으로 확립해 가는 과정에서
부딪힌 문제를 조선의 폐풍에서 기인된 문제로 전환시키고, 이를 해결
하기 위해서는 조선의 폐풍을 개선하고 근대 도덕을 습득시켜야 한다
는 식으로 결론지었다. 한국인의 진학 욕구는 懶惰해서 노동을 기피하
는 한국의 오랜 폐풍에서 비롯된 것이며, 사립학교의 교육은 정치와
교육을 혼동하는 것으로 노동하지 않고 政談만 논하는 한국 교육의
오랜 폐습에 의한 것이라고 하였다. 한국인의 이러한 잘못된 구습을
없애기 위해서는 보통학교의 모범교육을 통해서 근로, 기율, 착실,
신용 등의 근대 규율을 훈육하여 문명화시켜야 한다는 것이었다. 또한
민족의식을 갖고 있는 한국인을 일제의 식민지배에 순응하게 하는
방법으로 유교의 덕목인 순종을 조선의 미풍이라고 반복하여 강조하
면서, 보통학교의 훈육을 통해 조선의 양풍은 보존하고 폐풍은 교정해
야 한다고 주장하였다. 식민지 초등교육기관인 보통학교를 무엇보다
도 '德育'을 강조하는 훈육기관으로 규정하려 한 것이다.

보통학교의 훈육은 여러 가지 방법으로 행해졌다. 통감부 시기에
이미 조선인의 악습폐풍을 교정하기 위한 훈련을 실시하여, 주로 실업

교육과 관련된 덕목과 시간관념에 관련된 규율을 훈육하였다. 1910년
대에 들어와서는, 교사들은 조선의 보존해야 할 양풍과 개선해야 할
폐풍을 보통학교 학생들에게 인지시킴으로써 조선인 학생 스스로
훈육의 필요성을 인식하게 하고자 했고, 훈육의 기초 자료로 학생의
性行 및 가정상황에 대한 관찰·조사를 행하여 조행조사부에 기록·평
가하였다. 학생들에게는 생활 전반에 걸쳐 모범 행위를 규정해 놓은
心得이 제시되었는데, 특히 생활의 모든 장면에서의 윗사람에 대한
공경과 복종의 행위가 중심이 되어 있었다. 교사는 학생의 실천을
반복 훈련시키고 감시·평가함으로써 학생과 명령과 복종의 관계를
형성하였다. 조회는 그러한 훈련을 통일적으로 행하는 활동으로, 일동
경례, 심호흡이나 체조, 학교장의 훈화 및 검열 등이 행해졌다. 조회는
학생들에게 교실내에서의 교사와 학생의 명령과 복종의 관계가 그
상층의 교장과 '부하교원'의 명령과 복종의 관계로 이어지는 위계
속에 위치함을 보여준다. 그리고 학교 儀式은 그러한 위계의 극점에
있는 것이 천황이라는 것을 보여준다. 기미가요의 합창, 교육칙어의
봉독, 어진영에 대한 최경례, 학교장의 훈화, 해당 축일의 창가 합창으
로 이어지는 의식의 절차는 천황에 대한 집단적 복종을 훈련시키고
숭배의 정조를 이끌어냄으로써 천황제 이데올로기를 주입하기 위한
것이었다. 그 결과 보통학교의 아동들에게는 사립학교에서보다 일본
의 문명과 일본인의 삶의 양식에 대한 호의적인 태도가 나타나기도
하며, 국민의식에 대한 사상조사에서 천황이데올로기를 받아들이는
듯한 결과를 보이기도 했다.

  하지만 무단통치 하에서 보통학교의 훈육이 순조롭게 진행되는
듯이 보였던 상황에서도 학생들의 동맹사건이 일어났다는 점은 언어
와 역사적 기억을 달리하는 한국인이 쉽게 일본의 천황이데올로기에

동화되지는 않았음을 보여준다. 그러나 이후 학생생활 전반을 규정하는 심득이나 매일 아침의 조회에 천황제 교육을 위한 조항과 절차가 포함되고, 무엇보다도 강력한 천황제 이데올로기 주입 장치였던 학교 의식이 일상화되면서, 보다 많은 조선인 학생들은 학교 훈육을 통해 근대 규율과 권위에 대한 순종을 내면화하게 되었을 것이다. 학생들이 보통학교 밖에서 민족의식을 각성함으로써 보통학교의 천황이데올로기 교육은 일단 무위로 돌아갈 수 있다. 하지만 학교 훈육을 통해 근대 규율과 권위에 대한 순종을 몸에 익힌 학생들은, 필요할 경우 일본에 대한 복종을 근대 문명의 힘을 따르는 삶의 태도로 합리화할 수 있다.

한말·일제 초 방역법규의 반포와
방역체계의 형성

박 윤 재[*]

1. 머리말

개항 이후 제국주의 논리가 지배하는 세계질서 속에 편입된 조선은
자신의 생존과 발전을 위한 제반 개혁을 진행시켜 나갔다. 개혁의
목표는 다른 서양 국가체제와 유사한 근대적 국가를 건설하는 것이었
고, 富國强兵은 구체적인 실천 조목으로 부상하였다. 경제적 생산력
증진이나 군사적 방어력의 강화를 추진할 때 중요한 것은 인적 자원이
었다. 생산이나 전쟁에 참여할 수 있는 국민의 육성이라는 문제를
고려하지 않고서는 새로운 국가건설이란 현실화될 수 없는 목표였다.

그 과정에서 인구의 양·질적 관리는 국가의 주요한 정책과제로
부각되었다. 따라서 조선정부는 우두법의 전국적 시행을 통해 당시
가장 큰 문제가 되었던 천연두를 예방하고자 하였고, 수인성 전염병을
예방하기 위해 청결한 환경을 조성하고자 하였다.[1) 이러한 조치들은

---

* 연세대학교 강사, 국사학
1) 신동원, 『한국근대보건의료사』, 한울, 1997, 11~13쪽.

궁극적으로 인구의 급격한 감소를 가져올 수 있는 전염병의 발생이나 전파를 억제하기 위한 목적에서 시행된 것이었다. 그러나 천연두는 전염병 중 하나에 불과했고, 청결사업 역시 방역을 위한 기초사업 중 하나였을 뿐이다. 효과적인 방역을 위해서는 무엇보다도 먼저 전염병이 발생했을 때 그 전파를 방어하기 위한 체계적인 조치가 필요했다. 일정한 방역체계가 형성될 필요가 있었던 것이다.

체계적인 방역활동의 전제가 되는 것은 방역법규였다. 각종 전염병이 빈발하는 상황에서 방어를 위해서는 임시적이고 단기적인 대책이 아닌 항상적이고 체계적인 방역조치들이 강구될 필요가 있었다. 그리고 그 전제로 전염병의 발생, 전파, 소멸을 아우르는 전 과정에 대해 항시적으로 대응할 수 있는 대책이 법규로 제정될 필요가 있었다. 따라서 조선정부는 근대적 개혁조치들을 시행해 나가는 과정에서 방역과 관련된 대책들을 법규로 정리·반포하기 시작하였고, 대한제국이 성립된 지 2년이 지난 1899년 법정 전염병이 확정되고 각 전염병에 대한 법규들이 제정되었다.

그러나 대한제국시기에 반포된 각종 방역법규들은 현실 속에서 정착되기 전에 무력화되어 버리고 말았다. 1905년 보호조약의 체결로 통감부가 설치되면서 통감부가 주도하는 방역활동이 전개되었고, 그들은 대한제국의 권위에 대해 부정적이었기 때문이다. 그리고 총독부가 설치되면서 새로운 방역법규가 반포되었다. 그 법규는 대한제국의 그것과 마찬가지로 방역이라는 동일한 목적을 가지고 있었지만, 식민지배라는 정치·사회적 목적을 달성하기 위한 목적에서 시행되었다는 점에서 또한 차별성을 지니고 있었다.

이 글의 분석 대상은 한말 그리고 일제 초에 반포된 방역법규의 내용이다. 그 내용을 분석하고 비교함으로써 대한제국과 총독부가 수립했던 방역체계의 구성요소와 특징 등을 알아보고자 하는 것이다. 이 글에서는 먼저 갑오개혁기에 진행된 방역활동과 시행된 방역법규를 고찰하고자 한다.

국내에서 발병한 전염병에 대해 법규에 근거한 방역조치가 시행된 것은 1895년이 최초이기 때문이다. 이어 이 글의 주요한 분석대상이 되는 한말 그리고 일제 초에 반포된 전염병 예방 법규의 내용을 비교·분석하고자 한다. 특히 이 글에서 주목하고자 하는 것은 방역활동의 주체이다. 방역활동에서 누가 주도적인 역할을 담당하느냐의 문제는 성격상 강압적일 수밖에 없는 방역조치의 강도를 결정할 뿐만 아니라 방역활동이 전개되는 과정에서 각 개인이나 지역이 가질 수 있는 자율성의 정도를 결정한다. 그리고 그 강도와 정도는 국가가 개인이나 지역을 지배해 나가는 과정에서 보이는 강도나 정도와 직결된다고 할 수 있다.

2. 1895년 콜레라 유행과 虎列剌病豫防規則

개항 이후 방역과 관련하여 일정한 법규가 반포되고 그에 입각한 활동이 전개된 것은 1886년이 최초였다. 조선정부는 국외로부터 전염병 전파를 막기 위해 개항장을 중심으로 선박에 대한 검역을 실시하고자 하였고, 그 내용을 瘟疫章程으로 구체화하였다. 이후 온역장정은 검역을 위한 기초적인 근거로 활용되어 나갔지만, 외국으로부터 전염 방지에만 활용되었을 뿐 국내의 방역활동을 위한 법규로는 발전하지 못했다. 콜레라 등 전염병이 유행할 때마다 조선정부가 치중한 활동은 제사였다.[2]

국내에서 유행하는 전염병에 대해 본격적으로 방역활동을 전개한 것은 1894년 갑오개혁 이후였다. 갑오개혁 과정에서 중앙 의료행정기관으로 위생국이 설치되었고, 제반 위생 관련업무는 위생국을 중심으로 체계화되기 시작하였다. 위생국이 맞이한 첫 번째 문제는 1895년 淸日戰爭의 와중에서 발생한 콜레라였다. 일련의 근대적 개혁을 시행하고 있었던 조선정부로서는 개혁의 효과를 민중들에게 인식시킬 필요가 있었고, 그 방법 중 하나는 체계적인 방역활동을 시행하여 새로운 국가권력의 효용성을 보여주는 것이었다. 과거의 방역활동이 단순한 격리나 제사 차원에서 진행되었다면,[3] 근대적 개혁의 진행과정에서 과거와는 다른 수준의 방역활동을 시행해야 한다는 의무감 역시 있었을 것이다. 그리고 그 의무감은 민중에 대한 정부의 책임감을 의미했다. 만일 "예방법을 행치 안코 安坐ᄒ야 인민의 환란을 不顧ᄒ면 정부의 責을 失홈"[4]이라는 인식이, 즉 방역활동은 국가의 중요 책무 중 하나라는 인식이 정부 책임자들 사이에 공유되고 있었던 것이다.

조선정부의 방역활동은 크게 두 가지 방향에서 이루어졌는데, 실질적인 예방활동과 그 활동의 지침이 될 수 있는 법규의 제정이었다. 콜레라 방역을 위해 최초로 제정된 법규는 檢疫規則이었다. 콜레라를 포함한 전염병의 유입을 방지하기 위해 필요한 항구에서 검역과 停船을 실시한다는 내용이었다.[5] 그러나 그 내용은 소략했다. 검역 방법에 대한 세부 규정이 없었을 뿐 아니라 검역지 선정, 유행지 결정 등도 내부대신의 판단에 따라 결정하도록 규정해 놓아 다분히 모호한 모습

2) 신동원, 위의 책, 116~124쪽.
3) 신동원, 「조선말의 콜레라 유행, 1821~1910」, 『한국과학사학회지』 11-1, 1989, 66~73쪽.
4) 「流行病 豫防費 請求ᄒᄂ 件」, 『內部請議書』 1-64(奎 17721).
5) 「檢疫規則」, 『官報』 1895. 윤 5. 13.

을 띠었다.6) 외국에서 발생한 콜레라의 전파를 막기 위해 우선적으로 필요한 조치였던 검역의 당위성만을 표명하는 데 머물렀다는 비판이 가능하다.

하지만 조선정부의 생각은 달랐다. 조선정부는 검역규칙 제정을 장기적으로 방역체계를 형성시켜 나가는 과정에서 필요한 하나의 단계로 상정하였다.

> 此 규칙 巨細규정을 주무대신의 部令에 위임ᄒᆞ미 外面으로ᄂᆞᆫ 온당치 아닌듯ᄒᆞ나 其實은 我邦이 아직 검역사무에 경험이 乏ᄒᆞ므로 실시상 규정의 개정을 필요ᄒᆞᄂᆞᆫ 경우가 無ᄒᆞ믈 保치 못ᄒᆞ니 後來 실시ᄒᆞᄂᆞᆫ 중에 此 경우를 당ᄒᆞᄂᆞᆫ더로 일일이 己布ᄒᆞᆫ 법률의 개정을 청ᄒᆞ믄 事體에 온당치 못홀 쑨더러 긴급ᄒᆞᆫ 實用을 誤ᄒᆞᄂᆞᆫ 우려가 업지 아닐지니 是故로 본규칙의 편성을 간이ᄒᆞ게ᄒᆞᄂᆞᆫ 연유라.7)

만일 구체적 법령 제정 요청에 따라 조급히 세부적인 내용을 규정할 경우 검역 사무 경험이 부족한 당시 상황에 비추어 추후 개정은 불가피하며, 향후 개정이 요청될 때마다 법령 개정을 추진하는 것은 오히려 사무를 번잡하게 할 염려가 있다고 조선정부는 판단했던 것이다. 더구나 방역활동을 전개하는 동안 긴급한 상황을 맞이할 수 있고, 그 경우 적절한 조치를 취하기 위해서 검역규칙은 포괄적으로 규정할 필요가 있다고 판단하였다.

검역규칙이 콜레라가 국외에서 국내로, 즉 국경지방에서 주요 거주지로 전파되는 것을 막는 내용이라면, 국내에서 이미 유행이 시작되었을 경우에 필요한 조치들을 규정할 법률이 제정될 필요가 있었다.

---

6) 신동원, 앞의 책, 150쪽.
7) 「檢疫規則裁定請議書」, 『內部請議書』 1-57(奎 17721).

536 제3부 식민지 권력과 근대적 규율 체계

따라서 콜레라 예방을 위한 지방관·의사·단체장의 신고의무, 콜레라 확산 방지를 위한 환자 격리·소독 방법, 콜레라 만연시 집회 금지·교통 차단 등을 규정하는 내용의 虎列剌病豫防規則이 반포되었다.8) 이 규칙의 반포를 통해 향후 콜레라가 발생할 가능성이 있을 때 예방과 확산 방지를 위해 취해야 할 구체적인 방법과 절차가 최초로 법률로서 확정되었다.

콜레라가 전파되었을 때 시행해야 할 소독방법과 내용에 대해서 더욱 구체적인 법규가 곧 이어 반포되었다. '虎列剌病消毒規則'과 '虎列剌病豫防과 消毒執行規程'이 그것이었다.9) 이 법규들은 콜레라 환자가 발생했을 때 취해야 할 소독을 비롯한 제반 조치들의 내용을 규정하고 있었다. 특히 이 법규들은 방역과정에서 경찰의 역할을 중시했다는 점에서 특징적이었다.

경찰은 소독이라는 구체적이고 실무적인 예방조치를 담당하는 위치에 있었다. 콜레라로 의심되는 吐瀉病이 발생하면 신고해야 할 곳은 경찰서였고, 의사 역시 환자 진찰 후 경찰서에 보고해야 했다.10) 소독을 집행하는 주체 역시 경찰이었다. 경찰은 콜레라나 吐瀉病 환자가 발견되는 즉시 소독법을 시행해야 했고, 자기 집에서 요양하는 환자를 때때로 視察해야 했으며, 환자를 避病院으로 이송할 때도 巡檢이 파송되어 피병원까지 호송해야 했다.11) 환자의 발생이나 사망 보고 관청을 경찰서로 하고, 소독법을 시행하는 주체나 환자 수송 등을 시행하는 주체를 경찰로 상정함으로써 실무적인 방역과정에서 경찰 중심의

---

8) 「虎列剌病豫防規則」,『官報』1895. 윤 5. 13.
9) 「虎列剌病消毒規則」,『官報』1895. 6. 8 ;「虎列剌病豫防과 消毒執行規程」,『官報』1895. 6. 10.
10) 「虎列剌病消毒規則」,『官報』1895. 6. 8.
11) 「虎列剌病豫防과 消毒執行規程」,『官報』1895. 6. 10.

활동이 이루어지는 단초를 제공하였던 것이다.

　그러나 경찰의 활동은 법률적으로 볼 때 구체적인 실무 차원에 국한된 것이었다. 방역활동의 개시, 예방법의 실시 등 포괄적인 방역조치는 내부, 지방장관, 지방관, 단체장으로 이어지는 지방 행정조직을 통해 이루어졌다. 방역활동은 지방장관이 내부에 전염병 발생을 보고한 후 시작되었고, 각 지역의 단체장은 지방관과 협의 후 방역법을 실시하였다. 전염병 관련 신고가 취합되는 곳은 경찰서였지만, 경찰서에 보고된 내용은 지방청을 거쳐 내부로 전달되어 정리되었다.[12] 즉, 방역과 관련된 정책적 차원의 협의는 지방 행정조직을 통해 이루어졌고, 예방과 소독 등 실무적인 방역조치는 경찰이 시행하는 방식의 방역체계가 법규를 통해 구성되기 시작한 것이었다.

　1895년 콜레라 유행을 계기로 반포된 방역법규는 지방관, 의사, 단체장 등의 의무 사항을 적시함으로써 정부 차원의 방역활동이 구체화되는 계기를 마련하였고, 산발적으로 이루어지던 소독 및 청결사항을 명시하여 방역활동의 체계화를 도모하였다. 비록 콜레라라는 한 질병에 국한된 것이었지만 제반 방역법규의 정비는 이제 조선에서 이루어지는 방역사업이 법률적 기초 위에서 체계적으로 실시될 수 있는 단계에 이르렀다는 의미를 지녔다.

3. 한말 傳染病豫防規則의 반포와 지방 행정조직

　1886년과 1895년 콜레라의 확산을 막는 과정에서 산발적으로 방역법규가 반포되었고 방역조치들이 취해졌지만, 법률상 일정한 방역체

---

12) 「虎列剌病豫防規則」, 『官報』 1895. 윤 5. 13.

계가 마련된 시기는 1899년이었다. 1899년 傳染病豫防規則을 비롯하여 6종의 법정 전염병에 대한 각각의 예방규칙이 반포되었으며, 외국으로부터 전염병 전파를 막기 위해 가장 선차적으로 시행되어야 할 항구에서의 檢疫과 관련된 법규, 즉 檢疫停船規則이 반포된 것이었다.

전염병예방규칙에서 주목되는 점은 우선 법정 전염병이 확정되었다는 것이다.13) 규칙의 반포로 인해 콜레라, 장티푸스, 이질, 디프테리아, 발진티푸스, 천연두 이상 6종은 발생이 예상되는 시점부터 방역의 대상이 되었으며, 이 전염병들이 발병했을 때 취해야 할 각종 조치들이 구체적으로 명시되었다.14) 전염병이 유행할 때마다 개별적인 법규를 제정함으로써 방역조치들이 단속적으로 진행될 수밖에 없었던 조건이 극복되어 이제부터 각 전염병에 대해 일관된 방역조치를 취할 수 있게 된 것이었다.

나아가 전염병예방규칙은 방역조치들이 지방 행정조직을 중심으로 진행되어야 함을 명기하였다. 한 지역에서 전염병 환자가 발생했을 경우 洞任은 소재지 지방장관과 가까운 경찰서에 통지하고, 지방장관은 관찰부에 보고하며, 관찰부에서는 일주일 간격으로 환자의 변동과 사망자 수를 內部에 신고하도록 규정하였다.15) 각 지역의 담당 관리인 동임으로부터 지방장관, 관찰부, 내부로 이어지는 행정적인 방역체계가 마련된 것이다.

이 전염병예방규칙은 1880년 일본에서 반포된 전염병예방규칙을 그대로 모방한 것이었다. 따라서 일본에서 이루어졌던 방역조치들의 결산물에 해당하는 내용을 그대로 수용한 측면이 보이는데, 그 중에서

---

13) 「傳染病豫防規則」, 『官報』 1899. 8. 29.
14) 구체적인 예방조치에 대해서는 신동원, 앞의 책, 233~239쪽 참조.
15) 「傳染病豫防規則」, 『官報』 1899. 8. 29.

주목되는 것은 일본 제도에서 보이는 위생위원의 역할을 洞任이 담당하도록 한 점이었다. 일본의 전염병예방규칙의 환자신고 규정을 보면 다음과 같다.

> 전염병을 진단한 의사는 늦어도 24시간 내에 환자 소재 町村 衛生委員會에 통지해야 한다. 衛生委員은 빨리 그 사실을 郡區長 및 가까운 경찰서에 통지하고 군구장은 빨리 그 사실을 지방청에 제출하여야 한다.[16]

환자가 발생한 사실을 의사가 확인한 경우 의사는 우선적으로 그 사실을 위생위원회에 신고해야 했고, 위생위원은 지방단체장과 경찰서, 그리고 단체장은 지방청에 신고하도록 규정되어 있었다. 그러나 대한제국이 반포한 전염병예방규칙의 내용은 달랐다.

> 환자가 有ᄒᆞ야 의사가 전염병으로 진단 執證ᄒᆞᆫ 時에ᄂᆞᆫ 該洞任이 遲ᄒᆞᆯ지라도 二十四時를 踰치 勿ᄒᆞ야 환자 소재 里任의 통지를 不待ᄒᆞ고 該 지방장관과 及 最近 경찰서에 통지ᄒᆞᆯ지오.[17]

일본과 달리 의사가 전염병 환자를 진단한 경우 환자발생 사실을 각 지방장관 혹은 인근 경찰서에 전달하는 의무를 洞任이 담당하도록 하였다. 이것은 아직 지방별로 전문적인 위생조직이 설립되지 않은 상태에서 취해진 과도기적인 조치로서 동임으로 하여금 해당 지역에서 이루어지는 방역조치에서 실무 중심에 서도록 한 것이었다.

16) 「傳染病豫防規則」, 『醫制百年史(資料編)』, 東京 : 厚生省 醫務局, 1976, 250쪽.

17) 「傳染病豫防規則」, 『官報』 1899. 8. 29.

방역체계의 실무자가 동임으로 규정된 것은 1895년 반포된 虎列刺病豫防規則의 내용과도 비교된다. 1895년 반포된 虎列刺病豫防規則에 따르면 콜레라로 의심되는 吐瀉病이 발생하면 신고해야 할 곳은 경찰서였고, 의사 역시 환자 진찰 후 경찰서에 보고해야 했다.18) 그러나 전염병예방규칙은 의사의 우선적인 신고 대상이 경찰이 아니라 지방 행정조직의 하위 단위인 동임으로 규정하였다. 그리고 의사가 경찰서에 직접 통지하는 경우는 '土地의 便宜', 즉 현지의 특수한 사정에 따라 이루어질 수 있다고 융통성을 두고 있었다.19) 경찰보다는 지방 행정조직을 중심으로 방역체계를 구성하려는 대한제국의 의도가 반영된 결과였다.20)

소독법과 관련해서 청결법을 시행하는 주체 역시 面任・里任과 경찰이었으며, 의사와 邑村吏員 그리고 경찰과 위생관리 등이 便宜上 예방위원이 되어 예방 소독을 시행하도록 하였다. 전염병이 극렬히 유행할 경우 지방장관은 내부와의 협의 아래 "의사와 위생관리와 경찰관리와 或 府郡 人吏 등의 適宜훈 인원을 검역위원"으로 선정해야 했다.21) 지방관리와 전문인력인 의사와의 협조 관계하에 방역조직을 가동하도록 하였던 것이다.

지방 행정조직을 중심으로 한 방역체계의 성격은 구체적인 방역과

18) 「虎列刺病豫防規則」, 『官報』 1895. 윤 5. 13.
19) 「傳染病豫防規則」, 『官報』 1899. 8. 29.
20) 甲午・光武改革 동안 지방제도 개혁과 관련하여 기본적인 방향은 중앙집권적인 지방제도의 정착이었지만 동시에 기존의 面里가 지니고 있었던 자치적인 특성을 유지하는 조치가 병행되어 취해지고 있었다(尹貞愛, 「韓末 地方制度 改革의 硏究」, 『歷史學報』 105, 1985). 따라서 동임을 비롯하여 각 지역의 사정에 정통한 인사들이 방역활동에 실무진으로 참여한다는 사실은 방역활동이 각 지역의 특수한 사정을 무시한 채 중앙의 일방적인 지시만으로 이루어질 수 있는 가능성을 차단하는 효과를 지닐 수 있었다.
21) 「虎列刺豫防規則」, 『官報』 1899. 9. 1.

정에서 동일하게 관철되어, 발진티푸스가 계속 발생할 경우 "의사와 面里任員 등으로 便宜 예방위원"을 구성하여 예방소독법을 시행하도록 하였다.22) 檢疫停船規則에서도 지방관리 및 의사와의 협력 관계는 그대로 적용되었다. 각 개항장에서 검역과 관련된 일체의 사무를 담당할 지방 檢疫局의 구성인원은 "개항장의 관리 及 교육 職任을 能堪홀 本國人과 或 외국 의사"였다. 의사가 검역사무의 주요 담당자로 참여하였던 것이다. 검사국원을 임용할 때 반드시 1명은 "의사를 必用"하도록 하는 내용 역시 규정되어 있었다.23)

그리고 전염병 관련 법규의 제정으로 마련된 방역체계의 중심에는 지방장관이 있었다. 지방장관은 각 지역의 책임자로서 전염병의 발생이 예상되는 시점부터 중앙 정부와 긴밀한 연락을 취하며 방역업무에 종사하도록 되어 있었다. 전염병예방규칙에 의하면 洞任이 전염병 환자 발생을 확인하여 늦어도 24시간 내에 지방장관에게 통지하면, 지방장관은 "觀察府에 具報"하여야 하며, 관할 지역 내에 전염병이 유행할 조짐이 나타나면 지방장관은 "병의 性狀을 記ㅎ야 속히 내부에 申報"하여야 했다. 관청, 군대, 학교, 병원 등 각 기관에 전염병이 발생했을 때 기관장이 협의해야 할 우선적인 대상은 지방장관이었다.24)

1899년 제정된 일련의 방역법규의 내용은 실제적인 방역활동과정에서 그대로 활용되었다. 1902년 7월 콜레라가 발생하자 대한제국정부는 경무청으로 하여금 방역사무를 담당할 臨時衛生院을 설치하도록 하는 한편 한성판윤, 각 도 관찰사, 부윤, 감리, 군수 등이 경무사와

22) 「發疹窒扶私豫防規則」, 『官報』 1899. 9. 6.
23) 「檢疫停船規則」, 『官報』 1899. 9. 16.
24) 「傳染病豫防規則」, 『官報』 1899. 8. 29.

함께 방역사무에 극력 주의해 줄 것을 요청하였다.25) 각 지방단체장들이 방역사무 집행에 있어 경찰 책임자와 동등하게 취급되었던 것이다. 더구나 임시위생원에 비록 외국인이지만 의사들이 주요 담당자로 참여한 점에서 알 수 있듯이 방역사무에서 의사의 전문성도 보장되었다.26) 그러나 1905년 보호조약이 체결되면서 대한제국의 권력은 약화되어 나갔고, 1907년 콜레라가 발생했을 때 통감부는 대한제국이 반포한 콜레라예방규칙을 조선인에게만 시행했을 뿐 일본인에게는 별도의 법규를 적용하였다.27) 동일한 지역에서 민족에 따라 별개의 방역법규가 시행되는 혼란이 야기되기 시작한 것이었다.

4. 일제 초 傳染病豫防令의 반포와 衛生警察

통감부 시기 위생경찰제도가 수립되는 가운데 1907년, 1909년 발생한 콜레라는 조선에 경찰과 군대가 중심이 된 군사적 방역활동이 정착되는 계기였다. 총독부가 들어선 1910년 가을부터 1911년 초까지 진행된 페스트 방역활동은 통감부 시기에 정착된 군사적 방역활동이 총독부시기에 더욱 강화되어 나가리라는 예상을 가능하게 할 만큼 武斷的이었다.28) 그러나 이러한 방역활동은 개별적인 규정에 의거하

---

25) 「宮廷錄事」, 『官報』 1902. 7. 29.
26) 비록 1895년의 자료이기는 하지만 콜레라 방역을 위한 공동 협조를 구하는 일본 병참부의 요구에 대해 "지방관들은 이에 관심을 두는 자가 없으며 협의에 응하는 자도 없다"는 보고가 있다. 이 보고에서 알 수 있듯이 지방관들이 지닌 위생사상의 향상이 도모되지 않는 이상 방역법규는 상징적인 의미를 지닐 뿐이었다(「安岳・長連의 콜레라 방역 실시에 따른 지방관의 협조 요청」, 『駐韓日本公使館記錄』 6, 242쪽).
27) 『明治四十年韓國防疫記事』, 韓國統監府, 1908, 56쪽.
28) 朴潤栽, 「1910年代 初 日帝의 페스트 防疫活動과 朝鮮 支配」, 『韓國史의

여 단속적으로 진행되었다는 점에서 한계를 지니고 있었다.

　더구나 총독부 성립 초기 조선에는 민족별로 적용 대상을 달리하는 전염병 관련 법규가 공존하고 있었다. 일본인에 대해서는 1908년 大邱理事廳令과 1909년 京城理事廳令으로 전염병예방규칙이 만들어져 있었고, 조선인과 관련해서는 1899년 제정된 전염병예방규칙이 있었다.29) 부정기적으로 발병하는 콜레라 이외에도 매년 장티푸스와 이질환자가 다수 발생하고 있는 상황에서 대상을 달리하는 법규가 동시에 존재하는 것은 총독부에게 방역활동의 효율적인 시행을 방해하는 요인으로 작용하였다.30) 총독부는 조선인과 일본인 모두에게 적용할 수 있는 법규의 마련에 착수하지 않을 수 없었다.

　일제시기 동안 방역을 위한 기본 법규로 활용될 傳染病豫防令은 1915년 6월 반포되었다. 전염병예방령은 우선 전염병예방령의 적용을 받을 수 있는 전염병의 종류를 확정하였다. 그것은 콜레라, 이질, 장티푸스, 파라티푸스, 천연두, 발진티푸스, 猩紅熱, 디프테리아 및 페스트였다.31) 대한제국에서 반포한 전염병예방규칙의 6종 외에 파라티푸스, 猩紅熱, 페스트가 법정 전염병으로 추가된 것이었다. 법정 전염병이 확정됨에 따라 이들 전염병이 유행하거나 유행할 조짐이 보일 때는 언제나 전염병예방령에 규정된 각종 방역조치를 취할 수 있게 되었다.

　전염병예방령은 제반 방역활동에 대한 규정과 함께 방역을 위한 각 지역 단위의 조직화를 위해 위생조합을 설치할 수 있도록 규정하였

構造와 展開』, 혜안, 2000.
29)『衛生警察講義一斑』, 平安南道 警務部, 1913, 190쪽 ;『朝鮮總督府施政年報(1915年)』, 307쪽.
30)「傳染病豫防令 實施에 就ᄒ야」,『每日申報』1915. 7. 14(2).
31)「傳染病豫防令」,『朝鮮總督府官報』1915. 6. 5.

다. 즉, 경무부장은 道長官의 승인 아래 지역을 지정하여 위생조합을
만들고, 오물의 소제, 청결방법, 소독방법, 기타 전염병 예방 및 치료에
관한 사항을 행할 수 있었다.[32] 아직 지방제도가 완비되지 않은 상황에
서 경찰을 보조하여 도내 각 지역의 방역사무를 진행하는 하나의
조직으로 위생조합을 설치하도록 한 것이었다.[33] 이때 위생조합은
방역에 관련된 사무만을 수행하는 목적에서 설치되었으며, 그 목적
이외 사업은 인정되지 않았다.[34] 위생조합은 경찰의 요구에 따라,
혹은 일본인 거류지의 경우 자치적으로 설립되어 방역 및 청결사업을
시행하고 있었는데, 그동안 위생조합의 설치·조직 등에 대해서 법률
적 근거가 없었다는 점에서 전염병예방령의 반포는 그 조직과 활동내
용을 법제화한 것이었다.[35]

　전염병예방령의 반포를 계기로 총독부는 법정 전염병에 대해서
체계적인 방역조치를 시행할 수 있는 법률적인 토대를 가지게 되었다.
전염병이 유행할 때마다 담당 주체와 지역에 따라 개별적인 조치들이
산발적으로 진행되는 것이 아니라 전염병예방령에 의거한 방역조치들

---

32) 『朝鮮總督府施政年報(1915年)』, 319쪽.
33) 藤沼武南, 『朝鮮行政警察法總論』, 巖松堂書店, 1916, 109쪽. 이때 위생조합은
　　지방제도가 정비되기 이전 지방 주민들을 총독부 지배기구의 하부에 편제시
　　키는 효과를 지니고 있었다. 전염병 예방을 도모한다는 명분 아래 일상적인
　　청결사업이나 비상시의 방역사업에 주민들을 동원함으로써 실질적인 주민
　　의 조직화를 진행시킬 수 있었기 때문이다.
34) 「法令及通牒」, 『朝鮮彙報』 1, 1916, 225쪽. 일본인 거류지에 조직되었던
　　위생조합의 경우 그 역할이 단지 위생사무에 한정되지 않은 경우도 있었다.
　　원산의 경우 위생조합은 "위생사항뿐만 아니라 元山 神社의 大祭도 질서정연
　　하고 성대하게 행할 수 있었고 또 町內의 친목화합에 좋은 영향을 주었으며
　　관혼상제에 서로 경조"하는 활동을 벌이기도 했다(『元山發達史』, 1916, 656
　　쪽).
35) 『朝鮮總督府施政年報(1915年)』, 318쪽.

이 시행될 수 있는 근거를 만들어 놓은 것이었다. 전염병예방령이 반포된 다음해인 1916년 콜레라가 조선에 침입하자 "부락 차단, 기차 선박의 검역 및 검역위원의 임명 등을 모두 신속하게 처리할 수 있어 該疫防遏에 공헌한 것이 자못 다대"했던 것도 전염병예방령이 이미 반포되어 체계적인 방역이 가능했기 때문이라고 평가되었다.[36]

체계적인 방역조치란 방역활동의 조직화를 의미했다. 그동안 개별적으로 이루어지던 방역조치들이 호주·관리인, 경찰·검역위원, 경무부장으로 이어지는 일정한 조직적 체계 아래서 진행되게 되었던 것이다. 구체적으로 각 지역의 최소 구성단위인 호의 호주에게는 전염병 발생시 신고할 의무가 부여되었고, 그 신고는 경찰을 거쳐 경무부장에게 전달되었다. 경무부장은 전염병의 발병 상황에 따라 전염병예방령의 전부 혹은 일부를 적용하였으며, 그 중간에서 경찰 혹은 검역위원들이 제반 방역조치를 취하였다. 그리고 총독은 최고 통치기관으로 전염병예방령을 적용할 수 있는 전염병을 규정하였다.[37] 전염병예방령을 계기로 각 개인은 방역활동 과정에서 총독으로부터 이어지는 방역조직 속에 편제되게 되었고, 이것은 각 개인에 대한 총독부권력의 장악과 연결되었다.

전염병예방령이 방역활동의 체계화를 가져왔다고 할 때 그 조직과 활동의 중심에는 衛生警察이 있었다. 즉, 전염병예방령은 방역활동이 위생경찰을 중심으로 진행될 수 있도록 법률적 기반을 마련하였다는 의미를 지녔다. 우선 전염병예방령의 적용과 관련하여 그 주체는 경무부장이었다. 전염병이 유행하거나 유행할 우려가 있을 때 경무부장은 전염병예방령의 전부 또는 일부를 적용할 수 있었다. 전염병 확산을

---

36) 『朝鮮總督府施政年報(1916年)』, 316쪽.
37) 「傳染病豫防令」, 『朝鮮總督府官報』 1915. 6. 5.

방지하기 위한 교통차단, 死體의 처리, 선박 및 기차 검역 실시 역시 경찰에 의해 이루어졌다. 구체적으로 전염병이 유행하거나 유행할 우려가 있을 때 경무부장은 다음과 같은 조치를 취할 수 있었다.

一. 건강검진이나 死體檢案을 행하는 것.

二. 시가 부락의 전부나 일부의 교통을 차단하거나 인민을 격리하는 것.

三. 祭禮, 供養, 興行, 집회 등을 위해 많은 사람이 모이는 것을 제한하거나 금지하는 것.

四. 古著, 襤褸, 古綿 기타 병독을 전파할 우려가 있는 물건의 移轉을 제한하거나 정지하거나 그것을 폐기하는 것.

五. 병독 전파의 매개가 될 음식물의 판매 수수를 금지하거나 폐기하는 것.

六. 선박, 기차, 제조소 기타 많은 사람이 모이는 장소에 의사를 고용하거나 예방상 필요한 시설을 하는 것.

七. 청결방법이나 소독방법을 시행하거나 그 시행을 명령하거나 혹은 우물, 상수, 하수, 溝渠, 쓰레기통, 변소의 신설, 개조, 변경, 폐지를 명령하거나 혹은 그 사용을 정지하는 것.

八. 일정한 장소에서 漁撈, 수영 혹은 물의 사용을 제한하거나 정지하는 것.

九. 쥐의 驅除 혹은 그에 관련된 시설을 하거나 하도록 하는 것.38)

경무부장은 건강진단 및 死體檢案의 실시, 교통차단 및 격리의 실시, 집회 금지, 수송 정지, 음식물 판매 금지 또는 폐기, 의사의 고용, 우물이나 상하수도의 폐지 또는 정지, 漁撈나 수영의 정지, 쥐 박멸사무

---

38) 위와 같음.

등 각종 조치를 취할 수 있었다. 아울러 경무부장은 전염병에 오염된 건물이 소독을 시행하기에 곤란하다고 생각될 때는 건물에 대해 적당한 조치를 취할 수 있었고, 관청이나 학교 등의 책임자는 전염병 환자가 발생하거나 발생할 우려가 있을 때 경무부장과 협의하여 예방법을 시행하여야 했다. 그리고 이러한 규정들을 위반했을 경우 벌금이나 과태료 등 처벌을 가할 수 있는 조항이 설정됨으로써 제반 방역활동에 강제성이 부여되었다.[39]

 경찰이 방역활동의 중심에 위치함에 따라 각 지방의 책임자들은 경찰의 보조기관으로 전락했다. 전염병이 유행할 조짐이 있을 때 각 도의 책임자인 道長官은 경찰로부터 그 사실을 '通報'받았으며, 각 지역의 책임자인 府尹이나 면장들도 경찰로부터 전염병 환자의 발생 상황에 대해 '通報'를 받았다.[40] 각 지역 책임자들은 연락의 객체는 될지언정 방역수행의 주체는 될 수 없었다. 결국 전염병예방령은 방역 사무에서 위생경찰이 그 중심에서 활동을 주도할 수 있는 법률적 근거를 마련하였다. 그리고 한말 전염병예방규칙이 洞任, 地方長官, 觀察使, 內部로 이어지는 지방 행정조직을 중심으로 방역체계를 형성하였던 것과 비교하여 이제 일제시기의 방역체계는 경찰을 중심으로 한 그것으로 변화되어 버렸음을 의미하였다.

 전염병예방령이 위생경찰을 중심으로 한 방역체계를 법률적으로 보장해주었다는 점은 傳染病豫防令이 내용을 거의 그대로 모방하고 있는 일본의 傳染病豫防法과 비교해 보아도 뚜렷하다. 일본의 전염병 예방법에서 각 지방의 행정 책임자인 지방장관이 담당하는 각 역할을 조선에서는 경무부장이 담당하도록 되어 있었다.[41] 즉, 전염병이 유행

39) 위와 같음.
40) 「傳染病豫防令施行規則」, 『朝鮮總督府官報』 1915. 7. 12.

할 경우 예방법의 적용 결정 여부, 전염병 예방을 위해 필요한 조치의
시행 여부, 각 관청이나 관립 기관의 협의 대상 등이 일본에서는 지방장
관이었던 반면 조선에서는 그 역할을 경무부장이 담당했다. 또한 일본
의 경우 지방장관의 지시 아래 市町村 등 각 지방 행정조직이 독자적으
로 전염병예방위원이나 검역위원을 선정하여 방역조치를 시행하고
청결이나 소독조치를 시행했지만 조선의 전염병예방령에는 이러한
규정들이 모두 빠져버렸다.

　위생조합과 관련해서도 일본은 위생조합의 편제 시행에 관한 권한
을 市町村의 책임자인 지방관리에게 부여했다.42) 일본이 위생조합을
통해 개인을 국가권력의 체계 안으로 포섭하는 조직화를 실시했다는
점은 조선과 같았다. 그러나 일본은 市町村에서 위생조합, 그리고
위생조합에 소속된 각 개인으로 이어지는 수직관계 속에서 궁극적으
로 시정촌의 책임자들이 각 개인을 파악할 수 있는 체계를 만들었지만,
조선의 경우는 그 파악이 경찰로 귀결된다는 점에서 일본과 다른
특징을 보였다. 일본의 경우 각 지방의 행정조직들이 나누어 담당하던
역할까지 경찰이 담당하도록 법규가 제정되었던 것이다. 이러한 조치
는 각 지역의 특수한 조건을 고려하는 방역사무가 취해질 가능성이
있던 일본의 경우와 달리 조선에서는 방역이라는 목적을 달성하기
위해 다른 제반 요소들은 무시될 가능성을 배태하는 것이었다. 더욱이
경찰이 개인의 자유를 제한함으로써 공공의 이익을 도모하는 국가기
구라 할 때 조선에서 개인의 인권이 무시되는 방역조치들이 시행될
수 있는 기반을 제공하는 것이었다.43)

41) 「傳染病豫防法」, 『醫制百年史(資料編)』, 東京 : 厚生省 醫務局, 1976, 255~
　　259쪽.
42) 尾崎耕司, 「'傳染病豫防法'考」, 『新しい歷史學のために』 213, 1994, 8쪽.
43) 1910년대 위생경찰이 주도한 방역활동의 구체적인 과정과 성격에 대해서는

　전염병예방령 반포를 통해 방역활동에서 위생경찰의 지위는 법률적
으로 공인되었지만, 지방제도의 정비과정은 제한적이나마 지방 행정
조직의 방역활동 개입 가능성을 확대시켜나갔다. 전염병예방령은
1917년 10월 面制의 시행에 따라 위생조합 업무의 대부분이 면으로
이속되는 내용으로 개정되었다.[44] "위생조합은 其 시설 경영의 전부를
권리 의무와 共히 면에 인계ᄒ고 다만 同 조합은 경찰관서 감독하에서
전염병 예방에 관ᄒ야 조합원의 자위수단에 屬ᄒ고 且 다대ᄒ 경비를
不要ᄒᄂ 사무에 종사"하게 되었던 것이다.[45] 자위적이거나 소규모인
방역활동으로 위생조합의 역할이 협소화된 것이었다. 이로써 종래 경찰
보조기관의 성격이 강했던 위생조합 사무를 면에서 담당하게 되었고,
나아가 전염병 예방에 필요한 인원을 고용하고 설비를 하며 청결작업이
나 소독조치를 시행하는 주체로 면이 부상하게 되었다. 지방 행정조직의
역할이 경찰의 그것을 대체해 나가기 시작한 것이었다.

　종래 총독부에서 부담하던 방역비용이 지방 행정조직으로 이관되면
서, 방역활동에서 이들 조직의 역할은 더욱 확대되어 나갔다. 1919년
4월 총독부령으로 府面이 행할 전염병 예방시설 및 비용 부담에 관한
규정이 만들어진 것이 그 예이다.[46] 이 법규는 부면이 의사의 채용
및 기계·약품 설비, 소독방법의 시행, 전염병원의 설치, 전염병 환자
수용치료 등에 대한 경비를 부담하도록 규정하였다.[47] 방역활동 과정

　　朴潤栽,「韓末·日帝 初 近代的 醫學體系의 形成과 植民 支配」, 연세대학교
　　박사학위논문, 2002, 233~245쪽 참조.
44)「傳染病豫防令施行規則改正」,『朝鮮彙報』1, 1918, 134쪽.
45) 白石保成,『朝鮮衛生要義』, 1918, 35쪽.
46)「傳染病豫防令第22條ニ依ル地方公共團體ノ義務ニ關スル件」,『朝鮮總督府
　　官報』1919. 4. 8 ;「大正八年に於ける朝鮮」,『朝鮮彙報』1, 1920, 27쪽.
47) 본래 전염병예방령에 따르면 "전염병 예방상 필요한 시설 및 비용 부담에
　　관한 지방공공단체의 의무에 대해서는 조선총독이 정하"도록 되어 있었다

에서 소요되는 각종 경비의 부담대상이 부면으로 이관된 것이었다. 부면이 방역비를 부담하게 되면서 경무부장은 전염병 예방을 위한 제반 시설의 완비를 부면에 지시할 경우 미리 道長官의 승인을 받아야 했다.[48]

전염병예방령의 적용과 관련하여 그 주체가 변경되는 것은 1919년 '문화정치'의 실시 이후였다. 1919년 9월 전염병예방령시행규칙의 개정을 통해 종래 경무부장이던 전염병예방령 적용 주체가 도지사로 변경되었다.[49] 전염병 예방활동에서 경찰이 아닌 각 지방 행정조직이 개입할 수 있는 여지는 1924년 6월 전염병예방령의 개정을 통해 확대되었다. 우선 방역과 관련된 각종 조치를 취할 수 있는 권한이 경찰부장에서 도지사로 이관되었다. 그리고 전염병 환자를 진단하거나 그 사체를 검안한 의사가 그 상황을 보고해야 할 대상에 경찰 이외에 府尹과 面長이 추가되었고, 전염병으로 의심이 가는 환자 또는 사망자가 있을 때 보고해야 하는 대상에도 부윤과 면장이 첨가되었다.

각 지방 행정조직의 책임자가 스스로의 필요에 따라 독자적인 방역활동을 전개할 수 있는 법률적 근거도 이때 마련되었다. 전염병이 유행하거나 유행할 우려가 있을 때 부윤이나 면장은 도지사의 지시에 따라 전염병예방위원을 두고 전염병 예방에 종사하게 할 수 있었다.[50] 또한 방역활동에서 나타난 격리의 강제성도 개정을 통해 약화되는 측면을 보였다. 그동안 전염병예방령에는 전염병에 걸린 것으로 의심되는 환자를 격리소에 입소시킬 수 있다는 규정만 존재했지만, 개정을

(「傳染病豫防令」, 『朝鮮總督府官報』 1915. 6. 5).

48)「府面の行ふ傳染病豫防施設及費用の負擔に關する總督府令の發布」, 『朝鮮彙報』 5, 1919, 152~153쪽.

49)「傳染病豫防令施行規則 改正」, 『朝鮮總督府官報』 1919. 9. 11.

50)「傳染病豫防令 改正」, 『朝鮮總督府官報』 1924. 6. 2.

통해 "府面은 상당한 이유가 없이 그것을 거부할 수 없다"는 규정이 첨가됨으로써 조건부로 격리소 입소에 반대할 수 있는 근거가 마련되었다.

1928년 5월에는 1919년 4월 반포된 지방공공단체의 의무에 관한 건이 개정되어 전염병 예방을 위한 제반 시설의 완비를 지시하는 주체가 경찰부장에서 도지사로 이관되었다.[51] 방역활동에 필요한 각종 시설을 설비하도록 명령하는 권한이 경찰에서 지방단체장으로 이관된 것이었다. 이렇게 지방제도가 개편되어 나가면서 각 지방 행정조직이 방역활동에서 차지하는 역할은 점차 확대되어 갔다. 그리고 이러한 확대는 각 지역의 '명망가'들이 참여하는 면협의회의 설치에서 보이듯이 각 지방의 '자치'적인 요구가 반영될 수 있는 여지의 확대로 이어질 수 있었다.[52] 하지만 그 확대는 명백한 한계를 지니고 있었다. 각 지방 행정조직의 책임자들은 다만 방역활동의 지휘계통에 참여하였을 뿐 방역실무를 담당하는 부서는 여전히 각 도내의 警察部 衛生課였기 때문이다. 그 확대는 어디까지나 위생경찰제도의 범위 내에서 진행되었던 것이다.

5. 맺음말

방역법규는 국가 구성원의 급격한 감소를 초래하는 전염병의 발생과 전파를 체계적으로 막기 위한 중요한 수단이었다. 세계 자본주의체제에 편입된 조선은 교역의 확대로 인해 전염병 전파의 가능성이

---

51) 「大正八年 朝鮮總督府令 第六十一號 改正」,『朝鮮總督府官報』1928. 5. 17.
52) 면협의회에 대해서는 김익한,「1920년대 일제의 지방지배정책과 그 성격」,『韓國史研究』93, 1996 참조.

높아지는 가운데 단속적으로 방역법규들을 반포하였다. 1895년 조선 정부는 콜레라 유행을 계기로 虎列刺病豫防規則을 반포하여 내부, 지방장관, 지방관, 단체장으로 이어지는 지방 행정조직을 통해 방역활동이 이루어질 수 있는 방역체계를 수립하였다. 그러나 이 시기에 반포된 법규는 콜레라라는 한 질병에 국한된 것이었다. 중요 전염병들에 대한 방역법규가 반포된 것은 대한제국시기였다.

1899년 대한제국은 일련의 방역법규를 반포하여 법정 전염병을 확정하고, 이들 전염병에 대해 항상적으로 적용할 수 있는 방역체계를 마련하였다. 지역의 말단 행정 실무자인 洞任으로부터 지방장관, 觀察府, 內部로 이어지는 행정조직을 통해 방역활동이 수행되는 체계화가 이루어졌던 것이다. 특히 이 규칙은 위생경찰의 방역활동을 토대로 하면서도, 경찰의 일방적인 활동보다는 동임 등의 참여를 통한 지역적 특수성에 기초한 방역활동, 지방 행정조직과 전문 의사와의 협조관계가 보장된 점에 특징이 있었다.

1915년 총독부에 의해 반포된 傳染病豫防令은 대한제국시기보다 3종 늘어난 9종의 법정 전염병을 지정하고, 이들 전염병에 대해서 일관된 방역조치를 실시할 수 있는 법률적인 토대를 마련하였다. 특히 지방제도가 완비되지 않은 상황에서 도내 각 지역의 방역사무를 담당할 기구로 위생조합의 설치를 규정하여 주민들을 일상적인 청결사업이나 비상시의 방역사업에 동원할 수 있는 조직으로 활용하고자 하였다. 그러나 전염병예방령은 대한제국의 그것과 달리 경무부장이 전염병예방령의 적용여부를 결정하는 등 방역활동이 위생경찰을 중심으로 진행되는 법률적 기반을 마련하였던 데 특징이 있었다. 그 결과 지방의 행정조직들이 방역체계 속에서 객체로서만 활동하게 되었고, 반면에 위생경찰은 방역이라는 목적을 달성하기 위해 지역의 특수한 사정들을 무시할 가능성을 배태하게 되었다.

　방역법규는 전염병 예방과 전파 방지라는 공공 목적 아래 국가 구성원을 일정한 조직체계 아래 편제시키는 효과를 지니고 있었다. 그런 점에서 한말 그리고 일제 초 반포된 방역법규는 동일한 효과를 낳았다고 할 수 있다. 그러나 그 체계화의 방식에서는 차이를 보이고 있었다. 위생경찰의 활동을 전제로 하면서도 방역체계의 중심에 누가 있느냐, 실무작업이 누구를 중심으로 이루어지느냐에 따른 차이점이 있었던 것이다. 즉, 대한제국이 위생경찰과 지방 행정조직의 병행적 활동을 시도하면서 동시에 각 지방의 특수한 조건을 고려한 자치적 요소가 가미된 방역체계를 구성하고자 하였던 반면에 일제 총독부의 그것은 위생경찰의 역할을 부각시킴으로써 중앙의 통제 편의를 도모 했다는 점에 특징이 있었다.

경찰제도의 확립과
식민지 국가권력의 일상 침투

장 신[*]

1. 머리말

과거 어린아이들이 울 때 울음을 그치게 하는 방법으로 "자꾸 울면 호랑이가 와서 잡아간다"라는 말이 곧잘 사용되었다. 그러다 어느 순간 '호랑이'는 '순사'로 대체되었다. 울던 아이를 그치게 할 만큼 공포의 대상이었던 순사는 일제강점기에 치안을 담당하는 경찰조직에서도 가장 말단의 경찰관리였다. 민중들과 가장 일상적으로 그리고 직접적으로 접촉하는 존재였다. 그러면서도 광범한 소관업무와 강력한 물리력을 지닌 존재였다.

한국을 강점했던 일제는 한국을 영구히 지배하기 위해 종래 한국의 관습과 일상 대신에 새로운 질서의 구축을 시도했다. 일제는 근대라는 상품으로 포장된 새로운 질서를 경찰을 통해 정착시키고자 했다. 새로운 질서 중에는 대한제국정부가 정력적으로 추진하던 것도 있었고,

---

* 역사문제연구소 연구원, 국사학

일제에 의해 새롭게 도입된 것도 있었다. 그 어떤 것이든 기왕의 한국인의 일상생활에 큰 변화를 가져오게 되어 있었다.

이와 관련된 선행연구는 학교, 공장, 의료, 가족, 사회사업 등의 영역에서 강압적이고 폭력적인 '규율권력'을 통해 식민지의 민중들이 근대의 규율을 내면화한 '근대주체'로서 형성되었다고 주장했다.[1] 또 이종민은 1910년대 경성을 대상으로 '일상적 규제의 파급효과'를 다루었는데, 당시의 일상적 규제가 주민들의 필요보다 권력의 의지로 강제된 점에서 상당한 저항을 불러왔다고 지적했다.

그렇지만 규칙을 지킴으로써 얻게 되는 편리함과 안전함도 무시할 수 없는 것으로서 경성 주민들은 '일상적 규제'를 통해 '공공질서'와 '위생' 관념을 새롭게 하면서 이러한 관념들을 당연한 생활습관으로 내면화해 갔다고 주장했다.[2] 이에 대해 전우용은 『근대주체와 식민지 규율권력』을 다룬 짧은 서평에서 '감시와 통제의 기제'는 성공적으로 작동하고 묘사되지만 '내면화의 기제'는 구호의 소개를 벗어나지 못했다고 반론하면서 범죄자의 교화에 실패한 감옥을 그 예로 들었다.[3]

정리하면 근대의 규율과 질서는 식민지 민중의 필요보다 식민지 권력의 요구로 강제된 점을 모두 지적하였다. 그러나 그 규율과 질서가 단속과 처벌을 통해 '내면화'되었는지에 대해서는 뚜렷한 대립축을 형성하고 있다.

필자는 '내면화'가 사실상 성공하지 못했다는 입장에서 식민지 규율권력이 민중에게 침투되는 과정을 경찰의 작용을 중심으로 살펴보았

---

1) 김진균·정근식 편, 『근대주체와 식민지 규율권력』, 문화과학사, 1997.
2) 이종민, 「1910년대 경성주민들의 '죄'와 '벌'」, 『서울학연구』 17, 서울학연구소, 2001.
3) 전우용, 「한국근대사 연구의 새 틀, 그 새로움의 한계」, 『역사비평』 43호, 역사비평사, 1998, 416~420쪽.

다. 이를 위해 제2장에서는 경찰기구가 언제부터 민중과 일상적으로 접촉하게 되었는가를 살펴보기 위해서 경찰제도가 확립되고 면단위에 순사주재소(헌병파견소)가 배치되는 과정을 서술하고, 제3장에서는 경찰의 소관업무를 '행정경찰'을 통해 보임으로써 경찰과 민중과의 접촉범위가 민중의 일상생활 모든 영역에 걸쳐있음을 밝혔다. 제4장에서는 민중과 직접 대면하는 순사의 채용방법과 채용된 순사의 자질을 분석함으로써 새로운 질서의 창출이 폭력적이고 억압적일 수밖에 없는 구조적 한계를 드러내었다. 제5장에서는 이상과 같은 조건으로 인해 경찰은 민중들에게 내면화의 동기를 부여하지 못한 채 억압적 폭력적으로 다가설 수밖에 없었고, 그로 인해 일제가 원했던 새로운 질서는 외형적으로 강제되었지만 내면화·규율화로 이어지지 못했음을 밝혔다.

2. 경찰기구의 확립과 생활단위로의 침투

한국에서 서구와 같은 형태의 치안기구를 설치한 때는 1894년이었다. 갑오개혁을 계기로 종래의 좌우 포도청을 없애고 한성 5부의 경찰업무를 통합하여 경무청을 설치하였다. 경무청은 종래의 병조대신에 내부에 예속되어 수도를 관리하고 각 도는 관찰사가 관리하는 체제였다. 이듬해에 지방제도를 종래의 8도제에서 23부제로 세분하여 경무관 이하 경무관보, 총순 및 순검을 배치했지만 군 단위까지 경찰관을 배치하지는 못했다.4) 1896년 지방제도가 다시 개편되어 23부제

---

4) 한성부를 제외한 22개 관찰부에는 관찰사 1인, 참사관 1인, 주사 약간 명에 경무관 1인, 경무관보 2인, 총순 2인 이하를 배치하였으며 이외 순검을 두었는데, 당시 지방 순검의 정원은 1,540명이었다(허남오, 『한국경찰제도

대신에 13도제가 채택되었다. 이때 각 도에 배치된 인원은 관찰사 1인, 주사 6인, 총순 2인, 순검 30인 등이었다.

1900년에 경무청이 내무행정에서 독립하여 경부로 되었다. 경부는 전국의 경찰을 관할하게 되고, 한성과 개항장경무서 등을 관할하였으나 지방경찰은 각 도에 총순 2인, 순검 34인 등 약간 명의 증원을 보는 데에 그쳤다. 이후에도 중앙 경찰기구의 변천은 있었으나 지방경찰제도의 급격한 변동이나 증원은 없었다. 그러다가 1905년 고문경찰 제도가 시행되면서 지방에 경찰관서가 조직되었다.[5]

곧 1906년 6월 19일자 「지방 13도 각 관찰부 경무서 및 분서 설치에 관한 건」이 공포되어 수도와 같이 경무서와 경무분서를 설치하는 법적조치가 이루어졌다. 또한 각 도의 순검 정원을 총 1,273인으로 정했다. 이어 9월 20일자 칙령 제50호 「지방관관제」에 의해 비로소 府와 郡에도 순검이 배치되었다.[6]

다음의 <표 1>에서 보듯이 경찰기관의 수는 1907년의 354개소에서 1908년에 408개소로 증가했다. 이때의 경무서(경찰서)나 분서는 단순한 감독기관이 아닌 독자의 직할구역을 가지고 있었다.

한편 1910년 6월 한국의 경찰제도가 헌병경찰제로 귀착됨에 따라[7] 헌병에게 보통경찰사무를 수행하는 권한이 주어졌다. 그러나 강점

사』, 동도원, 1998, 211쪽).

5) 고문경찰이 지방경찰력을 증가한 목적은, 경찰권·재판권·징세권을 모두 가지고 있던 대한제국 지방관리의 권력을 배제하여 한국 식민지화 공작의 발판으로 삼으려는 것이었다(松田利彦, 「朝鮮植民地化の過程における警察機構 (1904~1910年)」, 『朝鮮史研究會論文集』 31, 東京 : 朝鮮史研究會, 1993, 132~ 137쪽).

6) 종래 巡檢은 도에만 있었고, 부와 군에는 巡校가 배치되어 있었으나 이때부터 순교의 명칭은 사라졌다(內務部 治安局, 『韓國警察史』, 1972, 521쪽).

7) 松田利彦, 앞의 글, 1993.

표 1. 1907-08년 경찰기관수

연도	지역	경무서 경찰서	경무분서 경찰분서	경무분파소 순사주재소	계
1907	경시청	6	7	35	48
	각도	12	43	251	306
	계	18	50	286	354
1908	경시청	8	4	40	52
	각도	20	39	297	356
	계	28	43	337	408

출전 : 『隆熙二年 警察事務槪要』(警察月報 제5호 부록), 1908, 1~5쪽.

직후인 1911년 무렵까지 조선총독부는 의병을 완전히 진압하여 지방의 민심을 장악하는 데까지는 아직 나아가지 못했다. 따라서 헌병의 주요 임무도 이것에 집중되어, 헌병기관도 주로 경찰기관이 없는 곳에 설치되었다. 이 당시 헌병기관의 설치는 '세력집중주의' 원칙에 따라 국경에 인접한 지역과 의병의 잔존 세력이 자주 출몰하던 지역, 그리고 행정 중심지에 집중적으로 배치되었다.[8] 의병운동의 진압이 사실상 종료되었다고 판단되는 시점인 1911년 11월부터는 '분산배치'방침으로 전환했다.

그 뒤 헌병기관의 수가 증가하기 시작한 때는 1913년부터였다. 1913년 상반기까지만 해도 헌병분대나 헌병분견소, 또는 경찰서나 경찰분서가 없는 곳이 무려 133군이었다. 이에 따라 일제는 1913년 6월부터 50개소의 헌병파견소를 헌병분견소로 승격시켜, 1912년에 57개에 불과했던 헌병분견소가 1913년 하반기에는 107개로 급증했다.[9]

---

8) 朝鮮總督府, 『朝鮮總督府施政年報』, 1910년판, 474쪽. 1910년 현재 헌병대원의 배치를 많은 순서대로 보면, 강원도(276), 함북(228), 경기(225), 평남(201), 경북(161), 함남(160) 등의 순이었다.

9) 신주백, 「1910년대 일제의 한국통치와 한국주둔 일본군-'한국군'과 헌병경찰

표 2. 1915년 현재 경찰기관·헌병기관의 수

	행정단위수			경찰기관			헌병기관			경찰·헌병기관이 함께 설치된 곳
	부	군	면	경찰서	순사주재소	순사파출소	헌병대	헌병파견소	헌병출장소	
경기	2	20	250	10(12)	55	57	13(16)	33	53	경성, 개성
충북	-	10	114	6	33	1	7(9)	14	19	청주,영동,괴산
충남	-	14	175	8	44	2	7	11	34	대전
전북	1	14	188	7	43	3	8(10)	9	35	전주
전남	1	21	275	8	49	3	11	25	25	
경북	1	22	272	12	67	5	10	24	38	
경남	2	19	259	11	40	15	11	8	29	사천,창원,마산,통영
황해	-	17	226	7	35	-	13(17)	33	44	해주,평산,장연
평남	2	14	169	5	32	11	12(13)	14	58	평양,평원
평북	1	19	194	7	46	1	13(14)	38	43	
강원	-	21	178	6	28	-	17(20)	37	51	춘천
함남	1	16	142	5(6)	20	3	15(19)	35	56	함흥,원산,북청,영흥
함북	1	11	79	5	29	3	12(19)	37	36	경흥,경성,명천
계	12	218	2,521	97(100)	521	104	149(176)	318	521	24

출전 : 朝鮮總督府警務總監部·朝鮮駐箚憲兵隊司令部, 『大正4年警察統計』, 1916.
비고 : ① 1915년 12월 31일 현재
② ( )은 하나의 행정단위에 둘 이상의 치안기관이 있는 경우

또한 위의 <표 2>에서 보듯이 1915년 현재 240개 부·군에 모두 276개소의 헌병대와 경찰서가 배치되어 1부·군에 1개소 이상의 치안기구의 설치가 완료되었다. 이 중에서 경찰기관과 헌병기관이 동시에 배치된 곳은 모두 24곳으로 전체의 10%였다.[10] 하지만 민중과 일상적

제도를 중심으로」, 『한국사연구』 109, 한국사연구회, 2000, 143~145쪽.
10) 헌병대와 경찰서가 이중으로 설치된 지역의 경찰사무는 1914년 8월 27일자 조선총독부령 제126호 「경찰서의 사무를 취급하는 헌병분대, 분견소의 명칭·위치·관할구역」에 의해 경찰서와 함께 헌병분대와 헌병분대에서 이중으로 관할하였다(손정목, 『韓國地方制度·自治史研究(上)-甲午更張~日帝

으로 접촉하는 면에 설치된 순사주재소(출장소)나 헌병파견소(출장소)
는 아래의 <표 3>에서 보는 것처럼 60% 내외에 머물렀다.

표 3. 1915–1917년 경찰기관과 헌병기관의 수

연도	면수	경찰기관			헌병기관			총기관수
		순사 주재소	순사 파출소	계	헌병 파견소	헌병 출장소	계	
1915	2,521	521(20.6)	104(4.1)	625(24.7)	318(12.6)	521(20.6)	839(33.2)	1,464(58.0)
1916	2,517	515(20.4)	103(4.0)	618(24.5)	318(12.6)	551(21.8)	869(34.5)	1,487(59.0)
1917	2,512	530(21.0)	104(4.1)	634(25.2)	288(11.4)	592(23.5)	880(35.0)	1,514(60.2)

출전 : 朝鮮總督府警務總監部·朝鮮駐箚憲兵隊司令部, 『大正4年警察統計』1916, 1~11쪽 ; 朝鮮
總督府警務總監部·朝鮮駐箚憲兵隊司令部, 『大正5年警察統計』1917, 1~15쪽 ; 朝鮮總督
府警務總監部·朝鮮駐箚憲兵隊司令部, 『大正6年警察統計』1918, 1~15쪽.
비고 : ( )은 면수에서 각 기관이 차지하는 비율을 소수점 둘째 자리에서 반올림했음.

이러한 치안기구의 수는 경찰·헌병의 수와 마찬가지로 1919년
3·1운동 이전까지 큰 변동이 없었다. 본국 정부가 재정압박에 시달리
고 있어 조선총독부에 충분한 재정지원을 할 수 있는 형편이 아니었
다.11) 경찰기관과 경찰의 수의 증가는 3·1운동을 계기로 조선총독부
가 1면 1주재소 원칙을 세운 이후 획기적으로 이루어졌다. 1920년
현재 경찰의 규모는 경찰관 20,083명에 경찰서 251개소, 파출소 2,354
개소, 주재소 2,354개소에 달했고, 당시 면수는 2,509개였다.

이처럼 1920년대에 들어서야 일반 행정의 최일선인 면에 순사주재
소가 배치되었다는 사실은, 그전까지 경찰 1인당 담당할 구역과 인원이
그만큼 많았다는 것을 의미한다. 게다가 1910년대의 경우 한국헌병대
원 전원이 아닌 일부만 자동적으로 보통경찰사무를 겸임하였고,12)

강占期』, 일지사, 1992, 92쪽).
11) 松田利彦, 「日本統治下の朝鮮における憲兵警察機構(1910~1919)」, 『史林』
제78권 제6호, 1995, 34~38쪽.

또 순사주재소나 헌병파견소의 상주인원이 평균 2~3명에 지나지 않았다는[13] 사실을 고려하면 경찰의 업무 부담은 더욱 커질 수밖에 없었다.

3. 경찰의 소관업무와 권한

한국 경찰의 원형이 된 일본근대경찰의 확립에서 특징적인 것은 경찰을 행정경찰과 사법경찰로 구별하고, 그 중에서 행정경찰이 새롭게 부각되었다는 점이다. 범죄의 수사와 범인의 체포라는 전통적인 '경찰'기능, 곧 사법경찰의 영역뿐만 아니라 미리 사회적 모순의 소재를 적발하여 해소시킨다는 예방적 의미, 곧 행정경찰에 방점이 두어졌다. 특히 후자, 국가권력이 추진하는 새로운 질서를 창출하는 강제력으로서의 역할이 기대되었다.[14] 일본에서 근대적 경찰제도가 태동하던 시기는 이른바 '문명개화'의 시기로서 경찰에게는 풍속·위생의 '개량'과 습관의 교체라는 과제가 주어졌다. 일상생활의 세세한 곳까지 권력의 규제가 미치고, 새로운 가치관으로 무장한 경찰은 문명개화의 풍속·생활 등을 민중의 내부에 강제하는 역할을 담당했다.[15]

일본 행정경찰의 내용은 1875년 3월에 제정된 「행정경찰규칙」에 잘 나와 있다. 제3조에 명시된 경찰직무는 크게 4가지로서 인민의

---

12) 松田利彦, 「解說 朝鮮憲兵隊小史」, 『復刻板 朝鮮憲兵隊歷史』 제1권, 東京 : 不二出版, 2000, 8쪽.

13) 단, 국경에 설치된 순사주재소는 예외였으며, 주된 업무는 경계로서 보통경찰 사무는 거의 취급하지 않았다(薄田美朝, 「國境に於ける警察官駐在所」, 『朝鮮』 100, 1923, 233쪽).

14) 大日方純夫, 『日本近代國家の成立と警察』, 東京 : 校倉書房, 1992, 184쪽.

15) 大日方純夫, 『近代日本の警察と地域社會』, 東京 : 筑摩書房, 2000, 22~25쪽.

妨害를 방어하고 건강을 보호하며, 방탕과 淫逸을 제지하고 국법을 어기는 자를 은밀히 탐색하여 예방하는 것이었다.16) 경찰이 이러한 역할을 충실히 수행하기 위해서는, 단순히 사후처리적으로 사태에 대응해서는 곤란했다. 일반 행정과 밀접한 관계를 맺으면서 예방을 완벽히 수행하기 위해서는 경찰이 일반 행정의 영역에 깊이 개입하여 권한을 확대하고 비대화하지 않을 수 없었다.17)

민중의 생활에 일상적으로 개입하여 규제하는 일본 근대경찰제도는 일본의 침략과 더불어 한국에도 이식되었다. 1894년 7월 14일 군국기무처는 의안으로 「행정경찰장정」을 결의하였다. 이 「행정경찰장정」은 제1절 총칙(5조), 제2절 총순직무장정(6조), 제3절 순검직무장정(18조), 제4절 위경죄즉결장정(7조), 제5절 巡檢選用章程(4조)으로 구성되어 있다. 비록 제4절과 5절을 추가하고 일부 한국의 실정에 맞지 않은 것을 제외하였지만, 이때의 「행정경찰장정」은 일본의 그것을 번역했다고 할 정도로 경찰의 기본직무와 총순(경부)과 순검(순사)의 직무범위는 동일했다. 1895년 1월과 2월에 각각 공포된 「지방경찰규칙」(전11조)과 「순검직무세칙」(전35조)도 앞의 「행정경찰규칙」을 보다 세분화 하였지만 그 범주를 벗어나지는 않았다.

한국의 경찰업무는 한 때 감옥사무, 소송 등을 자신의 영역으로 삼기도 하고, 의병진압이 주된 임무가 된 경우도 있지만 앞서 본 것처럼 국가(권력)이 구상하는 새로운 질서를 민중의 일상에 강제하는 것이었다. 문명개화를 통해 부국강병을 달성하려는 한국정부의 입장과 식민지 경영에 유리한 기반을 마련하기 위한 일제의 의도가 착종하는

---

16) 博文舘編輯局, 『現行日本法令大全』 上篇 第十類, 東京 : 博文舘, 1913, 1쪽. 「행정경찰규칙」은 제1장 '警察職務之事'(5조), 제2장 警部勤務之事(7조), 제3장 巡査勤務之事(26조), 제4장 巡査心得之事(20조)로 구성되었다.

17) 大日方純夫, 앞의 책, 1992, 185쪽.

가운데 '한국의 근대적 경찰'에 대한 구상은 급속히 일본적으로 변모해
갔다.

　예방경찰로서의 행정경찰은 민중의 일상생활에 깊숙이 개입할 수밖
에 없다고 앞서 언급한 바 있다. 1910년에 한국을 합병했다고는 하지만
1911년까지는 의병운동이 완전히 진압되지 않았고, 부·군·면을
통폐합하여 조선총독부의 통치력이 면단위까지 미치기 시작한 때는
1914년이었다. 영구적인 식민지 통치를 위한 기반 조성을 위해서는
그 무엇보다 행정의 장악이 중요했지만, 그렇지 못한 상황에서 물리력
을 기반으로 한 경찰과 헌병에게 거는 기대가 커질 수밖에 없는 구조였
다. 다시 말해 경찰과 헌병의 일반 행정에 대한 개입이 일반화되었다.

　1915년『경무휘보』제92호 부록으로 나온『警察執務心得』에는 경찰
이 다루어야 할 업무들이 망라되어 있다. 크게 고등·보통보안·위
생·사법경찰로 나뉘어져 있는데, 이 중 사법경찰을 제외한 모든 업무
를 광의의 행정경찰, 곧 예방경찰의 영역에 포함할 수 있다. 다소
번잡하더라도 업무의 광범함을 보여주기 위해서 정리하면 <표 4>와
같다.

　경찰의 소관업무는 실로 태어나서 무덤에 묻히는 모든 순간에 걸쳐
있다. 모든 예방적 조치의 출발인 호구조사에서 일상적인 건강, 미신을
포함한 종교생활, 먹고 마시는 행위, 길을 걷거나 배를 타는 등의
교통생활, 예기치 않은 재난, 여행, 모임, 정치적 의사표시, 직업의
선택, 사망에 이르기까지 경찰의 관리·통제 속에 놓여져 있다. 사찰은
정치적 행위뿐만 아니라 교육활동과 종교활동도 그 대상이었으며,
경찰이 영업허가와 취소권을 가지고 있는 업종·직업의 수가 1915년
에만 모두 88종이나 되었다.[18]

---

18) 朝鮮總督府警務總監部·朝鮮駐箚憲兵隊司令部,『大正4年警察統計』, 京城,

표 4. 행정경찰의 소관 업무

	주요 내용
고 등 경 찰	(1)결사·집회·다수운동 단속 (2)신문·잡지 기타 출판물 단속 (3)관공리시찰 (4)교육·종교시찰 (5)양반·유생시찰 (6)上書·건백서·격문 등의 투서자 단속 (7)정치에 광분하거나 粗暴詭激한 언동을 하는 자 단속 (8)不逞者 단속 (9)사주선동자·부화뇌동자 단속 (10)위험한 언동을 하는 정신병자 단속 (11)불량학생·무뢰청년 단속 (12)특별요시찰인 단속
보 통 보 안 경 찰	(1)호구조사 (2)警邏사찰 (3)화재 (4)水難구호 (5)祭典 (6)기부·모집 (7)외국여권 (8)관세 (9)강연회·계 (10)變死人 (11)기아·미아 (12)시장 (13)도량형 (14)삼림 (15)광업 (16)어업 (17)노동자 (18)도로 (19)荷車 (20)水上 (21)渡船 (22)수렵 (23)제영업(총포·화약류, 인화물질, 대서업, 雇人주선업, 興業, 遊技場, 토지측량업, 인쇄업, 質屋, 고물상, 숙박, 요리집·음식점, 목욕탕, 인력거·마차, 자동차)
위 생 경 찰	(1)여인숙·요리집·음식점·유곽 (2)이발업 (3)청량음료수·氷雪영업 (4)우유영업 (5)도축장 (6)獸肉판매 (7)어물전·蒲鉾屋(생선묵) (8)鑵詰(두레박)제조업 (9)과자제조 및 판매 (10)과실판매 (11)술양조장 (12)주류판매 (13)양주·관힐판매 (14)醬油·味噌·酢(초)제조 및 판매 (15)漬物(야채절임) 제조 및 판매업 (16)麩屋 (17)두부집 (18)건어물가게·야채가게 (19)완구제조 및 판매 (20)화장품제조판매 (21)서양장신구 (22)鑄掛屋(땜장이)·생철장이·銅세공 (23)철물점 (24)의사·치과의·의생·限地개업의 (25)약제사 (26)산파 (27)안마·침구·灸術영업자 (28)入齒영업자 (29)간호부 (30)製藥者 (31)약종상 (32)매약업자 (33)賣藥請賣業者 (34)오물소제 (35)청결방법 (36)수·하수 (37)묘지·화장장 및 매·화장 (38)정신병자 (39)행려병인 및 동 사망인 (40)전염병 (41)소독약 및 그 사용법 (42)獸疫

그런데 경찰의 소관업무는 법에 규정된 위와 같은 것에만 국한되지 않았다. 부족한 공권력의 집행을 경찰력이 보완하는 조장행정업무도 결코 적지 않았다. 과거 한국의 '관습'을 버려야할 것으로 묘사하면서 새롭게 조선총독부의 각 부처에서 추진한 제반 사업들이 민중들에게 곧바로 받아들여지지는 않았다. 제한된 인원과 집행의 효율때문에 새로운 가치관의 주입을 경찰력에 의존하는 경우가 흔했다. 한국 강점의 기초작업을 마무리짓고 병합의 도장찍기 만을 남겨놓았던 1910년

1916, 247~251쪽.

표 5. 경찰의 조장행정 사무

관련부서	주요 내용
(1)내무부	① 각종 신원조사 및 기타의 실지조사 ② 토목도로, 교량, 제방의 개수·축조 등의 응원, 인부 독려 ③ 수해, 기근, 기타 재해에 관한 구휼의 응원 ④ 군행정 지도보조
(2)탁지부	① 欠逋·조세체납 독촉, 隱結 발견 등 징세에 관한 원조 ② 구 백동화 엽전에 관한 단속 및 단속 취지의 선전 ③ 관유지측량 원조 ④ 新稅의 취지 보급 ⑤ 밀수출입의 단속으로서 세관 원조
(3)농상공부	① 삼림보호 ② 해충구제 ③ 축산장려 및 어업 단속 및 원조 ④ 도량형 개정 실시에 따라 인민에 대한 설유, 도량형기구 위탁판매자의 단속·인선 등 ⑤ 관개배수사업 원조
(4)사법	① 강제집행 및 송달사무를 완전히 부담 ② 재판소 신설 및 숙사 등에 관한 주선 ③ 사법행정상의 조사에 응할 것
(5)학부	① 사립학교 단속·조사, 보통학교 취학장려
(6)우편	① 우편물 호송
(7)수비대	① 대부대 통과 시 숙사 등의 주선 ② 통역을 빌려줄 것
(8)기타	① 일반관리의 여행 보호

3월 무렵의 조장행정 사례이다.

　위에 소개된 조장행정은 원래 각 부처에서 담당해야 하나 그 시행과정에서 민중의 호응이 적거나 반발을 부를 수 있는 영역들이다. 실제 단속권은 각 부처에 있다고 하더라도 행정관리의 엄포와 경찰관의 그것은 전혀 다른 효과를 발휘했다. 이 중에서도 1910년 무렵에는 (1)내무부, (2)탁지부, (6)우편 관련이 가장 많았다. 특히 우편물호송은 항상 다수의 경찰이 동원되었는데, 어떤 경찰서는 순사총원의 연인원의 반이상을 소비하기도 하여 경찰의 활동력을 감퇴시키는 주요한 원인이 되기도 했다.[19) 이러한 조장행정은 한 때 잠시 주춤하기도 했으나 1920년대 후반이래 도경찰부장회의에서 빠지지 않는 메뉴가 되었으며 일제말기까지 경찰력을 저하시키는 요인으로 지목되었다.

---

19) 韓國內部警務局, 『韓國警察一般』, 漢城, 1910, 408~411쪽.

경찰은 그 본래의 사무를 관장하는 이외에 다종다양한 특수한
사무를 부담하고 있다. 곧 범죄즉결, 민사소송쟁송, 검찰 및 집달리사
무와 같이 원래 법무계통에 속한 사무를 행할 뿐 아니라 삼림보호,
樹栽 장려, 도로개수 등의 조장행정, 다시 지방에서는 어업취체,
산림감시, 우편물보호, 세관 및 전매사무 등을 맡고, 벽지에서는
국어(일본어)보급, 實業 지도, 징세원조, 雨量水位 관측, 害獸 구제
등에도 종사하고 있어 직간접으로 통치의 각 부면으로 향한 협력원조
는 다대하다. 수년 간의 실적에 비추어 보아도 매년 그 연인원은
20만 명 내외로서 하루 평균 550~600명을 넘는다. 곧 경찰관 총원의
약 3%는 항상 이러한 특수사무에 종사하고 있는 셈이다.[20]

또 <표 6>은 1913년 6월에 강원도에서 개최된 『警務機關會議官內
狀況報告諮問摘要』[21] 중에서 주요한 키워드만 뽑아 정리한 것이다.
이 자료는 헌병대장과 강원도 내 각 지역에 배치된 헌병분대장 및
경찰서장과의 지역상황에 대한 문답을 기록한 것이다. 이 자료에는
호구조사에서 관내의 민심동향과 그것에 영향을 미치는 요소들, 생존
과 관련된 화전문제 등 삼림감시 및 조사, 종교·사립학교 시찰, 도박,
위생조합의 설립 등 경찰의 일상적 업무 외에도 세금징수, 적십자
및 애국부인회 가입권유 등 조장행정사무도 열거되어 있다. 특히 주목
할 것은 경찰이 법에 규정된 업무 외에도 한국강점의 정당성을 홍보하
기 위해 일본어교육과 일장기 보급 등 동화정책과 관련된 일들을

---

20) 伊藤泰吉, 『朝鮮警察の一般』, 19~20쪽. 이 책은 연세대학교 귀중본도서실에
   소장되어 있는데 판권이 없어서 정확한 발간연도를 알기 힘들다. 다만 서문에
   저자의 직책을 경무국 경무과장으로 밝혀 놓았는데, 『조선총독부급소속관서
   직원록』에 따르면 1939년과 1940년에 경무과장 직책에 있었던 것이 확인된
   다. 따라서 이 책도 그 즈음에 저술되었을 것으로 짐작된다.
21) 이 자료는 국제일본문화연구센터의 松田利彦 교수가 제공해 주었다. 이
   지면을 빌어 松田 교수의 후의에 감사드린다.

표 6. 강원도 경무기관회의 관내상황 문답

소속	주요 내용
인제헌병대	국기(일장기) 보급, 화전, 기상관측, 위생조합, 민사소송조정, 도로건설, 지방행정리의 경질
간성분견소	관내상황조사-항구와 사립학교(민정시찰), 소방, 삼림감시
양양경찰서	사상의 동화, 저축장려, 검역사무, 경찰관의 직무, 유생의 동향, 기독교의 상황
정선분견소	기관내 사무(식량문제), 순사보, 헌병보조원
강릉경찰서	화전, 위생조합, 학교조합, 도청과의 관계, 수출입조사, 경찰관의 비행, 군수와의 제휴, 민심동향, 세금, 어업전습소 졸업생, 교육-경찰 지방청, 직업구성, 사법관과의 협력, 대서업 단속, 한국인의 경찰관
평해분견소	독립운동, 기독교 단속
평창경찰서	헌병과 경찰, 한국인의 경찰관
금성경찰서	한국인의 민정, 서당 단속, 교육, 서당의 필요, 도박검거, 일본어교육
회양 헌병분대	학교시찰, 교과서 단속, 경찰의에 의한 무료의료, 한국인관, 무료시술의 의문
통천경찰서	면병합, 적십자 권유, 애국부인회 권유, 재지유력자, 기독교, 일본어장려, 동화주의와 경찰
고성 헌병분대	온천, 도박검거, 법령 주지, 민적조사, 종두, 기독교, 사립학교, 井戶
원주 헌병분대	도로, 기독교, 도박, 만기자의 감시, 징세, 취업장려, 석탑·석불단속, 군수와 협의, 애민선정, 한국인의 경찰관
영월 헌병분대	일본어교육, 동화교육, 군수와의 관계
울진 헌병분대	삼림조사, 부동산조사, 입회권행지의 인정, 입회지와 소작인의 불법, 삼림보호, 식림, 헌병과 군수, 검거방침, 사법과의 관계, 검사와의 대립, 삼림령위반 엄중처분, 화전, 경찰서장의 직무

주요한 업무로 보고한 점이다. 경찰은 일상적 감시와 규제를 통해 권력이 주문한 질서를 민중에게 강요하였다.

이상과 같이 경찰이 직접 민중과 접촉하는 영역에서는 법에 규정된 것보다 많은 일들이 경찰에게 부과되었다. 이런 까닭으로 경찰은 '관청'과 동일시되기도 했다.22) 이러한 일들이 가능했던 것은 경찰에게

22) "혹시 관청에서 오시나요?" 그 사내는 가까이 오면서 먼저 같은 시비조가 아니고 말과 음성이 공순해서 묻는다. 관청에서 왔느냔 말은 순사냐는 그네들

법률로서 권한을 부여했기 때문인데, 가벼운 죄를 재판도 없이 경찰이
처벌하도록 한 「범죄즉결령」(1910), 87개항에 이르는 광범한 일상생활
의 규제를 위반한 자에 대해 구류에 처하도록 한 「경찰범처벌규칙」
(1912), 징역·구류 및 벌금형에 대신해 신체에 직접 타격을 가하는
「한국태형령」(1912) 등에 의해 뒷받침되었다. 정식 재판과정을 거치지
않은 채 경찰의 자의적 판단만으로써 처벌이 가능하도록 함으로써
순사가 경성의 총독에 대비되는 '면의 총독'으로 군림할 수 있는 기반이
되었다.

4. 경찰의 재생산과 자질

경찰의 직무가 행정경찰, 곧 예방경찰에 중점이 두어졌다고 할 때
경찰직무의 효과적 수행은 경찰관의 자질에 크게 좌우된다. 일제도
이 점을 염두에 두고 국가가 요구하는 제반 사항을 이해하고 집행할
수 있도록 갑오개혁 당시에는 양반 자제를 순검으로 임용했다고 한
다.23) 이 원칙이 언제까지 지켜졌는지는 확실하지 않지만 1895년부터
순사의 신규채용은 시험합격자를 원칙으로 했다. 1895년 내부령 제7호
로 공포된 「순검채용규칙」에는 지원자를 모집하여 시험에 합격하는
자를 순검으로 채용한다고 규정했다. 품행과 신체검사의 항목이 구체

의 일종 존대엣 말이다. 검정 양복에 아무튼 민거나마 누렁 단추를 달았고,
하니 칼만 풀어놓고 정모 대신 여느 사포를 쓴 순사거니, 혹시 별순검인지도
몰라, 이렇게 여긴대도 그들은 저희들이 방금 길 복판에다가 구루마를 놓았다
거나, 술취해 야료를 부렸다거나 하지 않은 이상 순사 아닌 사람을 순사로
에누리해 보았은들, 하나도 본전 밑질 홍정은 아닌 것이다(채만식, 『탁류』,
박문서관, 1939 / 『채만식전집 2』, 創作社, 1987, 442쪽).
23) 國友尙謙, 「警察制度沿革の槪要」, 『朝鮮』, 1923. 9, 64쪽.

적으로 적시되었고 시험과목은 警務要書의 大意, 本國地理의 대략,
국한문 논문시험 등이었다.[24]

시험으로 채용하고, 호위대원들이 순검으로 전신하고,[25] 사립의
경무학교 출신들이 더러 순검으로 채용되기도 했지만[26] 이른바 '근대
적' 소양을 갖춘 경찰은 드물었고 심지어는 정실에 의해 채용되는
경우도 적지 않았던 듯 하다. 일제의 한국경찰권 장악을 위한 구실이긴
하나 國友尙謙은 "대신협판(차관)의 하인, 판서참판(대신 또는 차관)의
노복 출신들이 순검으로 될" 뿐만 아니라 월급이 극히 적어 순검으로
인한 각종 폐해가 생긴다고 회고했다.[27] 이것을 이유로 경무고문
丸山重俊은 경성에 있는 3,000명의 한국인 순검 중 2회에 걸쳐 1,500명
을 도태시켰다. 도태되지 않은 순검에게는 급료를 인상하고, 일본인
경찰관에 의한 재교육을 실시하였다.[28]

---

24) 내무부 치안국, 앞의 책, 1972, 365~367쪽.
25) 「奏本 폐지한 호위군관 虎賁衛 及 武藝廳을 巡檢으로 이속하는 건(1895. 1. 13)」,
　　송병기 외 편, 『한국근대법령자료집 II』, 대한민국 국회도서관, 1971, 11쪽.
26) 한정석(1883년생)은 1904년 4월 2일에 경무학교에 입학하여 12일에 졸업하
　　면서 경무청 순검으로 발령받았다. 김동선(1860년생)은 1899년 7월에 경무교
　　습소에 입소하여 9월에 순검이 되었고, 문수환(1880년생)은 1903년 5월에
　　경무학교에 입학하여 6월에 순검이 되었다(장신, 「任免黜陟에 관한 서류철
　　(1908)」, 行政自治部 政府記錄保存所 編, 『政府記錄保存所 日帝文書解題-警
　　務篇』, 2000, 30~31쪽). 이 사례를 통해서 보더라도 사립의 각종 경무학교의
　　교습기간은 채 두 달이 못되었으며 심지어는 10일의 교육을 받고 발령되기조
　　차 했음을 알 수 있다.
27) 國友尙謙, 앞의 글, 1923. 9, 64~65쪽.
28) 이종민은 이 조치를 계기로 한국인 경찰의 자질이 향상되어 일본인 경찰과
　　마찬가지로 '적절한 통제능력'을 갖추게 된 것으로 평가했으나(이종민, 앞의
　　글, 2001, 97~100쪽) 필자의 생각은 이와 다르다. 이종민이 주요한 전거로
　　인용한 『朝鮮新聞』 1910년 6월 1일자의 기사에는 자세와 禮式, 조련 등의
　　훈육과정과 경찰의 기본관념과 기율을 익힌 교양과정의 성과만 보고되었을
　　뿐, 경찰이 일상적으로 집행해야할 업무에 대한 교육을 찾아볼 수 없다.

강점 뒤 조선총독부 순사의 채용은 내무성 훈령으로 공포된 '순사채용규칙'에 따랐다.[29] 이 규칙에 따르면 순사의 자격을 보유한 몇 가지의 예외를 제외하면 신체검사 및 학술시험에 합격한 자를 원칙으로 순사로 채용하였다. 시험과목은 작문, 산술, 지리, 역사, 書取 등의 5과목이고, 학과시험에 합격한 자를 대상으로 신체검사와 구술시험을 치렀다.

일본인 순사의 채용시험은 경성의 경찰관강습소에서 매월 셋째 일요일에 1회 시행하고, 1년에 3~4회 정도 일본의 각 부현에서 채용시험을 치렀다. 시험을 반드시 경성에서 치를 필요는 없었다. 단 3·1운동의 여파로 헌병경찰제도를 보통경찰제도로 전환함에 따라 대규모의 경찰인원 증원이 불가피했던 1919년에는 인원의 대부분을 일본 현지에서 구하는 방법을 선택했다. 모두 3천 명을 모집하기 위해 동경에 본부를 두고 福島, 名古屋, 大阪, 福井, 高松, 下關, 小倉, 熊本 등에 지부를 두어 40여 명의 모집관을 파견하였다. 한국인 순사는 각 경찰부와 경찰서에서 필요에 따라 수시로 채용하였는데[30] 각 도마다 400명의 정원을 정해놓고 결원이 생길 때마다 충원했다.[31]

시험을 통해 채용된 일본인 순사들은 일단 경성의 경찰관교습소(강습소)에서 경찰업무에 필요한 과정을 교육받았다. 4개월 간의 교육기간 동안 교습생들은 다음과 같은 내용을 교육받았다. 이들의 교습시수는 훈육 10, 法學大意 32, 경찰법 45, 형법 45, 사법경찰 45, 복무 55, 위생경찰 32, 한국사정 20, 한국어 80, 사회일반 20, 조련 75, 검도 45, 유도 45시간으로 총 549시간이었다.[32] 한국인 순사들도

---

29) 1920년 12월에 공포된 조선총독부령 제200호 '朝鮮總督府巡査及朝鮮總督府 道巡査採用及給與令'은 '순사채용규칙'과 다른 한국의 사정을 추가하였다.

30) 朝鮮受驗硏究會 編, 『朝鮮總督府巡査看守受驗準備書』, 朝鮮 京城 : 東京堂書 店, 1923, 2쪽.

31) 朝鮮總督府 警務局, 『朝鮮警察之槪要』, 1922, 74쪽.

각 지방에 설치된 순사교습소에 설치된 3~4개월의 교습기간을 거쳐 순사로 배치되었다.[33] 한국인 순사 교습을 담당한 교관은 각 도에서 필요할 때마다 충당하고, 시설도 미비했기 때문에 충분한 교육적 효과를 거두기 어려웠다. 게다가 이수해야 할 과목이 워낙 많았기 때문에 4개월 동안 배운 학습량은 사실상 수박겉핥기에 가까웠고, '일상에서 취급하는 경찰사무의 대강'에 지나지 않았다.[34]

부족한 실무능력을 배양하기 위해서 조선총독부는 현직 경찰관들의 교양규정을 마련해 놓고 있었다. 「조선총독부경찰교양규정」에는 각 도의 경찰부장 지휘아래 반드시 일정시간 이상의 교양학습을 하도록 규정하였다. 과목은 강습소와 비슷하게 법령, 보통학, 어학, 실무강습, 수양훈화, 조련, 검도, 유도, 포승술, 체조 등이었다. 교양시간은 1주 4회 4시간 이상이었고 비번일 또는 근무에 지장이 없는 날에 교습을 하였다.[35]

이처럼 경찰관으로서의 기본 자질을 갖추는 교육시간의 부족에다가 <표 7>과 <표 8>에서 보듯이 순사들의 학력수준도 높지 않았다. 한국인 순사는 1921년 현재 보통학교조차 졸업을 못한 사람이 32%나 되었고, 일제하 전 시기를 걸쳐서 보통학교 졸업의 학력자가 전체의 70~80%를 차지하였다. 일본인 순사는 초등교육을 받지 못한 비율이 한국인보다 낮고 중등교육 수혜자의 폭이 높았지만, 보통학교 졸업 학력자가 전체에서 큰 비중을 차지하는 점은 한국인 순사와 비슷했다.[36]

---

32) 朝鮮總督府 警察官講習所, 『朝鮮總督府警察官講習所一覽』, 1930, 16~17쪽.
33) 朝鮮總督府 警務局, 앞의 책, 1922, 74쪽.
34) 「訓示」, 『警務彙報』 125, 1916. 8, 1~2쪽(제20기 순사교습생졸업식에서 경무총장 古海嚴潮의 훈시).
35) 朝鮮受驗硏究會 編, 앞의 책, 1923, 170~171쪽.

표 7. 한국인 순사의 학력(단위 : 명)

연도	보통학교		고등보통학교, 중등정도 학교		전문학교, 그와 동등한 학교		제국대학, 대학령에 의한 학교		기타	계
	중퇴	졸업	중퇴	졸업	중퇴	졸업	중퇴	졸업		
1921	1,029 (13.3)	4,884 (62.8)	274 (3.5)	111 (1.4)	9 (0.1)	15 (0.2)	-	-	1,454 (18.7)	7,776
1925	583 (9.0)	4,741 (73.5)	368 (5.7)	119 (1.8)	-	5 (0.1)	-	-	634 (9.8)	6,450
1930	333 (4.6)	5,061 (77.0)	278 (4.2)	126 (1.9)	317 (4.8)	154 (2.3)	10 (0.2)	23 (0.3)	272 (4.1)	6,574
1935	77 (1.1)	5,628 (77.6)	713 (9.8)	585 (8.1)	17 (0.2)	61 (0.8)	-	9 (0.1)	167 (2.3)	7,257
1940	50 (0.6)	6,759 (85.5)	590 (7.5)	389 (4.9)	22 (0.3)	15 (0.2)	1	6 (0.1)	70 (0.9)	7,902

출전 : 朝鮮總督府 警務局, 『朝鮮警察之槪要』 각년도판
비고 : ① 중퇴는 재학자를 포함한 수치임. ② 기타는 대개 無學임. ③ ( )안의 백분율은 소수점
    둘째자리에서 반올림하였음

표 8. 일본인 순사의 학력(단위 : 명)

연도	소학교		중학교 또는 중등정도 학교		전문학교, 그와 동등한 학교		제국대학, 대학령에 의한 학교		기타	계
	중퇴	졸업	중퇴	졸업	중퇴	졸업	중퇴	졸업		
1921	501 (5.23)	7,239 (75.5)	1,372 (14.3)	394 (4.1)	48 (0.5)	31 (0.3)	-	-	2	9,587
1925	231 (2.4)	7,713 (79.8)	1,193 (12.3)	453 (4.7)	43 (0.4)	31 (0.3)	-	-	-	9,664
1930	102 (1.0)	7,682 (77.1)	1,025 (10.3)	986 (9.9)	67 (0.7)	99 (1.0)	-	-	-	9,961
1935	13 (0.1)	6,920 (70.6)	845 (8.6)	1,683 (17.2)	72 (0.7)	138 (1.4)	14 (0.1)	48 (0.5)	63 (0.6)	9,797
1940	9 (0.1)	8,464 (77.1)	744 (6.8)	1,632 (14.9)	47 (0.4)	46 (0.4)	5	13 (0.1)	24 (0.2)	10.984

출전 · 비고 : <표 7>과 동일

36) 1930년의 수치는 원본의 오류를 바로 잡은 것이다. 이에 대해서는 장신,
    「1920·30년대 조선총독부의 인사정책연구」,『東方學志』120, 연세대학교
    국학연구원, 2003, 52쪽, 각주 41 참조.

저학력에서 생기는 문제는 경찰실무에 필수적인 법률의 이해와
직결되었다. 보통학교나 소학교에서는 법률과목을 가르치지 않기 때
문에 대부분의 순사는 순사채용시험을 위해 법률학을 낮은 수준에서
학습한 뒤 강습소(교습소)에서 교육을 받을 뿐이었다. 그 뒤에는 일선
현장에서 몸으로 부딪히며 적용하는 수순을 밟았다. 더욱이 한국에서
시행된 법규는 칙령, 제령, 조선총독부령, 도령 외에 1919년 이전에
제정된 경무총감부령, 경무부령 등이 복잡하게 얽혀 있었다. 조선총독
부 설치 이전에 제정되어 그 효력을 상실해야 할 통감부령, 이사청령
및 구한국법령 등이 여전히 효력을 가지고 있었다. 여기에다가 이
법규들은 같은 목적을 가지고 있더라도 출판법과 출판규칙, 보안법과
보안규칙 등 일본인과 한국인에게 적용되는 법규가 달랐고 그나마도
내용이 불완전한 경우가 많았다.[37] 그 결과 강습소(교습소)를 막 졸업
한 순사들은 수없이 많은 법조문을 혼동하거나 잘못 적용하는 일이
다반사였다.[38]

법규가 이렇게 복잡하고 통일되어 있지 못한 상황에서 정무총감의
고백처럼 대부분의 순사는 조선총독부에서 허다하게 발표한 법령을
전부 다 제대로 이해할 수 있는 능력을 갖추지 못했다고 할 수 있다.[39]
새로운 법이 공포되면 민중들에게 이해를 시켜야 하지만 그렇게 하지
못했을 때, 법령을 준수하는 길은 단속에 의할 수밖에 없는 것은 자명한
사실이었다.

경찰법령은 매우 복잡하고 광범하기 때문에 그 집행을 직무로

37) 伊藤泰吉, 앞의 책, 16~17쪽.
38) 慶南警友會, 『お互の體驗』, 1932 참조.
39) 경찰관리의 무자격과 직권남용에 대해서는 「朝鮮警察의 資格과 職權(上·下)」,
『朝鮮日報』 1921. 5. 27·28(1) 참고.

하는 경찰관들이 그 전부에 정통하기는 거의 불가능하다. 하물며 민중이 이를 숙지하지 못하는 것은 오히려 당연하다는 생각이 든다. 특히 한국에서는 民度가 아직 낮고 사회적 훈련도 역시 매우 결핍되어 규율적 생활에 길들여지지 않고 있다. 이에 대해서 만연·복잡한 법규 실행을 강제행하는 것은, 귀찮고 불편한 느낌을 갖게 됨에 다름 아닌 것이다. 종래 경찰서가 움직이면 인민의 怨府처럼 보였던 것은, 요컨대 이 점에서 배태된 게 아닌가 생각한다. 고로 미리 민중에게 법령의 취지를 양해시켜 단속의 필요성을 이해시킨 가운데 법령을 집행하면, 경찰단속의 목적이 달성된다고 생각한다.[40]

게다가 일본인 순사는 한국어로 읽고 쓰는 데 능숙하지 못했다. 비록 한국인 순사보다 학력수준이 높고 실무능력이 앞선다 할지라도 언어가 통하지 않기 때문에 한국인과 직접 접촉할 수가 없었다. 일제는 원활한 한국통치를 위해 한국어장려정책을 적극 펼쳐 한국어를 읽고 쓰는 경찰에게 많은 우대를 주었지만[41] 아래 일본인 고위 경찰의 실토처럼 큰 성과를 얻지는 못했다.

　(일본인 경찰관은) 어학면에서 신입자는 물론 상당한 기간을 근속한 자라도 호구조사, 영업감사 등 간단한 집행업무는 어찌 하더라도 사찰, 수사 등에 이르러서는 단독으로 완전한 임무를 수행하는 것은 매우 드물다.[42]

40) 「道警察部長會議」, 『朝鮮』 제158호, 1928. 7, 128쪽(정무총감의 훈시 중에서).
41) 직무의 충실을 위해 한국어를 장려했던 조선총독부의 입장과 달리 여기에 적극 응했던 경찰들은 승진과 수당 등 개인적 이익을 위한 수단으로 한국어를 배웠다(山田寬人, 「日本人警察官に對する朝鮮語獎勵政策」, 『朝鮮史硏究會論文集』 38, 朝鮮史硏究會, 2000 참조).
42) 伊藤泰吉, 앞의 책, 17~18쪽.

　그나마 순사는 1910년대에 악명을 떨쳤던 헌병보조원에 비하면 나은 편이었다. 비록 헌병보조원이 헌병이나 순사의 업무를 직접 수행하는 위치에 있지는 않았지만 한국어에 서툰 헌병을 대신하는 경우가 많았으므로[43] 오히려 민중들과 일상적으로 접촉하는 위치에 있었다. 헌병보조원은 시험을 통해 채용했지만 그 수준은 초보의 산술, 간단한 일본문이나 한문을 해독할 수 있는 정도였다. 또 교습기간도 불과 2개월밖에 되지 않았다.[44]

5. 민중의 일상생활과 경찰

　1919년 이후 순사가 되려는 사람들이 모집인원의 몇 배수를 넘고 있었음에도 불구하고 '관청', '국가', '권력'을 상징하는 순사에 대한 한국인들의 인상은 그다지 좋지 못했다. 징용, 징병 등으로 사지로 내몬 1940년대는 말할 것도 없거니와 3·1운동을 전후한 시기에 경찰은 공포의 대상이자 경멸의 대상이었다. 1920년대의 경찰 당국자는 민중의 경찰인식이 좋지 않은 이유로서 두 가지를 거론하였다. 하나는 1910년대 경찰에게 가졌던 인식이 그대로 지속하고 있기 때문이었고, 다른 하나는 경찰업무의 특성에서 비롯된 것이었다.[45] 다음 두 사례를

---

43) 한국인 헌병보조원이 일본인 헌병을 보좌한 것처럼 순사도 마찬가지였다. 주로 면단위에 설치된 순사주재소에는 보통 2~3인의 순사가 배치되었는데, 반드시 일본인 순사와 한국인 순사를 최소한 1명씩 섞어서 배치하였다.
44) 1911년 4월 8일 조선총독부령 제45호, 「헌병보조원규정」 제4조, 12조. 1910년대의 헌병보조원을 다룬 연구는 아직 없다. 다만 헌병보조원 제도가 만들어질 당시의 제도와 실태에 대해서는 다음의 글을 참조. 權九熏, 「日帝 韓國駐箚憲兵隊의 憲兵補助員 硏究(1908~1910)」, 『史學硏究』 55·56합집, 韓國史學會, 1998 ; 愼蒼宇, 「憲兵補助員制度の治安維持政策的意味とその實態-1908~1910年を中心に」, 『朝鮮史硏究會論文集』 39, 朝鮮史硏究會, 2001.

통해 그 구체적 내용을 추적해 보았다.

　　a) 호구조사나 청결검사를 오는 경관은 의연히 한국인의 內庭에 돌입하여서는 일인 순사면 '오마에'라 하고 다행히 한국인 순사인 때에는 겨오 '여보'라 한다. 형사피고인이 아닌 이상 경어를 略함은 분명히 인권유린이다. 혹 순사의 무례를 힐책하고 맛서는 자가 잇스면 경관을 반항한다 하야 重하면 구타요 輕하면 '요보 노구세니 나미이까'라는 호령이다.46)

　　b) 금일 아직 한국에서는 경찰서에 대해서는 공포·증오의 감정을 가진다. (중략) 경찰은 사법 및 행정의 양자를 가지는 데 크게 나누어 사법에서는 양민보호, 불량분자 제거·제재를 목적으로 하여 취급사무도 단순하고, 행정경찰은 자못 다단하여 사회전반에 관계되지 않는 게 없다. 따라서 인민과의 접촉이 가장 빈번하고 빈번함에 따라서 때로 오해를 야기하기 쉽고 이 점에서 일반 경찰관의 일층 주의해야 할 점이 적지 않다. 예를 들어 청결법 시행, 전염병 예방, 호구조사, 교통정리 등 각종 행정경찰로서 사무집행상 인민과 접촉하는 경우에 가급적 말(언사)에 주의하여 사소한 일로 의외의 惡戲를 야기하는 일이 없도록 주의하여야 한다.47)

　두 사례에서 공통적으로 지적된 것은 경찰의 무뢰한 언행이었다.48)

---

45) 田中武雄, 「警察の民衆化と民衆の警察化」, 『警務彙報』 213, 1923 ; 김정은, 「1920~30년대 경찰조직의 개편-내용과 논리」, 『역사와현실』 39, 한국역사연구회, 2001, 315쪽.
46) 「人權蹂躪-人權을 主張하라」, 『東亞日報』 1924. 1. 11(1). 밖에 나가지 않아 경찰과 접촉할 일이 별로 없는 사람일지라도 한국인이라면 호구조사나 청결검사 때 모욕을 당했을 것이라고 덧붙이고 있다.
47) 韓準錫, 「警察對人民の關係」, 『朝鮮』 86, 1922. 4, 105쪽. 한준석은 1920년에 함경남도 함흥부 서호면장을, 1921년부터 1935년까지 함경남도 홍원군 주익면장을 역임했다.

법규를 위반하지 않았음에도 불구하고 마치 죄인 다루듯이 하는 경찰의 태도는, 그러한 취급을 받은 한국인들로 하여금 불쾌한 느낌을 갖게 하였다. 나아가 정당하게 잘못을 지적하더라도 그것은 시정되지 않을 뿐만 아니라 구타와 폭행을 불러왔다. 동아일보와 조선일보 등 당시의 한글신문에는 경찰의 폭력적 측면이 끊이지 않고 보도되었는데,[49] 경찰과 민중의 접촉에서 폭력이 일상적인 현상임을 보여줌에 다름 아니다.

그런데도 민중들이 경찰에 대한 불만을 속으로 삭힐 수밖에 없었던 것은, 경찰에게 주어진 막강한 권한 때문이었다. 경찰의 소관업무는 민중의 일상생활과 밀접하게 연결되어 있었고, 위반 여부를 결정하고 처벌의 강도를 정하는 일도 경찰의 자의적 판단에 의존했다. 민중에게 강요되던 근대적 질서는 아직 정착되지 못한 상태였고, 경찰이 마음만 먹으면 얼마든지 위반사항을 적발할 수 있었다. 경찰은 그러한 관계를 이용하여 민중들에게 위압적인 자세로 군림했다.

위의 두 사례에서는 경찰과 민중이 일상적으로 접촉하는 업무로서 호구조사, 청결검사, 교통정리 등이 거론되었다. 인구의 파악과 교통의 정비, 위생의 철저는 근대국가가 개별 국민들에게 강조해 마지않는 '근대'의 덕목이었다. 경찰은 '근대'의 덕목을 민중들에게 각인시키는 역할을 맡았지만, 그 방법은 근대적 합리성에 기반한 것이 아니었다. 경찰에 대한 민중의 불신은 경찰을 통해 근대적 질서를 규율화시키려

---

48) 1908년에 나온 '警察官心得'은 한국인들에게 무뢰한 언행을 일삼아 비난의 표적으로 된 일본인 경찰관의 교양을 위한 문서였다(장신, 「例規綴」, 행정자치부 정부기록보존소 편, 앞의 책, 2000, 11쪽).
49) 松田利彦, 「日本統治下の朝鮮における'警察の民衆化'と'民衆の警察化'-植民地民衆統合政策」, 『人文論集』, 제33권 제4호, 神戸 : 神戸商科大學, 1998, 486쪽.

는 일제의 정책적 의도를 난관에 빠뜨렸다. 1920년대 내내 각종 회의석
상에서 '紀律'을 강조하고, 경찰의 슬로건으로서 '경찰의 민중화'를
외쳤지만[50] 경찰에 대한 불신은 쉽게 극복되지 않았다.

경찰을 통한 근대적 질서의 보급 실태를 위생문제와 교통질서를
중심으로 살펴보았다. 우선 위생의 강조는 청결검사로 구체화되었다.
일제는 1912년 2월 경무총감부령을 통해 가옥의 내부와 주위의 청소,
오물처리 등의 청결방법을 법제화 했다. 청결사업의 시행을 주도한
경찰은, 우선 청결방법과 시행절차에 대한 안내를 한 뒤 관련구역을
순찰하여 청결검사를 하였다. 청결검사는 단순히 훈시에만 그치지
않았고 때때로 청소가 불충분할 경우 벌금형에 처해지거나 태형에
처해지기도 했다. 이러한 경찰의 강력한 감독과 단속으로 한국에서는
일본에 비해 비교적 청결법이 잘 행해졌다.[51] 그렇지만 아래 인용문에
서 보듯이 한국인의 호응이 자발적이지 않은 게 문제였다.

> 쓰레기는 양이 많아, 썩는 냄새는 코를 찔러, (중략-인용자) 옛날도
> 아닌 삼 년 전까지도 倭警이 무서워서 쓰레기를 함부로 내버리지
> 못하던 시민이었다. 쓰레기를 잘 치우라는 것에 불평이 있었거나
> 없었거나 일단 복종하여 부녀까지 동원하여 동리마다 쓰레기 처치에
> 땀을 흘리던 시민이었다. 그런데 오늘의 사태는 어떠한가? 어느
> 동리에서 합심하여 쓰레기 한번 치운 일이 있는가? 물론 시 당국인들
> 해도해도 안 되는 딱한 사정도 있을 것이요 설사 그 사정이 타당치
> 아니하다 할지라도 시비는 나중에 가리고 우선 집집마다 동리마다

---

50) 경찰의 민중화를 통해 추진된 시책은 선전활동, 인사상담소 등의 설치,
    창구사무의 간소화, 대응 개선, 교육을 통한 민중에로의 접근 등이었다(松田
    利彦, 앞의 글, 1998 ; 김정은, 앞의 글 참조).
51) 박윤재, 「한말·일제 초 근대적 의학체계의 형성과 식민 지배」, 연세대학교
    박사학위논문, 2002, 225~233쪽.

청소쯤은 自治가 어떤가.[52]

위의 인용문은 해방된 지 2년 후의 서울의 위생상태를 묘사한 글로서, 해방 전에는 청결행사가 잘 행해졌으나 해방 후에 실종되었음을 지적하였다. 또 이 글에서는 사람들이 쓰레기 문제를 위생과 결부시켜 사고하지 못하고 있음을 알 수 있다. 냄새 나고 파리 때문에 귀찮으니 쓰레기를 치우자는 것일 뿐 이로 인해 개인의 위생에 어떠한 영향을 가져올 것인지를 쓰레기를 버리는 사람들이 인식하지 못하고 있다. 곧 30여 년 넘게 착실하게 청결행사를 반복했지만, 그것은 단속과 처벌을 피하기 위해 행해졌을 뿐 개인의 문제로 전화되지 못하였다.[53]

위생문제와 달리 교통문제는 주로 경성 등 도시민의 일상생활의 관행을 폭넓게 규제했다. 이 당시 교통문제의 핵심은 교통사고로서 주로 전차와 사람, 자동차와 사람이 충돌하는 사고였다. 일제가 분석한 교통사고의 주요한 원인은 대개 피해자의 부주의와 종업원의 과실이었다. 교통사고를 줄이기 위해 일제는 도로·선로를 개수하고, 교통안전시설을 설치하며 교통안전 캠페인을 전개하고 좌측통행을 강력하게 계도했다.[54] 그렇지만 일제의 이러한 노력과 강력한 단속에도 불구하고 교통사고와 도로취체규칙 위반자는 해마다 증가하였다.[55]

---

52) 오기영, 「DDT와 일제잔재」, 『新天地』 제2권 제7호, 서울신문사, 1947. 8
   /『진짜 무궁화-해방경성의 풍자와 기개』, 성균관대학교 출판부, 2002, 107쪽.
53) 이런 까닭으로 집안의 청결작업은 "관헌의 질책을 두려워하여 미봉적인 청소"만을 하고 있을 뿐이었고 경찰의 사찰이 소홀할 때는 도로에 오물을 버리거나 소변을 보기도 하였다(박윤재, 앞의 글, 2002, 232쪽).
54) 鄭在貞, 「日帝下 京城府의 交通事故와 日帝 當局의 對策」, 『典農史論』 7, 서울시립대 국사학과, 2001.
55) 이와 함께 경찰범처벌규칙 위반자의 수도 해마다 증가하였다(이종민, 앞의 글, 2001, 123~124쪽).

예전에 한국에서 우측통행 하던 것을 내지와 같이 좌측통행으로
고치고, 이의 실시와 동시에 일대 선전을 행한 것이 겨우 2년 전의
일이다. 이것으로써 교통도덕 보급에 일 전기를 획하고 교통능률을
높였다고 단정하여 자랑하기는 곤란하다. 원래 완벽한 교통사고의
방지는 단지 시설과 단속만으로 되는 것이 아니고 일반인의 교통지식
과 공덕심의 고조를 기다리지 않으면 안된다.[56]

교통사고를 줄이기 위해서 교통시설의 완비나 단속의 철저만으로
안 되고 일반 민중 각개의 자각절제가 뒷받침될 때 가능하다는 이
주장은, 사실 일제가 내내 외쳐 오던 '대중의 각성'에 기반한 근대적
질서의 보급을 말하고 있다. 하지만 일제의 주장은 현실적으로 불가능
한 공염불에 지나지 않았다. 행정경찰을 강조하는 일본경찰은, 철저한
민중멸시・愚民觀에 기초하여 체제적 질서를 위로부터 강권적으로
만들어 내고 있었다.[57] 순사의 자질과 능력에 비해 과도하게 부여된
업무들 때문에 식민지 경찰의 활동은 강제성을 띠지 않을 수 없었다.
    예를 들어 경찰은 민중들에게 스스로 준수하도록 새로운 법령을
이해시켜야 했지만, 다달이 쏟아져 나오는 법령을 소화하기에 순사나
헌병의 수준은 그것에 미치지 못했다. 게다가 1面에 평균 2~3인의
경찰기관이 전혀 없거나 하나밖에 없고, 처리해야 할 업무는 과다한
상태에서 민중을 상대로 그 내용을 충분히 계도하기는 애초부터 어려
운 일이었다. 그 결과 목적을 달성하기 위한 경찰의 수단은 '위반하면
처벌한다'는 이상이 될 수 없었다. 예전부터 내려오던 관습이 왜 불필요
하며, 바꾸어야 할 필요성을 의식적으로 또는 실생활에서 인식하지
못한 이들에게 경찰의 고지는 '통보'일 뿐이었으며 때로는 물리적으로

---

56) 石川登盛, 「朝鮮に於ける交通と警察」, 『朝鮮』 제102호, 1923. 10.
57) 大日方純夫, 앞의 책, 1992, 200쪽.

충돌하기도 했다.[58) 민중들은 몸으로 경험한 이후에야 자신에게 해가 됨을 인식했지만, 그것을 지킴으로써 얻을 것을 알지 못한다면 경찰의 감시가 미치지 않은 곳에서는 언제든지 재발할 수 있었다. 곧 규율은 강제되었으나 내면화되지 못하였다.

6. 맺음말

한국의 치안기구는 1894년 갑오개혁을 계기로 근대적 외피의 경찰로 탈바꿈하였다. 한국의 경찰은 조직과 직무에서 서서히 근대적 성격을 구비해 가고 있었지만, 수도를 제외하면 대다수의 민중들이 거주하는 지방에까지 그 영역을 충분히 확장하고 있지 못하였다. 경찰력의 지방 침투는 식민지 경영의 기초를 닦으려는 일본에 의해 본격화되어, 고문경찰제도를 기반으로 지방관에게서 경찰권·재판권·징세권을 분리해 냈다. 1910년 한국을 강점하던 해에 경찰제도는 헌병경찰제도로 통합되었지만 경찰의 지방 장악력은 1910년대 말까지 60% 내외에 불과했다. 행정의 최말단인 면단위까지 모든 경찰력이 배치된 것은 1919년 3·1운동 이후에나 이루어졌다. 꾸준히 개선되기는 했지만 순사 1인당 담당해야 할 면적과 인구는, 순사 1인이 일상적 업무를

---

58) 1920년 8월 16일 전남 구례군 토지면에서는 많은 사람들이 모인 가운데 씨름판이 벌어졌다. 그런데 뚜렷한 이유도 없이 순사가 씨름을 못하게 하였고 그로 인해 모인 사람들과 투석전까지 벌어졌다(柳瑩業, 『紀語』 권22, 庚申(1920) 8월 16일 / 한국농촌경제연구원 편, 『求禮 柳氏家의 생활일기 하(1916~1936)』, 1991, 533쪽). 또 같은 달에 콜레라가 발생하여 많은 사람이 죽었는데 순사들이 병사자들을 화장하려 했다. 이에 반대하는 마을 주민 천여 명은 면사무소를 부수면서 격렬하게 저항하였고 이 저항은 광주수비대의 급파로 겨우 진정되었다(柳瑩業, 『紀語』 권22, 庚申(1920) 8월 15일 / 한국농촌경제연구원 편, 앞의 책, 1991, 533쪽).

추진하면서 처리하기에는 과중했다.

근대 일본경찰의 특징은 민중의 일상적 감시와 규제에 기반한 행정경찰의 강조였다. 이 특징은 식민지 한국에도 이식되었다. 한국경찰의 소관업무는 생로병사, 의식주 등 인간 생활의 모든 영역에 걸쳐 있었다. 또한 공권력의 집행을 경찰력이 보완하는 조장행정업무도 결코 적지 않았다. 경찰의 광범한 소관업무는 민중에게 조선총독부로 대표되는 '관청'과 경찰을 동일하게 인식하도록 하였으며, 민중의 일상생활에 깊이 침투할 수 있는 여지를 주었다. 경찰의 광범한 업무는 '경찰범처벌규칙', '범죄즉결령' 등 법률에 의해 권한을 부여받았다. 조장행정을 비롯한 경찰의 광범한 소관업무는 경찰의 활동력을 저하시키는 요인으로 되었지만 한편으로 경찰이 '면의 총독'으로 행세할 수 있는 근거를 제공했다.

일본에서도 그러했지만 일제가 의도한 근대적 질서를 강제해 나가기 위해서는 그것들을 제대로 이해하고 집행에 옮길 수 있는 수준 있는 경찰을 필요로 했다. 비록 시험을 통해 채용하고 일정 기간의 교습을 거쳤지만 조선총독부 순사의 자질은 여러모로 미흡한 것으로 판명되었다.

식민지 한국은 거대한 감옥이나 병영같이 억압적이었지만 재소자나 병사 개개인을 통제하듯이 민중들을 규율화할 수 없었다. 식민지의 경찰은 민중의 일상생활의 모든 영역을 감시하고 일상의 모든 행위를 규제할 수 있는 권한과 직무를 부여받았지만, 그것을 통제할 능력을 갖지 못했다. 새로운 질서의 창출은 민중의 일상생활 속에서 자연스럽게 부각되고 스스로 필요성을 자각하면서 내면화될 것이었지만, 일제는 종래의 질서를 해체하고 일방적으로 강요할 뿐이었다. 물론 민중에게 충분히 계도할 것을 누누이 강조하였으나 그것은 슬로건에 지나 않았다. 따라서 마땅히 계몽되고 습득되어야 했을 근대의 규율마저도 민중들은 근대와 그것을 강제한 일제를 동일시하였고, 일제를 거부하면서 근대까지 거부하는 모습을 보였다. 곧 일제 강점하에서 근대의 규율이 강제되었지만 내면화되지 못하였고, 나아가 근대의 지체 현상이 전개되었다.

찾아보기

【ㄱ】

가로구조 48, 57
가로망 54
가뭄 410
家神 375
街外街 208
가을떡 365
가족 샤먼 365
간척지 412
갑오개혁 449
갑종공립보통학교 488
개명 388
個性調査 517
개항도시 41
개항장 41
개혁론 439
객귀물림 353
거문도 당제 380
建築取締規則 48
檢疫規則 534
檢疫停船規則 538
硬軍 254
경무부장 545
경무청 558
경부 558
京城 40

京城市區改修豫定計劃路線 49
경찰 540
경찰관강습소 571
「警察犯處理規則」 348
「경찰범처벌규칙」 569
『警察執務心得』 564
고문경찰제도 558
고스게(小菅)형무소 462
『고향』 391, 398, 414, 422, 428, 430, 437
고현학 222, 227
곤 와지로(今和次郎) 223
공간 399, 440
공간구조 60
공간분화 현상 60
공간질서 395
공동체 427
공동판매 420
공장 398, 399
과학 200
關東大震災 262
관립보통학교 488
官行祭 367
광업권 272
「教育에 관한 勅語」 485, 505
교환가치 207
教誨 477

求禮 柳氏家 生活日記 381
구보 225, 226
국민교육 487, 499, 504, 528
國師堂 352
國行祭 367
君巫一源論 344
궁핍 423, 440
규율 486
규율권력 284, 312, 314, 316
근대 공원 287, 289, 332
근대 도시 41
근대성 40
근대적 도시계획 44
근대화 387, 429, 439
금광 237
금광소설 259
금본위제도 263
금수출재금지 261
『금의 정열』 237
金探鑛獎勵金 270
期米市場 252
기생성 305, 307
기지시리 줄다리기 380
김기림 196, 204, 205, 207, 208, 213
김남천 199
김동인 191, 200, 205, 212
김유정 395

【ㄴ】

나라굿 367
남북축 도로 57
남촌 58, 278, 283, 284, 289, 332
내림굿 369
내셔널 스피리트(민족정신) 195
노구치 271

노농동맹 405
노동자 404
농민소설 388, 423, 441
「농부 정도룡」 428
농업기수 419
농장 412, 416, 438, 440
「농촌사람들」 403
농촌진흥운동 349

【ㄷ】

다와라 마고이치(俵孫一) 490, 492,
    500
단발 211
「당랑의 전설」 248
當限 252, 253
대응양상 437
덕대 274
도급기 414, 422
도량형 397
도박 236
도시개조사업 45
도시경험 70
都市計劃法 53
도시공간 구조 50
도시공간의 이중성 65
도시화 40, 68
도심 66
도지사 550, 551
동서축 도로 58
동순태 239
東亞百貨店 133
東亞婦人商會 132
洞任 539
洞祭 365, 375

【ㄹ】

라이온 齒磨 201
「레디메이드 인생」 250
리얼리즘 233

【ㅁ】

마르코폴로 260
마름 430, 434
마마배송굿 347
마모토 시게키치(隈本繁吉) 506
마바라 254
마을 389, 390
만문만화 277~281, 283, 285, 288,
    291~293, 296, 297, 300, 302,
    305, 307, 311, 313, 314, 316,
    318, 320, 322, 325, 329,
    330~335
만주 402
명목가치 261
모던걸(모가) 216, 277, 279, 283, 285,
    288, 295, 296, 299, 300, 302,
    303, 305, 306, 307, 309, 316,
    319, 321, 323, 327, 329, 333
모던걸・모던보이 303, 316, 319, 320,
    321, 325, 328, 333
모던보이(모보) 216, 220, 229, 279,
    283, 285, 288, 295, 296, 299,
    300, 302, 303, 309, 316, 319,
    333
모던 요보 222, 226, 230
모데르노로지오 222
「모범경작생」 402, 434
「목화와 콩」 420, 429
몸뻬 230

巫女取締法規 350
巫稅賦課 370
無神同盟 355
문명 510, 515, 525
문명개화 202
물류체계 393
물싸움 411
미두 237
米豆場 238
미두장이 242
米豆取引所 241
미신타파 355
미친굿 347
민족별 공간분화 60, 70

【ㅂ】

바다지 254
박람회 278, 288, 292, 294~298, 305,
    333
박용운 273
박태원 207, 214, 224
反百貨店運動 138
발자크 233
방사형 도로 47
방역법규 537
방역체계 535, 537, 538, 547
방응모 273
백석 203
백화점 220, 225~227, 229, 277~279,
    285, 291, 292, 294, 296~298,
    305, 316, 332, 333
백화점법 139
百貨店委員會 139 ·
「범죄즉결령」 569
범죄즉결례 453

588

벤담(J. Bentham) 458
벼농사 407
別祈恩 367
보조지정보통학교 488
보통교육 491, 528
보통학교 398, 416, 485~488,
    492~497, 500, 504, 527, 528
보통학교 졸업생 435
「보통학교령」 485, 487, 491, 498
「보통학교령 개정」 488
「보통학교령 시행규칙」 495, 498
보통학교제도 527
「부역」 411, 415, 432
북촌 60, 279, 283, 284, 332, 334
브랜드 203
비료 409

【ㅅ】

사립학교 502, 504, 505
사법경찰 562
사상범 480
四王天數馬 450
사용가치 207
「사하촌」 437
사회관계망 397
사회주의자 404, 429
산금정책 270
산신제 364
「산촌」 401, 411, 415, 438
삼절 252
三越 127, 130, 135, 271
三井 271
三中井 134
三中井吳服店 127, 129
『상록수』 399, 407, 408, 427, 432

상진오기 368
상품 203
生徒心得 518
생산과정 418
생활사연구 390
샤머니즘 365
서대문형무소 462
선도거래 244
선물거래 243
先限 252, 253
城外黜巫令 370
세키야 사다사부로(關屋貞三郎) 507
센티멘털리즘 196, 229
『소낙비』 395
소비 207, 218
昭和恐慌 263
昭和金融恐慌 262
쇼윈도우 216, 218, 228
수리시설 413
修身 486, 497
순사주재소 557
崇神人組合 351
시가지계획령 54
시간 399, 432, 440
市區改正 49
시데하라 498, 499, 500
시장 200, 207, 226
식민지 근대 277, 278, 280, 284, 295,
    296, 312, 316
식민지인 204, 209
식민지적 근대성 40
식민지적 근대화 65
식민화 218
신소설 354
辛泰嶽 275
실업교육 485, 487, 495, 498, 506,

515
실질가치 261
「12월 12일」 210
쌍궤새남 368

【ㅇ】

아달린 207
아스피린 207
아시 256
아지노모토 200
안석영 277, 282, 284, 292, 298~300,
      302~309, 311, 313, 314, 318,
      320, 325, 326, 329, 334
안승학 430
安宅 364
야학 399
양면성 397
양복쟁이 212
양주 190, 200
양주동 206
양풍 501, 510, 512, 513, 515, 528
엘도라도 260
엥겔스 233
여점원 160
여탐굿 368
軟軍 254
열세남 368
염상섭 190
오가와 시게지로(小河滋次郎) 462
오다 쇼고(小田省吾) 500
완성교육기관 485, 487, 495, 498, 527
요보 212
요시다 겐키치(吉田謙吉) 223
욕망 434
우환굿 368

原始神道 372
「원치서」 430, 433
衛生警察 545, 547, 551
위생위원 539
위생조합 543
위스키 196, 229
은산별신제 377
을종공립보통학교 488
의사 540, 542
儀式 516, 522, 524, 529
의식구조 437
이갑기 277, 283, 291, 318, 330, 334,
      335
이광수 193, 195, 200, 212, 429
이기영 214, 388, 405
이누카이 쓰요시(犬養毅) 263
李箱 190, 192, 208, 209, 220
이인직 218
이효석 195
『일년』 406, 409, 421
일상생활 392, 417
일어교육 485, 487, 506
任貞爀 172
임화 220

【ㅈ】

자리걷이 354
자본주의적 도시화 70
자유형 448
잔밥먹이기 364
잡종성 220
장승제 364
재수굿 368
低品位金鑛石賣鑛奬勵金 270
傳染病豫防規則 538

傳染病豫防令 543
傳染病豫防法 547
前場 252
전차 48
전통도시 41
전향 480
절치기꾼 255
丁子屋 127, 134
丁子屋 백화점 130
제바하(Curtt Von Seebach) 462
제방 392
朝鮮敎育令 485, 505~507
조선미곡배급조정령 257
조선산미증식계획 246
朝鮮市街地計劃令 53
朝鮮神宮 352
조선총독부 419
조선총독부령 267
조선태형령 453
조장행정 566
操行考査 517
조행조사부 529
조회 516, 529
주변 지역 66
주식취인소 247
準百貨店(proto-department store) 127,
    133
中江勝治郎 129
中小商業問題 139
중심-주변 61
중심-주변의 공간분화 70
中央繁榮會 131
중일전쟁 267
中限 253
증거금제도 244
지방 행정조직 537, 538, 549

지방관리 540, 548
지방장관 541
지식인 400
직선격자형 가로구조 57
진고개 62, 65
진보 220
眞宗(東·西) 兩本願寺 477

【ㅊ】

채만식 221
薦新굿 368
천황 이데올로기 524, 526, 529
철도 392, 431
철도시간표 397
청결검사 578
청산거래 243
「청포도」 194
촌락 샤먼 364
최남선 198
최영수 277, 282, 293, 297, 300, 308,
    320, 322, 335
최창학 273
춘궁기 428

【ㅋ】

콜럼버스 260
콜레라 534, 536

【ㅌ】

타자성 213
『탁류』 237, 238
탈출 402
笞刑 448

태환권 264
投機 236
投資 236
트라데·말크 207, 209, 209, 214

【ㅍ】

파이치치 260
판옵티콘(Panopticon) 458
패션 213
平安百貨店 135
平田百貨店 127
平田智惠人 129
평진오기 368
폐풍 497, 501, 510, 512, 513, 515,
     524, 528
「布敎規則」 348
폭탄주 198

【ㅎ】

하꾸라이(舶來) 189, 191
하바꾼 254
하이브리드 하꾸라이(hybrid 舶來) 199,
     230
하이칼라 215
학교 398
「한국의 사법 및 감옥 사무를 일본국
     정부에 위탁하는 건에 관한 각서」
     446

「한국태형령」 569
한설야 189, 197, 198, 411, 415
행정경찰 562
「행정경찰규칙」 562
「행정경찰장정」 563
행정구역 43
허주굿 369
헌병경찰제 558
헌병보조원 576
현물거래 244
현진건 197
호구조사 578
虎列剌病消毒規則 536
虎列剌病豫防과 消毒執行規程 536
虎列剌病豫防規則 536
혼마찌(本町) 222, 229
홈부라 220
『홍수』 410, 411, 415
홍이섭 238
(株)和信商會 132, 133, 135
황도 당제 378
後場 252
훈육 486, 497, 515, 516, 524, 528,
     529
『흙』 392, 393, 419
「흙의 노예」 409, 425

연세국학총서 36

일제의 식민지배와 일상생활

연세대학교 국학연구원 편

2004년 4월 14일 초판 1쇄 인쇄
2004년 4월 22일 초판 1쇄 발행
펴낸이 · 오일주
펴낸곳 · 도서출판 혜안
등록번호 · 제22-471호
등록일자 · 1993년 7월 30일
⊕ 121-836 서울시 마포구 서교동 326-26번지 102호
전화 · 3141-3711 ~2 / 팩시밀리 · 3141-3710
E-Mail hyeanpub@hanmail.net
ISBN 89-8494-212-X 93910
값 32,000원